« Sciences de l'administration »
Collection dirigée par Jean-François Chanlat

La collection « Sciences de l'administration » comprend des ouvrages inédits en français et s'adresse d'abord aux personnes qui accordent une attention particulière aux phénomènes organisationnels et aux questions abordées en sciences de l'administration. Elle accueille de façon privilégiée les auteurs pour qui la dimension critique est importante, et qui discutent les fondements, les présuppositions et les conséquences des options, problématiques et stratégies de recherche utilisées en sciences de l'administration.

Les volumes publiés sont des essais, des études ou des recueils de textes qui portent sur les sciences de l'administration elles-mêmes ou sur diverses facettes de l'administration ou de la gestion.

Déjà parus

Moneim El-Meligi, *Diriger. Une vision humaniste du leadership*, Traduit de l'anglais par Guy Bonneau, 2007.

Olivier Boiral, *Environnement et gestion. De la prévention à la mobilisation*, 2007.

Barmeyer Christoph, *Management interculturel et styles d'apprentissage. Étudiants et dirigeants en France, en Allemagne et au Québec*, 2007.

Hatchuel, Armand, Éric Pezet, Ken Starkey et Olivier Lenay (dir.), *Gouvernement, organisation et gestion : l'héritage de Michel Foucault*, 2005.

Joly, Allain, *Fiefs et entreprises en Amérique latine*, 2004.

Strati, Antonio, *Esthétique et organisation*, 2004.

Cossette, Pierre, *L'organisation. Une perspective cognitiviste*, 2004.

Faÿ, Éric, *Information, parole et délibération. L'entreprise et la question de l'homme*, 2004.

Kamdem, Emmanuel, *Management et interculturalité en Afrique. Expérience camerounaise*, 2002.

Carpentier-Roy, Marie-Claire, et Michel Vézina (dir.), *Le travail et ses malentendus. Enquêtes en psychodynamique du travail au Québec*, 2000 (coéd. Octares).

Côté, Marcel, et Taïeb Hafsi, *Le management aujourd'hui. Une perspective nord-américaine*, 2000 (coéd. Economica).

Morgan, Gareth, *Images de l'organisation*, 2ᵉ édition, 1999 (coéd. Eska).

Chanlat, Jean-François, *Sciences sociales et management. Plaidoyer pour une anthropologie générale*, 1998 (coéd. Eska).

Cossette, Pierre (dir.), *Cartes cognitives et organisations*, 1994 (coéd. Eska).

Miller, Danny, *Le paradoxe d'Icare. Comment les entreprises se tuent à réussir*, 1992 (coéd. Eska).

Chanlat, Jean-François (dir.), *L'individu dans l'organisation*, 1990 (coéd. Eska).

GESTION EN CONTEXTE INTERCULTUREL

sous la direction de
Eduardo DAVEL
Jean-Pierre DUPUIS
Jean-François CHANLAT

GESTION EN CONTEXTE INTERCULTUREL

APPROCHES, PROBLÉMATIQUES, PRATIQUES ET PLONGÉES

LES PRESSES DE L'UNIVERSITÉ LAVAL
ET TÉLÉ-UNIVERSITÉ (UQAM)

Les Presses de l'Université Laval reçoivent chaque année du Conseil des Arts du Canada et de la Société d'aide au développement des entreprises culturelles du Québec une aide financière pour l'ensemble de leur programme de publication.

Nous reconnaissons l'aide financière du gouvernement du Canada par l'entremise de son Programme d'aide au développement de l'industrie de l'édition (PADIÉ) pour nos activités d'édition.

Illustration de la couverture : Fraber (« sans titre »).

Mise en pages et maquette de couverture : Mariette Montambault

ISBN 978-2-7637-8504-2

Dépôt légal 2ᵉ trimestre 2008

LES PRESSES DE L'UNIVERSITÉ LAVAL
Pavillon de l'Est
2180, chemin Sainte-Foy, 1ᵉʳ étage
Québec (Québec)
Canada, G1V 0A6
www.pulaval.com

Télé-université
Université du Québec à Montréal
455, rue du Parvis
C.P. 4800, succ. Terminus
Québec (Québec)
Canada, G1K 9H5

www.teluq.uqam.ca

REMERCIEMENTS

Nous remercions la Télé-université (UQAM) pour le soutien reçu pour le développement de cet ouvrage. L'équipe audiovisuelle et pédagogique de la Télé-université (UQAM) s'est avérée une source d'inspiration et de souplesse dans la réalisation de ce projet multimédia qui a évolué constamment jusqu'à prendre la forme présente. Nous lui sommes très reconnaissants de son travail d'excellence. De plus, la coordination des chapitres et thèmes a exigé une articulation des temporalités et des spatialités dans lesquelles les auteurs sont inscrits. Nous les remercions pour une collaboration qui a rendu cette articulation possible.

TABLE DES MATIÈRES

PARTIE I
APPROCHES

PARTIE II
PROBLÉMATIQUES

**PARTIE III
PRATIQUES**

DVD « PLONGÉES »

PARTIE IV
PLONGÉES EN AMÉRIQUE

Chapitre IV.1
  Culture et gestion au Québec
  Jean-Pierre Dupuis

Chapitre IV.2
  Culture et gestion au Mexique
  Luis F. Cisneros et Émilie Genin

Chapitre IV.3
  Culture et gestion en Colombie
  Amparo Jimenez

Chapitre IV.4
  Culture et gestion au Brésil
  Eduardo Davel, Marcelo Dantas et Sylvia C. Vergara

Chapitre IV.5
  Culture et gestion en Argentine
  Andrés Hatum and Alberto Franichevich

PARTIE V
PLONGÉES EN EUROPE

Chapitre V.1
  Culture et gestion en Angleterre
  Christine Geoffroy

Chapitre V.2
  Culture et gestion en France
  Philippe d'Iribarne

DOCUMENTS AUDIOVISUELS

GESTIONNAIRES INTERCULTURELS

Alexandre Gedrinsky (Russie, Afrique noire)
André Foisy (France)
Catherine Kokoreff (Chine)
Cyril Pacary (Russie, Afrique noire)
Frank Scholz (Inde)
Jean-François Normand (Mexique, France, République Tchèque, Japon)
Louis Mathier (Brésil)
Pablo Vizioli (Argentine)
Philippe Leclerq (Angleterre)
Rachid Alami (Maroc)
Sandrine de Lussigny (Allemagne)
Shmuel Solomon (France)
Vincent Delsol (Brésil)

EXPERTS INTERCULTURELS

Alain Henry (Afrique)
Annie Cornet (Europe et Belgique)
Bernard Fernandez (Asie)
Evalde Mutabazi (Afrique)
Jean-François Chanlat (Europe et Amériques)
Jean-Marie Deporcq (Asie)
Jean-Pierre Dupuis (Amériques)
Lynda Dumais (Asie)
Philippe d'Iribarne (Europe et Amériques)
Riadh Zghal (Moyen-Orient)
Tânia Fischer (Amériques)
Thomaz Wood Jr. (Brésil)
Tyrone Pitsis (Océanie)

INTRODUCTION

Toute communication humaine dépend des sens partagés afin de parvenir à assurer un minimum de coordination et de collaboration de la part des individus. Si sens et signification constituent les unités de base de l'ordre culturel (Sahlins, 1976 ; Geertz, 1973), on peut considérer la gestion comme une activité profondément culturelle. Or, dans un contexte où le partage de sens ne va pas de soi, la gestion et les gestionnaires font face à de sérieux enjeux interculturels en matière de coordination, de collaboration et d'efficacité. En effet, les associations qu'un individu fait entre une expérience et les significations qu'il lui associe varient selon plusieurs échelles culturelles, telles que la culture nationale, la culture professionnelle, la culture de l'industrie et la culture locale.

Cet ensemble multimédia (livre et DVD) s'attarde à cette situation de gestion en contexte interculturel en se concentrant notamment sur quatre dimensions, à savoir les approches d'analyse interculturelle, les problématiques interculturelles liées à l'internationalisation des entreprises, les types de pratiques de gestion qui en découlent et les plongées interculturelles dans certaines cultures nationales. Avant de prendre connaissance de ces dimensions à travers le matériel proposé, il est nécessaire de les situer dans un contexte plus large et de préciser certains concepts de base. Commençons par une démystification de la nouveauté du phénomène interculturel.

L'INTERCULTUREL COMME ACTIVITÉ PRIMORDIALE

Le monde humain est par définition un monde interculturel, c'est-à-dire un univers qui met en présence des individus et des groupes qui constituent des mondes signifiants en eux-mêmes. Toute l'histoire de l'humanité est marquée par cette présence d'un autre qu'on ignore parfois, que l'on découvre par hasard ou que l'on rencontre volontairement. Ignorance, découverte fortuite et rencontres provoquées constituent bel et bien la trame de la généalogie des relations humaines. Ainsi, l'intérêt par rapport à l'interculturel auquel nous assistons depuis quelques années n'est donc pas quelque chose de récent d'un point de vue historique. Bien au contraire, la rencontre avec un autre qui est différent de nous est aussi vieille que l'humanité. Alors, les rapports interculturels ne seraient-ils pas intrinsèques à la condition humaine ?

Par exemple, dans le monde des cités grecques, l'autre, l'étranger, c'est d'abord et bien sûr le barbare ; c'est celui qui parle mal la langue grecque. Par la suite, au sein de l'Empire romain et au cours du Moyen Âge, le barbare sera aussi celui qui s'oppose au civilisé, c'est-à-dire successivement aux mondes gréco-romain et chrétien (Delumeau, 2003 ; Veyne, 2007). La peur des barbares, comme les historiens du Moyen Âge nous le montrent, a constitué au cours des premiers siècles de l'ère chrétienne une constante chez les peuples christianisés. C'est ainsi que les Vandales ou encore Attila, le chef des Huns, ont laissé leurs noms pour qualifier des gens peu respectueux des autres humains. Les Vikings produiront les mêmes sentiments lorsqu'ils s'aventureront hors de la Scandinavie. De même, pendant l'époque des Croisades, les chevaliers européens, partis pour reconquérir Jérusalem et la Terre sainte, vont être vus, eux-mêmes, comme des barbares par les Arabes (Maalouf, 1999). Autrement dit, on est toujours le barbare de quelqu'un.

Au cours de la Renaissance et des voyages des grands marins explorateurs, tels que vont les faire Christophe Colomb, Vasco de Gama, Amilcar Cabral, Jacques Cartier, John Cabot, le monde occidental découvrira des univers humains méconnus, voire totalement ignorés. La découverte de l'Amérique, de certaines parties de l'Afrique, de l'Océanie et de l'Asie va faire surgir, à travers l'extension du monde connu, une nouvelle figure : celle du sauvage, lequel s'opposera à nouveau au civilisé. Le contact avec les Indiens d'Amérique en particulier va d'ailleurs entraîner une discussion, non seulement sur la nature de l'humanité de ceux-ci avec la célèbre controverse de Valladollid en Espagne, au cours de laquelle l'Église catholique cherchera à savoir si ces Indiens ont une âme et s'ils sont des humains à part entière, comme les chrétiens, mais aussi sur la nature même de l'Humanité, comme en témoignent les réflexions des philosophes du XVIIIe siècle, notamment celle de Jean-Jacques Rousseau. La figure du « bon sauvage » deviendra ce nouvel autre qui viendra interpeller la définition du soi occidental, tel qu'il est vu par les hommes et les femmes de la modernité naissante.

Le XIXe siècle, siècle du matérialisme héroïque, comme le désignait l'historien anglais Kenneth Clark (1969), sera aussi l'ère des empires coloniaux, en particulier britannique et français. Il sera le cadre de la naissance des indépendances des pays latino-américains, de la révolte des esclaves en Haïti, menée par Toussaint Louverture, et assistera à l'abolition de l'esclavage dans les empires coloniaux. Sous le poids de la science en pleine expansion et de la théorie évolutionniste de Darwin, la question de l'évolution des sociétés et de la comparaison interculturelle va se poser de nouveau. L'image du sauvage resurgira à la lumière des nouveaux développements de la civilisation occidentale. C'est ainsi que les idéologies raciales et racistes surgiront alors pour justifier la domination de l'Occident sur les autres parties du monde, dans ce que l'écrivain britannique Rudyard Kipling (1899) a appelé le fardeau de l'homme blanc.

À l'intérieur des sociétés occidentales et européennes, on assiste également à des explosions régulières d'antisémitisme qui s'alimentent à différentes sources (religieuses, politiques, sociales, économiques). L'affaire Dreyfus[1] en sera une illustration exemplaire en France à la fin du XIXe siècle (Bredin, 1993). À la même période, dans un monde qui connaît de grands mouvements de migrations, on observe également le développement d'attitudes racistes à l'égard de ceux et celles qui ne sont pas de la culture majoritaire, tant aux États-Unis, où les questions noire et indienne sont au cœur de l'expérience historique de la nouvelle nation, qu'en Europe. Ces différences sont alors discutées à l'intérieur de la construction de véritables États-nations. Cependant, la différence ne fait pas que faire peur, elle fascine également. La popularité des expositions universelles et la découverte de mondes lointains par le plus grand nombre conduisent à des mouvements comme l'orientalisme et l'exotisme qui auront des effets tant dans l'art que dans la vie quotidienne de nombreuses sociétés occidentales (Saïd, 1980).

Les transformations que les sociétés connaissent de la fin du XIXe siècle au début du XXe siècle seront à la base de la réflexion sociologique et anthropologique. C'est ainsi que, hanté par ce qui fait vivre ensemble les êtres humains, Émile Durkheim (1999) posera les bases de la sociologie moderne et Max Weber (1999) tentera de comprendre l'émergence du capitalisme et développera une véritable étude comparée des civilisations (Kaessler, 1998). Parallèlement, on verra apparaître les premiers travaux de Bronislaw Malinowski (1968), fondateur de l'anthropologie moderne, qui popularisera la démarche de terrain dans l'étude des cultures dites primitives. Marcel Mauss (1968), neveu de Durkheim, participera lui aussi à la formation de plusieurs grands ethnologues, tout en produisant une œuvre qui tente de rendre compte de l'unité de l'expérience humaine dans sa diversité. Ces premiers efforts vont participer à la révision des images historiques du barbare, du sauvage, du primitif, donc de ce que l'on considère comme son

---

1. L'affaire Dreyfus est une erreur judiciaire dont la victime est le capitaine Alfred Dreyfus, juif et Alsacien d'origine. Cette affaire révèle les clivages de la France de la IIIe République et suscite de très violentes polémiques nationalistes et antisémites diffusées par la presse française.

double, le civilisé, notamment après la Seconde Guerre mondiale (Lévi-Strauss, 1954).

Le XXe siècle sera aussi dans sa première partie un siècle marqué par de nombreuses tragédies que la question des différences nationales ou régionales aura largement alimentée. La guerre de 1914 exaltera le sentiment patriotique, pour ne pas dire nationaliste. La crise des années 1930 mettra à bas tous les compromis internationaux élaborés après la Première Guerre et, conjuguée à un sentiment de revanche, entraînera l'Allemagne à élire Adolf Hitler. Ce dernier conduira par ses décisions à la Seconde Guerre mondiale et à l'extermination des communautés juives d'Europe. Pour la première fois dans l'histoire moderne, un génocide sera programmé rationnellement. Cette épouvantable expérience illustrera dans sa version maléfique le fonctionnement d'une bureaucratie au service de la destruction de la différence. Le procès de Nuremberg, tout de suite après la fin de la guerre et celui d'Adolf Eichmann, organisateur en chef de la solution finale, dans les années 1960, le révèleront au monde entier (Arendt, 1997 ; Bauman, 2002).

L'après-guerre sera marqué par cette tache indélébile et, dans la reconstruction, la diversité deviendra un aspect positif, la lutte contre le racisme, un élément permanent de l'agenda politique. Cela n'empêchera malheureusement pas les crimes racistes, la discrimination envers les Noirs aux États-Unis, l'existence de l'apartheid en Afrique du Sud et les conflits coloniaux, par exemple. La division du monde survenue entre l'Est et l'Ouest entraînera la création d'une nouvelle opposition entre les pays démocratiques et les pays totalitaires (Aron, 1964). L'autre pour les pays de l'Ouest deviendra en partie l'Union soviétique et le communiste dont l'extension du modèle à la Chine et à d'autres pays du monde contribuera à structurer les rapports internationaux pendant plus de quarante ans.

La période qui va de l'après-guerre jusqu'au milieu des années 1970 sera marquée par une forte croissance, un enrichissement individuel et collectif sans précédent, l'accession à l'indépendance des pays appartenant à des empires coloniaux (France, Royaume-Uni, Portugal), les débuts de la construction européenne et un fort développement du commerce international et des investissements internationaux. Cette période va notamment amener une première réflexion dans le domaine de la gestion sur les différences culturelles. Les entreprises américaines qui vont investir massivement en Europe vont se voir retrouver face à des différences dont elles devront tenir compte. C'est de ces interrogations entre les façons de faire américaines et les façons de faire européennes que la gestion comparée va naître

(Webber, 1969) et que certains anthropologues vont tenter de sensibiliser les gestionnaires aux différences de contextes (Hall, 1971).

De la deuxième moitié des années 1970 à aujourd'hui, nos sociétés vont vivre plusieurs évènements qui vont à nouveau redessiner les cartes et les cadres de l'action. Les difficultés économiques, la crise fiscale, l'émergence du Japon et des Tigres asiatiques (par exemple, Corée, Singapour, Taïwan, Hong Kong, Malaisie), l'effondrement du mur de Berlin, la création de zones commerciales dans plusieurs régions du monde (par exemple, Alena, Mercosur, Asia-Pacific Economic Cooperation), l'élargissement de l'Europe et plus récemment l'apparition de géants (par exemple, Chine, Inde ou Brésil) dans les pays émergents vont successivement, chacun à leur manière, participer à la transformation des représentations des uns et des autres, en popularisant de nouveau la question des relations interculturelles sous un nouveau vocable : la mondialisation (Barloewen, 2003).

L'INTERCULTUREL INTENSIFIÉ PAR LA MONDIALISATION

Le terme « mondialisation » apparaît dans la langue française dans des travaux économiques et géopolitiques pour faire référence à l'accroissement des mouvements de biens, de services, du personnel, de technologie et de capital à l'échelle internationale. Il s'agit alors d'un processus d'intégration croissante des économies nationales à l'économie mondiale sous l'impulsion des politiques de libéralisation du commerce, de la multiplication des échanges commerciaux et financiers ainsi que du développement des nouvelles technologies de l'information et de la communication. Longtemps cantonné au champ académique, le terme se généralise sous l'influence des thèses d'émergence d'un « village global » (McLuhan, 1968) et des mouvements antimondialistes et altermondialistes, qui attirent, par leur dénomination même, l'attention du public sur l'ampleur du phénomène.

Dans le monde anglophone, la popularisation du terme *globalization* et son usage comme mot-valise provoquent de nombreux débats. On admet que le terme désigne le développement de l'interdépendance au niveau mondial mais chacun y met les éléments qui les intéressent. Sur le plan étymologique, les mots monde (univers) et globe sont suffisamment proches pour que mondialisation et globalisation soient synonymes dans leur emploi initial en langue française. Toutefois, la proximité de « globalisation » avec l'anglais et la particularité de la mondialisation ont amené une divergence sémantique. En français, le terme « globalisation » désigne l'extension supposée du raisonnement économique à toutes les activités humaines.

Le terme anglo-américain *global* peut se traduire en français par au moins trois notions assez distinctes, bien sûr, non seulement par « global », mais aussi par « mondial », voire par « international ». Si les Américains utilisent beaucoup l'expression *global*, il faut rappeler qu'en français les termes « global » et « mondial » doivent être soigneusement distingués. Alors que « mondial » renvoie à un phénomène relatif au monde entier, « global », par contre, est associé à un phénomène pris dans sa totalité, dans son ensemble. Ce n'est donc pas tout à fait la même chose, et ce n'est pas forcément le même niveau d'analyse. Aujourd'hui, quand on mobilise le concept de « globalisation », on a tendance à considérer que cela concerne à la fois la globalité économique et la globalité géographique. C'est en quelque sorte une super-notion qui inclut le concept de mondialisation et le dépasse.

En d'autres termes, « mondialisation » et « globalisation » représentent des processus de décloisonnement des mondes sociaux. On peut alors affirmer que la mondialisation est un processus de décloisonnement économique entre États-nations, plus ou moins protégés jusque-là (Adda, 1996 ; Cohen, 2004). Ainsi, le fait de faire sauter les barrières (commerciales, tarifaires, monétaires, juridiques) entre les nations produit la mondialisation. Par exemple, sur un marché donné, on parlera du marché mondial des télécommunications, ou encore du marché mondial des transports aériens. En décloisonnant les frontières qui pouvaient exister entre les États-nations, on a fait émerger une mondialisation de marchés particuliers. L'Organisation mondiale du commerce (OMC) est un des acteurs de premier plan dans ce processus. Si la globalisation est aussi, quant à elle, un processus de décloisonnement, elle se fait en revanche entre les marchés. C'est pour cela que la globalisation englobe la mondialisation. Quand on dit qu'une firme a une stratégie globale, cela veut dire qu'elle définit cette stratégie par rapport à l'ensemble des marchés mondiaux, qu'il s'agisse du marché des capitaux, des technologies, des services ou autres. La stratégie est globale par rapport à l'ensemble des marchés.

On dit parfois aussi que certains marchés sont globalisés. Nous pouvons penser notamment aux marchés monétaires et financiers qui ont été très fortement décloisonnés. On peut, pour ces marchés particuliers, parler de marchés globaux. C'est un point tout à fait capital dans l'analyse du processus de globalisation actuelle. On peut enfin parler de la globalisation des moyens de communication. La troisième révolution industrielle, celle des technologies de l'information, permet de disposer en tous points de la planète d'une information en temps réel ; nous assistons à une véritable globalisation de l'information.

En synthèse, le terme mondialisation désigne un processus historique par lequel des individus, des activités humaines et des structures politiques voient leur dépendance mutuelle et leurs échanges matériels autant qu'immatériels s'accroître sur des distances significatives à l'échelle de la planète. Elle consiste en l'interdépendance croissante des économies et contribue à l'expansion des échanges et des interactions humaines. La genèse du terme explique que ce processus soit le plus souvent envisagé sous le seul aspect de la mondialisation économique, développement des échanges de biens et de services, accentuée depuis la fin des années 1980 par la création de marchés financiers au niveau mondial. Toutefois, s'y ajoutent l'aspect culturel qu'apporte l'accès d'une très large partie de la population mondiale à des éléments de culture de populations parfois très éloignés d'une part et aussi la prise de conscience par les pays développés dans leur ensemble de la diversité des cultures au niveau mondial. Alors, le terme mondialisation désigne l'établissement de liens d'interdépendance entre individus, activités humaines et systèmes politiques à l'échelle du monde. Il comprend non seulement l'aspect objectif de l'augmentation progressive de l'interconnectivité, mais aussi des questions culturelles et subjectives (Robertson, 1992), présentant des effets et une temporalité propres à chacun (Bauman, 2004).

Afin de mettre en relief la dimension culturelle, sociale et quotidienne de la mondialisation, Beck (2006) parle de cosmopolitisme. Si la mondialisation est souvent appréhendée d'un point de vue économique, l'idée de cosmopolitisation renvoie à un processus caractérisé par les interdépendances qui relient les personnes les unes aux autres. D'une part, nous pouvons penser aux réseaux, aux discussions et aux médias de masse qui nous touchent quotidiennement tous, modifiant notre mode de consommation, notre vie politique et nos relations à l'intérieur même de nos frontières nationales (Beck, 2006). Ainsi, notre vie quotidienne, notre travail, nos rapports amoureux deviennent cosmopolitiques dans la mesure où ils sont le mélange de différentes cultures. D'autre part, les questions démontrant un souci envers le global deviennent de plus en plus une partie importante des expériences quotidiennes locales et de la vie morale des personnes. Il s'agit donc de la prise de conscience du destin commun qui lie désormais toutes les parties du monde dans le partage des mêmes risques (Cheah et Robbins, 1998 ; Beck, 2002). Autrement dit, l'idée de cosmopolitisation renvoie à l'expérience de la mondialisation à partir des États-nations, se traduisant dans la conscience d'une responsabilité collective à l'égard d'une sphère globale (supranationale), dans une reconnaissance de la différence d'autrui et dans une attitude de non-violence (Beck, 2002). Par conséquent, la cosmopolitisation fait preuve d'une transformation des identités et des consciences au quotidien.

Concernant les répercussions culturelles de la mondialisation, Faist et Ozveren (2004) attirent notre attention vers les espaces sociaux transnationaux. Ces espaces représentent des liens sociaux et symboliques qu'entretiennent des personnes, des organisations et des réseaux dont l'activité transcende les frontières des États-nations. Ce sont des sortes de corridors culturels au sein desquels transitent des personnes, des symboles et des pratiques, les migrations et les diasporas en étant un exemple emblématique. En effet, l'immigration et le retour dans le pays d'origine peuvent ne pas être des décisions définitives, irrévocables et irréversibles, conduisant un hybridisme ou métissage culturel (Faist et Ozveren, 2004). Bhabha (1994) pense l'hybridisme à partir de plusieurs formes de colonisation qui conduisent à des rencontres, des collisions et des échanges culturels. Ces rencontres ne sont pas dépourvues de rapports de force. Bien au contraire, la façon dont les autres sont constitués et transformés à travers elles dépend des enjeux et des ressources politiques de chacun et de chaque situation (Ahmed, 2000).

Au cœur du processus de mondialisation, on retrouve les entreprises multinationales. Aujourd'hui, toutes les activités d'une multinationale, même les plus stratégiques, peuvent être délocalisées pour des questions de coût ou de stratégie, ou encore de gestion ou de comptabilité. Il est souvent avantageux de produire là où le personnel est plus faiblement rémunéré à condition que l'entreprise se montre suffisamment productive, de vendre sur les marchés les plus rentables et de rechercher la fiscalité la moins contraignante. D'après certaines études, les échanges entre filiales des multinationales représenteraient un tiers du commerce mondial et les échanges entre les sièges sociaux des multinationales et leurs filiales, un autre tiers du commerce mondial. Cette internationalisation se traduit par l'importance du chiffre d'affaires réalisé à l'étranger. De plus, la stratégie et le fonctionnement des entreprises raisonnent désormais à l'échelle du monde.

D'autres études, fondées sur des entretiens avec des dirigeants des grandes entreprises des pays développés, confirment que, pour eux, la croissance est à l'étranger et qu'ils estiment qu'ils accorderont, dans les prochaines années, plus d'attention aux marchés étrangers qu'au marché national, parce que c'est là que résident les enjeux essentiels du développement de l'entreprise (Economist Intelligence Unit, 2006). Si les entreprises s'internationalisent de plus en plus, au point d'être centrées davantage sur l'étranger que sur leur marché intérieur et de penser le marché comme mondial, les zones couvertes et les pays d'implantation restent encore partiels. Il serait plus juste de parler d'entreprises mondialisées, ou en voie de mondialisation, que d'entreprises entièrement « mondiales ». Autrement dit, il ne faut pas oublier que la mondialisation est un processus en cours. En fait, comme l'indique une étude récente de la Conférence des Nations unies pour le commerce et le développement, seulement trois des vingt entreprises les plus internationalisées peuvent être considérées comme véritablement globales ou mondiales, c'est-à-dire ayant moins de 50 % de leur chiffre d'affaires dans la région de la triade (Union européenne, Amérique du Nord, Asie) dont elles sont issues, et plus de 20 % dans chacune des deux autres (Rugman et Verbeke, 2004).

Par ailleurs, le mouvement de multinationalisation des entreprises s'accompagne également d'une internationalisation de plus en plus grande des petites et moyennes entreprises. Si, traditionnellement, l'exportation a constitué le premier moyen d'augmenter le chiffre d'affaires d'une entreprise, il reste qu'au cours de la dernière décennie l'internationalisation s'est beaucoup diversifiée, en raison de la compétitivité croissante. Les partenariats et les investissements étrangers et la création de réseaux transfrontaliers deviennent des moyens de faciliter les échanges de connaissances et de technologie et de renforcer les stratégies économiques internationales des petites et moyennes entreprises (PME). Ces activités internationales couvrent à la fois les activités « sortantes », c'est-à-dire dirigées vers l'extérieur de l'entreprise (par exemple, l'exportation) et les activités « entrantes », c'est-à-dire dirigées vers l'intérieur de l'entreprise (par exemple, importation ou accès à la connaissance) tout au long de la chaîne de valeur.

Traditionnellement, l'exportation était considérée comme la principale approche d'internationalisation de l'entreprise. L'introduction du point de vue de la chaîne de valeur dans le débat sur l'internationalisation élargit considérablement la situation. L'internationalisation consiste alors en une palette d'activités de grande importance, non seulement pour le commerce international, mais également pour la capacité à être compétitif dans un environnement économique international. Certaines entreprises ont délocalisé une grande part de leur production, en recourant de façon accrue à la sous-traitance (internationale) et, dans le même temps, sur le marché intérieur, le secteur s'est concentré sur le développement d'activités telles que la conception et le développement des produits, la commercialisation et le marketing (analyse des marchés), jusqu'à l'accès au marché par l'intermédiaire de leurs propres magasins à la fois sur le marché national et sur le marché international.

Les réorganisations à l'œuvre révèlent des entreprises qui changent, par rapport au modèle dominant de l'époque précédente, celui de l'entreprise fordienne des Trente Glorieuses. Nous avons vu le passage des entreprises à ancrage prioritairement national à des entreprises de plus en plus internationales, en voie de mondialisation progressive. Elles passent aussi, pour les plus anciennement internationalisées, d'une logique de multinationales, où le développement est pensé au niveau de chaque pays, à une logique de firmes globales (aussi qualifiées de mondiales ou transnationales), où l'ouverture des marchés et les techniques d'information et de communication permettent d'élaborer des stratégies à l'échelle de la planète ou de larges zones au sein de celle-ci, dépassant les périmètres nationaux (Bouba-Olga, 2006 ; Michalet, 2002). Ces entreprises plus globales sont aussi plus flexibles, pour faire face à une intensification des conditions de concurrence et, d'une façon générale, au développement des incertitudes dans leur environnement. Autrement dit, des entreprises plus globales, souples, fragmentées et aux contours flous.

La dimension « inter » du culturel

Dans un contexte interculturel qui n'est pas nouveau en soi, mais qui se trouve progressivement intensifié par la mondialisation, il devient capital de préciser ce qu'on entend par « inter » quand nous parlons de l'interculturel. Cette relation à l'autre dont nous parlons concerne les groupes humains porteurs d'histoires, de comportements, de valeurs, de symboles communs, qui sont souvent différents d'un groupe à l'autre. Autrement dit, l'autre est porteur d'une culture différente de la nôtre. Mais de quelle culture parlons-nous ?

En matière de culture, il est possible de parler de culture locale, régionale, nationale, supranationale (par exemple, la culture d'une civilisation) ou transnationale. De même, on peut parler de culture de travail, de métier, d'entreprise ou d'industrie. On peut aussi parler de culture générationnelle ou de culture de genre. Chaque fois, nous faisons référence à un groupe humain partageant un ensemble de pratiques, de valeurs, de symboles autour d'activités déterminées ou de sens partagés. Ainsi, vivre dans une même localité, ou une même région, ou une même nation, entraîne forcément des relations avec les autres qui habitent cette localité, cette région ou cette nation et le vécu d'expériences communes qui participent à la construction d'un univers propre à ce milieu. De plus, exercer un même emploi (ou partager un même métier), dans une même entreprise ou dans la même industrie crée des mondes culturels en soi. De façon semblable, être jeune ou vieux, femme ou homme, conditionne notre rapport au monde et nous fait vivre des expériences différentes que nous partageons en tant que jeune, vieux, femme ou homme. Ces expériences ne sont pas exclusives et prennent un sens particulier au regard de cette condition partagée.

Malgré la richesse de ces points de vue sur la culture, dans ce livre, nous nous intéressons surtout à la culture nationale et à ses liens avec la gestion. Ainsi, lorsque le phénomène interculturel est évoqué, il renvoie dans la plupart des cas à la relation entre des cultures nationales différentes. La culture nationale sert de fondement culturel à la plupart des sociétés modernes, celles-ci s'étant bâties autour d'un État qui a unifié très souvent des cultures régionales en une seule culture nationale. Bien sûr, certaines sociétés englobent plusieurs cultures nationales ou cultures ethniques, comme c'est le cas du Canada, de la Suisse, de la Belgique et de nombreux pays africains et sud-américains, et c'est pourquoi c'est plutôt la culture nationale et non la culture sociétale qui nous sert de référence. En ce sens, la culture nationale, pas plus que la nation elle-même, n'est une donnée naturelle. Comme tous les groupements humains, elle est une construction collective.

Toutefois, l'attention portée aux différences culturelles sur le plan national ne doit être perçu comme un moyen de diminuer l'importance des autres dimensions culturelles. Lorsqu'on se concentre sur l'idée qu'une personne est « typiquement » allemande, japonaise ou brésilienne, il ne faut pas pour autant nier les autres influences culturelles qui la constituent ni le fait que la culture est en perpétuel changement ou reconstruction. Il y a bien sûr des cultures locales ou régionales, des cultures de métier ou d'entreprise, des cultures générationnelles, etc. L'interculturel qui nous intéresse ici est celui qui met en présence les cultures nationales.

Dans le cas de la culture nationale, la construction a été entreprise à la fin du XVIIIe siècle autour de l'édification d'États forts et centralisateurs qui représentaient la volonté du peuple plutôt que celle du souverain. Ce sont ces États qui ont travaillé à la construction d'une culture nationale en imposant la plupart du temps une langue commune (par exemple, le français parisien pour la France, le castillan pour l'Espagne), en normalisant cette dernière à l'aide de dictionnaires et de grammaires, en la promouvant par des associations militantes, en utilisant l'école pour la diffuser à grande échelle, en créant de toutes pièces une histoire nationale et des mythes nationaux, en créant une mémoire collective (créations littéraires et artistiques, patrimoine historique, nationalisation *a posteriori* de toutes les productions culturelles des époques antérieures, voire naturalisation de ces productions) (Thiesse, 2000).

Les États-nations ou les « sociétés nationales-marchandes », comme les appelle Demorgon (2000), représentent des formations culturelles ayant marqué l'histoire de l'humanité. Elles succèdent en Europe d'abord, et ailleurs par la suite, aux formations culturelles qui ont dominé le monde jusque-là, à savoir les sociétés communautaires-tribales et les royaumes et les empires. Elles ne les effacent pas pour autant puisqu'elles incorporent des éléments, voire des logiques collectives propres, à ces formations. Ainsi, la France qui vit sous la royauté depuis plus de dix siècles au moment de la Révolution française reste une société marquée par la hiérarchie malgré sa révolution et la construction d'un État national démocratique. La culture nationale française se présente en fait comme un savant mélange de raison et de démocratie issues des Lumières et de la Révolution et de hiérarchie et d'honneur issus de sa longue histoire de société dominée par une monarchie. Précisons que des cultures régionales plus ou moins fortes subsistent toujours en son sein, comme dans la plupart des États-nations. Ainsi, malgré le travail de construction d'une culture nationale, cette dernière n'est jamais totalement hégémonique. L'Allemagne est par contre, pour prendre un autre exemple, davantage marquée par son héritage communautaire-tribal (tribus germaniques) centré sur l'égalité de tous qui explique en partie son système social, économique et politique fait de compromis et de consensus entre les composantes de la société.

L'« inter » qui nous intéresse est celui qui met en présence, en contact, en relation les personnes provenant de diverses cultures nationales telles qu'elles ont été construites depuis plus de deux siècles. Cependant, si la culture nationale est le point focal de notre examen de la question culturelle en gestion, elle l'est en tant que construction historique porteuse des héritages du passé, en tant que synthèse des divers courants qui ont traversé ces sociétés ces derniers siècles, et non pas comme construction aseptisée, épurée propre à une époque donnée. De plus, ces cultures nationales historiques sont par ailleurs constamment remises en cause à la fois par le retour du tribal et du communautaire en leur sein et par le phénomène de mondialisation qui les ouvre les unes sur les autres.

L'INTERCULTUREL SOUS TROIS OPTIQUES

La dimension interculturelle peut être considérée à partir de trois optiques : l'optique de la convergence, de la divergence et de l'hybridation. L'optique de la convergence renvoie au phénomène de la mondialisation et de la construction d'une culture commune mondiale qui, petit à petit, rendrait de plus en plus caducs les effets de la culture nationale (Dunphy,

1987 ; Strange, 1996). Les différences entre les cultures demeurent, toute-fois les chercheurs qui adoptent cette position les jugent de moins en moins opérantes étant donné le développement d'une culture d'affaires mondiale qui rallierait les décideurs.

En effet, nous ne pouvons pas nier la montée de cette culture d'affaires capitaliste à l'échelle mondiale. L'entrée en force de la Russie, de la Chine et de l'Inde dans l'économie capitaliste mondiale en est un exemple probant. Par contre, rien n'indique que les Chinois ou les Indiens conçoivent l'en-treprise et sa gestion exactement de la même manière que les Américains. Que le capitalisme puisse se développer en Chine communiste est déjà une preuve *a contrario* que les choses ne s'y passent pas de la même façon qu'en Occident. On peut certes parler d'une convergence vers le modèle capitaliste et l'entreprise privée dans le monde, mais cette convergence peut être consi-dérée comme structurelle et technologique, tandis que les façons de voir et de faire dans l'entreprise resteraient marquées par la culture nationale (Child, 1981).

L'optique de la divergence demeure celle qui prévaut dans l'analyse interculturelle en gestion. Cette optique met l'accent sur l'importance des différences culturelles et leurs répercussions toujours considérables sur les pratiques de gestion. Elle part de la prémisse selon laquelle la pratique de la gestion n'est pas universelle, mais plutôt située. Ce livre constitue une démonstration convaincante de cette optique, ce qui ne veut pas dire cepen-dant que la globalisation n'a pas d'effets sur les cultures nationales et que le processus d'hybridation doit être sous-estimé.

Plusieurs anthropologues (par exemple, Appadurai, 2001 ; Inda et Rosaldo, 2002) reconnaissent les effets de la mondialisation sur les cultu-relles locales, régionales et nationales, mais ils apportent plusieurs nuances au point de vue qui domine chez les adeptes de la théorie de la convergence. Une première nuance est que ces effets ne sont pas toujours ceux que l'on pense, à savoir une perte des repères locaux par l'adoption de pratiques ou de modèles occidentaux ou transnationaux. Ces pratiques et ces modèles sont reçus de façon très variable dans les cultures de la planète et sont tou-jours interprétés et utilisés à partir des catégories locales, du sens local (Inda et Rosaldo, 2002). Cela veut dire qu'arrivés à destination ces modèles ou pratiques prennent souvent un tout autre sens que celui du départ. De plus, les cultures peuvent intégrer des éléments autant de la modernité que de la tradition, comme le soutient Canclini (1992).

Une deuxième nuance est que la direction des échanges culturels ne se fait pas uniquement de l'Occident nord-américain et européen vers le reste du monde, mais aussi du reste du monde vers celui-ci. Cet Occident riche et prospère intègre des éléments des cultures du monde, nous n'avons qu'à penser à la musique (par exemple, le reggae jamaïcain, le rai algérien, la samba brésilienne, le karaoké) et à la cuisine (par exemple, indienne, japonaise, chinoise, nord-africaine) du monde qui s'y sont répandues et y sont aujourd'hui extrêmement populaires.

Une troisième nuance se rapporte à la constatation que toutes les cultures nationales du monde sont actuellement en transformation, qu'elles s'hybrident (Pieterse, 1994), qu'elles se métissent. Toutefois, cela ne veut pas dire pour autant qu'elles seront toutes semblables demain. L'hybridation n'est pas en soi un phénomène culturel récent, mais plutôt intrinsèque au processus permanent de changement culturel. Cela veut plutôt dire qu'elles se transforment toutes sous l'effet de la mondialisation mais que chacune intégrera à sa façon les divers éléments mondialisés. Les résultats seront forcément différents puisque chaque culture le fera à partir de sa propre histoire, de ses propres réalités du moment, de ses propres catégories culturelles.

De toute façon, faut-il le rappeler encore, les cultures sont toujours des réalités en construction, des synthèses de mouvements qui la traversent. Elles le seront demain aussi et la forme nationale, si elle ne reste pas la plus importante, demeure pour l'instant celle qui subit et digère le phénomène de la mondialisation. De plus, nous pouvons observer une hybridation croissante des pratiques de gestion à partir de la rencontre des cultures nationales et de la globalisation des marchés (Ralston et autres, 1997, d'Iribarne, 2003). Ralston et ses collaborateurs (1997) le montrent à partir d'une étude de cas des États-Unis, de la Russie, du Japon et de la Chine où ils voient à l'œuvre autant la culture nationale de chaque pays que l'idéologie économique qui domine le monde actuellement.

Il est donc possible de voir l'interculturel en gestion sous trois optiques : celle d'une convergence culturelle des pratiques de gestion qui est d'une certaine façon le point de vue dominant chez les économistes comme dans le monde des affaires, celle d'une divergence culturelle de ces mêmes pratiques défendue par des spécialistes des sciences sociales et des organisations et celle d'une hybridation culturelle des pratiques qui est en émergence chez ces derniers. Nous supposons que l'hybridation est l'optique la plus féconde dans le contexte actuel mais que, pour étudier et comprendre cette hybridation des pratiques, il faut bien voir ce qui se mélange et, en ce sens, les cultures nationales restent le lieu privilégié pour faire cette observation. En effet, les cultures nationales ont été l'assise culturelle de l'État-nation, qui est la formation culturelle dominante des deux cents dernières années, et ce sont elles qui sont actuellement transformées. De plus, leur transformation ne fait pas disparaître pour autant ce qui en fait le fondement, les matrices culturelles, comme nous l'avons vu précédemment.

L'APPRENTISSAGE DE LA GESTION EN CONTEXTE INTERCULTUREL

L'apprentissage de la dimension interculturelle au cœur des pratiques de gestion contemporaine peut se faire de plusieurs manières. On peut apprendre l'interculturel dans un contexte de travail, c'est-à-dire lors des voyages d'affaires dans d'autres pays ou régions, au sein d'une équipe multiculturelle, pendant un processus de fusions et acquisitions, etc. L'apprentissage peut aussi se produire à travers la réflexion sur des idées, des théories et des concepts clés. Cet ensemble multimédia se veut un moyen d'apprentissage axé notamment sur cette deuxième approche, mais en l'enrichissant avec l'expérience vécue des gestionnaires et des experts dans le domaine. Bien sûr, la lecture et la réflexion ne remplacent pas l'apprentissage réalisé dans la pratique, ce qui se produit à travers la participation au sein d'une communauté d'experts (Gherardi, 2006 ; Gherardi, Nicolini et Odella, 1998 ; Wenger, 1998).

Le but premier de l'apprentissage envisagé par cet ensemble audiovisuel est de soutenir les personnes dans le développement de leurs capacités d'interagir, d'agir et de diriger en contexte interculturel. Il cherche aussi à encourager l'usage créatif des ressources d'une culture, comme le proposent et l'expliquent d'Iribarne et ses collaborateurs (1998), et le développement de ce que Fernandez (2002) appelle l'intelligence nomade. L'ensemble s'adresse autant aux gestionnaires qu'aux étudiants en gestion et aux divers types de professionnels. À travers la lecture des chapitres et le visionnement des vidéos, vous prendrez conscience de l'importance des dimensions interculturelles et vous pourrez mieux saisir la façon dont ces dimensions affectent le travail. Parallèlement, vous remarquerez que l'apprentissage interculturel relève d'un apprentissage profondément multidisciplinaire. Le champ d'études sur la gestion interculturelle est un univers coloré qui s'appuie sur plusieurs disciplines, telles que l'anthropologie, la sociologie, la psychologie, la communication, l'histoire, entre autres (Bosche, 1993 ; Gudykunst et Ting-Tommey, 1988).

En effet, les chapitres sont rédigés par différents experts et démontrent une ouverture à la fois disciplinaire et conceptuelle des savoirs sur l'interculturel. Autrement dit, nous ne nous enfermons pas dans une approche particulière d'analyse interculturelle. Bien évidemment, cela nous fait courir le risque d'avoir une certaine polysémie des termes utilisés, car ils seront fondés sur des théories différentes et, par conséquent, sur des significations différentes. Toutefois, nous croyons que ce risque est nécessaire et salutaire et que nous nous enrichissons lorsque nous sommes disposés à la pluralité conceptuelle ainsi qu'à la prise en compte des forces et des faiblesses découlant de chaque théorie. Par ailleurs, ce risque de polysémie nous permet de mieux nous familiariser avec la diversité théorique et conceptuelle propre à ce champ d'études et de la concevoir non pas comme une vérité unique, mais comme plusieurs voies possibles d'analyse et de compréhension d'une situation complexe de gestion interculturelle.

D'une façon générale, l'apprentissage interculturel de la gestion soulève des défis en matière de formation. Il attire notre attention sur des exigences de gestion plus fines, plus individualisées, des situations complexes et incertaines (Baldwin, 2006). Le remède n'est plus, même si c'est toujours utile, de former massivement les moins qualifiés. Par exemple, les situations d'expatriation et de négociation interculturelle que doivent affronter les gestionnaires supposent une gestion individualisée des parcours professionnels. De plus, l'internationalisation des entreprises conduit de plus en plus de gestionnaires à exploiter de nouvelles pratiques et à mettre en œuvre de nouvelles compétences, en plus de leur rôle de gestion ou d'expertise traditionnelle. Les compétences linguistiques et les capacités de travailler avec des représentants d'autres cultures, et à intégrer de nouveaux parcours de mobilité dans un contexte d'entreprises, dépassent désormais le territoire purement national.

Afin de favoriser l'apprentissage de la gestion en contexte interculturel, cet ensemble multimédia se concentre sur quatre dimensions, organisées en plusieurs parties et chapitres. Chaque dimension permet d'acquérir des compétences précises, telles que la mobilisation d'approches théoriques, le repérage de problèmes clés, le choix d'outils et l'analyse des subtilités de la gestion dans des contextes culturels ciblés.

Mobiliser les approches et les théories

Les chapitres qui composent la partie I traitent de l'analyse interculturelle et de la variété existante d'approches. En effet, lorsque nous devons analyser une situation interculturelle, il n'y a pas qu'une seule façon de le faire, mais plutôt plusieurs. Alors, l'ensemble des chapitres de cette partie nous sensibilise aux forces et aux faiblesses de certaines approches, tout en illustrant la façon dont chaque théorie peut être appliquée.

Le chapitre I.1 (L'analyse interculturelle et les sciences humaines) permet de situer l'analyse interculturelle dans le champ des sciences humaines, tandis que les chapitres I.2 (L'analyse interculturelle en gestion : décloisonner les approches classiques) et I.3 (L'analyse interculturelle en gestion : une approche interactionniste) présentent diverses approches classiques. Le chapitre I.1 soulève les questions essentielles à l'analyse interculturelle, telles que l'altérité, les malentendus, le langage, la langue, l'espace-temps, l'histoire, les éléments textuels, cotextuels et contextuels de la communication. Ces questions se trouvent au cœur des préoccupations des sciences humaines. Le chapitre I.2 présente et discute l'approche théorique élaborée par Geert Hofstede et celle proposée par Philippe d'Iribarne, tout en cernant les forces et les faiblesses de chaque approche. Il propose de les dépasser dans une approche plus large et englobante. Le chapitre I.3 met de l'avant une approche d'analyse interculturelle axée sur la communication et l'interaction entre les personnes.

Saisir les problématiques et les enjeux

La partie II regroupe des chapitres qui mettent en évidence les problématiques et les enjeux clés dans un contexte d'internationalisation des entreprises. Chaque problématique dévoile des enjeux fondamentaux pour les personnes qui travaillent dans un contexte d'internationalisation et qui doivent résoudre des questions interculturelles d'organisation, de gestion du personnel, de stratégie d'entreprise, de négociation et d'éthique d'affaires.

Le chapitre II.1 (Culture, organisation et stratégie) traite des parcours professionnels, des stratégies et des structures d'organisation en fonction des différences culturelles sur le plan national. Le chapitre II.2 (Le gestionnaire international) examine la situation de la mobilité internationale et ses répercussions en matière d'identité. Dans ce chapitre, les stratégies identitaires déployées par les gestionnaires expatriés sont mises au jour et discutées. Dans le chapitre II.3 (La négociation internationale), l'influence de la culture nationale sur la négociation internationale est présentée et discutée. Plusieurs étapes, procédures, dimensions, stratégies et tactiques liées au processus de négociation internationale sont aussi mises en évidence dans le chapitre. Le chapitre II.4 (Culture et éthique des affaires) se penche sur la problématique de l'éthique des affaires à partir d'une comparaison entre la situation aux États-Unis et en France. Le chapitre discute la question de la corruption, de l'éthique du dialogue et du respect des personnes.

S'inspirer des pratiques et des outils

La partie III a pour but de susciter une réflexion sur les pratiques et les outils de gestion en contexte interculturel. Ainsi, les chapitres qui composent cette partie traitent des pratiques de gestion dans trois contextes : les équipes multiculturelles, le personnel multiculturel et les alliances entre entreprises sur le plan international. Dans cette partie, les pratiques mises de l'avant ne se veulent pas des prêts-à-porter ou des recettes miraculeuses de gestion. Elles sont offertes plutôt comme des inspirations dans le but d'encourager la mobilisation des théories et des concepts vus préalablement.

Le chapitre III.1 (Gestion des équipes multiculturelles) propose une caractérisation et une typologie des équipes de travail dans un contexte multiculturel. Il présente aussi les pratiques de gestion des équipes multiculturelles, tout en permettant de saisir l'influence des différences culturelles sur le fonctionnement des équipes. Le chapitre III.2 (Gestion du personnel multiculturel) examine les pratiques de gestion du personnel multiculturel, en mettant de l'avant une approche de gestion de la diversité axée sur l'apprentissage. Dans le chapitre, la formation et les conflits sont présentés comme des dimensions clés de l'apprentissage interculturel. Le chapitre III.3 (Gestion des alliances internationales) examine l'influence des différences culturelles sur la réussite des alliances internationales entre entreprises et s'attarde tout particulièrement sur le cas de l'alliance entre Renault et Nissan.

Analyser la complexité culturelle à partir de contextes singuliers

Les autres parties concernent les plongées interculturelles et se retrouvent sur DVD, chaque partie portant sur une grande région continentale : l'Amérique (partie IV), l'Europe (partie V), l'Afrique et le Moyen-Orient (partie VI) et l'Asie et l'Océanie (partie VII). Chacune de ces parties inclut plusieurs chapitres, chaque chapitre portant sur la culture d'un pays ou d'une société d'une grande région continentale. Ainsi, chaque chapitre invite le lecteur à la plongée dans la découverte de la culture d'une société afin de cerner les détails et les singularités propres à la culture et, par conséquent, propres aux pratiques de gestion. Il s'agit ici de l'analyse et de la description de la culture nationale et de ses significations à l'égard des pratiques de gestion et d'organisation locales.

Ces textes se caractérisent notamment par l'hétérogénéité autant dans les sources d'apprentissage que dans les approches théoriques mobilisées par chaque auteur. D'une part, la plongée dans la culture et le style de gestion d'une société se fait à travers la lecture d'un chapitre, mais aussi à travers le visionnement des explications des experts et des expériences interculturelles vécues par des gestionnaires internationaux (sous forme de documents audiovisuels). D'autre part, chaque auteur de chapitre procède selon une composition plus ou moins originale d'approches théoriques et de concepts. Cela enrichit et élargit notre compréhension de l'analyse interculturelle, en l'ouvrant à une multitude de possibilités et de façons de faire.

RÉFÉRENCES

Adda, J., *La Mondialisation de l'économie*, Paris, La Découverte, 1996.

Ahmed, S., *Strange Encounters : embodied others in post-coloniality*, London, Routledge, 2000.

Appadurai, A., *Après le colonialisme : les conséquences culturelles de la globalisation*, Paris, Payot, 2001.

Arendt, H., *Eichmann à Jérusalem : rapport sur la banalité du mal*, Paris, Gallimard, 1997.

Aron, R., *Démocratie et totalitarisme*, Paris, Gallimard, 1964.

Baldwin, R., *Globalisation : the great unbundling(s)*, Geneva, Graduate Institute of International Studies, 2006.

Barloewen, C. V., *Anthropologie de la mondialisation*, Paris, Syrtes, 2003.

Bauman, Z., *La Société assiégée*, Paris, Le Rouerge et Chambon, 2002.

Bauman, Z., *Le Coût humain de la mondialisation*, Paris, Gallimard, Pluriel, 2004.

Beck, U., « The Cosmopolitan Society and its Enemies », *Theory, Culture & Society*, vol. 19, n°s 1-2, p. 17-44, 2002.

Beck, U., *Qu'est-ce que le cosmopolitisme ?*, Paris, Aubier, 2006.

Bhabha, H. K., *The Location of Culture*, London, Routledge, 1994.

Bosche, M., *Le Management interculturel*, Paris, Nathan, 1993.

Bouga-Olga, O., *Les Nouvelles Géographies du capitalisme : comprendre et maîtriser les délocalisations*, Paris, Le Seuil, 2006.

Bredin, J.-D., *L'Affaire*, Paris, Fayard, 1993.

Canclini, G. N., *Culturas hibridas : estrategias para entrar y salir de la modernidad*, Buenos Aires, Editorial sudamericana, 1992.

Cerdin, J.-L., *L'Expatriation*, Paris, Éditions d'Organisation, 2002.

Cheah, P., et R. Robbins (ed.), *Cosmopolitics : thinking and feeling beyond the nation*, Minneapolis, University of Minnesota Press, 1998.

Child, J. D., « Culture, Contingency and Capitalism in the Cross-National Study of Organizations », dans L. L. Cummings et B. W. Straw (ed.), *Research in Organizational Behavior*, vol. 3, Greenwich, JAI Publishers, p. 303-356, 1981.

Clark, S. K., *Civilisation*, London, BBC Books, 1969.

Cohen, D., *La Mondialisation et ses ennemis*, Paris, Grasset, 2004.

Delumeau, J., *La Peur en Occident*, Paris, Gallimard, 2003.

Demorgon, J., *L'Interculturation du monde*, Paris, Anthropos, 2000.

d'Iribarne, P., *Le Tiers-monde qui réussit. Nouveaux modèles*, Paris, Éditions Odile Jacob, 2003.

d'Iribarne, P., *Cultures et mondialisation : gérer par-delà les frontières*, Paris, Seuil, 1998.

Dunphy, D., « Convergence/Divergence : A Temporal Review of the Japanese Enterprise and its Management », *Academy of Management Review*, vol. 12, n° 3, p. 445-459, 1987.

Durkheim, E., *Les Règles de la méthode sociologique*, Paris, Flammarion, 1999.

Economist Intelligence Unit, *Report on Multinationals*, Londres, 2006.

Faist, T., et E. Ozveren (ed.), *Transnational social spaces : agents, networks and institutions*, Burlington, Ashgate, 2004.

Fernandez, B., *Identité nomade : de l'expérience d'Occidentaux en Asie*, Paris, Anthropos, 2002.

Geertz, C., *The Interpretation of cultures*, New York, Basic books, 1973.

Gherardi, S., D. Nicolini et F. Odella, « Toward a social understanding of how people learn in organizations : a notion of situated curriculum », *Management Learning*, vol. 29, n° 3, p. 273-297, 1998.

Gherardi, S., *Organizational Knowledge : the texture of workplace learning*, Oxford, Blackwell Publishing, 2006.

Gudykunst, W. B., et S. Ting-Toomey, *Culture and Interpersonal Communication*, Newbury Park, Sage, 1988.

Hall, E.-T., *La Dimension cachée*, Paris, Seuil, 1971.

Harrisson, D. A., M. A. Shaffer et P. Bhaskar-Shrinivas, « Going places : roads more and less traveled in research on expatriate experiences », *Research in Personnel and Human Resources Management*, vol. 23, p. 199-247, 2004.

Inda, J. X., et R. Rosaldo (ed.), *The Anthropology of globalization*, Malden, Blackwell Publishers, 2002.

Kaessler, D., *Max Weber, sa vie, son œuvre*, Paris, Fayard, 1998.

Kipling, R., « The White Man's Burden », *McClure's Magazine*, 12 février, 1899.

Lévi-Strauss, C., *Race et histoire*, Paris, Denoël-Gonthier, 1954.

Maalouf, A., *Les Croisades vues par les Arabes : la barbarie chrétienne vue en Terre sainte*, Paris, coll. « J'ai lu », 1999.

Malinowski, B., *Une théorie scientifique de la culture*, Paris, Maspero, 1968.

Mauss, M., *Sociologie et anthropologie*, Paris, Presses universitaires de France, 1968.

McLuhan, M., *War and Peace in the Global Village*, New York, Bantam Books, 1968.

Michalet, C.-A., *Qu'est-ce que la mondialisation ?*, Paris, La Découverte, 2002.

Nadoulek, B., *L'Épopée des civilisations*, Paris, Eyrolles, 2005.

Pieterse, J. N., « Globalisation as hybridisation », *International Sociology*, vol. 9, n° 2, p. 161-184, 1994.

Ralston, D. A. et autres., « The Impact of National Culture and Economic Ideology on Managerial Work Values : A Study of the United States, Russia, Japan, and China », *Journal of International Business Studies*, vol. 28, n° 1, p. 177-207, 1997.

Robertson, R., *Globalization : social theory and global culture*, London, Sage Publications, 1992.

Rugman, A. M., et A. Verbeke, « Regional transnationals and Triad strategy », *Transnational Corporations* (United Nations Conference on Trade and Development), vol. 13, n° 3, 2004.

Sahlins, M., *Culture and Practical Reason*, Chicago, University of Chicago Press, 1976.

Saïd, E., *L'Orientalisme : l'Orient créé par l'Occident*, Paris, Seuil, 1980.

Strange, S., « L'avenir du capitalisme mondial. La diversité peut-elle persister indéfiniment ? », dans C. Crouch et W. Streeck (dir.), *Les Capitalismes en Europe*, Paris, La Découverte, p. 247-260, 1996.

Thiesse, A.-M., « La fabrication culturelle des nations européennes », *Sciences humaines*, n° 110, p. 38-42, novembre 2000.

Veyne, P., *Quand notre monde est devenu chrétien (312-394)*, Paris, Albin Michel, 2007.

Webber, R. A. (ed.), *Culture and Management*, Homewood, Irwin, 1969.

Weber, M., *Histoire économique*, Paris, Gallimard, 1999.

Wenger, E., *Communities of Practice : learning, meaning and identity*, Cambridge, Cambridge University Press, 1998.

PARTIE I

APPROCHES

CHAPITRE I.1

L'ANALYSE INTERCULTURELLE ET LES SCIENCES HUMAINES

Jean-François Chanlat

INTRODUCTION

Depuis une bonne vingtaine d'années, la question des différences culturelles semble particulièrement populaire dans l'univers de la gestion. L'internationalisation croissante des échanges, la régionalisation des économies (par exemple, Alena, Mercosur, Asia-Pacific Economic Cooperation, Union européenne), la chute du mur de Berlin, les transformations des anciens pays communistes, la montée en puissance de la Chine et de l'Inde ont en effet eu des répercussions considérables sur la dynamique des entreprises et des États. Les investissements à l'étranger se sont accrus, les fusions et les acquisitions se sont multipliées, à l'échelle nationale et internationale dans de nombreux secteurs (par exemple, pharmacie, services financiers, automobile, sidérurgie), les alliances stratégiques se sont développées (par exemple, Alliance Renault-Nissan, réseaux de compagnies aériennes) et les privatisations de grandes entreprises publiques ont fait naître des géants internationaux.

Parallèlement à ces mouvements économiques, on a également assisté à des mouvements migratoires très importants et à des transformations de la composition démographique des populations nationales un peu partout dans le monde, notamment en Amérique du Nord et en Europe. Si ces mouvements ont profondément marqué notre tissu socioéconomique (Martin, Metzger et Pierre, 2003), ils ont également provoqué de nouvelles configurations sociales et des tensions dans le domaine des relations interculturelles. Le rapport à l'autre est en effet marqué par un certain nombre d'attitudes et de comportements à l'égard de l'altérité qui vont influencer les relations interculturelles.

Au cours des deux dernières décennies, si un certain nombre de chercheurs, formateurs et conseillers en gestion se sont intéressés à mieux comprendre le rapport qu'entretient la gestion avec la culture, notamment nationale (Desjeux et Taponier, 1994 ; Hofstede, 2001 ; Trompenaars, 2002 ; Dupriez, 2002 ; d'Iribarne, 1998, 2003 ; Kamdem, 2002 ; Pesqueux, 2004 ; Management international, 2004), un mouvement qui a fait émerger un nouveau champ en gestion, la gestion interculturelle (Schneider et Barsoux, 2003 ; Chevrier, 2003), il reste que ces travaux se sont peu intéressés à certains aspects de cette confrontation interculturelle.

Dans ce chapitre, nous allons donc tenter de rappeler quelques éléments clés de ce rapport à l'autre, les peurs, les attirances, les préjugés, les malentendus, les conflits et les comportements racistes que cela peut provoquer, et le rôle des rapports historiques dans la compréhension des relations observées. Pour ce faire, nous allons tenter de répondre principalement à trois grandes questions : Que se passe-t-il quand deux personnes aux cultures différentes se rencontrent ? Quels sont les principaux malentendus interculturels ? Et en quoi l'histoire des relations est-elle éclairante dans l'attitude et les comportements observés ?

LA RENCONTRE INTERCULTURELLE ET L'ALTÉRITÉ

Tout être humain se construit dans son rapport à l'autre. Comme l'a écrit si joliment le psychanalyste anglais Winnicott, si se cacher est un plaisir, ne pas être découvert est une catastrophe. Car la conscience de soi est inséparable de la conscience de l'autre. Cette relation à l'autre constitue sur le plan personnel le fondement de l'identité individuelle (Tap, 1986a, 1986b ; Dubar, 2000) et au niveau collectif, cela fonde l'identité sociale (Tap, 1986a, 1986b ; Dubar, 2000). Ainsi, l'identité personnelle et les identités collectives résultent de la relation qu'une personne ou un groupe entretient avec ce qu'on appelle l'altérité. L'autre est, comme nous le rappelle Freud, à la fois un modèle, un objet d'investissement, un soutien, un adversaire, voire un bouc émissaire.

La présence d'autrui joue également un rôle dans la genèse de l'identité socioculturelle. Tout groupe humain se différencie au contact d'autrui. Ce double rapport (individuel et collectif) à l'altérité pénètre tous les niveaux de la vie sociale. À l'heure où les relations internationales s'intensifient, où les soubresauts de l'ordre mondial entraînent des migrations importantes, où les sociétés occidentales voient leur tissu social se diversifier, chaque collectivité et chaque individu voit son rapport à soi et à l'autre modifié. Ces mouvements ne se font pas toujours sans heurts. L'actualité de la presse est là pour nous le rappeler par ses nombreux articles concernant la discrimination raciale à l'embauche, les attentats xénophobes, les conflits interethniques, les slogans racistes dans les stades de football, voire les crimes racistes.

Le racisme est en effet une question sociale toujours d'actualité qui fait encore couler beaucoup d'encre. Que l'on soit aux États-Unis, au Canada, en Europe ou ailleurs dans le monde, on observe des comportements de type raciste. Les États-Unis ont connu depuis les débuts de leur histoire un racisme qui s'est exercé contre les Indiens et les Noirs et selon les vagues d'immigration des relations intercommunautaires plus ou moins tendues. Au Canada, pays du multiculturalisme, s'il en est un, les discriminations se font jour régulièrement. En Europe, la Grande-Bretagne a assisté à des affrontements interethniques, a remis en question certaines pratiques discriminatoires de la police ou encore plus récemment a été choquée par les attentats provoqués par des jeunes Britanniques de confession musulmane. Les Pays-Bas, longtemps vus comme un havre de tolérance, découvrent eux aussi l'assassinat raciste avec la mort de Théo Van Gogh et les tensions raciales entre certains Hollandais et certains immigrés Arabo-musulmans. Les Italiens assistent à la montée des gestes et des injures raciales dans les stades de football. La France est aux prises avec des émeutes qui font resurgir les problèmes de discrimination vécus par les populations d'origine immigrée au quotidien. Les Espagnols ont connu des tensions de même nature dans le Sud. Les Allemands observent depuis quelques années le racisme antiturc. Ailleurs dans le monde, on retrouve des comportements de ce type. On n'a qu'à penser aux rapports entre certains hindous et certains musulmans en Inde, à la manière dont on traite les Africains en Russie ou au racisme des Asiatiques à l'égard d'autres peuples.

Comme on peut le voir, le racisme s'exprime sous toutes les latitudes et sous des visages divers. Qu'est-ce qui amène des personnes et des groupes à réagir de la sorte ? On peut apporter deux types d'explication : une explication d'ordre psychologique et une explication d'ordre sociologique, l'une et l'autre s'articulant pour donner un sens à ce que l'on observe. La première se comprend par la genèse humaine et la seconde s'inscrit dans le contexte sociohistorique du rapport à autrui.

L'individu à la découverte de l'altérité

Si nous suivons l'argument des psychanalystes, au commencement de l'existence, le bébé est dans un état d'indifférenciation. Il est en fusion avec sa mère. Par la suite, à partir du huitième mois, il commence à distinguer l'environnement de sa mère. Son absence est alors une source d'angoisse et il tend à projeter ses pulsions de colère sur l'étranger. Au fil du temps, il apprend à tolérer les différences entre sa mère et l'étranger. Comme l'écrit le psychanalyste Flem (1985, p. 22-23) :

> Le développement humain semble ne jamais s'achever complètement et pouvoir sans cesse revenir sur ses pas ou rester infiltré de mécanismes anciens. Ce processus de nature persécutrice peut se révéler tout au long de la vie, chaque fois que des circonstances angoissantes, intérieures ou extérieures, dépassent les capacités à réagir face aux difficultés et suscitent une vive intolérance à la frustration et aux affects destructeurs qu'elle fait naître.

En d'autres termes, l'être humain à ses débuts est un, et ce n'est qu'au fur et à mesure qu'il découvre l'autre qui est un double de lui-même. Par là même, « le rapport d'altérité était né. Or, vécu comme un scandale, il installe le drame. La présence d'un différent de soi constitue une menace. Menace à l'intégrité, menace à l'identité » (Vincent, 1990, p. 385). Comme nous pouvons le voir, l'explication par la psychologie des profondeurs inscrit la peur de l'autre et tout ce qui s'ensuit dans l'ontogenèse de soi. Elle nous permet de comprendre comment certains individus ou groupes peuvent avoir des résonances menaçantes au sein du psychisme individuel. Si nous avons là le point de vue psychologique, il reste que la relation avec autrui s'inscrit également dans un rapport social, lui-même historiquement situé.

Le groupe à la découverte de l'altérité

Depuis que nous avons des textes, notamment en Occident, le rapport à la différence culturelle a été l'objet de réflexions. Dès l'Antiquité, les Grecs établissent une ligne de partage entre eux et les autres qu'ils qualifient de barbares, c'est-à-dire ceux qui parlent mal la langue grecque. Par la suite, nous aurons les figures du sauvage et du primitif qui viendront enrichir les représentations que les Occidentaux se font des peuples appartenant à des zones géographiques différentes avec lesquels ils seront en contact à travers le processus impérialiste, colonialiste ou mercantile.

On peut se rappeler la fameuse controverse de Valladolid où un religieux espagnol, Las Casas, choqué par les exactions commises par ses coreligionnaires espagnols en Nouvelle-Espagne, au Mexique et dans les Antilles actuelles, force un débat théologique sur l'humanité des Indiens. À la suite de cette discussion publique, on reconnaîtra que les Indiens ont une âme, donc appartiennent bien à la même espèce que les Espagnols et les chrétiens en général. En revanche, les Noirs n'auront pas droit à cette reconnaissance. Ce n'est qu'au XIXᵉ siècle que la traite des Noirs et l'esclavage seront abolis dans tous les pays occidentaux. La dialectique du même et de l'autre bute sur les représentations sociales de chaque époque.

Si nous pouvons bien situer le discours occidental par rapport à l'altérité, il faut également rappeler, à la lumière des travaux anthropologiques, que cette question n'affecte pas uniquement les Occidentaux. Tous les peuples, même les plus petits en nombre, se font une représentation de l'autre, c'est-à-dire du groupe qui est différent de soi. Selon Levi-Strauss (1961), ils ont d'ailleurs tendance à définir l'humanité à partir d'eux-mêmes, les frontières de celle-ci se confondant avec les limites de la tribu concernée. C'est ainsi qu'Inuit en inuktitut signifie homme comme beaucoup d'autres vocables servant à définir chacun des groupes (Levi-Strauss, 1961). Mais, en agissant tous de la sorte, on participe tous de l'humanité.

> C'est dans la mesure même où l'on prétend établir une discrimination entre les cultures et les coutumes que l'on s'identifie le plus complètement avec celles qu'on essaye de nier. En refusant l'humanité à ceux qui apparaissent comme les plus « sauvages » ou « barbares » de ses représentants, on ne fait que leur emprunter une de leurs attitudes typiques. Le barbare, c'est d'abord l'homme qui croit à la barbarie (Levi-Strauss, 1961, p. 15).

Ainsi, définir l'autre par ces catégories nous indique que chaque culture a tendance à se définir comme le centre du monde et, par la même occasion, à voir ceux qui sont à l'extérieur du cercle social comme des êtres différents. Si cela permet de constituer l'identité du groupe en question, c'est en effet en se différenciant d'un autre qu'on se pose comme soi (par exemple, Occidental versus Asiatique, Africains versus Européens, Canadiens versus Américains, Canadiens versus Québécois, Mexicains versus Américains, Brésiliens versus Argentins, Hollandais versus Belges, Anglais versus Français, Chinois versus Japonais). Il n'en demeure pas moins que l'on peut s'interroger sur les raisons qui poussent certains êtres humains à voir d'autres êtres humains comme menaçants. Car les relations interculturelles sont également des sources d'enrichissement. L'histoire nous le rappelle constamment.

Certains auteurs expliquent le sentiment de menace tout d'abord par la cruauté naturelle de l'espèce humaine (Memmi, 1982 ; Delacampagne, 1983 ; Langaney, 1981). L'homme s'est en effet développé en tant qu'espèce comme un prédateur. Pour survivre, il a dû lutter contre d'autres espèces et d'autres groupes rivaux. Comme il n'a, semble-t-il, aucun mécanisme inné d'inhibition de l'agressivité, contrairement à d'autres espèces connues et étudiées (Eibbl-Ebbesfeld, 2002), seules la culture et la morale jouent cette fonction. Il peut donc détruire l'autre sans beaucoup de retenue quand il se sent menacé dans son espace.

D'autres s'intéressent aux peurs, aux stéréotypes, aux préjugés qui peuvent conduire au racisme. Ces travaux sont très nombreux en sciences sociales. Ils nous permettent également de mieux comprendre ce qui se joue dans le domaine des relations interculturelles. Albert Memmi (1982), qui a passé toute son existence à chercher à comprendre ce rapport à la différence dans des contextes différents et plus particulièrement à éclairer le phénomène raciste, part de la première réaction observable quand deux personnes se rencontrent. Elle peut avoir un visage négatif, c'est l'*hétérophobie* (du grec *phobos*, peur et *heteros*, différent) qui se caractérise par une peur de la différence et de l'étranger, ou encore un visage positif, c'est la *xénophylie* (du grec *philia*, amour et *xenos*, étranger) qui se caractérise par l'attrait de la différence ou de tout ce qui est étranger (Memmi, 1982). Selon les moments de son histoire sociale, une communauté peut encourager l'une ou l'autre forme de réaction. Comme nous pouvons historiquement le constater, ce n'est pas sans conséquence sur les relations interculturelles au quotidien. Combien de discours ont été tenus, hier comme aujourd'hui, concernant les étrangers qui nous envahissent, les immigrés qui nous prennent nos emplois, la dangerosité des Arabes, le complot juif, l'invasion des Jaunes ?

La réaction de peur qui s'explique par la phylogenèse de l'humanité, ce que Langaney qualifie d'altruisme, correspond à un premier niveau de comportement. Ce niveau s'apparente à un racisme primaire qui s'appuie sur une réaction de défense d'un individu ou d'un groupe face à l'inconnu. Mais, qu'est-ce qui fait que nous allons avoir une représentation de l'autre d'un certain type ? Pourquoi certains aspects vont-ils être plus privilégiés que d'autres (par exemple, la couleur de la peau, le vêtement, les manières de manger, l'habitat). À partir de quel moment l'autre groupe se distingue-t-il de nous ?

D'aucuns partent du fait que l'homme est un animal visuel, qu'il découvre les autres par le regard et que, par conséquent, le corps de l'autre, ses vêtements, ses manières de se tenir, ses gestes, ses attitudes et ses regards vont provoquer des perceptions immédiates (Langaney, 1981). D'autres insistent sur le caractère classificatoire de la pensée humaine (Mauss, 1968 ; Levi-Strauss, 1961 ; Flem, 1985), indispensable pour se repérer, tant dans la nature que dans la vie sociale. Mais, comme l'a enseigné de Saussure (1978), le langage qui permet d'exprimer en mots ses repères sémantiques est aussi marqué par l'arbitraire. Toute classification sera donc la résultante de l'acuité de nos sens, de nos moyens techniques, de notre vision du monde, de notre rapport subjectif à l'objet considéré et du contexte sociohistorique. C'est peut-être parce que nous sommes des êtres visuels que nous accordons ainsi beaucoup d'importance à la couleur de la peau, aux vêtements et aux manières de se comporter. Toutefois, les autres sens peuvent également participer à ce processus. Que ce soit par l'odorat, la classification selon les odeurs : par exemple, les Français n'ont-ils pas été récemment désignés comme des mangeurs de fromages qui puent par de nombreux Américains lors de la crise irakienne ou les populations africaines caractérisées par l'odeur de leur cuisine en France ? Cela peut être aussi par l'ouïe, selon le type de sons, musique de barbare versus musique civilisée, ou encore par le goût, selon le sucré ou le salé, le cru ou le cuit ou l'épicé et le fade. Chacun de ces sens provoque également des réactions différenciées.

À ce niveau cognitif de classement, rien ne peut poser *a priori* problème. L'activité classificatoire est tout à fait naturelle. C'est au deuxième niveau que les problèmes apparaissent. Il s'agit ici du mépris et de la hiérarchisation de l'autre, laquelle constitue bien souvent le cadre dans lequel la classification s'inscrit. Les Grecs anciens dans notre tradition ont été les premiers à faire des distinctions de ce type. Ils avaient défini leur univers social comme étant harmonieux et leur lieu géographique comme tempéré. Les autres vivaient dans des régimes monarchiques, voire tyranniques plutôt que démocratiques et ils étaient situés dans des zones soit trop froides, soit trop chaudes. Ils se considéraient donc comme le centre du monde et, de ce fait, ils ont établi un ordre social dans lequel ils occupaient la première place. Ils étaient victimes de leur ethnocentrisme, c'est-à-dire de considérer son univers comme le centre du monde, une attitude bien commune au sein des groupes humains. Il suffit de consulter des cartes géographiques anciennes ou modernes du monde pour voir que, selon les pays où la carte a été produite, la place de celui-ci est souvent au centre, inscrivant ainsi dans l'espace ce regard ethnocentrique.

Plus généralement, l'ordre social détermine une hiérarchie qui établit la place des uns et des autres. Certains deviennent supérieurs, d'autres inférieurs. La classification aboutit à la justification de la supériorité des différences. N'importe quelle différence peut alors alimenter les distinctions entre les individus et les groupes concernés (par exemple, propre ou sale, pur ou impur, honnête ou malhonnête, équitable ou inéquitable, fort ou faible, raisonnable ou déraisonnable, mûr ou enfantin, civilisé ou sauvage, intelligent ou stupide, sensible ou cruel, beau ou laid, raffiné ou grossier) et les hiérarchiser. Suivant l'échelle établie, chaque groupe appartiendra plus ou moins au monde des civilisés, des intelligents, des propres, des purs, des mûrs, des sensibles ou des raffinés. Cette idée de hiérarchie sera renforcée au cours des XVIIIe et XIXe siècles par les idées de progrès et d'évolution, les Occidentaux se situant tout en haut et, selon les pays occidentaux concernés, chacun se plaçant au dernier échelon.

Ce phénomène de hiérarchisation est qualifié par Langaney de racisme secondaire. Un tel racisme est

> une rationalisation du racisme primaire (ici comprendre l'hétérophobie) au nom d'arguments tenant à la rivalité économique ou politique entre des groupes humains, à des problèmes de compétition entre communautés voisines diffé-rant par la culture ou les habitudes quotidiennes ou à des sentiments d'hosti-lité liés à des réputations abusives faites à telle ou telle communauté (Langaney, 1981, p. 97-98).

Mais cette xénophobie argumentée sur des bases diverses (biologiques, sociales, culturelles) peut aussi se transformer, comme nous l'avons déjà signalé, en son double positif, la xénophilie et sa manifestation la plus visi-ble, l'exotisme. On n'a qu'à penser historiquement à la fascination des Croisés pour la civilisation arabe (Maalouf, 1999), au bon sauvage de Jean-Jacques Rousseau, à l'intérêt pour les cultures lointaines sous la forme de l'orientalisme (Said, 1997) ou encore, plus proche de nous, à la popularité des conférences organisées par de grands explorateurs pour aisément s'en convaincre. Comme l'écrit Vincent (1990, p. 389) :

> En fait la xénophilie et l'exotisme sont vus comme l'intérêt que l'on éprouve pour un étranger qui est loin. Les Québécois par exemple pourraient être dits plus admiratifs à l'égard des Inuit qu'ils ne voient pas qu'à celui des Amérindiens beaucoup vus autrefois par leurs ancêtres et qu'ils voient eux-mêmes parfois. Les réactions xénophobes, elles, s'adresseraient davantage aux étrangers peu différents ou encore à ceux qui, venus de l'extérieur, ont élu domicile au cœur même de la cité. C'est le sentiment que les Québécois pourraient avoir envers les anglophones ou envers les Italiens, les Juifs, les Français et parfois les Amé-rindiens. Ces réactions s'inscrivent dans le prolongement de l'hétérophobie. Elles sont en réalité une sorte d'hétérophobie accentuée par la peur d'être déclassé sur le plan économique, social, culturel ou politique (les immigrants sont souvent vus comme « des voleurs de jobs », les juifs comme des voleurs tout court, les Indiens comme des enfants gâtés auxquels les gouvernements accordent des privilèges non justifiés, etc.).

Par ailleurs, lorsque l'on voit surgir une crise sociale, on observe que les groupes minoritaires et différents de la majorité par certains aspects peuvent devenir vite de véritables boucs émissaires. L'histoire du monde est malheureusement riche dans ce domaine (par exemple, protestants et catholiques en France, Juifs dans le monde chrétien, Arabes en Europe, Noirs dans les États du sud des États-Unis, musulmans en Inde, chrétiens en Indonésie). Le bouc émissaire permet de conserver l'image qu'on a de son groupe et d'expulser aux marges tout ce qu'on n'aime pas en soi. C'est un clivage qui permet à l'individu et au groupe de faire face à ses tensions internes, un mécanisme de défense à la fois psychique et social.

Cette confrontation avec l'autre est aussi une manière de se définir et, selon les autres en présence, d'affirmer certains éléments et d'en repousser d'autres. C'est ainsi que, face aux Amérindiens, certains Québécois peuvent affirmer leur appartenance au monde de la culture pour se différencier d'eux (les Sauvages) et que, face à des Français, ils mettront davantage l'accent sur leur américanité et leur naturel pour se distinguer de l'intellectualisme et du maniérisme français (Arcand et Vincent, 1979). Dans ce dernier cas, l'Amérindien devient un des éléments de l'identité québécoise. Autrement dit, « la marge se déplace selon l'identité que le centre veut se donner » (Vincent, 1990, p. 389).

Une fois qu'un groupe a classifié et ordonné les groupes sociaux, l'étape suivante de la différenciation de l'autre passe par la recherche de justifications rationnelles, notamment à partir des XVIIIe et XIXe siècles. La notion de race tente de s'inscrire alors dans le biologique et la science. Selon Vincent (1990) qui s'appuie sur les travaux de Flem (1985), le vocable race apparaît en français au XVIe siècle. Il vient de l'italien *razza* qui signifie « sorte », « espèce », lequel vient du latin *ratio*, c'est-à-dire « raison », « ordre des choses », « catégorie » et « espèce ».

La conception moderne de la hiérarchisation raciale prend son essor au XIXe siècle et ce sont les théories évolutionnistes qui vont lui donner ses assises théoriques. Le darwinisme social et les lois de l'hérédité vont expliquer au monde la supériorité des Occidentaux, des Blancs sur le reste du monde, une supériorité qui s'enracine dans les différences biologiques. Aux différences culturelles qui jouaient jusque-là, le rôle de principal marqueur de la différenciation raciale, se substituent les différences biologiques. La supériorité découle désormais du patrimoine génétique. Au cours du XXe siècle, on sait par l'expérience nazie qui était guidée par une telle représentation où nous ont mené de telles positions (Enriquez, 1983). Cette « scientificisation » du racisme est associée en Occident au déclin de la religion et à la montée de la raison et de la science (Delacampagne, 1983 ; Flem, 1985) et à la permanence de fonder en légitimité sa domination sociale (Jacquard, 1985). Ce qui nous amène aux fonctions sociales du racisme.

On peut dégager deux grandes fonctions du racisme. La première sert à la définition de soi en s'opposant à l'autre de manière positive, la seconde à justifier la domination qu'on exerce à partir de cette opposition. De nombreux Occidentaux se sont ainsi définis par rapport à d'autres peuples : Indiens, Africains, Arabes, Asiatiques, Aborigènes, en considérant comme légitimes leurs conquêtes, l'esclavage et le colonialisme au nom de la supériorité de leur civilisation, de ce fameux fardeau de l'homme blanc dont parlait à la fin du XIXᵉ siècle l'écrivain anglais Kipling.

> Je ne suis pas responsable puisque c'est biologique. Ils sont autres car en nature ils ne peuvent être moi. En fait ils sont responsables de l'oppression que j'exerce sur eux par leur incapacité naturelle à être moi-même, à se faire moi-même. L'oppression que j'exerce contre moi-même en opprimant une partie de l'humanité dont je suis la mesure et le sens, la faute en retombe sur eux et leur incapacité héréditaire de se faire ce que je suis (Guillaumin, 1979, p. 42).

Autrement dit, comme l'a défini Memmi (1982, p. 98-99), « le racisme est la valorisation, généralisée et définitive, de différences réelles ou imaginaires, au profit de l'accusateur et au détriment de sa victime, afin de justifier une agression ou un privilège ».

Dans certains travaux et notamment dans la réflexion française sur le racisme, on s'intéresse surtout à comprendre ce qui amène les gens à être racistes. D'autres recherches, en particulier chez les Anglo-Saxons, tentent d'observer les comportements au quotidien à partir des préjugés car un autre ressort de ce rapport à l'autre réside dans le stéréotype et le préjugé que l'on a à l'égard d'autrui. Au cours des dernières décennies, la psychologie sociale, la sociologie et l'anthropologie ont beaucoup travaillé ces aspects. Qu'est-ce que ces disciplines nous enseignent à ce sujet ?

Le préjugé renvoie à des croyances, jugements, opinions et sentiments négatifs qu'un individu ou un groupe entretient à l'égard d'autres individus ou d'autres groupes à cause de leurs différentes appartenances. Quand ces préjugés nous conduisent à agir d'une certaine manière envers eux, il en résulte une discrimination. Le préjugé racial est une des formes de préjugés. Il est fondé sur l'appartenance à un groupe racial. Mais il y en a bien d'autres (sexuel, professionnel, âge, politique, religieux).

Le stéréotype est une catégorie de pensée qui aide à percevoir le monde social qui nous entoure, à l'interpréter et à orienter les comportements. Selon Rocheblave-Spenle (1974, p. 10), « un stéréotype est un cliché, une idée toute faite qui dirige les attentes des membres d'un groupe, détermine essentiellement des opinions, vise un groupe particulier, naît dans une atmosphère conflictuelle, varie d'une culture à l'autre et est apprise au cours d'une interaction sociale ». C'est ainsi que l'on va considérer selon les groupes concernés que les Allemands sont disciplinés et organisés, que les Italiens sont peu fiables, les Arabes fourbes et cruels, les Africains, paresseux et imprévoyants, les Américains naïfs et grossiers, entre autres. Ces stéréotypes ont pour fonction de nous permettre de nous valoriser et de nous sentir mieux aux yeux des autres. Il est donc difficile de les remettre en cause car chaque individu ou groupe qui les utilise en bénéficie. Ce qu'on observe le plus souvent, c'est leur maintien en intégrant les éléments qui les confirment.

Certains individus peuvent avoir plus de préjugés que d'autres, en particulier ceux qui ont une orientation à dominance sociale (Pratto et autres, 1994). Certains contextes conflictuels les favorisent, tout comme la méconnaissance de l'autre au quotidien. Ils contribuent à leur manière au racisme. On n'a qu'à penser à l'image que beaucoup d'Occidentaux ont aujourd'hui des Arabes et de la religion musulmane à la suite des attentats terroristes et des reportages qui sont véhiculés quotidiennement à la télévision par de nombreux médias. Dans de nombreux cas, le terme arabe est aujourd'hui synonyme de barbu terroriste. On peut également évoquer le développement du stéréotype du Français aux États-Unis, depuis la prise de position française lors de la crise irakienne à l'Organisation des Nations unies (ONU) où ce dernier était caricaturé comme un snob, peureux, mangeur de grenouilles ou de fromages qui sentent mauvais. Bien sûr, cette vision n'était pas la même selon les pays. Dans de nombreuses parties du monde, la position française a été applaudie et l'image du monde arabe semble plus mesurée aujourd'hui en Europe qu'aux États-Unis.

Ce que l'on peut constater à travers l'ensemble des travaux, c'est la permanence de stéréotypes dans tous les groupes. La combinaison de ces préjugés et le pouvoir de les rendre opératoires dans le quotidien institutionnel conduisent au racisme institutionnalisé. La période coloniale, la situation des Noirs Américains avant le mouvement des droits civiques, l'apartheid en Afrique du Sud, la discrimination envers les Juifs en Europe dans les années 1930 et pendant la Seconde Guerre mondiale, le statut des Aborigènes en Australie jusqu'à la fin des années 1960 en sont quelques exemples historiques douloureux et tragiques.

Le racisme institutionnel peut être mis en place par de nombreuses organisations : entreprises, syndicats, associations, écoles, universités, corps de police, églises, hôpitaux, compagnies de transport, médias, voire par l'État lui-même et son système juridique. Par leurs pratiques discriminatoires, elles contribuent au maintien des différences sociales en matière d'accès à de nombreux services (santé, éducation, justice, services sociaux), à l'emploi et au logement tout en maintenant une image négative des groupes discriminés. Autrement dit, si le racisme institutionnel est une forme de préjugé racial intégré à l'intérieur des cadres et des procédures des principales institutions et entreprises et des systèmes sociaux, s'il sert à discriminer des minorités ethniques et à maintenir les avantages et les bénéfices de la majorité socialement dominante, il demeure la forme extrême des relations interculturelles.

Bien des malentendus entre personnes appartenant à des univers culturels différents s'enracinent par ailleurs dans l'incompréhension des univers de sens propres à chacun. Ces incompréhensions peuvent aussi mener à des préjugés, entraîner des conflits et contribuer à des formes de racisme. C'est ce que nous allons voir maintenant.

SOURCES DES MALENTENDUS INTERCULTURELS

Tout être humain, en tant qu'animal social, est toujours plus ou moins en relation avec d'autres êtres humains. C'est comme cela qu'il se construit à travers le temps et qu'il vit au quotidien. Ces relations sociales, quelle que soit leur forme – interpersonnelles ou intergroupes –, ne sont rendues possibles chaque fois que grâce à une ritualisation et à un processus de communication.

En effet, toute communication humaine mobilise trois types d'éléments : des éléments textuels, des éléments cotextuels et des éléments contextuels. Les éléments textuels renvoient aux mots, au registre et au discours, les éléments cotextuels concernent les aspects paraverbaux (intonation, timbre, intensité, débit, accent) et gestuels (mimique, regard, posture, geste) qui accompagnent le discours et les éléments contextuels comprennent les caractéristiques spatiotemporelles, les marqueurs corporels (cicatrices, couleur des cheveux, de la peau, tatouages), les marqueurs d'appartenance (vêtement, insigne, décoration) autrement dit, tous les autres aspects propres au contexte de la communication.

Des rites indispensables à toute interaction, mais différemment interprétés

La mise en relation ne va pas en effet de soi. Elle exige une ritualisation qui est très codifiée par la culture. Par exemple, si, dans chaque culture, on se salue avant d'entamer une conversation, ce salut prendra des formes variées. Mais ces rites ne concernent pas uniquement le salut traditionnel. Ils touchent chaque aspect de la vie sociale. C'est au sociologue Erwing

Goffman (1973, 1974) que nous devons une analyse de ce qui se passe au cours de ces interactions quotidiennes. Ces rites sont indispensables selon lui au maintien du lien social. Ils permettent à chaque être humain de préserver la face au cours de l'interaction. Sans un minimum de politesse, de savoir-vivre, de civilité, il n'y a donc plus de vie collective digne de ce nom. En effet, il y a de bonnes chances que nous ne voulions pas entrer en relation avec des gens qui ne nous disent jamais bonjour, qui nous marchent sur les pieds sans s'excuser ou encore qui nous ferment la porte au nez. Cette notion de face est essentielle pour comprendre l'ensemble des rites que l'on mobilise dans ce genre de situation. De même, lorsque nous commettons une gaffe, nous avons un répertoire de figures qui nous permettent de la réparer. C'est la fonction que jouent les excuses et tous les cadeaux de réparation.

La notion de face est présente dans toutes les cultures avec plus ou moins de force. Mais les rites qui président à sa préservation peuvent varier d'un univers à l'autre. Ce qui est conforme au savoir-vivre et à la civilité dans un cas peut être fort différent dans un autre. C'est ainsi que faire du bruit en mangeant est tout à fait conforme pour montrer son appréciation dans la culture chinoise alors que cela sera considéré comme très mal élevé dans la culture occidentale. Connaître les rituels d'usage d'une culture avant d'entrer en relation avec elle est important car cela peut éviter des incompréhensions, voire des conflits potentiels. Faire perdre la face à son interlocuteur est en effet une chose grave dans toutes les cultures. Mais le cadre d'interprétation symbolique est souvent différent d'un univers à l'autre. Ces premiers éléments de rencontre peuvent participer à la construction ou au renforcement des préjugés. Le fait de tenir sa fourchette d'une certaine manière ou de présenter sa carte de visite de façon différente peut amener une personne à considérer son commensal comme mal élevé.

Par exemple, les Chinois présentent toujours leur carte de visite à deux mains. Un consultant américain qui les avait distribuées à des Chinois comme on distribue des cartes à jouer a vu que personne ne les avait prises. Si cela s'ajoute à d'autres observations de même nature, on peut voir l'autre comme un barbare alors que ce dernier se comporte selon son univers socioculturel de référence. Les sinologues rappellent souvent l'anecdote de l'ambassadeur anglais arrivant au cours du XVIIIᵉ siècle à la cour de l'empereur de Chine qui ne voulait pas se prosterner devant celui-ci car, dans la culture anglaise, c'était synonyme de soumission et d'humiliation. Mais ne pas le faire, c'était insulter l'empereur pour les Chinois. Il a fallu toute l'ingéniosité de hauts fonctionnaires chinois pour trouver un rituel acceptable au deux. Sinon, un conflit aurait pu éclater entre les deux pays.

Les éléments textuels de la communication

La communication humaine se fonde en effet sur une faculté propre à notre espèce : le langage qui se manifeste concrètement par l'usage d'une ou de plusieurs langues naturelles (par exemple, le français, l'anglais, l'allemand, l'espagnol, l'arabe, le chinois, le japonais). Chaque système langagier fait appel à des mots (un lexique), des sons (une phonétique) et une syntaxe (une grammaire). C'est l'arrangement entre ces trois éléments qui donne la possibilité de faire des phrases et de construire ce qu'on appelle un texte. Selon la langue du locuteur, on estime à 6 000 le nombre de langues parlées dans le monde ; cette construction va bien sûr varier. C'est ce qui fait que le passage d'une langue à une autre peut être plus ou moins compliqué, notamment quand la syntaxe et la phonétique sont très éloignées de la langue maternelle. C'est ainsi qu'il sera en effet plus aisé pour un Français d'apprendre une langue latine qu'une langue asiatique ou germanique.

Les difficultés de prononciation ou un fort accent peuvent alors entraîner une appréciation négative. Pensons au terme barbare déjà mentionné, qui en grec signifie celui qui parle mal la langue grecque, ou à l'accent des Britanniques souvent interprété aux États-Unis comme un accent snob et associé au stéréotype du même nom ou encore à l'accent français pour certains Québécois qui peut renvoyer à l'image du Français maniéré.

Dans la communication interculturelle, les mots peuvent également faire problème pour deux grandes raisons : le même mot peut signifier deux choses différentes et le cas du linguocentrisme.

Quand le sens des mots diffère d'un univers à l'autre

Un des premiers apports de la linguistique depuis les premiers travaux de Ferdinand de Saussure, son fondateur, a été de montrer que tout signe était composé de deux éléments, le signifiant (le mot) et le signifié (le concept) (Hagège, 1985). Ce qui signifie que, dans la vie de tous les jours, il se peut que les mots que j'utilise n'aient pas le même sens pour mon interlocuteur. Les illustrations de tels malentendus sémantiques entre des gens appartenant au même univers linguistique et culturel, comme entre des Français, sont légion. Ce type de malentendu existe aussi entre des gens partageant le même système linguistique mais appartenant à des mondes différents, comme entre les Français et les Québécois. Alors que, par exemple, les Québécois vont déjeuner le matin, dîner le midi et souper le soir, les Français eux vont prendre au même moment un petit-déjeuner, un déjeuner et un dîner. On peut voir les quiproquos qui peuvent surgir.

On retrouve également ce type de malentendus entre les Anglais et les Américains. George Bernard Shaw ne disait-il pas déjà que les Anglais et les Américains étaient séparés par la même langue ! L'existence de plusieurs dictionnaires d'anglais est là justement pour nous rappeler les différences lexicales qui existent entre l'anglais d'Angleterre et celui des autres locuteurs de langue anglaise (Américains, Australiens, Canadiens, Néo-Zélandais).

Enfin, on retrouve de tels malentendus entre personnes appartenant à des univers linguistiques et culturels différents. Selon une recherche récente (Chevrier, 2000), les ingénieurs suisses allemands et les ingénieurs français ne semblent pas donner le même sens au terme qualité. Les premiers l'associent à l'idée de fiabilité alors que les seconds le lient à celle d'ingéniosité. On ne s'étonnera pas alors qu'ils aient des difficultés à se comprendre et que ces difficultés soient à la base d'idées reçues ou renforcent encore des préjugés déjà existants, en l'occurrence ici le manque de sérieux des Français et la lourdeur des Suisses allemands (Chevrier, 2000).

Quand nos schèmes linguistiques nationaux nous poursuivent lorsque nous parlons dans une autre langue

Une autre grande cause de malentendus et d'échecs dans les communications interculturelles concerne le linguocentrisme (Geoffroy, 2001). Qu'est-ce qu'on entend par ce néologisme ? On entend que tout sujet parlant dans sa langue maternelle a un regard qui se fonde sur une théorie de la langue construite et partagée tacitement par tous les autres sujets appartenant au même groupe linguistique national. Les transferts de la langue maternelle vers la langue étrangère ont donc se faire en utilisant des formes ressenties comme équivalentes mais qui, à la réception, seront évaluées différemment.

Autrement dit, des Français quand ils parlent anglais risquent d'utiliser des formes françaises dont le sens sera tout autre pour un locuteur anglais. C'est ce qu'a justement observé Geoffroy (2001) dans sa recherche sur les communications entre cadres français et britanniques. Elle a noté deux sortes de transferts : sémantique et pragmalinguistique.

Les transferts sémantiques sont liés à une maîtrise insuffisante de la langue étrangère et donnent lieu à des erreurs de vocabulaire, de syntaxe ou d'intonation (tableau I.1.1).

Tableau I.1.1

LES TYPES DE TRANSFERTS SÉMANTIQUES

Type	Idée clé	Exemple
Lexical	Concerne les faux amis.	Le mot versatile en français signifie : sujet à changer brusquement de parti, à tourner selon le vent, autrement dit renvoie à un sujet inconstant, changeant, voire lunatique. En anglais, la définition est tout à fait différente. Elle est associée à l'idée d'une personne qui a une grande diversité d'aptitudes, capable de passer d'une activité à l'autre. Alors que le terme est péjoratif en français, il ne l'est pas en anglais.
Syntaxique	Concerne l'usage du temps ou le choix du genre.	En anglais les objets inanimés n'ont pas de genre alors qu'ils en ont en français. C'est une grande source de confusion pour les locuteurs anglais quand ils parlent français.
Prosodique	Concerne les intonations.	La phrase anglaise : *What do you mean ?* peut, selon l'inflexion mise sur l'un ou l'autre des mots, avoir un sens différent. Elle peut signifier tour à tour une question, l'incrédulité, l'exaspération, voire le désespoir.

Source : Geoffroy (2001).

Le pragmalinguistique renvoie à une situation où le locuteur va orienter son discours afin de produire un effet sur son interlocuteur. Par exemple, en anglais, l'obligation possède plusieurs possibilités d'expression. Face à cette diversité, les étrangers, et notamment les Français, optent souvent pour l'utilisation du « must ». Or, pour les Anglais l'usage du vocable « must » à la place de « have to » par des Français a tendance à les conforter dans leur perception du Français arrogant. Car l'utilisation du « must » renvoie pour les Anglais à une relation de pouvoir et d'imposition. L'usage du *but* est également une autre source de malentendu. En français l'équivalent « mais » est utilisé comme marqueur de transition pour prendre un contact plus direct avec l'interlocuteur en signalant la reprise du tour de parole, sa position personnelle ou l'ajout d'un élément supplémentaire. En anglais, le *but* sert à introduire une divergence, une objection ou une forte contradiction. Il a donc une tout autre signification. En l'utilisant, les Français renforcent à nouveau sans le savoir leur image de braillard et d'arrogant aux yeux des Anglais et contribuent à alimenter le stéréotype du Français aux yeux des Anglais.

Quand les mots participent à la construction de la relation personnelle

La construction de la relation personnelle passe par les mots qu'on emploie. Les marqueurs de la relation et la perception qu'on peut en avoir sont très influencés par les usages de nos modes d'adresse et la manière d'interagir. En français, on utilise beaucoup le vous et le tu, et, bien sûr, d'autres possibilités : Monsieur, Madame, le nom de famille, le prénom, le surnom. En anglais, l'emploi du « you » est neutre et, chez les Britanniques, l'usage du prénom ne signifie pas un niveau de relation proche ou personnelle, tout comme d'ailleurs l'usage de surnom ou de diminutif. Ces formes sont informelles et cordiales sans être intimes. Le Français les interprète souvent à partir de son système sans toujours en être conscient.

L'usage des surnoms et des appellations professionnelles en anglais renseigne sur la fonction, et non sur le statut honorifique, ce qui est bien sûr le cas en français. La grande diversité des modes d'adresse en français trouble les Anglais. Car chacun des modes renvoie non seulement à un type de relation que l'on a avec la personne dans le contexte donné mais aussi à l'histoire de cette relation (Guigo, 1994). C'est ainsi que certaines personnes peuvent se tutoyer même si elles ont une différence d'âge, que d'autres se vouvoient tout en s'appelant par leur prénom ou encore que d'autres se donnent du Monsieur et du Madame en se vouvoyant.

Les formules de politesse ont également des formes différentes. En anglais britannique, on accorde à la sincérité, à la fidélité et à l'estime une grande importance alors qu'en français on exprime des sentiments différenciés. Les Anglais utilisent énormément les formulations indirectes et ce qu'on appelle les « dubitatives » : deviner, supposer, croire, penser. Ils font également usage d'autres expressions du genre : « I am afraid ». Les Français sont nettement plus directs. Ce qui peut choquer les Anglais.

Les éléments que nous livre ainsi Geoffroy (2001) par son analyse très fine des échanges verbaux entre cadres français et britanniques nous montrent que la compétence linguistique n'est pas synonyme de compétence socio-culturelle. La maîtrise d'une langue est une condition nécessaire mais pas suffisante. La connaissance des références culturelles dans le parler à propos demeure essentielle. Tout locuteur d'une langue étrangère comme tout locuteur de la langue utilisée doit être sensibilisé à ce *linguocentrisme*. Cela peut permettre d'atténuer les réactions au premier degré et mieux faire comprendre à celui qui parle les problèmes que posent ses approximations. Les managers qui baignent à la fois dans un contexte plurilingue et dans des ambiances de travail qui privilégient souvent la langue anglaise devraient en être plus conscients. Car les malentendus qui peuvent en découler ne sont pas sans conséquence sur la dynamique sociale.

Les éléments cotextuels de la communication

Les éléments cotextuels regroupent tous les aspects paraverbaux qui accompagnent le texte (intonation, timbre, rythme, accent, intensité) et la gestuelle (regard, mimique, posture). Quand on interagit avec quelqu'un, on n'échange pas, bien sûr, que des mots. On utilise un timbre. On a des intonations. On met une certaine intensité dans ce qu'on dit. On a un certain débit et, bien sûr, on possède un accent. Selon les cultures, ces éléments vont varier. Il y a des cultures qui aiment que le locuteur témoigne de sa passion quand il parle, d'autres non.

Les accents vont parfois constituer un obstacle phonétique à la compréhension. Si on a appris l'anglais d'Oxford, on peut être quelque peu décontenancé par l'anglais du Texas. De la même manière, un Français pourra avoir des difficultés à comprendre au premier abord certains Québécois. Comme des Québécois pourront avoir eux-mêmes des difficultés à comprendre le français de certains jeunes de banlieues. Ces variations paraverbales peuvent entraîner des malentendus, surtout lorsque les cultures sont opposées dans l'usage de ces éléments. La phonétique est un marqueur qui participe aux représentations. Il peut en effet être utilisé pour construire des préjugés. C'est un des éléments sur lesquels butent aujourd'hui de nombreux jeunes de banlieue en France.

On fait également appel à des gestes et à des mimiques. On prend des postures. On regarde de façon plus ou moins intense. Il y a des cultures très gestuelles (cultures latines, proche-orientales, africaines) et d'autres qui sont plus économes à cet égard (cultures nordiques, germaniques, anglo-saxonnes). Il y a des cultures où le non-verbal l'emporte nettement sur le verbal (cultures asiatiques, amérindiennes). Comme chacun a appris dans son cadre culturel à s'exprimer corporellement d'une certaine façon (Le Breton, 1998), les problèmes risquent de survenir quand les interlocuteurs appartiennent à des mondes opposés. Par exemple, tel peut être le cas quand un individu appartenant à une culture à forts contacts visuels entre en interaction avec quelqu'un qui provient d'une culture à faibles contacts (Hall, 1979). Le second peut aisément se sentir envahi ou harcelé et par là même conforter sa vision de l'autre et ses préjugés. Historiquement, pour beaucoup d'Occidentaux, les Asiatiques sont vus comme énigmatiques ; cette perception s'enracine en partie dans cet usage différencié des aspects non verbaux.

Les éléments contextuels de la communication

Enfin, l'interaction se déroule toujours dans un contexte donné. Les éléments de ce contexte sont bien sûr l'espace et le temps à l'intérieur duquel cette relation se passe. Ces éléments participent à la construction de l'inter-relation et à sa signification. Il n'est en effet pas indifférent pour un subordonné de voir, dans un cas, son patron lui rendre visite et, dans l'autre, d'être convoqué par lui. Le temps que nous consacrons à quelqu'un et le moment où nous nous entretenons avec un autre affectent la manière de se comporter et les choses qui vont être dites.

D'autres aspects font partie du contexte, en particulier les marqueurs corporels et les marqueurs d'appartenance. Là aussi, il n'est pas indifférent que l'interlocuteur ait une boucle d'oreille, des cheveux rouges, un tatouage, ou encore la peau blanche ou foncée. Tout comme d'ailleurs la manière dont les gens sont habillés et les décorations qu'ils ou elles portent sont porteurs de sens pour les uns et les autres. Mais ces aspects vont également être influencés par le cadre culturel. C'est ainsi qu'on m'a rapporté récemment qu'un président-directeur général (PDG) d'une grande entreprise française en visite aux États-Unis n'a pas hésité à dire à un de ses interlocuteurs américains que la légion d'honneur qu'il portait était l'équivalent pour un PDG français des stocks-options pour un Américain. Par là même, il donnait une réponse très connotée culturellement.

Les discussions qui entourent en France l'usage du voile islamique à l'école et dans les services publics sont également exemplaires. Elles sont très largement influencées par la conception de la laïcité républicaine à la française. Il est clair que, dans le monde arabe ou encore au Royaume-Uni ou aux États-Unis, le voile ne possède pas la même signification. On peut aisément en déduire que les incompréhensions peuvent être, là encore, nombreuses à ce sujet. Alors que, pour les Français, le port du voile islamique à l'école est une atteinte aux règles de la neutralité de l'établissement scolaire, d'aucuns voient dans l'interdiction du voile une atteinte aux libertés individuelles (Royaume-Uni, États-Unis) ou encore un rejet de la religion musulmane (pays musulmans). Le cadre sociopolitique va déterminer l'interprétation que chacun va donner à cet élément vestimentaire selon ses propres référents (la République, les droits individuels ou le caractère religieux du monde social). On peut alors comprendre un peu mieux pourquoi ces interprétations peuvent déboucher sur des conflits. Certains cadres sont opposés. C'est ainsi que l'intégration des Français musulmans passe par un Islam républicain qui respecte la séparation des sphères et la loi sur la laïcité (Weil, 2005). Mais on peut constater également que, dans certains pays auparavant très ouverts comme les Pays-Bas, le Danemark et le Royaume-Uni, on se pose aujourd'hui beaucoup des questions à ce sujet.

Enfin, comme le rappelle Hall (1984), nous pouvons appartenir à une culture dont le contexte des interactions est plus ou moins riche ou plus ou moins pauvre. Les échanges riches en contexte comprennent des éléments d'information préprogrammés propres au destinataire et au milieu, le message transmis comprenant un minimum d'information. Pensons au théâtre japonais, le nô, où le mouvement des acteurs est quasiment imperceptible aux yeux des Occidentaux. Dans le cas des échanges pauvres en contexte, on est dans la situation contraire. Le message doit inclure toute l'information pour pallier les insuffisances du contexte. Contrairement à la communication en contexte pauvre, la communication en contexte riche est économique, rapide, efficace et satisfaisante. Mais elle nécessite un temps préalable pour s'accorder. Pour Hall (1984), si aucune culture n'appartient exclusivement à une extrémité de l'échelle, certaines se caractérisent quand même par un contexte plus ou moins riche. Pour lui, les cultures à riche contexte sont les cultures asiatiques, latines et méditerranéennes, et les cultures à contexte pauvre, les cultures allemandes, nordiques et américaines.

On peut alors comprendre les difficultés qui peuvent surgir lorsque deux interlocuteurs appartenant à deux contextes opposés entrent en relation. L'anecdote du pilote d'Air France qui, agacé par les contrôles, a plaisanté à l'aéroport de New York en disant qu'il avait un explosif dans sa chaussure, en est un bel exemple. Appartenant à une culture à contexte riche, il a dû vivre avec la réaction d'un employé américain vivant dans un contexte pauvre où ce que dit un copilote doit être pris à la lettre et non en situation ce qu'aurait fait un contrôleur français. Après cette sortie, il a été arrêté, mis en liberté avant son procès où il risque sept ans de prison. On ne plaisante pas de la même manière d'un côté ou de l'autre de l'Atlantique. C'est aussi une question de contexte. On peut constater combien là encore les différences en cette matière peuvent entraîner des malentendus, voire de graves conflits. Dans le cas précis, 350 personnes ont couché à l'hôtel et ont dû attendre l'arrivée d'un autre copilote, le lendemain, pour s'envoler vers Paris.

LE VIVRE ENSEMBLE ET LES RAPPORTS PROPRES À UNE CULTURE

La vie en groupe exige un certain nombre d'éléments partagés (langue, règles, croyances, valeurs). Ces éléments sont appris et intériorisés de telle manière qu'ils deviennent naturels pour les personnes concernées. Nous avons tous appris une langue, à nous tenir d'une certaine manière à table, à exprimer nos émotions d'une certaine façon. Ce faisant, nous pensons qu'elles sont naturelles. C'est lorsque nous rencontrons des personnes provenant d'autres cultures que nous découvrons la singularité de nos façons de vivre. D'autres mondes sont possibles et leurs existences conduisent immanquablement à des interrogations sur soi.

C'est en effet dans cette confrontation avec l'autre que l'on apprend à se connaître. Les rapports à l'étranger, à l'exotique, à la différence sont donc consubstantiels à la formation de notre identité (Joly, 1990 ; Todorov, 1995 ; Fernandez, 2002). Pour comprendre les écarts que nous rencontrons, l'anthropologie, l'ethnologie, la géographie, l'histoire comparée nous sont d'un grand secours. Ces disciplines, chacune à leur manière, nous rappellent que nous entretenons des rapports différents avec le langage, l'espace, le temps et les autres. Et que, de ce fait, les pratiques de gestion que nous pouvons observer ne sont pas toujours sans lien avec ces rapports et que la communication interculturelle dont nous venons de parler s'intègre à des cadres anthropologiques beaucoup plus larges.

Un certain rapport au langage

Le langage, en tant que faculté humaine, et la langue, en tant qu'expression concrète de cette faculté, possèdent plusieurs fonctions. Les principales sont au nombre de sept :

– La *fonction d'information* concerne toutes les annonces que l'on peut faire, comme « il fait beau aujourd'hui », « l'avion vient d'atterrir », « la réunion a lieu dans la salle 212 ». Elle est donc à la base de toutes les informations que l'on transmet tous les jours.

– La *fonction d'expression* renvoie à l'expression individuelle ou collective. Elle s'illustre à travers des phrases de ce type : « Je crois, je pense, j'avoue, nous trouvons », qui expriment le sujet qui parle soit en tant que personne singulière (moi, je, M. Dupont ou Mme Durand), soit en tant que membre d'un collectif (nous, les représentants d'un syndicat, d'une catégorie de personnel, d'une organisation ou d'un groupe ethnique).

– La *fonction de représentation* nous permet de penser, c'est-à-dire d'élaborer des représentations du monde. Car il n'y a pas de pensée sans langage. Même les mathématiques qui apparaissent comme le langage formel le plus élaboré ne peuvent se passer du concours de la langue naturelle pour exister en tant que telles.

– La *fonction symbolique* touche l'activité symbolique. Le langage nous permet de donner du sens à ce que nous faisons. Cette fonction est particulièrement centrale dans l'analyse des pratiques en situation interculturelle. Nous aurons l'occasion d'y revenir un peu plus loin.

– La *fonction d'action* a été mise en lumière par les travaux des philosophes du langage qui ont montré que le langage servait à faire les choses. Des phrases comme « je vais faire ceci », « je vous promets une promotion » ne se contentent pas de dire des choses, elles signifient qu'une action va suivre. C'est ce qu'on appelle des actes de parole. La gestion étant un univers particulièrement porté sur l'action, les actes de parole sont très fréquents et nombreux. La crédibilité d'une personne qui commet de tels actes langagiers est par ailleurs liée au respect des engagements qui ont été pris. On peut donc comprendre combien cette question d'être une personne de parole est particulièrement sensible dans les rapports humains.

– La *fonction de relation et d'appartenance* permet le lien avec les autres et de développer un sentiment d'appartenance. C'est grâce au langage que je crée du lien et le fait de parler la même langue que mon interlocuteur ou que le groupe dans lequel je vis me permet d'appartenir à une aire linguistique, donc de faire partie du groupe concerné.

– La *fonction poétique* renvoie au caractère poétique du langage. Cette fonction apparaît quand la langue elle-même devient l'objet de la langue. C'est l'arrivée de la poésie et de la littérature. L'arrangement des mots et des phrases aboutit alors à une création qui résonne en chacun de nous. C'est la raison pour laquelle il n'existe pas de culture sans poésie. Car elle permet à l'imaginaire et aux rêves de s'exprimer. Chaque société, quelle que soit sa tradition orale ou écrite, possède ses poètes et ses littérateurs qui donnent la possibilité à ses membres de prendre plaisir aux jeux de langages, mais aussi de fonder son univers littéraire.

Si ces grandes fonctions existent dans chaque univers linguistique et culturel, il reste que nous observons des rapports différenciés au langage et à la langue selon les sociétés étudiées. Ces différences concernent en particulier la manière de converser et le rapport que le locuteur peut entretenir avec sa propre langue.

De différents styles de conversation

Dans un travail ethnologique comparé, Raymonde Carroll (1987) décrit les différences de styles de conversation qu'elle a pu observer entre les États-Unis et la France. Pour elle, la conversation américaine s'apparente sur le plan de l'image à une séance de jazz. L'objet est d'échanger des pensées par la parole de manière informelle. L'ordre est défini par la longueur requise de l'explication. Les notes discordantes renvoient aux interruptions, au ton excité, aux éclats de voix et aux rires pour rien. La conversation française est selon elle tout autre. Son image s'apparente à celle d'un feu d'artifice. Son objet est d'entrer en relation et de vivre des moments avec quelqu'un. L'ordre est défini selon le rythme des intervenants. Les notes discordantes renvoient aux explications laborieuses, à l'absence de variété et aux longues réponses. Dans le premier cas, les interlocuteurs s'écoutent et échangent chacun à leur tour sur un thème précis. Dans le second, ils discutent de manière vive en intervenant quand ils le jugent bon et sur des thèmes qui sont sujets à de grandes variations au cours de la conversation. Comme on peut le constater, nous sommes en présence de deux styles très différents, lesquels peuvent provoquer des malentendus, voire des réactions agressives. Pour Carroll (1987), la conversation française qui correspond le mieux à la conversation américaine serait la conversation dite sérieuse.

Pourquoi observe-t-on de telles différences ? On peut dans une large mesure l'expliquer par l'histoire. Pour les Français, issus d'une culture aristocratique, la conversation a été tout d'abord un art pour lequel il fallait se distinguer. On ne compte plus en effet les travaux sur ce sujet qui montrent combien la vie à la cour et, plus généralement, dans les salons a joué un rôle dans l'établissement des règles de la conversation (Fumaroli, 2001). La montée de la société bourgeoise n'a fait que s'inscrire dans ce patron. Nombreux sont d'ailleurs les romans qui illustrent l'importance de savoir converser et le rôle joué notamment par les femmes dans le bon usage à cet égard. C'est ainsi qu'une bonne hôtesse se devait de disposer les convives selon de savants calculs qui prenaient en compte les exigences en matière de conversation.

Les Américains ont une tout autre expérience (Hertsgaard, 2002). L'aristocratie traditionnelle n'ayant vraiment jamais existé, la conversation n'a jamais été un art. L'objet et le respect de l'interlocuteur sont plus importants dans une culture dite démocratique que la brillance des échanges. On peut donc bien comprendre pourquoi tant la forme que le contenu du discours du ministre des Affaires étrangères français, Dominique de Villepin, à l'ONU lors de la crise irakienne a été particulièrement bien perçu par les Français alors qu'il était vu d'une autre manière par de nombreux Américains, notamment les républicains. Les premiers retrouvaient les canons du discours français fait de style, de citations appropriées et de formules frappantes. Les seconds y ont vu une manifestation supplémentaire de l'arrogance et du snobisme français.

Une relation particulière avec sa langue

Un autre élément de l'explication réside aussi dans le rapport que le Français et l'Américain ont chacun avec leur langue. Pour les Américains dans leur ensemble, la langue est d'abord et avant tout un outil de communication. Ce qui domine, c'est une conception fonctionnelle et instrumentale de la langue. C'est ce qui explique, par exemple, pourquoi un candidat à la présidence des États-Unis ne doit pas paraître trop intellectuel ni parler avec trop de recherche. Car, si tel est le cas, il risque d'être vu comme un snob. Il a donc intérêt à parler comme monsieur Tout-le-monde. On en a eu encore un exemple lors de la dernière élection présidentielle américaine où John Kerry a été caricaturé en snob de la côte Est, voire en « Frenchie », Kerry parlant couramment français. Cela explique aussi pourquoi l'apprentissage de la langue à l'école est en général moins exigeant qu'en France.

Dans le cas des Français, c'est historiquement une autre conception qui prévaut. La langue est un trésor. C'est quelque chose de si important que l'on a même fondé une académie qui lui est dédiée depuis le XVIIe siècle. Parler correctement français est un impératif, tant pour les Français eux-mêmes que pour les étrangers qui apprennent cette langue. Tout politicien et tout personnage public en sont bien conscients. C'est la raison pour laquelle de nombreuses grandes figures de la politique française ont d'ailleurs entretenu un rapport étroit avec la littérature et les écrivains. Contrairement aux États-Unis, il serait en effet difficile pour un candidat à la présidence française de ne pas soigner son expression orale sous peine d'être disqualifié. On voit là encore les sources aristocratiques de cette attitude. Le plaisir de l'esprit passe par le maniement de la langue. Au pays de Louis XIV, des salons littéraires et de la sacralisation de la langue, il était et est encore inconcevable de ne pas savoir s'exprimer avec recherche quand on occupe une position officielle.

Cette valorisation de la langue nous permet par ailleurs de comprendre pourquoi les Français auront tendance à reprendre leur interlocuteur, qu'il soit Français ou étranger, quand il commet une faute. Cela amène certains étrangers à voir les Français comme des instituteurs tatillons alors que ces derniers cherchent simplement à ce que leur interlocuteur parle le mieux possible. Le succès qu'ont connu depuis de nombreuses années les concours de dictée sous l'influence de Bernard Pivot en est un bel exemple. En revanche, on ne peut s'étonner que les Américains aient développé une plus grande tolérance par rapport aux erreurs linguistiques. Pour eux, l'essentiel n'est-il pas de bien communiquer dans un contexte où de nombreux interlocuteurs viennent d'arriver et où la langue fait office surtout d'outil de communication ?

Si, jusqu'à présent, la fonction esthétique et poétique du langage a été valorisée en France, on peut alors mieux saisir pourquoi certains échanges interculturels peuvent être problématiques entre certains Français et certains étrangers. À cet égard, comme l'observe Dupuis (2005), un tel rapport différencié à la langue, tant dans le style de conversation que dans l'emploi des mots, est un des éléments de tensions entre cadres français travaillant au Québec et collègues québécois. Les relations interculturelles butent ainsi sur ce rapport singulier que chacun d'entre nous entretient avec sa langue, ce rapport ayant un enracinement sociohistorique.

Un certain rapport à l'espace

Le rapport à l'espace est aussi un élément clé de compréhension d'une culture, donc du comportement humain. Chaque société, chaque groupe humain a son propre territoire. Celui-ci renvoie à une géographie particulière qui va en partie influencer ses manières de vivre ensemble. L'habitat, les modes de sociabilité, l'alimentation, les habits, les mentalités, l'attitude vis-à-vis de la nature vont être en relation avec cet espace. On peut penser aux Inuits de l'Arctique canadien, aux Indiens d'Amazonie ou encore aux Mongols pour s'en convaincre aisément.

L'espace n'est pas uniquement physique. Il est aussi investi par l'histoire, c'est-à-dire les évènements marquants dont il a été le témoin, les lieux de mémoire et les changements de frontières. Il est marqué par la présence des vestiges du passé, les lieux de sépulture des ancêtres et les tracés de chemins antiques. Il est traversé par les vagues successives d'immigration qui ont participé à la constitution de la population actuelle. Cette historicité de l'espace permet de comprendre pourquoi la culture de l'Europe n'est pas celle de l'Amérique du Nord, de l'Afrique noire ou encore de l'Asie, pourquoi l'espace français est très différent de l'espace canadien ou de l'espace brésilien.

Alors que c'est surtout l'espace qui domine dans l'expérience nord-américaine, c'est d'abord et avant tout l'histoire qui modèle les expériences européenne et française. On ne peut donc s'étonner de voir que, encore tout récemment, une enquête menée auprès des Français a montré le fort attachement qu'ils avaient avec leur région d'origine. C'est parfaitement compréhensible pour des personnes qui vivent dans un pays où l'histoire est profondément enracinée et où le paysage change dans un rayon de quelques kilomètres. On peut, *a contrario*, comprendre que les Américains, immigrants venus du monde entier, fortement marqués par une histoire de conquête spatiale (le mythe de la frontière), soient géographiquement plus mobiles que les Français. Par ailleurs, leur espace étant moins historicisé et leur culture plus standardisée au niveau de l'habitat, il leur est plus facile de bouger. Les profondes racines qui rattachent les Français à leur terroir d'origine les empêchent d'avoir la même mobilité.

Le rapport à l'espace se joue également au niveau personnel et dans la vie quotidienne. L'anthropologue américain Hall (1984), comme d'autres chercheurs en sciences sociales, a bien montré combien ce rapport à l'espace était fondamental pour tout être humain mais aussi combien il était influencé par la culture du groupe auquel on appartient (Hall, 1984 ; Fisher, 1990, 1997). Chaque individu a besoin d'un certain espace de protection, c'est la fameuse bulle personnelle qui entoure tout être humain, invisible mais bien délimitée par chacun d'entre nous. C'est également le besoin d'avoir son espace à soi où l'on peut marquer son territoire par une forme quelconque d'appropriation. Ce sont enfin les distances qui règlent nos types de relations sociales (intime, personnelle, sociale et publique).

Ce que nous montrent de nombreux travaux, c'est que ce rapport personnel à l'espace et aux distances est là encore influencé par le contexte culturel. C'est ainsi que, dans certaines cultures, on aura tendance à se toucher plus facilement, à se regarder fixement sans éprouver de sentiment d'invasion (cultures méditerranéennes, latines et africaines) alors que d'autres qui ont le contact moins facile et se regardent moins souvent le vivront comme tels (cultures nordiques, germaniques et anglo-saxonnes). L'exemple classique de l'expression spatiale de ces différences est l'organisation d'une terrasse de bistrot parisien. Les tables font généralement face à la rue afin que les clients puissent regarder le spectacle de la rue et que les passants jettent un œil sur les clients assis. Un tel dispositif n'est possible que dans le cas d'une culture qui privilégie les contacts visuels (Hall, 1984). On l'observe également dans l'espace public (par exemple, métro, train, jardins publics).

Il y a des endroits dans le monde où les usagers du métro se regardent alors que, dans d'autres, ils s'ignorent. Cela peut amener certains, ceux qui ne regardent pas, par exemple, les femmes, à penser qu'on les harcèle alors que, dans d'autres endroits, elles éprouveront le sentiment contraire, c'est-à-dire un désintérêt. Combien de Françaises ou d'Italiennes ont en effet l'impression qu'on ne les regarde pas en Amérique alors que les Américaines éprouvent le contraire en France et en Italie ? Que dire des personnes appartenant à des cultures du Sud qui trouvent les gens du Nord bien distants ? On peut là aussi voir les malentendus et les conflits potentiels que cela peut avoir quand on n'appartient pas au même monde spatial. Là où certains

verront de l'envahissement, une absence de savoir-vivre, d'autres l'interpré-
teront comme de l'intérêt et de la civilité.

On peut également comprendre pourquoi certains concepts d'aménagement spatial ont eu du mal à s'imposer dans certaines cultures. C'est le
cas, par exemple, du concept de bureau paysager ou à aires ouvertes. Inventé
par deux Allemands après la Seconde Guerre mondiale, il n'eut guère de
succès en Allemagne. Les deux inventeurs s'en allèrent aux États-Unis où
leur concept retint l'attention et fut adopté par de nombreuses organisations
(Fischer, 1990). Cette réception différenciée renvoie au rapport que les
Allemands et les Américains entretiennent avec leur espace personnel, les
premiers privilégiant un espace fermé et les seconds étant plus portés sur
l'ouverture (Hall, 1984). On peut voir combien les manières de concevoir
l'espace, y compris l'espace de travail, sont influencées par des patrons
socioculturels. On peut alors mieux comprendre pourquoi l'espace des
interactions sociales et l'aménagement d'espaces de travail peuvent créer des
difficultés quand on ne tient pas compte du rapport que les gens d'une
culture donnée ont à l'égard de leur espace. Sachant que l'espace joue un
grand rôle dans la construction et le maintien des liens sociaux, on ne peut
pas ne pas en tenir compte. Mais ce rapport à l'espace n'est pas totalement
détaché du rapport au temps.

Un certain rapport au temps

Un mouvement dans l'espace est toujours un mouvement dans le temps.
Mais, si l'action humaine s'inscrit dans un cadre spatiotemporel, il reste que
le rapport au temps varie aussi selon des paramètres culturels. Comme de
nombreux travaux le montrent, les êtres humains n'ont pas toujours la même
vision du temps. Entre le temps des sociétés de cueilleurs-chasseurs, celui
des sociétés agricoles, celui des sociétés industrielles et celui que nous
connaissons dans les dernières années dans nos pays, il y a de grandes différences (Gasparini, 1990 ; Kamdem, 1990 ; Sue, 1994 ; Aubert, 2003).
De tels écarts existent à l'intérieur du monde actuel. Tous les habitants de
la planète ne vivent pas en effet avec les mêmes impératifs temporels. Le
paysan du Burkina Faso, le boutiquier de Bombay, le Guarani de la forêt
amazonienne, le chauffeur de car des montagnes du Pérou, le financier de
Wall Street, le fermier de la Beauce ou la caissière du supermarché de Londres
ne sont pas régis par les mêmes exigences temporelles. Au temps de la
mondialisation, il existe encore de nombreux temps sociaux différenciés.
Fruits de l'organisation et du niveau de développement de la société, ces
temps différenciés illustrent non seulement la diversité des conditions

d'existence que connaissent les hommes et les femmes d'aujourd'hui, mais aussi la pluralité de leurs conceptions.

Selon Hall (1966), le rapport au temps est en effet marqué par deux grands types idéaux. Le premier, que l'on qualifie de *monochronique*, est caractérisé par le fait que les gens ne font généralement qu'une chose à la fois, mettent l'accent sur les horaires, les échéances, le découpage et le rendement des activités, focalisent essentiellement sur la tâche à accomplir, communiquent sans se référer au contexte et poussent l'exactitude à l'extrême. C'est le mode que l'on retrouve dans la culture américaine, les cultures du nord de l'Europe et les cultures germaniques.

> Le temps est linéaire et segmenté comme une route ou un ruban se déroulant à partir du passé, et orienté vers le futur. On en parle comme de quelque chose de concret que l'on peut épargner, dépenser, gaspiller, perdre et rattraper, qui se précipite, ralentit, se traîne et s'enfuit (Hall, 1966, p. 24).

C'est bien sûr la conception du temps qui a prévalu pour faire émerger la société industrielle. Et toutes les sociétés traditionnelles ont dû plus ou moins s'adapter à cette vision pour pouvoir s'industrialiser. Ce qui n'est pas allé d'ailleurs sans problème, comme nous le rappellent les historiens. Il a fallu en effet discipliner les premiers ouvriers venant des campagnes à ce rythme industriel, une chose tout à fait nouvelle pour eux (Gasparini, 1990).

Le second type idéal, que l'on dit *polychronique*, se caractérise par la pluralité des activités accomplies en même temps, par une priorité donnée aux personnes, au contexte, une ponctualité relative, et par une facilité à changer les programmes et les projets prévus. C'est le mode que l'on retrouve, notamment, au sein des cultures latines, méditerranéennes et africaines. « Le temps polychrone peut-être représenté par un point plutôt que par un ruban ou une route, et ce point est sacré » (Hall, 1966, p. 22). Cette conception renvoie plutôt à l'expérience des sociétés traditionnelles. Elle est fondée sur l'idée que les relations entre les humains sont plus importantes que les relations entre les humains et les objets. Le temps devient subordonné à ce que les personnes considèrent comme essentiel au moment où elles entrent en relation.

Ces deux systèmes – monochronique et polychronique – sont très différents et fort opposés. On peut comprendre que leur rencontre peut poser problème. Nombreux sont les Américains, comme d'ailleurs beaucoup d'autres Occidentaux, qui éprouvent de l'irritation quand ils voyagent et travaillent dans des pays à dominante polychrone. Ce faisant, ils perdent de vue l'importance de la relation et du contexte dans ce type de système. Ce qui nous conduit au dernier grand rapport, le rapport à l'autre.

Un certain rapport à autrui

Toute organisation, quelle que soit sa nature (entreprise, administration, coopérative, association, syndicat), possède une division du travail et une hiérarchie. Chaque direction met en place des systèmes de recrutement, de sélection, de rémunération, d'évaluation et de contrôle. Si ces éléments peuvent être bien sûr influencés par de nombreux autres facteurs, nous retiendrons ici ceux qui relèvent de la sphère culturelle nationale ou régionale proprement dite. Un des aspects les plus importants concerne le sens que les gens donnent à leurs conduites et les catégories qui leur permettent d'interpréter ce qui se passe. La culture, définie comme un univers de significations, permet alors de rendre intelligible ce que l'on peut observer dans l'organisation concernée.

Quelles sont les catégories qui rendent compte, par exemple, du comportement au travail d'un Français, d'un Américain ou d'un Hollandais ? C'est justement ce qu'a essayé de définir Philippe d'Iribarne dans son étude désormais classique intitulée *La Logique de l'honneur* (1989). Sa recherche menée dans trois usines situées dans trois pays différents révèle que les relations au travail, qu'elles soient horizontales ou verticales, renvoient à trois logiques différentes : la logique de l'honneur en France, la logique du contrat aux États-Unis et la logique du consensus au Pays-Bas.

La logique de l'honneur

La logique de l'honneur caractérise la logique qui prévaut dans l'usine française étudiée. Dans ce contexte, chaque catégorie professionnelle est guidée par un ensemble de droits et de devoirs qui fixent sa conduite au travail. Appartenir à un groupe, c'est se conformer à un état particulier. Des responsabilités en découlent. Mais elles ne sont pas toujours fixées par une procédure formelle. L'ouvrier, l'employé ou le cadre français vont agir en fonction de ce qu'ils pensent être juste de faire dans les circonstances. Cette évaluation sera fonction des normes du groupe. Les relations avec la hiérarchie seront également différentes selon que le supérieur respecte l'autonomie et le rang de ses subordonnés. Le supérieur sera également accepté dans la mesure où il se montre digne de la fonction qu'il ou elle occupe.

Dans les rapports hiérarchiques à la française, il y a des figures de chef qui sont en effet indignes, celles du petit-chef, de l'adjudant ou du garde-chiourme. La déférence par rapport à un supérieur sera en relation avec l'attitude du supérieur hiérarchique, notamment celle qu'il démontre à l'égard de l'autonomie de son subordonné. Dans le modèle français, le subordonné n'aime pas que le supérieur s'immisce trop dans le travail qu'il accomplit. Cela est vécu comme de la non-confiance. Seule la conception que l'on a de son métier doit guider la conduite. C'est la raison pour laquelle les Français n'aiment pas être traités comme des domestiques. C'est une figure honnie. On peut alors voir ce qu'une telle attitude peut entraîner dans les services. Le Français qui rend volontiers service à quelqu'un aura du mal à se soumettre en revanche à un client qui le traite comme un valet. Autrement dit, rendre service sans être servile, tel est l'impératif pour un Français.

Un autre aspect du vivre ensemble que remarque Philippe d'Iribarne (1989) dans l'usine étudiée est l'importance des ajustements informels. Chacun faisant ce qu'il doit faire selon sa lecture personnelle, la coordination peut être difficile. C'est la raison pour laquelle il existe un réseau de relations personnelles qui permet, le cas échéant, de s'adapter. On observe ainsi une coopération au travail, fondée sur un ensemble de services rendus qui s'apparentent à des dons et des contre-dons. Toutefois, ce système ne permet pas d'éviter les conflits qui, dans la culture française, peuvent se manifester par de violents échanges verbaux. Un tel engagement affectif rend compte de l'attachement que les uns et les autres ont à l'égard de leurs idées et de leur travail. La régulation est alors assurée en amont par un devoir de modération, « ne pas dépasser les bornes », et en aval par le recours à l'arbitrage du chef.

Comme on peut le voir, cette logique de l'honneur n'est pas sans relation avec l'expérience historique. La France est en effet un vieux pays, organisé depuis le Moyen Âge selon trois ordres qui distinguent, ceux qui guerroient (les nobles), ceux qui prient (le clergé) et ceux qui travaillent (les manants) (Le Goff, 2003). Ce classement se fait selon les catégories du noble et du vil. Ce qui est au sommet était considéré comme noble alors que ce qui était en bas est considéré comme non noble. Par la suite, cette conception du vivre ensemble a été, en France, étroitement marquée par la monarchie et la société de cour (Elias, 1974). Par la suite, cette logique de rang et les catégories aristocratiques qui lui sont associées se sont maintenues avec l'expérience démocratique. L'État républicain n'a d'ailleurs pas hésité à ennoblir grâce à de nouveaux classements et aux épreuves ritualisées des concours qui mènent à entrer dans une Grande École (Bourdieu, 1989). Si l'opposition entre le noble et le vil régule les relations sociales entre les groupes, elle régule également les rapports à l'intérieur d'une même catégorie. Dans chaque groupe, il y a une hiérarchie de ce type. Le respect des droits et devoirs de chacun est un impératif pour être jugé digne de l'honneur qui est rattaché à ce que l'on fait.

La logique du contrat

La logique du contrat que d'Iribarne retrouve dans l'usine américaine est tout autre. Elle est fondée sur l'idée que les relations sociales sont contractuelles et s'apparentent à la relation client-fournisseur. Ici, les rapports marchands sont la référence et non la dignité du métier ou de l'activité. Dans l'entreprise, le subordonné travaille pour son chef immédiat, lequel fixe les objectifs à atteindre, juge la qualité du travail et peut exercer un contrôle sur ce dernier. Le contrat ainsi établi ne préjuge aucune hiérarchie et se fonde sur une relation entre égaux. Mais, vu son importance dans l'établissement de la relation, il doit satisfaire une certaine équité. C'est la raison pour laquelle le contrat américain est toujours très élaboré et prévoit toutes les clauses qui pourraient faire problème lors de son exécution. Dans l'usine étudiée, il existe un grand nombre de règles et de procédures qui doivent être respectées. Certaines sont très détaillées afin de réduire l'arbitraire et de garantir l'équité. Le contrat est explicite et son respect doit être évalué par les procédures les plus objectives. En cas de litige, on peut faire appel à tout un dispositif juridique. Ce faisant, cela peut entraîner une inflation judiciaire dont la presse se fait de temps en temps l'écho et dont Michel Crozier (1980) avait parlé, il y a déjà plus de vingt ans.

Si la liberté de chacun est *a priori* sans limites, et si les relations contractuelles peuvent en tempérer les dérives, le recours à l'esprit communautaire joue également un rôle non négligeable dans le maintien de relations équitables. En effet, la société américaine depuis ses origines est le produit d'une communauté de femmes et d'hommes, venus d'Europe pour des raisons religieuses, économiques, politiques et sociales. En arrivant en Amérique, ils ont cherché à construire une société d'égaux fondée sur des principes moraux dont l'inspiration religieuse était évidente et dont toute hiérarchie de statuts était bannie. De cette histoire restent quelques traces. L'une d'elles est l'importance que l'entreprise américaine accorde aux valeurs morales et à la notion d'équité, de *fairness*. D'où la prolifération de chartes éthiques et de projets d'entreprises que l'on peut observer outre-Atlantique (Pesqueux, 1998 ; Pasquero, 2000). Même si cette volonté morale n'est pas toujours au rendez-vous dans la réalité, elle constitue malgré tout l'horizon de la vie sociale américaine (Etzioni, 1988). De ce point de vue, elle ne voit pas d'opposition entre intérêt et morale, ce qui par contre est le cas en France. La logique du contrat est ainsi de nature fort différente de celle de l'honneur.

Elle est le produit d'une expérience sociale et historique différente, tout comme la troisième, la logique du consensus.

La logique du consensus

La logique du consensus qualifie la logique à l'œuvre dans l'usine hollandaise. Dans cet univers, le supérieur est un pair parmi d'autres. Il ne bénéficie d'aucun statut particulier et passe son temps à dialoguer avec ses subordonnés pour obtenir leur consentement quand il a une décision à prendre. Ces derniers rendent des comptes à leur supérieur. Le consensus est un objectif recherché en permanence dans une atmosphère conviviale. Les décisions sont le fruit de discussions longues qui doivent respecter chacune des composantes concernées. Nous sommes dans un univers d'égaux où la majorité se doit de respecter les positions minoritaires.

Le fonctionnement en concertation n'a pas, bien sûr, que des avantages. Il se paie d'une forte pression sociale pour obtenir un accord et, en ne permettant pas l'expression d'une certaine agressivité, il peut entraîner des attitudes de retrait qui se manifestent par de l'absentéisme et un taux de roulement du personnel.

Cette logique, comme les deux précédentes, renvoie à l'expérience hollandaise et à son histoire qui est le produit d'une association égalitaire entre des groupes de taille différente et aux origines variées. Les Provinces-Unies ont en effet été construites sur ce modèle-là. Le fonctionnement de la société hollandaise contemporaine en a gardé les structures et l'esprit. Les relations dans l'usine aussi.

Les trois logiques – de l'honneur, du contrat et du consensus – ne doivent pas être jugées selon un critère normatif. Il ne s'agit pas de dire ici que l'une est meilleure que l'autre. Chacune à sa manière est capable d'avoir de bons résultats et d'avoir des effets négatifs. L'intérêt de cette analyse est de mettre en lumières le cadre symbolique dans lequel évolue chacun des salariés concernés. Cela permet de rendre intelligibles certains comportements au travail qui, sans cela, seraient difficiles à comprendre. Cette démarche ethnologique qui s'appuie sur une observation et des entretiens approfondis avec les acteurs concernés permet d'éviter des représentations parfois trop simplifiées, car elle rend compte de la complexité des attitudes en situation en s'appuyant sur une connaissance des cultures politiques et celle de l'histoire des sociétés. Elle permet également de mettre en lumières les zones de tensions potentielles entre différentes cultures et de désamorcer quelque peu les idées reçues, les préjugés qui pourraient émerger de telles relations interculturelles. Par exemple, le stéréotype du Français hiérarchique, hautain dans ses rapports avec les clients, tout comme celui de l'Américain individualiste s'éclairent autrement (d'Iribarne, 2004).

L'HISTOIRE DES RELATIONS INTERCULTURELLES

Dans cette dernière partie, nous aimerions aborder une question qui est souvent peu mise en valeur dans les ouvrages de gestion interculturelle : l'historicité des relations. En effet, les rapports qu'entretiennent certains individus dans leur vie professionnelle ou sociale avec d'autres individus appartenant à d'autres univers culturels ne sont pas, dans la plupart des cas, une expérience nouvelle lorsqu'on se place au niveau de l'histoire des relations entre les peuples qu'ils représentent. Ce poids de l'histoire, qu'on le veuille ou non, se tient toujours plus ou moins en arrière-plan de la relation. L'oublier, c'est se condamner à rejeter dans l'ombre un aspect important de la compréhension des relations concernées, d'autant plus que, lorsque les relations se grippent, on risque de les interpréter à l'aune de cette histoire.

Plusieurs exemples peuvent être proposés. Nous présentons trois cas : le cas des relations américano-françaises, celui des relations entre Québécois francophones et Français, et celui des relations entre Maghrébins et Français. Chacun de ces cas illustre une relation dans un contexte particulier : contexte de deux pays indépendants, l'un en Amérique, l'autre en Europe ; contexte de la mère-patrie et de son extension dans un nouveau monde, et contexte colonial.

Les relations américano-françaises : plus de deux siècles de rapports contrastés

La crise irakienne récente qui a opposé l'administration américaine et la majorité du monde a également mis en lumière une relation tendue avec la France, qui incarnait, avec l'Allemagne, la résistance à la politique américaine au sein du Conseil de sécurité de l'ONU. Cet épisode a donné lieu aux États-Unis à un grand nombre d'articles de journaux, de magazines et d'émissions télévisées, peu favorables à la France (Chesnoff, 2005). Il a conduit à une tentative de boycottage des produits français et à un changement d'appellation des « French fries » et des « French toasts » non seulement au restaurant du Congrès mais aussi dans d'autres restaurants américains au profit des Liberty fries et Liberty toasts. Un tel mouvement n'a pas eu lieu envers l'Allemagne, qui est pourtant sur les mêmes positions que la France.

Une telle réaction s'explique bien sûr en termes politiques classiques et par le fait que le poids démographique des Américains d'origine française est faible comparé à celui des Américains d'origine germanique. En revanche, la manière ne se comprend qu'à la lumière de l'histoire des relations entre les deux pays. Beaucoup des critiques faisaient écho à l'ingratitude des Français qui, après avoir été aidés à deux reprises au XXᵉ siècle, lors de la Première et de la Seconde Guerre mondiale, ne venaient pas aider leurs amis américains quand ils en avaient besoin. Ces mêmes Américains oubliaient l'aide capitale que la France avait accordée lors de la guerre de l'Indépendance à la jeune république américaine et, plus récemment, la collaboration pleine et entière de la France à la première guerre d'Irak et à l'intervention en Afghanistan, la visite du président français à New York, premier personnage étranger de ce rang à s'y rendre à la suite des attentats du World Trade Center et l'éditorial du directeur du journal *Le Monde* : « Nous sommes tous des Américains » après cet événement tragique.

Ce que cette tension mettait en jeu, c'étaient en définitive des éléments sous-jacents récurrents. En effet, ce n'est pas la première fois que les deux gouvernements s'opposent. Dès la naissance des États-Unis, les historiens nous rappellent les tensions existantes entre George Washington et d'autres Américains et les officiers français, ces derniers étant vus par les premiers comme des personnes arrogantes et snobs. Au cours de la Seconde Guerre mondiale, les rapports entre Roosevelt et de Gaulle étaient très mauvais. Et ce dernier fera tout pour se distancier des Américains quand il le jugera bon. Il quittera l'Otan à cette fin. De même, depuis les débuts de la construction européenne, les Français militent pour une Europe puissante à la fois indépendante et alliée des États-Unis.

Cette attitude critique s'enracine dans une opposition de deux modèles de l'universalité. L'universel à l'américaine s'inscrit historiquement dans une expérience démocratique, laquelle est venue à incarner au fil du temps la terre de toutes les possibilités pour de nombreux immigrants pauvres, persécutés, aux prises avec des famines et des guerres dans d'autres parties du monde. Elle s'inscrit également dans une expérience de conquête continentale où l'économie de marché bénéficie d'un large soutien, où l'action de l'État est plutôt mal vue, où les inégalités socioéconomiques sont plus tolérées et où la religion joue un très grand rôle dans le quotidien de chacun (Michlethwait et Wooldridge, 2004).

L'universel à la française, tout en partageant certains éléments communs avec celui des États-Unis, s'inscrit dans un autre contexte. Issue de la Révolution française, l'expérience de la France a été profondément influencée par sa longue histoire aristocratique, sa monarchie centralisée et le rayonnement de sa culture. Ancienne nation, fière de son passé, elle a toujours cherché, en dépit du déclin graduel et relatif de son influence, à conserver d'une certaine manière son rang. Cette attitude a le don d'irriter parfois avec raison ses meilleurs amis. Dans le cas précis, la crise irakienne, c'est le monde et la France qui avait raison. Mais la manière dont les protagonistes l'ont vécue était historiquement bien connue.

Cette relation est d'autant plus compliquée qu'elle se caractérise également par une fascination mutuelle, notamment dans certaines catégories sociales. Si, de nos jours, la majorité des Américains ont une vision peu claire de la France, voire une grande méconnaissance, il reste que, dans certains milieux intellectuels et culturels américains, la France continue d'avoir une bonne image et d'être associée à un certain art de vivre. Par exemple, au moment où certains parlementaires réclamaient le boycottage de la France, l'Université Cornell organisait une semaine de la France pour répondre à sa manière au « French bashing » devenu très populaire, notamment parmi les républicains. En France, l'image des États-Unis, même si elle peut, par moments, être fort négative, bénéficie aussi d'un réservoir d'admirateurs non négligeables, tout en étant l'univers auquel on se compare régulièrement.

Ces deux expériences historiques ont affecté la manière de considérer l'altérité et le rapport à la différence. Dans le contexte français, la République est la garante de la liberté, de l'égalité et de la solidarité nationale. Elle ne fait aucune allusion aux différentes communautés la constituant. C'est ce qui fait qu'il n'y a aucune statistique officielle selon l'origine ethnique et que la majorité des chercheurs, en dépit de débats récents, n'en veulent pas. Cette conception du citoyen français explique pourquoi la question des discriminations et du racisme est abordée de manière différente en France et aux États-Unis. Dans le cas de la France, l'assimilation est le processus plébiscité par la grande majorité des Français alors que, dans le cas des États-Unis, on opte pour des modes différenciés d'adaptation à la réalité américaine. Ainsi, si le racisme envers les Noirs est faible en France comparé aux États-Unis, pour plusieurs raisons historiques, il l'est également en raison de la définition même du citoyen français. En revanche, les attitudes à l'égard des Nord-Africains, et plus particulièrement des Algériens, sont plus négatives toujours pour les mêmes raisons, notamment à cause de la religion musulmane et de certaines pratiques (par exemple, statut des femmes, port du voile, interdits alimentaires, égorgement des moutons).

Mais il faut bien comprendre que cette différence est aussi le produit d'une histoire et d'un récit sur soi singuliers. On ne peut pas comparer une société qui a une histoire très longue et qui a, au cours de cette histoire, intégré de nombreux apports culturels et démographiques venant de nombreux horizons, et une société qui a un peu plus de trois siècles d'existence, laquelle s'est constituée, après son indépendance, sur un projet démocratique utopique faisant appel à des millions d'émigrés venus partager cette vision. Dans un cas, nous sommes face à une société dont les racines s'enfoncent très loin dans le passé, dans l'autre, nous avons affaire à une construction nouvelle et volontaire qui est orientée vers le futur. L'Amérique comme nouveau monde n'est par ailleurs pas exempte de grandes contradictions puisqu'elle s'est en partie édifiée sur l'anéantissement des cultures indiennes et l'esclavage des Noirs, ce qui, comme chacun sait, sont des éléments souvent refoulés de certains discours américains. En revanche, les discriminations en France envers les Maghrébins relèvent plus de la non-conformité ressentie par certains Français de souche avec les éléments de la République que d'un rejet fondamental de l'autre (Todd, 1993 ; Weil, 2005). La popularité d'un Zinedine Zidane, capitaine de l'équipe de France de football, ou celle d'un Abdelatif Benazzi, ancien capitaine de l'équipe nationale de rugby, sont là pour l'illustrer.

Les relations Québec-France : une histoire compliquée

Les relations franco-québécoises se sont très largement développées depuis plus de quarante ans. En effet, ce sont les accords signés par le premier ministre Jean Lesage et le gouvernement français au début des années 1960 qui ont permis de retisser le lien longtemps distendu pendant plus de deux siècles entre la France et le Québec. La conquête anglaise et l'évolution par la suite du Canada français et de la France avaient en effet quelque peu réduit les relations franco-canadiennes.

L'histoire des deux sociétés ayant également évolué dans des sens différents, les retrouvailles, si elles ont été fort chaleureuses, ont aussi conduit au cours de ces quarante ans à des incompréhensions et des malentendus dont certains ne sont pas toujours dissipés aujourd'hui. Plusieurs éléments militent dans ce sens. Le premier s'appuie sur un certain nombre d'enquêtes journalistiques qui montrent que les Français qui émigrent au Québec sont, semble-t-il, très nombreux à repartir après quelques années passées dans la belle province (les chiffres sont difficiles à établir, mais d'aucuns parlent de 50 % après deux ans). Le deuxième provient des quelques travaux, peu nombreux jusqu'ici, qui s'attachent à l'acculturation des Français au Québec (Saire, 1995 ; Dupuis, 2005). Et le troisième est illustré par l'expression « Maudit Français », fort employée au Québec. Ces trois faits nous conduisent donc à penser que les relations interculturelles franco-québécoises ne sont pas aussi simples qu'on pourrait le penser à première vue. Qu'est-ce qui semble alors important à prendre en considération pour comprendre ce rapport compliqué d'un point de vue anthropologique ? Il nous semble que là encore l'histoire est éclairante à cet égard.

Malgré l'appartenance à une même langue et, dans la majorité des cas, à une origine démographique commune, le Québec s'est constitué à travers une expérience différente. Issue originalement de l'ancienne Nouvelle-France, la communauté québécoise d'aujourd'hui est le produit d'une collectivité qui a vécu successivement une vie de pionniers, le retrait, voire l'abandon de la mère patrie en 1763, puis l'arrivée des Anglais, la construction d'une nation canadienne où elle a longtemps constitué l'essentiel de ce qu'on a appelé jusque dans les années 1960 le Canada français et, enfin, depuis quarante ans l'affirmation de l'identité québécoise. Cette histoire a forgé une personnalité collective distincte de celle de la France. Parmi les différences centrales, on retrouve l'appartenance au continent américain, le caractère minoritaire des francophones en Amérique et le rôle joué par l'Église catholique.

De l'expérience américaine, les Québécois ont retenu un certain rapport à la nature et à l'espace, une organisation sociale égalitaire, un certain rapport à la langue et un certain rapport au temps. Du caractère minoritaire, la communauté québécoise francophone a intégré une certaine forme de vulnérabilité et une angoisse historique de la survivance. De l'influence de l'Église, nataliste et historiquement fort ultramontaine, et très opposée aux idéaux de la Révolution française et à la laïcité, une survie démographique et une méfiance quant aux Français modernes. Comme le montre fort bien Dupuis (2005) dans son étude, l'idée que les Français sont des personnages potentiellement dangereux pour l'identité canadienne-française était largement répandue dans le clergé pendant plus d'un siècle.

Face à des Québécois qui se sont construits dans un contexte égalitaire et populaire, les Français provenant d'une culture fondamentalement aristocratique, républicaine et laïque, paraissent bien différents. Là où l'on aime les débats dans une langue recherchée et où l'on critique volontiers les choses qui adviennent, les Québécois voient des « critiqueux », des « chialeux », voire des snobs. On retrouve ici une position proche de celle de nombreux Américains déjà mentionnés plus haut. Là où en France on se distingue par le rang et une logique de l'honneur (d'Iribarne, 1989, 2006), au Québec, on cherche à rester un membre du groupe et à se soumettre à une logique du consensus. Ces modes de fonctionnement sont sources d'incompréhension, voire de conflits. Si de tels chocs peuvent être plus fréquents avec des personnes appartenant à des couches populaires et moyennes, les cadres français, comme nous le montre très bien l'étude de Dupuis (2005), peuvent également en souffrir lorsqu'ils travaillent dans les entreprises québécoises francophones. En revanche, les cadres québécois qui travaillent en France ne semblent pas subir d'ostracismes analogues.

Si les relations interculturelles face à face impliquent toujours cet arrière-plan sociohistorique, un des éléments pour réduire cet écart est de prendre conscience des ressorts qui nous animent et des cadres symboliques dans lesquels chacun interprète ce que dit ou fait l'autre. Dans le cas des relations franco-québécoises, la difficulté vient aussi du fait que les interlocuteurs parlent la même langue, mais de manière différente. Un tel piège se retrouve dans d'autres cas tels que celui qu'ont pu vivre ou peuvent encore vivre les Britanniques et les Américains, les Espagnols et les Latino-Américains ou les Brésiliens et les Portugais. Toutefois, dans le cas québécois, le poids du nombre étant du côté de la France, ce qui n'est pas le cas des autres exemples mentionnés, cela pose la question de la norme et du standard à suivre, une source de débat inépuisable au cours de l'histoire du Québec. Même si, de nos jours, ces débats semblent apaisés et qu'une norme ait été mise en place, rejetant à la fois le joual (le parler populaire) et une phonétique par trop franco-française, il reste que les rapports langagiers entre Français et Québécois sont encore souvent semés d'embûches. Au-delà de la langue et par l'intermédiaire de la langue se joue une manière différente d'être ensemble.

Les Français sont issus historiquement d'une société aristocratique pour laquelle la logique de rang et de l'honneur marque dans une large mesure leurs manières de réagir. Dans ce contexte, l'opposition entre le noble et le vil constitue un des éléments clés de la compréhension des comportements. De nombreux malentendus viennent de l'incompréhension de ces catégories par de nombreux Québécois dont l'univers de référence s'appuie à la fois sur des éléments américains et un fonctionnement de type scandinave. On peut alors comprendre pourquoi des tensions peuvent surgir au travail ou encore dans la vie quotidienne. Dans l'univers de la gestion, il est impérieux d'aborder de part et d'autre de l'Atlantique ces différences afin d'éviter les réactions au premier degré dont les conséquences peuvent être dommageables pour les personnes concernées. Au moment où les relations franco-québécoises n'ont jamais été aussi fréquentes, une réflexion sérieuse sur les relations interculturelles entre les deux partenaires s'impose encore plus. Un détour par l'histoire est absolument nécessaire pour comprendre ce qui à la fois unit et distingue les cousins des deux rivages de l'Atlantique.

Les relations franco-maghrébines : une expérience historique entre tragédie et fascination

Les récentes émeutes qui ont eu lieu dans les banlieues françaises, un an après le débat autour du voile islamique à l'école, ont frappé l'opinion internationale. Elles ont également centré l'attention sur l'état des relations entre la majorité des Français et les minorités issues de l'immigration, notamment les jeunes d'origine maghrébine. Les interprétations se sont multipliées. De nombreux commentateurs d'origine anglo-saxonne en sont même venus à enterrer le modèle d'intégration à la française au profit du modèle anglo-saxon d'intégration. Si certains de ces commentaires n'étaient pas exempts de considérations politiques après la position prise par la France lors de la crise irakienne, il reste que le problème des relations franco-maghrébines se posait de nouveau après d'autres mouvements plus civiques comme la marche des Beurs au début des années 1980.

Cette question est particulièrement complexe pour de nombreuses raisons. Leur origine est variée tant au niveau national (Maroc, Algérie et Tunisie) qu'au niveau social (commerçants, ouvriers, intellectuels, cadres), et leur degré d'intégration et de réussite, fort variable. Si beaucoup se sentent exclus, certains réussissent très bien, voire deviennent des symboles comme certains grands sportifs, certains chanteurs, artistes de variété ou humoristes. Par ailleurs, nombreux sont ceux et celles qui se marient en dehors de leur groupe d'origine. La France est en effet à cet égard le pays qui a un des plus hauts taux de mariages interethniques à la première génération (Todd, 1993).

Qu'est-ce qui fait donc problème dans ces relations ? Plusieurs éléments semblent se conjuguer aux yeux des observateurs. Tout d'abord, une trop grande concentration des populations immigrées dans les mêmes espaces ; ensuite, des problèmes d'intégration économique vécus par les pères, une présence peu visible dans les grandes formations politiques et un repli pour certains vers les valeurs d'un Islam conservateur. Tous ces facteurs se conjuguent pour rendre difficiles la réussite scolaire et l'intégration socioéconomique. C'est la première fois que la République est aux prises avec un tel problème. Car, jusqu'ici, le modèle français d'intégration marchait plutôt bien. Mais on observait, malgré la xénophobie ambiante que pouvaient subir les parents, un fort désir d'être Français chez eux et pour leurs enfants. L'école et les institutions publiques jouaient un rôle important dans ce processus d'assimilation. Un tel processus existe toujours pour de nombreux jeunes immigrés, notamment d'origine maghrébine, qui jouent selon les règles établies. À l'heure actuelle, il y a de nombreux parents qui se mobilisent pour empêcher la déportation d'enfants immigrés pour ces raisons. Ce qui a donc changé, c'est la distance socioculturelle que certains expérimentent par rapport à la culture de la majorité.

Le rapport au langage (argot), le rapport aux autres (civilité) et, dans certains cas, les comportements ostensiblement religieux choquent la majorité des Français, très attachés à une conception républicaine de la vie commune. De tels éléments participent largement aux difficultés d'intégration au quotidien. Mais d'autres peuvent également se rajouter. L'histoire passée et l'histoire actuelle peuvent se conjuguer dans certains cas pour augmenter les difficultés (Le Monde, 2004). Dans le cas des immigrés algériens, la guerre qui a eu lieu en Algérie a joué un rôle déterminant dans certains comportements xénophobes et racistes de la part de Français tout de suite après l'indépendance. Car, du côté des Français, la perte de l'Algérie a été un traumatisme pour certains, notamment pour les Français qui étaient installés et qui ont dû être rapatriés à l'indépendance vers la France et aussi pour certains nostalgiques de l'empire. Du côté algérien, l'histoire coloniale et la guerre demeurent toujours dans le décor des relations comme plusieurs déclarations du président algérien l'ont illustré encore tout récemment.

La réaction très vive des Algériens et d'autres pays contre la loi présentée au début de l'année 2006 à l'Assemblée nationale française sur les bienfaits du colonialisme illustre bien les traces profondes laissées par l'histoire dans les relations contemporaines. Un tel arrière-plan est mobilisé chaque fois que les relations se tendent. Les tragédies de l'histoire lorsqu'elles sont refoulées par les acteurs, ici les responsables français, affectent non seulement les relations officielles, mais aussi les rapports ordinaires. Mais le poids de l'histoire du passé n'est pas le même d'un pays à l'autre. Le Maroc et la Tunisie ne vivent pas le même rapport à la France. Ils n'ont pas eu une guerre d'indépendance à faire et n'étaient pas des départements français. Ces différences participent à une relation plus apaisée et à une vision plus positive des Français, tout comme à une vision plus positive des Marocains et des Tunisiens par les Français eux-mêmes.

Dans le cas des immigrés d'origine algérienne et des Français musulmans, d'autres éléments se sont aussi ajoutés au cours des quinze dernières années : la montée d'un islamisme intégriste et militant dans le monde musulman et la guerre civile qui en a découlé en Algérie. Ces évènements ont eu des répercussions un peu partout dans le monde occidental et notamment en France, qui compte la plus importante population immigrée d'origine arabo-musulmane d'Europe. Les images terribles provenant d'Algérie et d'ailleurs ont eu pour conséquence de donner une vision particulièrement négative de ces pays et de l'Islam. La contestation de la laïcité autour du port du voile par une minorité de musulmanes françaises est venue heurter la conception de la France républicaine. Or, la loi sur le voile a été très largement appuyée par les Français. Tout récemment encore, l'affaire des caricatures a ravivé la question de la place que la satire occupe chez les uns et les autres. S'il va de soi que les relations interculturelles peuvent être très harmonieuses entre les Français d'origine maghrébine et les Français de souche plus ancienne, de nombreux cas l'illustrent amplement, cette harmonie ne peut se construire que dans un contexte où les immigrés acceptent les lois de la République et la laïcité et où les instances publiques françaises font tout pour éviter les exclusions et encouragent la méritocratie.

Comme nous pouvons le voir, les relations interculturelles entre personnes appartenant à des groupes distincts mobilisent des éléments historiques. Ces éléments font partie du cadre de compréhension. Sans ce regard, il y a des choses qui peuvent nous échapper. Dans certains cas, cela viendra éclairer des propos et ou des comportements observés qui seraient autrement incompréhensibles. La gestion en contexte interculturel ne peut pas l'oublier car, au-delà des éléments déjà cités, l'historicité des relations fait partie intégrante du cadre d'interprétation des relations même si elle demeure la plupart du temps invisible aux yeux des interlocuteurs.

CONCLUSIONS

La dynamique sociale des entreprises et les pratiques de gestion que nous observons en Europe et ailleurs sont en relation étroite avec des univers de sens. Recourir à des analyses qui font appel aux cadres symboliques de l'action permettent alors d'éclairer les tensions qui peuvent surgir entre univers culturels différents autour de ce qu'entendent les uns et les autres par décision, éthique, qualification, compétence, qualité. À travers l'accumulation de cas dans des sociétés différentes, ces analyses peuvent aider à construire une typologie des cultures et à montrer la dynamique des valeurs propres à chaque pays, voire à chaque aire de civilisation (d'Iribarne, 1998 ; Dupuis, 2004). Car c'est dans l'articulation singulière des éléments clés de la culture que réside la compréhension de l'univers étudié. Si en effet on peut trouver des références communes à plusieurs cultures occidentales et européennes, comme l'individu, l'égalité, liberté, la communauté, chacun de ces termes prendra une signification particulière dans le contexte de la culture étudiée. C'est ce que les recherches en gestion interculturelle portant sur les cultures comme univers de sens s'attachent à montrer.

Dans le contexte des discours sur la mondialisation et des pratiques de gestion en matière internationale, une telle démarche est loin d'être sans intérêt. Face à tous ceux et celles qui pensent qu'il n'existe qu'une seule manière de gérer, elle redonne espoir dans la pluralité des expériences. Pour l'Europe comme pour les autres pays qui sont aux prises avec l'invasion d'outils de gestion d'inspiration anglo-américaine, cette question est en effet importante. Pour la gestion des entreprises européennes, il s'agit de mieux prendre en compte cette question dans son propre espace et de se rappeler que proximité ne rime pas toujours avec similarité (*Futuribles*, 2002 ; Sorge, 2003). L'arrivée de nouveaux partenaires dans l'Union européenne et les difficultés déjà existantes dans ce domaine devraient accentuer l'intérêt pour ce genre de questionnement.

Pour les pays en développement souvent vus comme incapables de développer des pratiques de gestion performantes en raison même de leur culture, c'est également essentiel. Car les travaux de terrain qui existent montrent que la prise en compte de l'univers de sens propre à la culture est souvent un gage de succès dans les expériences de modernisation (d'Iribarne, 2003). Si la diversité culturelle à laquelle tout le monde est attaché passe à la fois par un dialogue interculturel et un respect des différences, le monde de la gestion ne peut en ignorer les enjeux. Bien au contraire, étant au cœur des transformations contemporaines, le détour anthropologique doit devenir un passage obligé pour tous ceux et celles qui gèrent des organisations en Europe et ailleurs dans le monde. La gestion universelle abstraite n'existant pas, leurs performances socioéconomiques sont aussi à ce prix.

RÉFÉRENCES

Adler, N., *International Dimensions of Organizational Behavior*, Boston, Kent Publishing Company, 1986.

Amadieu, J.-F., *Le Poids des apparences*, Paris, Odile Jacob, 2003.

Amado, G., C. Faucheux et A. Laurent, « Changement organisationnel et réalités culturelles. Contrastes franco-américains », dans J.-F. Chanlat (dir.), *L'Individu dans l'organisation. Les dimensions oubliées*, Sainte-Foy, Les Presses de l'Université Laval, Paris, Eska, p. 629-662, 1990, 1998.

Arcand, B., et S. Vincent, *L'Image de l'Amérindien dans les manuels scolaires du Québec ou comment les Québécois ne sont pas des sauvages*, Montréal, Hurtubise HMH, 1979.

Aubert, N., *Le Culte de l'urgence. La société malade du temps*, Paris, Flammarion, 2003.

Austin, D., *Quand dire c'est faire*, Paris, Seuil, 1970.

Balandier, G., *L'Afrique ambiguë*, Paris, Terre humaine, coll. « Poche », Plon, réédition 1991.

Bourdieu, P., *La Noblesse d'État*, Paris, Éditions de Minuit, 1989.

Caroll, R., *Évidences invisibles*, Paris, Seuil, 1987.

Césaire, A., *Nègre je suis, nègre je resterai*, Paris, Albin Michel, 2005.

Chanlat, J.-F. (dir.), *L'Individu dans l'organisation. Les dimensions oubliées*, Sainte-Foy, Les Presses de l'Université Laval, Paris, Eska, 1990 ; 1998.

Chanlat, J.-F., *Sciences sociales et management. Plaidoyer pour une anthropologie générale*, Sainte-Foy, Les Presses de l'Université Laval, Paris, Eska, 1998.

Chanlat, J.-F., « Le manager à l'écoute des sciences sociales », dans Michel Kalika, *Les Défis du management*, Paris, Éditions Liaisons sociales, 2002.

Chen, A., *Histoire de la pensée chinoise*, Paris, Gallimard, 2004.

Chesnoff, R. Z., *The Arrogance of the French, Why they Can't Stand Us and Why the Feeeling is Mutual*, New York, Sentinel, 2005.

Chevrier, S., *Le Management des équipes interculturelles*, Paris, PUF, 2000.

Chevrier, S., *Le Management interculturel*, Paris, PUF, coll. « Que sais-je ? », 2003.

Crozier, M., *Le Mal américain*, Paris, Fayard, 1980.

Crozier, M., *Le Phénomène bureaucratique*, Paris, Seuil, 1964.

Cuche, D., *La Notion de culture dans les sciences sociales*, Paris, La Découverte, 1996.

De Custine, N., *Lettres de Russie. La Russie en 1839*, Paris, Livre de poche, réédition, 1975.

Delacampagne, C., *L'Invention du racisme*, Paris, Fayard, 1983.

Desjeux, D., et S. Taponier, *Le Sens de l'autre*, Paris, L'Harmattan, 1994.

De Tocqueville, A., *De la démocratie en Amérique*, Paris, Gallimard, 1835, 19XX.

d'Iribarne, P., et collab., *Cultures et mondialisation*, Paris, Seuil, 1998.

d'Iribarne, P., « Face à la complexité des cultures, le management interculturel exige une approche ethnologique », *Management international*, printemps, 2004.

d'Iribarne, P., *L'Étrangeté française*, Paris, Seuil, 2006.

d'Iribarne, P., *La Logique de l'honneur*, Paris, Seuil, 1989, 1993.

d'Iribarne, P., *Le Tiers monde qui réussit. Nouveaux modèles*, Paris, Odile Jacob, 2003.

Dubar, C., *La Crise des identités*, Paris, PUF, 2000.

Dufour, M., et A. Chanlat, *La Rupture entre l'entreprise et les hommes*, Paris, Éditions d'Organisation, 1985.

Dupriez, P., et S. (dir.), *La Résistance culturelle*, Bruxelles, De Boeck Éditeur, 2002.

Dupuis, J.-P., « Être "un maudit français" en gestion au Québec », *Gérer et comprendre*, septembre, n° 81, p. 51-61, 2005.

Dupuis, J.-P., « Anthropologie, culture et organisation vers un modèle constructiviste », dans J.-F. Chanlat (dir.), *L'Individu dans l'organisation. Les dimensions oubliées*, Sainte-Foy, Les Presses de l'Université Laval, Paris, Eska, p. 533-551, 1990, 1998.

Dupuis, J.-P., « Problèmes de cohérence théorique chez Philippe d'Iribarne. Une voie de sortie », *Management international*, printemps, 2004.

Eibbl-Eibesfeld, I., *Éthologie et biologie du comportement*, Paris, Diffusion Operts, 2002.

Elias, N., *La Société de cour*, Paris, Flammarion, 1974.

Enriquez, E., *De la horde à l'État. Psychanalyse du lien social*, Paris, Gallimard, 1983.

Etzioni, A., *The Moral Dimension : Toward a New Economics*, New York, Free Press, 1988.

Fanon, F., *Peau noire, masques blancs*, Paris, Poche, Seuil, 1964, réédition 2002.

Fernandez, B., *L'Identité nomade*, Paris, Anthropos et Economica, 2002.

Fischer, G.-N., « Espace, identité et organisation », dans J.-F. Chanlat (dir.), *L'Individu dans l'organisation. Les dimensions oubliées*, Sainte-Foy, Les Presses de l'Université Laval, Paris, Eska, 1990, 1998.

Fischer, G.-N., *Psychologie des espaces de travail*, Paris, A. Colin, 1997.

Flem, L., *Le Racisme*, Paris, M.A éditions, 1985.

Francfort, I., F. Osty, R. Sainsaulieu et M. Uhalde, *Les Mondes sociaux de l'entreprise*, Paris, Desclée de Brouwer, 1995.

Fuentes, C., *Le Miroir enterré. Réflexions sur l'Espagne et le Nouveau Monde*, Paris, Gallimard, 1994.

Fumaroli, M., *Quand l'Europe parlait français*, Paris, De Fallois, 2001.

Futuribles, numéro spécial, « Les Valeurs des Européens. Les tendances de long terme », juillet-août, n° 277, 2002.

Gancel, C., I. Rodgers et M. Raynaud, *Succesful Mergers. Acquisitions and Strategic Alliances*, New York, McGraw Hill, 2002.

Gasparini, G., « Temps et travail en Occident », dans J.-F. Chanlat (dir.), *L'Individu dans l'organisation. Les dimensions oubliées*, Sainte-Foy, Les Presses de l'Université Laval, Paris, Eska, p. 199-214, 1990, 1998.

Geoffroy, C., *La Mésentente nationale. Voyage au cœur de l'espace interculturel franco-anglais*, Paris, Grasset et Le Monde, 2001.

Girin, J., « Problèmes du langage dans les organisations », dans J.-F. Chanlat (dir.), *L'Individu dans l'organisation. Les dimensions oubliées*, Sainte-Foy, Les Presses de l'Université Laval, Paris, Eska, 1990, 1998.

Goffman, E., *La Mise en scène de la vie quotidienne*, Paris, Éditions de Minuit, 1973.

Goffman, E., *Les Rites d'interaction*, Paris, Éditions de Minuit, 1974.

Guigo, D., *Ethnologie de la vie de bureau*, Paris, L'Harmattan, 1994.

Guillaumin, C., « Avec ou sans race ? », *Le Genre humain*, n° 11, La société face au racisme, p. 215-222, 1984-1985.

Guillaumin, C., *L'Idéologie raciste, genèse et langage actuel*, Paris, Mouton, 1979.

Hagège, C., *Combat pour le français*, Paris, Odile Jacob, 2005.

Hagège, C., *L'Homme de paroles : contribution linguistique aux sciences humaines*, Paris Fayard, 1985.

Hall, E., *Au-delà de la culture*, Paris, Seuil, 1979.

Hall, E., *La Dimension cachée*, Paris, Seuil, 1966.

Hall, E., *Le Langage silencieux*, Paris, Seuil, 1984.

Hampden-Turner, C., et F. Trompenaars, *Building Cross-Cultural Competence*, New York, John Wiley & Sons, 2000.

Hertsgaard, M., *L'Amérique expliquée au monde entier*, Paris, Stock, 2002.

Hofstede, G., *Culture'consequences, international differences in work-related values*, Beverly Hills, Sage, 1980.

Hofstede, G., *Vivre dans un monde multiculturel*, Paris, Éditions d'Organisation, 1994.

Hofstede, G., *Culture's conséquences : Comparing Values, Behaviors, Institutions and Organization across Nations*, Londres, Sage, 2002.

Inglehart, R., M. Basanez et A. Moreno, *Human Values and Beliefs*, Ann Arbor, University of Michigan Press, 1998.

Jacquard, A., *Éloge de la différence*, Paris, Seuil, 1985.

Joly, A., « Être cadre à l'étranger », dans J.-F. Chanlat (dir.), *L'Individu dans l'organisation. Les dimensions oubliées*, Sainte-Foy, Les Presses de l'Université Laval, Paris, Eska, p. 457-506, 1990, 1998.

Jullien, F., *Traité de l'efficacité*, Paris, Grasset, 1996.

Kamdem, E., « Temps et travail en Afrique », dans J.-F. Chanlat (dir.), *L'Individu dans l'organisation. Les dimensions oubliées*, Sainte-Foy, Les Presses de l'Université Laval, Paris, Eska, p. 231-255, 1990, 1998.

Kamdem, E., *Management et inter culturalité en Afrique. Expérience camerounaise*, Sainte-Foy, Les Presses de l'Université Laval, Paris, L'Harmattan, 2002.

Lamont, M., *La Dignité des travailleurs. Exclusion, race, classe et immigration en France et aux États-Unis*, Paris, Presses de sciences po, 2002.

Langaney, A., « Comprendre l'autrisme », *La Science face au racisme. Le genre humain*, n° 1, p. 94-106, 1981.

Laurent, A., « The cultural diversity of western conceptions of management », *International Studies of Management and Organization*, XII, 1-2, p. 75-96.

Lautier, F., *Ergotopiques. Sur les espaces des lieux de travail*, Toulouse, Octarès, 1999.

Le Breton, D., *Anthropologie des émotions*, Paris, PUF, 1998.

Le Breton, D., *La Saveur du monde. Une anthropologie des sens*, Paris, Métaillé, 2006.

Le Goff, J., *L'Europe est-elle née au Moyen Âge ?*, Paris, Seuil, 2003.

Le Monde, « France, Algérie Mémoires en marche », dossier, 28 octobre 2004.

Lévi-Strauss, C., *Race et histoire*, Paris, Gonthier, 1961.

Lévi-Strauss, C., *Tristes Tropiques*, Paris, Plon, 1960, réédition 2000.

Linton, R., *Le Fondement culturel de la personnalité*, Paris, Dunod, 1967.

Maalouf, A., *Les Croisades vues par les Arabes*, Paris, Livre de poche, coll. « J'ai lu », 1999.

Management international, numéro spécial, « Cultures nationales et gestion », Montréal, printemps 2004.

Management international, numéro spécial, « Cultures, nations et gestion », Montréal, printemps 2004.

Martin, D., J.-L. Metzger et P. Pierre, *Les Métamorphoses du monde. Sociologie de la mondialisation*, Paris, Seuil, 2003.

Mauss, M., *Sociologie et anthropologie*, Paris, PUF, 1968.

Memmi, A., *Le Racisme*, Paris, Gallimard, 1982.

Memmi, A., *Portrait du colonisé*, Paris, Gallimard, 1957, 1985.

Memmi, A., *Portrait du décolonisé*, Paris, Seuil, 2004.

Micklethwait, J., et A. Wooldridge, *The Right Nation : conservative power in America*, New York, Peguin Press, 2004.

Mutabazi, E., « Le Management des équipes interculturelles. L'expérience des équipes afro-occidentales en Afrique », *Management international*, printemps, 2004.

Osty, F., *Le Désir de métier*, Rennes, Presses de l'Université de Rennes, 2002.

Pasquero, J., « Éthique et entreprise : le point de vue américain », dans M. Côté et T. Hafsi, *Le Management aujourd'hui. Une perspective nord-américaine*, Sainte-Foy, Les Presses de l'Université Laval, Paris, Economica, 2000.

Paz, O., *Le Labyrinthe de la solitude*, Paris, Gallimard, 1990.

Pesqueux, Y., « La référence à la valeur actionnariale : perspective éthique », *Le rapport moral sur l'argent dans le monde*, Association d'économie financière, Paris, 1998.

Pesqueux, Y., *L'Entreprise multiculturelle*, Paris, L'Harmattan, 2004.

Pesqueux, Y., *Le Gouvernement de l'entreprise comme idéologie*, Paris, Ellipses, 2000.

Rocheblave-Spenle, A.M., *Les rôles masculins et féminins, les stéréotypes, la famille, les états intersexuels*, Paris, Éditions universitaires, 1970.

Said, E., *L'Orientalisme : l'Orient créé par l'Occident*, Paris, Seuil, 1997.

Saire, P.-O., *L'Acculturation des cadres français au Québec*, Montréal, HEC Montréal, 1995.

Saussure, F. de, *Cours de linguistique générale*, Paris, Payot, 1978.

Schneider, S., et J.-L. Barsoux, *Managing across Cultures*, New York, Prentice Hall, 1997, traduction française, Pearson, Paris, 2003.

Senghor Sedar, L., *Négritude et civilisation de l'universel*, Paris, Grasset, 1988.

Sorge, A., et A.W. Harzing, « The relative impact of country-of-origin and universal contingencies on internationalization strategies and corporate control in multinational entreprises : World-wide and European perspectives », *Organization Studies*, vol. 24, n° 2, p. 187-214, 2003.

Sue, R., *Temps et ordre social*, Paris, PUF, 1994.

Tap, P. (dir.), *Identités collectives et changements sociaux*, Paris, Privat, 1986a.

Tap, P. (dir.), *Identités collectives et organisations*, Paris, Privat, 1986b.

Todd, E., *L'Invention de l'Europe*, Paris, Seuil, 1993.

Todd, E., *Structures familiales et développement*, Paris, Seuil, 1984.

Todorov, T., *La vie commune : essai d'anthropologie générale*, Paris, Seuil, 1995.

Trompenaars, F., *L'Entreprise multiculturelle*, Paris, Éditions Maxima, 1994.

Vincent, S., « Racisme et hétérophobie dans les organisations », dans J.-F. Chanlat, *L'Individu dans l'organisation. Les dimensions oubliées*, Sainte-Foy, Les Presses de l'Université Laval, Paris, Eska, 1990, 2002.

Webber, R. A. (dir.), *Culture and Management*, Homewood, Irwin, 1969.

Weber, M., *L'Éthique protestante et l'esprit du capitalisme*, Paris, Gallimard, 2003.

Weil, P., *La République et sa diversité, immigration, intégration, discriminations*, Paris, Seuil, 2005.

Zweig, S., *Le Monde d'hier. Souvenirs d'un Européen*, Paris, Belfond, 1997.

CHAPITRE I.2

L'ANALYSE INTERCULTURELLE EN GESTION : DÉCLOISONNER LES APPROCHES CLASSIQUES

Jean-Pierre Dupuis

INTRODUCTION

Depuis près de trente ans, des chercheurs (Hofstede, 1980 ; Laurent, 1983 ; d'Iribarne, 1989 ; Trompenaars, 1994 pour n'en nommer que quelques-uns) étudient les pratiques de gestion à l'échelle internationale dans une perspective comparative. Ces études visent à mieux connaître, dans un contexte d'internationalisation d'abord, puis de mondialisation des échanges économiques, les pratiques et les attitudes des dirigeants, gestionnaires et employés des entreprises dans les différents pays et cultures du monde. Ce phénomène a en effet entraîné de plus en plus de personnes à travailler dans d'autres cultures que la leur, ce qui n'a pas été sans poser quelques difficultés puisque l'expérience a révélé que, contrairement à ce que plusieurs dirigeants occidentaux croyaient, la gestion n'est pas un ensemble fixe et universel de règles et de pratiques mais plutôt une mosaïque de pratiques locales. C'est ce que ces études ont montré et ont tenté d'expliquer. De manière générale, la culture dite nationale a été le principal vecteur explicatif. Ainsi, si les pratiques de gestion dans différents pays ne se conforment pas à la théorie de la gestion telle qu'elle est développée aux États-Unis, c'est parce que les individus qui composent chacune de ces sociétés ont une façon de voir le monde et d'interagir entre eux qui leur est propre (leur culture) et qu'en conséquence ils ne se contentent pas de reproduire un modèle occidental ou américain de gestion : ils le transforment, se l'approprient, y infusent leur culture.

Dans ce chapitre, nous allons présenter les connaissances sur les cultures dégagées par les deux principales approches de recherches dans ce champ pour voir ce qu'elles nous apprennent sur la gestion en contexte interculturel. Pour ce faire, nous allons examiner les travaux de deux des chercheurs les plus représentatifs de ces approches, soit Geert Hofstede et Philippe d'Iribarne.

Geert Hofstede a fait, à la fin des années 1960 et au début des années 1970, de vastes enquêtes portant sur les comportements et les attitudes des employés au travail de différents pays ou cultures du monde à l'aide de questionnaires. Cette approche s'est imposée depuis la publication de *Culture's Consequences : International Differences in Work-Related Values* en 1980. Nous allons examiner les forces et les faiblesses de cette approche devenue dominante, de même que les critiques qui lui sont adressées. Cette approche par questionnaires a été reprise par plusieurs chercheurs dans différents contextes culturels et elle en a largement inspiré d'autres (Schwartz, 1992 ; Trompenaars, 1994) qui ont cherché à dégager d'autres dimensions importantes pour la compréhension des cultures.

Des courants critiques et opposés à l'approche de Hofstede ont proposé une tout autre approche. C'est le cas de Philippe d'Iribarne, le plus connu dans le monde francophone, qui tente aussi de circonscrire les relations entre culture nationale et gestion mais à partir d'études de cas plus ethnographiques (voir ses ouvrages clés de 1989 et de 1998a). Son approche est intéressante parce qu'elle est à la fois une solution de rechange radicale au courant dominant et une critique articulée des travaux de Hofstede. Nous allons également examiner les forces et les faiblesses de cette approche.

Ces deux approches, comme la majorité des approches en gestion interculturelle, portent sur la culture nationale. Dans notre chapitre, en plus de nous pencher sur cette dernière à travers les travaux de Hofstede et d'Iribarne, nous montrerons qu'au-delà et en deçà de la culture nationale il y a aussi des cultures locales, régionales ou transnationales qui marquent tout autant les pratiques de gestion. Nous montrerons qu'il est important de tenir compte de ces cultures en gestion malgré le peu de connaissances produites spécifiquement à cette fin. Finalement, dans la dernière partie, nous aborderons la question de l'utilisation de ces recherches et de ces connaissances pour analyser des situations de gestion et de travail interculturelles. Nous proposerons plus précisément d'utiliser ces approches d'une façon intégrée pour tirer le plus grand parti de chacune d'elles.

LE COURANT DOMINANT : L'APPROCHE DE GEERT HOFSTEDE

Les travaux de Hofstede sur la gestion interculturelle ont profondément marqué le champ au point de devenir la référence obligée. Ainsi, en l'espace d'une dizaine d'années, le livre *Culture's Consequences* (1980), qui présente les résultats d'une vaste enquête menée dans les filiales d'IBM à travers le monde, a fait l'objet d'une trentaine de recensions, tout en ayant été cité plus de 1 000 fois dans les revues spécialisées. De plus, le design de recherche de l'auteur a été repris en partie ou en totalité par des chercheurs dans plus d'une soixantaine de recherches confirmant, dans la majorité des cas, les résultats de son analyse (Sondergaard, 1994). Hofstede lui-même, dans la deuxième édition de son livre publiée en 2001, rend compte d'un nombre considérable d'enquêtes ayant utilisé son modèle.

L'enquête réalisée par Hofstede a porté au départ sur plus de 72 filiales d'IBM et 116 000 questionnaires ont été administrés en deux vagues autour de 1968 et de 1972[1]. Il n'a retenu qu'une cinquantaine d'unités (une unité est soit une filiale, soit un regroupement de filiales d'une même région culturelle[2]) pour la présentation et l'analyse de ses résultats, laissant tomber les filiales où le nombre de personnes rencontrées était inférieur à 50 et où il n'était pas possible de faire des regroupements de personnes sur la base de leur culture. La force de son travail repose sur plusieurs éléments, notamment la taille de son échantillon, l'attention portée au contrôle des variables autres que la culture nationale, la validation des résultats par confrontation avec ceux d'autres enquêtes, les fondements anthropologiques de son concept de culture et son opérationnalisation à travers quatre dimensions à portée « universelle ».

Nous avons déjà parlé de la taille de l'échantillon, mais soulignons tout de même que l'on trouve rarement une recherche qui s'appuie sur un nombre aussi impressionnant de répondants répartis à travers monde. Quant au contrôle des variables autres que la culture nationale, il s'est fait grâce au choix d'étudier des filiales d'une même entreprise dans différents pays, ce qui assure une certaine homogénéité dans le profil des personnes interrogées en matière de formation, de scolarité et de classe sociale. Ce faisant, les différences entre pays qui ressortent de l'enquête peuvent être difficilement

---

1. Les questionnaires ont été administrés aux employés et visaient à l'origine à cerner leur satisfaction au travail. La découverte de différences entre pays a poussé l'auteur à explorer l'hypothèse culturelle comme explication.

2. L'auteur a ainsi regroupé sous l'Afrique de l'Est les questionnaires de l'Éthiopie, du Kenya, de la Tanzanie et de la Zambie, ceux du Ghana, du Nigeria et de la Sierra Leone sous l'Afrique de l'Ouest ; ceux de l'Arabie saoudite, de l'Égypte, des Émirats arabes unis, de l'Irak, du Koweït, du Liban et de la Libye sous le Proche-Orient.

attribuées à d'autres facteurs qu'à la culture nationale. La confrontation des résultats de cette enquête avec ceux d'enquêtes existantes est menée longuement et permet non seulement de valider ses résultats mais aussi d'expliquer certaines données plus aberrantes (par exemple, le score de certains pays sur un des indices), tout en alimentant la discussion sur les conséquences que l'auteur tire de ses résultats pour la gestion. En effet, sans ces enquêtes il aurait beaucoup moins de choses à dire sur la gestion proprement dite. En ce sens, l'ouvrage de 1980, comme sa réédition de 2001, est plein d'érudition, comme le note Chapman (1997), ce qui explique en grande partie son succès.

Quant aux dimensions qu'il a retenues pour opérationnaliser son concept de culture, elles proviennent d'un travail sur les données de ses enquêtes précédentes et d'une lecture attentive des travaux d'anthropologues et de sociologues, notamment ceux de Clyde Kluckhohn, Alex Inkeles et David Levinson. Hofstede a dégagé quatre dimensions qui renvoient chacune à des universaux de la vie en société, plus exactement à des problèmes que tous les groupes humains doivent résoudre lors de leur existence (voir le tableau I.2.1). Ces quatre dimensions sont l'individualisme (par opposition au collectivisme), la distance hiérarchique (grande ou petite), le contrôle de l'incertitude (fort ou faible) et la masculinité (par opposition à la féminité).

Dans le travail de Hofstede, « la variation des indices de chaque pays sur ces dimensions montre la prise de position de chaque société par rapport à ces problèmes » (Bollinger et Hofstede, 1987, p. 155-156). Les indices sont calculés à partir des réponses aux questionnaires et les résultats sont donnés sur une échelle de 0 à 100 (certains scores peuvent dépasser 100), et où plus le score est élevé, plus le pays est marqué par cette dimension. Nous présentons les résultats de Hofstede par pays sur chacune des dimensions dans le tableau I.2.2.

Tableau I.2.1

LES PROBLÈMES FONDAMENTAUX AUXQUELS FONT FACE
LES ÊTRES HUMAINS ET LES DIMENSIONS Y CORRESPONDANT

Problèmes humains fondamentaux	Description	Dimensions
La relation entre les individus et ses congénères.	Dans certaines sociétés « les liens entre individus sont extrêmement lâches » et dans d'autres ils « sont extrêmement forts. » (p. 12)	Individualisme (contre collectivisme)
La manière dont la société traite le fait que les individus sont inégaux.	« Certaines sociétés s'efforcent d'atténuer autant que possible ces inégalités de puissance et de richesse ; d'autres les acceptent. » (p. 12)	Distance hiérarchique
La manière dont la société répond au fait que le temps n'avance que dans un sens [...] et que nous avons à vivre dans l'incertitude parce que l'avenir nous est inconnu et le sera toujours.	« Certaines sociétés conditionnent leurs membres à l'acceptation de cette incertitude [...]. Dans d'autres sociétés les individus sont élevés dans l'idée de chercher à vaincre l'avenir. » (p. 14)	Contrôle de l'incertitude
La manière dont la société organise la division des rôles entre les sexes.	« Il est possible de classer les sociétés selon qu'elles cherchent à minimaliser ou à maximaliser la division du rôle des sexes. » (p. 16)	Masculinité (contre féminité)

Source : Construit à partir de Hofstede (1987*)

* J'ai utilisé ici le résumé français de l'ouvrage de 1980 qui a été publié dans la *Revue française de gestion* en 1987, voir Hofstede (1987). Pour lire le développement plus substantiel de l'auteur sur ces dimensions il faut se référer à l'édition originale de 1980 (Hofstede, 1980, p. 44-50 et p. 312-314). J'utilise aussi l'adaptation française de ce dernier ouvrage qui a été faite par Bollinger en 1987, voir Bollinger et Hofstede (1987), dans la suite du texte.

Tableau I.2.2
LES SCORES PAR PAYS

Pays\indices	Distance hiérarchique	Contrôle incertitude	Individualisme	Masculinité
Afrique du Sud	49	49	65	63
Allemagne de l'O.	35	65	67	66
Argentine	49	86	46	56
Australie	36	51	90	61
Autriche	11	70	55	79
Belgique	65	94	75	54
Brésil	69	76	38	49
Canada	39	48	80	52
Chili	63	86	23	28
Colombie	67	80	13	64
Corée du Sud	60	85	18	39
Costa Rica	35	86	15	21
Danemark	18	23	74	16
Équateur	78	67	8	63
Espagne	57	86	51	42
États-Unis	40	46	91	62
Finlande	33	59	63	26
France	68	86	71	43
Grande-Bretagne	35	35	89	66
Grèce	60	112	35	57
Guatemala	95	101	6	37
Hong-Kong	68	29	25	57
Inde	77	40	48	56
Indonésie	78	48	14	46
Iran	58	59	41	43
Irlande	28	35	70	68
Israël	13	81	54	47
Italie	50	75	76	70
Jamaïque	45	13	39	68
Japon	54	92	46	95
Malaisie	104	36	26	50
Mexique	81	82	30	69

Norvège	31	50	69	8
Nouv.-Zélande	22	49	79	58
Pays-Bas	38	53	80	14
Pakistan	55	70	14	50
Panama	95	86	11	44
Pérou	64	87	16	42
Philippines	94	44	32	64
Portugal	63	104	27	31
Salvador	66	94	19	40
Singapour	74	8	20	48
Suède	31	29	71	5
Suisse	34	58	68	70
Taïwan	58	69	17	45
Thaïlande	64	64	20	34
Turquie	66	85	37	45
Uruguay	61	100	36	38
Venezuela	81	76	12	73
Yougoslavie	76	88	27	21
Afrique de l'Est[a]	64	52	27	41
Afrique de l'Ouest[b]	77	54	20	46
Pays arabes[c]	80	68	38	53
Moyenne	57	65	43	49
Écart type	22	24	25	18

Source : Hofstede (1980).

a   Afrique de l'Est : Éthiopie, Kenya, Tanzanie et Zambie.

b   Afrique de l'Ouest : Ghana, Nigeria, Sierra Leone.

c   Pays arabes : Arabie saoudite, Égypte, Émirats arabes unis, Irak, Koweit, Liban et Lybie.

Pour Hofstede, les conséquences de ces différences culturelles sont importantes pour la gestion. En fait, elles le sont pour « toute l'organisation sociale et institutionnelle d'un pays » (Hofstede, 1987, p. 95). Cela explique les différences que nous trouvons dans la façon de gérer les individus et les entreprises dans le monde. Ainsi, un indice élevé sur la distance hiérarchique signifie que les gestionnaires ont tendance à centraliser, que les entreprises sont organisées de façon pyramidale, qu'il y a beaucoup d'encadrement, que les employés ont peu de qualifications, entre autres. À l'inverse, un indice faible indique une tendance à la décentralisation, une pyramide aplatie, un encadrement moins hiérarchisé, par exemple (Bollinger et Hofstede, 1987, p. 98).

De la même façon, un indice élevé ou faible sur la dimension de l'individualisme (un indice faible est l'indication d'un fort collectivisme) entraîne des conséquences différentes : « les relations entre les employeurs et les employés vont se faire sur une base morale dans les cultures communautaires, alors qu'elles se nouent sur la base d'un calcul personnel dans les cultures individualistes » (Bollinger et Hofstede, 1987, p. 132) ; « les décisions peuvent être prises soit en privilégiant des relations personnelles [collectivisme fort], soit en mettant tout le monde sur un pied d'égalité [individualisme fort] » (Bollinger et Hofstede, 1987, p. 134).

Concernant la dimension du contrôle de l'incertitude, l'auteur avance qu'un fort indice signifie « une faible ambition pour l'avancement dans la carrière, et une nette préférence pour un chef hiérarchique âgé et spécialiste de l'activité qu'il dirige, une préférence pour les grandes entreprises plutôt que les petites, une tendance à éviter la concurrence [et les conflits] [...] la résistance au changement » (Bollinger et Hofstede, 1987, p. 113). Finalement, quant à la dimension de la masculinité, un indice élevé signifie une approche au travail plus centrée sur les affrontements, les conflits, sur la réalisation de soi à travers la carrière par opposition à la féminité, indiquée par un indice faible, plus centrée sur la coopération, l'humanisation du travail, l'esprit de groupe.

La position des pays sur les différentes dimensions et l'interaction entre ces dimensions ont des répercussions sur les pratiques de gestion (direction, organisation et motivation). Par exemple, les pratiques de direction sont liées selon Hofstede (1987, p. 18) aux dimensions de l'individualisme et de la distance hiérarchique. Dans les sociétés individualistes, comme les États-Unis, les qualités du chef sont « fondées sur les besoins présumés d'individus qui recherchent leur intérêt propre » (Hofstede, 1987, p. 18) tandis que, dans les sociétés collectivistes, « la direction est un phénomène de groupe » (Hofstede, 1987, p. 18) où la loyauté à ce dernier est très grande.

De plus, la participation à la direction est possible, voire souhaitée aux États-Unis, pays où la distance hiérarchique est près de la moyenne, bien que les décisions reviennent au directeur qui conserve l'initiative. Dans les pays où la distance hiérarchique est plus grande, tels que de nombreux pays du Tiers-Monde, mais aussi la France et la Belgique, les subordonnés, en règle générale, refusent de participer. Ils s'attendent à ce que leurs dirigeants se conduisent en autocrates, en sorte que, par leur conduite, ils rendent difficiles à leurs dirigeants tout autre type de conduite. La direction participative est très rare en France et en Belgique (Hofstede, 1987, p. 18-19).

Geert Hofstede avance ainsi que, si la direction renvoie principalement aux dimensions de l'individualisme et de la distance hiérarchique, l'organisation (le fait d'organiser) renvoie à celles de la distance hiérarchique et du contrôle de l'incertitude et la motivation à celles de la dimension de l'individualisme, du contrôle de l'incertitude et de la masculinité (la figure I.2.1 résume le modèle de Hofstede). Par exemple, la motivation par les performances (primes aux rendements) propres à la société américaine renvoie à un faible score sur la dimension de l'incertitude et à un fort score sur celle de la masculinité tandis que la motivation par la sécurité (sécurité d'emploi) de plusieurs pays européens renvoie à un fort score sur la dimension de l'incertitude et à un faible score sur celle de la masculinité.

Figure I.2.1
LE MODÈLE DE HOFSTEDE (1987)

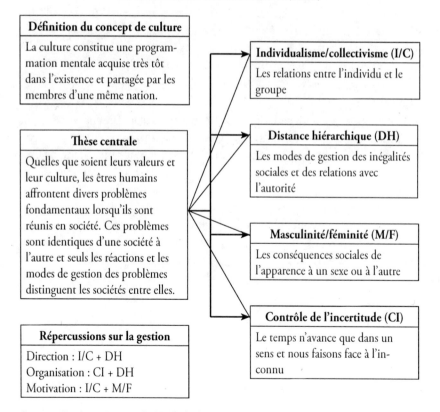

Source : Construit à partir de Hosftede (1987) par Luc Audebrand.

L'interaction de ces diverses dimensions dans une culture et dans les entreprises donne naissance à diverses configurations de gestion et d'organisation. Hofstede (1987, p. 14) parle de la machine bien huilée, typique des pays germaniques, de la pyramide humaine, typique des pays latins, de la famille, typique de plusieurs pays asiatiques, et du marché du village, typique des pays anglo-saxons, pour illustrer la variété dans les modes d'organisation. Les données de Hofstede permettent donc le regroupement sur la base de variations minimes entre certains pays sur plusieurs dimensions par rapport à l'ensemble des autres pays. Le résultat des regroupements donne des grandes régions culturelles (Hofstede, 1980, p. 336), des mondes culturels déjà connus et définis dans la littérature populaire et scientifique. Notons cependant qu'il a pris soin de distinguer les régions développées de celles qui sont moins développées, la richesse étant un facteur qui semble faire varier fortement le score sur l'indice de l'individualisme (la richesse entraînant un fort individualisme). Il distingue ainsi les mondes culturels latins (développé et moins développé), anglo-saxon, asiatique (développé et moins développé), du Proche-Orient, germanique et nordique (Europe du Nord) où les pays de chaque monde présentent des scores semblables pour les quatre indices[3] (voir le tableau I.2.3). Les pays à l'intérieur de chacun de ces mondes ont énormément de similitudes en matière de pratiques de gestion.

Ce grand découpage culturel a été repris par plusieurs auteurs pour présenter les cultures et leur rapport à la gestion (voir, par exemple, Hickson et Pugh, 1995). Philippe d'Iribarne, auteur critique de la méthode utilisée par Hofstede, arrive, après plusieurs enquêtes de terrain qualitatives, à des regroupements très semblables. Il s'agit de « catégories traditionnelles : cultures européennes, parmi elles cultures germaniques ou anglo-saxonnes, cultures du Maghreb, cultures d'Afrique noire, et d'autres bien connues » (d'Iribarne, 1998a, p. 293). Ce point de chute sur les catégories traditionnelles indique bien la permanence de ces grandes cultures régionales et l'obligation de s'y intéresser de plus près, comme nous le ferons plus loin.

---

3.   Hofstede a regroupé « les pays à l'intérieur d'un petit groupe de pays ayant des niveaux de variables identiques : les différences entre les pays d'un même groupe doivent être minimes, tandis que les différences entre les pays de groupes différents doivent être au contraire les plus grandes possibles ». La technique statistique utilisée pour faire les regroupements « est une analyse hiérarchique de regroupements visualisée sur un *dendrogramme* » (Bollinger et Hofstede, 1987, p. 167).

Tableau I.2.3

COMPARAISON DES GRANDS BLOCS CULTURELS À PARTIR DES DONNÉES DE L'ENQUÊTE HERMÈS MENÉE PAR HOFSTEDE

Mondes culturels	Distance hiérarchique	Contrôle de l'incertitude	Individua-lisme	Masculinité
Monde latin développé (Belgique, France, Argentine, Brésil, Espagne, [Italie])	élevé	élevé	moyen à élevé	moyen
Monde latin moins développé (Colombie, Mexique, Venezuela, Chili, Pérou et Portugal)	élevé	élevé	faible	faible à élevé
Monde asiatique développé (Japon)	moyen	élevé	moyen	élevé
Monde asiatique moins dévelop. (Pakistan, Taïwan, Thaïlande, Hong Kong, Inde, Philippines, Singapour)	élevé	faible à moyen	faible	moyen
Monde du Proche-Orient (Grèce, Iran, Turquie, [Yougoslavie])	élevé	élevé	faible	moyen
Monde germanique (Autriche, Allemagne, Suisse et Israël)	faible	moyen à élevé	moyen	moyen à élevé
Monde anglo-saxon (Australie, Canada, Grande-Bretagne, États-Unis, Irlande, Nouvelle-Zélande, [Afrique du Sud])	faible à moyen	faible à moyen	élevé	élevé
Monde nordique (Danemark, Finlande, Pays-Bas, Norvège et Suède)	faible	faible à moyen	moyen à élevé	faible

Source : Construit à partir de Hofstede (1980, p. 336, figure 7.12).

Les critiques adressées à l'approche de Hofstede

Hofstede (1980, 2002) s'appuie beaucoup sur d'autres études pour présenter et discuter les conséquences d'un indice élevé ou faible. Or, cette façon de procéder qui est souvent présentée comme une force de son étude est aussi une de ses principales faiblesses. En effet, il fait référence à d'autres études non seulement pour valider ses résultats, mais pour leur donner de la chair parce que son instrument de recherche lui fournit finalement peu d'indications sur ce qui se passe vraiment dans les filiales qu'il a étudiées. Il obtient beaucoup de réponses à des questions sur des sujets et des thèmes importants mais il ne peut leur donner vie qu'en prenant des exemples concrets tirés d'autres études. On en vient même à penser que ce ne sont pas ces autres études qui valident la sienne mais plutôt l'inverse, à savoir la sienne qui valide celles des autres. Reconnaissons cependant l'aspect synthétique de son étude qui, d'une certaine façon, les résume et les dépasse toutes par son ampleur et son érudition.

L'utilisation d'indicateurs statistiques pour décrire une culture et en prévoir les conséquences pour la gestion est largement contestable. Cette approche a été largement critiquée par les tenants d'approches moins positivistes. L'anthropologue anglais Malcolm Chapman (1997) s'étonne par exemple de l'utilisation du questionnaire d'attitudes pour dégager et circonscrire des cultures alors que, selon lui, les anthropologues ont rejeté très majoritairement cette méthode à la fin des années 1950[4]. Cette critique sans appel, qui n'a pas empêché les tenants de cette approche de continuer de dominer le champ, explique pourquoi Hofstede s'étend longuement sur la méthodologie, discute les interprétations, multiplie les références à d'autres études pour renforcer sa thèse et en discréditer d'autres (celle de la convergence culturelle, par exemple) et évalue plus à fond certains facteurs culturels comme l'influence de la langue maternelle dans certaines sociétés où plus d'une langue se côtoient (le cas de la Belgique et de la Suisse par exemple). Ces discussions ont été reprises, poursuivies et enrichies dans un deuxième livre (Hofstede, 1991) qui utilise les mêmes données tout en ajoutant de nouvelles informations tirées d'enquêtes plus récentes, toujours dans le but de valider la première étude et de convaincre de sa pertinence. Les partisans et les utilisateurs de l'approche Hofstede ont répondu en tentant, entre autres, « d'affûter » leur méthodologie, en soignant davantage la construction du questionnaire, la sélection des échantillons (voir, par exemple, Cavusgil et Das, 1997, qui listent les problèmes et proposent des solutions ; voir aussi Tayeb, 1994 ; Nasif et autres, 1991 ; Punnett et Withane, 1990).

D'autres critiques, comme celle de Thomas (2002), retiennent surtout la dimension individualisme-collectivisme dans l'explication des différences

---

4.   Il fait référence ici au vaste projet des Human Relations Area Files qui s'est avéré un échec selon lui.

culturelles entre pays, notamment en ce qui concerne les pratiques de gestion. Ils trouvent les autres dimensions beaucoup moins convaincantes. Cette constatation, il la fait également à propos d'auteurs comme Schwartz (1992) et Trompenaars (1994) qui ont développé des modèles similaires, mais qui prennent en compte plus de dimensions que le modèle de Hofstede. Il est vrai que le passage des sociétés traditionnelles aux sociétés modernes est d'abord et avant tout le passage de sociétés collectivistes à des sociétés individualistes et que ce sont souvent ces différences, entre les sociétés modernes d'Occident et les sociétés traditionnelles du reste du monde, que constatent ces études. Nous reviendrons sur ce point plus loin.

D'Iribarne (1997) est un de ceux qui a montré avec le plus de force les faiblesses théoriques et méthodologiques de cette approche. S'étonnant des indices élevés de son pays, la France, sur les dimensions du pouvoir (de la distance hiérarchique) et du contrôle de l'incertitude, il a confronté son approche à celle de Hofstede et comparé les résultats. Selon lui, l'idée que la France puisse être considérée, à partir d'un indice élevé sur la dimension de la distance hiérarchique, comme un pays sans tradition démocratique, voire plus autoritaire que l'Iran ou la Corée du Sud, où le pouvoir est concentré dans les mains d'une poignée de personnes contrôlant et imposant leur diktat à une majorité soumise et silencieuse, correspond peu à la réalité française. En effet, Hofstede ne se contente pas d'écrire sur la gestion, il écrit aussi sur le fonctionnement des sociétés. Il généralise ainsi ses résultats à la société en général, et non seulement au monde du travail.

Or, nous dit d'Iribarne, Hosftede parle-t-il vraiment de la distance au pouvoir – *Power distance* est le nom de l'indice en anglais – ou ne parle-t-il pas plutôt de distance hiérarchique, comme le suggère la traduction française ? Selon lui, les notions de pouvoir et de hiérarchie ne renvoient pas à la même réalité. Ainsi, il existe bien en France une large distance entre les niveaux hiérarchiques, mais est-ce que cela signifie une réelle inégalité de pouvoir ? Que le pouvoir se concentre dans les niveaux supérieurs de la hiérarchie ? Pas du tout, et plusieurs études qu'il cite à l'appui (de Michel Crozier, de Jean-Louis Barsoux et Peter Lawrence, entre autres) montrent que les dirigeants français ont beaucoup de difficultés à exercer de l'autorité, de l'influence, du pouvoir sur leurs employés. En fait, l'indicateur construit par Hofstede nous renseigne davantage sur la distance hiérarchique, et surtout sur les aspects symboliques, notamment le prestige, qui y sont attachés, que sur l'exercice et la distribution du pouvoir dans cette société et dans les organisations. Il croit que plusieurs pays sont dans cette situation, comme l'Indonésie (à Bali surtout) ou l'Inde, c'est-à-dire des pays où la différence entre hiérarchie et pouvoir est fondamentale. En fait, nous dit-il, comme le notait déjà le grand sociologue allemand Max Weber il y a déjà près d'un siècle, la distinction entre pouvoir et prestige est une caractéristique que l'on retrouve dans de nombreuses sociétés.

Dans le cas du contrôle de l'incertitude, d'Iribarne souligne la fragilité de l'indicateur et de l'interprétation de Hofstede. En fait, selon lui, on pourrait tout aussi bien interpréter différemment, voire de manière totalement inverse, les réponses aux trois questions qui ont servi à la construction de l'indice sur cette dimension. Par exemple celle sur le stress ; si, pour Hofstede, un stress élevé au travail signifie un fort contrôle de l'incertitude, pour d'Iribarne (1997, p. 43), cela pourrait tout aussi bien signifier l'inverse, à savoir l'existence d'un faible contrôle de l'incertitude puisque le degré de stress n'est pas contrôlé dans ces sociétés. Si l'on accepte cette interprétation, la France aurait dû se retrouver avec un faible contrôle de l'incertitude plutôt qu'un fort. Tel ne fut pas le choix de Hofstede, ce qui est contestable selon d'Iribarne.

On peut conclure comme Chapman (1997) que toute cette approche est à rejeter à cause de ses faiblesses méthodologiques ou l'on peut voir les dimensions et les indices de Hofstede comme un outil intéressant mais imparfait pour rendre compte de la réalité de chaque pays ou région. Dans cette dernière hypothèse, il faudrait constamment travailler à affiner les indicateurs et les questions les supportant. C'est ce que font des spécialistes utilisant cette méthode, y inclus Hofstede qui s'est appliqué à perfectionner son questionnaire depuis sa célèbre enquête. Il faudrait également interpréter les résultats en s'appuyant sur d'autres enquêtes, d'autres données, notamment celles utilisant des méthodes différentes. C'est aussi ce que fait Hofstede, en lisant et en utilisant les travaux de plusieurs auteurs qui ont une approche différente. Il faudrait aussi des enquêtes historiques et ethnographiques permettant d'appréhender de manière plus diachronique et plus en profondeur la culture des sociétés et des organisations à l'étude. C'est ce que fait en grande partie un chercheur comme Philippe d'Iribarne, mais, il faut le souligner, nous faisons alors référence à une approche radicalement différente. Il met de la chair sur le squelette construit par Hofstede, comme le souligne bien candidement ce dernier :

> Les deux approches sont complémentaires, la mienne est plus quantitative, celle d'Iribarne est plus qualitative. Je fournis un squelette sur lequel d'Iribarne met de la chair. Le squelette que je propose est une structure des différences culturelles entre pays qui est valable à l'échelle mondiale (Hofstede, 1999, p. 39 ; notre traduction).

Finalement, Philippe d'Iribarne met en évidence une des faiblesses de Hofstede, à savoir que ces dimensions culturelles ne reposent que sur quelques questions à l'intérieur d'un questionnaire fermé. Est-ce suffisant pour bien décrire une culture et ses principales dimensions ? Poser la question, c'est y répondre. C'est certes intéressant, voire astucieux comme stratégie, mais certainement pas suffisant.

L'APPROCHE HISTORIQUE ET ETHNOGRAPHIQUE DE PHILIPPE D'IRIBARNE

Philippe d'Iribarne a développé depuis le milieu des années 1980 une approche très différente qui repose sur l'étude de cas d'entreprises dans différents pays et qui lui permet de montrer plus finement les logiques culturelles à l'œuvre. Dans son étude la plus connue, *La Logique de l'honneur* (1989), il analyse trois filiales d'une grande entreprise multinationale ayant adopté un mode de gestion à l'américaine qu'il décrit comme suit : « définir précisément et explicitement les responsabilités de chacun, formuler clairement ses objectifs, le laisser libre dans le choix des moyens, évaluer avec soin ses résultats et le récompenser ou le sanctionner à la mesure de ses réussites et de ses échecs » (d'Iribarne, 1989, p. 131).

Il a étudié une usine de l'entreprise mère en France, une filiale en sol américain et une autre aux Pays-Bas en y faisant de l'observation et des entretiens avec le personnel. Il cherchait dans chaque cas à comprendre le fonctionnement de l'entreprise. La comparaison des trois filiales d'une même multinationale réunit les mêmes conditions que l'étude de Hofstede, c'est-à-dire le contrôle des éléments autres que la culture nationale (le même type de production, un même modèle de gestion, la même formation exigée des employés, par exemple).

Son enquête lui permet de constater des différences importantes dans les façons de gérer les trois usines, malgré un modèle de gestion officiellement commun. Il montre que des logiques culturelles reposant sur des oppositions fondamentales sont à l'œuvre dans chacune des cultures[5] et qu'elles expliquent les différences constatées. Il a dégagé ces logiques en s'appuyant sur des données de terrain et sur leur interprétation à partir d'une compréhension de l'histoire et de la culture du pays. Ainsi, des faits qui s'expliquaient mal par les théories classiques des organisations, comme la persistance de

---

5.   D'Iribarne (1993, p. VI) écrit dans la préface à l'édition de poche de son livre : « La continuité de chaque culture, alors même qu'elle est marquée par de multiples évolutions, vient de la stabilité du système d'oppositions fondamentales sur laquelle elle est construite. »

comportements à première vue moyenâgeux, prenaient tout leur sens dans une perspective historique de la culture du pays[6].

Aux États-Unis, en effet, l'entreprise fonctionnerait selon la logique du contrat, qui sous-tend deux impératifs, le *free* et le *fair* :

> Chacun doit avoir la possibilité d'agir librement, en engageant sa responsabilité personnelle dans des contrats dont il apprécie souverainement les termes [le *free*]. Et il convient simultanément d'être fidèle à un impératif moral de *fairness* qui demande que la juste pesée des mérites individuels s'associe au respect dû à tout homme [le *fair*] (d'Iribarne, 1989, p. 159-160).

Le fonctionnement de l'entreprise américaine reposerait sur un contrôle important pour assurer le respect strict des règles « du contrat » de la part tant des cadres que des employés. Ce qui signifie concrètement, par exemple, un respect scrupuleux de la ligne hiérarchique, des tâches et des objectifs clairement définis et une évaluation en fonction de ces objectifs quantifiés, qui permet à chacun de remplir son contrat dans un esprit d'égalité et d'honnêteté. Une dérogation à ces règles peut être fortement sanctionnée et aller jusqu'au congédiement de l'employé. Il suffit ici de se rappeler le congédiement des 11 000 contrôleurs aériens sous Reagan, pour non-respect de leur contrat, pour bien apprécier la force de ce principe. En France, le fonctionnement de l'entreprise ne reposerait pas du tout sur cette logique, même dans une entreprise qui a adopté un mode de gestion à l'américaine (règles et objectifs écrits), mais plutôt sur une logique de l'honneur.

Chaque employé dans l'entreprise verrait son travail comme un ensemble de devoirs qu'il a à accomplir. C'est la coutume qui fixerait « à la catégorie particulière à laquelle on appartient, les devoirs de son état » (d'Iribarne, 1989, p. 27). Ce sont ces devoirs, plus que la définition écrite des tâches, qui lui serviraient ainsi de référents dans l'exécution de son travail. Concrètement, cela signifie plus de souplesse, c'est-à-dire plus d'ajustements informels dans l'entreprise puisque l'employé réglerait lui-même un très grand nombre de problèmes parce que c'est son devoir – il en fait une question d'honneur – de voir à l'accomplissement de son travail au-delà des règles et des règlements écrits qui déterminent sa tâche.

> Ce type de fonctionnement fondé sur les devoirs propres à chaque état, des ajustements informels, une certaine modération dans les affrontements ouverts, la capacité d'intervention de chefs légitimes en cas de crise, et une coopération qui conduit à faire plus que son devoir en faveur de ceux avec qui on a de

---

6. La présentation qui suit du livre de d'Iribarne (1989) reprend en partie, en l'enrichissant toutefois, celle que j'en ai faite dans Dupuis (1998, p. 234-236).

bonnes relations personnelles, n'est pas propre à l'usine de Saint-Benoît. Et, au-delà même du monde industriel français, il marque, d'une manière remarquablement durable au fil des siècles, une manière française de vivre ensemble (d'Iribarne, 1989, p. 55).

En fait, les devoirs propres à chaque employé seraient des devoirs propres à chaque état dans l'entreprise. Autrement dit, il y aurait les devoirs propres aux gestionnaires comme ceux propres aux employés d'entretien ou aux opérateurs de machine. L'entreprise serait ainsi, en réalité, organisée selon un système de postes de travail (qui sont autant d'états) auxquels correspondent des devoirs particuliers.

Dans les Pays-Bas, le fonctionnement de l'entreprise reposerait sur la recherche du consensus au-delà des rapports hiérarchiques, d'autorité. Les sanctions y seraient faibles et on valoriserait surtout la discussion pour arriver à corriger une situation ou à convaincre les employés de la valeur d'une orientation.

> Deux caractéristiques de la manière néerlandaise de vivre en société font que ce devoir d'expliquer, de s'expliquer, d'écouter, et de chercher un accord influence suffisamment les individus pour conduire à une coopération efficace : d'une part la grande importance attribuée à ce que pensent les autres, et d'autre part la place accordée aux données de fait (d'Iribarne, 1989, p. 216).

Comme l'explique d'Iribarne, le modèle hollandais se distingue radicalement des deux autres modèles.

> Ce n'est pas l'exigence d'être jugé et rétribué avec justice, sur la base de ses mérites et de ses fautes personnelles, qui domine, ni celui [sic] d'agir conformément aux devoirs et aux privilèges que la coutume fixe au groupe auquel on appartient. C'est plutôt le désir de parvenir à des accords entre pairs, à partir d'un examen honnête des faits, sans que quiconque soit en position d'imposer sa volonté (d'Iribarne, 1989, p. 222).

Les règles du jeu des entreprises, et ainsi les stratégies des divers acteurs, varient donc dans les trois entreprises selon les règles sociales propres à chaque culture. Dans le tableau I.2.4, on trouvera les principales différences dans les logiques de gestion entre les entreprises en fonction de ces logiques culturelles. Ainsi, le sens du devoir, les rapports hiérarchiques, la perception du contrôle, la définition des responsabilités et la qualité de la coopération dans l'entreprise varient en fonction des contextes nationaux. De plus, des problèmes propres à ces contextes et des modes de régulation de ces problèmes sont aussi recensés dans les entreprises. Philippe d'Iribarne explique ces différences par les manières de vivre et d'entrer en relations dans les différents pays. En France, la société est plus hiérarchisée et est marquée par

Tableau I.2.4

LOGIQUES CULTURELLES DE GESTION ET CULTURE NATIONALE

Pays		France	États-Unis	Pays-Bas
Caractéristiques de la société traditionnelle		Société d'ordres, hiérarchie du pur et de l'impur, opposition noble/vil, valeurs de distinction et de désintéressement, États monarchiques (logique de l'honneur).	Acte de 1620 : forme de contrat, caractère sacré du contrat, valeurs marchandes d'honnêteté, héritage des marchands pieux, exécutifs comme mandataires.	Fonctionnement des institutions politiques de l'Union : mélange d'indépendance et d'esprit de compromis, *pilarisation*, refus de positions hégémoniques.
Logique culturelle typique		Logique de l'honneur	Logique du contrat *fair*	Logique du consensus
Caractéristiques de la logique culturelle	**Sens du devoir**	Remplir les devoirs dictés par la coutume (p. 27)	Respecter fidèlement les termes du contrat (p. 27, 176)	Chercher à s'accorder, et respecter les accords qu'il a passés (p. 257)
	Rapports hiérarchiques	Pluralité des rapports (p. 38) ; opacité dans les relations (p. 47)	À l'image d'une relation client-fournisseur (p. 256)	Grande résistance aux pressions (p. 213) ; transparence dans les relations (p. 215)
	Perception du contrôle	Aversion envers le contrôle (p. 46)	Contrôle des résultats accepté (p. 158)	Contrôle perçu positivement (p. 215)
	Définition des responsabilités	Interprétation individuelle des responsabilités (p. 45)	Codification minutieuse des droits et devoirs par le supérieur (p. 138)	Établies après les discussions (p. 211-212)
	Sanctions	Pas de sanctions avouées (protection de l'honneur) (p. 24)	Droit de sanctionner selon le contrat (p. 148)	Fortement rejetées (p. 209, 241)

Pays		France	États-Unis	Pays-Bas
	Qualité de la coopération	Dépend de la qualité des relations personnelles (p. 52-55)	Relativement élevée étant donné le caractère précis des devoirs (p. 132-140)	Grande étant donné l'attention accordée à ce que pensent les autres (p. 216)
	Problème	Conflits ouverts, violence verbale (p. 28-29)	Part d'arbitraire, de subjectivité (p. 137)	Désengagement, mauvais traitement du matériel, absentéisme et *turnover* (p. 221-222, 237, 240)
	Régulateur	Principe de modération avec ajustements informels (p. 29, 35)	Mœurs sous-tendant les procédures (honnêteté, *fairness*, bonne foi, etc.) (p. 141-143, 152)	Organisation précise, données factuelles, prévisibilité, discussion (p. 216)
Logique de gestion		Gérer à la française : connaître ce qui blesse et abaisse et respecter l'importance de l'honneur (p. 98-99)	Gérer à l'américaine : traiter le personnel conformément aux valeurs politiques américaines d'égalité (p. 185-187)	Gérer le consensus : écouter, parler, consulter, expliquer. S'abstenir de violence verbale. Éviter les conduites imprévisibles (p. 243-244)

Source : Construit à partir de Philippe d'Iribarne (1989) par Isabelle Fréchette.

un système de groupes sociaux (les « états ») hérité du Moyen Âge. Aux
États-Unis, la société est plus égalitaire et est régie par le contrat entre
citoyens. Dans les Pays-Bas, la société est aussi plus égalitaire mais est dominée par la recherche du consensus. Ainsi, pour Philippe d'Iribarne (1989,
p. 272), la culture est un contexte, elle fournit un référentiel de sens : « Une
culture nationale ne se réduit pas à une collection de dimensions indépendantes. Elle correspond à un ensemble de traits possédant une certaine
cohérence. » Dans ce contexte, les manières de gérer, et d'innover, doivent
s'inscrire dans la culture nationale du pays : « On ne triche pas avec les
grands principes qui régissent la culture de son pays » (1989, p. 201).

En France, Philippe d'Iribarne explique le système au travail et la logique de l'honneur qui en régit le fonctionnement par une manière de vivre
ensemble qui aurait ses racines dans la culture indo-européenne et dans la
société d'ordres du Moyen Âge (les trois ordres ou états étant le clergé, la
noblesse et le tiers-État[7]) et que n'aurait pas réussi à effacer la Révolution
française (citoyens égaux devant la loi) dans les rapports quotidiens des
Français entre eux. Dans ce système d'ordres, c'est une logique de l'honneur
(voir l'encadré I.2.1) qui prévaut et l'opposition entre le noble (le pur) et
le vil (l'impur) est au cœur de cette logique. En effet, chaque poste (« état »)
de travail – ouvrier, technicien ou cadre – a une conception noble de son
travail et s'oppose à tout avilissement de celui-ci par une intervention trop
grande des autres dans leur champ d'action.

Aux États-Unis cette manière de travailler ensemble proviendrait des
premiers émigrants, les marchands pieux, qui sont venus fonder les États-
Unis d'Amérique. La référence ultime, ce sont ces colons voyageant à bord
du *Mayflower* et qui vont fonder la Nouvelle-Angleterre en 1620. « Durant
la traversée, les 41 chefs de famille s'engagèrent par un contrat mutuel
(*Mayflower* Compact) réglant les principes du nouvel établissement [New
Plymouth, près du cap Cod] » (*Le Petit Robert des noms propres*, 1994,
p. 1346). Ces marchands venaient de classes moyennes aisées, partageaient
une grande égalité de conditions et étaient animés à la fois par des idéaux
puritains et des valeurs marchandes d'honnêteté. La société américaine aurait
été construite à l'image du mode de vie de ces marchands pieux, c'est-à-dire
autour d'une logique marchande, contractuelle (l'échange honnête) et d'une
vie communautaire à forte tonalité affective (communauté de fidèles).

---

7.   Notons que chaque grand ordre ou état se décomposait « à son tour en de multiples sous-
groupes. Ainsi, écrit Tocqueville, "celui qui aurait voulu peindre fidèlement l'ordre de la noblesse, eût
donc distinguer le noble d'épée du noble de robe, le noble de cour du noble de province, l'ancienne
noblesse de la récente ; il aurait retrouvé dans cette petite société presque autant de nuances et de
classes que dans la société générale dont elle n'était qu'une partie" » (d'Iribarne, 1989, p. 62).

Encadré I.2.1

L'HONNEUR SELON MONTESQUIEU

Qu'est-ce que l'honneur ? C'est, dit Montesquieu, « le préjugé de chaque personne et de chaque condition ». Ce que chaque groupe considère comme honorable ou contraire à l'honneur n'est défini ni par la raison, ni par la loi, ni par le prince. C'est un « préjugé ». Il dépend de « son propre caprice », et non de la volonté d'un autre. Seule une tradition peut le fixer. Il est « moins ce que l'on doit aux autres que ce que l'on doit à soi-même » ; il n'est « pas tant ce qui nous appelle vers nos concitoyens que ce qui nous en distingue ». Il est intimement lié à la fierté que l'on a de son « rang » et à la crainte d'en déchoir. Il proscrit sévèrement, une fois que l'on a été placé dans un rang, « de rien faire ni souscrire qui fasse voir que nous nous tenions inférieur à ce rang même ». Et cela vaut aussi bien pour les privilèges liés au rang que pour les devoirs qu'il impose. Renoncer aux premiers, se dérober des seconds, c'est également une atteinte à son honneur (d'Iribarne, 1989, p. 59).

Dans les Pays-Bas, le fonctionnement des entreprises proviendrait d'une société construite sur des compromis sans cesse renouvelés. La naissance du pays est le fruit d'un accord entre sept provinces – l'Union d'Utrech de 1579 – pour expulser l'envahisseur espagnol. Se met alors en place un système décentralisé, fédéral, qui empêche une province, voire une ville d'avoir une position hégémonique sur les autres. Ce système fédéral sera aboli par les occupants français qui occupent le pays de 1795 à 1813. Au milieu du XIXe siècle se met en place une démocratie consociationnelle fondée sur une pilarisation de la société. Elle est issue du refus de grands groupes sociaux (les calvinistes orthodoxes, les catholiques et les socialistes) d'accepter la domination « grandissante » de la bourgeoisie protestante libérale. Cette démocratie est « constituée de quatre groupes bien différenciés, se considérant comme fondamentalement égaux et refusant d'accepter la domination de l'un d'entre eux ou même celle de la majorité sur la minorité, tout en étant soucieux d'aboutir entre eux à des compromis » (d'Iribarne, 1989, p. 225). Chacun de ces quatre groupes, ou blocs, ou piliers, de la société néerlandaise se dotera « de ses propres institutions (écoles, établissements de soin, partis politiques et, plus tard, radios et télévisions » (d'Iribarne, 1989, p. 226). Le système politique de représentation proportionnelle et un système de concertation permanente entre les grands blocs reflètent cette diversité et cette attitude de tolérance et de compromis. Ce système a perduré jusque dans les années 1960 ; depuis, les grands blocs se sont considérablement effrités mais l'esprit de consensus est demeuré et se manifeste à travers les relations qu'entretiennent les secteurs d'intérêts (monde agricole, travailleurs salariés, employeurs, entre autres) de la société néerlandaise. Dans l'entreprise, on retrouverait cette volonté de travailler dans un esprit consensuel.

Les forces et les faiblesses de l'approche de d'Iribarne

Trois grands éléments font la force de l'enquête de d'Iribarne (1989). D'abord, l'étude de terrain, centrée sur la vie de trois usines, met en relief de nombreux aspects du fonctionnement des entreprises. Puis, le recours à l'histoire du pays, de la société pour comprendre la culture et dégager des logiques culturelles à l'œuvre dans les entreprises. Finalement, comme le souligne Barbichon (1990), l'analyse comparative de trois cas qui permet de déborder la simple mise en antithèse, à deux termes, qui risque de tourner en caricature des cultures ainsi opposées. Cette comparaison à trois oblige « à introduire d'autres termes, de nouvelles dimensions de classification et d'explication » (Barbichon, 1990, p. 180), pour dépasser la pensée binaire (du type la bonne organisation contre la mauvaise ; l'organisation ouverte contre la fermée).

Par ailleurs, le travail d'Iribarne (1989, 1998a) n'échappe pas à la critique, même sur ces éléments de force. Par exemple, le traitement accordé à chaque cas n'a pas la même ampleur, le cas français étant le plus développé, le cas hollandais le moins. La comparaison part du cas de la France et vise d'abord à éclairer ce cas ; pourtant, l'auteur ne se prive pas de généraliser également sur les autres cultures. Comme le souligne Barbichon (1990), des études d'entreprises américaines et hollandaises dans les trois sociétés (France, États-Unis, Pays-Bas) auraient constitué une bonne mise à l'épreuve de son interprétation et lui auraient permis de se sortir de ce biais initial. Or, plutôt que de mettre ainsi à l'épreuve ses premiers résultats, Philippe d'Iribarne a préféré étendre à d'autres sociétés et à d'autres entreprises sa méthode (voir son ouvrage de 1998a qui présente plusieurs enquêtes menées dans de nouveaux pays). On comprendra, comme il le dit lui-même, qu'il cherche à construire une classification des cultures[8], probablement en réponse à celle de Hofstede, et que, pour ce faire, il a besoin d'augmenter le nombre des cultures couvertes par ses enquêtes. Ce qu'il gagne ainsi en étendue, il

---

8.   Comme l'indique clairement le titre du chapitre XI : « D'une collection d'études de cas à une classification des cultures » (d'Iribarne et autres, 1998a, p. 277).

le perd forcément en profondeur et expose davantage ses généralisations à la critique.

Ainsi le portrait qu'il trace du fonctionnement de la société et de l'entreprise américaines ne correspond pas toujours à celui que l'on retrouve dans d'autres enquêtes qualitatives. Par exemple, Lamont (1995, p. 54-59) montre, plutôt que la rigidité des règles et du contrat, la prégnance de valeurs de convivialité, d'évitement du conflit, d'esprit d'équipe et de souplesse au travail chez les cadres et les professionnels américains, du moins dans les relations qu'ils ont entre eux. Ces comportements notés par Lamont (1995) s'expliquent par le fort sentiment d'appartenance communautaire à forte tonalité affective dont parlait d'Iribarne (1989). Or, dans l'entreprise américaine idéale, contrat et communauté affective sont en équilibre et d'Iribarne (1989) semble négliger ce point dans son analyse.

De plus, les oppositions fondamentales qu'il dégage ne sont pas toujours évidentes (Dupuis, 2004). Si, pour la France, l'opposition entre le noble et le vil apparaît clairement et semble assez stable dans son analyse, ce n'est pas le cas pour les oppositions concernant les États-Unis et les Pays-Bas. Dans le cas des États-Unis, il utilise plusieurs oppositions qui renvoient à des réalités différentes, ainsi celles entre contrat et communauté, entre individu et communauté, entre liberté et égalité, entre fort et faible, entre le *free* et le *fair*. Il nous a semblé que l'opposition entre le fort et le faible rendait le mieux compte de sa pensée, mais n'empêche que les désignations sont instables et qu'elles ne renvoient pas toujours à une véritable opposition, notamment celle entre la liberté et l'égalité ou entre le *free* et le *fair*. Dans le cas des Pays-Bas, nous pouvons certes voir quelques oppositions à l'œuvre, comme celle entre individu et communauté, entre consensus et conflit, entre dominé et dominant, mais l'auteur ne mentionne aucune d'elles comme étant une opposition fondamentale, structurante. Nous avons cru comprendre que celle entre unité et diversité, qui n'apparaît que comme sous-titre d'une section, rendait le mieux compte de sa pensée.

En fait, dans des travaux ultérieurs, Philippe d'Iribarne a introduit davantage d'ambiguïté quant à la valeur de son approche et des connaissances mises au jour. Par exemple, dans une étude comparative France-Suède (d'Iribarne, 1998b), où il analyse une tentative de fusion entre une entreprise française et une entreprise suédoise, la logique de l'honneur (et l'opposition noble/vil qui la sous-tend) disparaît au profit d'une nouvelle logique – la dynamique des idées – caractérisant la culture française. Cette logique remplace-t-elle l'autre ? S'ajoute-t-elle à l'autre ? Se combine-t-elle à l'autre ? Il n'en dit rien et on se questionne alors quant à la valeur de la logique initiale mise au jour dans sa recherche de 1989.

De plus, nous sentons bien dans ses travaux plus récents que, sans abandonner l'idée des logiques culturelles et des oppositions fondamentales, il nuance sa position lorsqu'il mentionne qu'il y a plusieurs façons d'être subordonné sans perdre la face, de penser et de vivre la liberté, de donner un sens aux sanctions et aux épreuves (d'Iribarne et autres, 1998a, p. 281-293). Il s'agit assurément d'une voie à explorer mais elle affaiblit l'idée de définir une culture par une ou des oppositions fondamentales puisque l'on retrouverait en quelque sorte cette ou ces oppositions dans d'autres cultures. Reste néanmoins toute la question de la centralité d'une opposition pour une culture par rapport à d'autres. On pourrait penser en effet que, pour certaines sociétés, certaines oppositions sont centrales alors que, pour d'autres, elles sont plus périphériques. Une telle perspective (re)donnerait toute sa pertinence à une approche en matière d'oppositions fondamentales. Elle appelle cependant à des réflexions et à des travaux plus poussés. Pour l'instant, son modèle est plus instable, contrairement à celui de Geert Hofstede qui reste très rigide depuis l'ouvrage de 1980, probablement aussi parce qu'il est plus ouvert à la discussion et à l'interprétation.

L'ouverture du modèle de d'Iribarne sur les formes hybrides de gestion

Un bel exemple de cette ouverture sont les recherches effectuées par d'Iribarne (2003a) dans les cultures du Tiers-Monde où il montre, à travers des études de cas d'entreprises, qu'il est possible de combiner modernité et tradition en matière de gestion. En effet, une des faiblesses des recherches comparatives de Hofstede (1980, 2002) et de d'Iribarne (1989, 1998a), première version, c'est que le contexte culturel détermine entièrement les pratiques de gestion à l'intérieur des entreprises. Ainsi, les entreprises mul-tinationales que ces deux auteurs ont étudiées, même si elles adoptent un mode de gestion universelle d'inspiration américaine, voient cette gestion officielle être débordée par des pratiques de gestion reposant sur la culture nationale du pays hôte. Dans ce contexte, par la force des choses, la gestion réelle correspond davantage à la culture locale et le mode de gestion officielle reste en surface, voire sur papier seulement. Or, dans ces études sur des entreprises occidentales établies dans le Tiers-Monde, d'Iribarne (2003a) montre qu'il n'y a pas une sujétion complète de la gestion de la multinatio-nale à la culture locale mais une hybridation entre cette dernière et les pratiques de gestion dites universelles. Cette façon de voir les choses est plus conforme aux travaux des anthropologues contemporains qui montrent bien que l'influence de l'Occident dans le reste du monde ne se traduit pas par l'adoption pure et simple du mode de vie occidental, mais par la création de pratiques hybrides, voire de cultures hybrides (voir Inda et Rosaldo,

2002, pour plusieurs exemples). Examinons un cas plus en détail, celui de l'entreprise française Danone au Mexique[9].

Le groupe Danone est le leader sur le marché des produits frais mexicain avec une part de marché de l'ordre de 40 %. Les deux usines étudiées par d'Iribarne (2001, 2003b) connaissent un succès remarquable, ce qui mérite d'être exploré et expliqué selon lui. En fait, il constate un savant mélange de gestion moderne et de culture mexicaine traditionnelle. Du côté de la gestion moderne, l'entreprise a raccourci sa ligne hiérarchique, supprimant des échelons et mettant plus directement en contact les employés et les dirigeants de l'entreprise. Dans le même esprit, l'entreprise pratique une politique des portes ouvertes, ce qui incite les travailleurs mexicains à discuter avec leurs dirigeants, alors qu'auparavant il n'y avait pas de dialogue, comme dans la majorité des entreprises mexicaines. On a aussi instauré le tutoiement entre dirigeants et dirigés et aboli la salle à dîner des cadres pour ne créer qu'une seule salle à manger, toujours dans l'espoir de rapprocher les dirigeants et les travailleurs. Finalement, l'entreprise a favorisé la constitution d'équipes de travail plus autonomes et plus responsables. Ces mesures sont généralement associées à une gestion moderne participative. Elles ont pu être introduites avec succès dans l'entreprise parce qu'elles s'accompagnaient de mesures qui s'enracinaient dans la culture mexicaine.

En fait, selon Philippe d'Iribarne, nous retrouvons dans l'entreprise un mode de coopération et d'intégration bien peu moderne qui repose sur l'idée de la famille. Dans cette optique, il ne s'agit pas de la famille autoritaire où « le père gronde, fait peur, fait commettre des erreurs » (d'Iribarne, 2001, p. 13) mais plutôt celle de la famille de frères, « quelque peu décalée par rapport aux familles réelles » (p. 13), où dominent l'amitié et l'entraide. Cette famille est un lieu où non seulement l'entreprise croît mais où chaque personne croît aussi, se développe grâce « à l'appui qu'elle reçoit, spécialement de la part de l'entreprise et de ses supérieurs » (d'Iribarne, 2001, p. 7). Ce sentiment de confiance et de sécurité et ce climat de croissance personnelle et collective provoquent une adhésion très forte, très émotive à l'entreprise, voire une identification totale de la part des employés : « Ces manifestations de vives adhésions s'adressent au "tout" formé par l'ensemble du personnel de l'entreprise et non aux dirigeants » (d'Iribarne, 2001, p. 9), notamment à travers le programme « Construisons leurs rêves » pour les enfants de la communauté en difficultés qui consolide et élargit en quelque sorte la famille Danone.

---

9. Nous utiliserons aussi bien l'analyse parue dans la revue *Gérer et comprendre* en 2001 que la version publiée dans l'ouvrage de 2003 parce qu'elle met davantage en évidence l'hybridation entre la gestion moderne et la culture traditionnelle mexicaine.

En effet, la force de Danone est d'avoir combiné association économique et progrès social dans les termes culturels mexicains. Dans ces entreprises à travers le monde, Danone essaie de développer un volet social et, selon d'Iribarne (2003b, p. 47, note 14), le projet mexicain a été défini « après avoir étudié ce que faisaient les filiales de Danone dans d'autres pays en matière de mécénat, protection des espèces en voie de disparition, mécénat culturel, etc. Il [le programme retenu] est apparu comme le mieux adapté à la société mexicaine ». Ce programme permet en quelque sorte de créer une vaste communauté qui déborde les frontières de l'entreprise et à laquelle tous sont fiers d'appartenir. Ce faisant, l'entreprise mexicaine de Danone contraste fortement avec

> le mode de fonctionnement usuel des entreprises mexicaines, tel qu'il apparaît à travers l'expérience qu'en ont eu, dans d'autres entreprises ou dans le passé de Danone, ceux que nous avons rencontrés, [et qui] est caractérisé par un grand individualisme. Les pairs coopèrent mal, même entre ceux qui font partie d'une même équipe de travail, les supérieurs sont autoritaires et distants, les travailleurs de base ne se voient guère confier de responsabilités et ne sont pas considérés comme méritant la confiance de l'entreprise. Les syndicats entretiennent de leur côté une attitude de méfiance envers celle-ci. Cette situation est d'autant plus frustrante que chacun a un grand désir de se réaliser, de croître, et qu'il se sent bloqué dans ce désir. Ce mode de relation contraste fortement avec celui que l'on trouve dans la famille, lieu d'attention aux personnes, d'entraide mutuelle, où chacun est aidé, appuyé, épaulé, à la fois dans son désir de sécurité et dans sa volonté de croître (d'Iribarne, 2003b, p. 54).

Danone aura ainsi réussi à reproduire sur les lieux de travail, en partie du moins, les pratiques et les valeurs de la famille idéale mexicaine. Bien sûr, l'expérience n'est pas parfaite. Par exemple, certains employés considèrent que l'entreprise n'a fait qu'un bout de chemin sur cette voie et qu'il reste beaucoup à accomplir. Philippe d'Iribarne (2001, p. 14) souligne lui-même que « cela ne les a pas conduit à une grande autonomie individuelle dans leur travail, mais a favorisé le développement d'une forte autonomie collective à la base, autonomie favorable, elle aussi, à la mise en place d'un fonctionnement efficace ».

D'autres exemples documentés par d'Iribarne (2003a) vont dans le même sens. Par exemple, dans le cas d'une entreprise française au Maroc, d'Iribarne (2003c) explique le succès de l'entreprise par l'implantation d'un programme de qualité totale qui s'est avéré être en accord avec la culture musulmane des travailleurs, particulièrement avec les enseignements du Coran (transparence, simplicité des rapports, entre autres). En fait, il montre que l'entreprise a su profiter de ce contexte favorable grâce au « style de leadership du directeur général, à la place données aux spécifications, en passant par les [bonnes] politiques de formation » (2003c, p. 83). Philippe d'Iribarne (2003c, p. 89) écrit à ce propos :

> L'aspect très rituel du TQM [programme de gestion de la qualité totale], la multiplication des « spécifications », qu'il convient de suivre à la lettre pour rester TQM [...] s'accordent bien avec le fait que le respect d'obligations rituelles tient une grande place dans la définition du « bon musulman ». Celui-ci fait scrupuleusement ses cinq prières quotidiennes, en s'étant purifié de manière appropriée, suit fidèlement le ramadan.

Ces exemples de succès de la rencontre culturelle entre des pratiques modernes de gestion et des cultures traditionnelles sont certes un peu idéa-lisés par d'Iribarne (2003a), mais elles ont l'avantage de montrer d'autres voies pour les entreprises que l'imposition de leur modèle de gestion ou l'adaptation totale à la culture locale. Il s'agit de la création de pratiques de gestion hybrides, innovantes très souvent, qui s'appuient sur les cultures des pays hôtes. Ils réconcilient aussi les deux mouvements, apparemment contradictoires, soit celui du développement de pratiques de gestion à portée universelle (*best practices*) avec celui de l'affirmation identitaire et culturel constaté par certains spécialistes.

QUELLES CONNAISSANCES SUR LA CULTURE ?

L'intérêt de l'approche de Hofstede (1980, 2002), c'est de nous donner une vision d'ensemble d'un très grand nombre de cultures à travers le monde et surtout de pouvoir les comparer à partir des mêmes dimensions (les quatre dimensions) et d'une même base de données (l'enquête IBM). Les connais-sances produites restent générales et un peu squelettiques mais elles sont enrichies par l'utilisation d'autres recherches tant qualitatives que quanti-tatives. Elles nous donnent des informations pertinentes sur la gestion dans ces cultures. L'approche de d'Iribarne (1989, 1998a) étudie plus en profon-deur les cultures en essayant de dégager la logique culturelle propre à un pays (une nation), mais sa portée est plus limitée, couvrant moins de pays, et son approche est moins systématique, n'abordant pas toujours les entre-prises et les cultures de la même façon (parfois il met l'accent sur certains aspects de la gestion, d'autres fois sur la dynamique d'ensemble des entre-prises).

Les deux approches permettent un éclairage complémentaire des cultu-res dans la mesure où celle de Philippe d'Iribarne met de la chair sur la structure culturelle dégagée par Geert Hofstede, du moins pour les pays couverts par ses enquêtes. Elles aboutissent toutes les deux à des typologies régionales des cultures dégageant de grandes aires culturelles dans le monde : cultures anglo-saxonnes, latines, maghrébines, asiatiques et d'autres. De plus, elles ont particulièrement étudié les différences à l'intérieur de l'Europe de l'Ouest, région d'origine des deux chercheurs, mettant de l'avant les différences entre les cultures de cette région du monde : anglo-saxonne, germanique, latine, scandinave, entre autres. Ces typologies permettent de distinguer des modes de gestion différents entre les régions culturelles. Il s'agit donc d'un corpus de connaissances qui permet de comprendre les différences culturelles et d'appréhender une partie de leurs répercussions sur la gestion.

Il nous semble cependant important de resituer ces travaux dans un cadre qui va au-delà et en deçà du cadre national, pour mieux mesurer leur portée et pour les utiliser avec plus d'efficacité.

Au-delà des cultures nationales

Les grands découpages régionaux auxquels aboutissent les deux auteurs est un premier pas dans ce sens. Il montre qu'au-delà des différences nationales il y a de grandes aires qui partagent un certain nombre de caractéristiques culturelles et qu'il est donc possible de les aborder comme telles. C'est une première façon d'appréhender une culture nationale que de voir son appartenance à une aire culturelle plus vaste. Mais, au-delà encore, il y a, comme nous l'avons dit déjà, un grand découpage culturel à l'échelle du globe, soit celui entre les sociétés modernes et les sociétés traditionnelles, qui a été mis au jour par les sociologues et les anthropologues il y a longtemps déjà, et qui surplombe les découpages nationaux et celui des grandes aires culturelles. Il met en évidence des différences fondamentales quant à plusieurs dimensions de la culture et aux rapports qu'ont les individus entre eux dans ces sociétés (voir le tableau I.2.5). Ces différences peuvent être constatées en matière de gestion des entreprises. Par exemple, les sociétés traditionnelles sont plus collectivistes et les populations locales réagissent mal à des modes de gestion individualistes (système de contrôle, de motivation et de récompenses individuels). Ou encore le contrat d'affaires ou de travail repose plus sur la confiance que sur des textes écrits définissant les obligations de chacun, procédure qui renvoie davantage à l'attitude de méfiance propre aux sociétés modernes.

Il est à signaler cependant qu'à l'intérieur des sociétés dites modernes il est possible et assez fréquent de retrouver des espaces de vie plus traditionnels (les milieux ruraux par exemple), et qu'à l'inverse on peut retrouver dans les sociétés traditionnelles des espaces de vie modernes (les grandes villes très souvent). Le découpage culturel entre sociétés traditionnelles et sociétés modernes n'est donc pas un simple découpage entre l'Occident moderne et le reste du monde. Pour une entreprise moderne aux gestionnaires urbains, se retrouver en milieu rural au Québec peut être aussi déroutant que de se retrouver au Mexique. Au Mexique, dans la capitale ou à la frontière américaine par exemple, l'entreprise peut trouver des employés qui ont une expérience des entreprises nord-américaines et qui participent à un mode de vie urbain et moderne. À l'inverse, en milieu rural, au Québec ou ailleurs, on trouvera plus difficilement ce type d'employés. C'est le cas vécu par de nombreuses entreprises manufacturières qui choisissent, en raison des faibles coûts de la main-d'œuvre, une région rurale de leur pays ou un pays du Tiers-Monde pour implanter une usine. Dans ces cas, les gestionnaires risquent d'être surpris par les aspects collectivistes de la vie dans l'usine comme à l'extérieur de ses murs.

Tableau I.2.5
**PREMIER GRAND DÉCOUPAGE CULTUREL
DES ENSEMBLES HUMAINS**

Dimensions	Sociétés modernes	Sociétés traditionnelles
Nature de l'être humain (perception de l'être humain)	Mauvais ; on ne peut lui faire confiance	Bon ; on peut lui faire confiance
Relation de l'individu avec la nature (relation avec le monde)	Domination	Harmonie ou soumission
Relation de l'individu avec les autres (relations personnelles)	Individualisme	Collectivisme
Principal mode d'activité	Agir, faire	Être
Conception du temps	Orientation vers le futur	Orientation vers le passé
Conception de l'espace	Distinction entre espace privé et espace public	Pas de distinction entre espace privé et espace public

Source : Adapté d'Adler (1994, p. 22-23).

Ce premier grand découpage des ensembles humains va au-delà des cultures nationales et nous renseigne sur des grandes cultures (traditionnelles ou modernes) porteuses d'un ensemble de valeurs et de pratiques (comportements) diamétralement opposées qu'il faut connaître. Un deuxième grand découpage met davantage en évidence les connaissances produites par les chercheurs en gestion interculturelle, comme Geert Hofstede et Philippe d'Iribarne. Il présente et organise différemment les connaissances sur les cultures qu'ils ont recueillies. Ce découpage met de l'avant deux grandes dynamiques culturelles qui ont dominé le monde durant les derniers siècles et qui, selon nous, continuent de le marquer. Il s'agit de la dynamique de la liberté et de l'égalité et de celle de l'honneur et de la hiérarchie.

La première met de l'avant un fort individualisme, des valeurs de liberté, d'égalité et de démocratie et tend à réduire les distances hiérarchiques (symboliques ou réelles) dans la société. Elle est en expansion dans le monde. Partie de l'Europe du Nord, elle a conquis une grande partie de l'Europe, s'est déplacée en Amérique du Nord et en Océanie (Australie, Nouvelle-Zélande). L'expansion et la domination du système capitaliste dans le monde la nourrissent et la transportent aux quatre coins du monde où elle est en concurrence avec d'autres dynamiques culturelles, notamment celle de la dynamique de l'honneur et de la hiérarchie (voir la figure I.2.2 de la migration des valeurs et des dynamiques culturelles). Cette dynamique, qui dominait l'ancien monde économique (le monde précapitaliste), était organisée autour de sociétés patriarcales et de ses valeurs de hiérarchie et d'honneur (importance de la face), qui régnaient sur le monde de la Méditerranée jusqu'en Asie de l'Est (Burton et autres, 1996). Il s'agit de l'aire couvrant la route du commerce (des épices et de la soie) qui traversait cette vaste étendue et qui faisait de ces sociétés souvent nomades les maîtres du monde de cette immense zone d'échange économique[10]. En effet, tout au long de cette route, ces sociétés contrôlaient et régulaient le commerce. Cette dynamique a été transportée, dans sa version espagnole et portugaise, en Amérique latine où elle a pris une couleur particulière au contact des populations autochtones.

Ces deux grandes dynamiques débordent les cultures nationales qui servent souvent de référents pour discuter du rapport entre culture et gestion, comme dans les enquêtes de Geert Hofstede et de Philippe d'Iribarne que nous avons présentées. Il s'agit en fait du deuxième grand découpage que nous pouvons faire des différences culturelles dans le monde, et il marque profondément les sous-ensembles nationaux, régionaux, locaux et organisationnels. D'autres dynamiques existent à cette échelle mais elles sont plus marginales et, surtout, elles ont été moins étudiées en gestion interculturelle. Nous pensons notamment à la dynamique circulatoire qui engloberait

---

10. Selon Burton et autres (1996), cette zone inclut le nord et le nord-est de l'Afrique, le Moyen-Orient, l'Asie du Sud et l'Asie centrale, la plus grande partie de la Chine et le Vietnam.

l'ensemble de l'Afrique noire selon le chercheur rwandais Évalde Mutabazi (2000). D'autres logiques, celle de la Russie et des pays d'Europe de l'Est (Ukraine, Pologne et d'autres) par exemple, sont à explorer et à documenter. Reste néanmoins que ces deux dynamiques sont centrales à la compréhension du monde d'aujourd'hui, et des diverses confrontations culturelles auxquelles nous assistons dans le monde comme dans les entreprises.

Figure I.2.2
**CARTE DE LA MIGRATION DES VALEURS
ET DES LOGIQUES CULTURELLES**

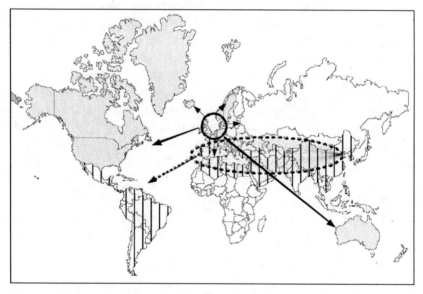

En gris : La logique de la liberté et de l'égalité, le fort individualisme, les rapports hiérarchiques faibles (symboliques ou réels) sont en croissance dans le monde. Le cercle illustre le foyer de cette logique et les flèches pointant vers l'extérieur, sa diffusion dans le monde.

En quadrillé : La logique de l'honneur, l'importance de la face, la distance hiérarchique longue (symbolique ou réelle) était celle qui dominait l'ancien monde économique (précapitaliste) et correspond à l'aire culturelle de sociétés patriarcales traditionnelles, ce qui est illustré par l'ellipse pointillée.

Source : Construite à partir de Hofstede (1980), d'Iribarne (1989, 1998a), Hickson et Pugh (1995) et Burton et autres (1996).

Il est sûr cependant que ce découpage réduit la réalité, la schématise à outrance, mais il permet une première appréhension des différences culturelles fondamentales dans le monde. Il doit être complété par des analyses plus fines pour mieux rendre compte des contextes nationaux, régionaux, locaux et organisationnels, et, à ce titre, les travaux de Geert Hofstede, de Philippe d'Iribarne et d'autres trouvent toute leur utilité. En fait, l'utilité de ce découpage est de pouvoir mettre un grand nombre des aires culturelles recensées par ces deux auteurs sous l'une ou l'autre des deux dynamiques culturelles (voir les tableaux I.2.6 et I.2.7). Ainsi, le monde anglo-saxon (Angleterre, Australie, Canada, États-Unis), le monde germanique (Allemagne, Autriche, Suisse, Pays-Bas) et le monde scandinave (Suède, Danemark, Norvège) appartiennent à la grande dynamique de la liberté et de l'égalité. C'est le cas aussi d'un pays comme la France qui appartient à cette dynamique tout en participant toujours à la dynamique de l'honneur et de la hiérarchie, comme l'a montré le travail de d'Iribarne (1989) dans son livre *La Logique de l'honneur*. Par contre, d'autres enquêtes de d'Iribarne (1998a) montrent toute l'importance des valeurs modernes de liberté et d'égalité, notamment dans son enquête comparative France-Suède où les Français mettent de l'avant leur penchant pour la liberté face à des Suédois résolument égalitaires. En fait, la ligne de démarcation qui sépare les deux dynamiques en Europe passe en plein centre de la France.

Tableau I.2.6
LA DYNAMIQUE CULTURELLE
DE LA LIBERTÉ ET DE L'ÉGALITÉ

TRONC COMMUN	
Principales caractéristiques	**Répercussions sur la gestion**
– fort individualisme – pression à l'égalité – coopération – évitement du conflit – séparation vie privée/vie de travail	– autonomie et responsabilité – faibles rapports hiérarchiques – valorise la participation de tous – procédures ou mécanismes clairs – gestion impersonnelle

Grandes aires culturelles (variétés régionales)		
Monde anglo-saxon	**Monde germanique**	**Monde scandinave**
Angleterre, Australie, Canada, États-Unis	Allemagne, Autriche, Suisse, Pays-Bas	Danemark, Finlande, Norvège, Suède

Source : Construit à partir de Hofstede (1980), d'Iribarne (1989, 1998a), Hickson et Pugh (1995).

Tableau I.2.7
LA DYNAMIQUE CULTURELLE
DE L'HONNEUR ET DE LA HIÉRARCHIE

TRONC COMMUN	
Principales caractéristiques	**Répercussions sur la gestion**
– autoritarisme – importance de la face (honneur) – non-séparation de la vie privée/vie de travail	– centralisation du pouvoir ; forts rapports hiérarchique – déférence dans les rapports de travail (« être subordonné sans perdre la face ») – gestion personnelle/paternaliste

Grandes aires culturelles (variétés régionales)		
Monde latin	**Monde arabe**	**Monde asiatique**[a]
Europe du Sud Amérique centrale Amérique du Sud	Afrique du Nord Proche-Orient	Asie centrale Asie du Sud Asie de l'Est

Source : Construit à partir de Hofstede (1980), d'Iribarne (1989, 1998a), Hickson et Pugh (1995).

a   Notons ici l'absence de l'Asie du Sud-Est qui n'appartient pas à cet ancien monde capitaliste dont parlent Burton et ses collaborateurs (1996), et qui ne sont pas non plus des sociétés patriarcales, à l'exception du nord du Vietnam, très influencé par la culture chinoise.

Dans ces mondes et pays, les tensions perpétuelles entre les valeurs de liberté et d'égalité sont au fondement de la vie de ces sociétés. Ces tensions s'incarnent par exemple dans l'opposition entre les partis politiques de droite qui valorisent la liberté et les partis de gauche qui privilégient davantage l'égalité. Selon plusieurs observateurs, il est clair, par exemple, que, dans le monde anglo-saxon, la valeur de la liberté prédomine, contrairement aux mondes germanique et scandinave où l'égalité l'emporte généralement. L'accent sur la liberté se traduit par une plus grande liberté laissée aux entrepreneurs et aux dirigeants dans la gestion de leurs entreprises (réglementation moins grande touchant les entreprises, congédiement plus facile, entre autres) que dans le monde germanique ou scandinave, ou en France, où les entreprises vivent davantage de contraintes et où les employés bénéficient davantage de protection au travail.

Ce qui différencie ces mondes, outre l'accent plus grand sur la liberté ou l'égalité, c'est souvent le rôle central d'une autre valeur au sein de la société. Par exemple, dans la dynamique de l'égalité et de la liberté, l'importance de la valeur de laisser-faire pour le monde anglo-saxon, en accord avec celle de liberté et la renforçant, va la différencier du monde germanique où l'accent est mis davantage sur l'intervention et l'ordre. En France, c'est bel et bien l'idée d'honneur toujours omniprésente dans la société qui vient colorer sa dynamique culturelle.

Les mondes latin (Europe du Sud, Amérique latine), arabe (Afrique du Nord et Proche-Orient) et asiatique (de l'Asie centrale à l'Asie de l'Est) appartiennent à la dynamique de l'honneur et de la hiérarchie. Dans ces mondes, la hiérarchie, symbolique ou réelle, occupe une place centrale et détermine des rapports autoritaires de travail et une grande centralisation du pouvoir. L'importance de la face y est très grande. Les individus ne peuvent et ne doivent pas être humiliés publiquement. Les relations sont dès lors très formelles et les demandes sont faites par des moyens indirects qui ne heurtent pas la sensibilité des personnes. Comme le dit Philippe d'Iribarne (1998a), les subordonnés doivent certes se soumettre à l'autorité des dirigeants de l'entreprise mais ils doivent pouvoir le faire sans être humiliés, sans perdre la face. Dès lors la communication passe davantage par le contexte, par des signes non verbaux, par le respect de rituels formels que par la communication franche et directe à l'américaine. De plus, dans ces mondes, la distinction entre la vie privée et la vie de travail n'est pas faite. Si bien que se mêlent, au travail, les relations personnelles, familiales et professionnelles, ce qui étonne toujours les personnes provenant de mondes appartenant à la dynamique de la liberté et de l'égalité où l'on prend soin de séparer la vie privée de la vie professionnelle.

Encore ici, ce qui différencie ces mondes, c'est la façon dont chacun conjugue honneur et hiérarchie, et d'autres valeurs qui orientent la dynamique culturelle de chaque monde dans une direction plutôt qu'une autre. Dans les mondes de l'Asie de l'Est et du Sud-Est par exemple, la quête de la vertu, prônée par la philosophie bouddhiste notamment, s'oppose à la recherche de la vérité, véritable obsession des religions chrétiennes, du monde catholique (dont les Latins) ou musulman (dont les Arabes) par exemple, selon Hofstede (1991). Ainsi, si les Asiatiques sont capables de concilier des positions différentes, de passer d'une position à l'autre selon les circonstances et les interlocuteurs, ce n'est pas le cas des autres. Ces différences renvoient ici à une opposition plus grande, celle entre le monde occidental et le monde oriental (l'Extrême-Orient).

En deçà de la culture nationale

Nous avons voulu montrer qu'au-delà des cultures nationales il y a des dynamiques et des aires culturelles plus larges qui rassemblent des cultures dans de grands ensembles partageant un certain nombre de caractéristiques culturelles. Cette excursion dans des ensembles plus grands ne devrait pas nous faire oublier qu'à l'intérieur des cultures nationales il y a aussi de la diversité culturelle, et qu'il est important d'en tenir compte. Cette diversité culturelle interne repose théoriquement sur plusieurs facteurs : existence de minorités culturelles et linguistiques, isolement géographique, milieu naturel différent, éloignement des grands centres de pouvoir du pays, entre autres. Examinons-en quelques-uns.

L'existence de minorités culturelles et linguistiques introduit forcément de la diversité dans une société, bien que la culture dominante puisse ignorer cette ou ces minorités. N'empêche que, si l'on se retrouve dans ce milieu, les attitudes et les comportements culturels risquent de ne pas correspondre parfaitement à ceux qui sont dégagés par les études sur les cultures nationales qui focalisent généralement sur la culture dominante. Au Canada, par exemple, la célèbre étude de Hofstede (1980) n'a pas inclus les Canadiens français mais seulement les Canadiens anglais pour des raisons méthodologiques (une seule culture par nation). Or, plusieurs études (voir Dupuis, 2002, pour une présentation de ces études) montrent qu'il existe des différences entre les Nord-Américains anglophones, dont les Canadiens anglais, et les Québécois francophones en matière de gestion. Ces derniers auraient une gestion plus communautaire, davantage centrée sur l'égalité, la participation, l'arrangement et une certaine forme de consensus, qui place le Québec dans la même catégorie que les petites sociétés d'Europe du Nord comme la Belgique, les Pays-Bas et la Suède entre autres (Dupuis, 2002).

Le cas du Canada n'est pas une exception, mais plutôt la règle. On retrouve cette diversité culturelle dans plusieurs pays d'Europe – Belgique (les Flamands et les Wallons), Espagne (les Catalans, les Basques), Suisse (les germanophones, les francophones, les italophones), ex-Yougoslavie (Serbes, Croates, Slovènes, Musulmans, Macédoniens) entre autres – et aux États-Unis. Dans ce dernier cas, il y a des différences entre les grandes régions que sont la côte Est, le Sud-Est, le Centre, le Sud-Ouest, le Nord-Ouest et la côte Ouest. Ces différences renvoient non seulement à des espaces géographiques contrastés mais aussi à des peuplements différents. Le Nord-Est a été peuplé d'abord par des immigrants en provenance de l'Angleterre tandis que le Sud-Ouest compte une forte population originaire du Mexique ou de pays de l'Amérique centrale. Au XIXᵉ siècle, une population originaire des pays scandinaves s'installe dans le Nord-Ouest, tandis qu'une très forte immigration allemande a lieu dans le Centre (Midwest) durant la même période. Une grande partie de la population noire américaine vit toujours dans le Sud-Est. La côte Ouest reste une terre d'immigration, de l'intérieur comme de l'extérieur des États-Unis, qui en fait une région particulièrement dynamique. Ainsi, on n'entre pas en relations de la même façon, pas plus qu'on ne fait des affaires pareillement, dans les différentes régions des États-Unis. Par exemple, « la conception du temps [...] est sensiblement différente : dans le Sud et à l'Ouest. En matière d'exactitude [...], l'attitude des individus est nettement plus tolérante que sur la côte Est. En bref, le "monochronisme" y est moins absolu » (Hall et Hall, 1990, p. 125), ce qui veut dire que le rythme de vie est plus lent, qu'on prend plus le temps de bavarder et de faire connaissance avec les gens et que les retards sont plus acceptés. Les affaires et la gestion se font donc dans un climat plus relaxe et les personnes y sont aussi importantes que les tâches à accomplir.

En Asie, on dénote aussi la présence de minorités culturelles et linguistiques dans la plupart des pays. Ainsi, en Chine, les huit millions d'Ouighours, qui représentent une grande partie de la population du Xinjiang, sont des Musulmans d'origine turkmène et n'ont pas les mêmes valeurs et attitudes que les Chinois d'origine han qui composent la majorité de la population en Chine. Ils revendiquent d'ailleurs plus d'autonomie, voire leur indépendance pour mieux défendre leur culture et leurs institutions traditionnelles menacées par la venue de millions de Han venus de l'Est (Philip, 2006). En fait, ils ne sont pas les seules minorités en Chine. On en dénombre plus de 150, bien que le gouvernement chinois n'en reconnaisse officiellement qu'une cinquantaine dont les plus importantes sont les Mandchous, les Hui, les Miao, les Yi, les Tujia, les Mongols et les Tibétains qui comptent tous entre quatre millions et huit millions de personnes[11]. L'Inde, pour prendre un autre exemple, comprend, outre la majorité hindoue, plusieurs grands groupes culturels, comme les Sikhs, les Musulmans de l'Ouest, les Dravidiens qui parlent chacun leur langue nationale (sikh, urdu ou dravidien). En fait, il existe plus de 18 langues officielles et 1 600 dialectes qui sont parlés dans le pays.

En Afrique, chaque pays est une véritable mosaïque culturelle composée, selon le cas, de quelques cultures à plusieurs centaines sur un même territoire national. Par exemple, le Cameroun compte plus d'une centaine de groupes ethniques (Kamdem, 2002, p. 257) où plus de 270 langues sont parlées, en plus de l'anglais et du français qui y ont le statut de langues

---

11. http://www.paulnoll.com/China/Minorities/index.html (consulté le 12 mai 2006).

nationales, pour une population avoisinant 17 millions d'habitants. Ces groupes présentent sur le plan de l'organisation sociale, politique et économique des différences importantes. Par exemple, un fort contraste existe entre les groupes appartenant au territoire semi-bantou (comme les Bamenda, Bamiléké et Bamoum) et ceux qui appartiennent au territoire bantou (notamment les Douala, Bakoko, Bakweri, Bassa, Batanga et Malimba). Les premiers qui se trouvent surtout dans le sud-ouest et l'ouest du pays « vivent dans une organisation sociale de type monarchique, très hiérarchisée et très centralisée » tandis que les seconds, dont le territoire couvre la presque totalité du centre et du sud du pays, « ont une organisation sociale traditionnelle de type clanique et lignager, relativement sommaire, peu hiérarchisée et fortement décentralisée » (Kamdem, 2002, p. 260). On comprendra que ces différences, notamment celles concernant l'existence ou l'absence d'une forte hiérarchie ou d'une forte centralisation, ont des implications pour la gestion des hommes et des organisations. De plus, on retrouve au Cameroun un groupe des plus réputés pour ses attitudes et ses comportements d'entrepreneurs[12], à savoir les Bamiléké, qui n'ont pas le même rapport à l'argent et aux affaires que d'autres groupes camerounais, voire africains, ce qui, selon Dogmo (1981, dans Kamdem, 2002, p. 263), « ne laisse personne indifférent, suscitant la jalousie chez les uns, l'admiration et le respect ou le désir chez les autres ». Encore ici, on comprendra que faire affaire avec les Bamiléké qui ont le sens du commerce et une éthique du travail très poussée sera différent que de travailler avec d'autres groupes moins orientés vers ces valeurs[13].

En Amérique latine, la présence de fortes populations amérindiennes dans de nombreux pays au côté de descendants européens peut colorer énormément les cultures nationales, sans oublier l'héritage de l'esclavage qui donne de fortes populations noires. Ainsi, selon Lemogodeuc et ses collaborateurs (1997, p. 112), on peut distinguer trois grandes zones culturelles en Amérique du Sud : une zone afro-latine dans les Caraïbes située dans une région tropicale basse et de faible productivité (le Nordeste du Brésil est aussi une zone afro-latine) ; une zone euro-latine représentée par

---

12. À preuve ces quelques chiffres colligés par l'anthropologue Jean-Pierre Warnier et que rapporte Kamdem (2002, p. 262) : « En 1976, les membres de la communauté ethnique bamiléké, estimée à 17,5 % de la population totale du Cameroun (résidents et diaspora inclus) [...] représentaient 58 % des importateurs nationaux, 87 % à 94 % des boutiquiers des marchés de Douala et Nkongsamba, 75 % des acheteurs de cacao, 47 % des grossistes en produits industriels locaux à Douala. Par ailleurs, ils possédaient 80 % des taxis urbains à Douala et Yaoundé (les deux principales villes du pays), 50 % des autocars de transport interurbain, 29 % de la flotte de transport routier de marchandises, et 75 % des hôtels à Douala et Yaoundé ».

13. Sur la gestion au Cameroun, on lira aussi Chanlat et Kamdem (1994a, 1994b, 1995), et Jackson et Nzepa (2004).

l'Argentine, l'Uruguay, le Costa Rica, l'extrême sud du Chili et le sud du Brésil qui occupent une région basse et tempérée ; une zone métisse avec des enclaves exclusivement indigènes au Mexique, au Guatemala, dans les Andes et dans le bassin de l'Amazonie.

Ainsi, à l'intérieur de plusieurs pays, il y a bien souvent des régions plus européanisées, des régions restées plus près des valeurs amérindiennes marquées par une forte population noire. Or, travailler avec des descendants d'Européens, ou avec des populations amérindiennes ou fortement métissées, ne signifie pas du tout la même chose. La dynamique de l'honneur et de la hiérarchie, dont nous avons parlé pour l'Amérique latine, et qui vient d'Europe, s'est ainsi greffée sur des logiques collectives et communautaires amérindiennes, ou encore africaines, plus égalitaristes, donnant lieu à des pratiques syncrétiques, hybrides qui marquent cette grande aire culturelle. Nous aurons ainsi, d'un côté, une gestion féodale à la brésilienne, issue de l'organisation portugaise du territoire, et, de l'autre, une gestion très communautaire comme celle touchant un grand nombre d'entreprises culturelles noires de Salvador de Bahia (Joly, 1996, 2004 ; Dantas, 1994).

Au-delà de ces minorités culturelles et linguistiques, il peut y avoir des régions ou des groupes appartenant à la culture majoritaire, mais qui sont dans des milieux géographiques plus éloignés, loin des centres de pouvoir, qui développent des cultures locales ou régionales qui se différencient sur certains points de la culture dominante du pays. Nous retrouvons là souvent le découpage entre sociétés modernes (les grands centres urbains) et sociétés traditionnelles (régions rurales). Le sud de la France ou de l'Italie par rapport au nord dominant, l'Abitibi ou le Saguenay par rapport à la région urbaine de Montréal dans le cas du Québec, ou encore la région du plateau andin par rapport à la capitale Lima au Pérou. Ainsi, dans de nombreux pays, il peut y avoir des différences dans la culture entre les habitants de la montagne et ceux des grandes plaines, ceux de la forêt tropicale et ceux de la savane, ceux des régions désertiques et ceux du bord de la mer. Le climat et la géographie dictent ici des modes d'organisation, d'interaction, d'échange qui peuvent être très contrastés.

Un auteur comme Philippe d'Iribarne (1993) est bien conscient de ces différences. Il dira d'ailleurs, pour le cas de la France, qu'il peut y avoir dans ce pays autant de différences entre les organisations locales et régionales qu'il peut y en avoir entre celles de la France et celles d'autres pays[14]. Mais

---

14. Il dira par exemple : « De même qu'une langue permet de construire un nombre infini de discours, où elle est pourtant bien reconnaissable, une culture permet de bâtir un nombre infini de formes d'organisation, sans cesser d'être reconnaissable. » (d'Iribarne, 1993, p. X-XI) Ainsi : « La coexistence de l'unité d'une culture et de la variété des fonctionnements concrets d'organisations se

il n'a pas travaillé sur ces différences mais plutôt sur celles entre les nations. L'anthropologie est riche de données sur ces différences et ces cultures plus locales ou régionales, mais malheureusement peu de chercheurs se sont appuyés sur ce matériel dans le domaine de la gestion interculturelle. Pour avoir une connaissance plus fine des cultures, des variétés locales et régionales des cultures nationales, et pour être plus efficace dans ces contextes lorsqu'on y fait des affaires ou y gère des entreprises, il faut pourtant utiliser et développer ces connaissances. Beaucoup reste à faire pour les chercheurs en gestion interculturelle.

L'importance des connaissances interculturelles

Les connaissances interculturelles servent à nous faire connaître les cultures et, par la même occasion, à nous aider à les comprendre, et surtout à comprendre les attitudes et les comportements des personnes qui appartiennent à ces cultures. Mais ces connaissances sont-elles fiables, valides, universelles ? Pour répondre à ces questions, il faut se rappeler deux ou trois choses concernant les cultures. D'abord, les cultures ne sont pas des entités stables qui auraient un contenu déterminé une fois pour toutes. Au contraire, les cultures sont des touts dynamiques, constamment en mouvement, et qui se renouvellent sans cesse. Bien sûr, il y a l'idée d'un noyau dur qui donne tout son sens à l'idée de culture. Mais, comme l'ont montré plusieurs auteurs, il est possible d'écrire plusieurs scénarios à partir de ce noyau. Philippe d'Iribarne (1989) a montré par exemple que la France de l'Ancien Régime (prérévolutionnaire) et la France de la République (postrévolutionnaire), très différente quant au pouvoir politique, à l'organisation sociale et sur d'autres dimensions, partagent un même noyau culturel, à savoir une logique de l'honneur reposant sur une opposition entre le noble et le vil, que l'on retrouve bien vivante dans les interactions quotidiennes au sein de la société et des organisations. De plus, s'est greffée à cette logique de l'honneur, une logique des idées issue du siècle des Lumières, où domine la raison qui vient remodeler en quelque sorte l'idée traditionnelle d'honneur, ce qui nous offre une meilleure compréhension de la France contemporaine.

Il faut savoir également que l'existence d'une culture n'implique pas nécessairement que tous les membres de la société en partagent les valeurs dominantes ou les grands référents communs. La connaissance de ces valeurs

---

comprend très bien, elle aussi, quand on conçoit la culture comme référentiel de sens » (d'Iribarne, 1993, p. IX). En fait, dans le cas de la France, cela veut dire que « l'opposition noble/commun marque l'ensemble de la culture française. Mais il n'existe pas de consensus au sein de celle-ci sur ce qui est noble et ce qui est commun. Et la définition de ce qui est noble y est un enjeu particulièrement stratégique... » (1993, p. IX) d'où la possibilité d'avoir une variété de formes organisationnelles.

ou de ces référents est certes présente, mais on peut s'y opposer fortement. Ainsi, à l'idée républicaine française, certains Français nostalgiques peuvent évoquer la gloire du passé et se reporter davantage à des valeurs anciennes propres à l'Ancien Régime. Au Québec, certaines valeurs de la culture québécoise sont contestées par des Québécois de toutes les origines culturelles, y compris par des francophones. Certains soutiennent que les Québécois sont d'abord et avant tout Américains tandis que d'autres revendiquent haut et fort l'existence d'une différence notable. Le débat opposant les historiens Gérard Bouchard et Yvan Lamonde (1995), ardents défenseurs de l'américanité pour définir l'identité des Québécois, au sociologue Joseph Yvon Thériault (2005), pour qui les Québécois apportent un point de vue original sur l'Amérique et sa culture, illustre bien ce point. Les premiers tenteront de prouver leur point de vue en recensant les nombreux comportements américains adoptés par les Québécois, tandis que le second fera plutôt ressortir la singularité du parcours de la collectivité québécoise en Amérique. Nous retrouverons cette tension entre le modèle américain et le modèle québécois dans les débats concernant la nature du modèle économique et des pratiques de gestion au Québec (voir à ce sujet Dupuis, 1995, 2000).

Aussi, les connaissances sur les cultures ne sont pas des vérités coulées dans le béton, mais bel et bien des connaissances relatives qui fluctuent en fonction du contexte et des interlocuteurs. Ainsi, aux yeux d'un Allemand, les Québécois apparaîtront polychroniques, comme l'a montré le chercheur allemand Christof Barmeyer (1994) alors qu'aux yeux d'un Mexicain ces derniers leur paraîtront monochroniques comme l'ont montré mes propres recherches. Or les Québécois sont-ils polychroniques ou monochroniques ? La réponse est simple et compliquée : ils ne sont ni l'un ni l'autre ou, si vous préférez, ils sont les deux à la fois ! Ils ne sont ni l'un ni l'autre parce que, en soi, les Québécois ne sont ni monochroniques ni polychroniques, ils sont l'un ou l'autre uniquement par l'entremise de leurs relations à d'autres. Et comme ils ont des relations avec plusieurs autres, ils sont forcément les deux à la fois !

Cela étant dit, ces connaissances sont fiables et valides, mais uniquement en contexte. Or, ce contexte n'est pas, et ne peut pas, être universel. Autrement dit, ces connaissances ne sont pas vraies en tout temps et en tout lieu, pour toute personne, et ce, au sein même d'une culture ou entre les cultures. Elles sont relatives et, en ce sens, elles doivent être utilisées avec prudence, comme une première exploration de l'autre, qui reste à approfondir au moyen d'interactions directes, réelles, faites de va-et-vient entre l'action et la réflexion. Ce qui veut dire que, lorsque nous rencontrons quelqu'un d'une autre culture, il faut utiliser ces connaissances pour tenter de le comprendre dans ce qu'il est, ce qu'il fait et ce qu'il dit, mais on ne doit pas l'y enfermer. Il peut confirmer ou infirmer ces connaissances mais, dans tous les cas, il ne faudra pas conclure trop rapidement ni à la véridicité ni à la fausseté de ces dernières. Un cas ne fait pas ou ne défait pas un corpus de connaissances, une théorie. Et, surtout, les premiers contacts ne disent pas tout de l'individu en face de nous, de sa culture. Il faudra du temps pour y voir clair. Il faut prendre son temps. Par contre, ces connaissances permettent d'émettre des hypothèses que nous serons à même de valider ou d'invalider au fil des contacts, des interactions, et qui nous aideront dans la connaissance de l'autre. C'est en ce sens qu'elles sont utiles, et non pas comme connaissances ultimes et définitives.

Soyons plus concrets. Un gestionnaire québécois s'apprête à aller travailler en France : y trouvera-t-il des organisations centralisées, bureaucratiques et hiérarchisées comme le prévoit le modèle de Hofstede ? Et les gestionnaires se comporteront-ils en accord avec ce type d'organisations ? Dans les deux cas, nous pouvons répondre peut-être, mais pas nécessairement. Ce que nous dit le modèle de Hofstede, indépendamment des critiques fortes qui lui ont été adressées, c'est qu'en moyenne nous retrouverons ce type d'organisations et ce type d'attitudes et de comportements, mais pas nécessairement, puisqu'il pourra y avoir des écarts plus ou moins prononcés par rapport à cette moyenne. Ces écarts sont liés à d'autres facteurs, au contexte comme nous l'avons mentionné plus haut, mais aussi aux personnalités différentes que nous retrouvons au sein d'une société, à d'autres éléments culturels, comme la culture de métier ou la culture régionale, qui viendront modérer l'effet de la culture nationale. Par contre, notre gestionnaire québécois ne sera pas surpris s'il retrouve ces attitudes et ces comportements chez son interlocuteur français. Il doit cependant éviter d'enfermer celui-ci dans le modèle caricatural décrit par Hofstede et se garder de l'espace pour construire un dialogue interculturel puisque l'autre ne se réduit jamais à sa culture. Il est avant tout une personne qui peut faire des choix différents de ceux qui dominent dans sa culture.

Les connaissances produites par une approche à la d'Iribarne doivent être considérées et utilisées de la même façon. Elles ne sont pas toujours si facilement disponibles. Nous n'avons pas autant, du moins en gestion interculturelle, de recherches de ce type sur les cultures. Nous pouvons cependant aller lire directement les anthropologues qui font des recherches sur les cultures. Ils mettent souvent au jour les logiques profondes des cultures qu'ils étudient. En fait, dégager le sens propre à chaque culture est le principal projet des anthropologues contemporains. Ces connaissances sur les cultures nationales doivent ensuite être mises en contexte. D'un côté, par rapport à la diversité interne propre à chaque culture[15] et, de l'autre, par leur appartenance à des ensembles culturels plus larges (grandes cultures régionales). La culture nationale est ainsi un point d'entrée de la culture d'une société. Elle n'en est pas la seule composante.

En somme : articuler les approches d'analyse interculturelle pour mieux comprendre, donc pour mieux intervenir (gérer)

L'objectif de ce présent chapitre était d'examiner les connaissances produites par les chercheurs en gestion interculturelle. Quel type de connaissances produisent-ils ? Quelle est la valeur de ces connaissances ? À quoi servent-elles ? Nous avons examiné plus particulièrement deux des modèles dominants dans le champ de la gestion interculturelle, ceux de Geert Hofstede et de Philippe d'Iribarne. Ces deux modèles sont très représentatifs du champ disciplinaire et ils se distinguent par la façon autant de produire ces connaissances que de les présenter. Le premier a une approche plus statistique de la culture, appuyée sur un appareillage méthodologique quantitatif, et présente ses résultats sous la forme de tableaux synthétiques. Le second a une approche davantage historique de la culture qui s'appuie sur la méthodologie de l'étude de cas. Il nous présente ses résultats sous la forme de courte ou de longue monographie.

Les deux approches peuvent être présentées comme complémentaires, comme le fait Geert Hofstede qui mise sur la similitude de certains résultats, ou comme opposées, comme le fait Philippe d'Iribarne, qui met l'accent plutôt sur les différences de méthodologie. De notre côté, nous avons présenté les travaux de ces deux auteurs comme des sources de connaissances sur les cultures, et un moyen d'analyser différentes situations de gestion, avec leurs forces et leurs faiblesses. Nous les croyons utiles pour mieux appréhender les cultures et la gestion qui y est pratiquée dans la mesure où nous ne les prenons pas pour des connaissances complètes et définitives sur les cultures. Nous avons essayé de montrer qu'au-delà et en deçà des cultures nationales il y a d'autres éléments culturels dont il faut aussi tenir compte. Il faut mettre en contexte ces connaissances pour en tirer le plus grand bénéfice, et les utiliser comme hypothèse pour explorer les cultures et les logiques de gestion qui y sont pratiquées.

---

15. L'anthropologue Ulf Hannertz (1992, p. 14, ma traduction) propose d'ailleurs cette définition contemporaine de la culture : « La culture, c'est l'organisation de la diversité. »

RÉFÉRENCES

Adler, N., *Comportement organisationnel. Une approche multiculturelle*, Ottawa, Éditions Reynald Goulet inc., 1994.

Barbichon, G., « L'ethnologie des organisations. À propos de *La Logique de l'honneur* », *Ethnologie française*, vol. XX, n° 2, p. 177-188, 1990.

Barmeyer, C., *Comprendre et conjuguer les différences culturelles : le management entre Québécois et Allemands*, Québec, Gouvernement du Québec, 1994.

Bollinger, D. et G. Hofstede, *Les différences culturelles dans le management*, Paris, Éditions d'organisation, 1987.

Bouchard, G., et Y. Lamonde (dir.), *Québécois et Américains : la culture québécoise aux XIXᵉ et XXᵉ siècles*, Montréal, Fides, 1995.

Burton, M. L., C. C. Moore, J. W. M. Whiting et A. K. Romney, « Regions Based on Social Structure », *Current Anthropology*, vol. 37, n° 1, p. 87-123, 1996.

Cavusgil, S. T., et A. Das, « Methodological Issues in Empirical Cross-cultural Research : A Survey of the Management Literature and Framework », *Management International Review*, vol. 37, n° 1, p. 71-96, 1997.

Chapman, M., « Social Anthropology, Business Studies, and Cultural Issues », *International Studies of Management and Organization*, vol. 26, n° 4, p. 3-29, 1997.

Dantas, M., *De Bloco Afro a Holdin Cultural*, Salvador, Editora Olodum, 1994.

d'Iribarne, P., et autres, *Cultures et mondialisation. Gérer par-delà les frontières*, Paris, Seuil, 1998a.

d'Iribarne, P., « Comment s'accorder. Une rencontre franco-suédoise », dans P. d'Iribarne et autres, *Cultures et mondialisation. Gérer par-delà les frontières*, Paris, Seuil, 1998b.

d'Iribarne, P., « Croître ensemble au Mexique », dans *Le Tiers-Monde qui réussit. Nouveaux modèles*, Paris, Éditions Odile Jacob, 2003b.

d'Iribarne, P., *La Logique de l'honneur. Gestion des entreprises et traditions nationales*, Paris, Seuil, 1989.

d'Iribarne, P., *Le Tiers-Monde qui réussit. Nouveaux modèles*, Paris, Éditions Odile Jacob, 2003a.

d'Iribarne, P., Préface, *La Logique de l'honneur*, Paris, Seuil, Éditions de poche, p. I-XXXII, 1993.

d'Iribarne, P., « Qualité totale et islam à Casablanca », dans *Le Tiers-Monde qui réussit. Nouveaux modèles*, Paris, Éditions Odile Jacob, 2003c.

d'Iribarne, P., « The Usefulness of an Ethnographic Approach to the International Comparison of Organizations », *International Studies of Management and Organization*, vol. 26, n° 4, p. 30-47, 1997.

d'Iribarne, P., « Un management moderne enraciné dans une culture traditionnelle. Les enseignements d'un success-story mexicaine », *Gérer et comprendre*,
n° 65, septembre, p. 5-16, 2001.

Dupuis, J.-P. (dir.), *Le Modèle québécois de développement économique. Débats sur
son contenu, son efficacité et ses liens avec les modes de gestion des entreprises*, Cap-
Rouge et Casablanca, Presses Inter Universitaires, 1995.

Dupuis, J.-P., *Entre cultures latine, anglo-saxonne et nordique : les Québécois en économie, en affaires et en gestion*, Montréal, École des HEC, Cahier de recherche
n° 00-29, octobre, 2000.

Dupuis, J.-P., « Intégration des immigrants et conquête des marchés internationaux :
le difficile apprentissage des différences culturelles », dans J.-P. Dupuis et A.
Kuzminski (dir.), *Sociologie de l'économie, du travail et de l'entreprise*, Boucher-
ville, Gaëtan Morin éditeur, p. 193-244, 1998.

Dupuis, J.-P., « La gestion québécoise à la lumière des études comparatives »,
Recherches sociographiques, vol. XLIII, n° 1, p. 183-205, 2002.

Dupuis, J.-P., « Problèmes de cohérence théorique chez Philippe d'Iribarne : une
voie de sortie », *Management international*, vol. 8, n° 3, p. 21-30, 2004.

Hall, E. T., et M. R. Hall, *Guide du comportement dans les affaires internationales :
Allemagne, États-Unis, France*, Paris, Éditions du Seuil, 1990.

Hickson, D. J., et D. S. Pugh, *Management Worldwide : the Impact of Societal
Culture on Organizations around the Globe*, London, Penguin Books, 1995.

Hofstede, G., « Cultural Constraints in Management Theories », *Academy of
Management Executive*, vol. 7, n° 1, p. 81-94, 1993.

Hofstede, G., *Culture's Consequences : International Differences in Work-Related
Values*, Beverly Hills, Sage, 1980 (adaptation française : D. Bollinger et
G. Hofstede, *Les Différences culturelles dans le management*, Paris, Éditions
d'organisation, 1987).

Hofstede, G., *Culture's Consequence : Comparing Values, Behaviors, Institutions and
Organizations Across Nations*, 2e édition, Thousand Oaks, Sage Publications,
2002.

Hofstede, G., *Cultures and Organisations. Sofwares of the Mind*, Londres, McGraw-
Hill, 1991 (traduction : *Vivre dans un monde multiculturel. Comprendre nos
programmations mentales*, Paris, Éditions d'organisation, 1994).

Hofstede, G., « Problems Remains, but Theories Will Change : The Universal and
the Specific in 21st-century Global Management », *Organizational Dynamics*,
vol. 28, n° 1, p. 34-44, 1999.

Hofstede, G., « Relativité culturelle des pratiques et théories de l'organisation »,
Revue française de gestion, n° 64, septembre-octobre, p. 10-21, 1987.

Inda, J. X., et R. Rosaldo, « Introduction. A World in Motion, dans J. X. Inda et
R. Rosaldo (dir.), *The Anthropology of globalization*, Malden, Blackwell
Publishers Inc., 2002.

Jackson, T., et O. N. Nzepa, « Cameroon. Managing cultural complexity and power », dans T. Jackson, *Management and Change in Africa. A cross-cultural perspective*, London et New York, Routledge, 2004, p. 208-233.

Joly, A., *Fiefs et entreprises en Amérique latine*, Sainte-Foy, Les Presses de l'Université Laval, 2004.

Joly, A., *Le Dirigeant féodal : le lien d'homme à homme dans la grande entreprise brésilienne : leçons pour l'Amérique du Nord*, Montréal, École des HEC, Cahier de recherche, Centre d'études en administration internationale, 1996.

Kamdem, E., et J.-F. Chanlat, *Dynamique socioculturelle et management de l'entreprise camerounaise : le cas de la BNDC*, Montréal, École des hautes études commerciales, Centre d'études en administration internationale, 1995.

Kamdem, E., et J.-F. Chanlat, *Dynamique socioculturelle et management de l'entreprise camerounaise : le cas FEUBOIS*, Montréal, École des hautes études commerciales, Centre d'études en administration internationale, 1994a.

Kamdem, E., et J.-F. Chanlat, *Dynamique socioculturelle et management de l'entreprise camerounaise : le cas de la compagnie ABC*, Montréal, École des hautes études commerciales, Centre d'études en administration internationale, 1994b.

Kamdem, E., *Management et interculturalité en Afrique. Expérience camerounaise*, Sainte-Foy, Les Presses de l'Université Laval, Paris, L'Harmattan, 2002.

Lamont, M., *La Morale et l'argent. Les valeurs des cadres en France et aux États-Unis*, Paris, Métailié, 1995.

Laurent, A., « The cultural diversity of western conceptions of management, *International Studies of Management and Organization*, vol. 13, n°s 1-2, p. 75-96, 1983.

Le Petit Robert des noms propres, Mayflower, A. Rey (dir.). Édition revue, corrigée et mise à jour en mars 1999, p. 1346, 1994.

Lemogodeuc, J.-M. (dir.), *L'Amérique hispanique au XXe siècle. Identités, cultures, sociétés*, Paris, PUF, 1997.

Mutabazi, É., « L'expérience multiculturelle des entreprises africaines », *Colloque : El Análisis de las Organizaciones y la Gestión Estrategica : Perspectivas Latinas*, Zacatécas, 11-14 juillet, 2000.

Nasif, E. G., H. Al-Daeaj, B. Ebrahimi et M. S. Thibodeaux, « Methodological Problems in Cross-Cultural Research : An Update Review », *Management International Review*, vol. 31, n° 1, p. 79-91, 1991.

Philip, B., « Chez les indépendantistes ouïgours », *Le Devoir*, 16 août 2006.

Punnett, B. J., et S. Whitane, « Hofstede's Values Survey Module : To Embrace or Abandon ? », *Advances in International Comparative Management*, vol. 5, p. 69-89, 1990.

Schwartz, S. H., « Universals in the content and structure of values : Theoretical advances and empirical tests in 20 countries », dans M. P. Zanna (dir.), *Advances in experimental social psychology*, San Diego, Academic Press, 1992.

Sondergaard, M., « Hofstede's Consequences : A Study of Reviews, Citations and Replications », *Organization Studies*, vol. 15, n° 3, p. 447-456, 1994.

Tayeb, M., « Organizations and National Culture : Methodology Considered », *Organization Studies*, vol. 15, n° 3, p. 429-446, 1994.

Thériault, J. Y., *Critique de l'américanité : mémoire et démocratie au Québec*, Montréal, Éditions Québec Amérique, 2005.

Thomas, D. C., *Essentials of international management : a cross-cultural perspective*, Thousand Oaks, Sage Publications, 2002.

Trompenaars, F., *L'Entreprise multiculturelle*, Paris, Éditions Maxima, 1994.

CHAPITRE I.3

L'ANALYSE INTERCULTURELLE EN GESTION : UNE APPROCHE INTERACTIONNISTE

Olivier Irrmann[1]

INTRODUCTION

Les théoriciens de la gestion et de la culture ont travaillé pendant longtemps pour développer des modélisations de la culture. L'idée est de réaliser une carte culturelle et de pouvoir placer chacune des grandes aires culturelles sur un graphique explicatif de la culture, souvent sur des grilles successives de deux par deux. Au fur et à mesure que l'expérience du contact international nous devenait plus familière, à travers les séjours étudiants à l'étranger, le travail d'exportation, les fusions et acquisitions internationales, nous avons aussi commencé à percevoir de manière concrète les différences de fonctionnement entre les organisations ainsi que les difficultés de comprendre tout à fait les autres, créant ainsi une impression de distance qu'il nous fallait interpréter.

Comme nous l'avons vu dans le chapitre précédent, l'une des approches dominantes de l'étude de la culture en management et en stratégie est basée sur une mesure de dimensions, avec les modèles influents de Geert Hofstede (1980), Shalom Schwartz (1992) et Fons Trompenaars (1993). Cette approche que l'on pourrait définir comme cartographique, a rendu le concept de distance culturelle très populaire. L'idée que ce serait la distance culturelle qui rendrait plus difficile la réalisation d'investissements à l'étranger, la

1.   Olivier Irrmann est professeur adjoint à HEC Montréal (École des hautes études commerciales de Montréal) et détient un doctorat en affaires internationales de la Helsinki School of Economics. Ses recherches se portent sur l'influence de la culture et de la communication sur les processus de gestion et de développement international, notamment dans les cas de fusions-acquisitions.

gestion des ressources humaines internationales, la gestion de projets ou la négociation est très séduisante, à la fois pour les praticiens et les chercheurs. Il suffirait ainsi de mesurer cette distance pour estimer la difficulté de gérer, et, pourquoi pas, éviter les problèmes en réduisant cette distance par le choix stratégique de partenaires culturellement similaires.

Ainsi, comparer des indicateurs de dimensions culturelles nous permet de nous placer sur la carte culturelle, de placer l'autre et de faire des prévisions sur ce qui pourrait se passer lors de la rencontre interculturelle. Une différence de distance hiérarchique créera des conflits sur la manière de diriger et sur la vision que l'on a de la bonne organisation d'une entreprise et du style de gestion. Une différence d'orientation vers les tâches par rapport à une orientation vers les personnes augure de divergences quant à la conduite des équipes, la rémunération de la performance, la rétroaction interpersonnelle. Même la vision du but de l'organisation peut varier considérablement à travers le monde, depuis la réalisation de profits jusqu'au patriotisme et à l'intérêt familial, reflétant de multiples interprétations de ce qu'un leader exemplaire est censé réaliser (Hofstede et autres, 2002). L'idée principale est donc que de savoir où l'on se place sur la carte des dimensions culturelles nous permettrait de mieux prévoir et de mieux gérer la relation interculturelle.

Les premiers à se poser des questions sur cette hypothèse furent les spécialistes de la négociation. La négociation est certainement l'une des activités les plus courantes dans le monde des affaires, mais aussi dans la vie de tous les jours. Dans une série d'expériences de laboratoire, en mesurant toutes les dimensions culturelles des négociateurs et en filmant l'ensemble des discussions, Adler et Graham (1989) se sont aperçus de quelque chose de troublant. Durant l'interaction – c'est-à-dire durant la négociation –, les négociateurs ne se comportaient plus comme ils auraient dû se comporter en fonction de leur profil culturel. Chacune des parties s'adaptait plus au moins à l'échange, faisait des efforts pour comprendre l'autre, changeait de stratégie pour convaincre, ou devenait soudain de manière imprévue moins coopérative. Adler et Graham (1989) concluent donc que dans la recherche interculturelle, il nous faut oublier l'illusion de la comparaison entre cultures (*the cross-cultural comparison fallacy*).

L'illusion de la comparaison se fait aussi sentir lors des opérations de fusions et d'acquisitions internationales, dans la gestion des alliances et des co-entreprises. Praticiens et chercheurs parlent de la culture comme l'une des causes importantes, sinon la cause principale du très fort taux d'échec de ces opérations, estimé entre 40 % et 70 %. Il est intéressant de voir que toutes les études sur le sujet se fondant sur des comparaisons d'indicateurs de dimensions culturelles n'arrivent pas à comprendre d'où vient le malaise culturel. Pour les fusions et les acquisitions, la forme d'intégration et le degré d'acculturation – c'est-à-dire la manière d'organiser le rapprochement des deux entreprises ainsi que l'effacement d'une culture d'entreprise par rapport à l'autre – sont les principales causes d'échec recensées, mais comment et pourquoi, personne ne semble vraiment le savoir. Il est intéressant de constater qu'en 25 ans ce taux d'échec perçu est toujours aussi haut ; il semble donc que l'on n'ait pas appris grand-chose sur la gestion du processus pendant cette période où le nombre de fusions et d'acquisitions internationales a augmenté de manière extraordinaire (de 1987 jusqu'au record de l'année 2000, la valeur des fusions et des acquisitions internationales a été multipliée par 14) (UNCTAD, 2005). Là aussi, on a beaucoup utilisé le concept de distance culturelle pour expliquer le taux important d'échec dans les acquisitions d'entreprises internationales, avec l'idée reçue qu'une plus grande distance culturelle créerait plus de problèmes et impliquerait un rendement plus faible. Certains travaux montrent effectivement que la distance culturelle aurait un effet négatif sur le rendement à la suite de l'acquisition d'une entreprise étrangère (Datta et Puia, 1995). D'autres analyses (Morosini, Shane et Singh, 1998) montrent au contraire que la distance culturelle serait associée à une meilleure performance post-acquisition. Des recherches plus poussées sur des acquisitions entre plusieurs groupes de pays montrent enfin qu'il y aurait un aspect directionnel dans la perception de la différence culturelle (Very, Calori et Lubatkin, 1993 ; Very et Lubatkin, 1997 ; Very, Lubatkin et Calori, 1996) et que l'on ne peut pas augurer de la direction et du signe (positif, négatif ou neutre) de cette influence. Une entreprise française achetant une entreprise américaine ne déclenche pas la même dynamique culturelle qu'une entreprise américaine achetant une firme française, toutes choses égales par ailleurs.

Dans le cas des alliances et des acquisitions d'entreprises internationales, beaucoup de dirigeants et de gestionnaires de groupes internationaux font d'ailleurs état du fait que c'est précisément la différence culturelle qui amène de la valeur et qui serait un facteur d'innovation et de performance sur le marché. Les routines organisationnelles différentes amènent à trouver de meilleures pratiques de gestion, donnent une appréciation meilleure des marchés, apportent des compétences nouvelles et permettent de s'approprier tout un réseau de relations à exploiter. La différence peut être source de problèmes comme de solutions dans la gestion des entreprises. Ce qui est important, c'est de mieux comprendre les mécanismes par lesquels cette différence va amener soit du dysfonctionnement, soit de la coopération dans les équipes internationales.

Pour commencer à comprendre en détail les contacts interculturels, il faut justement se pencher sur le contact lui-même, c'est-à-dire l'interaction entre les personnes. Les gens ne se promènent pas dans la rue avec un sac à dos plein de différences culturelles. Les différences culturelles – en réalité la perception de la différence – se créent lors de l'interaction, lorsque l'on essaye de communiquer – oralement, par écrit, en personne ou non – avec une autre personne, dans une langue qui souvent n'est pas la sienne, avec des stratégies pour convaincre qui fonctionnent dans notre langue mais pas forcément dans une autre.

En gestion, le contact se fait certes autour de tâches à réaliser, autour du travail, mais il ne faudrait pas croire que ces tâches se réalisent et se coordonnent toutes seules par la seule force des structures de l'entreprise ou de la motivation interne des employés. Il ne faut pas oublier que la gestion est essentiellement communicationnelle. Henry Mintzberg s'était essayé dans les années 1970 à suivre des dirigeants durant toute leur journée de travail afin de comprendre quelle était la nature de leur travail. En moyenne, ceux-ci passaient 78 % de leur temps en communication orale, soit pour négocier, soit pour demander et transmettre des informations, des opinions, des ordres (Mintzberg, 1973, 1975). La situation est encore plus complexe aujourd'hui avec les équipes virtuelles, et la multiplication des technologies de l'information qui nous oblige à pratiquer aussi d'autres modes de communication, tels que le courriel, les conférences téléphoniques ou la vidéoconférence (Tengblad, 2002). En résumé, il faut bien l'admettre, l'essence de la gestion, c'est de communiquer efficacement.

Efficacement, le mot est évidemment séducteur mais trompeur, car comment est-on efficace et convaincant dans des environnements culturels divers ? La question est loin d'être bénigne et nous amène à nous pencher sur la réalité du contact interculturel dans le monde des affaires, et ce que représente le fait de communiquer dans cet environnement de plus en plus international et multiculturel. Dans ce texte, nous entendons par interaction le fait d'agir et de réagir en travaillant avec d'autres personnes et, comme dans toute activité managériale, la communication orale et écrite est l'un des outils principaux de cette interaction.

Dans le premier chapitre de cet ouvrage, Jean-François Chanlat nous a montré comment la communication était à la source de nombreux malentendus interculturels. Au long du présent chapitre, nous allons pousser cette analyse beaucoup plus loin et voir comment peuvent se créer des incompréhensions alors que les objectifs de communication sont les mêmes. Dans un premier temps, nous allons passer en revue différents types de déviations dans la communication, des écarts par rapport à un usage standard de la langue qui peut générer des incompréhensions et un manque de confiance en son interlocuteur. Nous allons ensuite voir comment ces déviations se concrétisent dans la réalité de la communication en contexte international : lorsqu'il faut convaincre, communiquer de la crédibilité, obtenir quelque chose ou donner des ordres. Enfin, nous allons nous pencher plus en avant sur les sources de ces dissonances, certaines provenant d'éléments de surface dans la maîtrise de la langue, et d'autres étant plus profondément ancrées dans une culture communicationnelle, et assez rarement identifiées en gestion. Nous passerons alors en revue des outils d'analyse venant de la linguistique appliquée et de l'ethnographie de la communication qui nous permettront d'éclairer certains phénomènes de dissonance culturelle en gestion. Pour terminer, nous verrons une application de cette analyse dans une étude de cas d'acquisition franco-finlandaise.

Les déviations dans la communication interculturelle

Pour être capable de communiquer de manière efficace, il faut que l'intention décodée soit la plus équivalente possible à ce que l'on voulait communiquer. Le monde des incompréhensions ne peut pas être dépassé, que ce soit dans sa langue ou dans une langue étrangère, mais dans une langue étrangère le risque de mauvaise compréhension est plus élevé, notamment à cause d'un certain nombre de déviations par rapport à l'usage standard de la langue.

Les linguistes distinguent trois éléments fondamentaux de la mécanique des langues. Le premier est la syntaxe, qui nous donne les règles à l'origine de la bonne formation des phrases, c'est-à-dire de leur grammaticalité. La deuxième composante est la sémantique qui nous guide dans l'interprétation des phrases, de leur signification. Enfin, la pragmatique étudie l'usage de la langue en contexte, c'est-à-dire comment utiliser le langage dans un contexte particulier pour obtenir un effet particulier. Les trois éléments sont intimement liés. La sémantique étudie la transmission du sens au moyen des mécanismes grammaticaux (donc de la syntaxe) et des composants lexicaux (les mots que l'on connaît) d'une langue. Le sens des phrases et du discours est quant à lui toujours décodé sur la base de la signification linguistique et d'informations contextuelles, c'est-à-dire interprété en fonction des règles de la pragmatique.

Lorsque nous apprenons à maîtriser nos langues maternelles, ces trois éléments s'imbriquent de manière fluide sans que nous nous en rendions compte. Avec l'apprentissage d'une langue étrangère, c'est en général la syntaxe et la sémantique que nous apprenons, les règles pragmatiques restent souvent dans l'ombre. Lorsque nous utilisons une autre langue, nous nous servons en général des règles de pragmatique venant de notre langue maternelle, en espérant que les mêmes tournures, les mêmes demandes, les mêmes manifestations d'intérêt et les mêmes tactiques de négociation vont fonctionner de la même façon. Dans la majorité des cas, ce « transfert pragmatique » – l'application de règles pragmatiques venant d'une langue spécifique (par exemple le français) dans une autre langue (comme l'anglais) – se passe rarement sans heurts et crée un grand nombre d'incompréhensions et de conflits. En fait, il n'est même pas nécessaire de parler une autre langue pour se heurter aux problèmes de pragmatique. Trois francophones de trois zones différentes peuvent avoir des cultures communicationnelles différentes, donc avoir du mal à négocier ensemble.

Le premier type de déviation est dû aux erreurs grammaticales, au manque de vocabulaire, à la prononciation. Ces déviations sont importantes mais elles sont rarement fatales car, lors d'une conversation en face à face, il y aura une activité importante de correction, du type direct « vous voulez dire tonnes cubiques ? » ou « pardon je n'ai pas bien compris » ou de manière indirecte en testant la compréhension un peu plus tard dans la conversation. Trop de déviation à ce niveau peut couper court à la communication mais même un niveau de base peut être suffisant pour transiger. Il faut cependant faire attention au canal de communication utilisé, car, si l'activité de correction peut se faire en face à face ou au téléphone, une déviation trop grande dans l'écrit peut faire fuir un partenaire potentiel.

Le deuxième type de déviation est lié au manque de connaissance de l'ensemble des registres de la langue, des sous-entendus et des modes de conviction les plus efficaces dans un contexte particulier. Cette déviation n'est pas souvent identifiée par les locuteurs. Elle est liée aux règles de la pragmatique, et la mauvaise communication peut s'ensuivre justement parce que nous ne nous rendons pas compte de ce que nous faisons. Il n'y a donc pas d'activité de correction lors de l'échange, mais tout simplement une mauvaise perception ou un « choc culturel ».

Au delà de la langue utilisée, que ce soit sa langue maternelle ou une langue étrangère (souvent étrangère pour les deux parties), la manière dont nous codons nos intentions et décodons celles des autres joue un rôle important dans la perception de nos partenaires d'affaires. Dans une situation intraculturelle, la compréhension profonde des intentions et du sens caché des mots nous a été inculquée par notre socialisation culturelle, par notre apprentissage progressif de la langue, par les règles acquises à l'école et dans notre parcours professionnel. Dans une situation étrangère, ces codes nous échappent et peuvent mener à un **échec pragmatique** (Thomas, 1983). Dans la forme la plus bénigne de l'échec pragmatique, nous ne comprenons plus ce que l'autre veut dire (et vice-versa), même si les mots ont du sens. Dans des cas plus difficiles, la non-compréhension des règles d'usage de la langue nous fera percevoir (nous-même ou nos interlocuteurs) comme impolis, ignorants, incompétents ou peu dignes de confiance. Bien souvent un choc culturel n'est rien d'autre qu'un choc communicationnel, où différentes stratégies de communication se heurtent. Les activités que représente le fait de discuter, critiquer, négocier, obtenir des informations, diriger, réprimander, inspirer confiance – en d'autres mots, gérer – sont éminemment des stratégies de langage, et les règles qui régissent ces stratégies de langage peuvent différer d'une culture à l'autre.

La confiance naît d'une interaction répétée avec les autres (encadré I.3.1). Les attentes et les résultats sont systématiquement comparés et toute différence trop flagrante entre des attentes et des résultats qui les déçoivent amène sa petite pierre à la naissance de la défiance. De l'autre côté, lorsque les attentes des uns sont récompensées par les résultats des autres, alors l'évolution de la confiance va en croissant. Cela est un phénomène dynamique.

Les perceptions sont très importantes pour générer de la confiance. Mais nous percevons souvent les individus en fonction de leur manière de communiquer, une perception qui va avoir des répercussions considérables sur la confiance que nous accordons et sur la qualité des relations professionnelles que nous établissons.

Il est facile de sous-estimer l'importance d'une bonne compréhension des stratégies de langage dans les affaires, alors que son influence peut être redoutable. Dans une étude classique de l'évolution de la coopération dans les alliance, Doz (1996, p. 65) montre comment l'alliance entre les deux firmes Alza et Ciba-Geigy a rapidement échoué, notamment pour des questions de style de travail et de communication entre équipes. Aux prises avec ce qu'ils estimaient être une perte de temps inutile dans le processus de décision chez Ciba-Geigy, le personnel d'Alza commença à contourner la ligne hiérarchique chez Ciba et à communiquer directement avec les scientifiques et les gestionnaires en charge du développement du projet commun. Ce faisant, les troupes d'Alza se sont mis à dos une grande partie des cadres intermédiaires de leur partenaire. De plus, ils furent rapidement perçus comme faisant « des critiques constantes » et produisant des « attaques contre les gens qui étaient leurs meilleurs alliés ».

Encadré I.3.1

LES DIFFÉRENTES FORMES DE CONFIANCE

La confiance est un concept qui, s'il est souvent utilisé, peut recouvrir des réalités très différentes. John Child (2001) nous rappelle qu'il existe dans la pratique de nombreuses formes de confiance :

– La confiance par calcul : c'est celle qui se crée au début d'une relation, où l'on prend le risque sans information en estimant que cela en vaut la peine. On donne le bénéfice de la confiance (et non pas du doute).

– La confiance basée sur la compréhension mutuelle : c'est celle qui se crée lorsque l'on travaille ensemble et que l'on commence à se connaître.

– La confiance basée sur les liens : c'est celle qui se crée lorsque l'on s'apprécie mutuellement. Dans le monde des affaires ce genre de confiance peut se créer lorsque l'on fait des transactions depuis longtemps. Cela peut prendre la forme d'une alliance. John Child donne l'exemple de la Royal Bank of Scotland et de la banque espagnole Banco Santander, qui grâce à des liens tissés durant de nombreuses années, ont énormément appris l'une de l'autre en matière d'efficacité organisationnelle et de qualité du service au client.

On voit clairement ici que les gestionnaires et les scientifiques de chez Alza voulaient simplement trouver une manière plus efficace de procéder et de communiquer avec leurs collègues, mais n'ont pas su trouver la bonne manière de se faire entendre ni la bonne manière d'adresser des critiques et des remarques au sein d'une équipe provenant d'un autre environnement culturel. Il est peu probable que le personnel d'Alza ait voulu intentionnellement créer un conflit. Leur intention était de créer une relation plus dynamique, mais elle a été comprise comme un contournement inadmissible des procédures faites dans un style trop agressif. L'erreur pragmatique dont nous parlions plus haut a eu un effet sur la perception du partenaire d'affaires, a créé une atmosphère de défiance, et l'alliance a été interrompue beaucoup plus rapidement que prévu – pour également d'autres raisons, mais celle-là jouant un rôle important.

Nous allons dans les sections qui suivent passer en revue différents éléments qui nous permettent de communiquer, par l'intermédiaire de la langue, de la crédibilité, de convaincre, d'obtenir quelque chose. Toutes ces tactiques sont culturellement et linguistiquement relatives. En d'autres termes, la manière de communiquer de manière efficace et convaincante varie d'une langue à l'autre et d'une culture à l'autre, la culture pouvant être nationale, régionale, d'entreprise ou occupationnelle (communiquer en tant qu'ingénieur ou en tant que vendeur).

LES PILIERS DE LA COMMUNICATION INTERCULTURELLE EN AFFAIRES

Beaucoup de spécialistes de la communication interculturelle ont tendance à avoir une vision idéalisée du but de la communication. Il faudrait pouvoir bien communiquer afin de comprendre les autres cultures, d'exprimer de l'empathie et du respect pour l'autre culture, d'apprendre quelque chose durant le contact interculturel et d'améliorer les liens entre les cultures. Ces approches sont certainement nobles et peuvent constituer un objectif en soi, mais la communication interculturelle en affaires reste quelque chose de fondamentalement plus pragmatique. Nous passons ici d'un système de valeurs (faire ce qui est juste) à un système d'action (faire ce qui est efficace), l'un pouvant fort bien se combiner à l'autre. Dans la réalité du contact interculturel en affaires (en gestion), il faut principalement convaincre et bâtir une image de crédibilité (comme lors d'une négociation d'affaires), savoir lire les signes de crédibilité (nécessaires lors de l'estimation du risque couru dans une relation d'affaires) et obtenir quelque chose ou donner des ordres (par exemple dans la gestion d'une filiale à l'étranger).

Convaincre

Une grande partie des activités internationales tourne autour d'une activité de vente et de négociation. Convaincre est donc l'un des buts principaux de la communication. La manière de construire un argument, la manière de le défendre, le ton que l'on prend pour paraître convaincant, les stratégies de conviction, tout cela fait partie d'une panoplie propre à chaque langue, et souvent à chaque région.

Dans son analyse approfondie des stratégies de conviction dans les négociations, John Graham (Graham, 1985 ; Graham, 1996 ; Graham, Mintu et Rodgers, 1994) montre que des négociateurs de différentes

nationalités peuvent utiliser de manière différente, c'est-à-dire avec une plus
ou moins grande fréquence, certaines stratégies verbales et non verbales
pour convaincre (voir le tableau I.3.1 pour la liste complète des stratégies
verbales). Dans la grande majorité, les échanges verbaux des négociateurs
sont identiques et composés de stratégies d'échanges d'informations, faites
de questions et de révélations. On note néanmoins quelques différences
quant à la fréquence d'utilisation de certaines tactiques verbales pour
convaincre (tableau I.3.2). Les Canadiens anglais tendent à ne jamais dériver vers la menace alors que c'est parfois le cas chez les négociateurs français.
Les stratégies de recommandations sont beaucoup plus rares chez les Français que chez les négociateurs mexicains. L'utilisation d'ordres (« il faut
absolument que vous fassiez... ») comme tactique est deux fois plus fréquente
chez les négociateurs canadiens anglophones que chez les francophones.

Tableau I.3.1
**TACTIQUES VERBALES DE NÉGOCIATION
ET ASPECTS LINGUISTIQUES DU LANGAGE
ET COMPORTEMENT NON VERBAL**

Tactiques verbales de négociation (le « quoi » de la communication)	
Engagements	**Promesses** : Une déclaration dans laquelle le locuteur indique son intention de fournir à l'auditeur des éléments perçus comme plaisants, positifs et constitutifs d'une récompense.
	Engagements : Une déclaration par laquelle la source indique que sa position future de négociation n'ira pas au delà ou en deçà d'un certain niveau.
Prescriptions	**Recommandation** : Une déclaration dans laquelle la source prédit des conséquences environnementales plaisantes pour le récepteur. Ces évènements ne sont pas sous le contrôle de la source.
	Ordre : Une déclaration dans laquelle la source suggère que le récepteur du message adopte un comportement précis.
Admonitions	**Menace** : Identique à la promesse, sauf que les conséquences sont supposées être déplaisantes ou représenter une punition.
	Avertissement : Identique à la recommandation, sauf que les conséquences sont vues comme déplaisantes.

Tactiques verbales de négociation (le « quoi » de la communication)	
Récompense	Une déclaration de la source qui est supposée créer des conséquences plaisantes pour le récepteur du message.
Punition	Identique à la récompense, sauf que les conséquences sont supposées être déplaisantes.
Appel normatif positif	Une déclaration dans laquelle la source indique que le comportement passé, présent ou futur du récepteur a été ou sera en conformité avec les normes sociales.
Appel normatif négatif	Identique à l'appel normatif positif, sauf que le comportement de l'objectif est en violation des normes sociales.
Question	Une déclaration dans laquelle la source demande au récepteur de dévoiler des informations sur lui-même. Cela peut prendre la forme (a) d'une clarification, (b) d'une demande d'information, (c) d'une initiation.
Révélation (self-disclosure)	Une déclaration dans laquelle la source révèle des informations sur elle-même, (a) en réponse à une question, (b) de manière non sollicitée.
Aspects linguistiques du langage et comportement non verbal (« comment » les choses sont dites)	
Aspects structurels	**Non** : Le nombre moyen de fois où le mot « Non » a été utilisé par chaque négociateur, par période de 30 minutes.
	Vous-Tu : Le nombre moyen de fois où le mot « Tu » ou « Vous » a été utilisé par chaque négociateur, pour chaque 30 minutes de conversation.
Comportement non verbal	**Périodes silencieuses** : Le nombre moyen d'arrêts de la conversation faits par chaque négociateur durant plus de 10 secondes, par période de 30 minutes.
	Superpositions conversationnelles : Le nombre moyen d'interruptions de chaque négociateur par demi-heure.
	Regards en face : Le nombre moyen de minutes pendant lesquelles les négociateurs se sont regardés dans les yeux, par période de 10 minutes.
	Toucher : Nombre de fois où les négociateurs se touchent (sans inclure la poignée de main).

Source : Adapté de Graham (1996), Neu et Graham (1994), Angelmar et Stern (1978).

Comme on peut le voir dans le tableau I.3.2, les différences s'accentuent lorsque l'on prend en compte l'aspect non verbal et paraverbal. Le « Non » comme outil de communication est dix fois plus fréquent chez les négociateurs français que chez les Japonais. De même les négociateurs japonais ont tendance à moins personnaliser l'échange que les Canadiens francophones (deux fois plus de « You » utilisés par les Canadiens francophones que par les Japonais). Dans l'autre sens, les Canadiens francophones ne sont quasiment jamais silencieux alors que les Japonais utilisent le silence aussi comme moyen de communiquer.

Tableau I.3.2

EXTRAITS DES MESURES DE FRÉQUENCES DE TACTIQUES DE NÉGOCIATION VERBALES ET NON VERBALES

	Japon	États-Unis	Canada français	Canada anglais	Mexique	France
Aspects verbaux						
Promesses	7	8	8	6	7	5
Menaces	4	4	3	**0**	1	**5**
Recommandations	7	4	5	4	**8**	**3**
Avertissements	2	1	5	0	2	3
Récompenses	1	2	1	3	1	3
Punitions	1	3	2	1	0	3
Engagements	**15**	13	**8**	14	9	10
Révélations	34	36	42	34	38	42
Questions	20	20	19	**26**	27	**18**
Ordres	8	6	5	**10**	7	9
Aspects structurels et non verbaux						
Non	**1,9**	4,5	7	10,1	4,5	**11,3**
Vous-Tu	**31,5**	54,1	**72,4**	64,4	56,3	70,2
Silences	**2,5**	1,7	**0,2**	2,9	1,1	1
Superpositions conversationnelles	6,2	**5,1**	24	17	10,6	20,7
Regards en face	**3,9**	10	**18,8**	10,4	15,6	16

Sources : Graham (1996) ; Graham et autres (1994).

Lors d'une négociation, l'objectif est le même pour tout le monde : utiliser une panoplie de tactiques verbales afin de convaincre, mais le chemin parcouru pour y arriver est différent. Le négociateur français compétent dans sa culture va utiliser des stratégies verbales plus dynamiques, utiliser l'interruption de manière active, dire « Non » pour signifier qu'il n'est pas convaincu et utiliser de nombreuses fois le mot « Vous » pour personnaliser le débat. Le négociateur canadien anglophone compétent dans sa culture va être le moins agressif possible verbalement (pas de menaces ou d'avertissements), tout en interrompant son interlocuteur et en utilisant « Non » de manière active. Le négociateur japonais va avoir une stratégie plus feutrée pour convaincre, faite de promesses positives, de recommandations et d'engagements. Il utilisera peu de fois le « Non » direct et évitera la personnalisation du « Vous-Tu », tout en utilisant le silence de manière active.

Il n'y a pas de forme plus efficace qu'une autre, elles le sont toutes dans leur propre contexte, mais peuvent devenir inefficaces dans un autre contexte. Le vrai danger est de vouloir appliquer des recettes toutes faites, ou de penser que ses propres stratagèmes fonctionneront partout. Convaincre en contexte interculturel, cela veut dire doublement relativiser. D'abord il faut comprendre qu'il existe de nombreuses tactiques pour convaincre son interlocuteur et que leur efficacité est relative à l'environnement et à la personne à qui l'on s'adresse. Il faut donc s'entraîner à convaincre avec différents modes. Ensuite, il faut aussi être capable de se rendre compte que, lorsque vous n'êtes pas convaincu, c'est peut être tout simplement parce que les stratégies utilisées envers vous ne sont pas efficaces. Vous pouvez donc aussi essayer de comprendre quel mode de négociation votre interlocuteur essaye d'utiliser. Être agacé pendant une transaction internationale est souvent le signe d'une mauvaise communication interculturelle. L'exemple de l'encadré I.3.1 montre comment même la manière de manipuler le silence peut avoir des répercussions sur sa capacité de convaincre.

Il faut noter qu'il n'y a pas que des éléments de culture nationale qui influencent la manière de convaincre. Peuvent aussi entrer en ligne de compte des cultures occupationnelles et des cultures générationnelles, où chacune tend à avoir un type de discours préféré (Scollon et Scollon, 1995). Un chef de projet informatique essayant de vendre un produit à un acheteur d'une multinationale ne se heurte pas seulement à une barrière nationale ou de langage. Il y a aussi le discours d'un jeune informaticien dans la vingtaine manipulant un argumentaire d'innovation technique qui fait mouche dans son univers mais qui a du mal à convaincre le *baby-boomer* assis en face de lui et ayant grandi dans une culture industrielle de grande entreprise, où la robustesse et la fiabilité jouent un rôle prépondérant. Les références culturelles et les symboles à manipuler ne sont pas du tout les mêmes.

Encadré I.3.2

LE VENDEUR FRANCOPHONE ET L'ACHETEUR SCANDINAVE

Il est tentant de considérer les problèmes de communication interculturelle comme relevant uniquement de rencontres « exotiques » entre zones lointaines. Au sein d'une même zone géographique, les règles pragmatiques de la conversation peuvent tout autant différer. À titre d'exemple, au sein de la zone européenne, les Finlandais ont une utilisation active du silence comme mode de communication, alors que le silence est souvent considéré comme un mode passif dans la majorité des langues indo-européennes. L'exemple suivant montre comment cette différence peut amener une interaction de vente à se dérouler de moins en moins bien.

Le cas que nous présentons se déroule lors d'une réunion arrangée en Finlande par la chambre de commerce locale entre un vendeur français et un acheteur industriel finlandais intéressé par la gamme de produits vendus. Au début de la réunion, le vendeur commença sa présentation avec assurance, une présentation qui finit par devenir un peu longue aux yeux de l'acheteur attentif. La fin de la présentation fut suivie par une courte période de silence, interrompue par la voix du vendeur reprenant sa présentation, un peu mal à l'aise, en face d'un acheteur devenu soupçonneux et complètement silencieux. La réunion fut un échec complet et aucun contrat ne fut conclu (Irrmann, 1999).

Pour comprendre cette réunion et les raisons de cet échec, alors que tous les ingrédients pour un succès étaient réunis, il faut se pencher sur l'interprétation divergente du silence comme mode de communication (Jaworski, 1997 ; Tannen et Saville-Troike, 1985) et des règles d'interactions langagières. Le vendeur français commença son argumentaire de vente et s'attendait à construire sa présentation autour des questions et des interruptions de l'autre partie, l'interruption étant un mode classique pour manifester son intérêt dans de nombreuses langues latines. L'acheteur finlandais manifestait son intérêt et son respect en s'abstenant d'interrompre son interlocuteur, en ligne avec les règles de l'interaction langagière en Finlande où interrompre quelqu'un est considéré comme une grossièreté sans nom. Le vendeur confronté à un minimum de réponses non verbales et verbales l'interpréta comme un signe de scepticisme et continua sa présentation pour mieux convaincre son interlocuteur. Quand il termina, la courte période de silence fut trop longue pour lui, et il l'interpréta comme un signe très fort de danger, le forçant à essayer de sauver la situation en reprenant son argumentaire pour essayer de réveiller l'intérêt de l'acheteur. L'acheteur, interrompu de manière impolie durant son évaluation (silencieuse) de la taille des achats qu'il pourrait effectuer, commença à suspecter la qualité du produit. En effet, le vendeur semblait peu sûr de lui, sinon pourquoi parlerait-il autant ? Une question de quelques secondes de silence suffit à changer le cours de la réunion.

Bâtir une image de crédibilité et savoir lire les signes de crédibilité

La matière première de toute relation en gestion est la crédibilité. La plupart des activités de gestion consistent, au delà de l'aspect technique des tâches à accomplir, à bâtir une image de crédibilité et à lire les signes de la crédibilité chez les autres. On trouve trois types importants de crédibilité : la crédibilité personnelle, la crédibilité institutionnelle et la crédibilité statutaire (Usunier, 1996a ; Usunier, 1996b, chapitre 15). Tous ces signes de crédibilité sont culturellement relatifs ; il est donc facile de se méprendre sur le message de crédibilité que l'on croit véhiculer.

La crédibilité personnelle est celle qui est attachée à la personne même. Des traits physiques particuliers peuvent communiquer de la crédibilité. Les pays occidentaux ont tendance à idéaliser une image de leader mâle, jeune, svelte, grand, à la voix grave. Sous d'autres latitudes, le respect (et l'image même de la crédibilité) est dû à la personne âgée, bien en chair, chauve et portant une barbe si possible. Ces codes physiques peuvent éventuellement jouer un rôle dans les tout premiers moments de l'interaction. Ce rôle peut être négligeable, mais parfois être incontournable.

Une autre dimension importante de la crédibilité personnelle se trouve dans le style de communication adopté. Une première vision d'un interlocuteur compétent est celle d'une personne à profil bas, présentant son argument par suggestion et touches fines, d'un tempérament modeste et sachant écouter. Une vision opposée serait celle d'un interlocuteur incisif, ayant une grande estime de lui et essayant de faire passer son point de vue à force de brillance. Les deux styles, encore une fois, peuvent être tout aussi efficaces, mais si l'on utilise le mauvais système de communication dans un environnement étranger, on risque de se retrouver en situation difficile. L'échec du rapprochement entre Volvo et Renault dans les années 1990 (leur alliance stratégique a duré de 1990 à 1994) est en partie dû à la différence de styles de communication entre les équipes françaises et les équipes suédoises, l'un se basant sur la logique de consensus et l'autre sur la logique de la discussion incisive et combative. Les équipes françaises avaient l'impression d'avoir remporté un succès lors des discussions, alors que les équipes suédoises ne considéraient les décisions prises comme ni justifiées ni acceptables (d'Iribarne, 1998 pour une analyse des relations de travail franco-suédoises). Les équipes françaises pensaient être crédibles, les Suédois les considéraient comme peu crédibles et autoritaires à l'extrême.

La crédibilité institutionnelle est celle qui est rattachée à l'organisation que l'on représente ou à une institution à laquelle on appartient. L'entreprise, sa taille, son nom, sa réputation peuvent évoquer une image très forte qui va auréoler la personne représentant l'entreprise. Les très grandes multinationales jouissent dans ce cas d'un certain avantage. Mais il faut bien voir que les symboles de la crédibilité institutionnelle sont à géométrie variable. Dans certains cas, faire des profits est vu comme un signe positif, dans d'autres cas c'est la proximité avec les gouvernements ou la capacité à remporter de très gros contrats. Il faut donc apprendre à manipuler le bon symbole au bon moment, et rester modeste quant au pouvoir évocateur de l'entreprise pour laquelle on travaille. L'image et la réputation évoquées par des entreprises telles que ABB, Infosys, Tata, Research in Motion ou Outokumpu vont beaucoup varier en fonction de la culture industrielle et de la zone géographique sur laquelle l'on travaille. J'ai eu l'occasion d'entendre un cadre m'asséner la phrase suivante comme marque ultime de crédibilité d'un fournisseur : « C'est une entreprise qui appartient au frère de la première dame (l'épouse du chef de l'État) ». Dans ce contexte précis, il n'avait plus besoin d'insister, la preuve était faite que cette entreprise était un partenaire important.

La crédibilité institutionnelle n'est pas réservée au monde de l'entreprise. L'appartenance à des clubs ou à des associations est elle-même un véhicule puissant de crédibilisation. De nombreux clubs de gens d'affaires à but de bienfaisance jouent ce rôle. L'appartenance à la chambre de commerce Américano-X est un excellent moyen de se faire connaître dans certains pays asiatiques, au point que l'appartenance peut se retrouver sur la carte d'affaires (la carte de visite). Il est de bon ton dans certains environnements de faire valoir son appartenance à un club d'élite, ou de dire que l'on a été ancien élève d'une école. Ces symboles sont importants et permettent de se connecter plus facilement, mais ils peuvent aussi rester inopérants. Savoir dans quelle école on a fait ses études universitaires n'a aucune espèce d'importance pour un Danois, alors qu'un Britannique exhibera discrètement sa bague d'ancien élève – alumni ring – pour montrer qui il est.

Le jeu des images continue avec la **crédibilité statutaire**. Bâtir une image crédible nécessite aussi de communiquer à propos de son pouvoir et de son statut. Cela se fait de manière souvent indirecte, par une série de comportements vus comme « normaux » et en relation avec le rang que l'on a dans l'entreprise. Certaines cultures (organisationnelles autant que nationales) apprécient les signes extérieurs de pouvoir : bureaux d'angle situés à des étages supérieurs, vue sur la cour intérieure pour les assistants et vue sur la ville pour les directeurs, secrétariat personnel, voiture de fonction, etc. Le comportement interpersonnel peut aussi être marqué par cette distance statutaire. Dans des cultures « hiérarchiques », la formalité et la distance avec un supérieur se marquent aussi par le comportement langagier. Il est normal de se comporter « en chef », donc de communiquer comme un chef, comme il est normal pour un subordonné de communiquer en tant que subordonné. Dans des cultures « égalitaires » de type scandinave, un tel comportement est impensable et la distance communicationnelle ne doit pas exister. Se comporter comme un chef serait vu comme une marque insupportable d'arrogance (l'arrogance étant considérée comme négative), donc une marque d'incompétence sociale.

Une divergence quant aux marques de crédibilité statutaire va créer un choc des images qui représente souvent un grave problème. Par exemple, le gestionnaire français est souvent vu comme arrogant car il fait ce qui est le plus efficace dans son propre environnement : exhiber les marques de son statut et de sa compétence afin qu'on le prenne au sérieux. Il faut faire extrêmement attention aux marqueurs de statut et savoir quoi communiquer, mais aussi savoir quand il vaut mieux oublier les signes extérieurs du statut. Il faut se garder d'attribuer trop d'importance à l'absence de signes extérieurs de statut dans un environnement égalitariste. Dans ce genre d'environne-ment, il est difficile de savoir qui est important car personne n'est supposé être important. Les gestionnaires danois font référence à la Jantelagen, la loi de Jante – référence à un roman classique danois –, qui est une norme implicite de comportement en société selon laquelle nul ne doit penser ou communiquer l'impression qu'il serait quelqu'un de spécial ou de supérieur aux autres. Cette règle se retrouve très largement dans les pays nordiques et dans certaines régions des Pays-Bas.

Par conséquent, traiter quelqu'un de haut (ou être perçu de par son style de communication comme traitant les autres de haut) au Danemark ou au Québec peut vous exclure de la course à la crédibilité. Le ton exces-sivement formel ou docte d'un enseignant ou d'un cadre dans cet environ-nement est perçu comme une forme de dédain. Dire dans une réunion qu'un candidat est « très brillant » peut donc être soit vu comme une preuve de grandes qualités (dans un contexte ou le talent verbal est vu comme important), soit considéré comme un handicap important (dans des pays de type Jantelagen).

Obtenir quelque chose ou donner des ordres

Obtenir quelque chose, se faire obéir, donner des ordres est au final l'objectif quotidien des gestionnaires, au local comme à l'international. Il existe différentes stratégies d'obéissance (*compliance-gaining strategies*) qui sont plus ou moins facilement applicables en fonction de l'environnement culturel (Sullivan et Taylor, 1991 ; Sullivan, Albrecht et Taylor, 1990). Deux grandes stratégies d'obéissance sont la logique hiérarchique et la logique d'explication. Cela nous rappelle des notions de distance hiérarchique qui sont communes aux analyses culturelles, mais nous ne sommes pas intéressés ici au fait de savoir s'il s'agit d'une valeur présente ou pas ; nous voulons plutôt savoir si la hiérarchie est vue comme un des modes légitimes pour obtenir quelque chose ou si l'explication est vue comme le mode normal.

Une illustration du choc de ces stratégies d'obéissance nous est fournie par un incident survenu dans une entreprise industrielle finlandaise récemment rachetée par un groupe français. Les ingénieurs français demandent à leurs collègues finlandais de leur communiquer les coûts de production de l'un de leur produit vedette. L'équipe finlandaise répond qu'elle ne veut pas donner ces informations et demande pour quelle raison le siège français aurait besoin de ces données. Stupéfaction chez les ingénieurs du siège, qui demandent à leur directeur d'obtenir ces informations par la voie hiérarchique, vu le manque de coopération de leurs collègues qui ne semblent pas comprendre qu'ils font partie du même groupe maintenant. Le directeur général de l'entreprise demande donc à son collègue directeur de la filiale finlandaise (et Finlandais lui aussi) de lui fournir ces informations, et se voit confirmer que la filiale ne voit aucune raison pour laquelle elle fournirait des informations aussi sensibles. On assiste ici à l'expression de deux logiques d'obéissance différentes. Dans ce cas précis, il ne s'agit pas tellement d'un manque de volonté ou d'une résistance à partager l'information, mais plutôt d'une question de manière de demander. Les équipes françaises tendent à se tourner assez rapidement vers une logique hiérarchique, alors que les Finlandais tiennent à une logique d'explication raisonnée. En général, les interlocuteurs ne sont pas eux-mêmes conscients de cette stratégie qu'ils utilisent ; ils l'utilisent donc de bonne foi et interprètent toute déviation par rapport à leur propre norme comme un comportement anormal.

Dans son analyse d'une usine automobile française en Slovénie, Globokar (1996) montre comment une mauvaise compréhension des modes respectifs d'obéissance, de motivation et de contrôle a créé une tension importante entre la direction française et le personnel slovène. Dans un second temps, la mise en œuvre d'un cadre approprié d'encadrement et de communication, laissant une grande marge de manœuvre aux ouvriers slovènes et la possibilité de s'adresser directement et sans contrainte au directeur d'une unité et ainsi de développer une compétence collective – le partage de la parole –, a permis de générer des résultats impressionnants en matière de productivité et de qualité. Par contre, la mise en place au sein d'un autre atelier d'un système hiérarchique mettant en avant la compétence technique du chef et reléguant les ouvriers à l'exécution de tâches sans réelle possibilité d'établir un dialogue à propos de leur travail a créé un sentiment de démotivation et une tension au sein des unités. Les intervenants slovènes ont dû aussi apprendre à devenir des « interlocuteurs » au sens français du terme, devenant plus incisif dans leurs échanges verbaux, faisant des commentaires, ajoutant leurs points de vue et posant des questions à leur tour.

Deux autres grandes stratégies d'obéissance sont celles du marchandage, qui s'appuie sur la négociation et l'échange de faveurs, de même que sur un appel aux normes sociales d'obligation et de réciprocité, et la stratégie de coalition, qui elle s'appuie sur une certaine pression sociale grâce à la mobilisation d'autres personnes afin de soutenir ses propres requêtes. Ces formes d'obéissance et d'exécution sont celles que l'on retrouve en général au Québec où la construction patiente d'une décision consensuelle est privilégiée par rapport aux guerres de positions, et où, face aux problèmes, il y a toujours « moyen de moyenner » par des arrangements informels. Cette forme d'action selon un modèle « communautaire » (décrit ainsi par Segal, 1991, 1998) se démarque donc du modèle américain par la recherche du consensus, mais en partage les valeurs de communication directe et de convivialité dans les rapports de travail (pour une revue complète des travaux sur la gestion québécoise, voir Dupuis, 2002). Ces valeurs d'ouverture dans la communication font que la logique de l'explication est aussi très présente au Québec – « viens m'expliquer ton problème, on va résoudre ça » – et de plus en plus avec les nouvelles générations d'employés, qui ont été socialisés dans un mode de négociation ouverte par rapport à l'autorité.

LES SOURCES DE LA DISSONANCE COMMUNICATIONNELLE

Nous venons d'examiner les lieux de gestion interculturelle et les activités qui structurent la réalité de l'interaction dans les affaires : convaincre, transmettre de la crédibilité et, enfin, obtenir quelque chose et se faire obéir. Lors de ces actes de gestion interculturelle, des dissonances culturelles peuvent apparaître pour plusieurs raisons. Les sources de cette dissonance se trouvent dans la manière dont nous parlons une langue et dans la manière dont nous utilisons certaines tactiques de communication pour arriver à nos fins. Lorsque surviennent des déviations par rapport à la norme de langage d'un locuteur natif et compétent, la dissonance peut se faire sentir et entraîner une mauvaise qualité de coopération, une perception négative de l'autre et de nombreux échecs pragmatiques. La compétence interculturelle va donc se dessiner en fonction de différents niveaux de connaissance et de maîtrise du langage et de la capacité à maîtriser différents registres communicationnels.

Les déviations langagières de surface

Le premier type de déviation peut découler d'une maîtrise plus ou moins grande des éléments de surface de la langue, ceux qui sont reliés par exemple à la syntaxe, à la grammaire et à la prononciation. Ce sont les matériaux de base qui permettent de s'exprimer dans une autre langue et de comprendre ses interlocuteurs. Il existe différents niveaux de pratique de la langue dans différents contextes : langue de tous les jours, de la vie quotidienne, langue des affaires, langue du monde technique. Ces grandes catégories sont celles que l'on retrouvera dans un cours de langue classique, basé essentiellement sur une maîtrise d'un vocabulaire plus ou moins technique et sur une maîtrise plus ou moins grande de la grammaire et de la syntaxe. Même des locuteurs parlant couramment une langue peuvent créer des déviations importantes en utilisant un terme dans le mauvais contexte. J'ai assisté à une réunion entre ingénieurs d'une multinationale où un programmeur européen avait déclenché une grande consternation chez ses collègues des États-Unis en déclarant « that piece of software really sucks », phrase qui s'entend beaucoup dans les séries télévisées mais qui évidemment est d'une grossièreté sans nom. À ce niveau, de nombreuses petites incompréhensions peuvent se glisser dans la conversation, mais elles sont en général assez vite repérées et peuvent être corrigées lors de l'interaction.

Dans le développement d'une compétence langagière interculturelle, il faut aussi prendre en compte la capacité de comprendre différentes manières de prononcer certains mots d'une même langue : comprendre l'anglais tel qu'il est parlé en Inde du Sud n'est pas le même exercice que comprendre celui qui est parlé dans le nord de la Grande-Bretagne. Les films québécois diffusés en France sont souvent sous-titrés, et beaucoup de films britanniques sont difficilement accessibles à un auditoire américain. Dans une enquête menée au sein d'entreprises londoniennes, l'analyse des appels téléphoniques venus de l'extérieur a montré que de nombreux appelants étaient rendus confus par des expressions telles que « s-ringin-fer-yer » (« its ringing for you »), « putin-yerfru » (« putting you through ») et « lines-bizi-ye-old ? » (« the lines are busy, will you hold ? ») (Crick, 1999). Un tiers des appels échouaient dès la centrale téléphonique et les appelants étrangers rendaient compte de nombreuses rebuffades, comme des rires nerveux étouffés, de longs silences et des réponses énoncées avec un haut niveau de décibels (comme si parler plus fort allait aider la compréhension).

La capacité de comprendre la dynamique d'une conversation multilingue avec des interlocuteurs ayant différents niveaux de maîtrise de la langue est sans aucun doute la première compétence interculturelle à acquérir. Il faut garder à l'esprit que, dans un grand nombre de situations, entrent en jeu non pas deux, mais souvent trois ou quatre langues, vu le nombre de locuteurs multilingues existant dans un grand nombre de pays. Une situation classique nous est présentée dans le tableau I.3.3, extrait de l'analyse d'une réunion d'affaires en Asie entre trois gestionnaires de multinationales (Babcock et Du-Babcock, 2001).

Tableau I.3.3
NIVEAU DE MAÎTRISE DES LANGUES PARLÉES
LORS D'UNE RÉUNION D'AFFAIRES

	Niveau de langue		
Locuteurs	Japonais	Anglais	Chinois
Manager de division (multinationale japonaise)	Maternelle	Courant	Élémentaire
Manager régional (multinationale taïwanaise)	Élémentaire	Moyen	Maternelle
Représentant du pays stationné au japon (multinationale taïwanaise)	Courant	Élémentaire	Maternelle

Source : Babcock et Du-Babcock (2001).

Il faut aussi considérer que la maîtrise verbale d'une langue – notamment lorsque vous parlez la même langue maternelle que votre interlocuteur – ne vous exonère pas d'apprendre la manière de convaincre dans un autre monde linguistique ou culturel et de faire attention aux déviations langagières. Trois francophones de régions différentes peuvent parfaitement être en conflit interculturel, comme nous allons le voir dans la section suivante.

Les erreurs dues à la structure profonde de la langue

La structure de l'argumentation

La manière de structurer son argumentation peut constituer une déviation génératrice de dissonance culturelle. Chaque langue – ou groupe de langues – possède une manière de structurer une proposition convaincante. Une manière typiquement occidentale est de donner son idée principale puis d'amener ensuite des éléments de soutien. Une manière plus asiatique sera de dessiner d'abord les éléments de soutien puis, en final, de présenter son point principal. On confond souvent cette différence avec le fait d'avoir une communication directe ou indirecte. Ce n'est pas le cas, les deux formes sont tout aussi directes et incisives – mais de deux manières différentes.

Ron Scollon et Suzanne Wong Scollon, deux spécialistes de la communication en contexte asiatique, illustrent très bien cette différence dans l'extrait suivant (Scollon et Scollon, 1995, p. 2, ma traduction) :

> Dans une réunion entre des gens d'affaires chinois de Hong-Kong et des Nord-Américains anglophones, un des membres chinois du groupe pourrait dire la chose suivante : « Étant donné que notre production est réalisée en Chine à l'heure actuelle, et que la réaction du gouvernement à la rétrocession de 1997 est encore incertaine, et comme je pense qu'une certaine prudence quant à nos investissements en publicité télévisée est de rigueur, à cause du coût [...] donc je suggère que nous reportions notre décision jusqu'à ce que Legco ait pris sa décision. » Les gestionnaires occidentaux s'attendraient plus à un enchaînement comme : « Je suggère que nous reportions notre décision jusqu'à ce que Legco ait pris sa décision. Je pense qu'une certaine prudence quant à nos investissements en publicité télévisée est de rigueur, à cause du coût. De plus, la majorité de notre production est réalisée en Chine à l'heure actuelle, et la réaction du gouvernement à la rétrocession de 1997 est encore incertaine. »

Le résultat de ces stratégies de discours va générer la perception du stéréotype d'un Asiatique « inscrutable » car il est perçu comme inutilement imprécis et vague, et celui d'un Occidental franc et inutilement impoli, voire brutal.

Ce que l'on peut communiquer et de quelle manière

Chaque culture a un certain nombre de règles sur ce qui est considéré comme de la communication, sur ce qui peut être dit ou non, et dans quel style cela peut être dit. L'ethnographe de la communication Donal Carbaugh (Carbaugh, 1988) a étudié en profondeur les règles culturelles du discours américain (États-Unis) en visionnant et en analysant plus d'une année de « talk show » aux États-Unis. Parmi les règles culturelles du discours américain qu'il dégage, deux sont particulièrement utiles pour comprendre la culture communicationnelle américaine :

–   Les individus ont le droit fondamental d'exprimer à peu près n'importe quelle opinion, ce qui est une forme d'expression de leurs droits fondamentaux d'individu.

–   Un locuteur n'a pas le droit d'étendre son opinion au delà de sa propre personne, et de violer le droit des autres à leur propre opinion en essayant d'imposer son opinion aux autres.

Ces règles se retrouvent bien au delà des émissions de talk-show, et imprègnent beaucoup la culture communicationnelle américaine. Lorsque quelqu'un émet une critique à un projet ou une idée aux États-Unis, le présentateur répond souvent « Your point is very well taken » et tend à ne pas alimenter le débat. Il s'agit ici d'une manière d'accepter le point de vue de l'autre tout en défendant le sien. Les deux ont le droit de dire ce qu'ils veulent et ne doivent surtout pas commencer à essayer de convaincre l'autre.

Dans la formation, l'une des techniques traditionnelles aux États-Unis est de demander leurs opinions aux participants, de noter leurs idées sur un bloc de conférence – « flip chart » – ou un tableau, de structurer un peu les idées et de produire cela comme la connaissance à retenir. Tout le monde serait choqué si l'intervenant se mettait à exprimer ce qu'il faut savoir et rejetait les idées des autres. On est obligé d'accepter les idées des autres, mais on va par contre faire un choix entre les idées à mettre en place en utilisant un critère dit objectif. Le critère est souvent exprimé comme une mesure (coûts de mise en place, rapidité de déploiement) ou comme une préférence de groupe (par le système de vote en commun).

Dans ce contexte, le débat contradictoire qui sous-tend beaucoup d'autres cultures communicationnelles tend à être vu comme choquant, du fait de la tendance à vouloir imposer des idées aux autres. Les Français, si friands de ce genre d'exercice, sont en général très frustrés de l'absence de répondant venant de leurs partenaires américains, et ne se rendent pas compte que leur tentative de convaincre de cette manière est vouée à l'échec. De l'autre côté, le locuteur américain oublie aussi qu'il peut parfaitement montrer sa compétence de manière beaucoup plus forte, et oublie qu'il s'agit beaucoup d'un jeu rhétorique qui a une importance symbolique, quels que soient les choix finaux qui seront faits lors de la rencontre.

Les trois cultures d'une réunion

Il existe aussi des lieux pour convaincre, qui peuvent être culturellement relatifs. Le lieu le plus traditionnel est la réunion, et *a priori* il semble que le rôle d'une réunion soit assez clair. Mais, là encore, si la réunion est un objet connu, ce qui s'y déroule peut être parfois déroutant. On peut définir rapidement trois cultures de la réunion, trois visions de ce qui est censé se dérouler lorsque des gens se rencontrent en face à face pendant un certain temps.

La première vision est la réunion comme lieu de décision et de résolution de problèmes. Dans ce cas-ci, la rencontre a tendance à se dérouler selon un agenda assez strict, avec une discussion point par point, des décisions prises en commun et fermement appliquées par la suite. L'objectif est qu'à la sortie de la réunion des décisions aient été prises et qu'elles puissent être appliquées immédiatement ou que des problèmes aient été résolus et qu'une chaîne de responsabilité ait été définie. Nous retrouvons ici « l'approche de résolution de problèmes » décrite dans le chapitre II.3 sur la négociation.

Une deuxième vision de la réunion est qu'il s'agit d'un lieu de débat et d'un forum d'expression d'idées. Dans ce cas-ci, il y aura aussi souvent un agenda fixé à l'avance, mais il a moins de valeur contraignante et peut même être uniquement rituel. La rencontre est un lieu de combat d'idées et d'opinions, où les propositions faites et les solutions trouvées ne sont qu'une hypothèse parmi d'autres. Ce genre de réunion est fréquente dans les cultures où l'oralité est très forte et où il faut s'exprimer pour exister dans l'organisation. La prise de parole n'est pas toujours pour apporter une solution, mais pour s'exprimer sur le sujet. L'objectif de la réunion est d'avoir pu exprimer des idées dans un forum, ou tester des idées, et avoir pris des décisions qui parfois ne seront pas appliquées du tout, le lieu de décision finale n'étant pas toujours la réunion qui vient de se dérouler. Il est alors fréquent de voir le compte-rendu d'une réunion qui en fait n'a rien à voir avec ce qui s'y est dit.

Une troisième culture de la réunion est celle où la rencontre est une manière rituelle d'officialiser des décisions qui sont en réalité déjà prises à 90 %. La présence des responsables officiels est nécessaire afin que personne ne puisse dire qu'il n'a pas été tenu au courant, mais en fait il n'y a pas de problème à résoudre. Il serait donc tout à fait déplacé de commencer à négocier ou à discuter dans un tel forum car ce n'est tout simplement ni le lieu ni le moment adéquat pour le faire. Dans certains cas, il se peut que la réunion se termine alors que tous les points n'ont pas été officialisés, et que certaines questions ouvertes (donc encore à négocier) n'aient pas été abordées. Il arrive alors que les décisions soient prises après la réunion officielle, souvent dans un contexte un peu moins formel, autour d'un grand dîner par exemple. Cependant, ces décisions sont encore sous le couvert symbolique de la réunion qui vient de se terminer, et ont donc tout autant de valeur que si les discussions avaient eu lieu lors de la réunion proprement dite.

Les erreurs dues à la culture du moyen de communication

Il existe aussi une culture du canal de communication qui reflète un certain nombre de préférences et d'attentes culturelles. Il est intéressant d'appliquer au sein d'une entreprise internationale une analyse des préférences de chacun pour un moyen de communication particulier.

Le face-à-face reste un moyen essentiel de communication des informations et de la relation. Même les équipes virtuelles ne fonctionnent efficacement que si les membres se rencontrent périodiquement face à face. Il y a quelque chose d'important dans la possibilité de se parler tout en étant présent physiquement. La prééminence de l'oral se retrouve aussi beaucoup dans la communication téléphonique (prise au sens large, la parole peut être transmise par un opérateur téléphonique classique ou par les nouveaux opérateurs Internet sous toutes leurs formes) où la communication est synchrone, mais il n'y a pas de possibilité de retour d'information par le non-verbal. La communication écrite joue aussi un rôle essentiel, souvent de manière asynchrone avec le courrier électronique et le courrier classique. Des formes métissées apparaissent où l'écrit peut devenir relativement synchrone avec l'apparition des messageries instantanées au sein des entreprises (et non pas uniquement dans leur forme de clavardage (*chat*) entre amis).

Mais, même si toutes ces formes existent et sont théoriquement utilisables de manière efficace par tous, il reste de grandes différences quant aux préférences pour certains types de médias. Gérer au sein d'une entreprise multinationale rend nécessaire une utilisation riche et ciblée des médias de communication et il faut se rendre compte qu'elles ne sont pas toujours aussi efficaces d'un environnement à l'autre.

L'omniprésence du courriel (courrier électronique) dans les flux de communication actuels nous fait parfois oublier que ce mode de communication n'est pas valorisé partout de la même manière. Tout d'abord, recevoir un courriel vous oblige-t-il à y répondre ou non ? Est-ce un outil noble de communication ou un outil accessoire pour informer les gens qui seraient éventuellement intéressés par l'information, de la même manière qu'un message affiché sur un mur, mais qu'en fait personne n'utilise de manière sérieuse pour discuter de choses sérieuses ?

Dans les filiales scandinaves d'un grand groupe industriel, les ingénieurs utilisaient le courrier électronique comme le mode principal pour résoudre des problèmes. Dans le cas d'une panne sur un appareil, on demandait d'abord d'envoyer un message, avec des photos des parties de l'appareil posant problème, et le problème était en général résolu dans les deux heures, sans avoir ni à se parler ni à se déplacer. Téléphoner dans ces cas-là n'était pas très utile car la réponse était en général « envoyez nous un courriel ». Dans leur relation avec leurs collègues sud-américains, cela ne se passait pas tout à fait de la même façon. Les courriels des Scandinaves restaient sans réponse, donc les problèmes n'étaient jamais résolus de manière satisfaisante. Une enquête révéla que, dans beaucoup de filiales d'Amérique latine, le courriel était vu comme un moyen de communication subalterne à ne pas utiliser pour des choses importantes. Si le message était envoyé uniquement par courriel, c'est donc que le problème n'était ni important ni prioritaire. Quelque chose d'important devait impérativement être communiqué par téléphone, quitte à envoyer des informations de suivi par courriel. Le téléphone n'est pas toujours la manière la plus économique de communiquer – notamment lorsque le décalage horaire est important –, mais néanmoins peut rester nécessaire si l'on veut résoudre certaines questions ou établir des liens de coopération au sein d'une équipe.

J'ai aussi vu des cadres européens très choqués de recevoir une information importante par télécopieur. Pour eux le télécopieur était un moyen de communication réservé aux fournisseurs, donc aux personnes peu importantes. Une information importante aurait dû, selon eux, être transmise lors d'une réunion extraordinaire ou par courrier sur papier à en-tête. Les expéditeurs de la missive avaient juste vu le télécopieur comme un moyen économique et rapide de transmettre cette information et furent assez surpris d'apprendre que leur geste avait été mal perçu.

Les erreurs dues aux scénarios culturels pour agir

Malgré l'intégration croissante des marchés internationaux, on note toujours une diversité importante (qui souvent va en croissant) dans les modes de gestion, les structures des organisations, le comportement local des entreprises et la force de travail (Guillen, 2001 ; Guillén, 1994). La gestion au quotidien de la vie dans l'entreprise demande une grande capacité d'adaptation et il existe des modèles nationaux encore très ancrés dans la pratique quotidienne. L'étude menée en Europe par Segalla, Fischer et Sandner (2000) montre que la logique qui guide les décisions en gestion des ressources humaines varie énormément de pays à pays. Leur étude menée auprès de 900 décideurs porte sur des scénarios de prise de décision en matière de recrutement, de promotion, de modes de rémunération et de manières de réduire les effectifs dans cinq pays : Allemagne, Espagne, France, Grande-Bretagne et Italie. Parmi tous ces facteurs, on note des différences fondamentales entre les pays quant au type de décision considéré comme approprié. Certes, deux logiques dominantes existent – celle du marché (décision liée à des indicateurs objectifs de performance) et celle du groupe (décision liée à l'appartenance et à la fidélité au groupe) –, mais chaque pays semble avoir un profil de logiques qui varie en fonction de la décision à prendre. Les décideurs allemands, par exemple, tendraient à avoir une logique de groupe pour le recrutement et la réduction d'effectifs, mais une logique de marché pour la promotion et la rémunération.

Cette diversité se retrouve aussi dans les préférences des employés pour un type de leadership interpersonnel. Certains groupes préfèrent une direction de type accompagnement (*coaching*) alors que d'autres privilégient la direction classique. Quant à la communication interpersonnelle, on peut la vouloir plus ou moins intense, depuis le laïus d'encouragement et l'exhortation (*pep-talk*) jusqu'à la réserve silencieuse. Dans son analyse des préférences de leadership interpersonnel, menée auprès de 17 000 employés d'une multinationale suédoise dans 18 pays, Zander (1997) distingue huit grands types de gestion interpersonnelle le long de ces deux dimensions de communication interpersonnelle (tableau I.3.4).

Tableau I.3.4

PRÉFÉRENCES POUR UN TYPE DE LEADERSHIP INTERPERSONNEL

		Type de leadership interpersonnel	
		Accompagnement (*coaching*)	**Direction**
Intensité du leadership interpersonnel	Haute	**États-Unis et Canada** *Accompagnement avec laïus*	**Espagne (Brésil)** *Direction avec laïus*
		Grande-Bretagne, Australie et Pays-Bas *Accompagnement personnalisé*	**Autriche** *Direction communicative*
	Basse	**Danemark, Norvège et Suède** *Accompagnement avec responsabilisation*	**Philippines** *Direction personnalisée*
		Finlande *Accompagnement silencieux*	**Japon, Allemagne, Suisse, Belgique et France** *Direction avec responsabilisation*

Source : Zander (1997, p. 308).

Dans le premier quadrant privilégiant une approche d'accompagnement et d'animation d'équipe, les employés du groupe nord-américain (États-Unis et Canada) tendent à vouloir que leurs dirigeants communiquent intensivement avec eux afin de les rendre fiers de ce qu'ils font dans leur travail (accompagnement avec laïus motivationnel) alors que le groupe anglo-australien-néerlandais préfère que la communication se fasse à propos de choses personnelles (accompagnement personnalisé), montrant que l'on s'intéresse aux individus. Parmi ceux qui apprécient l'accompagnement d'équipe mais avec une plus faible intensité de leadership interpersonnel, le groupe des pays scandinaves préfère une approche de responsabilisation avec supervision (Accompagnement avec responsabilisation), alors que le groupe finlandais montre une préférence pour une communication plus minimale et supporte assez peu la supervision.

Le troisième quadrant est peu intéressé par l'approche d'accompagnement et préfère une approche classique de supervision et de contrôle avec une haute intensité de communication interpersonnelle avec les leaders. Le groupe d'employés de l'Espagne et du Brésil privilégie une approche interpersonnelle qui les rend fiers de leur travail (direction avec laïus motivationnel), alors que le groupe d'employés autrichiens privilégie au maximum la communication (direction communicative). Le dernier groupe est celui qui préfère la direction plutôt que l'accompagnement, mais avec une approche interpersonnelle plus réduite. Les employés du groupe Japon-Allemagne-Suisse-Belgique-France préfèrent une approche de responsabilisation avec contrôle fréquent des réalisations et comparaison avec les objectifs, mais ils sont peu intéressés par une communication au niveau personnel. Le groupe des Philippines est celui qui tend à préférer une communication plus au niveau personnel pour être encadré (direction personnalisée).

Autant dire que cette complexité est un défi pour appliquer un mode de gestion adéquat dans chaque pays où l'on intervient : effectuer des choses aussi simples que récompenser, réprimander, motiver, renvoyer et recruter nécessite en réalité un très haut niveau de compétence interculturelle à l'échelle globale. Bien sûr, on peut toujours décider de ne pas prendre en compte ces subtilités, mais il faut alors se préparer à la crise et aux conflits.

Les formes coopératives d'internationalisation, comme les alliances et les coentreprises (*joint-venture*), sont le creuset d'une interaction culturelle encore plus complexe, car il est nécessaire de combiner des styles de gestion et d'interaction différents en un ensemble fonctionnel, se nourrissant des différences pour innover tout en évitant les conflits destructeurs. Dans leur étude d'une coentreprise germano-japonaise, Brannen et Salk (2000) montrent comment se forme petit à petit une culture commune de travail, d'une manière relativement imprévisible, mais avec un bricolage progressif de solutions négociées entre les parties. Dans ce type d'organisation, la réussite de la coentreprise dépend de la capacité des membres de l'organisation à adopter une certaine forme de diplomatie, à accepter ses propres limites (comme de rester conscient que l'on ne comprend que 85 % de ce qui se dit, ou que les systèmes de contrôle aux deux sièges sociaux seront forcément divergents) et finalement de la capacité d'innover au niveau des modes de travail et de communication. Par exemple, les équipes allemandes et japonaises de la coentreprise inventèrent progressivement un compromis entre les deux cultures nationales de prise de décision : des réunions plus courtes avec moins de membres concernés, les codirecteurs prenant ensuite plus de liberté au niveau des décisions sans passer par la phase de discussion de groupe et, finalement, un repli vers les codirecteurs de sa propre nationalité lorsqu'un conflit émerge.

L'approche interactionniste prend ici tout son sens, car dans de telles situations il est en général exclu de recourir à une uniformisation complète des modes de gestion, à moins de vouloir prendre le risque de perdre des éléments de valeur et de refuser d'exploiter tout le potentiel de l'alliance. Il est également illusoire de vouloir sélectionner un partenaire en fonction de sa culture organisationnelle ou de sa culture de fonctionnement car, dans la majorité des cas, l'alliance est conclue pour des raisons de technologie, d'accès à de nouveaux marchés et à de nouvelles ressources. Il va donc falloir inventer des manières de travailler ensemble, de convaincre, d'être crédibles et d'obtenir des choses en naviguant à travers les logiques d'action, les types de communication et les modes de résolution de conflits.

Nous sommes ici dans le domaine de la communication symbolique. Les conflits de logique, tels que ceux qui sont analysés par d'Iribarne (1998) et son équipe (logique de l'honneur contre logique du contrat et logique de la communauté), sont souvent dus à un manque de connaissance des répertoires – en d'autre termes, des scénarios et des images à utiliser – pour motiver, obtenir quelque chose, réprimander et récompenser, obtenir des informations. L'approche comparative, notamment celle d'Iribarne (1998 et chapitre précédent), nous permet de comprendre d'où viennent ces logiques, dans quelles valeurs elles sont possiblement ancrées et pourquoi elles sont efficaces dans un environnement donné. L'approche interactionniste serait plutôt de comprendre comment ces logiques peuvent entrer en conflit, comment utiliser de manière « efficace » différents modes de communication qui évitent de rentrer en dissonance avec d'autres types, et comment réussir à créer un métissage entre les modes de communication ancrés dans les différentes logiques.

Bien évidemment, ces logiques et ces scripts culturels peuvent correspondre à des valeurs profondes, mais, encore une fois, si les conflits culturels sont souvent perçus et interprétés comme des conflits de valeur, en fait dans la majorité des cas ils sont dus uniquement à un manque de compétence communicationnelle et à un manque de connaissance des scripts culturels existants. Souvent ce manque de compétence est en fait une méconnaissance complète, car l'enseignement de la gestion et de la communication interculturelle reste encore l'exception, tant est forte l'illusion de l'efficacité universelle des méthodes de gestion et de négociation au sein des entreprises. Cette illusion peut rendre l'acquisition d'une entreprise étrangère assez douloureuse, même pour des équipes aguerries (encadré I.3.3).

Le développement de la compétence interculturelle passe par une maîtrise des éléments profonds de la langue et de la culture communicationnelle, afin de nous donner la capacité de moduler nos messages en fonction de nos intentions et d'appliquer une certaine force à nos énoncés. Cette compétence est essentiellement acquise de manière expérientielle par notre socialisation culturelle, mais aussi professionnelle. À ce sujet, nous avons tous appris lors de nos premiers emplois que le monde de l'entreprise n'obéissait pas toujours aux mêmes règles que le monde social extérieur. On apprend les ficelles internes, les voies hiérarchiques, les canaux indirects de communication, l'échange formel et informel, ainsi que les règles de ce que l'on peut dire dans l'entreprise. En fait, ce qu'on appelle la culture d'entreprise se résume bien souvent à une série de règles de communication et d'interaction entre les gens.

Il y a aussi des cultures professionnelles de la communication : parler entre vendeurs, parler entre ingénieurs. C'est l'une des raisons pour lesquelles il est souvent difficile de passer d'un monde à l'autre tant pour les gestionnaires que pour les dirigeants d'entreprises. Enfin, viennent également se surimposer les questions de pragmatique de la langue dont nous avons vu qu'elles posaient un défi supplémentaire dans la communication en univers interculturel. Dans la grande majorité des cas, en gestion interculturelle, nous naviguons en pilote automatique, sans nous rendre compte que nos manières de faire, de réagir, de communiquer et de commander peuvent être exercées de façons différentes, avec des styles différents, et de manière bien plus efficace.

Encadré I.3.3

UNE ACQUISITION D'ENTREPRISE CANADO-EUROPÉENNE

Une grande entreprise canadienne a fait l'acquisition il y quelques années d'un concurrent français. L'opération s'est déroulée de manière extrêmement bien coordonnée, au point d'obtenir l'accord de la commission européenne en un délai record.

Très rapidement après la transaction, le mode de gestion de l'intégration a fait la une de la presse française, rapportant un style extrêmement agressif de la part de l'acquéreur, montrant une mauvaise volonté et le refus de négocier de manière correcte avec « les partenaires sociaux », c'est-à-dire notamment les syndicats.

De leur côté les gestionnaires canadiens avaient mis en place des méthodes pour aider au maximum leur collègues, tels qu'organiser des formations à l'entretien en anglais, afin de les préparer pour mieux réussir leurs entretiens de « réembauche ». Désireux de faire avancer rapidement l'intégration afin de limiter l'incertitude, ils ont eu une attitude classique face aux syndicats, c'est-à-dire de fait accompli et plutôt de rapport de confrontation.

Les tensions sont survenues assez rapidement et il y a eu un exode important de cadres supérieurs français, déclarant en général qu'il leur était insupportable de voir se détruire un « fleuron » de l'industrie française. De son côté, la difficulté des relations avec les syndicats a eu l'effet contraire de celui qui était prévu originellement, c'est-à-dire d'allonger la période d'incertitude. Comment deux groupes ayant des intentions positives peuvent-ils se retrouver en conflit aussi rapidement ?

Il y a tout d'abord une vision de ce que représentent les relations de travail, les unes liés aux rapports contractuels (la logique contractuelle dont parle d'Iribarne, 1989) et l'autre plutôt un modèle communautaire et professionnel (la logique de l'honneur dont parle d'Iribarne, 1989).

La vision de ce qu'est un syndicat y est aussi pour quelque chose. Les représentants syndicaux se sont vu traités durement car effectivement, dans un mode anglo-saxon, le syndicat est toujours considéré comme un adversaire à abattre, voire à éviter à tout prix (certains grands groupes de distribution nord-américains sont même soupçonnés de fermer les magasins dans lesquels un syndicat aurait réussi à prendre pied), alors que dans une logique européenne le syndicat est un partenaire à prendre en compte, même à contrecœur, mais à prendre en compte néanmoins. Les attentes au niveau du type de relations à avoir avec la direction sont donc très différentes d'un continent à l'autre. Le ton adopté par les acquéreurs a été particulièrement agressif, ce qui a détoné par rapport aux attentes, et déclenché un cycle d'émotions négatives qui a prolongé considérablement la période de négociation et rendu les décisions beaucoup plus difficiles à prendre.

Les pratiques contre les idéaux : une ouverture pour l'innovation

Dans toutes ces manières de faire, que ce soit dans la négociation, le jeu du statut ou les stratégies de conviction, il faut noter qu'il existe une différence entre « ce qui est », c'est-à-dire les pratiques dominantes de gestion et de communication, et « ce que l'on aimerait qui soit », c'est-à-dire les pratiques telles qu'elles sont désirées ou rêvées par ceux qui travaillent dans les organisations. Les études les plus récentes dans la tradition cartographique, notamment le projet GLOBE (House et autres, 2002 ; House, 1998), prennent cette dimension en compte et mesurent les attitudes et les valeurs au travail en utilisant les deux formulations, et observent une série de différences parfois importantes entre les pratiques et les attentes.

L'expérience de la filiale mexicaine de Danone analysée par d'Iribarne (d'Iribarne, 2002) montre bien que les Mexicains constatent tous que la hiérarchie est très présente dans l'entreprise mexicaine, mais que son exercice est souvent vu comme détestable par les employés. La logique hiérarchique est peut-être efficace et dominante dans de nombreux pays, mais elle n'est pas toujours un bon vecteur de dynamisme et d'innovation. Il faut voir les débats sur la fuite de nombreux jeunes Européens vers les pays anglo-saxons au début de leur carrière pour constater que certaines pratiques de gestion « classiques » sont de plus en plus mal supportées par la nouvelle génération d'employés et de cadres. De plus en plus, les diplômés japonais et chinois choisissent de commencer leur carrière dans une entreprise étrangère car elle leur offre des possibilités d'avancement beaucoup plus rapides.

On peut donc aller à l'encontre des pratiques existantes, mais à condition d'être conscient de l'effet potentiel. Ce qui est contre-productif, c'est de croire qu'une bonne pratique chez soi peut être une bonne pratique ailleurs, ou même de penser qu'une pratique dominante dans un pays est une bonne pratique. L'innovation culturelle peut et doit exister, mais il faut éviter de créer des conflits inattendus.

Décoder l'incompréhensible : un modèle d'analyse de la dissonance culturelle

Bien souvent nous allons dépasser notre champ d'expertise culturelle et il va se passer des choses que nous ne comprenons pas. Quand nous n'arrivons plus à saisir le sens d'un message lors d'une réunion ou d'un échange écrit, la réaction automatique est d'être choqué, exaspéré ou d'attribuer de l'incompétence ou un manque de crédibilité à l'autre. La règle générale, lorsque vous vous sentez heurtés, insultés, ou que vous sentez un malaise que vous n'arrivez pas à bien comprendre, est de chercher d'abord le coupable au niveau de la communication interculturelle.

Plutôt que de parler de chocs de culture, chocs qui sont vus en général comme inévitables et ancrés dans les valeurs des personnes, il vaut mieux parler d'un phénomène de « dissonance culturelle » issu en général d'une dissonance communicationnelle (Irrmann, 2005, 2006). Le modèle présenté ici (figure I.3.1) récapitule les facettes de cette dissonance.

Figure I.3.1
UN MODÈLE DE DISSONANCE INTERCULTURELLE

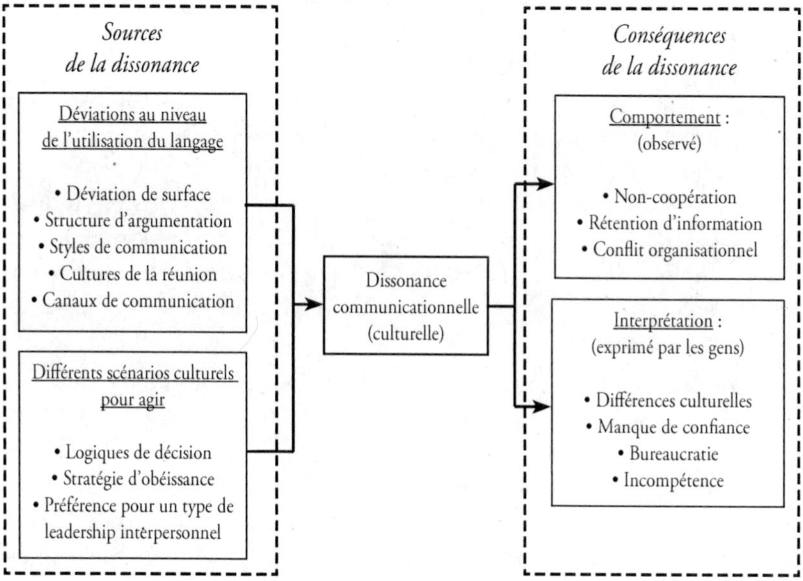

Source : Irrmann (2005, 2006).

La dissonance culturelle peut se matérialiser par les comportements au sein d'une organisation ou entre les organisations, comme nous le décrit la partie droite du modèle (conséquences de la dissonance). Les conflits organisationnels, le manque de confiance entre les personnes et la rétention d'information sont souvent générés par une dissonance communicationnelle. Il est rare que quelqu'un dans une coentreprise puisse être considéré comme absolument non digne de confiance, mais par contre il est fréquent que l'on interprète son style de communication et de gestion comme reflétant une personne à laquelle ne pas faire confiance. Comme nous l'avons vu dans le cas de Ciba-Geigy et Alza, une bonne intention communiquée de la mauvaise manière peut souvent être interprétée de manière négative. Les membres d'une organisation expliquent cette dissonance – ce choc culturel – en l'attribuant à des différences culturelles (pas toujours bien définies) ou à un style bureaucratique ou hiérarchique face auquel il serait inutile de discuter. Il faut donc faire attention de ne pas s'arrêter à la première interprétation venue, car la source de la dissonance doit être trouvée beaucoup plus profondément.

Les sources de la dissonance communicationnelle (partie gauche de la figure) se trouvent donc dans les déviations par rapport à la norme culturelle et langagière que nous avons passées en revue dans les pages précédentes. Les plus faciles à distinguer sont les déviations de surface par rapport au langage : accent, syntaxe, grammaire, fluidité. Entrent ensuite en compte des questions de pragmatique de la langue et de la manière dont on l'utilise pour être convaincant et ne pas heurter les autres lors d'un débat : structure de l'argumentation, manières d'être contradictoire ou pas, canaux de communication préférés. Enfin viennent des éléments de déviation par rapport à la manière dont on utilise la langue pour agir, et les scénarios culturels acceptables d'action. Ces aspects sont souvent vus comme tout simplement des techniques de gestion, mais il ne faut pas oublier qu'elles sont toutes matérialisées par le langage et font donc éminemment partie du monde de la communication.

Lorsque l'on communique avec la mauvaise stratégie d'obéissance, ou un style de communication peu adapté aux préférences locales pour un certain style de leadership, on risque alors de produire une forte dissonance communicationnelle. Ces stratégies sont celles que les gestionnaires ont identifiées comme efficaces au cours de leur éducation, de leur socialisation et de leur apprentissage personnel et professionnel. Rien n'empêche quelqu'un, quelles que soient ses préférences personnelles, d'apprendre à agir selon d'autres modes. Le gestionnaire francophone ou hispanophone peut parfaitement avoir une préférence personnelle pour un mode de débat contradictoire, mais dans un univers scandinave il devra apprendre à communiquer de manière plus feutrée, plus dans une logique de coalition. En réalité, ce que l'on décrit comme une culture différente n'est souvent rien d'autre qu'une manière différente de communiquer.

Mais, finalement, est-ce que tout cela en vaut la peine ? N'est-il pas possible de travailler à l'international en faisant l'économie d'un apprentissage complexe des modes de communication et de gestion. Si l'on y regarde bien, il semble qu'une grande majorité de gestionnaires et de gens d'affaires réalisent des transactions, gèrent et font des profits sans s'embarrasser de compétences interculturelles. Bien sûr, cela est vrai, mais le coût caché des erreurs culturelles non détectées est sans aucun doute faramineux.

Examinons par exemple la mésaventure récente d'un très grand groupe de communication, dont le directeur général a déclenché une dissonance communicationnelle qui lui a coûté près de six millions de dollars de revenu par an et la fin d'une coentreprise vieille de 14 ans avec l'un des leaders chinois de la communication. Le vice-président chinois de la coentreprise, également directeur d'une agence de publicité très importante en Chine, se rendait à Londres afin de discuter avec son collègue britannique des difficultés que rencontrait la coentreprise depuis plusieurs mois. Il y a eu une énorme divergence entre les deux dirigeants quant à la vision de ce qu'est une discussion « franche » face à des problèmes à résoudre. Quelques semaines plus tard, le directeur général chinois prononçait la fin de la coentreprise, vieille de 14 ans, pour s'allier au concurrent direct de son ex-partenaire. Lors d'une entrevue au quotidien britannique *The Financial Times*, le dirigeant chinois déclarait :

> J'ai rencontré beaucoup de gens dans ma vie, mais jamais quelqu'un d'aussi mal poli que [nom du directeur général du groupe britannique]. Je suis allé à Londres pour discuter avec lui de nos problèmes et il s'est conduit avec moi de manière très rude lors de nos discussions. À cause de ce genre d'attitude, nous avons été forcés de stopper toute coopération avec lui. Nous avons cherché à la place un partenaire plus compréhensif avec qui développer le marché chinois.

Les revenus de cette coentreprise ne représentaient qu'un peu plus de 1 % des activités du groupe britannique en Chine, ce qui fait néanmoins la bagatelle de six millions de dollars américains dans un marché se développant de 120 % par an. Une jolie facture pour une erreur de communication.

Mise en contraste : pour et contre l'analyse classique basée sur les valeurs

L'analyse culturelle basée sur la comparaison d'indices de dimensions culturelles – comme celle de Hofstede, 1980 – peut être utile pour étudier et comprendre des phénomènes relativement simples dans une situation bien délimitée, comme l'étude comparée du comportement des hauts dirigeants. Par contre, elle révèle ses faiblesses dès que la situation devient plus complexe et entraîne la coordination de nombreux intervenants, ou quand le phénomène à l'étude touche l'ensemble de l'organisation – en fait chaque fois qu'on analyse un processus au lieu de comparer des situations.

Une analyse plus en profondeur, comme celle qui a été menée par Philippe d'Iribarne et son équipe (1998), nous amène à examiner les sources historiques d'un comportement au sein de l'organisation. L'analyse des logiques d'action est fort intéressante et permet de comparer différents types de fonctionnement et de se rendre compte que les leviers de l'action managériale sont très divers. Cependant, cette analyse historique ne nous permet pas toujours de comprendre le déroulement des actions et, en tout cas, nous rendent difficile la mise en place de systèmes interculturels. Il est intéressant de se pencher sur les cas de Danone au Mexique (d'Iribarne 1998, 2002), où l'on s'aperçoit que le succès de la direction dans la gestion de cette filiale était purement accidentel, et où la bonne recette pour motiver des travailleurs locaux a émergé purement par hasard.

Comprendre les sources historiques et institutionnelles d'une incompréhension (malentendu) culturelle est fort instructif mais nous met dans une logique d'interprétation de la différence. Essayer de comprendre comment se crée la perception de la différence nous met plutôt dans la compréhension de la logique d'action. Par exemple, il est très clair, à la lecture des exemples donnés par Dupuis sur le thème du maudit Français (Dupuis, 2004, 2005), que le recours au stéréotype par les gestionnaires québécois fait toujours suite à une manifestation communicationnelle perçue comme inconvenante, donc dans une situation de dissonance communicationnelle. Le problème initial n'est pas tellement l'existence du stéréotype du maudit Français, mais le fait que la violation d'une convention communicationnelle déclenche une défense symbolique, prenant la forme de l'évocation du stéréotype.

L'EXPÉRIENCE D'UNE ACQUISITION FRANCO-FINLANDAISE

Pour illustrer les limites d'une analyse culturelle basée sur la comparaison de dimensions culturelles et expliciter l'apport d'une approche basée sur la communication et l'interaction, penchons-nous sur le cas réel d'une acquisition d'entreprise franco-finlandaise. L'étude complète et le modèle d'analyse qui en découle sont présentés en détail dans d'autres écrits (Irrmann, 2005, 2006). Ce cas est basé sur une étude en profondeur de l'acquisition par Frantech (nom déguisé), une entreprise française dans le secteur de la ventilation industrielle, de la société finlandaise Fintech (nom déguisé) exploitant une niche particulière et très profitable dans le domaine de la ventilation. L'acquisition permettait à Frantech de consolider ses positions dans un marché en croissance, en acquérant l'un des leaders du marché, et en même temps de consolider une activité qui ne représentait que 10 % de son chiffre d'affaires, mais une part très importante de ses exportations.

Analyse culturelle classique

Une analyse basée sur les dimensions culturelles de Hofstede (1980) permet de faire des hypothèses sur le défi de l'intégration de cette nouvelle unité :

	Distance hiérarchique	Individualisme collectivisme	Contrôle de l'incertitude	Masculinité/ féminité
France	68	71	86	43
Finlande	33	63	59	26

Une première différence sautant aux yeux est l'écart en matière de distance hiérarchique. Dans la littérature sur les styles de gestion, il est assez courant de considérer les entreprises françaises comme hiérarchiques avec un style de commandement paternaliste et les entreprises nordiques (scandinaves) comme ayant une hiérarchie plate et un style très consultatif.

Lawrence et Edwards (2000, p. 42, ma traduction) disent de la gestion française la chose suivante : « La hiérarchie est plus consciente d'elle-même, elle prédomine et il y a peu de mélange entre les rangs et les niveaux de cette hiérarchie. Un employé français qui a un problème sera enclin à le faire passer au niveau supérieur pour sa résolution. » De l'autre côté, Lindell et Arvonen (1997) parlent d'une gestion nordique (incluant la Finlande) ayant « un haut niveau de confiance envers les subordonnés », et qui gère de manière « amicale » tout en « prenant soin des subordonnés ».

Le croisement des dimensions de distance hiérarchique et de contrôle de l'incertitude fait par Hofstede place la France sur le quadrant du modèle de la pyramide et la Finlande sur le modèle de la machine bien huilée, ce qui correspond bien aux types de descriptions faites par d'autres auteurs généralistes parlant de la gestion dans ces pays. On pourrait donc s'attendre à avoir des conflits en ce qui concerne le style de gestion, avec d'un côté un style très hiérarchique et bureaucratisé et, de l'autre, un style de gestion décentralisé et peu hiérarchique.

Le jeu de l'image miroir

Cependant, dans le cas de Fintech et Frantech, nous observons un phénomène extrêmement intéressant, un jeu de miroir quant à l'image projetée du style de gestion. Les employés de Fintech faisaient effectivement état d'une gestion française très bureaucratique, ayant le désir de tout contrôler et refusant de communiquer de manière horizontale. Par contre, chacun des ces employés finlandais se décrivait avec un auto-stéréotype du gestionnaire finlandais étant égalitaire, parlant de manière directe et sans détours et capable de prendre des décisions rapides sans passer par la pyramide hiérarchique, ce que les Français – selon eux – n'étaient pas capables de faire.

Mais les gestionnaires français disaient exactement la même chose de leurs collègues finlandais. Le discours était en général de dire que « nous ici, nous avons une culture de communication horizontale, sans différences hiérarchiques ». En revanche, le problème de coopération entre les unités venait, lui, de l'excessive hiérarchie de l'organisation finlandaise où tout devait passer par le directeur. Les Finlandais étaient décrits comme « extrêmement bureaucratiques ». Plusieurs gestionnaires français se faisaient l'écho de cette remarque : « On voit tout de suite qu'il y a un grand chef, un petit chef et un plus petit chef. Et ils se regardent entre eux avant de communiquer la moindre chose. On ne peut rien obtenir d'eux. »

On voit donc que le jeu de la comparaison des dimensions ne permet que très partiellement de comprendre ce qui va se passer dans la réalité du contact interculturel. Il n'est pas question de dire que ces différences ne joueraient pas un rôle, mais plutôt de constater que la notion de différences culturelles – ou plutôt de différences dans les valeurs au travail, ce que Hofstede (1981) mesure en réalité – est très loin de jouer le rôle prépondérant qu'on lui attribue dans la relation interculturelle de travail.

Analyse des incidents critiques

Dans le cas de Frantech et Fintech, en analysant en profondeur comment les employés des deux entreprises avaient essayé de collaborer avec leurs collègues, les entrevues permettent de retracer la source des difficultés de collaboration et de voir que beaucoup des problèmes perçus viennent en fait d'une incapacité à communiquer efficacement entre groupes. Ce qui est intéressant, c'est que l'étiquette mise sur le problème n'est pas toujours la bonne. Par exemple, l'étiquette de bureaucratie et de distance hiérarchique venait plutôt d'une non-compréhension de la bonne manière de convaincre l'autre.

De nombreuses réunions s'étaient déroulées dans une atmosphère tendue car les deux côtés utilisaient en toute bonne foi leurs propres modes de conviction. Les équipes françaises utilisaient une stratégie communicationnelle où la parole joue un rôle important. On exprime le déroulement de sa pensée, on interrompt son interlocuteur pour montrer que l'on s'y intéresse, et le silence est une marque de danger. La culture de la réunion est celle où l'on affiche ses idées et sa prestance communicationnelle, où le combat rhétorique est le but du jeu. Les équipes finlandaises, elles, utilisaient une stratégie communicationnelle où l'on exprime seulement le résultat de sa réflexion – donc on ne dit quelque chose que si on le pense vraiment –, où il est absolument interdit d'interrompre son interlocuteur et où le silence est une marque d'intérêt et de respect de l'autre. La culture de la réunion est celle de la mise en commun d'idées, mais surtout de solutions, qui une fois prises sont mises en place très rapidement. Le statut de la personne ne joue aucun rôle dans ces discussions et la discussion ne peut pas être une joute oratoire.

Dans ces conditions, l'attitude verbale très « dominatrice » des Français était vue comme la preuve d'un autoritarisme insupportable pour les Finlandais et la preuve que l'on ne voulait pas les écouter. De l'autre côté, les équipes françaises considéraient l'attitude « passive » de leurs collègues comme la preuve d'un immobilisme ne pouvant venir que d'un système très bureaucratique. Cette perception était renforcée par l'impression que l'on ne pouvait jamais « discuter » des solutions car, une fois que la décision était prise, elle était appliquée de manière inflexible.

Les conséquences stratégiques de la dissonance communicationnelle

Dans le cas Fintech-Frantech, la mauvaise qualité de la communication entre les groupes a résulté en une intégration très faible entre les activités des deux groupes. Alors qu'une analyse stratégique montrait que certaines activités gérées depuis la France avaient tout intérêt à rejoindre celles beaucoup plus importantes de l'unité finlandaise, les équipes sont restées en place chacune de leur côté, sans profiter d'aucun effet de synergie, et incapables d'échanger de l'information sur les marchés et sur les techniques. Le plan d'intégration avait donc échoué à cause d'un manque de compétence communicationnelle des deux côtés. Du fait de sa situation géographique périphérique et de sa langue maîtrisée par peu de monde, l'unité finlandaise ne pouvait pas être soumise à la solution de facilité classique, qui serait de renvoyer l'équipe de direction en place et de la remplacer par des troupes venues du siège. Le *statu quo* a donc été maintenu, avec une gestion distante et une collaboration très faible, à la grande frustration des deux côtés qui voyaient bien les avantages d'une collaboration, mais qui ne pouvaient jamais s'entendre sur des moyens d'actions communs. Il ne s'agissait donc pas d'un problème de différences culturelles, mais bien d'un problème d'interaction culturelle.

Conclusions

Gérer en contexte interculturel est beaucoup plus complexe qu'un exercice de cartographie culturelle comparée. La comparaison des valeurs au travail, ainsi que la compréhension des grandes logiques d'action, est un bon exercice de départ pour comprendre le fonctionnement des organisations et les modes de gestion dans différents univers culturels. Mais le grand défi reste celui de naviguer à travers ces modes d'action et d'apprendre à communiquer, à motiver et à convaincre à travers les univers culturels. Pour cela, il faut se pencher sur l'interaction culturelle, celle qui reflète la réalité du travail en contexte interculturel et international dans le monde des affaires et des organisations. Nous avons vu comment la communication et l'utilisation du langage jouaient un rôle prépondérant lors de cette interaction.

En définitive, dans de nombreux cas, la distance culturelle dont on nous parle n'est sans doute rien d'autre qu'une incapacité de communiquer efficacement ses idées. En faisant une analyse approfondie des difficultés qui surviennent lors des alliances et des fusions internationales, on s'aperçoit qu'en aucun cas les gestionnaires concernés d'un côté comme de l'autre n'expriment de mauvaise volonté ni de volonté de nuire à leurs collègues. Par contre, c'est souvent ce qui est perçu par la contrepartie. Les intentions sont les mêmes, collaborer et travailler ensemble, mais le résultat est fait de défiances réciproques. Les grands types de dissonance dont nous avons parlé ainsi que leurs sources peuvent nous aider à déminer de nombreuses situations similaires. Parler de dissonances plutôt que de différences culturelles est un des moyens d'avancer dans notre compréhension et notre maîtrise de l'interculturel.

Une métaphore finale qui peut bien illustrer la question de la compétence interculturelle est celle de la conduite d'une automobile. Savoir conduire une voiture en Allemagne ne vous aide pas à la conduire en France ou aux États-Unis. Au delà de la maîtrise du véhicule, ce qui régit une circulation harmonieuse ce sont les attentes comportementales par rapport aux autres, les règles de croisement de véhicules (source numéro un d'accidents entre culture de la conduite germanique et culture de la conduite latine) et les règles tacites de comportement. Tous les conducteurs locaux savent qu'à New York ou Palerme un feu vert (un feu de circulation) ne vous protège pas forcément et vous pouvez vous attendre à voir déboucher un taxi devant vous même si vous aviez le feu vert depuis 30 secondes. S'attendre aux mêmes règles qu'à Stockholm vous prépare à l'accident. De même, dans les auto-écoles (écoles de conduite), on apprend partout à se croiser autour d'un carrefour en imaginant le point central au croisement. Mais, dans certains pays, on vous apprend qu'il faut dépasser le point et tourner ensuite à gauche, alors que dans d'autres on vous apprend à tourner devant le point central. Les deux règles vous permettent de vous croiser harmonieusement, mais à la condition que les deux automobilistes partagent la même règle. Mettez un conducteur américain (croisement avant le point central) et un conducteur latin (croisement après le point central) en face l'un de l'autre et vous vous garantissez un accident.

De la même manière, apprendre des techniques de base de gestion vous permet de manœuvrer un véhicule. L'essentiel est de pouvoir gérer l'équilibre avec les autres acteurs de l'organisation (les autres véhicules), vos collègues, vos clients, vos concurrents, vos contacts, vos clients potentiels. Ce qui est important, c'est de développer une capacité d'interaction, de savoir juger quand il faut changer vos stratégies de communication afin de convaincre, d'être crédible, de vous faire obéir ou d'obtenir un service. Consulter des cartes (comparer des dimensions culturelles) peut être utile pour trouver son chemin, mais le moment de vérité est de rentrer dans le véhicule culturel et de le conduire. C'est vraiment là que l'on se rend compte qu'interagir est plus difficile que de se comparer. La capacité de communication pragmatique représente une habileté de conduite dans des univers culturels et communicationnels différents. Il n'est guère possible d'apprendre tous les scripts culturels existant dans l'espace des affaires, par contre il est possible de développer sa capacité communicationnelle, donc sa capacité interactionniste, afin d'évoluer au mieux en situation interculturelle... et de conduire sans accidents graves dans la majorité des villes organisationnelles du monde.

RÉFÉRENCES

Adler, N. J., et J. L. Graham, « Cross-cultural interaction : the international comparison fallacy », *Journal of International Business Studies*, 20 : 515-537, 1989.

Angelmar, R. et L.W. Stern, « Development of a Content Analysis Scheme for Analysis of Bargaining Communication in Marketing », *Journal of Marketing*, vol. 43, n. Fall, p. 69-75, 1978.

Babcock, R. D., et B. Du-Babcock, « Language-based Communication Zones in International Business Communication », *Journal of Business Communication*, 38 (4) : 372-412, 2001.

Brannen, M. Y., et J. E. Salk, « Partnering across borders : Negotiating organizational culture in a German-Japanese joint venture », *Human Relations*, 53 (4) : 451, 2000.

Carbaugh, D., *Talking American : Cultural Discourses on Donahue*, Norwood, NJ, Ablex Publishing Corporation, 1988.

Child, J., « Trust – the fundamental bond in global collaboration », *Organizational Dynamics*, 29 (4) : 274, 2001.

Crick, D., « An investigation into SMEs' use of languages in their export operations », *International Journal of Entrepreneurial Behaviour and Research*, 5 (1) : 19, 1999.

Datta, D. K., et G. Puia, « Cross-border acquisitions : An examination of the influence of relatedness », *Management International Review (MIR)*, 35 (4) : 337, 1995.

d'Iribarne, P., *La Logique de l'honneur. Gestion des entreprises et traditions nationales*, Paris, Seuil, 1989.

d'Iribarne, P., « Comment s'accorder : une rencontre franco-suédoise », dans P. d'Iribarne, A. Henry, J.-P. Segal, S. Chevrier et T. Globokar (dir.), *Cultures et mondialisation : gérer par-delà les frontières*, Paris, Seuil, 1998.

d'Iribarne, P., « Motivating workers in emerging countries : universal tools and local adaptations », *Journal of Organizational Behavior*, 23 (3) : 243-256, 2002.

Doz, Y. L., « The evolution of cooperation in strategic alliances : Initial conditions or learning processes ? », *Strategic Management Journal*, 17 (7) : 55, 1996.

Dupuis, J.-P., « La gestion québécoise à la lumière des études comparative », *Recherches sociographiques*, XLIII (1) : 183-205, 2002.

Dupuis, J.-P., « Être un "maudit Français" en gestion au Québec. Un portrait et une interprétation », *Cahiers de recherche HEC Montréal*, 04-03 : 1-47, 2004.

Dupuis, J.-P., « Être un "maudit Français" en gestion au Québec », *Gérer et comprendre*, 81 (septembre) : 51-61, 2005.

Globokar, Tatjana, « Intercultural Management in Eastern Europe : an empirical study of a French-Slovenian Plant », *International Studies of Management and Organization*, 26 (3) : 47-59, 1996.

Graham, J. L., « Cross-cultural marketing negotiations : a laboratory experiment », *Marketing Science*, (4) : 130-146, 1985.

Graham, J. L., « Vis-à-vis International Business Negotiations », dans G. Pervez et J.-C. Usunier (ed.), *International Business Negotiations*, Pergamon 1996.

Graham, J. L., A. T. Mintu et W. Rodgers, « Explorations of negotiation behaviors in ten foreign cultures using a model developed in the United States », *Management Science*, 40 (72-95), 1994.

Guillén, M. F., « Is Globalization Civilizing, Destructive or Feeble ? A Critique of Five Key Debates in The », *Annual Review of Sociology*, 27 (1) : 235, 2001.

Guillén, M. F., *Models of Management : Work, Authority, and Organization in a Comparative Perspective*, Chicago, The University of Chicago Press, 1994.

Hofstede, G., *Culture's Consequences : International Differences in Work-Related Values*, Beverly Hills, Sage Publications, 1980.

Hofstede, G., C. A. Van Deusen, C. B. Mueller, T. A. Charles et The Business Goal Network, « What Goals do Business Leaders Pursue ? A Study in Fifteen Countries », *Journal of International Business Studies*, 33 (4) : 785-803, 2002.

House, R., M. Javidan, P. Hanges et P. Dorfman, « Understanding cultures and implicit leadership theories across the globe : an introduction to project GLOBE », *Journal of World Business*, 37 (1) : 3-10, 2002.

House, R. J., « A brief history of GLOBE », *Journal of Managerial Psychology*, 13 (3/4) : 230, 1998.

Irrmann, O., « Intercultural Business Interaction : French-Finnish aspects », dans M. Lauristin et L. Rahnu (ed.), *Intercultural communication and changing national identities*, Tartu, Tartu University Press and Nordic Network for Intercultural Communication, 1999.

Irrmann, O., « Communication Dissonnance and Pragmatic Failures in Strategic Processes : The Case of Cross-Border Acquisitions », dans G. Szulanski, J. Porac et Y. Doz (ed.), *Advances in Strategic Management*, vol. 22, 251-267, NY, JAI Elsevier Science, 2005.

Irrmann, O., *Intercultural Communication and the Implementation of Cross-Border Acquisitions*, Helsinki, Helsinki School of Economics Press, 2006.

Jaworski, A. (ed.)., *Silence : Interdisciplinary Perspectives*, Berlin, Mouton de Gruyter, 1997.

Lawrence, P., et V. Edwards, *Management in Western Europe*, London, MacMillan Press, 2000.

Lindell, M., et J. Arvonen, « The Nordic Management Style in a European Context », *International Studies of Management and Organization*, 26 (3) : 73-91, 1997.

Mintzberg, H., *The Nature of Managerial Work*, New York, Harper & Row, 1973.

Mintzberg, H., « The manager's job : folklore and fact », *Harvard Business Review*, 53 (4) : 49, 1975.

Morosini, P., S. Shane et H. Singh, « National cultural distance and cross-border acquisition performance », *Journal of International Business Studies*, 29 (1) : 137-158, 1998.

Neu, J., et J. L. Graham, « A new methodological approach to the study of interpersonal influence tactics : A "test drive" of a behavioral scheme », *Journal of Business Research*, 29 (2) : 131-144, février 1994.

Schwartz, S. H., « Universals in the content and structure of values : Theoretical advances and empirical tests in 20 countries », dans M. P. Zanna (dir.), *Advances in experimental social psychology*, San Diego, Academic Press, 1992.

Scollon, R., et S. W. Scollon, *Intercultural Communication*, Oxford-Cambridge, Blackwell, 1995.

Segal, J.-P., « Les pièges du management interculturel : une aventure franco-québécoise », *Gestion*, 16 (1) : 17-25, 1991.

Segal, J.-P., « Le frère déplace le frère. Un épisode de la vie d'une usine québécoise », dans P. d'Iribarne, A. Henry, J.-P. Segal, S. Chevrier et T. Globokar (dir.), *Cultures et mondialisation : gérer par-delà les frontières*, Paris, Seuil, 1998.

Segalla, M., L. Fischer et K. Sandner, « Making Cross-cultural Research Relevant to European Corporate Integration : Old Problem-New Approach », *European Management Journal*, 18 (1) : 38-51, 2000.

Sullivan, J., et S. Taylor, « A cross-cultural test of compliance-gaining theory », *Management Communication Quarterly*, 5 (2) : 220-239, 1991.

Sullivan, J. J., T. L. Albrecht et S. Taylor, « Process, Organizational, Relational, and Personal Determinants of Managerial Compliance-gaining », *Journal of Business Communication*, 27 (4) : 331, 1990.

Tannen, D., et M. Saville-Troike (ed.), *Perspectives on Silence*, Norwood, Ablex, 1985.

Tengblad, S., « Time and space in managerial work », *Scandinavian Journal of Management*, 18 (4) : 543-565, 2002.

Thomas, J., « Cross-Cultural Pragmatic Failure », *Applied Linguistics*, 4 : 91-112, 1983.

Trompenaars, F., *Riding the waves of culture*, London, Nicholas Brealey, 1993.

UNCTAD, *World Investment Report 2005 : Transnational Corporations and the Internationalization of R&D*, New York and Geneva, United Nations, 2005.

Usunier, J.-C., « Cultural Aspects of International Business Negotiations », dans P. Ghauri et J.-C. Usunier (ed.), *International Business Negotiations*, Pergamon, 1996a.

Usunier, J.-C., *Marketing across Cultures* (3rd ed.), Pearson Education (Prentice Hall / Financial Times), 1996b.

Very, P., R. Calori et M. Lubatkin, « An Investigation of National and Organizational Cultural Influences in Recent European Mergers », dans P. Shrivastava, A. Huff et J. Dutton (ed.), *Advances in Strategic Management*, 323-343, London, JAI Press, 1993.

Very, P., et M. Lubatkin, « Relative standing and the performance of recently acquired European firms », *Strategic Management Journal*, 18 (8) : 593, 1997.

Very, P., M. Lubatkin et R. Calori, « A cross-national assessment of acculturative stress in recent European mergers », *International Studies of Management and Organization*, 26 (1) : 59-86, 1996.

Zander, L., *The License to Lead – An 18 Country study of the Relationship between Employees' Preferences regarding Interpersonal Leadership and National Culture*, Stockholm, Institute of International Business – IIB – Stockholm School of Economics (published dissertation), 1997.

PARTIE II

PROBLÉMATIQUES

CHAPITRE II.1

CULTURE, ORGANISATION ET STRATÉGIE

Olivier Irrmann[1]

INTRODUCTION

Les entreprises, et de manière plus large toutes les organisations, sont des artefacts culturels comme les autres. Constituées d'une multitude de personnes travaillant ensemble, elles vont refléter leurs valeurs au travail, leur vision de l'efficacité et leur manière d'analyser les problèmes et de les résoudre. Nous sommes donc loin de la vision rationnelle et objective où les formes d'organisation, les modes de gestion et de planification stratégique seraient le fruit d'une activité culturellement neutre. Bien au contraire, les cultures nationales et professionnelles ont une influence extrême sur la manière dont les organisations fonctionnent, sur la manière dont elles sont perçues, sur la manière dont on y évolue, et sur la manière dont on y analyse les problèmes stratégiques. Ce chapitre passe en revue ces influences culturelles sur la manière dont l'activité organisationnelle est perçue et structurée.

Dans un premier temps, la vision de ce qu'est une action de gestion efficace va influencer la vision de ce que représente une organisation. Ces images de l'organisation peuvent aller depuis une vision de système social, défini d'abord par ses participants et leurs relations de pouvoir et de collaboration, jusqu'à une vision d'un système de tâches, défini prioritairement par les définitions de postes, les responsabilités et les règles de

---

1. Olivier Irrmann est professeur adjoint à HEC Montréal (École des hautes études commerciales de Montréal) et détient un doctorat en affaires internationales de la Helsinki School of Economics. Ses recherches portent sur l'influence de la culture et de la communication sur les processus de gestion et de développement international, notamment dans les cas de fusions-acquisitions.

fonctionnement. Cela va se matérialiser dans le type de structure organisationnelle que l'on retrouve dans différentes cultures, qu'elles soient représentées par zones géographiques, souvent l'État ou la région, ou par zones d'activités, le monde de la consultation pouvant parfaitement être considéré comme une aire culturelle différente de celle du monde de l'industrie chimique.

Dans un deuxième temps, nous allons voir comment il existe également des modèles culturels du parcours au sein des organisations, allant de la progression élitiste basée sur le diplôme, jusqu'à la trajectoire basée sur la compétence pratique et ancrée dans un parcours commençant dans l'usine et se terminant au sommet. Le président-directeur général (PDG) ayant commencé comme ouvrier, ou le PDG diplômé d'une école de gestion représentent deux modèles culturels très différents d'accès aux postes de responsabilité et deux façons de bâtir de la crédibilité professionnelle au sein d'une entreprise.

Enfin, la culture va aussi très fortement influencer l'activité du stratégiste à travers les processus de prise de décision : la manière dont on interprète un problème stratégique, les critères utilisés pour analyser la situation et le type de réactions stratégiques et de décisions d'investissement qui sont prises par les gestionnaires. Nous verrons comment quatre entreprises du même secteur peuvent être amenées à utiliser des styles de décision et d'analyse stratégique très différents, alors que leurs défis et leurs clients sont similaires.

CULTURES NATIONALES ET STRUCTURE DES ORGANISATIONS

C'est lors de la formation des premiers gestionnaires internationaux que l'on s'est rendu compte de la grande différence qui existait entre les modèles mentaux d'une gestion efficace chez les gestionnaires venant de différents pays. Dans les années 1970 et 1980, Owen James Stevens et André Laurent, deux professeurs du (alors) tout jeune Institut européen d'administration des affaires (INSEAD), ont jeté les bases de l'analyse comparative des schémas de pensée et des croyances analytiques auprès de gestionnaires européens, asiatiques et nord-américains. Stevens s'était rendu compte que les types de diagnostics et de solutions proposés par ses étudiants à la maîtrise en administration des affaires (MBA) aux études de cas à analyser en cours étaient remarquablement semblables une fois classées par nationalité d'origine. Son collègue André Laurent se heurtait, lui, à l'impossibilité pour les gestionnaires français qu'il formait de comprendre la logique de la structure matricielle, importée des pratiques anglo-saxonnes, et qui imposait d'avoir une double allégeance hiérarchique (Hoecklin, 1995 ; Laurent 1983). Leurs études empiriques, combinées notamment avec les résultats des recherches de Geert Hofstede, permettent de dessiner une carte de l'influence de la culture sur l'organisation, son fonctionnement et les modèles implicites de structure efficace.

La signification de l'organisation en fonction des cultures nationales : un système de tâches ou un système de relations ?

Pour Laurent (1983), les modes de gestion et d'organisation sont la traduction – sous forme de comportement – des croyances implicites qu'ont les gestionnaires à propos de ce qui représenterait une action efficace dans une organisation. En pratique, un mode de gestion n'est pas forcément plus efficace qu'un autre, mais le faisceau de convictions et de croyances qui existe dans un pays particulier va faire que ce mode de gestion va devenir le mode d'action privilégié. André Laurent s'est donc penché sur cette vision de ce que représente une gestion efficace en administrant un questionnaire commun à des centaines de gestionnaires européens, asiatiques et américains. Ses résultats confirment que l'origine nationale des gestionnaires influence considérablement leur vision de ce qu'une gestion efficace devrait être.

La typologie de Laurent (1983) distingue l'organisation sous quatre angles différents, avec des orientations nationales plus ou moins marquées pour un type de vision : l'organisation vue comme un système (a) politique, (b) d'autorité, (c) de formalisation des rôles ou (d) de relations hiérarchiques.

Dans la vision de l'organisation comme système politique, les gestionnaires perçoivent leur activité comme jouant un rôle important dans la société, considèrent la quête de pouvoir comme étant un motivateur essentiel dans l'entreprise et voient la structure organisationnelle comme peu importante. Les gestionnaires français et italiens sont placés très haut dans cette dimension et considèrent donc la quête de pouvoir comme jouant un rôle important dans le fonctionnement de l'entreprise ; ils ne pensent pas que la structure organisationnelle soit une notion si importante. Au contraire, les gestionnaires danois et britanniques considèrent l'atteinte des objectifs comme le critère le plus important et ont une notion claire de la structure organisationnelle (voir les pourcentages d'accord dans la figure II.1.1).

Figure II.1.1
**LA MOTIVATION DES GESTIONNAIRES :
QUÊTE DU POUVOIR OU POURSUITE DES OBJECTIFS ?**

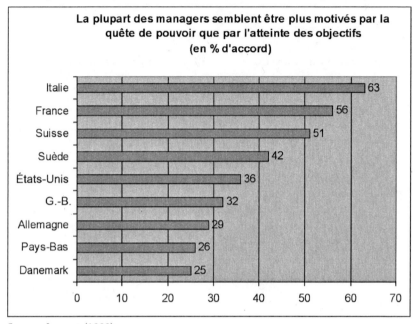

Source : Laurent (1983).

La vision de l'organisation comme système d'autorité regroupe des questions relatives à la structure hiérarchique comme mode de définition des relations d'autorité, à la perception d'une crise de l'autorité dans les organisations et à l'image du gestionnaire comme un négociateur ou pas. Les résultats montrent que les réponses des gestionnaires français, allemands et belges reflètent une conception plus personnelle et plus sociale des relations d'autorité, alors que leurs homologues américains, suisses et allemands, semblent avoir une vision plus rationnelle et instrumentale de l'autorité. Les premiers voient l'autorité dans la personne, alors que les seconds la voient comme un attribut du poste (voir la figure II.1.2).

Figure II.1.2

LA STRUCTURE COMME MIROIR DE L'AUTORITÉ

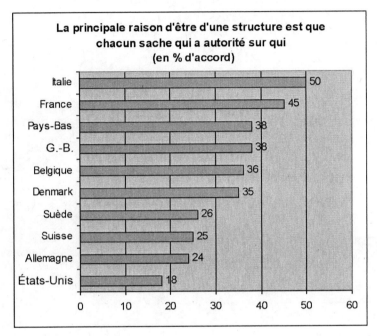

Source : Laurent (1983).

La vision de l'organisation comme système de formalisation des rôles soulève l'importance de définir et de préciser les fonctions et les rôles de chacun dans une organisation. Ceux qui partagent cette vision considèrent que les descriptions de postes et les rôles bien définis facilitent le travail au sein d'une organisation en amenant clarté et efficacité. La figure II.1.3 montre des écarts, un peu plus faibles en amplitude que pour d'autres dimensions, mais qui restent encore considérables.

Figure II.1.3

L'ORGANISATION VUE COMME FORMALISATION DES RÔLES

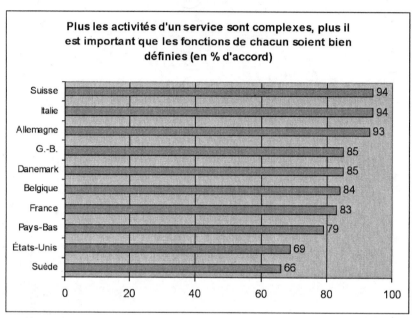

Source : Laurent (1983).

Enfin, la vision de l'organisation comme système de relations hiérarchiques montre des différences importantes quant aux attitudes par rapport aux relations hiérarchiques. Elle illustre la vision des conflits comme acceptables ou non dans l'organisation, la nécessité ou pas pour un gestionnaire de toujours pouvoir donner des réponses précises à toutes les questions de leurs subordonnés et la possibilité de contourner la hiérarchie pour être efficace.

On note des différences très importantes dans cette dimension entre gestionnaires venant d'univers scandinaves et anglo-saxons et ceux venant de l'Europe continentale et latine. Pour les premiers, les relations hiérarchiques sont considérées comme relativement peu contraignantes, elles sont un outil d'organisation du travail comme un autre et peuvent être contournées si nécessaire. Le gestionnaire est vu comme un accompagnateur plutôt qu'un spécialiste et il ne doit donc pas nécessairement avoir réponse à tout (figure II.1.4). Il est aussi considéré comme normal de devoir contourner la ligne hiérarchique pour que le travail se réalise de manière efficace. Par contre, pour les gestionnaires d'Europe continentale et latine, le système de relations hiérarchiques est considéré comme beaucoup plus contraignant. Le gestionnaire est vraiment vu comme un chef et il ne peut pas se permettre de ne pas avoir de réponses aux questions posées par ses subordonnés. Il est aussi beaucoup plus compliqué d'outrepasser ses droits et de contourner sa hiérarchie pour effectuer un travail, une action fortement rejetée par les gestionnaires italiens par exemple (figure II.1.5).

Figure II.1.4
**LE GESTIONNAIRE COMME SPÉCIALISTE
OU COMME ACCOMPAGNATEUR**

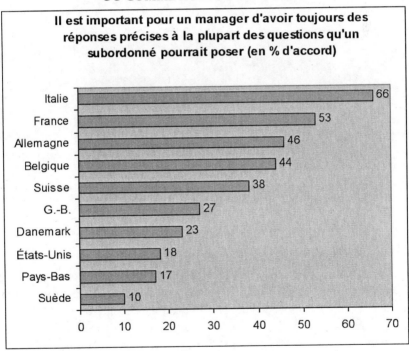

Source : Laurent (1983).

Figure II.1.5

EST-IL ACCEPTABLE DE CONTOURNER LA HIÉRARCHIE DANS UNE ORGANISATION ?

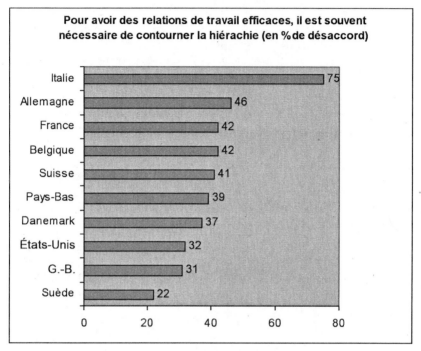

Source : Laurent (1983).

Avec ces quatre modèles d'une action efficace – donc du rôle du gestionnaire compétent –, il devient possible de faire un profil des quatre dimensions pour chacun des pays d'origine des gestionnaires étudiés par Laurent (1983). La moyenne des réponses à toutes les questions de Laurent donne des résultats qui correspondent avec l'une des quatre visions de la vie organisationnelle (voir les figures II.1.6 à II.1.9). Bien évidemment, cela ne représente qu'un idéal type du gestionnaire ancré dans un période particulière. Cet idéal type est néanmoins utile pour comprendre qu'il existe et existera des visions du rôle du gestionnaire et de son comportement face à ses collaborateurs. Quelle que soit l'étiquette nationale, ou professionnelle, ou industrielle que l'on accroche au gestionnaire, l'existence de différences dans la perception de l'action efficace peut créer des dissonances lors de la collaboration.

Figure II.1.6
L'ORGANISATION VUE COMME SYSTÈME POLITIQUE

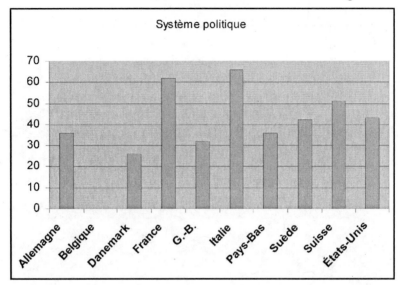

Note : le résultat de la Belgique est absent du fait d'un nombre trop réduit de réponses.
Source : Laurent (1983).

Figure II.1.7
L'ORGANISATION VUE COMME UN SYSTÈME
DE FORMALISATION DES RÔLES

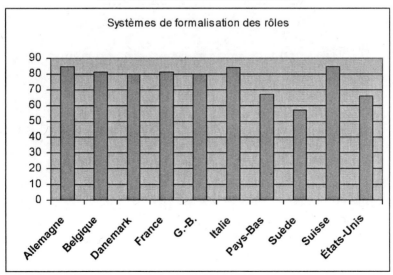

Source : Laurent (1983).

Figure II.1.8

**L'ORGANISATION VUE COMME UN SYSTÈME
DE RELATIONS HIÉRARCHIQUES**

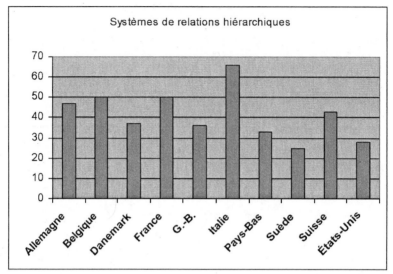

Source : Laurent (1983).

Figure II.1.9

L'ORGANISATION VUE COMME UN SYSTÈME D'AUTORITÉ

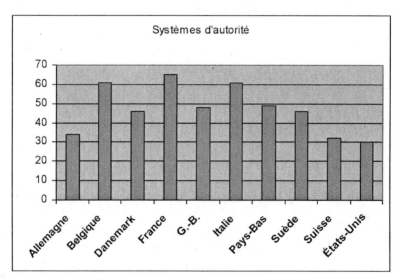

Source : Laurent (1983).

Les deux conceptions de la vie organisationnelle : sociale ou instrumentale

Les quatre types de vision de l'organisation reflètent deux grandes conceptions de la vie organisationnelle : la première est centrée sur les tâches à accomplir, donc une vision **instrumentale**, et la seconde est centrée sur les relations, c'est-à-dire une vision **sociale** (Inzerilli et Laurent, 1983). La même organisation peut donc refléter deux conceptions différentes en fonction de l'origine nationale du gestionnaire.

Pour les gestionnaires venant d'Europe du Nord et du monde anglo-saxon, c'est plutôt la vision instrumentale qui domine, avec les positions hiérarchiques définies en fonction des tâches à accomplir. L'autorité est vue comme ayant une base rationnelle, se limite à la réalisation de la fonction et peut parfaitement être remise en cause. La relation entre supérieur et subordonné est vue uniquement dans sa dimension rationnelle et légale, mais les personnes se voient plutôt dans une relation d'égalité.

Pour les gestionnaires venant d'Europe du Sud, la vision sociale est beaucoup plus forte avec les positions hiérarchiques vues d'abord en matière de statut et de position sociale. L'autorité d'un supérieur peut s'étendre au delà de ses fonctions et ne peut pas être remise en cause sur une base rationnelle. La relation supérieur-subordonné implique une relation inégale avec une idée de supériorité. La subordination est vue comme l'expression de la loyauté par rapport au supérieur hiérarchique.

La manière d'agir dans une entreprise et de résoudre des problèmes organisationnels va donc grandement différer en fonction de la vision que l'on en a, soit sociale, soit instrumentale. Face à un problème à résoudre dans l'entreprise, un gestionnaire français tendra à essayer d'utiliser ses relations personnelles pour obtenir de l'information, ira négocier et discuter personnellement avec ses homologues et cherchera à contacter la personne la plus haut placée dans la hiérarchie afin d'influencer une décision. Un gestionnaire scandinave, par contre, cherchera à identifier la personne en charge d'une tâche précise, quelle que soit sa position hiérarchique et fera confiance à l'organisation pour mener à bien la résolution du problème. On voit que le contact interculturel entre gestionnaires peut rapidement mener à l'incompréhension, tant les modèles d'actions et d'influence sont différents.

Comme illustration, Schneider et Barsoux (1997) nous invitent à imaginer une coentreprise brésilo-suédo-indonésienne. La gestion suédoise ayant peu de considération pour le pouvoir et le statut, mais une forte perception du contrôle sur l'environnement, va probablement se heurter au type de gestion indonésienne, qui, lui, valorise le pouvoir et l'autorité mais ne considère pas pouvoir contrôler l'environnement. Par exemple, les dirigeants suédois vont essayer de déléguer la prise de décision et encourager la responsabilisation de chacun. Mais, face à ce comportement, les gestionnaires brésiliens et indonésiens se demanderont qui est le chef et seront choqués par le fait que le supérieur hiérarchique ne veuille pas prendre de décision. Quant à la responsabilisation, elle sera difficile à faire accepter vu la perception du manque de contrôle par rapport aux évènements. Lors de la prise de décision, les gestionnaires brésiliens seront exaspérés par la lenteur du processus chez les Suédois et les Indonésiens, avec leur recherche du consensus et d'un processus de décision démocratique. Le Brésiliens seront eux-mêmes perçus par leurs partenaires comme impétueux et trop individualistes. Par contre, les trois groupes de gestionnaires ont en commun de considérer les relations comme importantes, d'apprécier un mode de communication informel et de chercher à éviter les conflits.

Les formes d'organisation et la culture nationale : les modèles implicites d'organisation

Le type de structure que l'on retrouve dans une région particulière ne fait en fait que refléter les conceptions que les gestionnaires ont d'une organisation efficace. Ces croyances et ces « certitudes » dont nous venons de parler vont se solidifier dans la vie organisationnelle et générer un type précis d'organisation et de manière d'organiser l'activité.

Ce qui amena Owen James Stevens[2] (voir le début de ce chapitre) à décrire des modèles implicites d'organisation chez ses étudiants britanniques, français et allemands, fut un examen sous forme d'une étude de cas à commenter. L'examen présentait un cas de conflit entre deux chefs de service dans une entreprise et demandait de trouver les sources du problème, mais aussi de proposer une solution. C'est en classant les réponses de 200 copies d'examen par nationalité qu'il se rendit compte que les réponses étaient extrêmement homogènes dans chacun des groupes nationaux (Hoecklin, 1995 ; Hofstede, 2001).

Les étudiants français tendaient à diagnostiquer une négligence de la part du responsable des deux gestionnaires en conflit et proposaient un recours au supérieur de ces deux responsables, afin de régler le conflit et de

---

2. L'histoire de la contribution d'Owen James Stevens est décrite par Geert Hofstede dans son ouvrage sur la culture dans les organisations (Hofstede, 1991) ainsi que dans la deuxième édition de l'ouvrage *Culture's Consequence* (Hofstede, 2001). Owen James Stevens semble n'avoir jamais publié sur ce thème, mais sa contribution intellectuelle et intuitive est ainsi reconnue par Geert Hofstede.

définir des règles précises pour ce type de conflit. Stevens interpréta ce modèle implicite d'organisation comme une pyramide de personnes.

La majorité des étudiants allemands diagnostiquaient plutôt un problème de structure et considéraient que les champs de compétence des deux gestionnaires n'avaient pas été suffisamment bien définis. Leur solution préférée était d'établir des procédures particulières, comme de nommer un consultant, un comité de résolution ou de faire un appel à la hiérarchie. Stevens vit ce modèle implicite comme celui d'une machine bien huilée, où les règles déterminent les activités au jour le jour sans besoin d'action managériale.

La majorité des étudiants britanniques mentionnaient un problème de relations interpersonnelles. Le problème venait selon eux des faibles capacités de négociation des deux gestionnaires ; ils proposaient qu'ils suivent ensemble une formation à la négociation afin d'améliorer leurs capacités individuelles. Stevens interpréta ce modèle d'organisation comme un marché du village, où ce sont les besoins spécifiques de la situation qui déterminent les évènements plutôt que la hiérarchie ou les règles.

Dans son second ouvrage consacré à l'étude de l'influence des valeurs au travail sur les organisations, Hofstede (1991) exploite les appellations développées par Stevens et permet d'extrapoler sa découverte des modèles culturels implicites d'organisation à nombre d'autres nations, grâce au croisement entre deux des quatre dimensions de Hofstede (voir chapitre I.2). En fonction de sa position relative sur les échelles de contrôle de l'incertitude et de distance hiérarchique, chaque pays aurait tendance à privilégier un mode d'organisation particulier avec des formes de contrôle préférées.

La variation dans le contrôle de l'incertitude donne une indication si, dans la nation en question, l'établissement de règles de fonctionnement et la mise en place de règles est apprécié (haut niveau de contrôle de l'incertitude) ou pas (bas niveau). Le croisement avec l'index de distance hiérarchique montre si l'exercice de l'autorité est centralisé (index élevé) et la régulation se fait de manière stricte par la communication et les réseaux, ou si l'autorité est décentralisée avec des employés supposés prendre des responsabilités et formés à prendre en charge le développement de leur propre compétence managériale et à contrôler leur propre rendement.

Les quatre formes de modèles implicites d'organisation proposés par Hofstede (1980, 1991), en fonction de la position sur une grille croisant la dimension de contrôle de l'incertitude avec celle de la distance hiérarchique, sont présentés dans la figure II.1.10.

Figure II.1.10
MODÈLES D'ORGANISATION EN FONCTION DU CONTRÔLE
DE L'INCERTITUDE ET DE LA DISTANCE HIÉRARCHIQUE

		Distance hiérarchique	
		Faible	**Élevée**
Contrôle de l'incertitude	**Faible**	Modèle du MARCHÉ Structures implicites Ex. pays anglo-saxons, Scandinavie, Pays-Bas	Modèle de la FAMILLE Bureaucratie personnelle Ex. Chine, Inde
	Élevé	Modèle de la MACHINE BIEN HUILÉE Bureaucratie du flux de travail Ex. pays germanophones, Finlande, Israël	Modèle de la PYRAMIDE Bureaucratie complète Ex. pays latins, méditerranéens, Japon

Le marché : mode d'organisation typique des pays avec un faible niveau de contrôle de l'incertitude et une faible distance hiérarchique, comme les pays anglo-saxons, les pays scandinaves et les Pays-Bas. Dans ce type d'organisation, chacun est amené à chercher information et collaboration en fonction des besoins de la tâche à accomplir et des capacités de chacun. Il n'y a pas d'ordre hiérarchique strict établi et la collaboration horizontale ainsi que la flexibilité sont privilégiées. La coordination des activités se fait par une communication interpersonnelle et informelle.

La machine bien huilée : mode d'organisation typique des pays à fort niveau de contrôle de l'incertitude, mais à faible distance hiérarchique, comme les pays germanophones, la Finlande, Israël. Dans ce type d'organisation, le recours à la hiérarchie n'est pas nécessaire car les règles et les routines sont bien établies à l'avance, souvent par décision consensuelle, et permettent de faire le travail sans avoir à se soucier d'obtenir autorisation ou accord de la hiérarchie. La compétence technique est l'élément primordial qui détermine le champ des responsabilités de chacun.

La famille : mode d'organisation typique des pays à forte distance hiérarchique mais à faible contrôle de l'incertitude (peu de recours aux règles structurées). Hofstede donne la Chine et l'Inde comme exemples. Ici la supervision est directe, personnelle, avec les échelons les plus élevés de la hiérarchie décidant ce qui doit être fait, de quelle manière et par qui. Les décisions sont centralisées, la gestion est paternaliste et le contrôle social, fort.

La pyramide : mode d'organisation typique des pays ayant à la fois une haute distance hiérarchique et un haut niveau de contrôle de l'incertitude, comme les pays latins (incluant la France), les pays méditerranéens, le Japon et certains pays asiatiques. Ici la hiérarchie se distingue par une structure relativement rigide, donc le règne de la description de poste et du suivi de la ligne hiérarchique pour la prise de décision.

Source : Hofstede (1991 ; 2001, p. 377).

Hofstede (1981, 1991) suggère que les modèles mentaux d'organisation vont se retrouver dans la réalité des structures organisationnelles, avec des types particuliers de mécanismes de coordination, une configuration particulière et une prééminence de certaines parties de l'organisation. En utilisant deux de ses dimensions, Hofstede propose des formes organisationnelles préférées, avec un pays typique pour chacune des formes (voir la figure II.1.11, inspirée des travaux de Mintzberg 1983 : encadré II.1.1). Le modèle du « marché » va produire une organisation de type adhocratie, avec des mécanismes de coordination basés sur un ajustement mutuel et la spécialisation professionnelle devient un critère important, ce qui fait que le personnel spécialisé devient la partie clé de l'entreprise. Dans le modèle de la machine bien huilée, c'est une bureaucratie professionnelle qui va émerger, avec une standardisation des habiletés ; le personnel opérationnel – guidé par les règles et les champs de compétence précis – constitue la partie clé de l'organisation. Dans le modèle de la pyramide, nous risquons de retrouver des formes de bureaucratie traditionnelles, avec la technostructure (ingénieurs, financiers, contrôleurs de gestion) comme clé de voûte de l'organisation et une coordination effectuée par la standardisation des processus de travail. La vie organisationnelle dans le monde de la « famille » génère des structures simples, avec une supervision directe de l'activité par le sommet stratégique de l'entreprise.

Figure II.1.11
CONFIGURATIONS D'ORGANISATION PRÉFÉRÉES

1) Configuration préférée
2) Mécanismes de coordination préférés
3) Partie clé de l'organisation

	Faible		
	1) Adhocracie	1) Structure simple	
	2) Ajustement mutuel	2) Supervision directe	
	3) Personnel de soutien	3) Sommet stratégique	
		1) Forme divisionnelle	
	Grande-Bretagne	2) Standardisation des résultats	**Chine**
	Allemagne	3) Gestionnaires intermédiaires	**France**
		États-Unis	
	1) Bureaucratie professionnelle	1) Bureaucratie traditionnelle	
	2) Standardisation des habiletés	2) Standardisation des processus de travail	
	3) Personnel opérationnel	3) Technostructure	

Contrôle de l'incertitude — Faible (haut) / Élevé (bas)

Élevé   **Distance hiérarchique**   Faible

Source : Hofstede (1991).

Encadré II.1.1

LES TRAVAUX DE MINTZBERG SUR LES STRUCTURES (1983)

La classification présentée en figure II.1.11, et utilisée par Hofstede s'inspire des travaux de Mintzberg (1983) sur les structures organisationnelles.

Mintzberg distingue cinq sous-parties qui composent les organisations : (1) le centre opérationnel (ceux qui effectuent le travail), (2) le sommet hiérarchique (direction générale), (3) la ligne hiérarchique (les gestionnaires intermédiaires), (4) la technostructure (analystes, ingénieurs, ceux qui fournissent les idées pour organiser le travail), et (5) les fonctions de soutien (ceux qui fournissent des services divers au personnel).

L'organisation utilise cinq mécanismes de coordination des activités : (1) l'ajustement mutuel des personnes à travers la communication informelle, (2) la supervision directe par un supérieur hiérarchique, (3) la standardisation des procédés de travail afin de préciser le contenu du travail, (4) la standardisation des résultats qui permet de spécifier les résultats désirés, et (5) la standardisation des qualifications et du savoir qui sont requis pour effectuer le travail.

Mintzberg combine ces composantes et ces mécanismes et distingue cinq configurations types qui permettent de décrire la majorité des organisations :

La structure simple : dans cette configuration, la composante principale est le sommet hiérarchique et le mécanisme de coordination préféré est la supervision directe.

La bureaucratie mécaniste : la technostructure est l'élément clé et la coordination se fait par la standardisation des procédés de travail.

La bureaucratie professionnelle : la partie clé est le centre opérationnel et la coordination s'effectue grâce à la standardisation des qualifications.

La structure divisionnalisée : la ligne hiérarchique forme l'élément central et la coordination est faite par la standardisation des résultats.

L'adhocratie : les postes de soutien et parfois le centre opérationnel sont les parties clés de l'organisation et la coordination s'effectue par un ajustement mutuel.

Culture et parcours professionnels
au sein de l'organisation

Nous venons de voir comment la perception de ce que représente une organisation va avoir une influence sur la manière dont elle est structurée et coordonnée. Cela se reflète dans des modes d'action et d'intervention vus comme efficace, mais également dans la vision de ce qui fait et défait les carrières. Si la culture a une influence sur la forme préférée pour structurer une organisation, elle va aussi générer des critères précis d'embauche et un système particulier d'évaluation, ce qui se retrouve forcément dans les parcours professionnels et l'accent mis sur certains facteurs par les candidats à une promotion.

Laurent (1986) s'est aussi penché sur la perception des critères d'une carrière à succès par ses répondants. Pour les gestionnaires des États-Unis, le critère considéré comme le plus important était « ambition et dynamisme », une lecture pragmatique, individualiste et instrumentale du système d'évaluation des carrières. Pour les gestionnaires français, le critère le plus important était « d'être désigné comme ayant un haut potentiel », une lecture plus politique et sociale de l'évaluation. Les gestionnaires allemands considéraient que la créativité est essentielle pour avoir du succès en carrière, en ligne avec une vision où la compétence professionnelle et la connaissance sont centrales. Les gestionnaires britanniques considéraient que la capacité à donner une bonne image d'eux-mêmes et à être remarqués était essentielle dans l'évolution au sein de l'entreprise. Ces critères perçus de réussite sont la conséquence directe des modèles implicites d'action efficace et de la vie organisationnelle que nous avons analysé dans la première partie de ce chapitre.

Les grands modèles d'évolution de carrière

Il existe par conséquent une culture de l'évolution de carrière et de développement des gestionnaires. Les trajets de carrière sont ancrés dans une trame culturo-historique où chaque région du monde a instauré ses propres modes d'évolution de carrière pour les gestionnaires de haut niveau. Cela est ancré dans les institutions et dans les modes de contrôle du pouvoir économique, politique et social. Ces modes d'évolution restent encore très présents, même si l'évolution des grands groupes transnationaux commence petit à petit à brouiller les logiques nationales.

On peut distinguer quatre grands groupes de traditions culturelles pour le développement des gestionnaires (Evans, Lank et Farquhar, 1990). Paul

Evans, un grand spécialiste de la gestion internationale des ressources humaines, classifie ces modèles en utilisant des stéréotypes nationaux : le modèle latin avec une approche d'élite politique, le modèle anglo-néerlandais avec un développement géré des carrières, le modèle japonais avec sa logique de cohorte d'élite et le modèle germanique avec l'apprentissage dans les filières fonctionnelles. Il faut garder en tête que ces modèles, s'ils sont parfois plus dominants dans certaines zones, peuvent potentiellement tous se retrouver dans n'importe quel pays. Certains de ces modèles de carrière sont aussi typiques de certaines industries (latin pour la consultation, anglo-néerlandais pour la distribution, etc.).

Dans tous ces modes d'évolution, on peut considérer une première phase qui consiste en l'identification des potentiels, suivie d'une phase de développement des potentiels à haut niveau dans des postes de gestionnaires supérieurs et vers des carrières à haut niveau dans l'entreprise (cette typologie est plus adaptée aux grandes entreprises qui ont déjà une structure importante).

Le modèle traditionnel japonais d'évolution des carrières est basé sur une approche de cohorte d'élite. L'identification des potentiels se fait par le recrutement pour des carrières à très long terme d'une cohorte d'employés issus de grandes universités. Le recrutement est donc élitiste, mais une fois dans l'entreprise il y a une égalité des chances car les membres de la cohorte vont passer par une phase d'essai en étant affectés à de nombreux postes et de nombreuses fonctions (y compris plusieurs mois sur une chaîne de montage), en suivant une formation permanente intensive à l'intérieur de l'entreprise. Leur rendement est suivi de manière stricte et régulière, mais durant cette période l'avancement se fait strictement en fonction de l'ancienneté. Cette période dure de cinq à huit années durant laquelle il n'y a pas de sélection, il s'agit d'une période de socialisation et d'essai. Une fois qu'ils sont passés du côté des gestionnaires de haut niveau, l'évolution se fait comme dans un tournoi concurrentiel où les plus performants auront les postes les plus intéressants. La comparaison se fait avec les pairs de la même cohorte, les plus performants étant promus tous les quatre à cinq ans, et les autres au bout d'une période plus longue. Ceux qui obtiennent trop rarement des promotions se voient confiner à des postes subalternes ou sont invités à quitter le groupe pour aller vers des entreprises plus petites. La progression vers le haut se fait dans un esprit multifonctionnel avec peu de gestionnaires supérieurs se spécialisant dans des fonctions techniques.

Figure II.1.12
APPROCHE DE COHORTE D'ÉLITE :
LE MODÈLE À LA JAPONAISE

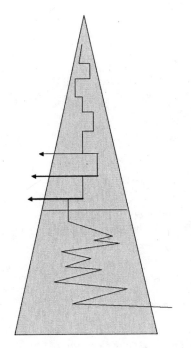

Développement du potentiel :

Tournoi à temps limité

- Inégalité des chances, les bons emplois pour les meilleurs
- 4-5 ans dans un même emploi, 7-8 ans promotion ou sortie
- Comparaison avec les pairs de la cohorte
- Mobilité multifonctionnelle, une minorité dans des fonctions techniques

Identification du potentiel :

Jugement d'essai d'une élite

- Recrutement élitiste de cohorte
- Recrutement pour des carrières à long terme
- Rotations de postes, formation intensive, mentorat
- Suivi régulier de la performance
- Égalité des chances

Source : Evans, Lank et Farquhar (1990).

Le modèle d'évolution latin est, lui, basé sur une vision d'élite politique. Un des éléments les plus marquants de ce modèle est l'entrée directe dans des fonctions de cadres sans essai préalable au sein de fonctions plus modestes. Le recrutement se fait de manière élitiste, sans vision de cohorte, de diplômés issus d'écoles spécialisées qui sont censées sélectionner et former de futurs cadres supérieurs dont les qualités ne seraient plus à prouver (le diplôme est vu comme signe prédictif des qualités de gestionnaires, qu'il soit celui d'une grande école, un MBA, ou un doctorat). L'évolution des carrières se fait sur le mode du tournoi politique. Le processus de promotion est hautement politique et, pour le réussir, il faut créer une visibilité faite d'un mélange d'accomplissements, d'obtention de parrainages de la part de mentors puissants au sein de l'entreprise, et de capacité à lire les signaux politiques et à obtenir les missions les plus valorisantes. Les carrières sont typiquement multifonctionnelles, il y a un mélange de compétition et de collaboration entre pairs. Dans ce jeu carriériste, ceux qui vivent un blocage lors de leur évolution peuvent sortir et rejoindre d'autres groupes à des positions égales ou supérieures. Cela veut aussi dire qu'à tout moment peuvent rentrer dans la course au sommet des « outsiders », des gestionnaires venant de l'extérieur de l'entreprise.

Figure II.1.13

APPROCHE D'ÉLITE POLITIQUE : LE MODÈLE LATIN

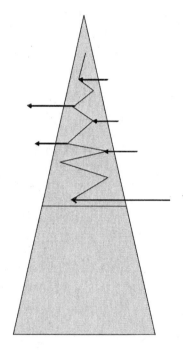

Développement du potentiel :

Tournoi politique

- High fliers
- Compétition et collaboration avec les pairs
- Typiquement multifonctionnels
- Processus politique (accomplissements visibles, obtenir des parrainages, coalition, lire les signaux)
- Si bloqué, sortir et entrer ailleurs
- Le « jeu » carriériste

Identification du potentiel :

Entrée élitiste, sans essai

- Entrée directe aux postes de cadre
- Recrutement au sein d'un réservoir d'élite (pas de cohorte)
- Qualités prédictives
- Issus d'écoles spécialisées dans la sélection et la préparation de futurs cadres dirigeants (grandes écoles, MBA, doctorats scientifiques)

Source : Evans, Lank et Farquhar (1990).

Le modèle dit germanique est celui du développement au sein d'une fonction. La sélection et l'identification initiale des talents se fait par un système d'apprentissage. Le recrutement est effectué annuellement dans les universités et les écoles à vocation technique, sans discrimination entre les profils. Il s'ensuit une période de deux ans sous la forme d'un apprentissage aux activités de base des fonctions de l'entreprise avec une formation à l'interne très intensive et une rotation fréquente dans les postes occupés. Cette période d'apprentissage est celle où l'on va détecter les fonctions dans lesquelles les personnes sont les plus talentueuses et permet l'exposition à l'ensemble des activités de l'entreprise. Il y a quelques recrutements élitistes isolés, principalement auprès de titulaires de doctorats. Le passage aux postes de direction se fait au sein d'une fonction précise (finance, ingénierie, marketing, contrôle) et l'évolution de la carrière est principalement monofonctionnelle et basée sur l'expertise croissante au sein d'une spécialité particulière. Il y a très peu de contacts avec les responsables des autres fonctions, à moins d'accéder au poste de directeur de division ou de membre du comité exécutif.

Figure II.1.14
DÉVELOPPEMENT FONCTIONNEL :
LE MODÈLE GERMANIQUE

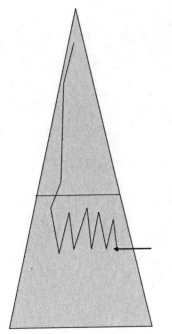

Développement du potentiel :

Échelles fonctionnelles

- Carrières fonctionnelles, relations et communication
- Compétition basée sur l'expertise
- Mobilité multifonctionnelle limitée à quelques recrutements d'élites, ou inexistante
- Peu de contacts multifonctionnels en dessous du niveau de directeur de division ou du comité exécutif (Vorstand)

Identification du potentiel :

Apprentissage

- Recrutement annuel dans les universités et les écoles techniques
- 2 ans d'essai de type apprentissage : rotation de postes à travers la plupart des fonctions, formation intensive, identification du potentiel fonctionnel des personnes et de leurs talents
- Quelques recrutements élitistes, principalement des titulaires de doctorats

Source : Evans, Lank et Farquhar (1990).

Le modèle dit anglo-néerlandais est celui d'une gestion classique du développement de la carrière. L'identification initiale des potentiels se fait de manière peu coordonnée à l'issue d'une période de cinq à sept ans dans une fonction précise au sein de l'entreprise. Le recrutement est peu élitiste, très décentralisé, et l'identification des hauts potentiels se fait par le passage en centre d'évaluation (*assessment center*) et par des indicateurs d'évaluation qui font ressortir des accomplissements particuliers lors d'une mission. Ce modèle se retrouve par exemple dans le monde de la distribution où le début de la carrière se fait au sein d'un point de vente jusqu'à devenir directeur de magasin, un préalable indispensable pour accéder à des postes de responsabilité. C'est après l'accès aux postes de cadres supérieurs que le suivi et le développement se font de manière minutieuse et sont gérés centralement. Des comités de suivi contrôlent minutieusement le rendement des gestionnaires et s'assurent qu'il correspond aux objectifs à moyen et long terme de l'entreprise et du gestionnaire lui-même. Ces organisations accordent une grande importance et un grand pouvoir au personnel en charge du suivi des ressources humaines et du développement organisationnel.

Figure II.1.15
DÉVELOPPEMENT GÉRÉ :
LE MODÈLE ANGLO-NÉERLANDAIS

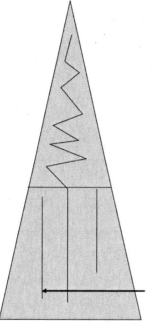

Développement du potentiel :

Développement géré du potentiel

- Suivi et contrôle minutieux des hauts potentiels par des comités de suivi
- Suivi pour aligner la performance et le potentiel avec les objectifs à moyen et long terme et les besoins en développement
- Importance du personnel en charge du développppement organisationnel

Identification du potentiel :

Essai fonctionnel non géré

- Peu de recrutement élitiste
- Recrutement décentralisé pour les postes techniques ou fonctionnels
- 5-7 ans d'essai
- Pas de contrôle central
- Identification des « potentiels internes » par les centres d'évaluation, indicateurs d'évaluation
- Possibilité de recrutement complémentaire de hauts potentiels

Source : Evans, Lank et Farquhar (1990).

Ces cultures de l'évolution de carrière peuvent devenir problématiques dans des grands groupes internationaux, où il devient difficile de combiner les logiques lorsqu'il y a de nombreux transferts de personnel entre les frontières, ou lors d'une fusion-acquisition. Parmi les nombreux problèmes posés par la fusion entre les deux groupes automobiles Daimler et Chrysler, le choc des logiques d'évolution des carrières a créé de nombreux conflits. Les gestionnaires allemands se retrouvaient avec des collègues américains plus jeunes, bien mieux payés, avec un parcours très différent au sein de l'entreprise, ce qui rendait la crédibilité bien plus difficile à transmettre entre les groupes.

L'âge d'entrée dans des fonctions importantes est aussi très différent entre les systèmes. Le système germanique donne accès à des responsabilités seulement au début de la trentaine, alors que le système latin propulse des employés au début de leur vingtaine à des postes importants. Des conflits interpersonnels et quasi intergénérationnels peuvent en découler lorsque les groupes sont en contact.

LES MODÈLES CULTURELS DE LA STRATÉGIE

L'analyse et la planification stratégique sont souvent considérées comme des activités rationnelles et objectives qui permettent, grâce à des outils précis, de se faire une idée de l'environnement concurrentiel, de prendre des décisions d'investissement raisonnées et de diriger le navire organisationnel dans les eaux de la performance. En réalité, la culture va très fortement influencer l'activité du stratégiste à travers les processus de base de la prise de décision. Dans un premier temps, la culture va influencer la manière dont on interprète une question stratégique qui se pose. Dans un second temps, elle influence les critères que l'on utilise pour analyser la situation. Enfin, elle joue aussi un rôle dans le type de réactions stratégiques et de décisions d'investissement qui sont prises par les gestionnaires. Le processus de décision stratégique est donc influencé par la manière dont on surveille l'environnement, sélectionne et interprète l'information et analyse les problèmes stratégiques (voir la figure II.1.16) (Schneider, 1989 ; Schneider et De Meyer, 1991 ; Carr et Harris, 2004). Ce processus est profondément modelé par notre regard (culturel) quant à la relation avec l'environnement et le type de relations qui existe entre personnes.

Figure II.1.16
CULTURE ET STRATÉGIE : FACTEURS INFLUENÇANT LES DÉCISIONS STRATÉGIQUES

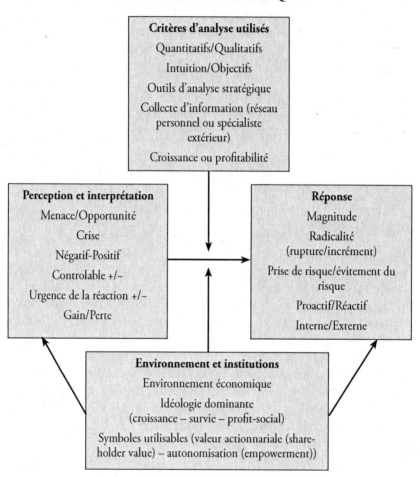

Source : adapté de Carr et Harris (2004) ; Schneider (1989) ; Schneider et De Meyer (1991).

Culture et perception : l'interprétation des problèmes stratégiques

La culture nationale influence tout d'abord l'interprétation des questions stratégiques. Un même problème stratégique pourra être considéré comme une menace ou une opportunité, être vu comme difficile ou facile à résoudre, nécessitant ou pas une réaction rapide, avec une réponse reflétant une certitude (une seule bonne solution) ou une incertitude (plusieurs réponses possibles) (Schneider et De Meyer, 1991). Les dimensions classiques utilisées en analyse culturelle, comme celle de la perception du contrôle sur l'environnement et le contrôle de l'incertitude, vont fortement influencer le regard qu'ont les décideurs sur un évènement particulier.

De manière générale, les gestionnaires venant de pays à fort niveau de contrôle de l'incertitude (par exemple le Japon, la France, l'Italie, l'Espagne, le Portugal) ont tendance à voir une question stratégique comme une menace et non comme une opportunité (Barr et Glynn, 2004). Cette différence d'interprétation va déclencher différents types de réactions. Si le changement dans l'environnement fait percevoir une menace, alors l'entreprise peut être amenée à mettre en place des systèmes de contrôle renforcés, à changer le processus de prise de décision, à limiter ses échanges d'information avec des partenaires extérieurs, à changer son mode d'organisation et à prendre des décisions d'investissement de grande magnitude.

Culture et critères d'analyse utilisés

L'origine nationale va avoir une influence sur les critères utilisés par les gestionnaires et les gestionnaires décideurs. Dans un exercice de simulation de décision stratégique, des gestionnaires coréens et états-uniens furent comparés quant aux critères utilisés dans 30 scénarios leur demandant d'évaluer une cible potentielle dans une acquisition d'entreprise (Hitt et autres, 1997). Les gestionnaires coréens mirent en premier les critères de vente, de parts de marché et d'attractivité de l'industrie, alors que les gestionnaires états-uniens utilisèrent prioritairement le critère de projection de la demande, de retour sur investissement et de valeur actualisée des flux de trésorerie (*discounted cash flow*). Les premiers étaient donc centrés prioritairement sur le critère de croissance de l'activité, reflétant ainsi la priorité établie par le gouvernement coréen d'alors à la croissance de l'économie, et les seconds centrés principalement sur le profit à plus court terme et la valeur pour l'actionnaire, une vision (voire une idéologie) largement promue aux États-Unis.

Le même exercice réalisé avec des décideurs russes et chinois (Hitt et autres, 2004), cette fois-ci avec une décision relative à la sélection d'un partenaire pour une alliance, montre une différence importante entre les deux groupes. Les gestionnaires chinois mettaient plus l'accent que leurs collègues russes sur les capacités managériales des partenaires de l'alliance et sur leurs ressources uniques et intangibles. Cela suggère que les décideurs chinois sont plus orientés vers le long terme et ont des incitations de leur gouvernement pour acquérir les capacités leur permettant de rentrer dans la compétition internationale, alors que les firmes russes sont plus orientées vers la survie et essayent de minimiser les incertitudes du moyen terme.

On observe aussi une grande différence dans le type d'outils utilisés pour prendre une décision stratégique. Certains groupes nationaux privilégient une approche intuitive et plus qualitative (Allemands et Japonais, par exemple), alors que d'autres font confiance principalement à une analyse chiffrée, rationnelle et se voulant objective (États-Unis, Grande-Bretagne).

Culture et réponses aux défis stratégiques

La culture nationale influence aussi les réactions aux défis stratégiques. En réaction à un changement de contexte stratégique (par exemple, la mise en place d'une nouvelle loi menaçant la situation de l'entreprise), la réponse peut être de type externe (allouer des fonds pour faire du lobbying, communiquer avec des personnes d'influence, créer une coalition) ou interne (former et informer les employés, changer l'organisation, investir dans la technologie), et le comportement peut être soit proactif (diversifier, changer les objectifs de profit, agir rapidement), soit réactif.

Dans leur comparaison internationale des réponses aux défis stratégiques, Schneider et de Meyer (1991) trouvent que les gestionnaires venant d'Europe du Sud sont plus à même d'interpréter un problème stratégique comme une menace, voire une crise, et de recommander des réactions impliquant de plus grands investissements en ressources, et qui soient dirigées à la fois vers l'extérieur et vers l'intérieur. Chaque groupement de pays tend à avoir un type de réaction préférée différent.

On remarque aussi une différence dans les formes de contrôle adoptées par les entreprises. Dans les cas des acquisitions d'entreprise, les gestionnaires américains ont tendance à exercer un contrôle plus formel sur les ressources (financières et humaines) donnant la priorité aux intérêts des actionnaires, alors que les gestionnaires français vont avoir une vision plus large des parties prenantes (Calori, Lubatkin et Very, 1994).

Les deux modèles d'analyse stratégique de Schneider

De manière générale, la perception de l'incertitude est vue comme un élément central dans les dimensions culturelles ayant une influence sur l'analyse et la prise de décision stratégique. La dimension contrôle de l'incertitude offerte par la recherche de Hofstede (1980, 1991) est celle qui est communément utilisée dans les enquêtes de terrain.

Les gestionnaires venant de pays d'Europe du Sud et d'Asie (avec un index élevé de contrôle de l'incertitude) auront tendance à percevoir une plus grande incertitude et un moindre contrôle sur l'environnement, ce qui les amène à s'adapter au fur et à mesure des évènements. Ils auront une approche plus intuitive et plus basée sur la collecte d'information venant de leur réseau de relations et de clients. L'intuition et le bon sens seront vus comme les outils les plus utiles.

Les gestionnaires de pays nordiques et anglo-saxons (avec un index plus faible de contrôle de l'incertitude) percevront l'environnement comme moins incertain et plus contrôlable. Cela les amènera à utiliser des outils plus analytiques, faisant largement usage des ratios financiers et des études de marché quantitatives. Ils auront ainsi une approche plus rationnelle et basée sur la collecte impersonnelle d'information. Une approche proactive et analytique est vue comme la plus efficace.

Susan Schneider (Schneider, 1989 ; Schneider et Barsoux, 1997) propose deux grandes visions de l'analyse stratégique qui permettent de discriminer les approches nationales et culturelles de la stratégie. Les deux pôles du contrôle et de l'adaptation permettent de situer un décideur sur un continuum (une échelle) de préférence culturelle pour un type de collecte et d'interprétation de l'information, ainsi que pour une forme de prise de décision et de planification stratégique (tableau II.1.1).

Le modèle du **contrôle** est un modèle centralisé et formalisé. Les décisions sont prises au sommet, avec le recours possible à des experts et des consultants extérieurs, considérés comme des spécialistes de la question. Il y a souvent une unité spécialisée dans la planification stratégique et la collecte de l'information. Les décisions et les avis émanent de ceux qui sont supposés avoir le plus de pouvoir ou de connaissances, donc essentiellement la haute direction. Les critères utilisés doivent être quantitatifs et impersonnels, dans une vision de neutralité et d'objectivité. Malgré ces critères, le processus de décision est souvent vu comme hautement politique, avec des luttes d'intérêts. Une fois la décision prise, elle est communiquée afin d'être exécutée par le reste de l'organisation selon un déroulement strict et contrôlé, avec des mesures de rendement. Cela correspond à une vision de l'environnement comme contrôlable, et une vision du temps monochronique.

Le modèle de **l'adaptation** est au contraire plus décentralisé et informel. La responsabilité est partagée par l'ensemble des participants et la décision est donc vue comme une affaire de groupe. C'est la compétence interne qui est privilégiée et le recours à des consultants externes est plutôt l'exception. Les informations sont collectées auprès d'un large éventail de sources :

clients, partenaires, relations d'affaires, collègues, observations sur des sites extérieurs. Les données sont plus qualitatives et la prise de décision est plus intuitive. Le processus de décision est collaboratif, avec une recherche du consensus. Une fois la décision prise, elle est déjà internalisée par les membres de l'organisation et ne requiert pas de plan précis de mise en place. Cela correspond à une vision de l'environnement comme non contrôlable, et nécessite par conséquent une approche de flexibilité et d'adaptation face aux évènements.

Tableau II.1.1
**LES DEUX VISIONS DE L'ANALYSE
ET DE L'ACTION STRATÉGIQUE**

	Contrôle	**Adaptation**
Veille stratégique	Recherche active	Suivi des évènements
	Ciblée et systématique	Large et sporadique
	Centralisée (service spécialisé)	Décentralisée
Planification	Formalisée (systèmes)	Informelle (discussion)
	Centralisée (au sein d'un département)	Décentralisée
Types et sources d'information	Quantitative	Qualitative
	Objective	Subjective
	Impersonnelle	Personnelle
Interprétation de l'information basée sur	Méthodes et modèles formels (planification stratégique)	Méthodes maison informelles
	Planification par scénarios	Discussion et débat
Personnes impliquées	Sommet de la hiérarchie	À travers l'organisation
	Experts	Employés
Décisions prises	Principalement au sommet	Au contact avec le marché
	De nature politique	Consensuelle
Plans stratégiques et plans d'actions	Clairement définis et articulés	Vagues et implicites
	Explicitement mesurés et récompensés	Vaguement suivis
Horizon temporel	Court terme	Long terme
Plans d'actions	Séquentiels	Simultanés

Source : Schneider et Barsoux (1997).

Une illustration : les décisions stratégiques de quatre entreprises

Le chercheur britannique Simon Harris a consacré plusieurs années à étudier la prise de décision stratégique par des dirigeants et des entrepreneurs dans différents pays. Dans une étude menée au Japon, en Allemagne, en Grande-Bretagne et aux États-Unis, il nous confirme que, même dans une industrie très mondialisée (dans ce cas-ci des composants pour l'industrie du transport), les différences nationales sont encore très marquées, confirmant l'analyse que nous venons de faire sur l'appréciation stratégique et le type de critères utilisés pour analyser la situation (Carr et Harris, 2004).

Une des différences les plus marquantes reste celle des techniques d'analyse financière utilisées lors de la décision. Alors qu'*a priori* ces techniques sont celles qui pourraient être le plus facilement transférées internationalement, il est ironique de constater qu'elles ne sont justement pas acceptées universellement. Les dirigeants des entreprises britanniques et américaines étudiées placent un grand poids dans l'utilisation des techniques financières d'analyse afin de s'assurer que leurs décisions stratégiques seront bénéficiaires pour les actionnaires. L'utilisation des ratios financiers (taux de rendement sur capital investi, taux de rendement de l'actif et valeur actualisée des flux de trésorerie) domine le processus de planification et la décision d'investissement, particulièrement dans l'entreprise britannique.

Les dirigeants des entreprises allemandes et japonaises analysées sont, eux, beaucoup plus portés vers la vision stratégique que vers l'analyse financière qui, même si elle reste présente, joue un rôle de second plan dans le processus de décision. Les dirigeants allemands considèrent d'ailleurs qu'aucune des questions stratégiques importantes ne peut faire l'objet d'une quantification quelconque. Historiquement, l'entreprise japonaise étudiée par Carr et Harris (2004) n'a pratiquement jamais utilisé d'analyse financière. Dans ces deux entreprises, les décisions continuent d'être basées sur l'intuition et le jugement. Les processus sont dominés par une orientation vers les besoins de clients particuliers, reflétant des relations extrêmement étroites. Ces recours au jugement ou à l'intuition n'ont pas droit de cité au sein de l'entreprise américaine étudiée par Carr et Harris (2004). Les techniques d'analyse stratégique sont très sophistiquées et tous les éléments doivent être « objectifs » pour pouvoir être considérés lors de la décision. Les aspects qualitatifs de l'analyse sont systématiquement quantifiés par le recours à des techniques complexes.

Un autre aspect de la différence concerne la radicalité de l'investissement stratégique, c'est-à-dire le degré de changement radical découlant de la décision d'investissement, par opposition à une approche plus graduelle et incrémentale. Dans les quatre cas étudiés, les entreprises mélangent l'incrémentation et les changements radicaux dans leurs investissements. Contrairement à l'idée reçue, le faible niveau de contrôle de l'incertitude pour la Grande-Bretagne et les États-Unis ne se reflète pas dans la radicalité de leurs investissements. Les décisions d'investissements stratégiques de l'entreprise britannique sont les moins radicales : un investissement sûr, assurant un retour sur investissement rapide dans un marché connu, avec peu de perspectives de développement ultérieur. L'entreprise américaine est un peu plus courageuse, avec la mise en place d'une nouvelle usine de production, pour un nouveau produit, avec une technologie plus avancée que la précédente. Mais cela reste très clairement une extension de la gamme existante, visant à satisfaire les besoins des mêmes clients américains, et avec un risque partagé grâce à une coentreprise avec une autre firme aux États-Unis. L'entreprise allemande, comme son homologue japonaise, de manière générale, n'apprécie pas les changements de portefeuilles de produits et semble préférer une approche incrémentale. Cependant, leurs décisions d'investissements stratégiques sont proactives, innovantes et hautement radicales. Dans les deux cas les risques étaient réduits par une relation fiable avec les clients. Les impératifs industriels ont, dans les deux cas, largement surpassé les inclinations naturelles pour un type de décision.

Un troisième aspect abordé dans cette étude est celui du processus de décision adopté pour réaliser l'investissement stratégique. Les quatre entreprises analysées font toutes du travail d'équipe l'un des principaux ingrédients de la prise de décision. Il est certain que, vu les risques encourus, il faut faire attention à ce que tous les avis soient pris en compte avant de se lancer dans un investissement. Cependant, l'ensemble du processus de décision est loin d'être homogène entre les quatre firmes. Au sein de l'entreprise allemande, le processus était essentiellement un travail d'équipe, avec toutes les opinions des ingénieurs prises en compte lors de la préparation de la décision. Le point de vue du PDG était considéré important, mais celui-ci exerça son autorité en la déléguant à son équipe de professionnels de haut niveau. Dans l'entreprise japonaise, par contre, le PDG joua un rôle beaucoup plus fort et imposa fortement sa vision afin que la décision d'investissement soit prise. Cela n'est pas en accord avec la vision traditionnelle de la décision incrémentale et consensuelle vue comme typique des organisations japonaises, mais, dans le cas présent, on s'aperçoit que la gestion peut aussi être du haut vers le bas dans certains cas, même si la préférence va vers une forme plus consensuelle.

Pour l'entreprise des États-Unis, une approche formelle fut utilisée pour s'assurer d'un travail d'équipe, en utilisant une démarche de gestion intégrale de la qualité (TQM). Le pouvoir de décision fut donné formellement à un comité multidisciplinaire de dix personnes, intégrant l'ensemble des fonctions de l'entreprise. Cette équipe collecta l'information, la traita de manière approfondie et prit une décision considérée comme « objective ». Dans la firme britannique, le processus fut similaire, mais de manière moins lourde. Un comité exécutif fut nommé, avec le pouvoir de décision officiel, mais délégua largement la prise de décision aux équipes de gestion multidisciplinaires, avec la condition *sine qua non* de suivre les lignes directrices de la haute direction, y compris les objectifs financiers.

Le tableau II.1.2 reprend les éléments principaux observés dans les quatre entreprises analysées par Carr et Harris (2004).

Tableau II.1.2
PRINCIPALES OBSERVATIONS FAITES AU SEIN DES QUATRE ENTREPRISES ÉTUDIÉES DANS CARR ET HARRIS (2004)

	Radicalité	Techniques	Processus
Allemagne	Gros investissements. Investissements majeurs par rapport à la situation actuelle, rupture importante.	Utilisation minimale et incomplète de l'analyse financière. Critères principaux considérés comme non quantifiables. Formes multiples de planification stratégique et de points de vue.	Décisions prises par tous les ingénieurs, avec différentes perspectives. Le point de vue du PDG est important en tant que membre de l'équipe. Processus qualitatif.
Japon	Gros investissements dans des secteurs établis. Dépend de la volonté des actionnaires et du PDG. Suit les besoins des clients et des autres firmes.	Analyse financière minimale. Multiples approches qualitatives et intuitives de planification stratégique. Chacune de ces approches dépendant de la proposition d'investissement considérée.	PDG au sommet de la hiérarchie du pouvoir. Il croit aux décisions d'équipe et à la prise en compte de différents points de vue. Processus intuitif.

	Radicalité	Techniques	Processus
Grande-Bretagne	Changements évolutifs pour diminuer les coûts. Changements limités par une volonté de retour sur investissement à court terme et de limitation des risques. Vision de la compétence au cœur de l'entreprise.	Planification stratégique étendue, mais tout dépend des ratios financiers et des chiffres.	Une équipe senior interdisciplinaire juge le projet et fait une proposition. La décision ultime se prend au sommet. Questionnement répété des hypothèses. Processus basé sur les ratios financiers et les chiffres.
États-Unis	Considère tout investissement comme possible à la condition que cela soit bénéficiaire et positif sur le plan stratégique ; limité par les compétences cœur et l'estimation du risque.	Planification stratégique étendue, avec utilisation des approches financières. La prise de décision passe par les finances, mais tout doit être « objectif ».	Équipe de décision multidisciplinaire avec une approche ouverte. Le PDG donne la direction générale et l'approche à adopter. L'analyse doit générer une décision ouverte et « objective ».

Source : Carr et Harris (2004).

Les pratiques de gestion : l'influence combinée des institutions et des valeurs culturelles

Les travaux sur l'influence de la culture se basent sur une comparaison entre nationalités des gestionnaires. Ces orientations nationales vers un type de pratique de gestion sont fonction tout autant des forces environnementales que des attributs culturels. Il faut replacer les décisions stratégiques dans leur propre contexte historique, économique et politique. Les contraintes de ce contexte vont se refléter dans le type de pratiques de gestion, tout autant que les inclinations personnelles et les valeurs au travail. Les gestionnaires coréens dont nous parlions auparavant (Hitt et autres, 1997) vivent dans un univers où le gouvernement a fait de la croissance sa priorité (années 1980 et 1990). Les gestionnaires chinois et russes (Hitt et autres, 2004) sont aussi le jouet de l'évolution institutionnelle du moment, avec la Chine entrée dans une phase de développement technologique importante assortie d'une forme d'économie de marché (années 2000) et la Russie sous le coup d'une instabilité structurelle qui rend le long terme peu visible. Il n'est donc pas étonnant de voir les premiers utiliser des critères de compétences techniques pour la sélection de leurs partenaires d'alliance, et les seconds privilégier la rentabilité à court terme. Ces pratiques sont donc sujettes à changement avec le temps.

Dans toutes les enquêtes de terrain, il faut se garder d'attribuer trop de valeur aux nations données en exemple typique, mais plutôt garder en tête les grands types de modèles et de représentations – la position des pays peut changer sur ces grilles, progressivement ou brusquement. Parler des pratiques et des préférences d'un gestionnaire français n'est pas le même exercice lorsqu'on se situe dans les années 1980 et les années 2000. Le second vit dans un monde économique largement dérégularisé, faisant partie d'une union monétaire, et travaille dans un pays qui attire du capital étranger, où la règle du résultat trimestriel est devenue aussi vivace que dans le monde anglo-saxon. Par contre, les grandes structures institutionnelles françaises (État, école) ont peut-être évolué beaucoup plus lentement et l'on peut retrouver beaucoup de similarités entre les deux univers : vision politique de l'évolution dans l'entreprise, vision méritocratique de l'école, accès élitiste aux postes élevés dans les entreprises. L'entreprise est aussi un monde multi-générationnel où les valeurs et les préférences se croisent et se heurtent dans une pyramide des âges assez haute. Les gestionnaires *senior* sont ceux qui tiennent aujourd'hui les rênes, alors que ce sont souvent les valeurs et les préférences des *juniors* qu'on étudie au sein d'un groupe d'étudiants à la maîtrise en administration des affaires (MBA).

Les institutions et l'histoire sont aussi des carcans importants dans la détermination de ce qui peut être fait ou pas (Calori, 1994). Le discours dominant va aussi avoir une influence prépondérante sur la manière d'analyser un problème stratégique, d'autant plus que c'est souvent la seule manière de vendre cette idée aux autres partenaires et collaborateurs. Même si l'introduction d'un discours de valeur actionnariale (*shareholder value*) n'a eu aucune influence sur les profits des entreprises aux États-Unis (Lazonick et O'Sullivan, 2000) et tient donc plus de l'idéologie que d'autre chose, il est impossible pour un gestionnaire supérieur anglo-saxon de ne pas en parler dans un rapport ou une analyse. Qu'on le veuille ou non, les ratios financiers seront utilisés dans la pratique. De la même manière la course à la croissance des grands groupes coréens dans les années 1980 et 1990 a fait qu'un discours promouvant les ventes et les parts de marché est devenu la norme de fait pour les gestionnaires locaux.

CONSÉQUENCES DE LA RELATIVITÉ CULTURELLE DE LA VISION STRATÉGIQUE ET ORGANISATIONNELLE

Cette cartographie comparée des types préférés d'organisation, des critères d'analyse, des types d'interprétation, du processus de décision stratégique permet d'aller au delà de la simple mise en contraste de styles de gestion. Les conséquences sont importantes, tout d'abord pour la gestion dans les multinationales (voir la discussion dans Schneider et De Meyer, 1991, p. 163).

Par exemple, il y a toujours eu des relations turbulentes entre filiales et sièges sociaux d'entreprises multinationales. Des questions de contrôle, d'innovation, d'indépendance et de rôle stratégique des filiales ont pendant longtemps été au centre du débat sur la gestion des grands groupes. En plus de ces questions d'accès au pouvoir et aux ressources, la diversité des interprétations des issues stratégiques fait que la collecte et l'exploitation des informations et des connaissances entre siège social et filiales est complexe. Il faut comprendre comment dans une filiale l'information est collectée, comment elle est interprétée et quelles sources sont vues comme fiables, ce qui permet au siège social de décider de la valeur de cette information lors de la conception de la stratégie globale de l'entreprise. Il faut savoir quel type d'information a pu être ignoré ou n'a pas été transmis. Les questions stratégiques perçues au niveau du siège social ne seront pas forcément interprétées de la même manière dans les filiales.

Le cas des gestionnaires étrangers rentrant dans les entreprises russes, par l'acquisition de capital ou la création de filiales, démontre que le contraste entre cultures de gestion crée toute une série d'incompréhensions (Michailova, 2000, 2002). La mise en place de stratégies d'autonomisation (empowerment) par les gestionnaires étrangers se heurte à la résistance des employés russes qui sont loin de vouloir cette autonomie. Ils ont été exposés pendant des décennies à une image du dirigeant fort et préfèrent recevoir des directives plutôt que de participer à une discussion. Ils considèrent les efforts d'autonomisation comme étant soit un refus de leurs supérieurs de prendre leurs responsabilités, possiblement par manque de professionnalisme, soit une charge de travail supplémentaire qu'on leur met sur le dos.

Les gestionnaires étrangers notent aussi une grande hostilité face au partage d'information et de connaissances dans un contexte d'entreprise russe, où les employés sont habitués à ne pas exprimer leur opinion, de crainte que l'information soit déformée et utilisée contre eux. Dans l'environnement hautement politisé et contrôlé que l'on trouvait en Russie avant

1991, cette capacité de rétention d'information constituait une compétence sociale permettant d'éviter toute méprise fâcheuse. De surcroît, les employés russes sont souvent dans une situation de double blocage où leurs responsables russes veulent quelque chose, alors que les responsables étrangers veulent son contraire, et qu'eux-mêmes sont obligés de transiger entre deux groupes qui ont tendance à ne pas communiquer entre eux.

Certains termes sont aussi compris de manières différentes, notamment la notion de contrôle. Michailova (2000, p. 107) cite l'exemple d'une entreprise dans l'industrie pétrolière et gazière où équipes occidentales et russes n'arrivaient pas à s'entendre sur la mise en place d'un système de contrôle utilisant une nouvelle architecture de technologies de l'information. Les deux parties sortaient des réunions de mise en place frustrées en accusant l'autre côté de bloquer la situation et de ne pas vouloir coopérer. Cette situation était due à différentes conceptions du mot « contrôle », vu par les Occidentaux comme une activité continue et permettant une rétroaction constante afin de motiver les employés, alors que leurs confrères russes considérait le concept comme une activité périodique, venant du sommet, et permettant de mettre en place un système de récompenses et de punitions, seul moyen de faire travailler efficacement le personnel.

Le tableau II.1.3 donne divers exemples d'une compréhension différente du même concept dans un contexte russo-occidental.

Dans la même veine, les propositions d'investissement direct faites par des firmes étrangères ne seront pas toujours accueillies positivement par les gouvernements. Ces offres sont souvent perçues comme une menace par les autorités ou les parties prenantes du pays d'implantation. Une comparaison de la perception des multinationales étrangères par les organisations syndicales menée par le sociologue Mauro Guillén (2000) en Espagne, en Corée du Sud et en Argentine montre bien que l'investisseur n'est pas toujours perçu de la même manière à différentes époques. Une action d'internationalisation devra forcément prendre en compte ces différentes idéologies (ou visions) de l'investissement direct (voir tableau II.1.4).

Les différences nationales dans l'appréciation d'un défi stratégique jouent aussi un rôle dans la constitution des alliances, et les entreprises internationales doivent apprendre à adapter leurs approches pour établir des alliances dans différents pays. En particulier, il faut comprendre que les entreprises des pays émergents ont des besoins et des environnements institutionnels différents et vont chercher différents types de partenaires. Il faut bien évaluer ces besoins ainsi que l'environnement institutionnel, économique et local du moment pour réussir l'alliance (Hitt et autres, 2004). En matière de concurrence, savoir comment les questions stratégiques sont interprétées par d'autres groupes nationaux peut aussi permettre d'anticiper les réactions des concurrents internationaux.

Tableau II.1.3

DIFFÉRENTES VISIONS DU MÊME CONCEPT EN CONTEXTE RUSSO-OCCIDENTAL

Russes	Occidentaux
Conception du contrôle dans les organisations	
– Préfèrent la notion de contrôle plutôt que celle de rétroaction (feedback)	– Préfèrent la notion de rétroaction (feedback) plutôt que celle de contrôle
– Effectué du haut vers le bas	– Appartient à tous les membres de l'organisation
– Outil de la structure bureaucratique	– Outil de motivation
– Exercé comme un système de récompenses et de punitions	– Exercé comme un système de suivi de l'activité
– Activité discrète	– Activité continue
Conception de la planification	
– Le plan est un objet final	– Le plan est un point de départ et articule les différentes possibilités
– Doit être exécutée par tous les moyens dans sa forme initiale	– Doit être ajusté continuellement
– Seule la planification à court terme est possible	– Activité à long terme
– Le succès se mesure par la capacité à exécuter le plan	– Pour réussir, il faut être capable de réajuster le plan

Source : Michailova (2000).

Tableau II.1.4

**QUATRE IMAGES DE L'ENTREPRISE MULTINATIONALE (EMN)
DANS DES PAYS NOUVELLEMENT INDUSTRIALISÉS**

Politiques envers les EMN	Stratégie de développement économique	
	Orienté export	**Substitution aux importations**
Permissives	**EMN = Partenaire** *Stratégies d'investissement possibles pour l'EMN* • Acquisitions dans des industries matures • Filiales à 100 % pour les industries de croissance *Exigences de l'EMN pour la main-d'œuvre* • Flexibilité, formation des habiletés, stabilité	**EMN = Mal nécessaire** *Stratégies d'investissement possibles pour l'EMN* • Coentreprises dans des industries matures • Filiales à 100 % ou coentreprises dans les industries de croissance *Exigences de l'EMN pour la main-d'œuvre* • Pouvoir d'achat amélioré, stabilité
Restrictives	**EMN = Collaborateur sans lien de dépendance** *Stratégies d'investissement possibles pour l'EMN* • Zones industrielles travaillant pour l'export • Contrats de production d'équipement d'origine (OEM) • Coentreprises avec participation minoritaire *Exigences de l'EMN pour la main-d'œuvre* • Faibles salaires, docilité, évitement des syndicats	**EMN = Vilain** *Stratégies d'investissement possibles pour l'EMN* • Exode des EMN face à l'hostilité, aux expropriations ou aux nationalisations

Source : Guillén (2000).

Un des problèmes qui se pose souvent lors de partenariats entre entreprises de différents continents tient souvent à la redistribution des profits, où s'opposent deux logiques du but ultime de l'entreprise. La première logique est souvent celle de la durée et de la survie de l'entreprise, avec la nécessité de réinvestir les profits et d'engager de nouveaux investissements.

De l'autre côté, beaucoup de gens d'affaires ont tendance à considérer l'entreprise comme un outil pour optimiser le profit au maximum et donc tentent de réduire au minimum l'entretien et le réinvestissement. Par contre, ils sont souvent prêts à se lancer dans de nouvelles affaires. Ce conflit entre vision du but ultime de l'entreprise est l'une des premières causes de rupture dans les coentreprises et les alliances. Typiquement, le communiqué officiel indiquera alors des « divergences de vision stratégique ». Ce type de divergence n'est pas très surprenant car il n'y a pas non plus de consensus quant à la vision du but ultime de l'entreprise. Les motivations d'un dirigeant peuvent aller depuis la croissance de l'activité et le pouvoir individuel jusqu'à la réputation familiale, le patriotisme et la responsabilité sociale de l'entreprise (Hofstede et autres, 2002).

CONCLUSIONS

Traditionnellement, les multinationales se sont développées en exploitant d'abord des capacités technologiques acquises sur le marché intérieur. Dans une seconde phase, ces produits et services étaient progressivement exportés dans différentes zones du monde, avant que le relais de la croissance se fasse par l'établissement d'un réseau de filiales et par l'acquisition d'entreprises. Une fois la présence internationale assurée, se posaient des questions de gestion globale : comment intégrer une chaîne de valeur dispersée à travers le monde, comment réagir aux besoins locaux, choisir entre la standardisation des produits et services et la différenciation de ces mêmes produits aux attentes locales ? Dans ce mode de croissance, la multinationale était principalement un « projecteur global » (Doz, Santos et Williamson, 2001), qui enseignait au reste du monde ce qui avait été développé dans les services du siège social. La dimension internationale consistait surtout à exploiter des avantages internes à l'entreprise en apprenant à pénétrer des marchés avec des produits conçus en un seul endroit. La gestion des expatriés était le seul élément un peu global dans la fonction de gestion des ressources humaines. Très peu de gestionnaires pouvaient avoir une carrière globale, et la capacité à gérer monoculturellement (au sein du siège social) était bien plus importante que la capacité à gérer dans de nombreux environnements culturels.

Aujourd'hui, le défi est différent. Le modèle de la projection globale ne donne plus aucun avantage concurrentiel, et il s'agit dorénavant pour les entreprises « d'apprendre à apprendre » en intégrant des connaissances et en exploitant des poches d'innovation éparpillées à travers le monde. Il faut apprendre à exploiter un réseau de contacts, à exploiter des ressources intellectuelles et humaines très diverses, dont certaines appartiennent à l'entreprise et d'autres pas (en partie sous-traitées). L'explosion du nombre des alliances et des coentreprises rend la frontière entre l'entreprise, ses fournisseurs, ses clients et ses concurrents de plus en plus floue. Dans ce paysage stratégique, il faut être capable de se nourrir de la diversité et d'apprendre du reste du monde afin d'innover.

Doz, Santos et Williamson (2001) se sont penchés sur ce nouveau défi et sur le nouveau type d'entreprises qui réussissent à évoluer au niveau mondial en essayant d'exploiter des réservoirs de talents épars mais devant néanmoins se coordonner. Les avantages concurrentiels sont aujourd'hui au niveau de l'exploitation de la connaissance et de l'accès à un réservoir d'innovations et d'intelligences encore peu exploitées par les concurrents, éparpillées à travers le globe, avec le coût de la distance se réduisant très fortement. Dans ces conditions, la gestion interculturelle devient un ingrédient important du fonctionnement de l'entreprise. Pour réussir à devenir une « métanationale » – nom donné par Doz, Santos et Williamson (2001) à ces entreprises qui savent détecter, mobiliser et exploiter la connaissance éparpillée à travers le monde –, il faut d'abord créer une culture d'apprentissage global.

Cela veut dire qu'il faut d'abord bâtir une équipe de gestion très cosmopolite, avec des parcours de carrière globale et des origines nationales très différentes. Cela rend nécessaire un accommodement entre les visions de l'organisation et un apprentissage mutuel des stratégies d'action. Il faut aussi passer au delà de la suprématie de la culture nationale du siège social, en se référant à des sites plutôt qu'à des pays et en promouvant le multilinguisme dans l'entreprise. Il faut enfin oser briser la concentration des pouvoirs en un seul lieu et disperser les fonctions du siège social. Cela permet notamment de multiplier les regards (analyse et interprétation) sur les défis stratégiques et d'avoir une plus grande diversité quant aux critères utilisés pour prendre des décisions (cf. les deux cultures du contrôle et de l'adaptation).

La dimension nationale a pris jusqu'ici une place prépondérante dans la gestion, et chaque pays a développé ses propres pratiques de gestion, ses façons de percevoir, d'analyser et de réagir à un défi stratégique, et ses manières d'exploiter ses talents dans un modèle particulier d'évolution de carrière. Le contact entre ces univers de gestion s'est fait de manière plus ou moins heureuse lors des phases d'internationalisation, en gérant les acquisitions internationales et en envoyant des expatriés depuis le siège vers les filiales. À ce niveau-là, la comparaison entre les systèmes permet de décoder les raisons des malentendus et peut-être de résoudre certains conflits. Aujourd'hui un défi encore plus grand se présente, celui de combiner tout cela de manière globale. Les équipes multiculturelles sont là pour rester, et le modèle de la métanationale a de grandes chances de devenir la norme dans beaucoup d'industries pour les années à venir. Il va falloir apprendre à vivre avec toutes ces différences, à produire de l'activité sans s'embourber dans les conflits, à innover en matière de pratiques de gestion. L'intercul-turel sera bientôt la norme des gestionnaires, et il va nous falloir beaucoup innover.

RÉFÉRENCES

Barr, Pamela S., et Mary Ann Glynn, « Cultural variations in strategic issue inter-pretation : relating cultural uncertainty avoidance to controllability in discri-minating threat and opportunity », *Strategic Management Journal*, 25(1) : 59-67, 2004.

Calori, Roland, Michael Lubatkin et Philippe Very, « Control mechanism in cross-border acquisitions : an international comparison », *Organization Studies*, 15(3) : 361-379, 1994.

Carr, Chris, et Simon Harris, « The Impact of Diverse National Values on Strategic Investment Decisions in the Context of Globalization », *International Journal of Cross Cultural Management*, 4(1) : 77-99, 2004.

Doz, Yves L., Jose Santos et Peter J. Williamson, *From Global to Metanational : How Companies Win in the Knowledge Economy*, Harvard Business School Press Books, 2001.

Evans, Paul A. L., Elizabeth Lank et Alison Been Farquhar, « Managing human resources in the international firm :lessons from practice », dans Yves L. Doz et André Laurent (ed.), *Human resource management in international firms : change, globalization, innovation*, McMillan, 1990.

Guillén, Mauro F., « Organized Labor's Images of Multinational Enterprise : Divergent Foreign Investment Ideologies in Argentina, South Korea, and Spain », *Industrial et Labor Relations Review*, 53(3), 2000.

Hitt, Michael A., David Ahlstrom, M. Tina Dacin, Edward Levitas et Lilia Svobo-dina, « The Institutional Effects on Strategic Alliance Partner Selection in Transition Economies : China vs. Russia », *Organization Science*, « 15(2) : 173, 2004.

Hitt, Michael A., M. Tina Dacin, Beverly B. Tyler et Daewoo Park, « Understanding the Differences in Korean and U.S. Executives' Strategic Orientations », *Stra-tegic Management Journal*, 18(2) : 159-167, 1997.

Hoecklin, Lisa, *Managing Cultural Differences : Strategies for Competitive Advan-tage*, 2nd ed., Wokingham, England, Addison Wesley, 1995.

Hofstede, Geert, *Culture's consequences : comparing values, behaviors, institutions and organizations across nations*, 2nd ed., Thousand Oaks, CA, Sage Publications, 2001.

Hofstede, Geert, *Culture's Consequences : International differences in work-related values*, Beverly Hills, Sage Publications, 1980.

Hofstede, Geert, *Cultures and organizations : software of the mind*, New York, McGraw-Hill, 1991.

Hofstede, Geert, Cheryl A. Van Deusen, Carolyn B. Mueller, Thomas A. Charles et The Business Goal Network, « What Goals do Business Leaders Pursue ? A Study in Fifteen Countries », *Journal of International Business Studies*, 33(4) : 785-803, 2002.

Inzerilli, Giorgio, et André Laurent, « Managerial Views of Organization structure in France and the USA », *International Studies of Management and Organization*, XIII(1-2) : 97-118, 1983.

Laurent, Andre, « The Cross-Cultural Puzzle of International Human Resource Management », *Human Resource Management*, 25(1) : 91-102, 1986.

Laurent, André, « The cultural diversity of Western conceptions of management », *International Studies of Management and Organization*, XIII(1-2) : 75-96, 1983.

Lazonick, William, et Mary O'Sullivan, « Maximizing shareholder value : a new ideology for corporate governance », *Economy et Society*, 29(1) : 13-35, 2000.

Michailova, Snejina, « Contrasts in culture : Russian and Western perspectives on organizational change », *Academy of Management Executive*, 14(4) : 99-112, 2000.

Michailova, Snejina, « When common sense becomes uncommon : participation and empowerment in Russian companies with Western participation », *Journal of World Business*, 37(3) : 180-187, 2002.

Mintzberg, Henry, *Structure in Fives : Designing Effective Organizations*, Englewood Cliffs, NJ, Prentice Hall, 1983.

Schneider, Susan C., « Strategy Formulation : The Impact of National Culture », *Organization Studies*, 10(2) : 149-168, 1989.

Schneider, Susan C., et Jean-Louis Barsoux, *Managing across Cultures*, Hertfordshire (UK), Prentice-Hall, 1997.

Schneider, Susan C., et Arnoud De Meyer, « Interpreting and Responding to Strategic Issues : The Impact of National Culture », *Strategic Management Journal*, 12 (4) : 307-320, 1991.

LE GESTIONNAIRE INTERNATIONAL

Philippe Pierre[1]

INTRODUCTION

Les entreprises font face aujourd'hui à l'optimisation de leurs ressources humaines pour une population de gestionnaires vivant une intense mobilité géographique. Les débats portent sur l'efficacité du recrutement, de l'intégration, du développement de doubles carrières, de l'utilisation opportune des nouvelles technologies de l'information comme du travail à distance ou encore de l'influence des membres de la famille sur le succès d'une mobilité. Rares sont les études qui explorent le double mouvement par lequel les gestionnaires internationaux continuent de s'approprier l'esprit de la communauté dans laquelle ils ont été élevés et, en même temps, s'identifient à des rôles professionnels en apprenant à les jouer, de manière personnelle et efficace, hors de leurs contextes culturels d'origine (Hammer et Bennett, 1998).

Pour le géologue allemand affecté depuis six ans en Afrique (recruté à Jersey et dont les enfants étudient à Paris et à Los Angeles), pour l'expert-comptable anglais (né en Inde et marié à une Indonésienne) ou pour le financier gabonais (recruté aux États-Unis pour le compte de la filiale d'un

---

1. Philippe Pierre détient un doctorat en sociologie de l'entreprise de l'Institut d'études politiques de Paris et enseigne dans plusieurs institutions internationales. Il est directeur de la formation de la division Coiffure du groupe L'Oréal et chercheur au sein du Laboratoire interdisciplinaire pour la sociologie économique (LISE-CNRS). Ses intérêts de recherche touchent la gestion des ressources humaines, la mobilité internationale et la gestion interculturelle. Il est auteur d'une quarantaine d'articles académiques et de livres tels que *Mobilité internationale et identité des cadres. Des usages de l'ethnicité dans l'entreprise mondialisée* (Sides, 2003) et *Les Métamorphoses du monde. Sociologie de la mondialisation* (Le Seuil, 2003, en collaboration avec D. Martin et J. L. Metzger). Il est membre du comité de rédaction de la revue *Sociologies pratiques*.

grand groupe pétrolier d'origine française et qui a déjà pu travailler pour lui dans six pays), la définition stable d'un sentiment d'appartenance semble, sinon de moins en moins aisée, relever aujourd'hui de partenaires multiples et dispersés à l'échelle du globe. De qui dépend ma carrière à long terme et avec qui puis-je négocier un minimum d'engagement sur mon avenir professionnel quand se multiplient les mobilités, les pays traversés et que ma famille, mes amis, mes proches vivent sur plusieurs continents ?

Ce chapitre explore la socialisation de gestionnaires amenés à vivre une importante mobilité géographique et professionnelle, et qui s'inscrivent de fait entre plusieurs pôles de valeurs attractifs et peut-être parfois difficilement conciliables (cultures nourricières, cultures du pays d'accueil, cultures d'entreprise). À l'origine de notre démarche, il y a une interrogation sur le devenir culturel des populations « mobiles » en entreprise et sur leur capacité supposée à relier, à pouvoir cloisonner ou encore dialoguer entre plusieurs ensembles culturels (Metzger et Pierre, 2003). Il y a également l'ambition de chercher à comprendre autant ce qu'« est » la culture que ce qu'elle permet de « faire » au travers de l'ensemble des contrastes et des traits culturels qui sont utilisés de façon sélective (stratégique) par les individus afin d'organiser les identités et leurs interactions.

Les résultats de nos recherches présentés dans ce chapitre ont été expérimentés par l'auteur, pendant plus de dix années, en position « immergée » de chercheur en sociologie et de salarié (à temps plein) dans deux grandes entreprises « mondialisées » d'origine française (une du secteur pétrolier que nous nommerons Alpha et l'autre du secteur cosmétique que nous nommerons Gamma) (Pierre, 2005)[2]. Le fait d'être un gestionnaire opérationnel dans les domaines de la gestion de la mobilité internationale, de la formation, du recrutement, puis d'être directeur des ressources humaines pendant cinq années, au contact quotidien de gestionnaires mobiles, originaires d'autres pays que la France, nous a conduit à observer des scènes de la vie professionnelle qui par la suite, au fil de l'analyse, ont été appréhendées en tant que situations vécues de confrontation de codes culturels potentiellement antagonistes chez un même individu.

Observant des gestionnaires expatriés, la question de la mobilité internationale en entreprise nous conduit à appréhender la variable culturelle au

---

2. Les conclusions principales et les extraits d'entretien de ce chapitre résultent de larges enquêtes sociologiques menées dans les entreprises Alpha et Gamma pendant plus de dix années (1993-2005). La première enquête a donné lieu en 2000 à une soutenance de thèse (Pierre, 2000). Cent vingt entretiens ont été menés avec des gestionnaires « internationaux ». Leur mobilité s'effectue donc avec un seul employeur au sein d'un marché interne diversifié leur permettant d'occuper plusieurs fonctions ou plusieurs métiers. En position de salarié à temps plein, nous avons procédé de même dans l'entreprise Gamma de 1996 à 2005, totalisant près de 500 entretiens semi-directifs.

travail non pas en soi, mais en matière de nouveauté et d'écart perçu par l'individu dépaysé entre un environnement culturel de départ et un autre de destination. Cet écart perçu nous semble progressivement lié au domaine de l'adaptation générale aux conditions nouvelles de vie occasionnées par la mobilité internationale (conditions de logement, de nourriture, de scolarité des enfants, de travail du conjoint, de possibilités pour se détendre et pour se faire soigner), au domaine de l'adaptation au travail ainsi qu'à celui de l'adaptation à l'interaction sociale, hors des murs de l'entreprise, souvent oublié des analystes, dans le pays d'accueil.

De plus, nous allons explorer la problématique de production identitaire, lors de déplacements géographiques, liée à un problème culturel de gestion d'entreprise. Quelles conséquences peut avoir la mobilité internationale des gestionnaires sur la construction de leur identité ? Dans quelle mesure peut-on parler d'une identité « plurielle » ou d'une « double identité » ? Y a-t-il émergence d'une société d'élite, « des gestionnaires internationaux », possédant sa propre manière culturelle et professionnelle de vivre l'expérience des rapports internationaux ?

Dans ce chapitre, nous soulignerons, tout d'abord, qu'il y a de nouveaux acteurs de la mobilité internationale, originaires des filiales des plus grandes entreprises françaises, qui interviennent depuis une trentaine d'années. Cette émergence est liée à un phénomène d'impatriation de gestionnaires qui, dans leur mouvement vers les sièges financiers, administratifs ou encore industriels, veulent être traités sur un pied d'égalité avec les populations expatriées d'origine française.

Ce chapitre soulignera que les flux mondialisés de personnel d'un nouveau genre au sein d'Alpha comme de Gamma engendrent des constructions sociales particulières de l'identité des personnels mobiles, différentes à la fois de celle des situations d'immigration, de celle des expatriations durables des années 1960 en entreprise ainsi que des formes de mobilité professionnelle analysées par les sociologues au cours des années 1980 (Sainsaulieu, 1977 ; Dubar, 1991). Notre conviction est que cette fabrication complexe de l'identité de « gestionnaire international » ne se joue pas seulement dans le travail. Elle concerne autant la vie en entreprise que la vie personnelle et sociale. Les gestionnaires internationaux pourraient alors présenter un degré d'adaptation différent selon la situation professionnelle (adaptation au travail), familiale (adaptation aux conditions générales de vie) ou communautaire (adaptation à l'interaction avec les membres de la culture d'accueil) (Cerdin, 1996). Dans cette perspective, la sphère du travail serait, en réalité, et paradoxalement, la sphère probablement la moins bouleversée à l'occasion de la mobilité internationale. Le niveau d'incertitude attaché au travail serait plus faible que pour les conditions générales de vie, et surtout pour les relations avec les membres du pays d'accueil.

Un apport de ce chapitre concernera les « stratégies identitaires » dans les entreprises « mondialisées », pour caractériser la possible variété de positionnements pris par des gestionnaires cherchant à articuler les représentations de deux ou plusieurs ensembles culturels en présence. Depuis le repli radical sur sa culture d'origine et l'imperméabilité à la culture étrangère à la conversion qui fait que le gestionnaire international ne se reconnaît plus comme affilié à son ancien système culturel, nous avons vu se dégager une pluralité d'expériences vécues de la mobilité internationale. Si l'entreprise offre à ses membres un espace de déploiement à d'éventuelles stratégies de manipulation de leur différence culturelle ou ethnique, en quoi ces possibles manipulations de l'identité peuvent-elles s'inscrire dans une stratégie de carrière et devenir « payantes » ?

Pour ce faire, ce chapitre est structuré de la façon suivante. D'abord, nous présenterons certaines évolutions récentes et marquantes des conditions de mobilité internationale dans les grandes entreprises. Sera soulignée ensuite l'obligation pour les gestionnaires de faire le lien entre plusieurs mondes : celui de leur pays d'origine, celui de leurs lieux d'affectation, les mondes de l'entreprise et ceux hors de l'entreprise, les mondes de la famille, des partenaires de travail, des amis, etc. Nous montrerons ensuite en quoi toute mobilité internationale est « affaire » d'identité et de gestion parfois délicate des écarts liés à l'expérience personnelle d'un stress d'acculturation. Si certains cadres internationaux cherchent à s'identifier à un groupe ethnique ou culturel quand ce choix se révèle avantageux, et font vivre en privé des allégeances traditionnelles, dans beaucoup de circonstances sociales vécues dans l'entreprise, l'identification ethnique ou culturelle est volontairement dissoute, cesse d'être rentable et d'autres identifications positives lui sont préférées. Nous proposerons alors cinq stratégies identitaires, cinq manières de vivre son intégration à l'étranger en lien avec trois ressources au travail (atout pouvoir, atout communautaire et atout familial). Nous explorerons enfin la dimension « narrative » de la production identitaire des gestionnaires internationaux.

UNE ÉVOLUTION DES CONDITIONS DE LA MOBILITÉ INTERNATIONALE

L'obligation des gestionnaires internationaux d'être « connectés »

Dans les entreprises qui connaissent une expansion planétaire (que nous nommerons « mondialisées » dans ce chapitre), Gomez (2000) distingue les gestionnaires qui agissent à un niveau transnational (sur les places que sont New York, Londres ou Tokyo, par exemple), à un niveau multinational (l'auteur parle de comptoirs et cite les villes de Milan ou San Francisco comme exemples) et, enfin, à un niveau international (sur les sites de production que sont notamment des villes de la dimension de Manchester ou de Lyon). Les premiers doivent apprendre à trancher, au plus haut niveau de l'organisation, des situations sans relations obligées avec des contraintes locales tout en maintenant la cohésion de l'ensemble organisé qu'est l'organisation. Les autres doivent être davantage à même de comprendre les caractéristiques locales des espaces de production sur des périmètres géographiques plus limités. Des mobilités « pendulaires » amènent parfois ces gestionnaires à partager en deux leur semaine dans deux ou trois pays.

Les entreprises doivent ainsi définir des espaces pluriels d'acquisition de compétences pour quatre types de salariés plus ou moins mobiles : les dirigeants « nomades » qui occupent le sommet de la hiérarchie et qui vivent plus que d'autres dans les avions, sont régulièrement amenés à travailler sur des projets de courte ou moyenne durée d'envergure mondiale ; les gestionnaires « mobiles » qui voyagent plus épisodiquement et majoritairement dans une région géographique donnée ; les gestionnaires « locaux » qui dirigent des étrangers ; enfin, les gestionnaires « locaux » qui vivent seulement des formes « d'internationalisation sur place » sans face-à-face directs et prolongés avec des partenaires étrangers (dans des contacts avec l'étranger médiatisés par les nouvelles technologies de l'information telles que la messagerie électronique par exemple).

Alors que l'image de la « fuite des cerveaux » a été longtemps employée pour analyser les flux unidirectionnels des personnes très qualifiées des pays sous-développés vers les pays riches (Nedelcu, 2004, p. 9), les dirigeants utilisent souvent les images du système nerveux ou de l'univers neuronal pour qualifier la circulation « bienfaisante » de leurs ressources humaines du centre vers la périphérie, mais également des périphéries entre elles (filiales, sites de production, laboratoires de recherche). Dans la grande organisation intégrée des années 1970, chaque service ne travaille que pour un seul client alors que, dans les entreprises « mondialisées », les sphères dirigeantes misent sur les effets d'apprentissage, la capacité de résolution de problèmes variés du personnel mobile et chaque service travaille pour plusieurs services en relation de clients. Il est plus officiellement question de mobilité des cerveaux, pour des intérêts privés, plutôt que de fuite.

Ce déploiement planétaire des entreprises conduit à une activité coordonnée « multi-sites ». « Mettre en rapport », « tisser des liens », « être un go-between » sont autant de qualités de médiation qui se trouvent mises en exergue et admises en propre par les gestionnaires mobiles, alors qu'autrefois d'autres activités (de contrôle social et de discipline) les recouvraient. Les compétences utiles sont d'abord locales, circonstancielles, puis, intériorisées et comprises par les gestionnaires mobiles, elles deviennent transposables et relèvent véritablement de l'expérience personnelle et mobilisée à partir d'un capital social large. La mobilité des gestionnaires permet de faire partager les expériences en différents endroits de l'entreprise qui est ainsi surtout affaire d'« individus » en situation d'apprentissage permanent.

L'affirmation identitaire en contexte interculturel

Mutabazi (2001) constate que la recherche souvent brutale de modification et d'uniformisation des comportements voulue par le siège social à l'occasion d'un développement international, de fusions ou de rachats, produit fréquemment un effet inverse sur les employés locaux : ils auront tendance à manifester leur identité d'origine, à s'y accrocher résolument pour la valoriser et souvent s'opposer à toute collaboration durable. Au moindre affaiblissement des procédures de contrôle, les valeurs « traditionnelles », les cultures nationales, régionales ou locales réapparaissent, s'arcboutent et brisent l'harmonie sociale apparente (Delange et Pierre, 2004).

L'affirmation identitaire surgit précisément au moment où les acteurs n'arrivent plus à s'accorder sur le sens de la situation et des rôles qu'ils sont censés endosser. Il en découle plusieurs manières de construire des identifications de soi-même et des autres, plusieurs modes de construction de la subjectivité, à la fois sociale et psychique.

Dans le domaine de l'anthropologie, des études ont également su montrer que, dans un processus complexe de déconstruction et de reconstruction identitaire, des individus savaient valoriser des traits subculturels de leur identité « ethnique » et obtenaient grâce à ces manipulations reconnaissance et avantages. Ainsi, le marchand marocain ou chinois sait-il ponctuellement accentuer son ethnicité et mettre en valeur certains symboles manifestes de son identité (nom, emblèmes claniques, habillement, langue, religion, style de vie, rituels alimentaires), qui fonctionnent comme autant d'informations connotées face à des clients occidentaux, ce qui est propre à assurer la

garantie des produits et services. En France, de la Renaissance au XVIIIᵉ
siècle, les architectes, peintres ou encore gens de théâtre transalpins assuraient
leur succès en s'efforçant de paraître typiquement « italiens » ; la raison de
leur vie dans l'hexagone était placée d'emblée sous le signe de l'échange :
une forme particulière d'exotisme contre une présence acceptée. Lyman et
Douglass (1976) décrivent comment les Basques espagnols émigrés aux
États-Unis ajusteraient la définition de leur identité ethnique à la situation
d'interaction ; lorsqu'ils interagissent avec un « co-ethnique », ils se défini-
ront comme Biscayen, alors qu'ils invoqueront leur qualité de Basque
espagnol lorsqu'ils rencontrent des Basques français et qu'ils ne seront plus
que Basques lorsqu'ils ont affaire à des non-Basques.

Ces situations impliquent bien que les acteurs soient capables d'agir
sur leur propre définition de soi quand leur structure identitaire est remise
en cause, de mobiliser consciemment ou pas, individuellement ou pas, des
ressources et des conduites réalisatrices en fonction de la variation des
situations sociales et d'une logique interne entérinée (Taboada-Leonetti,
1990, p. 49). En certaines situations « multiculturelles », les conflits des
codes de sens et de valeur mettraient les individus en demeure de prendre
des décisions, de prendre de la « distance », de s'instituer en acteurs et d'articuler « les autres de sa personne » sur un critère d'adaptabilité au contexte
(Denoux, 1994, p. 264).

C'est, de plus, surtout en référence aux étrangers des milieux défavori-
sés, d'une immigration de travail destinée à faire face à une pénurie de
main-d'œuvre nationale, que se sont construites les réflexions sur ceux qui
éclairent d'un jour nouveau la question des relations interethniques au
travail (Camilleri, 1980 ; Taboada-Leonetti, 1982 ; Vinsonneau, 1993 ;
Dasen, 1993), en même temps que celle de la mondialisation « par le bas »
de l'économie et des politiques d'entreprise (Engbersen, 1999).

La plupart des dirigeants interrogés des entreprises Alfa et Gamma ont
en effet tendance à tenir comme loi générale des comportements au travail
que plus les individus sont soumis de manière précoce à des expériences
socialisatrices contradictoires hors de leurs contrées d'origine, vivent des
mobilités professionnelles fréquentes, et plus a tendance à s'affermir, chez
ces gestionnaires mobiles, une capacité à faire face aux changements et à
s'instaurer un équilibre identitaire. Nous nous inscrivons dans le prolonge-
ment de recherches, menées dans d'autres contextes sociaux que les entreprises « mondialisées », et qui évoquent l'expérience personnelle de
l'acculturation vue au travers du « stress d'acculturation » (Berry, 1990), au
travers des « stratégies » qu'une personne peut adopter afin de réguler la

diversité socioculturelle perçue et vécue (Camilleri et Malewska-Peyre, 1996), au travers des types de « réponses psychologiques » au contact culturel (Furnham et Boschner, 1986) ou des types « d'acculturation ».

Si les trajectoires personnelles et professionnelles peuvent être marquées par la continuité intergénérationnelle, la plupart des gestionnaires internationaux au sein des entreprises que nous avons étudiées paraissent offrir l'exemple fréquent de ruptures biographiques impliquant de profondes remises en cause de l'identité préalablement construite. Si elle évoque un « monde de conquête », d'aisance matérielle, et pour le salarié, le sentiment d'une plus grande liberté d'action, la mobilité géographique et fonctionnelle admettrait donc également une face sombre, faite de conflits voilés entre des individus porteurs de cultures très éloignées, de crises identitaires peu faciles à interpréter. Cette réalité est peu connue.

Même si des actions de formation et de soutien matériel des gestionnaires mobiles et de leurs familles sont mises en place à l'occasion des transferts, les sphères dirigeantes ont souvent tendance à « surestimer » les capacités d'intégration des gestionnaires mobiles à l'étranger. L'accumulation des changements de modes de vie, des environnements de travail ou familiaux, ferait que l'identité personnelle supporterait de mieux en mieux les aléas de l'altérité. Au mieux, les difficultés sont envisagées comme des ruptures dans les « routines de vie » (Black, Gregersen et Mendenhall, 1992), entendues comme « programmations » mentales et comportementales acquises très tôt. Avec l'utilisation souvent abusive d'auteurs comme Hofstede (1987), Hampden-Turner (1991), Trompenaars (1994) ou Black (1991), le degré d'adaptation au nouvel environnement est représenté à travers une courbe en U selon l'axe du temps (après une phase d'euphorie vient le temps de l'abattement ou celui de « la reprise en main »), rendant obligatoire la préparation au voyage lors de séances de formation à l'interculturel.

Dans l'immense majorité des cas, les dissonances identitaires qui touchent les gestionnaires internationaux sont tues ou plutôt censées être « enveloppées » dans une culture commune de référence (« l'esprit d'entreprise »). Chacun des gestionnaires doit parvenir à assumer les tensions qui résultent d'éventuels chocs « acculturatifs » liés à la mobilité internationale (familles disloquées par les distances géographiques, aux modèles d'identification devenus flous, double rejet social dans l'entité professionnelle d'accueil comme « étrangers » et dans la société d'origine parce qu'ils sont devenus « différents », perte progressive des enracinements sociaux, associatifs ou religieux) par l'appartenance à l'entreprise.

Dans cette perspective idéologique, l'idéal de la compétence interculturelle serait le « global player » (ou gestionnaire cosmopolite) chez qui les gestionnaires de carrière chercheraient à développer une flexibilité plus importante et aussi à réduire le stress résultant de ses actions à l'étranger.

Pour les gestionnaires les plus en vue, il convient d'être « maître de soi », « possesseur de soi », et cet effort requis à l'échelle de nos sociétés contemporaines a certainement partie lié avec la croissance importante des industries qui ont pour objet le déploiement d'une image de soi, « depuis la mode, la santé, la diététique ou la cosmétique, jusqu'à l'industrie en pleine expansion du développement personnel [...] avec l'apparition de nouvelles professions, comme celle du coach » (Boltanski et Chiapello, 1999, p. 235). Nos enquêtes montrent que les gestionnaires supérieurs, aussi, ressentent un mode de dissociation se développant entre rationalités propres à chaque sphère de leur existence (travail, famille, société globale).

Cinq stratégies identitaires des gestionnaires internationaux

D'un point de vue sociologique, l'identité peut être définie comme ce en quoi l'individu se reconnaît et est reconnu par les autres. Dubar (2002, p. 109) admet que l'identité est le résultat à la fois stable et provisoire, individuel et collectif, subjectif et objectif, biographique et structurel des divers processus de socialisation qui, conjointement, construisent les individus et définissent les institutions.

Face à la même situation d'acculturation, tous les individus ne feront pas le choix des mêmes stratégies[3] et chercheront à développer des procédés incitant l'autre à le reconnaître de la façon qui lui convient. Certains individus ont tendance à recourir à des stratégies d'évitements ou de modération des conflits. Sur ce point, Camilleri (1989) distingue les conduites de ceux qui cherchent à occulter les contradictions entre codes originels et nouveaux codes, soit en s'enfermant dans un cadre culturel unique, soit en pratiquant l'alternance des codes selon les circonstances. Camilleri (1989) distingue également les conduites de ceux qui affrontent les contradictions, les cadres hétérogènes, soit dans le sens syncrétique d'un bricolage, soit dans le sens synthétique d'une liaison de traits empruntés aux codes culturels. Alors que les premiers ne se préoccupent pas de justifier nécessairement leurs manipulations identitaires, les seconds donnent l'impression d'individus qui ont

---

3.   Par stratégies identitaires, nous entendons, avec Camilleri (1990, p. 49), le « résultat de l'élaboration individuelle et collective des acteurs et qui expriment, dans leur mouvance, des ajustements opérés, au jour le jour, en fonction de la variation des situations et des enjeux qu'elles suscitent – c'est-à-dire des finalités exprimées par les acteurs – et des ressources de ceux-ci ».

des facultés de se couper d'eux-mêmes, de poser des cloisons avec ce qui dérange.

L'identité des gestionnaires internationaux s'établit dans une tension, une interaction, entre ce qui est subjectivement revendiqué par le sujet et ce qui lui est socialement accordé par le milieu d'accueil. Il en résulte la constitution d'espaces professionnelles et extra-professionnelles où les individus revendiquent à être jugés publiquement comme « un certain type de personne » afin d'acquérir une identité davantage valorisée. Existe la possibilité d'une sorte de « jeu », au sens de Lyman et Douglass (1972), qui se joue à travers la communication d'indices et de rôles ethniques et

> c'est parce que l'information transmise par les indices (les traits physionomiques, la couleur de la peau, l'accent) est souvent insuffisante que les acteurs peuvent consciemment fournir des éléments complémentaires d'information leur permettant de contrôler dans une certaine mesure la présentation d'un Moi ethnique spécifique » (Poutignat et Streiff-Fenart, 1995, p. 166).

Par exemple, un gestionnaire noir américain, né en Inde, travaillant à Paris depuis deux ans et marié à une jeune Française, renforce le caractère énigmatique de la construction des identités au travail dans un contexte multiculturel. Le « nous-sujet » de son discours oscille constamment entre plusieurs instances d'identification, évoquant avec le « nous » assez indifféremment, par exemple : « Nous les gestionnaires étrangers en France », « Nous les géologues américains », « Nous, les Anglo-Saxons de la tour Alpha » ou encore « Nous, les Noirs en entreprise ».

Ce qui rendait ce gestionnaire international semblable à ses collègues, c'était son « haut degré de différenciation » (Devereux, 1970), la difficulté de le rattacher à une « nationalité », le fait de le voir revendiquer une multi-appartenance et de faire vivre en lui différentes « provinces du moi ». Connaître l'identité de papier ou encore le statut social ne nous permettait pas de prédire le comportement de ce gestionnaire. Comment rendre compte alors de ces ponts établis entre plusieurs cultures par ce gestionnaire américain, né en Inde, et qui n'hésitait pas à nous affirmer que « si, pour les Américains, l'Inde est l'enfance de l'humanité, pour les Hindous, les États-Unis est l'humanité encore dans l'enfance » ? Prenait-il partie pour les Hindous ou pour les Américains ? Ou bien, faisant l'expérience d'une duplicité identitaire, était-il des « deux côtés » en même temps ?

C'est parce que la construction de l'identité des gestionnaires internationaux n'est pas « double », entre passé et présent, entre culture du pays d'accueil et culture du pays d'origine, mais est multidimensionnelle, qu'il est si difficile de prévoir le succès d'un parcours professionnel à l'étranger.

Immigrés mais aussi gestionnaires internationaux rappellent que ce qui caractérise un sujet, ce n'est pas qu'il persévère dans une identité mais qu'il invente, souvent forcé, dans des activités subjectives qui lui sont propres, des configurations nouvelles en anticipant parfois sur les évènements et en tentant souvent de donner un sens, en poste, aux situations qu'ils vivent. Le sujet dépaysé, plus que quiconque, se perçoit différemment dans les divers registres de son fonctionnement, étalonnant ses compétences et ses mérites en termes familiaux, scolaires, physiques, émotionnels. Il n'y a pas un processus univoque de l'estime de soi, mais une variété de nuances, situées en fonction des places du sujet (à la maison, au travail, avec les amis).

Parce que la plupart des individus font vivre des attitudes différentes, sans qu'elles soient nécessairement reliées entre elles, chercheurs et praticiens, qui traitent de « l'interculturel », traitent de la question du maintien du désir d'unité du soi. Parler de son identité pour le gestionnaire gabonais, norvégien ou italien, expatrié pendant trois ans à Paris, à Luanda ou à Londres, revient à se pencher sur son passé, à aller quelque part à rebours de la logique de l'immédiateté de l'ordre de l'entreprise et des mobilités professionnelles qu'elle suscite. Sa « demande » d'identité est une « demande » de stabilité et souvent une « demande » de reconnaissance pour quelque chose qui lui fait défaut dans l'interaction avec ses collègues. Entre permanence (l'individu vit dans un univers nouveau comme il le faisait avant), dédoublement (l'individu adopte des pensées, des croyances et des pratiques en fonction de l'univers social dominant) et mélange (chaque univers apporte sa vision du monde et féconde une synthèse), la personne, particulièrement en situation interculturelle, n'est pas immédiateté, simplicité et primitivité du moi, mais médiate, construite, complexe et « tardive » (Meyerson, 1948). C'est toujours secondairement que l'individu peut se rendre compte de la diversité des attitudes ou des attributs qu'il possède et faire un travail « d'ajustement ».

Les gestionnaires peuvent être appréhendés à travers cinq types de stratégies identitaires, présentant des modalités variées de résistance ou d'ouverture au milieu culturel ambiant. Certains individus au travail vont choisir le repli radical sur leur culture d'origine. D'autres, au contraire, vont chercher la perméabilité quasi totale à la culture du milieu d'accueil et les signes d'une conversion identitaire (les conservateurs, les défensifs, les opportunistes, les transnationaux et les convertis) (Pierre, 2000).

Les conservateurs

Les conservateurs envisagent la mobilité internationale comme une « parenthèse » dans leur carrière. Celle-ci est appréhendée à la lumière du retour dans la filiale d'origine où elle sera « convertie » et permettra l'accession à de plus fortes responsabilités. Les conservateurs font un « aller simple ». Ils veulent conserver, au cours de leur expérience en terre étrangère, le maximum de liens avec l'environnement culturel et familial dont ils sont issus. Ils veulent se protéger et, aussi, le poids des obligations envers les parents et les proches restés au pays souligne une grande densité de relations.

Le discours des conservateurs s'organise autour des notions d'honneur, d'éducation, d'usage, de famille, de loyauté, de liens solides à préserver. Lors de leur mobilité internationale, les conservateurs paraissent diviser l'univers social en deux hémisphères. Ils fantasment un « dedans » (le foyer familial le plus souvent) où ils cherchent à garder intacts les modes de penser hérités de leur culture d'origine et un « dehors » (principalement le monde de l'entreprise) où ils adoptent les comportement minimaux exigés par la vie des affaires (sans apprendre la langue du pays d'accueil).

Autour d'écoles, de commerces, d'églises, de rencontres associatives, les contacts entre compatriotes lors de la mobilité internationale contribuent, symboliquement et matériellement, à mettre en place une sorte « d'espace ethnique » articulé au sein de la société d'accueil. L'importance des mécanismes de défense portés par les conservateurs met ainsi en lumière une conclusion déterminante : un individu ne s'insère pas dans une société humaine d'accueil tant qu'il n'y trouve pas une garantie de sécurité équivalente à celle que fournit sa culture ethnique, une garantie qui vient au moins contrebalancer l'espoir de retrouver dans sa communauté originelle la chaleur des relations personnelles et le secret d'une histoire signifiante.

Les défensifs

À la différence des conservateurs, les défensifs n'entretiennent pas de sentiment d'infériorité par rapport à la société d'accueil où ils travaillent. Ils veulent défendre leurs origines aux yeux du monde et particulièrement vis-à-vis de leurs collègues de travail. La mobilité internationale a comme « éveillé », pour les défensifs, la conscience d'une appartenance locale qu'il convient de défendre. Ils se sont retrouvés à devoir s'expliquer sur leur pays d'origine ou supposé, le prénom de leurs enfants, les raisons de leur mobilité ou encore l'histoire de leur peuple ou de ses dirigeants.

Pleinement intégrés à l'activité de l'entreprise, les défensifs se construi-sent en « étrangers » vis-à-vis de la société qui les accueille et y trouvent constamment des moyens de se distinguer. Alors que la figure « apatride » du financier international ou du « fonctionnaire européen » jouent, pour les défensifs, un effet repoussoir, nombre d'entre eux n'hésiteront pas à apparaître comme « l'Américain » ou « le Norvégien » de Port Harcourt ou Libreville, en forçant le trait d'une revendication culturelle assumée.

Les défensifs vont faire un effort sur eux-mêmes pour maintenir, puis réinventer leur différence, une différence comme « lavée » de l'expérience continuelle du « soi déprécié ». Les défensifs tentent ainsi de mettre fin à la honte comme « conscience de soi sous le regard d'autrui ». Ils revendique-ront, par exemple, la nomination systématique de gestionnaires locaux (et non expatriés) à la tête des filiales d'un groupe mondial, refuseront volontiers les méthodes uniques d'évaluation du rendement ou de recrutement.

En fin de carrière, au bout de plusieurs années de mobilité intense, nombre de défensifs souhaitent retourner « au pays » comme pour conjurer symboliquement la fluidité d'un temps qu'on a passé ailleurs que chez soi, dans l'entreprise « mondialisée ». Pour ces gestionnaires internationaux, les « racines » deviennent plus importantes qu'une réussite professionnelle éloquente à l'étranger. Ils deviennent alors des entrepreneurs locaux où il s'agit de mettre à profit les compétences « interculturelles » que la mobilité internationale a fait naître et permis de cultiver. L'accession à des responsa-bilités associatives ou d'enseignement et l'entrée en politique sont aussi des possibilités concrètes d'intégrer travail, niveau de rémunération, vie familiale, sens patrimonial en un tout harmonieux.

Les défensifs constituent des modèles de « doubles loyautés » qui finis-sent par s'exercer en dehors de la firme multinationale au moment de la retraite. Ils font vivre, au cours des dernières années de leur carrière le plus souvent, des activités autant militantes que professionnelles en partenariat avec leur région d'origine ou leur pays (Meyer et Hernandez, 2004, p. 42), qu'ils ont quitté physiquement depuis des années, parfois deux ou trois décennies auparavant. En s'insérant dans des réseaux de transfert de com-pétences (le South African Network of Skills Abroad en est un exemple), ils deviennent des chefs de réseaux et animent des groupes de nouvelles sur Internet, participent à des magazines, des fêtes ayant une efficacité symbo-lique haute pour consolider des liens communautaires, prospectent des listes de boursiers, de gestionnaires, de diplomates, d'anciens étudiants de gran-des écoles qui pourront les aider dans leurs actions futures. Chez Alpha, certains membres de l'Association des Nigérians de l'extérieur mettent leur expertise au service du pays dans le domaine de l'ingénierie de l'électricité lors de la privatisation de ce secteur (Meyer et Hernandez, 2004, p. 49).

Pour ces gestionnaires qui parcourent des distances très longues chaque année, s'appuient sur des nœuds de réseaux personnalisés et utilisent les moyens conférés par Internet (Nedelcu, 2004, p. 79), « la compression du temps semble dilater l'espace » (Fibbi, 2004, p. 66). Il y a, chez eux, un espace imaginaire du retour qui est reconstruit à l'échelle transnationale et qui admet des rapports de transferts non marchands, différents de ceux qui sont cultivés en entreprise privée (Meyer, 2000). Les défensifs activent des réseaux économiques, politiques, associatifs ou religieux souvent en même temps et y diffusent souvent d'ailleurs des valeurs démocratiques universelles, issues de leurs expériences transnationales. Pour eux, l'engagement à distance est, d'une part, une solution de rechange au retour physique puisque ce dernier coïnciderait avec un risque fort de déqualification professionnelle en l'absence de structures d'accueil dans les pays concernés. Il permet, d'autre part, de cultiver une position d'autorité savante qui préserve souvent ces gestionnaires de certaines pressions politiques.

Par un statut « extraterritorial », les défensifs illustrent de nouvelles formes de transnationalisme où l'identité se conjugue essentiellement au présent, dans l'espace des entreprises « mondialisées » (Fibbi, 2004, p. 71) et se distingue d'une identité diasporique qui « tisse inlassablement la continuité de l'être par rapport au passé ». Ces gestionnaires internationaux explorent des possibilités d'exploiter des possibilités ouvertes seulement à qui accepte d'occuper une position atypique, en « semi-extériorité » (Fibbi, 2004, p. 72) par rapport aux sociétés de résidence et de double nationalité possible, et cultivent ainsi un « savoir migratoire » ou, plus exactement, une « capacité circulatoire ».

Les opportunistes

L'ensemble identitaire que nous appelons les opportunistes rassemble, de façon prioritaire, de jeunes gestionnaires conscients de ne pas posséder dans l'organisation un diplôme rare et convoité mais qui se sont révélés, sur le terrain, de fins spécialistes et qui veulent compenser cette « carence de formation initiale » par l'enthousiasme affiché et la suractivité. Le discours des opportunistes s'organise majoritairement autour de « l'urgence du terrain », de l'acquisition d'un savoir, de la prise de décision incessante autour de la maîtrise de problèmes techniques complexes et d'outils de gestion sophistiqués. Ils vont chercher à rendre leurs comportements « synchrones » avec ce qu'ils saisissent d'une conduite-type approuvée par leurs interlocuteurs.

L'usage alterné, par exemple, du tutoiement et du vouvoiement selon les situations, le choix d'un thème de discussion particulièrement associé à une culture, l'utilisation d'un registre de gestes « anglo-saxons » lors d'un exposé en public et d'habitudes gestuelles associées à son pays d'origine au moment d'une conversation avec des compatriotes permettent de déceler chez certains gestionnaires internationaux une grande capacité à jouer le jeu de la « bonne distance sociale » en fonction des circonstances. L'effort des opportunistes consiste à résorber les dissonances, à gérer les entrées-sorties de rôles. S'ensuit une réflexivité grandissante liée précisément à cette distance aux rôles. Ce sont des individus qui tirent leur sens de la situation plus qu'ils ne l'apportent avec eux.

Mais, de même que l'on ne sort d'un cadre de référence que parce que l'on entre dans un autre en construction, il serait vain de considérer les opportunistes comme des sujets ethniques et culturels « vides ». Toute identité de façade appelle la connaissance maîtrisée des comportements allant avec, la migration d'un mode d'être à un autre, et suppose l'apprentissage minimal et limité d'un certain capital culturel et d'un registre d'identités « disponibles ».

Les transnationaux

Les transnationaux avouent s'attacher d'abord aux individus par-delà les passeports, les lieux de naissance et les sociétés traversées. La volonté, l'éducation et le bon sens doivent pouvoir mettre en échec les discriminations raciales et le discours de nombre de ces gestionnaires en appelle au « nécessaire plurilinguisme », à la « libre entreprise » et à la construction d'un esprit « cosmopolite » en entreprise. Les transnationaux sont, par exemple, les plus favorables au développement des séminaires de formation interculturelle et disent entretenir avec les langues qu'ils pratiquent « un rapport de type instrumental qui n'entrerait pas dans le champ de leur conscience ». Ils valorisent une gestion par les « preuves ». Ainsi, dès qu'un changement est proposé, le dirigeant doit pouvoir se fonder sur des systèmes de mesure objective du rendement qui sont censés écarter tout biais culturel.

Avec les transnationaux s'illustre aussi le fait qu'à l'instar des différences de prestige, entre écoles de commerce ou d'ingénieurs, les filières nobles de l'internationalisation se distinguent de celles qui le sont moins. Parce que leur univers familial leur a transmis très jeune des valeurs cosmopolites, les transnationaux font figure d'héritiers en qui les pratiques de gestion de carrières correspondent à des dispositions acquises dès l'enfance. Gestionnaires mobiles de « la seconde génération », ils se différencient ainsi des gestionnaires locaux qui vivent leur mobilité en terre étrangère comme la récompense, « en fin de course », d'une carrière méritante (comme certains des conservateurs). Les transnationaux suivent donc souvent les pas de leurs aînés, amènent souvent avec eux leurs souvenirs d'enfance ou d'adolescence, éduqués qu'ils ont été aux voisinages urbains transfrontaliers. Chaque mobilité géographique et fonctionnelle constitue un jalon en rapport avec un intense projet de promotion sociale. Les mêmes parcours résidentiels, les mêmes fidélités aux lieux et aux sociétés traversées, plusieurs générations auparavant, signent et provoquent les déplacements.

Les convertis

Les convertis s'efforcent d'entretenir la plus grande similitude possible avec ceux qu'ils considèrent comme les détenteurs du pouvoir, à savoir les dirigeants. Par exemple, la mobilité vécue en France constitue l'aboutissement d'une carrière professionnelle et la mobilité vécue hors de France apparaît comme une étape en attente de pouvoir rejoindre le siège ou l'une des implantations françaises.

L'identité individuelle semble fondée sur la conscience d'appartenir à une entreprise puissante et reconnue sur le plan international. Le choix de la naturalisation, la recherche d'une carrière entièrement faite dans l'Hexagone, le fait de donner des prénoms français à leurs enfants, par exemple, marquent un processus partiellement conscient, et toujours imparfait, de déculturation.

Cherchant avant tout à « être appréciés pour eux-mêmes », les convertis souffrent d'être placés entre une population (refusée) d'appartenance qui sert aux autres à les désigner comme membres d'une catégorie plus générale (la nation, la couleur de la peau) et qui n'est déjà plus la leur, et un milieu d'appartenance où, introduisant des caractéristiques qui leur sont propres, ils ont peine à se faire accepter. L'étranger est en lutte permanente avec lui-même, constatant de façon cruelle que l'appartenance qui nous est reconnue par les autres ne découle pas simplement d'une capacité réflexive aiguë, d'un art de la distanciation consommé et d'un travail inlassable sur soi. Derrière la figure stéréotypée qu'il tente d'épouser en tous lieux, l'étranger risque constamment d'être « trahi » par la présence de cet autre rejeté en lui qu'il ne parvient pas à maîtriser pleinement. Avec les convertis s'illustre au mieux le fait que l'assimilation est un achèvement jamais atteint et que l'ethnicité renvoie non pas à un état, mais à un processus de construction sociale.

L'orientation dominante de la conduite des convertis met en lumière un concept introduit par Erikson (1972), l'identité négative, et qui recouvre l'ensemble des traits que l'individu apprend à isoler et à éviter. Les convertis fournissent ainsi le meilleur exemple d'individus cherchant à rejeter une partie de leur histoire, dans un effort de réécriture personnelle. Ils croient en la possibilité de mener partout, en tout pays, le même mode de vie et ne veulent pas laisser de place aux « facteurs culturels » en matière de gestion des entreprises. Lorsqu'on leur demande de se définir, les convertis insistent sur la communauté d'âge qui les rapproche de leurs autres collègues, sur la communauté de compétences ou de statut social qui en fait « des gestionnaires ».

Trois ressources d'intégration au travail à l'étranger

L'atout pouvoir

L'accent est souvent mis par les directions de ressources humaines (DRH) sur la nécessité d'estimer la juste durée d'une affectation internationale, sur les « freins » que constitue le travail du conjoint ou l'éducation des enfants et sur la compétence technique protégeant souvent le gestionnaire qui vit une mobilité d'un échec immédiat. Toutefois, nos travaux concluent au caractère pluriel des modalités d'intégration au travail et aussi au fait que la socialisation des gestionnaires internationaux est d'abord tributaire du degré de pouvoir entretenu dans leurs relations de travail (« atout pouvoir »).

Dans les situations durables où personnel local et gestionnaires internationaux doivent résoudre un problème commun pouvant menacer à terme la réputation professionnelle ou l'intégrité de tous, mieux quand ce sont les gestionnaires internationaux qui, par leur savoir, sont porteurs d'intégration, on constate, de la part du groupe dominant, un affaiblissement des stéréotypes négatifs et des marques d'acceptation envers un « pair » que l'on estime comme son « égal ». C'est d'abord l'équilibre des pouvoirs dans la relation qui (a) permet le mieux de saisir l'autre en sa différence culturelle, (b) tend à ramener l'échange aux difficultés de toute communication interpersonnelle et (c) facilite l'intégration des gestionnaires dans leur milieu d'accueil. Dans cette perspective, pour les gestionnaires, les stratégies d'action les plus fructueuses sont précisément celles qui reposent sur la médiation et la mobilisation dans le champ international de ressources nationales.

De manière apparemment paradoxale, les gestionnaires qui se définissent le plus radicalement comme « internationaux » et qui cultivent réellement des traits de styles de vie internationaux (plurilinguisme, mariage avec une personne d'une autre nationalité, cosmopolitisme des amitiés, scolarité internationale des enfants) sont aussi le plus souvent ceux qui mobilisent le plus systématiquement leurs ressources nationales dans l'ensemble des dimensions de la vie sociale et qui entretiennent les liens les plus étroits avec le pays d'origine. Une culture d'entreprise supposée « globale » ne peut que difficilement s'élaborer au détriment des identités nationales de ses membres.

L'atout communautaire

Dans la plupart des cas, la réussite à l'étranger des gestionnaires internationaux dépend également de la présence ou de l'absence, au sein du pays d'accueil, d'une communauté de pairs qui permet à l'individu de maintenir, hors de la sphère du travail et du cadre strict des rapports de production, un lien affectif fort avec la culture d'origine (atout communautaire). Cette communauté n'est pas forcément celle de compatriotes car nombre de gestionnaires valorisent et endossent l'image de « citoyens du monde », complexifient ainsi les lignes de démarcation nationales de ceux qui les observent ou les gèrent, et parviennent, pour les plus privilégiés d'entre eux, à trouver des connaissances en relais dans les lieux où ils circulent. « À quoi cela sert de vivre à l'étranger, à Londres, Tokyo ou New York, si ce n'est pas pour se faire des amis de tous pays ! », nous déclare une jeune gestionnaire marketing d'origine danoise de l'entreprise Gamma.

La création d'un espace intermédiaire culturel, ethnique et psychique protéiforme permet aux conflits suscités par l'acculturation de se négocier dans un va-et-vient dynamique, afin de trouver des compromis viables entre langue maternelle, langages de l'entreprise, culture d'origine, culture du pays d'accueil, culture professionnelle de l'organisation mondialisée. Cet attachement communautaire, vécu surtout hors des murs de l'entreprise, illustre le caractère imbriqué de l'identité collective et de l'identité individuelle du gestionnaire international : se lier à une collectivité unifiante revient à se lier à soi-même et à donner sens à ses actions dans l'entreprise. Il faut croire que notre sentiment d'identité tient à ces rituels, à ces gestes coutumiers, à ces lieux rassurants qui donnent une impression d'invariance dans des moments changeants.

Ainsi, certains gestionnaires privilégiés (les transnationaux), à chacune des étapes de leur mobilité, retrouvent des repères familiaux, s'appuient sur des appartenances à des clubs et des associations internationales. Ces repères internationaux définissent un territoire d'échanges symboliques qui garantit une certaine unité de l'homme et qui combat l'éparpillement, facilite la scolarité des enfants et fournit du travail aux épouses. Quelle que soit leur nationalité, ces individus ont tendance à se regrouper et à s'abriter en « colonies nationales » dans des zones consacrées à leur présence, des lieux (des banlieues choisies et « spécialisées ») qu'ont pu occuper leurs collègues ou leurs aînés qui les ont précédés.

L'atout familial

En rupture avec un modèle traditionnel de l'expatriation « en famille » et de « longue durée », nos recherches illustrent également, chez la majorité des gestionnaires internationaux étudiés, un souci de « cohérence » de leur trajectoire de carrière qui les amène, à chacune des étapes qui bornent cette dernière, à tenter de faire correspondre un mode d'intégration maximale dans l'entreprise avec un mode d'organisation familiale adéquat (« atout familial »). Les gestionnaires internationaux accentueraient en cela, par rapport au modèle de l'expatriation, la plasticité de leur cellule familiale, choisissant, en fonction du pays d'implantation, de partir seul ou en couple, avec ou sans enfants, et introduisant, à chaque mobilité, une profonde redistribution des rôles et de l'autorité au sein de la famille.

Dans la figure II.2.1, les signes « + » et « ++ » vont dans le sens d'une intégration au travail du gestionnaire international. Au contraire, les signes « – » et « – – » illustrent une faible, voire une très faible intégration dans l'espace de l'entreprise. Il faut aussi comprendre que l'*atout pouvoir* favorise l'intégration du gestionnaire international. Nous appelons « atout pouvoir », l'ensemble des ressources détenues lors de la prise de poste puis liées à la bonne maîtrise de l'emploi occupé, au statut hiérarchique, à la qualification dans l'organisation et au sentiment d'être reconnu comme « compétent » dans son emploi sur le long terme. L'*atout communautaire* favorise également l'intégration du gestionnaire international. Il s'agit, pour nous, de l'ensemble des ressources détenues par le gestionnaire international dans l'espace de la communauté de semblables (concitoyens mais aussi membres d'une même association, d'un même réseau). Cette appartenance, ces réseaux sociaux vont être porteurs d'une mémoire collective et favoriser, au final, une appartenance culturelle, un soutien social utiles au gestionnaire. Concernant l'*atout familial*, nous nommons ici l'ensemble des ressources détenues par le gestionnaire international dans l'espace de la cellule familiale et renvoyant à des facteurs liés notamment à la situation professionnelle du conjoint, à la plasticité de l'organisation familiale selon le type de déplacement géographique.

Figure II.2.1
INTÉGRATION AU TRAVAIL ET STRATÉGIES IDENTITAIRES DES GESTIONNAIRES INTERNATIONAUX

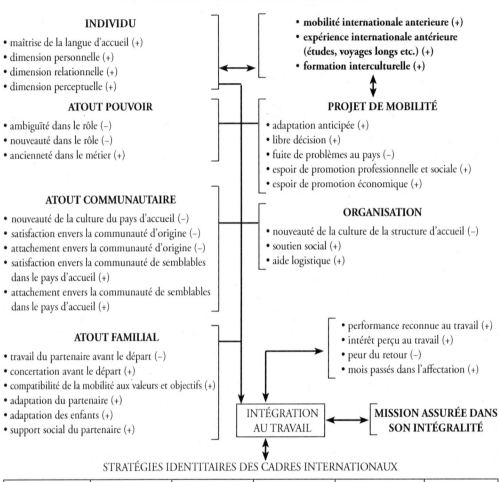

STRATÉGIES IDENTITAIRES DES CADRES INTERNATIONAUX

ATOUT POUVOIR	–	+	+	++	+
ATOUT COMMUNAUTAIRE	++	++	–	–	– –
ATOUT FAMILAL	– –	–	++	+	–
	Stratégie de conservation et de repli autour d'éléments culturels d'origine	Stratégie de revendication culturelle et d'affirmation d'un sentiment d'appartenance à un groupe d'origine	Stratégie d'emprunts alternés et de mise en liaison « syncrétique » d'éléments culturels	Stratégie d'articulation « synthétique » d'éléments culturels	Stratégie de conversion a une culture d'adoption
	LES CONSERVATEURS	LES DÉFENSIFS	LES OPPORTUNISTES	LES TRANSNATIONAUX	LES CONVERTIS

Légendes : (+) Influence positive sur l'intégration au travail / (–) Influence négative sur l'intégration au travail

Tableau de synthèse réalisé à partir de : Black, Mendenhall et Oddou (1991), Camilleri (1990), Cerdin (1996) et Pierre (2000).

Encore dans la figure II.2.1, l'idée d'*adaptation anticipée* correspond à la dimension de l'adaptation qui commence et s'effectue dans la filiale d'origine (avec le rôle important du témoignage des gestionnaires expérimentés de retour au pays). Aboutissant à une appréciation réaliste des responsabilités et du niveau de performance attendu, elle aide à réduire l'incertitude lors de la prise de poste. De plus, un lien de corrélation positif existe entre l'intégration au travail et une *formation interculturelle* construite autour de films, d'ouvrages et de séances d'information d'anciens sur la zone de mobilité internationale, mais également autour de situations véritables que les gestionnaires mobiles pourront vivre au travail (jeux de rôles, voyages de courte durée). Le fort degré de participation de la cellule familiale à ces formations joue également positivement (Landis et Bhagat, 1996).

En ce qui concerne la *dimension personnelle*, Mendenhall et Oddou (1985) classent les capacités des individus à s'adapter selon trois dimensions. Dans cette perspective, la dimension personnelle comprend les capacités qui permettent au gestionnaire mobile de maintenir ou de renforcer sa santé mentale, son bien-être psychologique et l'estime qu'il se porte. Elle se compose de la capacité à faire face au stress, aux compétences techniques et de la capacité de remplacer des activités qui procurent plaisir et bien-être dans le pays d'origine par des activités similaires dans le pays d'accueil. Par ailleurs, la *dimension relationnelle* englobe les capacités à entrer en relation avec les nationaux du pays d'accueil. Elle comprend la volonté d'utiliser les langages du pays d'accueil, la confiance dans l'interaction avec les autres ainsi que l'habileté à développer des relations. La *dimension perceptuelle* comprend la capacité de percevoir, d'analyser les raisons du comportement des étrangers et de se délivrer des jugements ou des comportements ethnocentrés.

Le travail du partenaire avant le départ représente un frein traditionnel à la décision et au succès de l'expatriation, le travail du conjoint (notamment les doubles carrières) n'a pas, selon nous, d'influence systématiquement négative. Le soutien social du partenaire concerne l'adaptation aux conditions de vie à travers les actions entreprises dans le domaine du logement, de la nourriture, des loisirs, des soins, des formalités administratives. La communauté fait référence au tissu social, dans une zone géographique, incluant les liens avec les amis, le rôle associatif ou civique que remplit le gestionnaire international au sein d'un groupe particulier ayant des buts communs. La question de « l'atout communautaire » se pose selon trois dimensions principales : (a) la nouveauté de la culture du pays d'accueil par rapport au pays d'origine, (b) la satisfaction envers la communauté d'origine et envers la communauté de semblables dans le pays d'accueil, (c) l'attachement envers la communauté d'origine et envers la communauté de semblables dans le pays d'accueil.

Enfin, l'aide logistique et le soutien social concerne l'aide au logement, l'accomplissement des formalités administratives, la découverte de la zone d'affectation à travers des voyages de préparation, la scolarité des enfants. Cette aide peut être prodiguée par l'entité d'origine ou d'accueil, le supérieur direct ou les collègues sur place.

UNE MANIPULATION SITUATIONNELLE DE L'ETHNICITÉ EN ENTREPRISE

Racisme et discriminations dans les entreprises mondialisées

Pour reprendre la belle image de Mayol (1992), nombre de jeunes gestionnaires originaires de pays en développement et évoluant au sein d'Alpha comme impatriés semblent avoir « un pied dans la culture de leur père et l'autre dans celle de leur génération, mais le second était plus entraînant que le premier ». À une société de parenté forte se substitue, pour ces jeunes élites, une société où ce ne sont plus les pères, les anciens, qui formulent prioritairement l'identité culturelle mais les « pairs » de l'univers professionnel. Leurs réseaux sont donc modernistes (par opposition aux réseaux de résistance identitaire des anciens), en ce qu'il était question de « s'exprimer comme tout le monde », d'entrer dans le jeu de la concurrence interindividuelle afin de « faire carrière dans l'entreprise ».

« Avant d'être Africains, nous sommes des gestionnaires » n'hésitent pas à affirmer ces jeunes gestionnaires, pour qui « le droit à la ressemblance » semble plus fort que le droit à la différence. Ces gestionnaires font état de la pluralité de leurs appartenances comme d'un état de fait enrichissant, qui permet d'exister au sein de groupes très différents avec un minimum de distance, et non un douloureux handicap. Le nous-sujet de leur discours oscille constamment entre plusieurs lieux d'identification, comme c'est le cas chez ce jeune gestionnaire noir basé à Paris qui évoque indifféremment : « Nous, les salariés d'origine étrangère chez Alpha » (dénotant face aux Français et au pays de fondation de l'entreprise un statut minoritaire et peu différencié dans la société d'accueil), « Nous, les Anglo-Saxons de la tour Alpha de la défense » (insistant alors sur une solidarité micro-locale surtout d'ordre linguistique) ou encore « Nous, les hommes de couleur en entreprise » (relevant une assignation identitaire en tant que membre d'une communauté raciale stigmatisée dont il faut défendre les droits).

Les entreprises mondialisées sont aussi le lieu de scènes de racisme ordinaire, même pour des gestionnaires possédant un haut niveau social et des revenus élevés. Si certains gestionnaires internationaux détiennent des caractéristiques reconnues de statut, de diplôme et d'expérience technique, ils ne posséderont pas pour autant certaines caractéristiques attendues par le milieu d'accueil (le capital social, l'origine « ethnique » ou national, le bon « profil » pour travailler en quelque sorte). Certains gestionnaires internationaux pâtiront, à leur arrivée, de formes diverses de discriminations, d'une présomption « d'incompétence » façonnée et transmise par un certain nombre d'autres gestionnaires qui dénonceront une faible participation au travail et une absorption par les contraintes de la vie sociale (« obligation familiale alimentaire très étendue et très forte, rites sociaux très variés et très suivis, pratique fréquente d'une double activité en plus de l'activité salariée »). En ces situations, la couleur de la peau devient signe extérieur, révélatrice de caractéristiques intellectuelles supposées (Trutat et Obame, 1987, p. 35).

Au sein d'Alpha, ce sont particulièrement les activités extra professionnelles de certains agents locaux en Afrique noire, dans des sociétés de transport ou de nettoyage, qui nourrissent les critiques les plus vives d'un petit nombre d'expatriés français qui y voient l'occasion d'un faible engagement professionnel. « On ne prend pas assez en compte le contexte extraprofessionnel du travailleur africain dans nos activités. Il convient de savoir bien distinguer les caractéristiques propres à chaque nationalité », témoigne, lors de nos entretiens, ce géologue français d'Alpha. « Pour un Africain, être rationnel, c'est être relationnel. Les Nigérians ont un sens inné de la hiérarchie » poursuit-il,

> mais sont incapables de suivre une action dans le temps, de donner l'information autour d'eux. Ils ne sont jamais libres ; les sanctions, ils les prennent à contrecœur, redoutant les structures ancestrales, le jugement des anciens ou les récriminations des frères. Une fois que vous savez cela, vous réglez le problème en diffusant l'information tout de suite ou en sanctionnant vous-même un fautif. C'est un problème de structures mentales. Et ce n'est pas dire du mal que de constater qu'à cause de leur tempérament et des contraintes sociales de leurs pays, on ne peut leur faire autant confiance qu'à des collègues français.

Ces critiques racistes sur l'inactivité relative des locaux des filiales n'hésitent pas à amalgamer « causalité physique » et « causalité mentale ». Elles définissent l'être humain exclusivement par le nombre de membres de leurs groupes d'appartenance respectifs. De telles critiques existent sous des formes plus atténuées dans d'autres filiales d'Alpha ainsi que l'illustrent les propos de ce gestionnaire des ressources humaines français qui a travaillé pendant trois années sur les sites norvégiens :

Les Norvégiens travaillent à plusieurs depuis l'école et sont particulièrement doués pour tout ce qui est « équipes projets ». Rien à voir avec les Français qui ne partagent pas leurs idées avec d'autres. N'empêche qu'ils ont l'habitude de partir du bureau à 16 heures pendant que les expatriés font tourner la boîte au-delà de 19 heures. Ils n'ont pas la même conscience professionnelle, ils aiment trop leurs loisirs.

En dépit de la reconnaissance officielle de l'égale valeur de chaque filiale et de chaque culture dans l'organisation, une hiérarchisation du prestige des groupes ethnoculturels demeure pour certains employés au sein d'Alpha. La confrontation interculturelle ne peut donc être examinée indépendamment du « point de départ national » des acteurs de l'entreprise. Ainsi que l'écrit Wagner (1998, p. 3), dans un contexte d'études comparable, « international est loin alors de signifier a-national, puisque certaines nationalités peuvent, plus facilement que d'autres, prétendre à cette appellation ».

Tout se passe aussi comme si le prestige du pays d'affectation rejaillissait sur la carrière du gestionnaire international qui y est envoyé. En cela, trajectoires géographiques et trajectoires professionnelles sont loin d'être indépendantes. Avec les gestionnaires internationaux d'Alpha, il n'y a pas à proprement parler de constitution d'un groupe qui imposerait la légitimité de compétences « internationales » et qui, ce faisant, ferait disparaître en son sein les spécificités liées aux « points de départ nationaux ». Ce sont, en grande partie, les histoires collectives nationales qui permettent de comprendre les différences de trajectoires liées à la mobilité internationale, puisque, dans certains contextes nationaux, les séjours à l'étranger représentent des étapes obligées de la réussite sociale et, dans d'autres, des choix risqués sans avenir de réinsertion réelle et d'accès aux positions nationales les plus en vue.

Wagner (1999) a su souligner une constante hiérarchisation des attributs nationaux dans la population des gestionnaires internationaux. Elle observe que les nationalités « dominantes », les Étasuniens, font preuve d'une grande aisance dans les cercles internationaux. Ils peuvent rester nationaux tout en se définissant comme internationaux puisque leurs entreprises, leurs écoles, leurs associations et leur langue sont à la fois américaines et internationales. Les nationalités plus récemment entrées dans la sphère internationale, comme les Japonais par exemple, ont un comportement de « bonne volonté internationale » qui évoque celui des classes moyennes en ascension. Enfin, les gestionnaires des nationalités dominées ont tendance à refouler tout ce qui peut évoquer les origines nationales pour mieux s'acculturer aux normes internationales occidentales.

Manipulations de soi et chocs intraculturels

Face aux discriminations et aux critiques racistes, certains gestionnaires internationaux vont tenter d'assumer les rejets, d'autres de s'en accommoder, d'autres encore de sublimer leurs stigmates dans une sorte de « communauté transnationale de gestionnaires en entreprise ». Par exemple, face aux contraintes du système social, certains gestionnaires pétroliers du groupe Alpha originaires d'Afrique noire illustrent une problématique de la pluralité des allégeances tout à fait particulière, surprenante et peu étudiée. Membres fidèles des confréries religieuses le soir, exprimant dans le dialecte local et en costume traditionnel leurs convictions animistes, ces derniers participent activement au sein de la firme multinationale qui les emploie à la vie économique et politique du pays, parlent anglais et français avec leurs collègues, forment leurs collaborateurs à des standards de gestion d'origine anglo-saxonne et endossent ainsi, non sans tensions, un autre rôle social.

Selon les situations et les interlocuteurs, chez ces gestionnaires pétroliers s'illustre un principe de coupure (Bastide, 1955) entre des moments d'expression publique qui en appellent volontiers à une « affectivité indigène » et, en même temps, à une capacité à pouvoir juger de manière rationnelle des projets industriels, à organiser son travail selon une temporalité définie comme « occidentale » et à entrer en contact avec des collègues selon des codes relationnels tout à fait adaptés à une rationalité « moderne ». En ces hommes et ces femmes « ubiquistes » semble s'affirmer, plus que chez toute autre personne, une duplicité qui s'exprime en ces termes : rester fidèle à sa communauté d'origine tout en cherchant à s'épanouir dans l'organisation dont ils dépendent et qui les rémunère.

Inscrits dans des registres multiples et non congruents, dans des situations qui ne sont pas entièrement codées et prévisibles, les gestionnaires internationaux s'expliquent, se justifient, prennent de la distance. Parce qu'elle est souvent une expérience d'un surcroît d'indépendance par rapport aux contraintes relationnelles vécues au sein du groupe d'origine, la mobilité internationale s'oppose au caractère homogène du projet des gestionnaires avant leur départ et exprime « un problème de consistance entre les intériorisations originales et nouvelles » (Berger et Luckmann, 1996, p. 192).

Contraints d'adopter les goûts et les habitudes d'un nouveau milieu, certains gestionnaires internationaux vont donc tenter d'aménager de façon partielle et localisée une partie de leur vie psychique, selon une temporalité d'ordre professionnel, et cela afin de préserver un lien intime avec ce qu'ils considèrent comme la part la plus « authentique » d'eux-mêmes. Pour Berger et Luckmann (1996), les acteurs semblent n'être jamais totalement immergés dans leur action, dans leur culture ou dans leurs intérêts, sans que ce « quant-à-soi » puisse apparaître pour autant comme un défaut de socialisation. La configuration identitaire qui résulte de la socialisation primaire va donc devoir être remaniée tout au long de la vie, offrant la possibilité de véritables stratégies identitaires du fait de la non-coïncidence entre le « soi-même » et le rôle professionnel et social.

La mobilité internationale en entreprise apparaît souvent comme une expérience mythifiée. Nulles fractures constatées de l'identité, nulle expérience malheureuse du gestionnaire cosmopolite. Or, ce « schéma » promu par la plupart des dirigeants d'entreprise, nous l'avons dit, où les processus de socialisation des gestionnaires internationaux débouchent nécessairement sur une pleine participation économique sans reniements culturels et le passage d'un cadre de vie à un autre sans antagonisme, n'éclaire pas la situation vécue de ces individus dont l'intense activité professionnelle les oblige plutôt à assumer des situations renouvelées de « transplantation culturelle ».

Classiquement, il y a dissonance quand un individu se rend compte que la réalité qu'il observe est différente de la représentation mentale qu'il s'en était faite. Les gestionnaires internationaux, entre représentation idéalisée de ce qu'ils vivront en expatriation et réalité vécue, chercheront le plus souvent à maintenir la plus grande consonance mentale possible entre ces deux plans. La mobilité internationale représenterait pourtant un risque de confiscation temporaire de jouissance du « capital social » (Bourdieu, 1980), une « incapacité à agir de façon satisfaisante sur l'environnement proche de l'expatrié » (Agard, 2004, p. 54). S'appuyant sur l'étude de la compatibilité entre eux des différents capitaux définis par Bourdieu (1992, p. 94), Agard parle de « disqualification sociale temporaire », « d'impotence sociale » (Black et Mendenhall, 1991), pour souligner le décalage entre la valorisation de la mobilité internationale, les passages actifs qui concourent à une « formation continue équilibrée » et le vécu (organisationnel et social) du gestionnaire mobile (Agard, 2004, p. 53). Il explique que cette impotence se traduit par une inhibition à affronter les acteurs par crainte d'incompréhension, de ridicule, de danger pour soi ou d'exaspération (Agard, 2004, p. 416).

Avec la croissance des mises à l'épreuve, les gestionnaires mobiles peuvent courir le risque de devenir, selon l'expression de Sennett (2000), « des plantes que l'on rempoterait trop souvent ». Nos travaux nous amènent à conclure que cette disqualification temporaire est variable selon les situations et les types de ressources possédées par les gestionnaires. Elle est certainement vérifiée pour des individus (les conservateurs ou une part des opportunistes) qui voient soudainement se rompre à l'étranger l'équilibre entre accaparements professionnels et sphère familiale. Pour une partie des gestionnaires mobiles (les transnationaux, par exemple), cependant, l'entreprise offre un milieu stable et les variations sont moins fortes. Paradoxalement, les gestionnaires les plus mobiles d'un point de vue géographique ne seraient pas nécessairement les plus « multiculturels », les plus aptes à apprendre des autres, les plus soumis à la différence culturelle. Comme pour les cours royales européennes au XVIIᵉ siècle où l'usage était de parler (aussi) français, permettant de partager les conditions d'une éducation commune pour ceux qui y résidaient en tant qu'étrangers, certains gestionnaires internationaux expérimentés sont capables d'être d'ici, de là-bas et des deux en même temps. L'entreprise offre, pour eux, un milieu atténuant les tensions et les risques d'inadaptation.

Agard (2004, p. 296) parle, à juste titre, de « moments de respiration » pendant lesquels les gestionnaires internationaux vont pouvoir évoquer leur pays d'origine ou se retrouver. Il distingue les rencontres entre pairs, entre concitoyens, les brefs voyages au pays et l'accueil des membres de la famille ou des amis nationaux sur son lieu d'installation. Nous rejoignons Agard (2004, p. 56) quand il constate que pour certains gestionnaires, « contrairement à ce qui est généralement présenté dans la littérature, l'entreprise deviendrait un "moment de respiration", en étant le lieu où la capacité d'agir de l'expatrié sur son environnement serait encore opérante, sans crainte de mécompréhension ». Les lieux de la famille devenant principalement ceux qui posent question (ceux où il faut inventer, souvent dans l'inconfort, de nouveaux comportements pour s'adapter). Dès lors, il y a bien nécessité, soulignée par Agard, de concevoir de nouvelles « courbes d'acculturation » selon les interactions sociales et l'expérience de « dénuement relationnel » (Paugam, 1991, p. 6) auxquelles elles font référence (Cerdin et Dubouloy, 2004, p. 964). Paradoxalement, nos travaux montrent que les individus qui sont les plus sensibles aux réalités de la rencontre interculturelle (respect d'autrui, écoute active) ont le sentiment d'avoir subi un « choc culturel » (Oberg, 1960) considérable au début de leur parcours et courraient le risque de retour anticipé.

Aux prises avec différents milieux d'accueil, la mobilité internationale a incité certains gestionnaires à reconnaître la présence en eux d'un étranger déprécié, aimé ou idéalisé, parfois à reformuler leur sentiment d'appartenance en acte de revendication. Tout l'art consiste à maîtriser en eux et à lire chez les autres le jeu incessant des signes qui définissent les formes de la civilité, de la compétence acceptée et celle d'une maîtrise toujours imparfaite des émotions. L'homme de cette mondialisation, plus que tout autre, « sait prêter attention aux autres pour rechercher des indices qui vont permettre d'intervenir à bon escient dans des situations d'incertitude » et possède « l'habileté à contrôler et à modifier la présentation de soi qui peut aller jusqu'à la capacité d'improviser juste, voire de « mentir sans broncher » si cela est jugé nécessaire » (Bellenger, 1992).

Dans un processus dialectique de perception réciproque dans lequel s'affrontent les forces de l'exclusion et de l'assimilation vis-à-vis de la société d'accueil, celui qui se déplace pour découvrir le monde est le plus souvent découvert à son tour en ses différences (Oberg, 1993). Une culture naguère encore familière est rendue « étrangère » en soi par l'expatriation. Ce qui soudain surprend, c'est de réagir intérieurement, dans une expérience du dépaysement, à sa propre culture d'origine, intériorisée dès le plus petit âge. L'altérité culturelle est alors d'abord une réalité intérieure, subjective et affective, qui fait qu'elle ne se construit pas seulement en opposition à d'autres groupes extérieurs (les gens du pays hôte, les collègues étrangers, les compatriotes et leurs familles) mais aussi en rapport avec cet autre que l'on sent en soi, carrefour de plusieurs appartenances qui soudain interfèrent. On peut parler de « self-shock » (Zaharna, 1989) comme sollicitation massive de la subjectivité du sujet dépaysé, aux prises avec ses propres faiblesses, et comme intériorisation du choc dû à la différence dont les autres sont porteurs.

En somme, l'acteur à l'étranger s'identifie *in actu* aux typifications de conduite socialement objectivées, mais rétablit une distance vis-à-vis de ces dernières à partir du moment où il réfléchit après coup sur sa conduite au travail et en dehors. Cette distance entre l'acteur et son action peut être maintenue dans la conscience et projetée dans des répétitions futures des situations vécues. Mais toute identité de façade appelle la connaissance maîtrisée des comportements allant avec, la migration d'un mode d'être à un autre, et suppose l'apprentissage minimal d'un certain capital culturel et d'un registre d'identités « disponibles », distinguant les héritiers de la mobilité internationale (les transnationaux ou les défensifs) des moins aguerris (les opportunistes, par exemple).

LE TEMPS DES APPARTENANCES APPARENTES EN ENTREPRISE

Récits de voyages et récits de vie

Les artistes, on le sait, ont la capacité de faire naître ce que l'on peut appeler des scénarios interprétatifs de leurs existences, mais ce privilège n'est pas le seul apanage des poètes, musiciens, écrivains, peintres. Pensons, par exemple, en quoi la construction de l'identité de gestionnaires internationaux peut ou ne peut pas s'apparenter à un « bricolage », en relation avec ces « autres intérieurs », ces fantômes d'autrui que chacun porte en soi et que réactivent les contextes de travail en terre étrangère en vous rappelant « votre couleur de peau », « votre accent singulier » ou encore « votre manière si particulière de sanctionner ou de récompenser l'effort dans vos équipes ». Un bricolage sans que les stratégies de l'identité ne soient jamais le résultat de finalités conscientes, clairement exprimées par les gestionnaires internationaux. Selon quelles modalités ces individus font-ils vivre un rapport de « non-congruence » entre leur propre vie et la réalité sociale avec un travail de l'événement en intrigue et de la contingence en histoire de vie (Yanaprasart, 2006) ?

Les gestionnaires internationaux se trouvent contraints par leur état de raconter, beaucoup plus souvent que d'autres, leurs parcours, leurs origines, de cerner dates d'arrivée, de mariage, de naissance, motifs de séjour à toutes sortes d'autorités (administrations, banques, collègues de travail, voisins, police) (Vatz-Laaroussi, 2001). Les migrants et les gestionnaires internationaux partagent cette nécessité de devoir aussi construire une « mémoire familiale ». Plus que d'autres, ils témoignent d'un intérêt pour eux de laisser une trace (écrits, photos, dessins, vidéos) afin de construire patiemment l'histoire du parcours des leurs.

« Les premiers moments de l'adaptation au Brésil ont été difficiles en expatriation » témoigne un gestionnaire italien de Gamma, aujourd'hui impatrié en France.

> J'étais parti seul et, dans mes instants de repos, je me souvenais de phrases du passé dites par des proches, des amis et j'entamais avec eux un drôle de dialogue à distance, tantôt à voix haute, tantôt à mi-mots. Je reprenais des conversations cessées des mois ou des années en arrière en jouant parfois plusieurs personnages et en me donnant le beau rôle ! Je me voyais faire et cela m'intriguait. Il me fallait ce dialogue pour me sentir mieux. J'anticipais aussi sur mes rencontres et notais sur un carnet ce qu'il ne fallait pas que j'oublie avec ceux que j'aimais ou avec qui je travaillais. Je gagnais du temps à moi sur le temps qui passe.

Ce témoignage laisse aussi entrevoir que se promener, flâner hors des temps de travail, c'est aussi rechercher, pour les gestionnaires internationaux, en se fondant dans la masse mouvante d'autres corps dans les rues des villes, en accordant leurs pas sur celui d'inconnus, l'essence d'un lieu en même temps qu'on le consomme. Cette façon de marcher, comme suspendue,

« comme si on avait tout son temps », s'oppose au temps mesuré, au temps du processus de production de l'entreprise et apparaît comme un besoin souvent exprimé (Urry, 2005, p. 65). Il conviendrait en cela de parler de « fable de la vie » que les gestionnaires internationaux se racontent autour de figures limitées d'identification, d'« illusion biographique » en ce sens que « l'individu doit en effet parvenir à la forger avec un maximum d'éléments crédibles tirés de son histoire » (Kaufmann, 2001, p. 168). La parole favorise la mise à distance, le rapprochement et l'éloignement. Parler, c'est accéder à un plaisir de la représentation qui paraît fort chez les gestionnaires internationaux.

Pour les gestionnaires internationaux, « l'apprentissage des compétences à aborder des univers de normes ne se présente plus selon la vieille problématique d'une marginalité qui signale l'être « pas encore d'ici et plus tout à fait de là-bas », mais bien selon une nouvelle acception désignant celui qui est capable d'imposer la convenance de ses allers-retours, de ses entrées-sorties, entre mondes désignés comme différents » (Tarrius, 2000, p. 8). Les gestionnaires internationaux n'abandonneront en rien ce qui les a fait antérieurement, au contraire, ils composeront à partir de ce substrat. Ces intégrations supplémentaires se feront en spirale possédant des points de projection constants, mais échappant à la structure de base première, et non pas en un développement conçu comme un changement linéaire supposant des étapes de satisfactions et de déplaisirs (Reveyrand-Coulon, 1989, p. 342).

Face à cette quête permanente de soi à partir des événements temporels constituant le « soi-même » (Binswanger, 1971), le discours des acteurs est intéressant car il est en lui-même une pratique qui agit sur la réalité à laquelle il fait référence. C'est la parole qui fait des actes un système de significations (Piolat, 1999). Ce que montrent précisément les gestionnaires internationaux, c'est que s'identifier, c'est peut-être d'abord « se mettre en mots » (Dubar, 2000, p. 203). L'identification aux mots de la langue administrative, publique (définissant plusieurs identités au sens de « positions » dans des catégories officielles), diffère de celle de l'entreprise, diffère des mots intimes comme des mots des interactions courantes et des conversations. Ce qui importe, c'est l'usage que les individus font de leurs propres catégories, des mots venus de leurs expériences comme des souvenirs de leurs actions et cela en le réalisant dans plusieurs langues étrangères avec leurs conjoints, leurs parents, leurs enfants, leurs amis.

En contextes interculturels, les gestionnaires internationaux, plus que d'autres salariés, cherchent donc une saisie signifiante de leur propre vie.

Cette unité sans cesse recomposée de la vie se fonde sur l'accumulation de significations rétrospectives qui repensent l'ensemble du cours de la vie. « Nous ne serions ainsi jamais qu'à lire et écrire notre vie plutôt que de la vivre ! » constate un gestionnaire italien de Gamma qui admet que « créer quelque chose d'original dans son identité est un besoin fondamental de l'humain et ce besoin touche aussi les gestionnaires internationaux en entreprise même si on les croit trop hâtivement des citoyens du monde uniformes, homogènes, tous pareils ». « Nous jouons tous avec nos identités. Le temps est venu des appartenances apparentes en entreprise. Qu'est-ce que cela veut dire ? Que la nationalité ne se situe pas toujours là où on la croit et dépend de la manière dont on observe tous ceux qui ont vécu sur plusieurs continents ou dans plusieurs pays depuis leur enfance » souligne un directeur de marketing de l'entreprise Gamma.

> Je connais une directrice de l'axe maquillage de notre groupe à qui ses collègues attribuent une identité chinoise et qui ne comprennent pas sa connaissance toute relative des produits blanchissants de la peau et du marché de la peau en Chine. Le fait est qu'elle n'y a jamais travaillé et ne parle pas la langue. De père Américain, né à Hong Kong, de mère Allemande, née à Munich, cette jeune femme a successivement étudié en Angleterre, en France et aux États-Unis. Le principal de son expérience du métier des cosmétiques a été fait en Allemagne à la sortie de ses études puis en France dans des marques d'origine italienne. Elle se sent partout parfaitement « adaptable », le revendique, dit ne pas toujours comprendre le poids accordé à l'oralité par rapport à l'écrit dans les manières de faire de notre groupe, valorise les méthodes anglo-saxonnes au travail dans le domaine de l'évaluation des performances, du reporting et de l'organisation des tâches. Elle est mariée à un Américain. Son nom patronymique et son physique apparaissent communément comme « asiatiques » mais j'aurais en réalité beaucoup de mal à lui attribuer une nationalité au sens où certains l'entendent (Agard, 2004, p. 482).

Ce témoignage illustre que, dans la grande entreprise, le caractère causal linéaire de l'interprétation culturelle (censé être donné par la nationalité d'origine puisque c'est aujourd'hui le principal critère de différenciation culturelle) est sans cesse battu en brèche par des stratégies de production culturelle (Abdallah-Pretceille et Porcher, 1996). Les entreprises mondialisées sont ainsi de plus en plus peuplées d'individus ayant des référents géographiques multiples. Avoir connaissance de caractéristiques culturelles isolées ne permet pas d'avoir accès ni à la culture ni à la communication. « Par l'appel au culturel, l'individu, comme pour un texte, dit autre chose que la signification de la somme des énoncés » constatent Abdallah-Pretceille et Porcher (1996).

Fatigue et souffrance du gestionnaire interculturel

Là où on ne les attend pas, et sous un jour différent des classes populaires, les gestionnaires internationaux présentent des exemples de fragilisation identitaire, s'inscrivant eux-mêmes dans des changements culturels et sociaux de nos sociétés contemporaines : affaiblissement du taux de syndicalisation, augmentation des divorces et des séparations, augmentation des familles monoparentales, individualisation des méthodes de gestion liées aux exigences de mobilisation subjective des employés, émergence de temps sociaux différents liés à la flexibilité, à la réduction des temps de travail et à la mobilité des parcours.

L'entreprise « mondialisée », nous l'avons évoqué, compte sur ses nomades, ses gestionnaires internationaux, pour se débarrasser de ses démarcations rigides entre ordres, appareils, corps constitués, classes sociales et faire naître des espaces ouverts de circulation des savoirs et des compétences. Dans un tel monde productif, comme « rhizomatique », rien ne doit entraver les déplacements et l'on doit renoncer à n'avoir au final qu'un seul métier. Le travail revient à se vendre un peu, se vendre soi pour donner de la « valeur ajoutée » à l'organisation. On doit pouvoir, tout au long de sa carrière, trouver des frayages, des chemins préférentiels et des connexions sans points fixes qui permettent de trouver des réponses opératoires. Un bon géologue, par exemple, est un géologue qui a beaucoup voyagé et a emmagasiné des milliers de cas pratiques en différents endroits du globe, avec des équipes très diverses et sous des climats très variés.

Dans un monde où l'on demande à ces gestionnaires internationaux de constituer des liens, d'échanger des savoirs à des fins productives, toute personne est « contactable » et tout contact est possible. Cette question de la constitution et de la mobilisation des réseaux internationaux illustre l'obligation (officielle) faite aux gestionnaires de se détacher des appartenances locales et des seuls liens nationaux tandis que leur capacité réelle ne repose pas encore toujours sur des réseaux internationaux de nature professionnelle parce qu'ils sont difficiles à établir à des stades d'encadrement intermédiaire (durée réduite des mobilités, rotation, diversification des filières de recrutement et des pratiques de gestion de carrière). Donc, ce qui guette souvent les gestionnaires internationaux, « c'est la fatigue, l'épuisement et la nécessité pour y remédier, de sans cesse nous organiser, de tout « timmé » et de tout prévoir » (un gestionnaire nigérian à Paris qui a vécu cinq mobilités internationales en quinze ans de vie professionnelle). Car il y a, niché au creux de chaque mobilité internationale, surtout pour une courte durée, quelque chose du risque de la condamnation à être, non pas relié, mais solitaire. Des études récentes font état d'un taux d'échec des firmes multinationales face à l'expatriation, oscillant entre 10 % et 30 % de retours anticipées, et aussi de baisses de performance moins quantifiables dans le temps (Cerdin, 1999 ; Swaak, 1995).

Le travail des gestionnaires internationaux, ce qui fait leur rareté dans l'organisation, à savoir de disposer d'un savoir sur l'organisation et sur ceux qui la composent, sous-entend un travail permanent d'interprétation de données locales afin de les rendre applicables ailleurs, un travail de mise en récit des expériences, fait conjointement avec des consultants, des collègues, à l'occasion de colloques, de séminaires de formation, où ils sont davantage appelés que les autres employés. Ainsi, dans l'entreprise « mondialisée », les propriétés apparemment les plus stables des individus – comme le sexe ou la profession par exemple – sont des signes qui font l'objet d'interprétations et d'échanges dans l'interaction. Ce sont de plus en plus des propriétés relationnelles dont il faut découvrir le sens donné par les acteurs (Boltanski et Chiapello, 1999). Prennent beaucoup d'importance, les ressources ni marchandisables ni contractualisables comme les idées, les informations sur les relations des autres, leur état de santé, leurs préférences esthétiques, politiques, leurs habitudes managériales, leurs réseaux de fidèles et de per-sonnes redevables (Boltanski et Chiapello, 1999).

L'émergence d'un capitalisme réticulaire apparaît ainsi partie prenante d'un appel constant à la responsabilité, à l'investissement sans relâche dans le travail, à « l'entreprise de soi » (Boltanski et Chiapello, 1999) venant accroître un sentiment d'anxiété. Il est frappant de constater d'ailleurs que ce sentiment d'anxiété, de souffrance accrue se vit dans un contexte de pénibilité physique non dégradée, à la différence d'autres expériences passées du dépaysement pour d'autres populations « migrantes » comme les ouvriers en milieu de production industrielle des années 1960 (Sainsaulieu et Zehraoui, 1996 ; Sainsaulieu, 1988). Un gestionnaire impatrié d'origine norvégienne explique :

> Après dîner et la journée de travail, je sors toujours de mon hôtel afin de marcher, libérer mon stress aussi. Eh bien, les territoires urbains que je traverse sont pour moi des territoires clos. Je vise à emmagasiner des morceaux de villes que j'emporte avec moi pour plus tard. Je ne tiens pas à entrer en contact avec les gens. D'ailleurs je n'en ai pas le temps et puis, quand je sors, il est déjà tard. Ces moments, je ne les évoque que rarement avec les miens de retour chez moi.

Pour les gestionnaires internationaux, projetés hors de leurs repères traditionnels, pour qui l'intensité au travail s'accroît faute de temps de récréation, existe ce que Ricœur (1985, p. 422) appelle « le rétrécissement de l'espace d'expérience », c'est-à-dire l'impossibilité de s'approprier, faute de temps suffisant, des « traditions » jugées insignifiantes lors des interactions courantes. Faute de trouver quelqu'un pour vous les expliquer, des collègues pour vous aider à décrypter mœurs et coutumes en expatriation, les mots manquent, en réalité, pour les faire fonctionner. Souffrant de décompensations somatiques diverses, les sujets sont alors soumis à un devoir de métamorphose, par nécessité de s'adapter à un monde nouveau sans nécessairement rencontrer de groupes de référence et ils vivent une demande d'affiliation qui n'est pas satisfaite (Nathan, 1994).

Comment développer une capacité de changer de point de vue tout en gardant le sentiment de soi ? Renault fait état d'un nouveau type de déni de reconnaissance propre à nos sociétés, qu'il nomme reconnaissance fragmentée, insatisfaisante. « Ce n'est pas seulement que l'individu ne parvient pas à faire reconnaître la manière dont il interprète les rôles qu'il endosse (méconnaissance), mais c'est que ces rôles se superposent en lui sans qu'il puisse procéder à l'unification personnelle qui lui donnerait le sentiment d'être reconnu à travers eux » (Renault, 2004, p. 193). Ce serait le temps des identifications fortes mais incompatibles. L'individu émerge sans cesse parce qu'il doit, personnellement, produire une cohérence et une série d'ajustements que ne peut plus garantir le système social dans son ensemble.

Les gestionnaires mobiles cherchent en contrepartie de leurs déplacements, de leurs sacrifices, une fidélité de ceux qui les gèrent, valorisée en matière de prévoyance et de progression régulière de revenu et de statut (d'où la croissance des phénomènes de « clubs expatriés », d'accompagnement, de parrainage avant et après la mobilité géographique). Si chacun dans l'entreprise « mondialisée » est garant de son employabilité et de ses compétences, chacun vit aussi dans l'angoisse d'être déchu, déconnecté, abandonné sur place par ceux qui continuent à se déplacer. Et la distinction est forte entre experts possédant des savoirs spécialisés mais hautement transférables, c'est-à-dire peu précis, et les autres gestionnaires, moins sujets à l'obsolescence de leurs savoirs (Boltanski et Chiapello, 1999, p. 458).

Ce qui menace les gestionnaires internationaux, c'est aussi à terme le brouillage entre partage désintéressé d'intérêts communs et poursuite d'intérêts économiques, entre relations amicales et relations d'affaires. Comment être quelqu'un et être flexible, posséder une permanence dans le temps et avoir une personnalité ? Toute l'inquiétude des gestionnaires internationaux fait qu'ils doivent être aux interstices d'une position qui apporte quelque chose, être (encore) originaux, « exotiques » mais suffisamment conformes. L'étranger doit intéresser, séduire, conférer de l'adaptation dans une situation de travail, être quelqu'un et en même temps ne pas déranger l'ordre en place, et ce, alors que les temps d'intervention au travail sont de plus en plus courts, pour des raisons de coût (phénomène de migration alternante, de quasi-mobilité), donc le temps pour connaître l'autre dans sa différence est de plus en plus « comprimé ».

Courpasson (2000) développe l'idée que, pour les gestionnaires, l'obéissance est une action. Elle est réfléchie et les individus survivent en reconstituant des niches affectives, en se moquant des directives ou des patrons. C'est peut-être le fait que l'individu ait un sentiment croissant d'étrangeté vis-à-vis de ses identités sociales qui le fait gestionnaire de ses images sociales. Et un de ses principaux soucis devient de s'assurer de la justesse de son interprétation, insistant sur la force évocatrice de la musique, des odeurs et autres objets familiers, ceux du pays quitté. Robert-Demontrond (2000) souligne l'état nostalgique de certains expatriés avec cette crainte de voir disparaître ce qui fondait son identité. Comment, en d'autres termes, avoir en même temps des racines et des ailes, être « authentique » et rester « fidèle à soi-même » ?

A priori, la vulgate managériale bannit la présence en soi d'un sujet en rapport « constant » avec ses origines. La fidélité à des traditions apparaît comme une rigidité, comme un refus de se connecter à l'intérieur de l'entreprise en « réseau ». La nostalgie peut pourtant être compatible avec un investissement professionnel fort et, plutôt que glissement irrémédiable vers un état pathologique, apparaît comme un des adjuvants de l'expatriation, un « moment » nécessaire en quelque sorte.

Le danger qui guette l'homme dépaysé est celui de l'identité de Narcisse, tout entière attachée à un lieu, l'eau d'un étang, dont il ne peut plus se détacher sous peine de souffrir et de mourir. L'immense majorité des gestionnaires internationaux disent qu'ils doivent faire l'expérience du deuil, d'une certaine idée patrimoniale de leur culture d'origine et que celle-ci est en perpétuelle reconstruction, dans une oscillation entre le déjà perçu et ce qui reste à découvrir. Dans cette perspective, il nous apparaît que ce qui guette les gestionnaires internationaux est moins d'être un bricoleur qui a le pouvoir de faire advenir une réalisation que d'être un automate. Baudoin (2003, p. 250) évoque cette figure de l'automate pour exprimer le mouvement de la psyché face à des situations de grande angoisse, un personnage purement objectif qui se contente de jouer des rôles. L'automate vit les évènements de manière répétitive, machinale, pour se protéger. L'auteur parle de déracinement intérieur tandis que le corps vivant s'efface[4].

Si les questions de droit du travail ou de rémunération restent des préoccupations classiques des DRH dans la gestion de l'expatriation, les conjoints subissent un stress professionnel et un stress familial qui inter-agissent et provoquent des conflits de rôles entre les deux compartiments (et des sacrifices de carrière au moment du départ à l'étranger). Le rythme de vie augmente la répercussion des tensions d'une sphère à l'autre. Adler et Izraeli (1988) a su montrer que les flux de stress s'orientent vers le conjoint « suiveur » qui doit assumer la responsabilité du soutien domestique alors que le conjoint « directeur » s'investit dans de nouveaux réseaux profession-nels.

Le plus souvent, on parle de « fragilisation identitaire » pour des sujets en situation d'incertitude d'emploi ou en situation de déqualification (Palmade, 2003). Pour une grande majorité de ces employés, l'affaiblissement du sentiment d'unité de soi correspondrait à la relative dissolution de ce qui a du sens dans le rapport entre les sphères de travail de la société en devenir et de la famille. On retrouve ici les anticipations de Max Weber sur le « morcellement de l'âme » résultant de l'exigence d'adaptation à une rationalité instrumentale capitaliste érigée en valeur et aussi l'affaiblissement des bases sociales et d'appartenance à un collectif. Force est de reconnaître que l'on trouve pareille pathologie chez nombre de gestionnaires interna-tionaux, ne parvenant pas à nouer possibilités d'engagements à la fois locaux et mondiaux, capacité développée de réflexivité (Giddens, 1991) et ressour-cement dans des espaces communautaires ou familiaux solides.

Conclusions

L'entrecroisement des cultures est-il devenu un phénomène plus impor-tant, en entreprise, que l'existence de cultures distinctives ? Dans l'entreprise « multiculturelle », ce n'est pas seulement la nature des choses, l'échelle fixe des classements, qui doit être examinée mais aussi ce qu'une société donnée fait avec cette nature des choses en vue d'établir des classements sociaux.

---

4. Le phénomène n'est pas nouveau. La névrose traumatique qui se manifeste par des plaies durables, la honte ou la tristesse, la fatigue, les cauchemars, est nommée maladie de la nostalgie au XVIIe siècle et concerne des sujets expatriés pour études ou travail, des militaires, qui tombent malades et pour lesquels le recours à des thérapies médicamenteuses est un échec (Ham, 2003, p. 59). On parlera de « pathopatridalgia » et l'on considérera qu'il s'agit là d'une maladie de la misère sociale. Ham (2003, p. 131) évoque les thèses « d'une homologie structurelle du psychisme et de la culture, débouchant sur la notion « d'inconscient ethnique » (lié au refoulement que chaque culture impose aux groupes sociaux) et « d'inconscient idiosyncrasique » (lié à un « stress unique particulier »).

Au lieu d'un *logos* unique et centralisé qui fixe la politique générale, nous devons accepter une multiplicité de *logoï* décentralisés (Barloewen, 2003, p. 255). Il est sûr que la contiguïté avec l'étranger est devenue progressivement la norme dans les années 1970 et ce qui importe aujourd'hui « n'est pas que soient honorées les conceptions sociopolitiques qui ont les préférences des analystes, mais que soit mis en lumière le nouveau contexte de l'action » (Bastenier, 2004, p. 165). Le temps est donc venu de l'expression publique de droits subjectifs d'employés enracinés dans plusieurs cultures nationales, régionales ou encore locales.

Ce chapitre nous amène à voir l'identité des gestionnaires internationaux comme une réalité « prismatique », que la plupart des gens, de leurs collègues, se refusent à voir, engluant ces sujets dans un monisme identitaire. Nos enquêtes ont révélé l'expression d'une composante réflexive des gestionnaires « mobiles » autour de l'ethnicité, d'un « quant-à-soi » personnel, d'une autonomie subjective se représentant pour soi-même, comme irréductible aux rôles sociaux empruntés ou incarnés. De sorte que l'art du gestionnaire international n'est pas d'être « caméléon », de rechercher le mimétisme ou l'imitation, mais admet une part de création identitaire (Delange et Pierre, 2004) et que l'on peut appréhender les gestionnaires internationaux, selon le contexte, à la fois comme des « agents », socialisés dans différentes cultures, des « acteurs » jouant un jeu, mobilisant des stratégies, des « sujets » en « quête d'eux-mêmes, dans l'incertitude » ou des « auteurs », « producteurs d'un récit sur son monde » (Dubar, 2004).

En un sens, les gestionnaires internationaux se caractérisent moins par un état que par une succession d'états, en voie de se faire et de se donner un sens en rapport à la représentation que s'en fait autrui en fonction des contextes multiculturels de travail. Si nous sommes en quelque sorte autant que nous connaissons de gens, cela souligne l'essence sociale de tout être multiple. Ce qu'illustrent les gestionnaires internationaux, c'est que notre personne se compose de plusieurs personnes superposées. Avec untel, on mentira, on se met à jouer, à construire des rôles distincts et adaptés à son interlocuteur. Ces fabulations seront orientées selon des axes qui ne se mélangent pas. Ce qui est multiple, c'est moins la personne que la réalité qui s'impose à la personne et l'activité continue de construction de rôles (Laurens, 2002, p. 249). Et il y a contenue, dans la problématique de l'entreprise « multiculturelle », celle qui met en relation des personnes issues de différents pays, la question d'un être dont l'intimité doit aussi pouvoir se déployer sur la scène publique, peut faire reconnaître la somme de ces constructions de rôles, d'une prise en considération d'un besoin d'attache des individus à un « nous » communautaire. Sans cela, les individus intègrent une image dépréciative d'eux-mêmes et de l'entreprise dans son ensemble.

Dans notre pratique de recherche, nous appréhendons la personne « mobile », moins du point de vue de sa « culture d'origine », de ce que nous en savons, ou même de ses stratégies d'adaptation à sa « culture d'accueil », ou de ce que nous en savons là encore, mais plutôt du point de vue de son « exil intérieur », c'est-à-dire de son cheminement d'un lieu (imaginaire) à un autre et de la manière dont ce parcours s'inscrit dans son histoire, professionnelle, langagière et affective. Dans quel réseau de signifiance tel ou tel élément s'inscrit-il et comment prend-il vie dans l'histoire du gestionnaire « mobile » ? Il serait utile, pour les formateurs, comme pour tous ceux qui évoluent avec des gestionnaires internationaux, de parler d'éducation à la « cohérence narrative », d'éducation à « l'identité narrative » (De Carlo, 2003). On se représente trop souvent l'histoire des sujets mobiles en entreprise comme un long processus, mais écrire l'interculturel, dans un travail interprétatif, c'est saisir des « moments » (Hess, 2003) qui signifient quelque chose de plus complexe.

Nous considérons ainsi l'espace-temps interculturel comme sédimentation de situations vécues sur une longue période qui écarte l'idée de clivage entre individu et société (Pierre, 2004) et voulons prendre en considération le niveau intrapsychique du développement individuel tout en l'appréhendant en matière d'influences contextuelles et de contraintes macro-sociales. C'est pourquoi, dans nos travaux sur la gestion en contexte interculturel, nous souhaitons défendre une approche phénoménologique partant de la réalité psychosociologique faisant que l'individu observé cesse d'être un « exemplaire » d'une culture. Il convient de rapprocher la culture d'autre chose que des représentations collectives, des traits culturels, moyenne des valeurs d'une population, sorte « d'universaux » dont la base ne serait ni les individus, ni les groupes sociaux, ni leurs rapports. Tout fait social est une totalité et tout fait social a partie liée avec les représentations identitaires et culturelles, conscientes et inconscientes, que les acteurs se donnent provisoirement d'eux-mêmes et des autres, en relation avec l'état de leurs rapports de force, des effets de structure et des luttes entretenues (Martin, Metzger et Pierre, 2003).

Références

Abdallah-Pretceille, M., et L. Porcher, *Éducation et communication interculturelle*, Paris, PUF, 1996.

Abdallah-Pretceille, M., *L'Éducation interculturelle*, Paris, PUF, 1999.

Adler, N., et D. Izraeli, *Women in Management Wordlwide*, Sharpe, 1988.

Agard, J. Y., *Ethnographie de la mobilité internationale. Le cas d'une multinationale française*, Thèse de doctorat de sociologie, Paris, Paris 5, 2004.

Assoun, P. L., « Jouissance du malaise », dans N. Aubert, *L'Individu hypermoderne*, Paris, Eres, 2004.

Aubert, N., « L'intensité de soi », *L'Individu hypermoderne*, Paris, Eres, 2004.

Barloewen, C., *Anthropologie de la mondialisation*, Paris, Éditions des Syrtes, 2003.

Barus-Michel, J., « L'hypermodernité, dépassement ou perversion de la modernité ? », dans N. Aubert, *L'Individu hypermoderne*, Paris, Eres, 2004.

Bastenier, A., *Qu'est-ce qu'une société ethnique ?*, Paris, PUF, 2004.

Bastide, R., « Le principe de coupure et le comportement afro-brésilien », *Anais do XXXL Congresso Internacional de Americanistas*, Anhembi, vol. 1, 1955.

Bastide, R., *Le Prochain et le lointain*, Paris, Éditions Cujas, 1970.

Bastide, R., *Sociologie des maladies mentales*, Paris, Flammarion, 1965.

Baudoin, C., *De l'instinct à l'esprit*, Delachaux et Niestlé, 1970, cité par C. Romanens, *Maltraitance au travail. Les effets pervers du harcèlement*, Paris, Desclée de Brouwer, 2003.

Bellenger, L., *Être pro*, ESF, 1992 cité par L. Boltanski et E. Chiapello, *Le Nouvel Esprit du capitalisme*, Paris, Gallimard, 1999.

Berger, P., et T. Luckmann, *La Construction sociale de la réalité*, Paris, A. Colin, 1996.

Berry, J. W., « Psychology of Acculturation », dans J. Bernam, *Cross-Cultural Perspectives. Nebraska Symposium on Motivation*, University of Nebraska Press, 1990.

Binswanger, L., *Introduction à l'analyse existentielle*, Paris, Éditions de Minuit, 1971.

Black, J., et M. Mendenhall, « The U-Curve adjustment hypothesis revisited : a review and theoretical framework », *Journal of International Business Studies*, Hampshire, Second Quarter, 1991.

Black, J., H. B. Gregersen et M. Mendenhall, *Global Assignments : Successfully Expatriating and Repatriating International Managers*, San Francisco, Jossey-Bass, 1992.

Black, J., M. Mendenhall et G. Oddou, « Towards a Comprehensive Model of International Adaptation. An Integration of Multiple Theoritical Perspectives », *Academy of Management Review*, 16 (2), 1991.

Boltanski, L., et E. Chiapello, *Le Nouvel Esprit du capitalisme*, Paris, Gallimard, 1999.

Bosche, M., *Le Management interculturel*, Paris, Armand Nathan, 1993.

Bourdieu, P., *Questions de sociologie*, Paris, Éditions de Minuit, 1980.

Bourdieu, P., *Réponses. Pour une anthropologie réflexive*, Paris, Éditions du Seuil, 1992.

Breton, P., *L'Utopie de la communication*, Paris, La Découverte, 1992.

Camilleri, C., « Cultures et stratégies : ou les mille manières de s'adapter », *Sciences humaines*, Paris, n° 16, avril 1992.

Camirelli, C., « La culture et l'identité culturelle : champ notionnel et devenir », dans C. Camilleri et M. Cohen Emerique, *Chocs de cultures : concepts et enjeux pratiques de l'interculturel*, Paris, L'Harmattan, 1898.

Camilleri, C., « La psychologie, du culturel à l'interculturel », *Bulletin de psychologie*, Paris, tome XLVIII, n° 419, janvier-avril 1994.

Camilleri, C. et autres, *Les stratégies identitaires*, Paris, PUF, 1990.

Camilleri, C., « Les immigrés maghrébins de la seconde génération : contribution à une étude de leurs évolutions et de leurs choix culturels », *Bulletin de psychologie*, Paris, tome XXXIII, 347, 1980.

Camilleri, C., et H. Malewska-Peyre, « Socialization and identity strategies », dans J. W. Berry, P. Dasen et T. S. Saraswathi, *Handbook of Cross-Cultural Psychology*, vol. 2, Allyn et Bacon, 1996.

Camilleri, C., et G. Vinsonneau, *Psychologie et culture : concepts et méthodes*, Paris, A. Colin, 1996.

Cerdin, J. L., et M. Dubouloy, « Expatriation as a maturation opportunity : A psychoanalytical approach based on "copy and paste" », *Human Relations*, vol. 57 (8), 2004.

Cerdin, J. L., *La Mobilité internationale. Réussir l'expatriation*, Paris, Éditions d'Organisation, 1999.

Cerdin, J. L., « Mobilité internationale des cadres : adaptation et décision d'expatriation », Doctorat en sciences de gestion, Toulouse, Université de Toulouse 1, 1996.

Cohen-Emerique, M., et J. Hohl, « Les ressources mobilisées par les professionnels en situations interculturelles », *Éducation permanente*, Paris, n° 150, 2002.

Cohen-Emerique, M., « Le choc culturel », dans E. M. Lipianski et J. Demorgon, *La Formation en interculturel*, Paris, Retz, 1999.

Corcuff, P., *Les Nouvelles Sociologies*, Paris, Nathan, 1995.

Courpasson, D., *Action contrainte. Organisations libérales et domination*, Paris, PUF, 2000.

Dasen, P., « L'ethnocentrisme de la psychologie », dans M. Rey (dir.), *Psychologie clinique et interrogations culturelles*, Paris, L'Harmattan, 1993.

De Carlo, M., cité par D. Feldhendler, « Approche dramatique du récit de vie : une démarche interculturelle », *Passerelles*, n° 27, 2003.

Delange, N., et P. Pierre, « Pratiques de médiation et traitement de l'étranger dans l'entreprise multiculturelle », *Esprit critique*, été 2004.

Delange, N., et P. Pierre, « Compte-rendu de l'ouvrage de Philippe d'Iribarne : Le Tiers-Monde qui réussit. Nouveaux modèles », *Revue économique et sociale*, n° 3, septembre 2004.

Delanoë, R., « Diversité et richesse des situations interculturelles, conséquences pour le management », *Management France*, Paris, CNOF, 1992.

Delory-Moberger, C., *Les Histoires de vie*, Paris, Anthropos, 2000.

Denoux, P., « L'identité interculturelle », *Bulletin de psychologie*, Paris, XLVIII, n° 419, janvier-avril 1994.

Devereux, G., « Les facteurs culturels en thérapeutique psychanalytique », *Essais d'ethnopsychiatrie générale*, Paris, Gallimard, 1970.

d'Iribarne, P. d', *La Logique de l'honneur*, Paris, Le Seuil, 1989.

Dobry, M., « Calcul, concurrence et gestion du sens », *La Manifestation*, Paris, PFNSP, 1990.

Dubar, C., « Formes identitaires et socialisation professionnelle », *Revue française de sociologie*, Paris, XXXIII, 1992.

Dubar, C., *La Crise des identités*, Paris, PUF, 2000.

Dubar, C., *La Socialisation*, Paris, A. Colin, 2002.

Dubar, C. « Agent, acteur, sujet, auteur : du pareil au même ? », *1er Congrès de l'AFS*, 2004.

Engbersen, G., « Sans-papiers. Les stratégies de séjour des immigrés clandestins », *Actes de la recherche en sciences sociales*, Paris, 129, 1999.

Enriquez, E., « Caractéristiques spécifiques de la pulsion de mort dans les sociétés contemporaines et les organisations modernes », *O&S*, vol. 10, n° 28, 2003.

Enriquez, E., et C. Haroche, *La Face obscure des démocraties modernes*, Paris, Éditions Erès, 2002.

Erikson, E., *Adolescence et crise. La quête de l'identité*, Paris, Flammarion, 1972.

Fibbi, R., « L'approche transnationale dans l'étude des migrations », dans M. Nedelcu, *La Mobilité internationale des compétences*, Paris, L'Harmattan, 2004.

Forse, M., « Les relations sociales comme ressources », *Sciences humaines*, Paris, n° 104, avril 2000.

Furnham, A., et S. Boschner, *Culture Shock : Psychological reactions to unfamiliar environments*, Methuen, 1986.

Giddens, A., *Les Conséquences de la modernité*, Paris, L'Harmattan, 1991.

Gomez, P. Y., « Monde global, cadres nomades. Réflexions sur le nomadisme dans les structures organisationnelles contemporaines », *Document de travail*, Lyon, EM Lyon, 2000.

Goodman, N., « Cross-cultural Training for the Global Executive », dans R. Brislin et T. Yoshida, *Improving Intercultural Interactions : Modules for Cross-Cultural Training Programs*, London, Sage, 1994.

Ham, M., *L'Immigré et l'autochtone face à leur exil*, Grenoble, PUG, 2003.

Hammer, M. R., et J. M. Bennett, *The Intercultural Development Inventory (IDI) Manual*, Intercultural Communication Institute, 1998.

Hampden-Turner, C., « Vers une approche multiculturelle du bien-être et des valeurs », *Personnel*, Paris, n° 327, octobre 1991.

Hansen, M. L., « The Problem of the Third Generation Immigrant », *Augustana Historical Society*, 1938.

Hess, R., cité par D. Feldhendler, « Approche dramatique du récit de vie : une démarche interculturelle », *Passerelles*, n° 27, 2003.

Hofstede, G., « The Cultural Relativity of Organisational Practices and Theories », *Journal of International Business Studies*, 14, 2, p. 75-89, 1983.

Hofstede, G., « Relativité culturelle des pratiques et théories de l'organisation », *Revue française de gestion*, Paris, n° 64, septembre 1987.

Hofstede, G., et D. Bollinger, *Les Différences culturelles dans le management*, Paris, Les Éditions d'Organisation, 1987.

Kaufmann, J. C., *Ego. Pour une sociologie de l'individu*, Paris, Nathan, 2001.

Landis, D., et R. S. Bhagat, *Handbook of Intercultural Training*, Thousand Oaks, London, Sage, 1996.

Laurens, S., *La Mémoire sociale, identités et représentations sociales*, Rennes, PUR, 2002.

Lévi-Strauss, C., *Anthropologie structurale*, Paris, Plon, 1958.

Linton, R., *Le Fondement culturel de la personnalité*, Paris, Dunod, 1986.

Lipiansky, E. M., I. Taboada-Leonetti et A. Vasquez, « Introduction à la problématique de l'identité », *Stratégies identitaires*, Paris, PUF, 1997.

Lyman, S. M., et W. A. Douglass, « Ethnicity : Strategies of Collective ans Individual Impression Management », *Social Research*, XL, 1972.

Lyman, S. M., et W. A. Douglass, « L'ethnie : structure, processus et saillance », *Cahiers internationaux de sociologie*, Paris, vol. LXI, 1976.

Marc, E., « Les dessous de la communication interculturelle », *Sciences humaines*, Paris, n° 16, avril 1992.

Martin, D., J. L. Metzger et P. Pierre, *Les Métamorphoses du monde. Sociologie de la mondialisation*, Paris, Éditions du Seuil, 2003.

Mayol, P., « Radiographie des banlieues », *Revue Esprit*, Paris, juin 1992.

Mendenhall, M. et G. Oddou, « The dimensions of expatriate acculturation : a review », *Academy of Management Review*, vol. 11, n° 1, p. 39-47, 1985.

Metzger, J. L., et P. Pierre, « En quoi le concept d'élite peut aider à analyser le processus de mondialisation ? », *Recherches sociologiques*, vol. XXXIV, n° 1, 2003.

Meyer, J. B., « The Satellite : Towards a Local and Global Observation of the Circulation of Competence », dans J. Charum et J. B. Meyer, *International Scientific Migrations today. New Perspectives*, IRD, 2000.

Meyer, J. B., et V. Hernandez, « Les diasporas scientifiques et techniques : état des lieux », dans M. Nedelcu, *La Mobilité internationale des compétences*, Paris, L'Harmattan, 2004.

Meyerson, I., *Les Fonctions psychologiques et les œuvres*, Paris, A. Michel, 1948.

Mutabazi, E., « Multiculturalisme et gouvernance des sociétés africaines », *Sociologies pratiques*, Paris, APSE, n° 5, 2001.

Nathan, T., *L'Influence qui guérit*, Paris, Odile Jacob, 1994.

Nedelcu, M., « Le saut paradigmatique : de la fuite à la circulation », dans M. Nedelcu, *La Mobilité internationale des compétences*, Paris, L'Harmattan, 2004, p. 9.

Nedelcu, M., « Vers une nouvelle culture du lien : les e-pratiques locales et transnationales des migrants roumains hautement qualifiés », dans M. Nedelcu, *La Mobilité internationale des compétences*, Paris, L'Harmattan, 2004.

Noorderhaven, N. G., et A. W. Harzing, « The Country of Origin Effect in Multinational Corporations : Sources, Mechanisms and Moderating Conditions », *Management International Review*, Stuttgart, 2003.

Oberg, K., « Culture Shock : Adjustment to new cultural environment », *Practical Anthropologist*, 7, p. 177-182, 1960/1993.

Palmade, J., *L'Incertitude comme norme*, Paris, PUF, 2003.

Paugam, S., *La Disqualification sociale. Essai sur la nouvelle pauvreté*, Paris, PUF, 1991.

Pierre, P., « La socialisation des cadres internationaux dans l'entreprise mondialisée. L'exemple d'un groupe pétrolier français », Paris, Thèse pour le doctorat de sociologie de l'Institut d'études politiques de Paris, 2000.

Pierre, P., *Mobilité internationale et identités des cadres. De l'usage de l'ethnicité dans l'entreprise mondialisée*, Fontenay-Sous-Bois, Sides, 2003.

Pierre, P., « La vie professionnelle comme un récit. L'identité narrative des cadres internationaux dans l'entreprise mondialisée », *Migrations Société*, n° 93-94, mai-août 2004.

Pierre, P., « Mobilité internationale et identités des cadres : pour une sociologie "immergée". Des usages de l'ethnicité dans l'entreprise mondialisée », *EspacesTemps.net*, 2005.

Pierre, P., « Mondialisation et constructions identitaires de cadres de l'industrie pétrolière », *Revue française de gestion*, Paris, vol. 30, n° 148, 2004.

Piolat, M., « Les concepts de soi », *La Construction sociale de la personne*, Grenoble, PUG, 1999.

Poutignat, P., et J. Streiff-Fenart, *Théories de l'ethnicité*, Paris, PUF, 1995.

Raymond, H., « Les samouraïs de la raison. Enquête sur la vie et les valeurs chez les cadres supérieurs de l'industrie », *Sociologie du travail*, Paris, n° 4, 1982.

Reich, R., *L'Économie mondialisée*, Dunod, 1991.

Renault, E., « Reconnaissance, institutions injustice », *La Revue du MAUSS*, Paris, n° 23, 2004.

Reveyrand-Coulon, O., « Quelques réflexions sur le devenir de l'identité de migrant », *Socialisations et cultures*, Toulouse, Presses universitaires du Mirail, 1989.

Ricœur, P., *Temps et récit*, Paris, Éditions du Seuil, 1985.

Robert-Demontrond, P., « Psychopathologie de l'expatriation : la nostalgie comme syndrome d'adaptation », *XIᵉ Congrès de l'AGRH*, 2000.

Sainsaulieu, R., et A. Zehraoui, *Ouvriers spécialisés à Billancourt*, Paris, L'Harmattan, 1996.

Sainsaulieu, R., *L'Identité au travail*, Paris, PFNSP, 1977, 2ᵉ édition en 1988.

Sainsaulieu, R., *Sociologie de l'entreprise et de l'organisation*, Paris, PFNSP et Dalloz, 1991.

Schein, E. H., *Organizational culture and leadership*, Jossey-Bass, 1985.

Schneider, S. C., et K. Asakawa, « American and Japanese expatriate adjustment : A psychoanalytic perspective », *Human Relations*, n° 48, 1995.

Sennett, R., *Le Travail sans qualités*, Paris, Albin Michel, 2000.

Swaak, R. A., « Expatriate failures : Too many, too much cost, too little planning », *Compensation & Benefits Review*, 27, 6, 1995.

Taboada-Leonetti, I., « Jeunes filles immigrées, une problématique spécifique », dans H. Malewska-Peyre, *Crise d'identité et déviance chez les jeunes immigrés*, Paris, La Documentation française, 1982.

Taboada-Leonetti, I., « Stratégies identitaires et minorités : le point de vue du sociologue », *Stratégies identitaires*, Paris, PUF, 1990.

Tarrius, A., *Les Nouveaux Cosmopolitismes. Mobilité, identités, territoires*, Paris, Éditions de l'Aube, 2000.

Trompenaars, F., *L'Entreprise multiculturelle*, Paris, Maxima-Laurent du Mesnil éditeur, 1994.

Trutat, J. M., et J. A. Obame, « Pour une politique de relève réussie de l'assistance étrangère par une main-d'œuvre nationale », *Revue de l'ANDCP*, Paris, 1987.

Uhalde, M., *L'Intervention sociologique en entreprise*, Paris, Desclée de Brouwer, 2001.

Urry, J., *Sociologie des mobilités*, Paris, A. Colin, 2005.

Vatz-Laaroussi, M., *Le Familial au cœur de l'immigration*, Paris, L'Harmattan, 2001.

Vinsonneau, G., « Appartenances culturelles et subculturelles, inégalités sociales et variations des expressions identitaires. Études expérimentales réalisées parmi quelques populations en position sociale défavorable », Doctorat d'État de l'Université de Paris V, Paris, 1993.

Vinsonneau, G., *Culture et comportement*, Paris, A. Colin, 1997.

Vinsonneau, G., *Inégalités sociales et procédés identitaires*, Paris, A. Colin, 1999.

Von Barloewen, C., *Anthropologie de la mondialisation*, Éditions des Syrtes, 2003.

Vrancken, D., et O. Kuty, *La Sociologie et l'intervention*, Bruxelles, De Boeck, 2001.

Wagner, A. C., « Les cadres internationaux en France : la formation d'une nouvelle culture », *Humanisme et entreprise*, Paris, 1999.

Wagner, A. C., *Les Nouvelles Élites de la mondialisation*, Paris, PUF, 1998.

Weinshall, T. D., *Culture and Management*, Penguin Books, 1997.

Yanaprasart, P., *L'Expatrié : un acteur social de la mobilité internationale. Cadres entre la Suisse et la France*, vol. 15, Peter Lang, 2006.

Zaharna, R. S., « Self-Shock, the Double Binding Challenge of Identity », *International Journal of Intercultural Relations*, n° 13 (4), p. 501-526, 1989.

CHAPITRE II.3

LA NÉGOCIATION INTERNATIONALE

Jean-Claude Usunier[1]

Introduction

Les situations de négociation sont nombreuses dans le domaine international : accords de licences, de coentreprises, fusions et rachats d'entreprises, contrats d'agence ou ventes d'usines clés en main. Les partenaires potentiels sont séparés par des distances importantes, à la fois physiques, linguistiques et culturelles. Il a par exemple été estimé que les négociations entre Étatsuniens et Japonais sont six fois plus longues et trois fois plus difficiles que les négociations entre les firmes étatsuniennes, l'inefficacité relative de la communication entre les deux cultures accroissant les coûts de transaction (Van Zandt, 1970). La satisfaction des négociateurs quant au résultat de la négociation interculturelle tend donc à être inférieure à la satisfaction tirée de la négociation intraculturelle (Adler, 2002). Il existe de multiples barrières à l'établissement de la confiance entre partenaires appartenant à des contextes culturels différents. Pourtant la confiance apparaît comme un véritable actif de la négociation, dans la mesure où elle seule permet de surmonter les conflits d'intérêts.

La négociation internationale reste liée aux principes fondamentaux de la négociation en général (Dupont, 1994) et, même si le fait que les manières de négocier diffèrent fondamentalement selon la culture a été débattu

1. Jean-Claude Usunier a obtenu son doctorat de l'Université de Paris-II et du Doctorat HEC (Paris). Il est professeur à l'Université de Lausanne (HEC). Ses intérêts de recherche portent sur la dimension culturelle des relations d'affaires, en particulier le marketing international et la négociation interculturelle. Il est l'auteur de nombreux articles de recherche et de livres tels que *Marketing across Cultures* (Pearson, 2005 ; avec Julie Lee) et *International Business Negotiations* (Pergamon et Elsevier, 2003, avec Pervez Ghauri).

(Faure et Rubin, 1993), il n'en reste pas moins que les différences de culture tendent à influencer de manière significative le processus et les résultats des négociations internationales. Ce chapitre expose d'abord les liens entre culture et négociation internationale, puis il suit le processus de négociation, s'intéressant d'abord à la phase de prise de contact et d'exploration relationnelle, puis au processus de négociation lui-même, à la signature de l'accord, enfin à la phase postérieure à la négociation, en mettant l'accent sur ce qui est propre au domaine international. Les deux dernières parties traitent des aspects éthiques de la négociation internationale, l'une exposant les questions de corruption qui sont une des maladies endémiques des grands marchés internationaux, l'autre partie traitant des questions d'éthique de la communication et des frontières parfois floues entre vérité et mensonge, entre échange d'information et manipulation, et entre paroles et actes, surtout lorsque les solutions diffèrent entre les cultures.

CULTURE ET NÉGOCIATION INTERNATIONALE

La culture nationale influence-t-elle la négociation internationale ?

Certains chercheurs ont mis en cause le fait même que les différences culturelles aient un effet quelconque sur les négociations internationales d'affaires, avançant que la négociation est la négociation, indépendamment de savoir où et avec qui elle se passe. Zartman (1993, p. 19) a exprimé ce point de vue dans des termes forts :

> La culture est à la négociation ce que les oiseaux s'engouffrant dans les réacteurs sont aux avions ou, tout au plus, ce que la météorologie est à l'aérodynamique – des obstacles qui doivent être pris en compte (et évités) une fois que le processus fondamental est complètement compris et mis en œuvre.

Il existe néanmoins une importante littérature empirique qui appuie l'idée que la culture a une influence considérable sur la négociation internationale (Adler et autres, 1987, 1992 ; Faure et Rubin, 1993 ; Graham et autres, 1994 ; Leung, 1997 ; Brett et Okumura, 1998 ; Bazerman et autres, 2000 ; Adair et autres, 2001 ; Adler, 2002 ; Wade-Benzoni et autres, 2002 ; Brett, 2001 ; Gelfand et Brett, 2004). Les auteurs qui pratiquent les négociations internationales qui en ont une approche fondée sur l'expérience concrète soutiennent également cette vue (Foster, 1995 ; Cohen, 1997 ; Herbig, 1998 ; Schuster et Copeland, 1999 ; Saner, 2000 ; Cellich et Jain, 2004). Lors des négociations internationales d'affaires, aussi bien le savoir culturel que les aptitudes de communication interculturelle sont essentielles. De nombreux accords doivent être conclus, et doivent pour cela être négociés, écrits ensemble, signés, et si possible mis en œuvre à la satisfaction commune : des contrats de vente, des accords de licence, des accords de coentreprises et différentes sortes d'alliances, de partenariats et de contrats de représentation et de distribution, etc. La négociation n'est pas fondée sur les intérêts des parties et des aspects contractuels, des intérêts concrets qui seraient les seuls à compter, mais également sur la qualité des relations humaines et sociales, des intérêts abstraits qui deviennent de la plus haute importance en situation interculturelle.

Les « distances » multiples entre les partenaires potentiels tendent à accroître le coût de la négociation internationale. Les difficultés à interagir, à communiquer et à planifier des projets en commun, à leur faire prendre corps et à les mener à bien sont très profondément liées aux différences culturelles des gens d'affaires. Elles ne se limitent pas à une variance superficielle des usages commerciaux. La simple « empathie » ne suffit nullement à éviter non seulement les malentendus mais aussi leurs conséquences potentiellement négatives, essentiellement la rupture, là où il y avait des bénéfices importants à tirer de part et d'autre. Ce sont parfois les concepts mêmes de la négociation qui diffèrent, la manière dont elle doit être menée, les coups qui sont permis et ceux qui sont interdits.

Éléments de la culture qui influencent la négociation internationale

La culture est souvent décomposée en aspects fondamentaux, chacun ayant une influence significative sur le processus de négociation. Elle détermine en partie le style de communication (à travers la langue), influence le degré de formalisation (par les systèmes juridiques), la manière dont les parties confrontent leurs intérêts et leurs valeurs et le déroulement de la négociation (à travers des rapports au temps différents suivant les cultures). L'accent relatif mis sur la dimension relationnelle et sur les aspects matériels et financiers de la négociation varient également suivant les cultures. Les éléments suivants de la culture nationale ont une influence sur les négociations internationales.

Langue et communication

La manière dont les gens d'affaires communiquent (c'est-à-dire émettent aussi bien que reçoivent des messages) et le degré auquel leur langue maternelle conditionne leur vision du monde et leurs attitudes sont essentiels dans la mesure où la négociation est une activité de dialogue (voir, par exemple, Adachi, 1998 dans le cas des négociations entre Japonais et États-suniens). Le dialogue est requis non seulement à l'oral entre partenaires dont les langues sont complètement différentes, mais aussi lors de la rédaction des contrats en une langue qui sera « étrangère » pour au moins une des parties, parfois pour les deux, alors que l'esprit de la langue se mêle avec les traditions juridiques respectives. Cela impliquera le recours à des interprètes et des tentatives parfois douloureuses, et même drôles à l'occasion, d'exprimer ses idées et de défendre ses intérêts, surtout lorsque les concepts sont particuliers à une langue.

Systèmes institutionnels et légaux

Il existe une grande variété de dispositions culturelles par rapport au degré de formalisme contractuel et de recours éventuel au litige, qui reflètent des contrastes dans la manière dont les sociétés sont organisées en matière de règles et de systèmes de prise de décision collective. Cela influence par exemple le niveau de formalisme dans le traitement des contrats de coentreprises, l'enregistrement de filiales ou la discussion de sujets sensibles avec les autorités d'un pays.

Systèmes de valeurs

Les valeurs dominantes dans une culture, mais surtout le degré auquel elles sont honorées réellement, donc respectées dans l'action quotidienne, engagent des segments significatifs du comportement du négociateur, sa disposition à la prise de risques, son style de leadership, mais aussi les relations entre supérieurs et subordonnés au sein d'une équipe de négociation, en particulier les relations entre négociateurs au sein d'une équipe plus ou moins monolithique, entre équipes adverses, entre les équipes de négociation et leurs mandataires respectifs.

Orientations temporelles

La négociation est une activité chargée en temps : elle se déroule souvent sur de longues périodes et avec des interruptions ; elle nécessite des prises de rendez-vous, une séquence et des choix tactiques du moment précis où les concessions sont faites. Les attitudes par rapport au temps, qui diffèrent très fortement suivant les cultures (Usunier, 2003), vont guider la manière dont les personnes structurent leurs actes, d'une façon invisible et pourtant essentielle. La forme la plus évidente de conséquence des différences d'orientations temporelles, la ponctualité (ou son absence), se reflète dans le comportement quotidien des négociateurs et des négociatrices. D'autres aspects comme l'orientation vers le futur sont importants car ils affectent les questions de long terme et le cadre stratégique des décisions conjointes prises lors de la négociation.

Schémas mentaux (mindsets)

Qu'on les qualifie de *mindsets* (Fisher, 1980, 1988), de « styles intellectuels » (Galtung, 1981) ou de « modèles mentaux » (Bazerman et autres, 2000), une autre différence marquée liée à la culture porte sur la manière dont les personnes pensent la réalité, à la fois la leur et celle de la partie adverse. Préfèrent-elles par exemple s'appuyer principalement sur des données objectives, des éléments factuels, ou plutôt sur la parole qui met en scène ces faits, parfois en les instrumentalisant, ou encore en combinant faits objectifs et interprétations subjectives. Les schémas mentaux influencent l'articulation entre les discours et les actes, la manière de soulever les problèmes, de recueillir l'information, de sélectionner les informations particulières qui seront jugées pertinentes aussi bien que d'établir leur degré de véracité, de considérer qu'un raisonnement est logique ou pas, etc. Parce que la négociation comprend des tentatives de persuasion de l'autre partie, souvent intenses, parfois souterraines, les schémas mentaux vont influencer le processus et les résultats de la négociation.

Modèles relationnels

Les modèles relationnels sont liés à la manière dont l'individu s'articule avec le groupe, en particulier les modèles dominants de structure familiale, de parenté et d'appartenance au groupe entraînant une structuration des relations (par exemple, l'individualisme et le collectivisme, le népotisme, le clanisme, le clientélisme). Ces modèles affectent les négociations internationales d'affaires à travers les styles d'interaction entre les gens, leur prise de décision collective, ainsi que la manière dont ils mélangent leurs stricts intérêts économiques avec les relations interpersonnelles (voir Leung, 1997).

Dimensions culturelles de Hofstede et négociation internationale

Les chercheurs en négociation internationale ont utilisé les dimensions culturelles de Hofstede (Hofstede, 1991, 2001 ; Hofstede et Usunier, 2003) comme variables explicatives potentielles du processus et des résultats des négociations internationales, soit de manière générale (Adler et autres, 1987 ; Elgström, 1990 ; Kalé et Barnes, 1992 ; Kalé, 2003 ; Weiss, 1993, 1994 ; Tinsley et Brett, 1997 ; Leung, 1997 ; Morris et autres, 1998 ; Tinsley et autres, 1999 ; Bazerman et autres, 2000), soit dans le cas des négociations avec les Chinois (Shenkar et Ronen, 1987 ; Kirkbride et autres, 1991 ; Adler et autres, 1992 ; Tse et autres, 1994 ; Tinsley et Pillutla, 1998) ou les Japonais (Hawrysh et Zaichkowski, 1990 ; Goldman, 1994 ; Brett et Okumura, 1998 ; Wade-Benzoni et autres, 2002).

Graham et ses collaborateurs (1994) ont testé la pertinence des dimensions de Hofstede pour la négociation internationale sur la base d'une méta-analyse de recherches antérieures. Ils ont comparé le comportement de négociation dans onze pays ou cultures (États-Unis, Canada francophone, Canada anglophone, Mexique, Royaume-Uni, France, Allemagne, ex-Union soviétique, Taïwan, Chine et Corée). Plusieurs variables clés de la négociation (les profits, la satisfaction, l'approche de résolution de problèmes, l'attractivité de l'autre partie ainsi que les relations entre ces variables ont été corrélées avec les résultats de ces pays ou cultures en matière de distance hiérarchique, d'individualisme ou de collectivisme, de masculinité ou de féminité, de contrôle de l'incertitude et d'orientation à long terme. Cependant Tinsley et Brett (1997) soutiennent que les dimensions de Hofstede ont un pouvoir prédictif limité et qu'elles ne peuvent être utilisées pour prédire le comportement de négociation sans être reliées à des variables du processus de négociation (par exemple, les styles de résolution de conflits ou le fait pour un négociateur de rechercher l'aide d'une supérieure). Comme il a été souligné par Bazerman et ses collaborateurs (2000), des facteurs culturels aussi bien que des traits de personnalité influencent la négociation en conjonction avec des éléments clés de la négociation elle-même.

Distance hiérarchique et négociation

Sur la base du concept de distance hiérarchique, qui est profondément enraciné dans la nature plus ou moins verticale de la vie sociale, Graham et ses collaborateurs (1994) s'attendent à ce que les cultures à forte distance hiérarchique mettent l'accent plus sur les rôles sociaux des négociateurs, donc sur leurs positions de force relatives, en particulier dans la relation acheteur-vendeur. De fait, la distance hiérarchique est corrélée de manière significative avec le fait que les acheteurs font des profits individuels plus élevés que les vendeurs (0,75 ; p < 0,05). Dans une revue de la recherche en négociation, Leung (1997, p. 650-653) montre que la distance hiérarchique est systématiquement reliée à la manière de gérer et de résoudre les conflits : dans les sociétés à faible distance hiérarchique et lorsqu'ils ont à rendre compte à des mandants, les négociateurs ont plus tendance à résoudre les conflits par eux-mêmes sans référer à l'échelon supérieur ou à prendre l'avis de pairs, alors que dans les sociétés à forte distance hiérarchique on consultera les mandants, le plus souvent des supérieurs, beaucoup plus fréquemment. En outre, une forte distance hiérarchique entraîne une tolérance plus forte pour des évènements injustes, des traitements inéquitables, et se conjugue avec l'acceptation de grandes différences dans les rôles des négociateurs, allant même jusqu'à accepter sans broncher des remarques insultantes lorsqu'elles viennent d'une personne à statut élevé appartenant au même groupe de négociation (Gudykunst et Ting-Toomey, 1988).

Individualisme ou collectivisme et négociation

Graham et ses collaborateurs (1994) font l'hypothèse que des négociateurs venant de cultures individualistes tendent à se comporter d'une manière plus centrée sur leurs intérêts propres, en étant compétitifs et combatifs plutôt qu'orientés vers la résolution de problèmes, et qu'ils atteignent des profits plus élevés que des collectivistes. Les coefficients de corrélation confirment ces hypothèses avancées à l'origine par Hofstede (lien individualisme/collectivisme-profits : 0,67 ; lien individualisme/collectivisme-l'approche de résolution de problèmes : –0,83 ; lien entre individualisme/collectivisme et la relation liant l'approche de résolution de problèmes et profits : 0,64 ; tous p < 0,05). Cela est cohérent avec une préférence des cultures collectivistes pour le maintien d'une harmonie formelle et l'évitement du conflit ouvert qui s'avère souvent la conséquence directe de valeurs individualistes et compétitives qui valorisent la mise en valeur de soi et un moi indépendant plutôt qu'un moi interdépendant et un relatif effacement de soi (Markus et Kitayama, 1991).

Les Étatsuniens, membres d'une culture typiquement individualiste, ont un style de négociation plus compétitif que des personnes de trois cultures collectivistes, Chine, Inde et Philippines (Morris et autres, 1998). Brett et Okumura (1998), comparant Japonais et Étatsuniens, montrent que les négociateurs venant de cultures individualistes tendent à considérer la défense ouverte de ses intérêts propres dans la négociation comme plus légitime que les personnes venant de cultures collectivistes. De la même manière, Tinsley et Pillutla (1998) prouvent que les Étatsuniens considèrent un comportement très centré sur leurs propres intérêts plus approprié que les Chinois. Wade-Benzoni et ses collaborateurs (2002) montrent que les négociateurs étatsuniens arrivent à la négociation avec des objectifs supérieurs à ceux des Japonais, de manière consistante avec l'optique individualiste où la préoccupation pour ses intérêts propres est forte. Mais, contrairement à l'étude de Graham et ses collaborateurs (1994), les Étatsuniens manifestent une plus forte disposition conjointe à la résolution de problèmes que des Chinois de Hong Kong dans la recherche de Tinsley et Pillutla (1998).

De fait, Leung (1997), en faisant la revue de plusieurs études comparant Chinois et Étatsuniens, montre que les Chinois ont des résultats élevés d'évitement du conflit et de tendance à céder, de manière consistante avec l'orientation de recherche de l'harmonie des cultures collectivistes (voir aussi sur ce point les résultats empiriques de Morris et ses collaborateurs, 1998, qui vont dans le même sens), mais aussi qu'ils sont combatifs et résistants (*contending*). Leung soutient que la réduction de l'animosité est un objectif fondamental de la résolution de conflits dans les cultures collectivistes alors que les recherches montrent que les collectivistes ont une faible préférence pour les solutions de compromis et une préférence plus forte pour les stratégies d'évitement que les personnes des cultures individualistes. Pour surmonter cette apparente contradiction, Leung propose que les collectivistes sont très concernés par ce qu'il appelle l'évitement de la désintégration, c'est-à-dire que la question centrale pour eux est de savoir si le conflit (qui est au cœur de la négociation tout autant que l'interdépendance et la volonté d'arriver à une solution commune) peut détruire une relation établie. Les attitudes combatives et conflictuelles seront acceptables pour autant qu'elles ne menacent pas l'existence même de la relation entre les parties.

Dans une revue très extensive des travaux sur la négociation, Bazerman et ses collaborateurs (2000) mettent l'accent sur le fait que des négociateurs appartenant à des cultures individualistes sont plus préoccupés de la préservation de droits précis et d'attributs économiques concrets alors que les négociateurs collectivistes sont concernés davantage par la préservation et le développement de la relation. Wade-Benzoni et ses collaborateurs (2002) soutiennent que des décideurs de cultures individualistes et de cultures collectivistes traitent différemment une décision d'allocation de ressources selon le contexte. D'après l'idée de Leung (1997) que des décideurs de cultures collectivistes, placés dans une situation de rôles duaux (à la fois allouant et recevant) préféreront l'équité, ils montrent que des négociateurs japonais, aux prises avec un dilemme social (ce que chacun gagne se fait au détriment du bien-être global), ont une préférence plus marquée pour des solutions égalitaires que leurs homologues étatsuniens. Cette préférence égalitaire dans les cultures collectivistes (objectifs d'égalité des résultats individuels pour les deux parties, même si cela conduit à un résultat conjoint sous-optimal) est confirmée par Tinsley et Pillutla (1998) qui montrent que les négociateurs chinois considèrent les comportements orientés vers l'égalité comme plus adéquats que les négociateurs étatsuniens. De plus, lorsqu'ils reçoivent des instructions pro-sociales qui les incitent à la coopération, les Chinois tendent à viser l'égalité des gains alors que les Étatsuniens sont conduits par les mêmes instructions à rechercher la maximisation du résultat conjoint.

Masculinité, orientation à long terme et contrôle de l'incertitude

Graham et ses collaborateurs (1994) font l'hypothèse que, dans des sociétés plus masculines, l'atmosphère très compétitive doit conduire à une satisfaction plus faible des négociateurs. Les résultats empiriques montrent le contraire : la culture masculine s'accompagne de niveaux de satisfaction significativement supérieurs (0,68, p < 0,05) suggérant que l'influence de la dimension de masculinité/féminité sur les comportements de négociation internationale doit être interprétée prudemment. L'échantillon de plus de 700 gens d'affaires expérimentés de 11 pays utilisé par Graham et ses collaborateurs (1994) était probablement composé de sous-échantillons de répondants principalement masculins, ce qui peut conduire à des biais.

Hofstede soutient que la dimension de l'orientation à long terme (souvent appelée dynamisme confucéen) devrait se refléter dans « un classement des relations par statut et l'observance de cet ordre » (Hofstede, 1991, p. 165) et, en conséquence, on pourrait s'attendre à ce qu'un résultat de l'orientation à long terme plus fort conduise à une influence plus forte des rapports de rôle (acheteur-vendeur) sur les profits. Cependant cette proposition n'est appuyée ni par les résultats empiriques de Graham et ses collaborateurs (1994) ni par ceux d'Adler et ses collaborateurs (1992) qui montrent, à travers le cas de négociateurs chinois, qu'il n'y a pas de dominance systématique de l'acheteur dans une société confucéenne, traditionnelle et hiérarchique. Il est probable que les circonstances économiques actuelles en Chine en font encore un marché où les offreurs sont puissants, mettant ainsi une limite à la dominance du rôle d'acheteur que l'on trouve très clairement au Japon (Hawrysh et Zaichkowski, 1990), dont l'économie d'abondance facilite l'émergence de la force traditionnelle du rôle d'acheteur en Asie. Graham et ses collaborateurs (1994) font également l'hypothèse que des négociateurs de cultures à faible orientation à long terme interagiront avec leurs adversaires sur la base de la réciprocité, fondée sur un ensemble de concessions bien définies de part et d'autre à l'intérieur d'un cadre temporel court et strict, ce qui n'est pas confirmé par leurs données. Leur étude montre également que le dynamisme confucéen (l'orientation à long terme) conduit à une « forte persévérance dans la poursuite de ses buts même au prix de sacrifices » (Graham et ses collaborateurs, 1994, p. 200), l'approche de résolution de problèmes étant très fortement corrélée avec le dynamisme confucéen (orientation à long terme) avec 0,89 (p < 0,05).

Le contrôle de l'incertitude joue sur la propension à la prise de risques. Dans leur étude des négociations commerciales entre les États-Unis et

l'Union soviétique, Beliaev et ses collaborateurs (1985) montrent que les
négociateurs venant de pays à fort contrôle de l'incertitude sont plus hésitants
à prendre volontairement des risques et préfèrent, comme l'a souligné
Hofstede (1989, p. 200), « des procédures fortement structurées et ritualisées durant les négociations ». Beliaev et ses collaborateurs (1985, p. 105)
décrivent le négociateur soviétique typique comme :

> bien entraîné à la discipline du parti, obéissant, doté d'un sens très fort de la
> hiérarchie, travaillant dur et bien formé mais avec des horizons limités, loyal
> à l'État et inquiet de commettre des erreurs à cause du risque de déchoir au
> niveau du citoyen soviétique moyen, prudent, dur, inflexible à cause de la
> rigidité des instructions reçues.

Ce portrait d'un négociateur russe fortement averse au risque a été
confirmé par Graham et ses collaborateurs (1992), même après l'abolition
du régime soviétique.

LA PRÉNÉGOCIATION : EXPLORATION RELATIONNELLE

Lorsque l'on reprend le fil chronologique de la négociation, la première
question est : qui se déplace pour rencontrer l'autre partie ? Celui qui va
sur le terrain de l'autre en tire des avantages (connaissance du contexte,
appréciation plus réaliste des capacités du partenaire potentiel) mais aussi
des désavantages non négligeables : il est plus pressé par le temps, il peut
souffrir du décalage horaire en début de négociation ou trouver les conditions
de vie locales désagréables. Les modalités et le lieu de la négociation ne
peuvent être laissés à l'initiative d'une seule partie : la langue de travail, les
modalités d'interprétation et de traduction, l'alternance des sites où se
déroulent les séances de négociation, et les formes de la communication
entre sessions, doivent être décidées au préalable entre les parties.

Distance et confiance

Un des premiers obstacles à l'exploration relationnelle est l'ignorance
de la culture de l'autre partie, non seulement en tant que méconnaissance
des attitudes lors de la négociation, mais aussi en tant que présupposé
inconscient que les différences sont faibles. Par exemple, le manque de
connaissance des négociateurs étatsuniens de la culture chinoise ou japonaise
s'avère les défavoriser (Pye, 1986 ; Tung, 1996). Outre d'importantes différences dans le style de communication, la conception du rôle respectif des
engagements écrits et oraux varie ainsi que les attitudes face au conflit et le
recours éventuel à des solutions contentieuses.

À l'intérieur du groupe national, les partenaires partagent des conceptions communes en matière de planification de la négociation, de manière de communiquer et d'éthique des affaires. Leur similarité induit plus de confiance car chacun a tendance à considérer la communication émise par l'autre comme transmettant une information objective et dénuée de la volonté d'influencer ou de tromper l'autre partie (Ghauri et Usunier, 2003). Une compréhension minimale de la culture de l'autre est donc une condition nécessaire, mais non suffisante, de succès dans la négociation internationale (Tung, 1996).

Crédibilité et réseaux relationnels

En négociation internationale, le codage de la crédibilité des négociateurs et des organisations qu'ils représentent est sujet à de fortes variations. Le premier aspect est celui de la crédibilité personnelle qui est appréciée différemment suivant les cultures selon l'âge, le sexe, le style physique et comportemental. Il ne s'agit évidemment pas de modifier les négociateurs, mais d'éviter les impairs consistant à envoyer un négociateur peu crédible dans la culture cible. On cite ainsi l'exemple d'une négociatrice finlandaise qui, n'étant pas reconnue comme crédible par des partenaires russes un peu machistes, était accompagnée par des collègues finlandais masculins qui lui servaient de faire-valoir alors qu'elle dirigeait en fait la négociation.

Le second aspect porte sur la crédibilité de l'organisation, surtout lorsqu'elle sera en position de vendeur, et particulièrement la question du niveau auquel sont établis les premiers contacts et du statut respectif des négociateurs dans les deux camps. La crédibilité d'une organisation qui fait partie de la négociation s'appuie sur une combinaison variable d'informations techniques (liste de références, capacités technologiques) et de données relationnelles (liées aux réseaux influençant la décision). Beaucoup de contextes favorisent l'aspect du réseau relationnel ; ainsi, en Amérique latine, les liens familiaux et politiques liés au clientélisme sont des déterminants importants de l'influence individuelle. Au Mexique par exemple, l'*Ubicacion* désigne la manière dont quelqu'un est introduit dans le système, un élément important du statut d'un négociateur. Le négociateur mexicain va extérioriser de manière claire son positionnement dans la société pour manifester ses capacités personnelles d'influence, sa *palanca* (Fisher, 1980, 1988).

Relation et tâche

Quand faut-il rentrer dans le vif du sujet ? La phase préalable est qualifiée de *non task-sounding*[2] : il s'agit de sonder le terrain par des activités communes non directement liées à la tâche de négociation elle-même. Souvent, des négociateurs pressés par le temps vont aborder les questions à négocier trop rapidement pour leurs partenaires qui ont besoin d'une connaissance minimale de l'interlocuteur avant de commencer à interagir sur le plan de la tâche. Les rituels de visite de lieux touristiques et d'échanges de cadeaux, de repas pris ensemble, de *small talk*[3] sans rapport apparent avec la négociation, peuvent s'avérer nécessaires pour « faire connaissance ». Les Japonais reprochent souvent aux négociateurs occidentaux de manquer de *ningensei*, une forme d'orientation interpersonnelle fondée sur l'éthique confucéenne qui valorise les interactions sans heurts et la réduction des conflits en faveur de l'harmonie sociale (Goldman, 1994). Comme le soulignent Hawrysh et Zaichkowsky (1990, p. 42) :

> Avant d'entamer des négociations sérieuses, les hommes d'affaires japonais passeront un temps considérable et dépenseront beaucoup d'argent pour accueillir l'équipe de négociation étrangère et établir avec eux un rapport fondé sur l'amitié et la confiance.

Certains voient la négociation avant tout comme une tâche à réaliser, alors que d'autres l'envisagent plus comme un processus de construction de relation. Le mélange entre amitiés et affaires est complexe et il ne s'agit pas de considérer naïvement que l'atmosphère positive est une condition nécessaire et suffisante d'une négociation internationale réussie. Cette phase de construction relationnelle peut aussi être utilisée pour mettre sous pression le négociateur invité en le détournant de la tâche qu'il a à accomplir dans un délai déterminé.

STRATÉGIES ET TACTIQUES EN NÉGOCIATION INTERNATIONALE

Orientation intégrative ou distributive et approche de résolution de problèmes

Suivant les cultures des partenaires il peut exister des dispositions variées à adopter une stratégie intégrative (maximiser la taille du gâteau plutôt que sa part) plutôt qu'une stratégie distributive (maximiser sa part plutôt que

---

2. Phase de prise de connaissance des parties non directement liée à la tâche de négociation elle-même.

3. Échanges informels de communication qui, malgré leur apparence anodine, peuvent faciliter le processus de négociation.

la taille du gâteau). L'orientation distributive conduit à considérer la négociation comme une guerre de positions, territoriale par essence, où « tout
ce qui n'est pas à toi est à moi ». À l'opposé, l'optique intégrative conduit
les parties, qui considèrent à la fois leurs propres intérêts et les intérêts de
l'autre partie, à coopérer et à s'orienter vers la résolution de problème
(Dupont, 1994). La communication et l'échange d'informations entre
négociateurs sont importants dans l'optique intégrative (Campbell et autres,
1988). Le fait d'échanger des informations en tant que données honnêtes
et objectives est considéré comme faisant partie intégrante de l'approche de
résolution de problèmes[4] (Graham et autres, 1994). Cela exclut la volonté
de manipuler le partenaire à l'inverse de la communication instrumentale
où les messages, vrais ou faux, sont avant tout destinés à influencer, voire à
tromper la partie adverse.

Certains facteurs facilitent l'adoption d'une stratégie intégrative, comme
la capacité à se projeter dans le futur et à envisager l'avenir qui facilite l'invention de solutions nouvelles ; à l'inverse, des cultures fortement orientées
vers le présent auront du mal à sortir d'un affrontement de territoire. Le
fait d'appartenir à une culture orientée vers la tâche (*doing*) facilite aussi
l'approche de résolution de problèmes par laquelle le conflit d'intérêts global
est découpé en une multitude de compromis concrets qu'il faut élaborer
ensemble. La capacité à s'intéresser aux attentes d'autrui figure aussi parmi
les facteurs favorisant l'orientation intégrative. L'accent mis sur le groupe
et sur l'appartenance ou non à l'*in-group* (le groupe restreint fondé sur le
sang) conduit chaque culture à définir *a priori* qui est digne de confiance
et de coopération, et qui ne l'est pas.

Dans les cultures où la distinction *in-group/out-group* est très prononcée,
on trouve souvent le concept de « richesse limitée » (*limited good*, Foster,
1965). D'après cette conception, quand quelque chose de « bien » arrive à
l'*out-group*, l'*in-group* est menacé dans sa richesse. De telles réactions, issues
de l'inconscient collectif, résultent directement de l'idée que les « biens »,
la richesse, sont par nature *limités*. Si l'on cède donc quoi que ce soit à
l'autre, il en restera donc moins pour l'*in-group*. Cette vision, très proche
d'un jeu à somme nulle, induit directement une stratégie distributive.

Dernier point : la négociation est un jeu, un rituel qui s'appuie dans
de nombreux pays sur une pratique quotidienne du marchandage où acheteurs et vendeurs sont habitués à cacher leurs vraies intentions. La franchise
et la sincérité ne sont pas des valeurs opérationnelles en négociation inter-

---

4.   La négociation est vue non comme une tâche commune d'exploration des possibles et non
comme un affrontement territorial.

nationale : prendre les devants en abattant ses cartes dans l'espoir que l'autre va dévoiler les siennes est parfaitement naïf.

Exploration des alternatives : échange d'information et communication

Dans la négociation internationale, l'exploration des alternatives suppose une manière commune d'utiliser, d'évaluer et d'organiser l'information (*schémas mentaux*), de considérer certaines données comme pertinentes et de structurer la discussion des questions en suspens. En psychologie interculturelle, l'idéologisme et le pragmatisme (Glenn, 1981) désignent la manière dont les individus traitent l'information qu'ils ont extraite de l'environnement. Les « idéologistes » (Europe du Sud et de l'Est, Asie) vont employer un corpus d'idées large et cohérent, fondé sur de grands principes de base, qui permettront de déduire des solutions pour les questions de détail. Ils auront tendance à essayer de définir un accord large, à préférer fixer des principes de base au départ de la négociation.

Au contraire les « pragmatistes » (Europe du Nord, États-Unis) considèrent en priorité l'extrême diversité des situations concrètes et dérivent des principes de façon inductive. La négociation sera divisée par des pragmatistes en questions concrètes (*issues*), appuyées sur des faits concrets (*hard facts*) ainsi que des données chiffrées (*data*), qui prendront tout leur sens dans le rapport aux décisions concrètes (*decision making*). Alors que les pragmatistes préfèrent que chaque point soit discuté et résolu l'un après l'autre, les idéologistes souhaitent généralement globaliser la négociation, et se méfient des accords partiels, préférant mettre l'ensemble des points à négocier dans un même « paquet ».

D'une façon générale, les sociétés où domine l'attitude « idéologiste » ont tendance à avoir une distance hiérarchique élevée et des systèmes décisionnels centralisés (Hofstede, 1991). Les négociateurs y auront souvent moins de délégation et seront obligés d'en référer à leurs supérieurs, ce qui peut donner l'impression d'un manque de pouvoir et d'autonomie.

Agenda et planification de la négociation internationale

Dans la négociation internationale, les différences d'attitudes face au temps et à la planification du processus se manifestent. Les cultures à orientation monochronique (Hall, 1983), privilégiant un temps économique, linéaire, orienté vers le respect des échéances, ont une nette préférence pour un agenda précis et la définition d'un calendrier de négociation contraignant. Face à des partenaires polychroniques, moins attentifs au temps des montres et beaucoup plus diffus dans leur respect des engagements temporels, les monochrones ne pourront imposer leur manière de faire que dans la mesure où le rapport de force leur est favorable, par exemple s'ils sont fournisseurs uniques face à un grand nombre d'acheteurs. Le rapport de domination dans la situation de marché sera d'ailleurs le facteur explicatif principal du sens dans lequel se fait l'ajustement interculturel dans la négociation internationale.

Les affaires sont les affaires : l'adaptation n'est jamais angélique et la connaissance de l'autre partie n'est pas fondamentalement mue par un amour désintéressé de la diversité humaine. À leur manière, les négociateurs internationaux ont en général une idée claire des données fondamentales du dossier (*hard facts*), mais le degré de préparation des dossiers fera la différence : clarté de la définition des intérêts de base et des marges de manœuvre possibles (concessions, offres alternatives) et simulation des réactions possibles de l'autre partie.

Échange d'information et communication

Les différences linguistiques sont un problème particulier de la négociation internationale qui va impliquer souvent la présence d'interprètes. À cela s'ajoutent des différences de styles de communication et de recours au registre émotionnel qui peuvent viser à manipuler et à déstabiliser l'adversaire. La communication peut donc s'avérer difficile. Un spécialiste étatsunien de la négociation commerciale internationale décrit ainsi la négociation avec les Français :

> Il est très difficile de négocier avec les Français. Souvent ils n'accepteront pas les faits, aussi convaincants qu'ils puissent être. Bien qu'ils puissent se considérer comme des experts en négociation, ils tendent parfois à se comporter comme des amateurs et à être mal préparés. Il est difficile d'obtenir d'eux des données et informations, même pour soutenir une de leurs positions. Le recours au registre émotionnel et à un comportement théâtral est une tactique fréquemment employée par les Français (Burt, 1984, p. 6).

Comme il a été souligné préalablement, certaines cultures ont une idée préconçue de l'égalité ou de l'inégalité dans les rôles d'acheteur et de vendeur. Les Étatsuniens par exemple valorisent l'égalité, donc une certaine informité dans les rapports commerciaux, utilisant les prénoms et essayant de gommer les distinctions de statut, alors que les Japonais ont des relations interpersonnelles verticales avec des différences de statut très marquées. Comme le notent Graham et Herberger (1983, p. 162) :

les rôles des positions de statut élevé et de statut faible sont tout à fait différents, au point même que les Japonais utilisent des mots différents pour exprimer la même idée, suivant la personne qui avance cette affirmation. Par exemple, un acheteur dira *otaku* (votre entreprise), cependant qu'un vendeur dira on sha (votre importante firme). Les relations de statut dictent non seulement *ce qui est dit*, mais aussi *comment cela est dit*.

Les interprètes sont souvent nécessaires dans la négociation internationale : l'utilisation maladroite d'une langue par une des parties peut s'avérer une source de malentendus qui compromet les résultats. Il faut s'assurer de la compétence technique des interprètes par rapport aux thèmes de la négociation et vérifier que ceux-ci serviront bien les intérêts de la partie qui les emploie, surtout lorsqu'ils partagent langue, culture et nationalité avec la partie adverse. Il ne faut pas hésiter à leur demander de garder en langue étrangère des concepts essentiels et de jouer un rôle de « traducteur culturel », expliquant ce qui leur paraît intraduisible mais aussi essentiel à la compréhension des enjeux. La position idéale est celle d'un négociateur qui maîtrise suffisamment la langue des négociateurs adverses pour comprendre leurs conversations en aparté, mais n'est pas censé parler leur langue et se sert des traducteurs pour gagner du temps, améliorer encore sa compréhension et préparer ses réponses.

Dans l'ordre des tactiques de manipulation, les négociateurs chinois sont particulièrement adroits. Ils adoptent volontairement une attitude assez passive, se gardant bien de montrer de l'enthousiasme, dissimulant toute impatience, jouant leur jeu sans se découvrir, pour conduire leurs adversaires à abattre leurs cartes les premiers. En tant qu'hôtes, les Chinois tirent avantage du contrôle des déroulements des négociations. D'abord, ils établissent le calendrier et cela force les invités à montrer leur jeu, car leurs propositions servent de point de départ à toutes les propositions qui suivront (Pye, 1986).

ÉCHANGES DE CONCESSIONS ET CONCLUSION DE L'ACCORD

Le processus d'échange de concessions

Le processus d'échange de concessions peut prendre des formes diverses : depuis un modèle étatsunien de *donnant, donnant* progressif où les concessions sont accordées de manière réciproque, continue et équilibrée, jusqu'à des tactiques de dernière minute, fréquentes en négociation internationale vis-à-vis de la partie qui ne négocie pas sur son terrain. Ainsi les Chinois peuvent attribuer une importance exagérée à un point de détail, en fait sans importance pour eux, ou remettre en cause des points d'accord qui semblaient complètement atteints, cela pour déstabiliser leur adversaire et tenter d'obtenir *in extremis* des concessions complémentaires. Enfin, Chinois et Japonais utilisent le temps, allant jusqu'à demander discrètement au négociateur adverse la date de son retour (pour reconfirmer le billet d'avion), puis ralentir volontairement les négociations et faire de la date limite un avantage tactique en obtenant des concessions de dernière minute du négociateur qui ne veut pas rentrer les mains vides.

Un des problèmes fréquemment vécus en négociation internationale est le degré de délégation dont bénéficient les négociateurs vis-à-vis de leurs mandants (leur direction générale qui prend la décision finale). Ainsi, l'orientation bureaucratique dans les ex-pays communistes (Russie, Chine) aboutit encore à un contrôle fort des autorités publiques sur les négociateurs qui n'ont guère de pouvoir de décision individuel et qui doivent systématiquement consulter leurs supérieurs et obtenir leur accord. Les négociateurs étatsuniens qui disposent de pouvoirs individuels bien définis interprètent ces comportements comme manquant d'initiative et improductifs. Néanmoins, il se peut parfaitement que le négociateur à faible marge de manœuvre se retrouve paradoxalement avantagé dans la phase finale de la négociation internationale, car ses concessions sont conditionnelles alors qu'il peut considérer celles de l'autre partie, disposant d'une délégation réelle, comme fermes.

Le rôle des émotions et des styles de résolution de conflits dans les négociations interculturelles

Les malentendus de communication dans les négociations interculturelles aboutissent souvent à une sorte de débordement des émotions : les négociateurs tendent alors à s'éloigner du terrain rationnel et de l'évaluation objective des faits et des enjeux. Ils mélangent leurs propres sentiments et leur subjectivité avec des intérêts d'affaires objectifs. Morris et ses collaborateurs (1998, p. 730) soulignent deux types de malentendus fréquents entre négociateurs asiatiques et étatsuniens :

> Dans le premier type de malentendu, les négociateurs étatsuniens commettent l'erreur d'interpréter le silence de la partie asiatique comme un signe de consentement [...]. Un deuxième type de malentendu se produit quand des négociateurs asiatiques commettent l'erreur d'interpréter les arguments directs et antagonistes de leurs adversaires américains comme un signe d'absence de mesure et de manque de respect.

Des émotions telles que la colère ont pour effet de diminuer la capacité des négociateurs à apprécier précisément les intérêts en jeu et les amènent à être trop exclusivement centrés sur leurs propres intérêts. Cela a également pour effet une réduction globale des résultats conjoints, correspondant à la somme des gains des deux parties (Bazerman et autres, 2000).

Kumar (1997, 2004) fait une stricte distinction entre émotions positives et émotions négatives en négociation. Les émotions correspondent à des états affectifs et s'accompagnent de manifestations d'excitation d'ordre physiologique. Selon Kumar, les émotions positives ont pour conséquence une augmentation de la flexibilité en négociation et aident les négociateurs à se montrer plus persistants, dans la mesure où un état affectif positif entraîne un accroissement du niveau de confiance des négociateurs. Cependant, des affects positifs peuvent aussi entraîner une augmentation des attentes des négociateurs, donc une déception par rapport aux résultats finalement atteints. Les émotions négatives, en revanche, peuvent conduire à une montée en flèche (spirale) du conflit, c'est-à-dire que les acteurs prennent les questions trop personnellement alors qu'ils devraient les voir d'une manière plus distanciée. Une conséquence probable est l'attribution à l'autre partie de l'entière responsabilité du conflit et possiblement de la rupture de la relation.

Les émotions négatives peuvent servir à informer les parties que la situation actuelle n'est plus tenable, mais elles peuvent aussi faire boule de neige et aboutir à une spirale conflictuelle négative (George et autres, 1998 ; Brett et autres, 1998). Ces spirales négatives sont pour part fondées sur le choix sélectif et largement inconscient d'éléments d'information qui vont venir confirmer les sentiments de rejet des négociateurs, les amenant à une escalade du ressenti négatif vis-à-vis de l'autre partie dont l'appréciation n'est plus fondée sur les faits objectifs. Ces spirales négatives aboutissent également à des attitudes systématiques de réciprocité de la communication agressive. Elles risquent particulièrement de se produire dans des négociations interculturelles à cause de différences à trois niveaux : différences dans les normes et les valeurs, différences dans les formes admises de l'expression des émotions et différences dans le style linguistique (George et autres, 1998). Une spirale conflictuelle se révèle être circulaire lorsqu'elle se développe sur la base d'une répétition de la communication agressive et querelleuse où chaque côté répond à l'autre partie en adressant en retour sa communication négative (Brett et autres, 1998).

La manière de résoudre les problèmes de spirales négatives en négociation est liée à la fois aux modèles de résolution de conflits et aux styles stratégiques de communication en négociation qui peuvent aider à gérer les divergences sur le processus et les désaccords sur les résultats de la négociation (Kumar et O'Nti, 1998). Catherine Tinsley (1998) montre que les Japonais, les Étatsuniens et les Allemands utilisent des modèles de résolution de conflits différents. Les Japonais tendent à recourir au modèle qu'elle désigne par « modèle du statut », c'est-à-dire que les interactions sociales sont vues comme gouvernées par les statuts respectifs et les parties doivent solliciter l'avis et le conseil de personnages au statut très élevé pour résoudre le conflit. Les Allemands manifestent une préférence pour le modèle de la « réglementation » dans lequel le conflit est considéré comme devant être résolu par l'application de règles standardisées, universelles et impersonnelles. Finalement, les Étatsuniens préfèrent le modèle de « l'intérêt » où les parties échangent des informations sur leurs intérêts, essaient d'établir des priorités entre eux et discutent des compromis entre les intérêts respectifs des parties à la négociation.

Une autre dimension importante de la résolution de conflits est de savoir si les personnes tendent à éviter ou au contraire à affronter directement le conflit. Morris et ses collaborateurs (1998) montrent ainsi que les négociateurs chinois tendent à l'évitement du conflit alors que les Étatsuniens tendent à développer un style plus compétitif et comparatif. En outre, les négociateurs venant de sociétés plus traditionnelles, où la dimension de conservatisme social est forte, manifestent une plus forte aversion pour le conflit (Morris et autres, 1998 ; Kozan et Ergin, 1999).

La régulation des émotions en négociation impose d'une part l'évitement des spirales négatives mais également et paradoxalement le fait de s'abstenir de fuir systématiquement l'inévitable conflit. Plusieurs stratégies de communication ont été proposées pour tenter d'éviter les spirales négatives en négociation interculturelle. George et ses collaborateurs (1998) recommandent que les négociateurs s'engagent dans ce qu'ils appellent le « traitement motivé de l'information », c'est-à-dire un processus de négociation où l'information est traitée sélectivement d'une manière qui appuie les buts et les motivations des parties. La motivation pour l'obtention de certains résultats, plutôt que la poursuite sans motif rationnel de certains états affectifs, guide l'interprétation et soutient une communication orientée vers les faits. Brett et ses collaborateurs (1998) montrent ainsi qu'un mélange d'attitudes de réciprocité, combinées avec une communication non agressive, permet souvent de tuer dans l'œuf les spirales négative en négociations.

LES FRONTIÈRES DE LA NÉGOCIATION INTERNATIONALE

La post-négociation est fréquente dans le domaine international. L'idée que la signature d'un contrat, loi des parties, ouvre une ère nouvelle où chacun essaiera de remplir ses obligations sous le contrôle d'un tiers (tribunaux ou arbitrage) n'est partagée qu'en façade. La réalité est que, dans beaucoup de pays, la négociation est vue comme un processus relativement continu où la signature du contrat n'est qu'une étape, certes importante, mais qui fixe simplement un cadre à partir duquel la négociation se poursuivra.

Le soutien de la confiance entre les partenaires : oral contre écrit

Dans les cultures où les relations restent fortement personnalisées, la notion de confiance est strictement inséparable de la personne à laquelle on remet cette confiance. La base de la confiance n'est pas tellement l'écrit contractuel détaillé résultant de la tâche de négociation, mais la parole donnée à travers la construction d'une relation de confiance. Le contrat écrit peut être même vu comme une manifestation tangible de la défiance des parties : faute d'avoir su établir la vraie confiance de fond, solide, durable, assise sur un rapport de confiance personnelle, mais aussi implicite, les parties ont détaillé tous les points de l'accord. Elles ont exploré ou essayé d'explorer tous les désaccords possibles, et ont verrouillé le mieux possible les conflits d'intérêts potentiels. Ce faisant, ils partent d'un présupposé implicite de défiance pour bâtir la confiance, manifestée par la signature du contrat écrit ; mais la défiance initiale reste présente, potentiellement. Ainsi le lien de parole, le contrat fondé sur la parole donnée et non sur l'écrit juridique, est-il valorisé dans beaucoup de sociétés traditionnelles. L'écrit est étranger aux pratiques sociales courantes car il est individuel et isolé, comme la lecture et l'écriture, plutôt que collectif et reflétant le lien social naturel, comme la conversation.

L'introduction hâtive de juristes dans le processus de négociation internationale peut susciter des réactions négatives. Par exemple, un homme d'affaires égyptien offre à un Canadien de faire ensemble une coentreprise. Ce dernier lui suggère de se rencontrer dès le lendemain avec leurs avocats respectifs pour achever la rédaction des points de détail. L'Égyptien ne vient pas au rendez-vous du lendemain et cesse définitivement toute relation : pour lui la présence des avocats signale la défiance du Canadien plutôt qu'elle ne sert à faciliter le bon déroulement de la négociation (Adler, 2002).

La plus grande prudence est nécessaire dans l'interprétation des bases respectives, écrites et orales, de la confiance dans la négociation internationale. Même dans le monde anglo-saxon, qui a une prédilection pour l'écrit, certains contrats importants se font sur un simple accord verbal entre décideurs de haut niveau. Dans les cultures où l'oral est la base de la confiance, il ne faut jamais oublier non plus que la confiance est difficile à accorder à qui que ce soit appartenant à l'*out-group* : que cela soit sur une base écrite ou orale, un « étranger » est toujours considéré comme peu fiable *a priori*. Il faut donc s'appuyer sur les deux bases, écrite et orale, en cernant bien les limites propres à chacune.

Relation ou contrat : que faire face aux litiges et aux tentatives de re-négociation ?

L'idée que le contrat constitue une frontière temporelle nette, qui met fin à la négociation commerciale internationale, est partiellement fausse, particulièrement lorsqu'il s'agit de grands projets et de contrats qui lient acheteur et vendeur sur de longues durées. La signature d'un contrat est certes une étape importante qui met fin à une phase de négociation, mais, si une succession de contrats peut être envisagée, alors les litiges formalistes doivent être évités. Les clauses écrites ne sont pas considérées dans de nombreux pays (au Moyen-Orient par exemple) comme un engagement pratiquement irréversible (« loi des parties »), comme en Europe et en Amérique du Nord où le non-respect ou la remise en cause des clauses entraînera vraisemblablement un litige. Pourtant la remise en cause de clauses, dans un contrat international déjà négocié et signé d'équipement clés en main entre un maître d'œuvre occidental et un maître d'ouvrage d'un pays arabo-musulman, n'est pas chose étonnante : si la relation de confiance domine, l'idée prévaut dans beaucoup de cultures que les parties peuvent trouver des aménagements à l'existant sans nécessairement brandir la menace du litige. La tendance au contentieux typique des systèmes juridiques occidentaux ne trouve son équivalent ni au Moyen-Orient ni surtout en Extrême Orient, où les prescriptions des codes ne sont pas faites pour être appliquées à la lettre et où le bon juge est celui qui parvient à ne pas rendre de décision, parce qu'il a su amener les adversaires à se réconcilier (David, 1987).

ASPECTS ÉTHIQUES DE LA NÉGOCIATION INTERNATIONALE : LA CORRUPTION

Mouth smiles, money smiles better dit un proverbe ghanéen[5]. L'argent est toujours au centre des négociations d'affaires où le prix officiel est parfois discuté en parallèle d'une « récompense officieuse ». Cela est d'autant plus susceptible de se produire que la négociation se passe au delà des frontières,

---

5. Mieux vaut de l'argent qu'un sourire.

c'est-à-dire avec un contrôle limité des autorités nationales par rapport à ce qu'elles peuvent surveiller. La plupart des lois ne s'appliquent pas au delà du territoire national. Il est alors tentant de chercher à gagner un marché en corrompant l'acheteur plutôt que par le jeu normal de la concurrence et de la négociation. En outre, des avantages significatifs de prix et de performance par rapport aux concurrents ne sont parfois pas suffisants pour gagner : des pots-de-vin peuvent aussi être discrètement réclamés par les acheteurs.

La corruption est considérée par beaucoup de gens d'affaires comme la question éthique essentielle dans les négociations internationales. D'après Mayo et ses collaborateurs (1991), plus du tiers des gestionnaires étatsuniens interrogés placent la corruption en numéro un parmi dix préoccupations éthiques dans la négociation internationale. De la même manière, des gestionnaires australiens et canadiens considèrent les cadeaux, les faveurs et les divertissements (du client), la petite corruption quotidienne traditionnelle et la question compliquée de savoir si des cadeaux d'affaires sont perçus comme tentative de corruption ou non suivant les cultures, comme les trois problèmes éthiques clés en marketing international parmi une liste de dix (Chan et Armstrong, 1999).

Corruption

La pratique est assez largement répandue et prend des formes diverses :

– *Petits et grands cadeaux* : par exemple, une entreprise multinationale accorde gratuitement à un politicien local un séjour de deux semaines dans un paradis touristique. L'ensemble, incluant l'hôtel, les réceptions et de charmantes hôtesses pour les soirées, coûte vite 50 000 $.

– Des *pourcentages* fondés sur la valeur du contrat. Les paiements illégaux sont alors beaucoup plus importants du fait du montant élevé de certains contrats internationaux clés en main. La dénonciation publique des paiements illégaux a commencé aux États-Unis dans les années 1970 où des entreprises comme Lockheed, United Brands, Gulf Oil, et d'autres firmes des secteurs des mines, de l'aéronautique et de l'ingénierie étaient concernées. Aujourd'hui les affaires de corruption continuent à apparaître dans la négociation de projets clés en main. Ainsi, huit compagnies internationales de construction venant de France, d'Italie, du Royaume-Uni, du Canada et d'Afrique du Sud ont été accusées de corruption au Lesotho après qu'elles eurent payé de substantiels pots-de-vin pour obtenir un contrat de 8 milliards de dollars pour un barrage partiellement financé par la Banque mondiale (BBC News, 1999).

– Des *pourboires* : quand les fonctionnaires sont peu et mal payés mais qu'ils ont autorité sur la passation des marchés, il peut être « implicitement accepté » qu'en échange de leurs tâches publiques mal rétribuées ces personnes peuvent « compléter » leurs revenus. Ainsi la collecte d'informations confidentielles pour améliorer sa position dans le processus de négociation ou encore pour obtenir le formulaire pour une déclaration fiscale obligatoire constituent des paiements dits de « lubrification » qui peuvent être assimilés à un salaire implicite pour celui ou celle qui le reçoit. Dans beaucoup de cas, les autorités locales sont parfaitement au courant de l'existence de telles pratiques. En Chine en 1993, plus de 60 000 cas de corruption de fonctionnaires ont été dévoilés, plus d'un demi-million de personnes ont fait l'objet d'investigation, et plus de 10 000 ont été assignées devant un tribunal (Galtung, 1994). La bureaucratie et les pouvoirs qu'elle accorde à certains jouent un rôle important dans la corruption. En Ukraine par exemple, les activités des entreprises sont fortement réglementées et 32 ministères sont habilités à accorder des licences et des autorisations pour les activités les plus diverses. Du fait que les inspecteurs gouvernementaux ont le droit de faire des inspections dans les entreprises à tout moment et pour n'importe quelle raison, le gestionnaire ukrainien moyen passe deux jours par semaine à suivre les inspections. Le système réglementaire donnant une large marge de manœuvre aux inspecteurs face aux entreprises, les corrompre est le moyen le plus rapide et le plus efficace pour obtenir l'agrément des autorités (Pidluska, 1998). Une situation similaire est dépeinte par Werner (2000, p. 18) en ce qui concerne le Kazakhstan, où « rien n'est autorisé, mais tout est possible [du moment que vous payez !] ». Les paiements illégaux et leur montant varient suivant les pays et les industries : les pots-de-vin sont plus importants dans le bâtiment que dans l'électronique et au Nigeria qu'en Australie. Il est aussi important d'ajouter que, même dans un pays où règne la corruption, tout le monde n'est pas corrompu. Il n'y a rien de pire pour un négociateur que de tenter de corrompre un officiel vertueux. La méthode directe consistant à remettre du liquide est dangereuse et inefficace. En conséquence, des méthodes indirectes sont utilisées.

– *Les caisses noires* sont utilisées pour effectuer des paiements moyens pour « services rendus ». Des dépenses systématiquement surestimées sont utilisées pour créer des caisses noires, mais les vérificateurs peuvent les découvrir quand le décalage entre la dépense rapportée et son coût réel frise les 1 000 pourcents (Thompson, 2002). Des *firmes de consultants fictives* peuvent être enregistrées dans un pays quelconque (le Luxembourg par exemple) ; un conseiller bien placé du ministre des Transports local va être recruté comme consultant et payé (au Luxembourg) pour les informations et l'appui qu'il apporte discrètement dans la négociation d'un réseau de transport public. L'argent sera transféré dans un paradis fiscal et il pourra l'utiliser lors de ses déplacements. La méthode est parfaitement discrète. Une autre solution fréquemment employée est l'enregistrement de transactions fictives. Une compagnie obligée de payer 10 % de commissions occultes pour obtenir un contrat de construction d'usine clés en main augmente artificiellement (et en toute fin de négociation) le montant du contrat, puis inscrit une commission pour frais de consultance, même si aucun service de cette nature n'a été rendu. Cette commission devient une dépense déductible de l'impôt et rend un tel paiement apparemment légitime alors qu'en fait il reste illégal. Vogl (1998, p. 30) donne ainsi l'exemple d'une firme pharmaceutique européenne en négociation avec le ministre de la Santé d'un pays en développement qui avait reçu des fonds d'une agence d'aide pour l'achat d'urgence des médicaments nécessaires : « au lieu de se mettre d'accord sur la fourniture de médicaments récents, le ministre et le fournisseur se sont entendus pour utiliser l'aide pour acheter des médicaments dépassés et bien meilleur marché. Le fournisseur a fait en conséquence un profit substantiel et en a placé une partie sur une compte bancaire extraterritorial ouvert au nom du ministre ».

La frontière floue entre cadeaux et pots-de-vin en négociation internationale

Comme le souligne Werner (2000), la corruption est comparable à l'échange de dons dans la mesure où elle obéit à une étiquette culturellement codée, laquelle indique qui dans une négociation est prêt à accepter d'être soudoyé, où et comment la somme peut être remise sans risque et que dire et faire lorsque l'on remet le cadeau occulte au récipiendaire. Pourtant des cadeaux peuvent avoir du sens lorsque des partenaires de négociation ont passé du temps à s'occuper de leurs hôtes : ils font partie des traditions universelles de courtoisie. Ils obéissent à des normes de réciprocité liées au contexte local. Suivant Steidelmeier (1999, p. 127),

> phénoménologiquement, il est difficile de distinguer un bakchich d'un pourboire, d'une commission ou d'un honoraire de consultant. Au final, le jugement

moral dépend de la compréhension sociale du sens de cette action sur la base d'une analyse des moyens et des fins, des conséquences et des intentions.

Werner (2000) reconnaît également l'absence de limite claire entre cadeaux et pots-de-vins. Elle explique ainsi qu'au Kazakhstan il existe dix mots pour différents types de cadeaux et de paiements rituels selon le contexte et la nature du cadeau ; par exemple, *kiit* et *minit* sont des cadeaux pour la belle famille, le premier sous forme de vêtements, le second en bétail ou en argent. Cependant le mot pour pot-de-vin, *para*, est toujours utilisé pour désigner des échanges illégaux (Werner, 2000, p. 18).

Pour mieux saisir la frontière entre cadeau et corruption, il faut examiner les critères suivants :

- *Taille* : plus grand est le « cadeau », plus il tend à devenir un pot-de-vin ; la législation étatsunienne, par exemple, autorise les cadeaux de faible valeur ainsi que les « paiements de lubrification » (exemple : payer un douanier pour obtenir l'accélération d'un dédouanement).

- *L'intention* : un cadeau n'est pas censé être donné en échange d'une faveur alors qu'un pot-de-vin est la rémunération d'une action illégale ; un cadeau est légal alors que la corruption est illégale et que la faveur objet de la transaction n'est en vente ni légalement ni moralement ; l'*intentionnalité* est un critère de base du processus de corruption.

- Qui *reçoit* ? Un bakchich donné à un chef d'État pour un marché important ne peut être directement comparé avec celui qui est donné à un douanier pour faciliter une procédure.

- *Nature* de l'objet donné (tangible versus intangible) : les cadeaux intangibles, comme le fait d'offrir des voyages ou de rémunérer un service fictif, sont plus difficiles à considérer comme corruption, bien qu'ils le soient parfois tout autant que des cadeaux tangibles.

- Les *circonstances* dans lesquelles est remis le cadeau ; s'il est remis ouvertement et en public, il est moins susceptible d'être perçu comme un pot-de-vin que si le processus est secret.

- Existence d'une *définition légale des cadeaux d'affaires*, c'est-à-dire du montant maximal et de la nature des cadeaux donnés par des entreprises à leurs clients, particulièrement ceux qui signent les contrats ;

- *Coutumes locales* : dans certains pays règne encore une économie traditionnelle fondée sur le don et l'échange réciproque de présents et de faveurs ; au Japon par exemple, les rituels liés à l'échange de cadeaux restent un élément central de la vie sociale, y compris pour les relations d'affaires.

–   Le « cadeau empoisonné » est un cas particulier : pour exercer une
    pression sur une personne, le corrupteur envoie un cadeau important
    et inattendu à cette personne qui ne l'a nullement demandé et qui se
    sent très gênée. Souvent le récipiendaire ne peut se plaindre de l'avoir
    reçu car il serait suspecté de l'avoir demandé.

**Évolution récente de la lutte contre la corruption dans les marchés
internationaux**

Depuis que les États-Unis ont promulgué le Foreign Corrupt Practices
Act (FCPA) en 1977, ils se sont constamment battus au niveau international pour qu'une telle loi soit également adoptée par les principaux pays
industrialisés (Lewis, 1998). Ils ont utilisé différentes organisations internationales comme forums pour la promotion d'une loi globale anti-corruption, dont la huitième Conférence internationale contre la corruption qui
a abouti à la Déclaration de Lima. Le principal acquis de ces efforts est la
convention de l'Organisation de coopération et de développement économiques (OCDE) sur la lutte contre la corruption des fonctionnaires publics
dans les marchés internationaux qui est une extension des principes du
FCPA aux pays de l'OCDE. La convention est progressivement ratifiée par
les pays signataires[6] (les 29 pays de l'OCDE plus l'Argentine, le Brésil, la
Bulgarie, le Chili et la Slovaquie). Par ce texte les parties s'obligent à rendre
passible de poursuites pénales la corruption de fonctionnaires étrangers. Il
ne couvre pas spécifiquement les partis politiques mais les pots-de-vin faits
par l'entremise des partis politiques et de leurs dirigeants sont couverts. Les
négociateurs se sont mis d'accord pour appliquer des sanctions « efficaces,
proportionnées et dissuasives ». La convention impose aux pays de confisquer
l'argent de la corruption ou des biens de valeur équivalente ou encore d'appliquer des sanctions monétaires de montant comparable.

La convention ne s'applique pas d'elle-même : les pays signataires doivent modifier leur législation existante et mettre en place de nouvelles
dispositions pour obéir aux provisions de la convention qui bannissent les
avantages accordés pour obtenir ou conserver des marchés gouvernementaux,
la déductibilité fiscale des bakchich comme frais commerciaux (pratiquée
jusque-là par de nombreux pays), les pratiques de comptabilité parallèle, les
procédures laxistes d'achat public qui facilitent la corruption et la collusion,
la corruption par des intermédiaires, des consultants et des agents. La plupart des pays développés ont maintenant ratifié la convention et modifié

---

6.   Pour une mise à jour des mesures prises pays par pays pour implémenter la Convention, voir
http://www.oecd.org/.

leur législation nationale pour qu'elle puisse être appliquée localement (Hamra, 2000)[7]. À Tokyo, le 30 novembre 2001, la troisième conférence annuelle ADB/OECD a adopté une initiative anti-corruption pour la zone Asie-Pacifique, par laquelle dix-sept gouvernements on approuvé un plan d'action régional de lutte contre la corruption.

ÉTHIQUE DE LA COMMUNICATION DANS LA NÉGOCIATION INTERNATIONALE : CONNECTIONS PERSONNELLES, RÉSEAUTAGE, ACHAT ET RÉVÉLATION D'INFORMATIONS CLÉS

À côté du problème de la corruption, il existe d'autres questions éthiques dans les négociations internationales d'affaires dont seulement les deux premières citées ci-dessous s'apparentent à la corruption. Une partie peut :

— acheter secrètement de l'information sur les intérêts, la situation et l'organisation de la partie adverse de manière à améliorer à son insu sa propre position stratégique ;

— acheter l'influence de membres de l'équipe de négociation adverse ou de ses mandants ;

— utiliser la communication instrumentale pour tromper l'autre partie et marquer des points, par exemple en révélant des informations erronées sur ses coûts, ses investissements, etc. ;

— négocier et signer des clauses qui, bien qu'elles soient légales en principe, vont considérablement désavantager l'autre partie dans le futur ; en exploitant son ignorance ;

— former des réseaux relationnels avec des personnes et des firmes dans le camp de négociation opposé et leur consentir certaines faveurs, comme le fait d'engager leurs parents ou de leur accorder un accès privilégié à des positions normalement ouvertes à tous ;

— négocier et s'engager en sachant parfaitement qu'elle ne pourra respecter ses engagements vis-à-vis de l'autre partie.

La manipulation de l'information est une question-clé dans les négociations d'affaires, particulièrement pour les négociations interculturelles. Volkema (1999, p. 59) met en lumière les zones grises dans l'échange d'information :

---

7. Voir German (2002), pour un compte rendu détaillé de la manière dont la Convention OCDE contre la corruption a été traduite dans la législation canadienne.

Est-il normal de cacher ses données économiques durant une négociation ? Est-il éthique de mentir sur ses bénéfices ? [...] est-il normal de tenter de recruter les subordonnés de son adversaire à la condition qu'ils amènent des informations importantes ?

Le fait d'établir des réseaux relationnels apparaît comme une nécessité pour obtenir des informations-clés. Cependant, il y a une certaine ambiguïté éthique à développer très systématiquement ses connections personnelles. Certains informateurs dans le camp adverse peuvent être utilisés contre leur propre camp et les avantages obtenus à travers le réseautage sont susceptibles de constituer une discrimination vis-à-vis des concurrents. Toute l'éthique de la communication en négociation tourne autour de la question de l'ins-trumentalité : considérer autrui comme un instrument de ses buts ou le savoir d'autrui comme une marchandise achetable conduit à lui proposer des avantages personnels contre des informations-clés qui ne sont pas dans le domaine marchand.

Aspects éthiques de la révélation d'information à l'autre partie

Il existe différents moyens d'atteindre ses résultats dans une négociation en manipulant l'autre partie :

- en diffusant intentionnellement de l'information fausse (ce que les spécialistes de négociation appellent *strategic misrepresentation*, dénatu-ration stratégique des faits), par exemple, en notant les problèmes techniques supposés d'un concurrent bien placé ;

- en dissimulant de l'information-clé qui devrait être révélée (exemple : une nouvelle technologie va rendre complètement obsolète le brevet pour lequel un accord de licence est en cours de négociation) ;

- en falsifiant des informations, c'est-à-dire en maquillant volontairement des données-clés pour influencer la décision de l'autre partie ;

- en mettant la pression sur l'autre partie par des arguments inventés (« notre nouveau directeur général va subir la pression des marchés financiers et devra refuser cet accord : signez maintenant, demain ce sera trop tard ! »).

Il existe des différences entre cultures quant à l'éthique de la commu-nication en négociation. Volkema (1999) montre qu'il y a des différences significatives entre le Brésil et les États-Unis pour la dénaturation stratégique des faits (*strategic misrepresentation*) : les Étatsuniens se perçoivent comme moins susceptibles de travestir l'information et de bluffer (feindre des menaces) que les Brésiliens. En outre, les Étatsuniens tendent à considérer ce type de comportement comme moins acceptable que les Brésiliens. Dans le même sens, Donoho et ses collaborateurs (1999) mettent en lumière des différences significatives entre Étatsuniens, Canadiens, Australiens et Néerlandais en ce qui concerne la fréquence des pratiques discutables lors de négociations de vente (des promesses creuses utilisées pour obtenir l'affaire, tricher dans la procédure de soumission, espionner les concurrents), les Néerlandais et les Canadiens étant en moyenne plus prêts à tolérer la dénaturation stratégique des faits que les Étatsuniens et les Australiens.

Prises au premier degré et dans une optique universaliste, toutes ces tactiques de négociation semblent manquer de probité. Cependant, elles sont utilisées tous les jours dans les négociations internationales, au moins à la marge. Quand le (futur) acheteur déclare qu'un de vos concurrents est prêt à offrir la même prestation pour 10 % de moins, il est très difficile de savoir s'il s'agit d'un pur mensonge, d'un simple bluff ou d'une vérité légèrement transformée. Les cultures ne placent pas la même valeur sur les notions d'honnêteté et de franchise, particulièrement quand il s'agit d'échange d'information en négociation. Les Nord-Américains valorisent l'échange d'information représentative (correspondant à des données factuelles et non destinée à exercer une influence à l'inverse de l'information dite « instrumentale ») en tant qu'élément-clé du développement de la confiance entre les parties. Beaucoup d'autres peuples ne le font pas et considèrent que jouer un peu avec les mots est acceptable, même entre partenaires d'affaires durables, particulièrement lorsque leur communication est à contexte élevé et qu'ils partent de l'idée que leurs messages seront interprétés en fonction du contexte et non pas pris au pied de la lettre.

Un autre aspect important de la divulgation d'information est que la partie qui demande et reçoit une information de l'autre partie que celle-ci n'était nullement obligée de lui donner (montrant ainsi ses cartes) doit d'une manière ou d'une autre lui rendre la pareille. On peut ainsi se demander s'il est honnête pour une partie de poser des questions à l'autre partie quand la réponse implique la révélation d'informations qui correspondent à des droits de propriété industrielle ou intellectuelle (par exemple liée à un brevet ou à un savoir-faire). La partie interrogée ainsi doit-elle se sentir contrainte de fournir les réponses à ces questions, étant entendu que l'information peut être exploitée sans avoir été payée si la négociation est rompue ? La réponse est évidemment non. Cependant, il faut être bien conscient qu'il existe une pression éthique plus faible sur le fait de poser des questions que sur le fait d'avoir à y répondre. En conséquence, les négociateurs dont les cultures valorisent l'ouverture d'esprit, la sincérité et le parler vrai peuvent être injustement exploités par des négociateurs adverses qui passent le plus clair de leur temps à poser des questions. Cohen (1980) l'exprime comme suit :

> Certains d'entre nous supposent que moins nous apparaissons intimidants ou sans défaut à l'autre partie, plus ils vont nous en dire. En réalité, c'est le contraire. Plus vous semblez embrouillé et sans défense, plus ils seront disposés à vous aider avec des informations et des conseils [...]. En suivant cette approche vous vous apercevrez qu'il est plus facile d'écouter que de parler. Il est préférable de poser des questions que de donner des réponses. En fait vous devez poser des questions même quand vous pensez que vous connaissez les réponses, car, de cette manière, vous testez la crédibilité de l'autre partie (Cohen, 1980, p. 103, ma traduction).

Réseautage

Le réseautage (*networking*) n'est pas sans ambiguïté. Ce qui apparaît au premier abord comme une orientation humaniste (les affaires ne sont pas uniquement les affaires, elles se font avec des personnes) peut aussi être interprété comme une utilisation à la limite immorale de contacts privilégiés au détriment de la partie adverse. Il existe des différences de perception quant à ce qui est acceptable ou non en matière de réseautage et de socialisation dans des négociations internationales. Le népotisme, par exemple, est considéré comme immoral par certaines cultures et comme normal par d'autres suivant le niveau d'orientation vers l'*in-group* (Triandis, 1994). Les liens groupaux impliquent des relations de loyauté qui peuvent être fondées sur la parentèle, le clan ou le patronage. La vertu concrète manifestée par la loyauté est le fait de maintenir l'allégeance, même en cas de conflit avec d'autres membres de l'*in-group* ou de traitement injuste par les membres les plus puissants. Les orientations groupales (*in-group versus out-group*) ont une influence profonde sur les systèmes éthiques et moraux.

Une forte orientation vers l'*in-group* accroît la loyauté vis-à-vis des membres du groupe, mais décroît en même temps les sentiments d'obligation vis-à-vis de ceux qui sont extérieurs au groupe. À l'extrême, il pourrait être considéré comme parfaitement vertueux pour des membres de l'*in-group* de mentir ou de voler si les victimes sont des extérieurs qui ne méritent pas un intérêt moral. La mafia est une excellente illustration d'une société orientée vers l'*in-group*. La moralité y est fondée sur une ensemble de valeurs et de pratiques qui favorisent la plus stricte loyauté, la trahison étant punie par la mort, cependant que népotisme, patronage et clientélisme sont des comportements légitimes. À l'inverse l'orientation *out-group* met l'accent sur l'application de règles universelles, impersonnelles, appliquées à tous par des juges, indépendamment de leur appartenance groupale. L'objectivité et la réciprocité sont préférées aux relations subjectives et à la loyauté ; ou, exprimé autrement, la loyauté ne va pas aux personnes mais aux règles impersonnelles qui gouverne la société civile dans son ensemble.

Même si le mélange entre amitiés et affaires est assez universel, les attitudes par rapport au réseautage et aux relations sociales varient entre cultures dans les négociations internationales suivant les conceptions éthiques *in-groupistes* et *out-groupistes*. Selon l'approche occidentale plutôt *out-groupiste* des réseaux d'affaires, les relations sociales ne comptent pas plus et probablement moins que les éléments « durs » de la transaction, soit des données de spécification des produits, de prix, de performance et de termes de contrat (voir Ford, 1990 ; Johansson et Mattsson, 1988).

Dans les relations d'affaires, les contacts personnels comptent dans la mesure où ils servent à réduire l'incertitude liée aux transactions complexes par l'échange fluide d'informations sur des questions techniques, organisationnelles et commerciales. « La confiance mutuelle, le respect et les contacts amicaux entre les participants permettent d'échanger des informations confidentielles » (Ford, 1990, p. 81). Les contacts personnels permettent aussi aux partenaires interagissant dans le réseau d'évaluer la compétence de l'autre partie, de négocier des conditions précises de mise en œuvre et d'aborder des questions qui vont au delà de la lettre du contrat. En cas de problèmes sérieux, ils offrent un cadre pour l'échange immédiat d'information et de décision sur des mesures correctives. Les contacts personnels jouent aussi un rôle social pur, mais la rationalité économique et l'orientation vers la tâche restent dominantes dans la conception occidentale du réseautage. Les gens d'affaires sont là pour « signer le marché », pas pour tomber sous le charme de relations chaleureuses et amicales ni surtout pour se laisser aller au patronage et au clientélisme. Les relations doivent être « bonnes mais distantes ».

> [...] les compagnies sont peu enclines à encourager des interactions qui ne sont que sociales. [...] la recherche montre que les acheteurs sont plus enclins à maintenir des relations « bonnes mais distantes » que les vendeurs. Cependant des fournisseurs voient le danger d'une proximité trop forte de leurs vendeurs avec les clients, dans la mesure où ils peuvent perdre leur objectivité et agir dans l'intérêt de la relation sociale, plutôt que dans le sens des intérêts de leur entreprise (Ford, 1990, p. 83).

La notion chinoise de *guanxi* correspond à une version orientale du réseau (*networking*), fondée sur le maintien de relations continues et étroites avec les organisations qui comptent ainsi que les personnes-clés en leur sein. Le *guanxi* chinois correspond au *Kankei* japonais et au *Kwankye* en Corée, c'est-à-dire à des périodes de socialisation après les heures normales de travail qui deviennent des lieux importants pour se réunir avec les preneurs de décisions et tenter de les convaincre dans une atmosphère socialement plus confortable que celle du bureau (Yeung et Tung, 1996). Le *Guanxi* mêle l'interaction sociale et les relations d'affaires dans un écheveau complexe d'interactions personnelles intéressées et désintéressées. Il ne vise pas nécessairement les résultats à court terme et consiste en un véritable investissement dans des relations qui peuvent ou non être utilisées dans le futur.

La pratique du *Guanxi* se traduit par des forces de vente nombreuses qui sont là pour maintenir les contacts et par des politiques de crédit client très étendues, comme dans les *Keiretsus* japonais. Les firmes engagées dans ce réseau interconnecté, appelé *guanxihu*, font de leur mieux pour éviter de mettre dans l'embarras une partenaire d'affaires qui a des problèmes financiers temporaires. On a montré que le recours au *Guanxi* est favorable à la performance des coentreprises internationales en Chine (Luo, 1995), des entreprises étrangères établies en Chine et des firmes chinoises elles-mêmes (Luo, 1997 ; Luo et Chen, 1997). Le concept chinois de *Guanxi* partage quelques traits avec le concept occidental de *networking*, en matière de continuité des relations d'affaires et de cadre social pour des firmes engagées dans un comportement coopératif plutôt que compétitif. Il existe néanmoins quelques différences très significatives que Luo et Chen (1997, p. 3-4) expliquent comme suit :

> le guanxi fait référence en premier lieu aux relations personnelles et non pas entre compagnies, et les échanges qui ont lieu entre membres du réseau de guanxi ne sont pas uniquement commerciales, mais aussi sociales, incluant l'échange de renqing (obligations sociales ou humaines) et le don de mianzi (la face dans l'univers social), ou de statut social. Cette caractéristique conduit souvent à désigner le guanxi par l'expression « capital social ». Par contraste, le networking dans la littérature de marketing et management occidentale est le terme principalement associé aux relations commerciales entre entreprises. À cause de cette différence, beaucoup de gens d'affaires de l'Ouest courent le risque de surestimer le côté échange de cadeaux et repas d'affaires d'une relation de guanxi, s'approchant ainsi dangereusement de la corruption grossière au risque d'être considérés comme des « amis par la chaire et le vin », ce qui est une métaphore chinoise de la méfiance (Luo et Chen, 1997, p. 3-4 ; notre traduction).

Dans une perspective d'éthique de la négociation internationale, la question n'est pas seulement « Le guanxi marche-t-il ? », elle est aussi de savoir s'il s'agit d'une pratique éthique dans tous les cas. Dans une certaine mesure, *guanxi* est un synonyme en chinois de corruption ; le débat existe en Chine de savoir s'il s'agit d'une pratique morale (Tsang, 1998) ou si c'est un mal nécessaire pour faire des affaires en Chine. Dunfee et Warren (2001) mettent en lumière les aspects problématiques du *guanxi* : il bénéficie à quelques-uns au détriment de beaucoup, il peut aboutir à la violation d'importantes obligations contractuelles et peut enfreindre des normes éthiques universelles. En outre, il n'est pas toujours défendu par ceux qui y sont impliqués :

> Une groupe de bureaucrates peut appuyer le guanxi, parce qu'il opère à leur avantage. Par contraste, des managers qui doivent interagir avec ces bureaucrates peuvent ne pas supporter le guanxi car ils doivent être compétitifs dans des marchés globaux et qu'ils doivent prendre des décisions de recrutement et faire des choix d'entreprise sur la base du mérite (Dunfee et Warren, 2001, p. 201).

Éthique de l'engagement dans la négociation internationale

À propos de la situation dans laquelle une partie tente une renégociation d'un accord déjà signé, donc remet en cause certaines clauses, Cellich et Jain (2004, p. 120), citent un aphorisme de Frederick Sawyer : « Un contrat est un accord qui lie la partie la plus faible. » Les divergences dans l'éthique de l'engagement se manifestent souvent par la volonté de renégocier des clauses, ce qui semble normal à la partie qui le demande et ressemble à une violation radicale de l'accord pour l'autre partie. L'éthique de l'engagement dans la négociation internationale ne porte pas tant sur le processus lui-même que sur les résultats finaux, après que l'accord eut été signé et lorsqu'on se situe dans la phase de mise en œuvre du contrat.

Une approche très relativiste de ce que signifie le mot anglais *commitment* (engagement) s'impose, car il ne peut être traduit de façon appropriée dans de nombreuses langues où il perd beaucoup de sa force en tant qu'auto-obligation, d'impératif catégorique autant vis-à-vis de soi que de l'autre, c'est-à-dire, en tant qu'éthique du rapport entre la parole et l'action, entre les promesses et les actes. Les parties s'engagent-elles à dire ce qu'elles vont faire et à faire ce qu'elles ont dit qu'elles feraient ? Le lien entre les mots, les promesses et l'engagement réel envers l'autre partie diffère en négociation internationale. Il est préférable pour des partenaires de discuter aussi tôt que possible dans la négociation leurs vues de ce que signifie un engagement en matière de réponse à leurs obligations dans des domaines-clés de l'accord futur. Les domaines d'engagement doivent être discutés de manière flexible, de façon à établir si l'on peut faire confiance sur la base principale de la parole donnée ou si des mécanismes additionnels comme des pénalités, un arbitrage des conflits et des clauses autorisant la renégociation partielle sont nécessaires pour pallier les probables défauts de mise en vigueur de l'accord dus à un manque d'éthique de l'engagement. Cela est particulièrement vrai pour les engagements temporels qui ne peuvent être considérés comme allant de soi.

CONCLUSION

En somme, il faut éviter l'ethnocentrisme qui consiste à croire en l'universalité de ses valeurs et de ses modes de pensée. L'ouverture d'esprit et l'acceptation d'une réelle diversité sont absolument impératives pour aborder la négociation internationale.

Dans la négociation internationale (donc interculturelle), une firme engage, plus qu'elle ne le pense, l'image de son pays d'origine. Du fait de la tendance naturelle à stéréotyper, la partie adverse aura tendance à généraliser des expériences, bonnes ou mauvaises, à l'ensemble des firmes d'une origine nationale donnée. Une firme française a ainsi vendu à la ville de Taipei un métro aérien, pour lequel un conflit grave s'est développé. Outre les habituels malentendus lors de la construction de l'équipement (qui fonctionne parfaitement), les autorités municipales, qui étaient à court d'argent pour financer complètement le projet, ont demandé à la firme française des aménagements complémentaires qui n'étaient pas prévus dans le contrat. Celle-ci refusant de les faire, la ville de Taipei a cessé de payer. Le différend s'est terminé par un litige international formel que la firme française a gagné, faisant ainsi perdre la face aux Taïwanais. L'image des entrepreneurs français a été tellement ternie par cette affaire, abondamment et négativement commentée par les médias taïwanais, que l'idée s'est développée que les Français étaient des partenaires détestables dans les affaires. Le projet de train à grande vitesse entre le nord et le sud de l'île de Taïwan exclut donc pratiquement le train à grande vitesse (TGV) français, malgré les mésaventures techniques de l'InterCity Express (ICE) allemand et le passé de colonisateur des Japonais qui proposent la dernière version de leur train rapide, Shinkansen. La négociation internationale porte souvent sur de gros enjeux : il faut avoir le sens du long terme.

Le mot de la fin peut être donné à Adam Smith (1759, 1984, p. 214) qui décrit ainsi le « character of virtue » qui s'applique bien à la négociation internationale :

La personne prudente est toujours sincère, et ressent de l'horreur à la simple pensée de s'exposer au déshonneur qui l'atteindrait si l'on découvrait le mensonge. Mais, bien que toujours sincère, elle n'est pas toujours franche et ouverte ; et bien qu'elle ne dise rien qui ne soit vrai, elle ne sent pas obligée, lorsque cela n'est pas demandé explicitement, de dire l'ensemble de la vérité. Tout comme elle est prudente dans ses actions, elle fait preuve de réserve dans sa parole ; et ne met jamais en avant son opinion concernant les choses ou les personnes sans réfléchir ou sans nécessité.

Références

Adachi, Y., « The effect of semantic difference on cross-cultural business negotiations : A Japanese and American case study », *Journal of Language for International Business*, vol. 9, n° 3, p. 43-52, 1998.

Adair, W. L., T. Okumura et J. M. Brett, « Negotiation behavior when cultures collide : The United States and Japan », *Journal of Applied Psychology*, vol. 86, n° 3, p. 371-385, 2001.

Adler, N. J., J. L. Graham et T. Schwarz-Gehrke, « Business negotiations in Canada, Mexico and the United States », *Journal of Business Research*, vol. 15, p. 411-429, 1987.

Adler, N. J., R. Brahm et J. L. Graham, « Strategy implementation : A Comparison of Face-to-Face Negotiations in the People's Republic of China and the United States », *Strategic Management Journal*, vol. 13, n° 6, p. 449-466, 1992.

Adler, N. J., *International Dimensions of Organizational Behavior*, 4th ed., Cincinnati, South-Western, 2002.

Bazerman, M. H., J. R. Curhan, D. A. Moore et K. L. Valley, « Negotiation », *Annual Review of Psychology*, 51, p. 279-314, 2000.

Beliaev, E., T. Mullen et B. J. Punnett, « Understanding the Cultural Environment : U.S.-U.S.S.R. Trade Negotiations », *California Management Review*, vol. XXVII, n° 2, p. 100-112, 1985.

Brett J. M., W. Adair, A. Lempereur, T. Okumura et autres, « Culture and joint gains in negotiation », *Negotiation Journal*, 61-86, 1998.

Brett, J. M., et T. Okumura, « Inter- and intra-cultural negotiations : US and Japanese negotiators », *Academy of Management Journal*, vol. 41, n° 5, p. 495-510, 1998.

Brett J. M., D. L. Shapiro et A. E. Lytle, « Breaking the bonds of reciprocity in negotiations », *Academy of Management Journal*, vol. 41, n° 4, p. 410-424, 1998.

Brett, J. M., *Negotiating Globally. How to Negotiate Deals, Resolve Disputes, and Make Decisions across Cultural Boundaries*, San Francisco, CA, Jossey-Bass, 2001.

Burt, D. N., « The nuances of negotiating overseas », *Journal of Purchasing and Materials Management*, hiver, p. 2-8, 1984.

Campbell, N. C. G., J. L. Graham, A. Jolibert et H. G. Meissner, « Marketing negotiations in France, Germany, the United Kingdom and United States », *Journal of Marketing*, vol. 52 (avril), p. 49-62, 1988.

Cellich, C., et S. C. Jain, *Global Business Negotiations : A Practical Guide*, Mason, OH, South Western, 2004.

Chan, T. S., et R. W. Armstrong, « Comparative ethical report card : A study of Australian and Canadian Manager's perception of international marketing ethics problems », *Journal of Business Ethics*, vol. 18, p. 3-15, 1999.

Cohen, H., *You Can Negotiate Anything*, New York, Bantam, 1980.

Cohen, R., *Negotiating across Cultures*, Washington, D.C., United States Institute of Peace Press, 1997.

David, R., *Le Droit du commerce international, réflexions d'un comparatiste sur le droit international privé*, Paris, Economica, 1987.

Donoho, C. L., M. J. Polonsky, M. J. Swenson et J. Herche, « A cross-cultural investigation of the universality of the personal selling ethics scale », *Journal of Euromarketing*, vol. 8, n°s 1-2, p. 101-116, 1999.

Dunfee, T. W., et D. E. Warren, « Is guanxi ethical ? A normative analysis of doing business in China », *Journal of Business Ethics*, vol. 32, p. 191-204, 2001.

Dupont, C., *La Négociation : conduite, théorie, application*, 4e édition, Paris, Dalloz, 1994.

Elgström, O., « Norms, Culture, and Cognitive Patterns in Foreign-Aid Negotiations », *Negotiation Journal – On the Process of Dispute Settlement*, vol. 6, n° 2, p. 147-159, 1990.

Faure G. O., et J. F. Rubin, *Culture and Negotiation*, Newbury Park, CA, Sage, 1993.

Fisher, G., *International Negotiation : A cross-cultural perspective*, Intercultural Press, Yarmouth, ME, 1980.

Fisher, G., *Mindsets*, Yarmouth, Maine, Intercultural Press, 1988.

Ford, D. (ed.), *Understanding Business Markets*, London, Academic Press, 1990.

Foster, G. M., « Peasant society and the image of limited good », *American Anthropologist*, vol. 67, p. 293-315, 1965.

Foster, D. A., *Bargaining across Borders*, New York, McGraw-Hill, 1995.

Galtung, J., « Structure, culture and intellectual style : An essay comparing Saxonic, Teutonic, Gallic and Nipponic Approaches », *Social Science Information*, vol. 20, n° 6, p. 817-856, 1981.

Galtung, F., *Korruption*, Göttingen, Lamuv Verlag, 1994.

Gelfand, M. J., et J. M. Brett, *The Handbook of Negotiation and Culture*, Stanford, CA, Stanford Business Books, 2004.

George, J. M., G. R. Jones et J. A. Gonzalez, « The Role of Affect in Cross-Cultural Negotiations », *Journal of International Business Studies*, vol. 29, n° 4, p. 749-772, 1998.

German, P. M., « To bribe or not to bribe – A less than ethical dilemma, resolved ? », *Journal of Financial Crime*, vol. 9, n° 3, p. 249-258, 2002.

Ghauri, P. N., et J.-C. Usunier, *International Business Negotiations*, 2ᵉ édition, Oxford, Pergamon et Elsevier, 2003.

Glenn, E., *Man and Mankind : Conflict and communication between cultures*, Horwood, NJ, Ablex, 1981.

Goldman, A., « The centrality of "Ningensei" to Japanese negotiating and interpersonal relationships : implications for U.S.-Japanese communication », *International Journal of Intercultural Relations*, vol. 18, n° 1, p. 29-54, 1994.

Graham J. L., A. T. Mintu et W. Rodgers, « Explorations of negotiation behaviors in ten foreign cultures using a model developed in the United States », *Management Science*, vol. 40, n° 1, p. 72-95, 1994.

Graham J. L., et R. A. Herberger jr., « Negotiators abroad – Don't shoot from the hip », *Harvard Business Review*, vol. 61, n° 4, p. 160-168, 1983.

Gudykunst, W. B., et S. Ting-Toomey, « Culture and affective communication », *American Behavioral Scientist*, vol. 31, p. 384-400, 1988.

Hall, E. T., *The Dance of Life*, Garden City, NY, Anchor Press et Doubleday, 1983.

Hamra, W., « Bribery in international business transactions and the OECD convention : Benefits and limitations », *Business Economics*, octobre, p. 33-46, 2000.

Hawrysh, B. M., et J. L. Zaichkowsky, « Cultural approaches to negotiations : Understanding the Japanese », *International Marketing Review*, vol. 7, n° 2, p. 28-42, 1990.

Herbig, P. A., *Handbook of Cross-Cultural Marketing*, New York, The Haworth Press, 1998.

Hofstede, G., « Cultural Predictors of National Negotiation Styles », dans F. Mautner-Markhof, *Processes of International Negotiations*, Boulder, Westview Press, p. 193-201, 1989.

Hofstede, G., *Cultures and Organizations : Software of the mind*, Maidenhead, McGraw-Hill, 1991.

Hofstede, G., *Culture's Consequences*, 2ⁿᵈ ed., Sage, Thousand Oaks, CA, 2001.

Hofstede, G., et J.-C. Usunier, « Hofstede's dimension of culture and their influence on international business negotiations », dans P. N. Ghauri et J.-C. Usunier (ed.), *International Business Negotiations*, 2ⁿᵈ ed., Oxford, Pergamon et Elsevier, p. 137-154, 2003.

Johansson, J., et L. G. Mattsson, « Internationalization in industrial systems – a network approach », dans N. Hood et J. E. Vahlne (ed.), *Strategies in Global Competition*, New York, Croom Helm, 1988.

Kalé, S. H., et J. W. Barnes, « Understanding the Domain of Cross-National Buyer-Seller Interactions », *Journal of International Business Studies*, vol. 23, n° 1, p. 101-132, 1992.

Kalé, S. H., « How nationale culture, organizational culture and personalitzy impact buyer-seller interactions », dans P. N. Ghauri et J.-C. Usunier (ed.), *International Business Negotiations*, 2nd ed., Oxford, Pergamon et Elsevier, p. 75-96, 2003.

Kirkbride, P. S., S. F. Y. Tang et R. I. Westwood, « Chinese Conflict Preferences and Negotiating Behavior – Cultural and Psychological Influences », *Organization Studies*, vol. 12, n° 3, p. 365-386, 1991.

Kozan, M. K., et C. Ergin, « The influence of intra-cultural value différences on conflict management practices », *The International Journal of Conflict Resolution*, vol. 10, n° 3, p. 249-267, 1999.

Kumar, R., « The role of affect in negotiations : An integrative overview », *Journal of Applied Behavioral Science*, vol. 33, n° 1, p. 84-100, 1997.

Kumar, R., et O. N. Kofi, « Differential learning and interaction in alliance dynamics : A process and outcome discrepancy model », *Organization Science*, vol. 9, n° 3, p. 356-367, 1998.

Kumar, R., « Culture and emotions in intercultural negotiations : An overview », dans Michele J. Gelfand et Jeanne M. Brett, *The Handbook of Negotiation and Culture*, Stanford, CA, Stanford Business Books, p. 95-113, 2004.

Leung, K., « Negotiation and reward allocations across cultures », dans P. C. Early et M. Erez, *New Perspectives on International Industrial/Organizational Psychology*, San Francisco, Jossey-Bass, 1997.

Lewis, E. R., « The OECD anti-corruption treaty : Why is it needed ? How will it work ? », *Economic Perspectives*, vol. 3, n° 5, p. 6-9, 1998.

Luo, Y., « Business strategy, market structure, and performance of IJV », *Management International Review*, vol. 35, n° 3, p. 249-264, 1995.

Luo, Y., et C. Min, « Does guanxi influence firm performance ? », *Asia Pacific Journal of Management*, vol. 14, p. 1-16, 1997.

Luo, Y., « Guanxi and performance of foreign-invested enterprises in China », *Management International Review*, vol. 37, n° 1, p. 51-70, 1997.

Markus, H. R., et S. Kitayama, « Culture and the self : Implications for cognition, emotion and motivation », *Psychological Review*, vol. 98, n° 2, p. 224-253, 1991.

Mayo, M. A., L. J. Marks et J. K. Ryans Jr, « Perceptions of Ethical Problems in International Marketing », *International Marketing Review*, vol. 8, n° 3, p. 61-75, 1991.

Morris, M. W., K. Y. Williams, K. Leung, R. Larrick, M. T. Mendoza, D. Bhatnagar, J. Li, M. Kondo, J. L. Luo et J.-C. Hu, « Conflict Management Style : Accounting for Cross-National Differences », *Journal of International Business Studies*, vol. 29, n° 4, p. 729-747, 1998.

Pidluska, I., « Corruption versus clean business in Uraine », *Economic Reform Today*, vol. 2, p. 20-24, 1998.

Pye, L., « The China trade : Making the deal », *Harvard Business Review*, vol. 46, n° 4, p. 74-84, 1986.

Saner, R., *The Expert Negotiator*, La Haye, Kluwer, 2000.

Schuster, C. P., et M. J. Copeland, « Global business exchanges – Similarities and differences around the world », *Journal of International Marketing*, vol. 7, n° 2, p. 63-80, 1999.

Shenkar, O., et S. Ronen, « The Cultural Context of Negotiations – The Implications of Chinese Interpersonal Norms », *Journal of Applied Behavioral Science*, vol. 23, n° 2, p. 263-275, 1987.

Smith, A., *The Theory of Moral Sentiments*, Londres, A. Millar, 1759. Édition 1984 de D. D. Raphael et A. L. MacFie, Indianapolis, Liberty Fund.

Steidelmeier, P., « Gift-giving, bribery and corruption : Ethical management of business relationships in China », *Journal of Business Ethics*, vol. 20, p. 121-132, 1999.

Thompson, C., « Below the surface », *International Auditor*, octobre, p. 67-69, 2002.

Tinsley, C., « Models of conflict resolution in Japanese, German and American cultures », *Journal of Applied Psychology*, vol. 83, p. 316-323, 1998.

Tinsley, C. H., J. Curhan et R. S. Kwak, « Adopting a dual lens approach for overcoming the dilemma of difference in international business negotiations », *International Negotiations*, vol. 4, p. 1-18, 1999.

Tinsley, C. H., et J. M. Brett, « Managing workplace conflict : A comparison of conflict frames and outcomes in the U.S. and Hong Kong », Paper presented at the Annual Meeting of the Academy of Management, Boston, 1997.

Tinsley, C. H., et M. M. Pillutla, « Negotiating in the United States and Hong Kong », *Journal of International Business Studies*, vol. 29, n° 4, p. 711-727, 1998.

Triandis, H. C., *Culture and Social Behavior*, New York, McGraw-Hill, 1994.

Tsang, W. K., « Can guanxi be a source of sustained competitive advantage for doing business in China », *The Academy of Management Executive*, vol. 12, n° 2, p. 64-73, 1998.

Tse, D. K., J. Francis et J. Walls, « Cultural differences in conducting intra- and inter-cultural negotiations : A Sino-Canadian perspective », *Journal of International Business Studies*, vol. 25, n° 3, p. 537-555, 1994.

Tung, R., « Negotiating with East Asians », dans P. N. Ghauri et J.-C. Usunier (ed.), *International Business Negotiations*, Oxford, Pergamon et Elsevier, p. 369-381, 1996.

Usunier, J.-C., « The role of time in international business negotiations », dans P. N. Ghauri et J.-C. Usunier (ed.), *International Business Negotiations*, 2nd ed., Oxford, Pergamon et Elsevier, p. 171-204, 2003.

Van Zandt, H. R., « How to negotiate with the Japanese », *Harvard Business Review*, novembre-décembre, p. 45-56, 1970.

Vogl, F., « The supply side of global bribery », *Finance & Development*, juin, p. 30-33, 1998.

Volkema, R. J., « Ethicality in negotiations : An analysis of perceptual similarities and différences between Brazil and the United States », *Journal of Business Research*, vol. 45, p. 59-67, 1999.

Wade-Benzoni, K. A., T. Okumura, J. M. Brett, D. A. Moore, A. E. Tenbrunsel et M. H. Bazerman, « Cognition and behavior in asymmetric social dilemmas : A comparison of two cultures », *Journal of Applied Psychology*, vol. 87, n° 1, p. 87-95, 2002.

Weiss, S. E., « Analysis of Complex Negotiations in International Business – The RBC Perspective », *Organization Science*, vol. 4, n° 2, p. 269-300, 1993.

Weiss, S. E., « Negotiating with Romans » (2), *Sloan Management Review*, vol. 35, n° 3, p. 85-89, 1994.

Werner, C., « Gifts, bribes, and development in Post-Soviet Kazakstan », *Human Organization*, vol. 59, n° 1 (printemps), p. 11-22, 2000.

Yeung, I. Y. M., et R. L. Tung, « Achieving business success in Confucian societies », *Organizational Dynamics*, vol. 24, automne, p. 54-65, 1996.

Zartman, I. W., « A skeptic's view », dans G. O. Faure et J. Z. Rubin, *Culture and Negotiation*, Newbury Park, CA, Sage Publications, p. 17-21, 1993.

CHAPITRE II.4

CULTURES ET ÉTHIQUE DES AFFAIRES

PHILIPPE D'IRIBARNE[1]

INTRODUCTION

L'éthique d'entreprise constitue un lieu privilégié de la rencontre de l'universel et du local. De plus en plus, les entreprises multinationales cherchent à développer une culture commune, un esprit commun, qui contribue à lier les filiales qu'elles possèdent de par le monde. Elles se dotent, sous des noms divers (tels que charte d'éthique, code de conduite ou principes d'action) de documents destinés à fournir un certain nombre de repères à leur personnel, ou à afficher les orientations prises par leurs responsables. Elles mettent en place, avec plus ou moins de rigueur, des moyens de faire respecter les orientations ainsi définies (outils de surveillance, formation à l'éthique). De multiples domaines de la vie de l'entreprise sont concernés : lutte contre la corruption, responsabilité sociale vis-à-vis de la société environnante, respect envers le personnel de l'entreprise. Or, comme Herder (2000) le notait déjà à propos des religions, tout message universel ne s'incarne qu'à travers la diversité de ses interprétations locales. L'éthique est profondément marquée par la diversité des conceptions de l'existence, des valeurs, des mœurs[2]. Cette diversité concerne les comportements considérés ou non comme moralement acceptables ainsi que les motivations à

---

1.   Philippe d'Iribarne est ancien élève de l'École polytechnique, de l'École des mines et de l'Institut d'études politiques. Il est directeur de recherche au CNRS. Il a fondé et dirige Gestion et Société, une équipe de recherche dont les travaux visent à mettre à jour la variété des manières de vivre et de travailler ensemble que l'on rencontre sur la planète. Il est auteur d'une centaine d'articles académiques et de livres tels que *La Logique de l'honneur* (Seuil, 1989), *Cultures et mondialisation* (Seuil, 1998), *Le Tiers-Monde qui réussit* (Odile Jacob, 2003), *L'Étrangeté française* (Seuil, 2006).

2.   On sait que le terme même d'éthique vient du terme grec (*êthos*) qui désigne les mœurs, celui de morale venant pour sa part du terme latin correspondant.

se conduire éthiquement, les formes de sens du devoir, les types de contrôle considérés comme légitimes, ou même la légitimité de l'entreprise à se mêler d'éthique. Cette diversité ne va pas sans poser problème quand une entreprise cherche à développer une éthique commune pour en faire un vecteur d'intégration. Elle demande que soient trouvés, dans d'autres cultures, des sortes d'équivalents plus ou moins approximatifs de ce qui fait référence dans la maison-mère. Un aspect important de la question est que l'éthique d'entreprise a largement pris naissance dans le terroir américain et que sa diffusion à l'ensemble du monde demande que l'on saisisse bien l'ampleur des adaptations que nécessitent les différences, souvent considérables, entre les conceptions de l'éthique que véhicule la culture américaine et celles que l'on trouve dans d'autres contextes culturels.

Pour mettre en évidence cette diversité de conceptions éthiques et préciser le type d'adaptations qu'elle rend nécessaire, nous nous appuierons sur un ensemble de travaux menés en coopération avec des groupes internationaux préoccupés de mettre en place une démarche éthique qui tire le meilleur parti possible de la diversité des cultures. L'importance des différences, dans ce domaine, entre deux pays qui peuvent paraître culturellement aussi proche que les États-Unis et la France est telle que les comparer fournit une illustration particulièrement saisissante de ce qui est en jeu. Nous aborderons ce point dans la première partie de ce chapitre. Puis, dans la deuxième partie, nous chercherons à donner un aperçu des conséquences de la diversité des éthiques que l'on rencontre sur la planète. Nous aborderons d'une part les questions de lutte contre la corruption, illustrées par un cas argentin, et d'autre part celles de la qualité des relations à l'intérieur de l'entreprise, illustrées par un cas concernant la Malaisie et la Jordanie.

Le rôle de l'entreprise comme acteur éthique aux États-Unis et en France[3]

L'éthique d'entreprise a pris son essor aux États-Unis. Dans bien d'autres pays, et au premier chef en France, elle suscite des réactions souvent critiques. Selon le responsable d'un club de réflexion rassemblant la plupart de ceux qui cherchent à développer les démarches éthiques au sein des grandes entreprises françaises : « Les entreprises en France ne sont pas venues facilement à l'éthique et, aujourd'hui, il reste encore une grande pudeur dans

---

3. Cette partie reprend largement d'Iribarne (2002).

la façon dont elles abordent le sujet. » En particulier, « la pratique de la sanction n'est pas très répandue en France[4] ».

Nous avons pour notre part observé de telles réactions au cours d'une enquête faite auprès d'un ensemble de cadres d'un grand groupe industriel largement présent dans le monde tout en ayant ses racines en France[5]. Les Français interrogés se sont montrés dans l'ensemble très réticents par rapport aux conceptions américaines en matière d'éthique des affaires. Ils ont remis en question la légitimité de l'entreprise à jouer un rôle moteur en matière d'éthique, qu'il s'agisse de définir des orientations éthiques ou de veiller au respect de celles-ci par leur personnel grâce à la mise en place d'un système de surveillance et de sanctions. Ces réactions rejoignent les réactions françaises les plus courantes relatives au rôle des références à l'éthique dans la vie publique américaine, des démêlés de Bill Clinton avec la justice à la tendance générale des États-Unis à se poser en croisés du bien. Nous nous sommes interrogés sur les sources de ces différences entre deux pays qui, à bien des égards, paraissent pourtant partager largement les mêmes valeurs. De fait, ces différences semblent s'enraciner dans des histoires à la fois religieuses, politiques et sociales, largement divergentes.

Éthique et contrôle social : deux visions antagonistes

Pour comprendre la vigueur des réactions françaises par rapport aux conceptions américaines de l'éthique d'entreprise, et plus généralement par rapport à la place de l'éthique dans la société américaine, il est nécessaire de regarder le fossé qui sépare les traditions éthiques des deux sociétés. Cela demande pour le moins de remonter à la grande rupture que la Réforme a représenté en la matière, rupture que les mouvements de sécularisation qui ont marqué l'une et l'autre société n'ont pas suffi à effacer.

Morale religieuse et morale sociale ; les effets de la Réforme

L'histoire des sociétés européennes est marquée par un double héritage éthique. À un héritage antique, grec et romain, se superpose un héritage biblique, et au premier chef évangélique, bien différent (Manent, 1994).

---

4.   Entretien avec Patrick du Besset (2002, p. 17-18), président du Cercle éthique des affaires et du Cercle européen des déontologues.

5.   Il s'agissait d'accompagner les réflexions du groupe sur une démarche éthique prenant en compte la diversité des cultures en son sein. Des cadres de diverses nationalités, pour la plupart européens (Français, Anglais, Belges, Hollandais, Suisses, Italiens, Espagnols) et quelques-uns américains, ont été interrogés de manière à recueillir leurs réactions sur un projet de code d'éthique, avant la mise au point de ce code. L'enquête a été réalisée avec l'aide de Jean-Pierre Segal, Frédéric Lefebvre, Sylvie Chevrier, Alain Thomasset et Alain Henry.

L'un célèbre la grandeur et la magnanimité, l'autre l'humilité. L'un distingue radicalement les devoirs propres aux divers états de vie, l'autre soumet les puissants et les humbles aux mêmes devoirs. Dans les sociétés européennes d'avant la Réforme, ces deux éthiques coexistaient, avec chacune ses exigences, ses instances de contrôle, les récompenses et les sanctions associées à son respect ou à sa violation. L'éthique sociale, sanctionnée par l'opinion, attachée aux exigences de l'honneur, cohabitait avec l'éthique religieuse, portée par l'Église, attachée aux exigences de la vertu. Parfois ces exigences s'opposaient radicalement, ainsi à propos du duel ou de la morale sexuelle masculine. Une stricte référence aux exigences évangéliques était réservée aux moines, voués aux « états de perfection », pendant que l'Église s'accommodait largement de « compromis entre les exigences de la morale temporelle et la morale chrétienne originelle » (Troeltsch, 1991, p. 62). Chacun avait à rendre des comptes à l'opinion sur la manière dont il suivait la morale « mondaine » et à un confesseur, souvent compréhensif par rapport aux exigences du monde, sur la manière dont il suivait la morale chrétienne.

Par rapport à un tel accommodement avec le monde, la Réforme a représenté, chez Luther et plus encore chez Calvin, une rupture radicale. Avec la suppression du monachisme, la distinction entre ceux qui étaient voués à suivre rigoureusement la morale chrétienne et ceux dont il était attendu qu'ils se contentent de compromis entre celle-ci et la morale du monde a disparu. De plus, avec la suppression de la confession, le contrôle du respect de la morale chrétienne a été pris en charge par la communauté des croyants.

> La dogmatique de Calvin, note Troeltsch, [...] impose à la moralité chrétienne un développement militant, un contrôle réciproque de chacun [...]. L'ordre religieux s'étend à l'ensemble de la vie, même aux affaires strictement temporelles [...]. La distinction entre morale chrétienne supérieure et inférieure a disparu (Troeltsch, 1991, p. 15, 59, 60).

Dans cette perspective, le pouvoir politique qui, dans les pays catholiques, était tiraillé entre l'éthique mondaine et l'éthique religieuse, penchant plus ou moins d'un côté ou de l'autre selon les époques et les pays (les monarques « catholiques » pouvant alterner avec les monarques « libertins »), a tendu, de manière beaucoup plus cohérente, à devenir un instrument, en même temps que la communauté et en collaboration avec elle, du respect d'une éthique religieuse.

Du fait de cette différence entre sociétés catholiques et protestantes, et spécialement calvinistes, le mouvement d'émancipation politique qu'ont connu les sociétés européennes, marqué par le rejet de tout pouvoir qui ne constituait pas une émanation directe des individus, n'a pas eu les mêmes effets du côté catholique et du côté protestant. Dans les sociétés catholiques, ce mouvement a incité à un rejet de l'autorité de la religion, détenue par l'appareil d'une Église qui, non seulement prétendait régenter la société, mais légitimait le pouvoir du prince. Son influence a tendu à être cantonnée à la sphère privée. Au contraire, dans les sociétés protestantes, où l'autorité de la religion était détenue plus par la communauté des fidèles, le triomphe des idéaux démocratiques ne l'a pas mise en cause.

> Les révolutions protestantes, indique Troeltsch, ont partout obéi à une autre logique que celle de la grande Révolution française : elles n'eurent pas besoin de rompre entièrement avec la tradition ni de détrôner la religion, car la culture protestante avait déjà accompli de l'intérieur, avec le bouleversement religieux qu'elle a provoqué, une révolution fondamentale (Troeltsch, 1991, p. 112).

Corrélativement, l'éthique religieuse a tendu, côté catholique, à constituer une affaire strictement privée, pendant que l'opinion continuait à donner une place centrale à une morale mondaine et que l'État tendait à être vu comme le gardien de la loi, mais non de l'éthique. Pendant ce temps, côté protestant, l'État et la communauté ont continué à s'associer comme garants du respect d'une éthique d'inspiration chrétienne.

Cette transformation des conceptions éthiques provoquée par la Réforme a affecté en particulier la sphère économique. Dans la tradition catholique, l'appât du gain et la défense par chacun de ses intérêts matériels ne sont certes pas regardés comme d'inspiration évangélique, mais sont tolérés chez les chrétiens ordinaires comme un élément du compromis passé avec le siècle. Avec la Réforme, un tel compromis n'est plus acceptable, et il convient de soumettre radicalement les conduites économiques à une éthique chrétienne. La jouissance des richesses est dès lors sévèrement condamnée. Mais (peut-être par une autre forme de compromis avec le siècle, cette fois inavoué) il n'en est pas de même, loin de là, pour leur acquisition.

Le travail « devient une obligation durable pour tout un chacun et impose à tous de mettre ses capacités au service de la totalité constituée par la société civile » (Troeltsch, 1991, p. 157). Plus encore, à la suite d'une évolution qu'a longuement analysée Max Weber (1964), le succès dans les affaires devient chez les calvinistes, et spécialement chez les dissidents puritains, un signe de l'élection divine : « L'ascétisme voyait le *summum* du répréhensible dans la poursuite des richesses en tant que *fin* en elle-même, et en même temps il tenait pour un signe de la bénédiction divine la richesse comme *fruit* du travail professionnel » (Weber, 1964, p. 271). Une manière d'agir digne d'un élu et le succès dans les affaires apparaissent comme d'autant plus liés que ce succès est regardé comme alimenté par la bonne réputation qu'engendre la rectitude de la conduite.

> Dans leur littérature [des sectes protestantes], surtout celle des baptistes et des quakers, à travers tout le XVIIᵉ siècle, nous trouvons sans cesse de la jubilation à l'idée que les pécheurs « enfants de ce monde » se méfient les uns les autres dans les affaires, mais qu'en revanche ils ont confiance dans la probité que la religion entretient chez les hommes pieux (Weber, 1964, p. 271).

Le « puritanisme » américain et le rôle du contrôle communautaire de la moralité

Cette conception protestante de la société s'est d'autant plus épanouie aux États-Unis que, contrairement à ce qui s'est produit en Europe, elle n'a guère eu à composer avec un ordre ancien construit selon d'autres principes. Dans « les États de la Nouvelle-Angleterre, les anciennes structures du corporatisme européen faisaient défaut et [...] les institutions politiques surgissaient des institutions religieuses » (Troeltsch, 1991, p. 83). Ces institutions ont été fortement marquées par la conception qu'en avaient les sectes protestantes (Bellah et autres, 1985, p. 245). Celles-ci étaient extrêmement attachées à la pureté des mœurs de leurs membres. « Une secte tant soit peu réputée n'admettait personne en son sein dont la "conduite" ne fût, de façon indiscutable, moralement qualifiée » (Weber, 1964, p. 262). C'est sur la communauté des fidèles que reposait le contrôle de la conduite de chacun : « Pour le maintien de sa discipline, la secte s'en remettait surtout aux laïcs. Nulle autorité spirituelle ne pouvait délier la communauté de sa responsabilité collective devant Dieu » (Weber, 1964, p. 283). Ce contrôle exercé sur chacun paraissait d'autant plus nécessaire que régnait la conviction que l'homme est faible par nature – il est naturellement « ambitieux rancunier et rapace » affirme par exemple le *Fédéraliste* (Hamilton, Madison et Jay, 1996, p. 20) – et a besoin d'être guidé et encadré par la société pour pouvoir avancer vers le bien.

Certes, tous les Américains des premiers temps ne se reconnaissaient pas dans les conceptions puritaines. Celles-ci coexistaient avec un individualisme utilitariste peu préoccupé de religion, dont Benjamin Franklin a été un porte-parole particulièrement écouté. Mais les deux courants n'avaient pas de mal à se retrouver en matière de moralité, car celle-ci était perçue comme une source de réussite matérielle. Quand « tu apparaîtras comme un homme scrupuleux et honnête », affirme Benjamin Franklin, cela « augmentera encore ton crédit » (Franklin, 1748, cité dans Weber, 1964, p. 46).

La doctrine de l'intérêt bien entendu, selon laquelle l'intérêt et la morale font bon ménage, permet de faire se rencontrer les exigences morales de la religion et la vision selon laquelle il appartient à chacun d'être le défenseur de son propre intérêt. Lors de son voyage aux États-Unis, en 1831, Tocqueville est très frappé par la force de cette doctrine :

> Je doute, écrit-il, que les hommes fussent plus vertueux dans les siècles aristocratiques que dans les autres, mais il est certain qu'on y parlait sans cesse des beautés de la vertu ; ils n'étudiaient qu'en secret par quels côtés elle est utile. Mais, à mesure que l'imagination prend un vol moins haut et que chacun se concentre en soi-même, les moralistes s'effrayent à cette idée de sacrifice et ils n'osent plus l'offrir à l'esprit humain ; ils se réduisent donc à chercher si l'avantage individuel des citoyens ne serait pas de travailler au bonheur de tous, et, lorsqu'ils ont découvert un de ces points où l'intérêt particulier vient à se rencontrer avec l'intérêt général, et à s'y confondre, ils se hâtent de le mettre en lumière ; peu à peu les observations semblables se multiplient. Ce qui n'était qu'une remarque isolée devient une doctrine générale, et l'on croit enfin apercevoir que l'homme en servant ses semblables se sert lui-même, et que son intérêt particulier est de bien faire. [...] Aux États-Unis on ne dit presque point que la vertu est belle. On soutient qu'elle est utile, et on le prouve tous les jours (Tocqueville, 1840, deuxième partie, ch. VII).

Cette valeur accordée à la morale est également soutenue par les liens qui lui sont prêtés avec les libertés politiques. Dans le monde moral, écrit encore Tocqueville,

> Tout est classé, coordonné, prévu, décidé à l'avance. Dans le monde politique, tout est agité, contesté, incertain ; dans l'une obéissance passive, bien que volontaire ; dans l'autre indépendance, mépris de l'expérience et jalousie de toute autorité. Loin de se nuire, ces deux tendances, en apparence si opposées, marchent d'accord et semblent se prêter un mutuel appui. La religion voit dans la liberté civile un noble exercice des facultés de l'homme [...]. La liberté voit dans la religion la compagne de ses luttes et de ses triomphes, le berceau de son enfance, la source divine de ses droits. Elle considère la religion comme la sauvegarde de ses mœurs ; les mœurs comme la garantie des lois et le gage de sa propre durée (Tocqueville, 1835, première partie, ch. II).

Dans la culture qui s'élabore ainsi, il y a encore moins de place que dans les pays protestants européens pour une éthique mondaine concurrençant une éthique religieuse. De plus le respect de celle-ci, loin de ne relever que des rapports de chacun avec sa conscience, concerne éminemment la communauté. L'éthique qui règle les relations privées, et en particulier les relations familiales, n'est pas perçue comme relevant d'un autre registre, avec d'autres références, que celle qui règle l'engagement dans la sphère publique.

La manière dont on agit dans la sphère la plus privée est réputée révéler qui l'on est de manière générale, et comment on est susceptible de se conduire dans la vie publique. La vision selon laquelle on peut manquer de vertu dans sa vie familiale sans que cela n'empêche en rien de se comporter en homme d'honneur dans ses engagements publics n'a pas cours. L'intérêt des Américains, qui n'a pas disparu de nos jours, et qui parfois choque tant les Français, pour la moralité privée de leurs hommes politiques, se comprend dans cette perspective.

Sans doute, depuis l'époque des fondateurs, ou même depuis celle où Tocqueville a effectué ses observations, la société américaine a été marquée par un mouvement de sécularisation. Mais celle-ci a ses limites. « Nous mettons notre confiance en Dieu » (*In God we Trust*) affirme toujours chaque billet de banque et, en 2001, un président américain n'hésite pas, dans des circonstances dramatiques, de confier la nation à Dieu[6]. De plus, si l'efficacité du système concret de contrôle de la moralité de chacun au sein d'une communauté locale a été sapée par la révolution industrielle et la croissance urbaine, qui ont conduit une grande part de la population à échapper, au premier chef en matière économique, à ce contrôle (Daly, 1998, p. 40), la référence au modèle d'une communauté veillant à la moralité de ses membres est restée vivace. Elle alimente une certaine nostalgie de la communauté locale d'autrefois (Bellah et autres, 1985). De plus, devant les dérives récurrentes qui marquent la vie économique depuis l'époque des *robber barons*[7], ce modèle est resté, pour les réformateurs désireux de la moraliser, une source d'inspiration donnant forme à leurs projets. Une transposition s'est alors opérée, comme instance de contrôle de l'action de chacun, de la communauté locale à l'entreprise conçue comme communauté.

Cette vision de l'entreprise comme communauté morale a d'autant plus pu se développer qu'est restée vivace la foi dans l'utilité de la vertu. Cette foi a pu d'autant mieux subsister qu'ont été mis en place des processus de contrôle social susceptibles de rendre la vertu effectivement payante. Ainsi, Max Weber observe que l'appartenance à un groupe, secte ou groupe à fondement séculier, attentif à la moralité de ses membres est, dans les États-Unis de son temps, un gage essentiel de crédibilité et de réussite dans les affaires (Weber, 1964, p. 261, 268). De nos jours le thème de l'intérêt qu'il y a à être honnête en affaire, dès lors qu'on se place dans le long terme, reste très présent. Au total, la vision d'une société, unie autour de valeurs mora-

---

6.   Cf. les discours de George W. Bush après les attentats du 11 septembre 2001.
7.   Des industriels qui ont fait fortune en étant fort peu scrupuleux dans le choix des moyens.

les dont le respect est pour chacun un facteur de crédibilité, et par là de réussite dans le monde, est toujours d'actualité.

Le caractère privé de la morale dans la société française

Dans la France de la fin de l'Ancien Régime, les conceptions éthiques qui prévalent sont bien différentes de celles qui marquent les États-Unis à la même époque. Certes, la France se dit « fille aînée de l'Église » ; certes, son monarque est censé défendre la religion catholique, mais l'éthique chrétienne est soumise en pratique à rude concurrence de la part d'une éthique mondaine relevant du registre de l'honneur.

> Dans les États monarchiques et modérés, écrit Montesquieu, la puissance est bornée par ce qui en est le ressort ; je veux dire l'honneur, qui règne, comme un monarque, sur le prince et sur le peuple. On n'ira point lui alléguer les lois de la religion ; un courtisan se croirait ridicule : on lui alléguera sans cesse celles de l'honneur (Montesquieu, 1747, première partie, III, 10).

Cette éthique de l'honneur diffère de l'éthique chrétienne non seulement par ses préceptes, mais encore et surtout par les ressorts auxquels elle fait appel.

L'éthique de l'honneur est associée à la grandeur, au mépris de ce qui est bas. Contrairement à l'éthique chrétienne, qui soumet aux mêmes lois le prince et le manant et prétend rassembler les fidèles dans un sentiment d'une commune indignité de pécheurs, ses édits sont fort variables selon la position que l'on occupe dans la société (l'honneur bourgeois n'est pas l'honneur aristocratique, celui des hommes n'est pas celui des femmes). L'honneur est « le préjugé de chaque personne et de chaque condition » (Montesquieu, 1747, première partie, III, 6). Chacun est invité à cultiver ce qui le sépare du commun.

> Les vertus que l'on nous y montre [là où il règne] sont toujours moins que ce que l'on doit aux autres que ce que l'on se doit à soi-même : elles ne sont pas tant ce qui nous appelle vers nos concitoyens, que ce qui nous en distingue (Montesquieu, 1747, première partie, IV, 2).

Ce souci de grandeur affecte la manière dont est pratiqué ce qui apparaîtrait dans d'autres contextes comme des vertus communes. Ainsi,

> On y veut donc [dans les monarchies] de la vérité dans les discours. Mais est-ce par amour pour elle ? Point du tout. On la veut parce qu'un homme qui est accoutumé à la dire paraît hardi et libre. En effet, un tel homme semble ne dépendre que des choses, et non pas de la manière dont un autre les reçoit. C'est ce qui fait qu'autant qu'on y recommande cette espèce de franchise,

autant on y méprise celle du peuple, qui n'a que la vérité et la simplicité pour objet (Montesquieu, 1747, première partie, IV, 2).

De même « la politesse [...] naît de l'envie de se distinguer. C'est par orgueil que nous sommes polis : nous nous sentons flattés d'avoir des manières qui prouvent que nous ne sommes pas dans la bassesse » (Montesquieu, 1747, première partie, IV, 2). On peut être par ailleurs homme d'honneur et libertin. Et si le règne de l'honneur n'interdit pas l'existence d'âmes pieuses, attachées à une éthique chrétienne, il incite cet attachement à rester discret (cf. le portrait que Rousseau dessine des Parisiennes dans ses *Confessions*). « Quand on était sage, rapporte un témoin d'époque, c'était par goût et sans faire le pédant ou la prude » (Taine, 1986, p. 107). Le respect de l'éthique religieuse relève de l'intime, non du contrôle par une communauté de croyants identifiée au corps politique.

Simultanément, on ne retrouve pas entre l'honneur et l'intérêt le pendant de l'alliance américaine de la vertu et de l'intérêt. L'honneur, même bourgeois, est vu comme ce qui incite à sacrifier ses intérêts matériels, avec tout ce qu'ils ont de vulgaire, à quelque chose de plus haut, permettant ainsi de s'élever au-dessus de leur registre. Cultivé par intérêt il n'est plus que faux-semblant, apparence, qui rabaisse au lieu d'élever. Le plus noble ne peut sans déchoir être mis au service du plus commun.

En matière d'éthique comme ailleurs, la Révolution française et ses héritiers ont voulu radicalement innover. La Déclaration des droits de l'homme (article VI) fait référence à la vertu. Il s'agit d'une vertu fondée sur la raison, sur l'amour du bien public, qui, certes, n'est pas la vertu chrétienne, mais qui comme elle, et à la différence de l'honneur, se veut universelle et concerne également tous les humains au delà de ce qui les distingue. Pour certains, Robespierre, Saint-Just, cette vertu, liée à la religion de l'humanité, est au cœur de la République (Furet, 1988, p. 151-152). De multiples efforts ont été faits pour asseoir sa place dans la société. Les philosophes ont été vus comme ses prêtres. Jules Ferry et la IIIᵉ République, ont voulu faire de l'école un instrument de sa diffusion. Sans doute cette morale fondée sur la raison n'est-elle pas, dans ses préceptes, radicalement différente de la morale d'inspiration religieuse qui fait référence aux États-Unis, mais elle est loin d'avoir pour autant la même place dans la société.

La morale laïque a certes été conçue comme devant constituer la morale de la communauté tout entière des citoyens. Mais, de fait, elle est restée en concurrence avec une morale religieuse contre laquelle la République a renoncé à lutter, et elle a du mal à être plus que la morale des seuls « laïcs ». Elle se trouve reléguée dès lors, comme la morale religieuse, dans la sphère privée. Comme la morale religieuse, elle ne relève pas d'un contrôle exercé par la communauté des « croyants » (des citoyens), mais des rapports de chacun avec sa conscience. L'époque où les sans-culottes ont prétendu exercer un tel contrôle paraît une époque de tyrannie. Certes, cette morale inspire la loi et, à ce titre, son respect est indirectement l'objet d'un certain contrôle social. Mais ce n'est pas alors sous le sceau d'un contrôle de moralité, seulement d'un contrôle de légalité. La notion « d'ordre moral » a des connotations fortement négatives.

Simultanément, les conceptions du devoir qui prévalent sont toujours affectées par la forme de rapports entre l'individu et la société qui marquent une éthique de l'honneur. Si le triomphe de la bourgeoisie a porté un dur coup à l'ethos aristocratique et à la vision aristocratique de la manière de vivre qui convient à un homme d'honneur, il n'en a pas été de même pour l'honneur comme forme de conception du devoir (d'Iribarne, 1989). L'éthique est toujours associée à une idée de grandeur. C'est s'élever que de s'attacher au bien public. Chaque corps s'estime largement juge de la manière dont ses membres sont fidèles à l'éthique qui lui est propre, et répugne à voir une juridiction commune se mêler de ce qu'il estime être ses affaires intérieures. Ainsi, à l'opposé de ce que l'on observe aux États-Unis, le rôle des juridictions administratives reste considérable dès qu'il s'agit de juger des actes de l'administration. Beaucoup, gênés par le terme d'éthique, dès lors qu'on est dans le domaine du travail, préfèrent du reste parler de déontologie. Le respect de la loi est largement vu comme relevant d'un autre registre que l'éthique[8]. Dans l'action du prince, le contenu de ce qui est considéré comme conforme à l'éthique reste en pratique fortement marqué par les conceptions traditionnelles de l'honneur de celui-ci. Ainsi, il y a une certaine acceptation d'une forme de duplicité si elle est associée non à une forme de bassesse mais à de grands desseins. « Il [l'honneur], affirme Montesquieu, permet la ruse lorsqu'elle est liée à l'idée de la grandeur de l'esprit ou de la grandeur des affaires, comme dans la politique, dont les finesses ne l'offensent pas » (Montesquieu, 1747, première partie, IV, 2). L'action du général de Gaulle comme, dans un autre registre, celle de François Mitterrand ont largement illustré ce point de vue.

Le caractère privé de l'éthique d'origine religieuse, y compris de son héritière laïque, se joint au refus d'une éthique de l'honneur d'accepter la sanction de l'opinion commune pour entraîner de vives réticences par rapport à un contrôle de l'éthique par la communauté.

---

8.   Montesquieu affirme pour sa part que les commandements de l'honneur sont d'autant plus stricts qu'il n'est pas question de sanctions légales (Montesquieu, 1747, première partie, IV, 2).

Demeure également le sentiment que celui qui s'adonne à des activités plus basses, telle la recherche du lucre, est mal placé pour être juge de l'éthique de ceux qui se livrent à des activités plus hautes, tel un métier exercé avec un sens élevé des devoirs qui lui sont inhérents.

L'éthique d'entreprise à l'aune des visions américaine et française de l'éthique sociale

L'approche américaine de l'éthique des affaires et les réticences françaises à cette approche se comprennent à la lumière de ces différences entre les conceptions de l'éthique et de sa place dans la vie sociale que l'on trouve en France et aux États-Unis.

L'entreprise américaine comme communauté morale et marchande

Dans une société au sein de laquelle la poursuite par chacun de ses intérêts et le respect de stricts principes sont réputés être naturellement liés, où s'associer pour défendre des intérêts communs et fonder une communauté unie par des valeurs morales vont donc naturellement de pair, l'éthique d'entreprise trouve un bon terrain où prospérer. En même temps qu'une unité économique, l'entreprise constitue une communauté morale. Son droit, comme unité économique, à défendre son intérêt rencontre son devoir, comme communauté morale, d'encadrer ses membres. L'intensité, qui choque les Français, de la référence aux valeurs n'est dès lors pas surprenante.

Si l'on regarde les codes d'éthique des entreprises américaines (ou d'entreprises britanniques fortement marquées par l'influence américaine), l'éthique et la poursuite des intérêts sont associées à un double titre : une bonne réputation, fondée sur une stricte intégrité, est un élément fondamental de succès dans les affaires, et ce succès fournit les ressources nécessaires pour faire du bien. Ainsi, ExxonMobil, dans la rubrique « International Anti-corruption Efforts » de son site Internet, affirme que, « chez ExxonMobil, la politique de l'entreprise exige la stricte observation de toutes les lois et met en œuvre la plus haute intégrité. En effet, comme l'affirme cette politique, "une réputation justement fondée sur l'intégrité scrupuleuse en affaire est elle-même un actif inestimable de l'entreprise" ». Dans sa présentation des BP's business policies, après la fusion avec Amoco, le Group Chief Executive, après avoir affirmé d'entrée qu'« une bonne entreprise doit à la fois réussir dans la compétition économique et être une force au service du bien », évoque parmi les valeurs fondamentales du groupe

« la croyance dans des échanges honnêtes et la conscience qu'une forte réputation est essentielle dans le succès en affaires ». « Dans des temps difficiles, il est d'autant plus important de se souvenir que l'éthique paye en fin de compte, et est favorable aux résultats financiers », affirme *Fortune*, avant d'étayer cette affirmation sur une masse de données, incluant une comparaison entre l'évolution du « cours de l'action » d'une « liste de grandes entreprises qui ont été particulièrement attentives à leur qualité d'éthique » et celle du Dow Jones (Labich, 1992).

Nous avons retrouvé cette vision chez les cadres américains rencontrés dans notre enquête, avec des propos tels que :

> Je pense que ce type de code de conduite est ce que l'on veut promouvoir [...]. Vous avez besoin de mettre l'accent sur l'intégrité et l'honnêteté [...] et si vous faites de cela une part de votre culture, alors [...] ceux avec qui vous faites des affaires vont l'apprécier. [...] Notre capacité à réussir dans les affaires repose souvent sur notre réputation... aussi je suis particulièrement sensible à l'idée de fournir un bon niveau de soutien, dans le sens d'exiger de notre personnel d'être au niveau requis.

Dans ce registre moral, c'est la communauté que forme l'ensemble du personnel qui est collectivement porteuse d'une démarche au sein de laquelle tous sont associés, chacun étant concerné à la fois dans son action personnelle et comme veillant à la rectitude de tous. Cette vision se retrouve là encore chez les cadres américains interrogés :

> Je ne sais pas si j'apporte beaucoup d'aide, mais c'est un effort collectif. Nous sommes tous un élément de l'intégrité et de l'honnêteté. Vous avez besoin des deux pour réussir. Si vous n'avez pas ces exigences, avec un haut niveau d'intégrité, et heureusement nous avons été élevés comme cela, alors vous ne réussirez pas.

Dans les chartes d'éthique américaines (et les chartes anglaises qu'elles inspirent), c'est un *we*, qui désigne de manière indistincte l'entreprise en tant que telle et l'ensemble de son personnel, qui est l'acteur central d'un engagement éthique.

> Exxon Mobil s'est engagée à être la première entreprise pétrolière et pétrochimique dans le monde. À cet effet, <u>nous</u> devons obtenir de façon persistante des résultats financiers et opérationnels supérieurs, tout en adhérant aux références les plus hautes en matière de conduite des affaires (nous soulignons).

> Au cœur de BP, il y a un engagement indéracinable en faveur du progrès des hommes. <u>Nos</u> produits et nos services créent la liberté de se mouvoir, d'avoir chaud, d'être au frais, d'observer une meilleure qualité de vie et d'en jouir.

<u>Nous</u> croyons que cette liberté est inséparable de la responsabilité de produire et de consommer nos produits d'une manière qui respecte à la fois les droits de l'homme et notre environnement naturel.

Dans cette perspective, l'accent est mis sur la démarche éthique commune des membres de l'entreprise, non sur la cascade de responsabilités partant du sommet, au sein de laquelle chacun n'est concerné que par ses attributions propres et n'a pas à se mêler de celles d'autrui, que l'on trouve dans les autres aspects de la gestion. En matière d'éthique tout le monde est concerné par tout ce dont il a connaissance. Le registre éthique fournit une contrepartie communautaire au registre contractuel qui domine par ailleurs. Même lorsque le respect de la loi est concerné (ce qui ne représente qu'une part de la démarche éthique, et pas la principale) et que la responsabilité juridique de la personne morale que constitue l'entreprise est engagée, c'est largement la communauté qui œuvre pour que ce respect soit assuré.

Dans ces conditions, tout ce qui est regardé comme délation dans une perspective française est vu au contraire comme un exercice normal des responsabilités de chacun, comme l'ont exprimé les cadres américains que nous avons interrogés.

Chaque membre du personnel pourrait avoir l'obligation de prévenir l'entreprise [...]. L'idée est que, si quelque chose se passe qui n'est pas conforme à l'éthique, vous avez accès, et cet accès est quelqu'un avec qui vous pouvez parler de manière anonyme. [...] Je pense que vous devez avoir une procédure qui permette à chaque membre du personnel de signaler ce qui est contraire à l'éthique. Je veux dire, vous savez. C'est juste tout mettre sur la table.

Il s'agit de permettre aux gestionnaires d'exercer correctement leurs responsabilités : « Tous les cadres ne sont pas forcément conscients des pratiques contraires à l'éthique qui se produisent, et on devrait leur fournir une chance suffisante de savoir [...] d'une manière pratique. »

Comme le respect de l'éthique par chacun est à la fois un bien commun de l'entreprise en tant que communauté marchande, fondée à défendre ses intérêts, et une responsabilité de l'entreprise en tant que communauté morale chargée de guider ses membres sur la voie du bien, il est doublement normal que chacun ait à lui rendre des comptes sur la rectitude de ses conduites et soit sanctionné s'il s'est écarté du droit chemin.

Pour sa part, le rôle des dirigeants est également double. D'une part, ils ont à défendre l'éthique en tant que source de réputation de l'entreprise, donc comme élément de son patrimoine (*asset*), au titre de leur responsabilité vis-à-vis des actionnaires. D'autre part, ils ont une mission morale à la mesure du *leadership* qu'ils exercent dans la communauté ; il s'agit pour eux de prêcher la bonne parole tout en montrant l'exemple (Peters et Waterman, 1982). Comme ces deux rôles de défenseur d'intérêts et de prêcheur de morale ne sont nullement vus comme antagonistes, leur coexistence ne suscite pas de gêne.

Le rejet français d'une approche américaine de l'éthique d'entreprise

Les facteurs historiques qui fondent la légitimité des entreprises américaines à encadrer l'action de leur personnel par une démarche éthique ne se retrouvant pas en France, les Français ne sont pas prêts à reconnaître la même légitimité aux entreprises. On comprend dès lors leurs réticences par rapport à l'éthique d'entreprise à l'américaine.

On ne retrouve pas en France la conviction américaine selon laquelle l'éthique et l'intérêt font naturellement bon ménage. La légitimité de l'entreprise, en tant que personne morale représentée par ses dirigeants, à jouer un rôle de premier plan en matière d'éthique est spécialement douteuse. Il est difficile de regarder l'entreprise comme une instance plus responsable d'un point de vue éthique que son personnel. Soumise à ses objectifs économiques, sorte de monstre froid dépourvu d'honneur, ne se situe-t-elle pas clairement du côté des intérêts ? Et ses dirigeants, comptables de ces intérêts, ne sont-ils pas amenés naturellement à faire parfois pression sur ses membres pour qu'ils agissent de manière peu éthique, et n'est-ce pas plutôt à ceux-ci d'affirmer un point de vue éthique en s'appuyant sur une vision élevée de leur métier ? « Aujourd'hui on vous fait peur mais on vous dit qu'il faut que les affaires tournent » affirme un cadre français. Dans ces conditions, l'entreprise paraît mal venue à prétendre jouer un rôle en matière éthique. Certains cadres français sont très radicaux en la matière et tiennent des propos tels que : « La sphère de l'entreprise et la sphère de l'éthique sont deux sphères différentes, l'éthique est l'affaire des individus. Je ne vois pas comment une entreprise peut avoir une éthique » ; « L'éthique est une valeur individuelle et pas une valeur d'entreprise. »

Certes, il y a matière à conduite éthique dans l'entreprise, mais l'éthique est vue comme relevant non de l'action d'une communauté qui encadre étroitement ses membres, les surveille et les sanctionne, mais de la libre adhésion de chacun à la vision qu'il a de son devoir. Cela est vrai, qu'il s'agisse d'une éthique d'origine religieuse qui ne regarde que la conscience de chacun, ou d'une éthique de l'honneur, pour qui ce serait s'abaisser que d'agir sous la contrainte. Ce sont les individus, s'appuyant sur leurs propres convictions, qui sont vus comme porteurs d'une telle conduite, proclament en chœur les cadres français interrogés : « On parle d'éthique. L'éthique pour moi c'est la manière dont chaque personne perçoit les choses et se comporte au mieux » ; « On a sa propre conscience qui est suffisante » ; « Sans charte on n'était ni plus ni moins éthique. » Cette mise en valeur d'une éthique personnelle conduit à faire regarder les pressions extérieures, et au premier chef les pressions de l'entreprise, comme faisant sortir du domaine de l'éthique. « Si l'on dit qu'on vous parle d'éthique et qu'il faut faire ça, ça et ça, il ne s'agit plus d'éthique, mais de commandements. » « On retombe dans l'accord de la hiérarchie, le censeur et les autres si on reporte sa responsabilité sur un autre. L'éthique, on s'engage soi-même. »

Alors qu'aux États-Unis l'éthique tend à être vue comme une, liant l'honnêteté dans les actes de gestion, les bons sentiments dans les rapports à la communauté et une vie personnelle marquée par une certaine rigueur, les Français font en la matière des distinctions beaucoup plus nettes. Ce qui relève de la rectitude de la gestion, et qui concerne l'entreprise, même si c'est à ses membres en tant que personnes qu'il revient de s'engager, est une chose. Et ce qui, considèrent-ils, ne relève que de la vie « privée », en est une autre. Ils supportent spécialement mal que l'entreprise se mêle de ce dernier domaine. « Dans le système français, on veut protéger la vie personnelle et on essaie de mettre une séparation entre vie personnelle et vie professionnelle. [...] Chez les Anglo-Saxons, ce n'est pas la même chose », affirme un cadre français. Ainsi, la manière dont les entreprises américaines cherchent à « embrigader » leur personnel dans une expression collective de bons sentiments étrangère à de stricts impératifs de gestion est vivement critiquée.

> Les Américains [...] font beaucoup de soutien à des organisations caritatives, etc., c'est leur implication dans les communautés locales. On voit souvent dans le journal interne le directeur général qui va laver des voitures pour récolter de l'argent pour des bonnes causes. C'est très américain. Ils le font, ce n'est pas simplement des paroles, ils le font effectivement. Mais chez nous, ça n'a pas eu du tout de retombées, le contexte n'est pas le même, la culture n'est pas la même, chez nous ça ne passerait pas (cadre français).

C'est qu'il faut bien distinguer l'entreprise et l'individu : « Participer à des organisations caritatives ou contribuer avec de l'argent *en tant que société*, oui, mais que les gens s'impliquent *personnellement*, non[9] », remarque un

---

9.   Ce type de réaction est particulièrement français. Ainsi, quand, pour marquer l'an 2000, Danone a voulu mobiliser son personnel au service d'une cause humanitaire, en donnant l'équivalent d'une heure de salaire pour chacun de ses salariés dans le monde et en invitant ses salariés à faire de même, la réponse du personnel a été particulièrement peu positive en France. « En France, indique le

cadre français. De même il ne paraît pas légitime qu'une entreprise se mêle de questions qui sont vues comme relevant du libre choix de chacun, par exemple en interdisant à son personnel de boire du vin à table, dans un siège social où aucune question de sécurité n'est en jeu. Plusieurs de nos interlocuteurs ont à cet égard évoqué pour les critiquer des pratiques d'entreprises américaines.

Cette association américaine entre les divers registres de l'éthique est vue comme l'expression d'une démarche « moralisatrice », relevant d'un « catéchisme », et l'on voit là le refus de voir une morale d'inspiration religieuse régir ce qui relève de la vie publique. « Il ne faut pas tomber dans les dérives moralisatrices [des codes anglo-saxons] ; Exxon est célèbre pour ça ; [...] bien sûr derrière l'éthique il y a des principes moraux généraux, ce n'est pas pour autant qu'on fait du catéchisme », note un cadre français.

Une grande pudeur en matière éthique

Pour les Français, l'entreprise est difficilement vue comme devant afficher des valeurs. On observe en la matière une forme de pudeur, même chez ceux qui considèrent que ce ne sont pas seulement les individus qui ont des valeurs, mais aussi l'entreprise. Là encore, cela ressort bien dans les propos des cadres français interrogés.

> Nous avons des valeurs très fortes dans ce groupe qui ne sont pas rendues dans le document [le projet de code de conduite sur lequel portait l'enquête], mais les valeurs, ce n'est pas quelque chose dont on parle, c'est implicite. [...] Quand il s'agit de valeurs, cela va sans dire, cela ressortit à l'éducation profonde.

Celui qui s'exprime ainsi a pourtant une idée très claire de cet implicite :

> Les valeurs fortes et anciennes du groupe ne sont pas communiquées. [...] Ce n'est pas le profit à n'importe quel prix. Il y a un souci profond du développement de carrière de ses collaborateurs, du long terme. Le groupe protège assez bien la veuve et l'orphelin.

Et si l'entreprise a une éthique, il n'est guère convenable qu'elle l'affiche. Les Français interrogés soulignent la distance en la matière avec la culture américaine. « On ne voit pas ce code affiché dans le bureau [du président de l'entreprise] alors que le président d'Exxon pourra le faire ; il en a peut-

---

responsable de l'opération, cette opération a suscité plus de réticences que partout ailleurs car la légitimité de l'entreprise à initier des actions qui relèvent habituellement du choix personnel de l'individu est beaucoup moins admise que dans d'autres sociétés où l'entreprise apparaît au contraire comme apportant un gage de sérieux et de transparence » (Giraud, 2000).

être même l'obligation ! » ; « On a déjà été exposé à ce type d'affichage de valeurs dans nos contacts avec les États-Unis et on avait hésité à faire notre propre version des valeurs [d'une des filiales du groupe], mais dans le contexte français on ne l'a finalement pas fait. »

C'est que l'affichage de positions éthiques est facilement vu comme peu sincère. Dans une perspective française, son caractère intéressé, loin de paraître naturel, le rend sans valeur, de nature à susciter scepticisme et ironie, ce qui apparaît bien dans les propos de divers cadres français. « Si réellement c'est mis en place, c'est très bien. Mais il y a notre côté français, franchouillard : on n'est jamais enthousiaste, jamais naïf, on est toujours un peu critique, dubitatif. C'est culturel. » Sont évoquées les risques d'accusation de tartuferie qu'encourt celui qui met en avant ses intentions éthiques alors qu'il n'est pas irréprochable. « Il faut montrer que ce n'est pas un gadget, que ce n'est pas pour masquer [...]. Il y aura des ricanements dans la presse, et en interne des sourires en coin » ; « En externe, la demande est très ambiguë. Le rapport aux médias en France est difficile : tout peut se retourner contre vous. » L'entreprise qui affiche son éthique est volontiers soupçonnée d'avoir « envie de se dédouaner » d'un passé susceptible de faire problème, de chercher à « arrêter les accusations dans les médias ». À l'intérieur, « les gens sont pris en tension entre deux attitudes : il faut des règles, mais en même temps c'est un affichage destiné à l'extérieur pour satisfaire les fonds éthiques, etc. Il y a soupçon de double langage ».

On trouve une grande volonté de ne pas être dupe, de ne pas se leurrer, de regarder le monde en adulte. « Il y a de l'angélisme à prétendre concilier toutes les grandes maximes éthiques avec les impératifs de nos métiers ; on rêve de conciliation, cela tend à affaiblir la portée du texte » ; « On rejette la corruption [...] pour un tempérament latin cela est très naïf. » Ce n'est pas qu'il faille ne rien faire, et il est bon de chercher un « esprit », une « culture », mais en regardant les choses en face, en étant conscient de la complexité des choses.

> Mettre l'accent sur l'éthique, c'est une bonne chose, mais il faut montrer qu'on ne se leurre pas, qu'on ne fait pas de la langue de bois, reconnaître que l'on sait que la réalité ce n'est pas aussi beau, mais que c'est l'esprit dans lequel on veut travailler. La communication doit montrer que l'on prend les gens pour des adultes, que l'on veut qu'il se dégage une culture [...]. Il faut communiquer et montrer qu'on ne prend pas les gens pour des enfants. Dire que l'on sait que c'est très facile à dire, mais que le contexte est parfois très compliqué.

Éthique et sanctions

La réticence à voir l'entreprise jouer un rôle moteur en matière d'éthique s'accompagne d'un rejet des moyens que les entreprises américaines emploient pour inciter leur personnel à agir de manière éthique : tout ce qui relève de l'*enforcement* (le terme lui même est significatif) d'une démarche éthique. L'entreprise est vue au mieux comme pouvant renvoyer chacun à la conscience qu'il a de son devoir. « Il faut plutôt faire prendre conscience qu'il y a des lois, des règles, une éthique, que les gens doivent eux-mêmes y adhérer. » Dans ces conditions, toutes les manières de faire qui prennent sens dans la reconnaissance d'un rôle moteur de l'entreprise en matière éthique paraissent au mieux discutables et au pire choquantes. La vision américaine selon laquelle l'entreprise est tenue de mettre en place des procédures visant à rendre chacun redevable de ses écarts à la norme (cf. la notion américaine d'*accountability*), de manière à l'inciter à marcher droit, est particulièrement difficile à accepter. Certes, pour les points sur lesquels le respect de la loi est en cause, il paraît naturel que l'entreprise, responsable de l'application de celle-ci, se retourne vers son personnel à qui elle demande à son tour des comptes. Mais l'éthique relève d'un autre registre. Les propos tenus par les cadres français sont éloquents en la matière.

C'est dans la mesure où l'entreprise américaine porte la responsabilité de l'éthique de ses membres qu'il lui revient de leur donner des directives précises et de veiller à la manière dont elles sont appliquées, mais cela correspond mal aux conceptions françaises.

> Les Anglo-Saxons se soucient très fort de la manière dont cela va être appliqué, de la jurisprudence. Il faut que tout cela soit précis pour que ça ait un sens. Ils pensent à ça presque en termes de contrat. Il y a d'autres pays où l'on a des réactions très négatives par rapport à un code d'éthique trop formel dans son application.
>
> Chez Exxon, on va beaucoup plus loin, on fait signer une déclaration chaque année. Ca va trop loin.

Chacun, responsable de sa propre éthique, est vu comme le mieux placé pour apprécier les situations en tenant compte de leur complexité, et là encore cette vision conduit à s'opposer aux conceptions américaines.

> On demande à des cadres dirigeants de prendre en considération là où ils sont ; c'est l'inverse des entreprises américaines qui arrivent avec un code de doctrine, avec une très faible marge d'initiative [...]. Ou l'on choisit la méthode américaine, ou l'on fait confiance à l'intelligence des collaborateurs pour appliquer.

On trouve de même de grandes réticences par rapport à l'idée d'associer des sanctions à la violation d'un code d'éthique, avec là encore un rejet d'une manière de faire américaine. « Aux États-Unis il y a des sanctions, en Europe on n'en parle pas [...]. Il faut séparer code et sanction. » Évoquer même des sanctions est vu comme de nature à entraîner un rejet d'ensemble de la démarche

> Ici [par contraste avec les États-Unis] si on met une hypothèse de sanctions, cela ne passera pas, ce n'est pas dans notre modèle culturel ; cela créerait un phénomène de rejet ; moi ça passerait mal. Même si on est dans une société internationale, on a une forte démarche française.
>
> Rédiger un paragraphe sur la sanction ferait un effet de rejet. Les gens vont dire : « On sera fliqué. »

Certes, il est normal que ceux qui enfreignent la loi soient sanctionnés, mais l'éthique est autre chose que le respect de la loi.

> Ce n'est pas du tout dans notre culture de parler par écrit de sanctions ; on dit qu'on respecte les lois et règlements, il y a la sanction des lois, on ne dit pas qu'un employé qui tombe sous le coup de la loi sera protégé. La punition se fait, on n'a pas besoin de l'écrire.

Cette attitude négative par rapport aux sanctions est parfois associée à une vive critique de ce qui est considéré comme étant la tendance des entreprises anglo-saxonnes à se défausser sur leurs collaborateurs de leur propre responsabilité. « Chez Mobil, la charte servait à couvrir l'entreprise : on ne veut pas savoir ce que vous faites. Si vous êtes pris, vous avez signé la charte, vous êtes virés. » Ces réactions par rapport aux sanctions peuvent être d'autant plus vives que, si dans le registre de l'éthique religieuse la sanction a pour rôle d'aider le pécheur à s'amender pour marcher vers le bien, dans le registre de l'honneur la sanction est source d'humiliation.

Qui dit sanctions dit contrôle permettant de connaître s'il y a eu infraction. Là encore les mœurs américaines et françaises diffèrent

> Dans une société américaine, note un Américain, on exige des examens de sang régulièrement pour vérifier que les gens ne prennent pas de drogue, etc. [...]. La société ne va pas écouter les conversations privées des salariés au bureau, ne va pas contrôler les courriels [...]. On a le droit aux États-Unis.

Plus encore l'idée de demander aux collaborateurs de signaler ce qui, dans les actes de leurs collègues, est contraire à l'éthique suscite des réactions radicalement différentes en France et aux États-Unis. Un tel signalement, vu comme un acte civique aux États-Unis, est regardé en France comme relevant d'une forme hautement condamnable de délation.

Je me suis demandé s'ils vont mettre en place ce qu'on appelle chez les Anglo-Saxons le *whistle blowing* : quand un employé remarque que des règles d'éthique ne sont pas respectées, il peut appeler une sorte de numéro vert avec confidentialité pour signaler le cas... Ici, sans parler de *whistle blowing*, on dit que tout collaborateur peut poser une question, mais on ne dit pas comment [...]. Comment on s'assure que ce n'est pas de la dénonciation.

Aux États-Unis, il y a un numéro vert pour dénoncer les gens qui ne sont pas en ligne avec l'éthique. C'est de la délation... C'est bien de ne pas avoir ça. Après, ça tourne à l'horreur.

Vers une approche française de l'éthique d'entreprise

La vigueur critique des propos tenus par les Français sur les pratiques américaines en matière d'éthique d'entreprise (vigueur exceptionnelle par rapport aux formes de critiques que nous observons usuellement dans nos recherches sur la rencontre des cultures au sein des entreprises) reflète à la fois le caractère sensible du sujet et l'écart qui sépare les conceptions américaine et française en la matière. Ce point est d'autant plus frappant que ceux qui se sont ainsi exprimés avaient en général une solide pratique de coopération avec des entreprises américaines et se fondaient sur leur expérience, et non sur un ouï-dire. La référence américaine à la communauté morale qui veille à ce que chacun de ses membres reste sur le droit chemin, qui assoit sa prospérité sur la réputation d'intégrité de ses membres, et qui se glorifie hautement de cette réputation est étrangère à la culture française. Pour celle-ci c'est à chacun, guidé par l'idée qu'il se fait des devoirs attachés à sa position sociale, détourné par cette idée d'un attachement excessif à ce qui relève de la sphère un peu mesquine des intérêts, de ne pas s'abaisser à ne connaître que ceux-ci. Et la manière dont il se comporte dans la vie publique est réputée n'avoir aucun rapport avec ses vertus privés.

Est-ce à dire que l'éthique d'entreprise ne peut s'implanter sérieusement en France ? Qu'elle est destinée à n'y relever que de la communication à destination de « fonds éthiques » dont les choix risquent de peser sur les cours de l'action, et de rester sans effet sur le fonctionnement réel de l'entreprise ? Ou plutôt que l'éthique d'entreprise doit y revêtir des formes propres, adaptées au contexte culturel ? On trouve déjà de nombreuses traces d'une telle adaptation dans les démarches éthiques des entreprises françaises, même si tout un travail de systématisation reste à faire en ce sens.

Si les Français paraissent peu disposés à laisser l'entreprise leur dicter leur vision du bien et du mal et s'immiscer dans ce qu'ils considèrent être leur vie privée, ils sont très sensibles à l'idée de responsabilité, génératrice de devoirs, associée au fait de se trouver dans une position éminente, de détenir un pouvoir. Se sentant eux-mêmes détenteurs de telles responsabilités, à la mesure de la place qu'ils occupent dans l'entreprise, ils étendent facilement cette situation à l'entreprise en corps. Mal à l'aise quand il s'agit de parler d'éthique, ils le sont beaucoup moins pour parler de responsabilité sociale. Même si les deux notions se recouvrent à bien des égards, la seconde s'inscrit mieux que la première dans la vision de la sphère publique que véhicule la culture française.

Certaines entreprises ont développé des présentations de leur démarche éthique particulièrement adaptées aux conceptions françaises. Prenons par exemple le document *Les Valeurs du groupe*, de Suez lyonnaise des eaux. On y trouve des formules telles que :

> Un engagement que nous prenons vis-à-vis de nos clients et nos actionnaires et, surtout, vis-à-vis de nous-mêmes ; Notre place et notre ambition de leader mondial [...] nous obligent à ne pas être seulement des bons professionnels, mais les meilleurs.

On retrouve parfaitement là l'expression d'une éthique de l'honneur, attachée aux devoirs qu'implique le rang que l'on occupe (« notre place et notre ambition de leader mondial »), devoirs vis-à-vis des autres (« clients », « actionnaires »), mais surtout de soi (« vis-à-vis de nous-mêmes »). Cette éthique se retrouve bien dans les propos tenus par les cadres français que nous avons interrogés :

> Des sociétés de la taille de notre nouveau groupe [...] du fait qu'elles ont des pouvoirs souvent plus grands que certains États, on ne va pas se comporter de façon purement commerciale en faisant comme la concurrence [...]. Il est normal qu'on ait des règles qui soient un peu au-dessus. On ne peut pas se permettre de se comporter de façon purement (inaudible). [...] Il faut être à l'avant-garde de ce genre de sujet et ne pas suivre les autres.

La « taille du groupe », les « pouvoirs » qui lui sont liés, la grandeur qui lui est attachée, sont source de devoirs, s'il veut en être digne. Ils lui interdisent de « se comporter de manière purement [pour ne pas dire bassement] commerciale », même si la concurrence, supposée de moindre rang, peut « se le permettre ». Ils exigent d'être « au-dessus », « à l'avant-garde ». Nombreux sont les propos tenus dans le même sens par les cadres français : « Quand on arrive quelque part, on ne peut pas se contenter d'appliquer le droit du travail local, parce que nous sommes T... » ; « Il faut [...] rappeler la taille du groupe, le sens des responsabilités » ; « Nous avons aussi notre éthique de gentilhomme. »

De même, on trouve des adaptations au contexte français dans la manière dont sont présentés les devoirs de chacun. Là où la version en langue anglaise d'un code de conduite édicté par un groupe français écrit « every employee is required to take the necessary measures », la version française dira « chaque collaborateur prend les mesures nécessaires » ; ou encore là où la version anglaise écrit « every employee [...] is required to abstain », on trouve en version française « chaque collaborateur [...] s'interdit[10] ». La version anglaise ne craint pas de présenter l'entreprise comme exigeant une conduite éthique (« every employee is required »). Par contre, la version française évite d'exiger ; c'est chacun qui est présenté comme adoptant une telle conduite de sa propre initiative (« chaque collaborateur prend les mesures », « chaque collaborateur s'interdit »).

Quel peut être, dans ces conditions, le rôle de l'entreprise ? Il est loin d'être négligeable. D'une part, lorsqu'elle agit en tant que telle, il est attendu d'elle qu'elle se comporte de manière « socialement responsable », à la mesure de la place qu'elle occupe dans la société, bien au-delà du respect de ses obligations légales. De plus, même lorsqu'il s'agit de la conduite individuelle de chaque membre de son personnel, elle a un grand rôle à jouer, à condition de le concevoir autrement que celui d'une entreprise américaine. Il s'agit moins de surveiller et de punir que d'aider chacun à développer une intelligence des situations, lorsque des dilemmes éthiques se présentent. Il n'est pas rare que ceux qui sont engagés dans l'action soient aux prises avec de tels dilemmes, spécialement quand ils se trouvent plongés dans un contexte où les pratiques usuelles sont bien différentes de celles qui prévalent dans leur pays d'origine. Jusqu'où dans un tel cas faut-il s'adapter au contexte, au nom du réalisme ou du refus d'un impérialisme culturel, et jusqu'où faut-il refuser de transiger ? Les cas limites ne manquent pas. Ainsi on entend des doutes sur la conduite à tenir par rapport au travail des enfants.

> Travail des enfants ? En Thaïlande, il y a de la main-d'œuvre infantile. Les actionnaires pourraient être offensés d'apprendre que nous utilisons cette main-d'œuvre, même si celle-ci peut se présenter comme une nécessité pour les habitants eux-mêmes. Nous avons une obligation de respecter un cadre éthique plus large, celui de l'Europe (cadre européen).

Autant, dans ce type de circonstances, l'entreprise n'est pas vue comme habilitée à dicter à chacun la conduite à tenir, autant il est bienvenu qu'elle aide à réfléchir individuellement et collectivement ceux qui sont face à des situations difficile. Autant la mise en place de personnes chargées de recevoir

---

10. Code de conduite de TotalFinaElf (2000). Passages relatifs à la confidentialité et aux délits d'initié.

les dénonciations en protégeant les dénonciateurs suscite des réactions très négatives, autant la mise en place de sages, expérimentés dans le métier, susceptibles de donner un avis, est vue avec faveur.

DE LA LUTTE CONTRE LA CORRUPTION AU RESPECT DES PERSONNES DANS L'ENTREPRISE

La lutte contre la corruption

Il est de moins en moins admis que l'on invoque une forme quelconque d'exception culturelle pour se dispenser de lutter contre la corruption. Mais on observe de nombreux doutes sur la manière dont cette lutte doit prendre en compte les différences culturelles. Ainsi la Banque mondiale, tout en étant bien consciente qu'il y a là une vraie question, peine à lui donner une réponse adéquate. Une note consacrée au sujet, faisant partie d'une série « consacrée à résumer les bonne pratiques » (Berstein et Arvis, 2002)[11], affirme que « la recherche n'étaye pas les affirmations selon lesquelles les systèmes de mise en conformité de style américain font face à de sérieuses résistances dans les autres cultures ». Toutefois ce point de vue est aussitôt nuancé :

> Le défi pour les entreprises est de formuler des principes fondamentaux et de mettre en œuvre des procédures crédibles adaptées aux cultures locales. En particulier, pour les entreprises travaillant dans des secteurs largement détenus par des entrepreneurs locaux (comme cela est fréquent en Chine), le besoin d'adapter les systèmes de formation, de dissémination et d'information aux coutumes locales est plus qu'un exercice intellectuel.

De fait, les ressorts d'un comportement honnête n'ont rien d'uniforme.

Éthique de pureté et éthique de fidélité[12]

Il est éclairant de distinguer, au moins en tant que types idéaux, deux grandes familles d'éthique.

Dans un premier type, il s'agit d'être un homme de bien. Que l'on s'attache à une loi promulguée par un grand fondateur religieux, que l'on suive un code de l'honneur, ou que l'on respecte des principes réputés conformes à la raison universelle, il faut se montrer pur, digne, conforme

---

11. Cette note repose sur un important travail d'investigation, dont il est rendu compte dans Arvis et Berstein, 2002.

12. Cette partie repose largement sur d'Iribarne, 2000.

aux exigences d'un idéal transcendant[13]. La relation à autrui fournit la matière du devoir et non sa source[14]. Corrélativement, le devoir oblige envers l'autre, quelque relation que l'on entretienne avec lui, envers l'homme en général, l'étranger, voire l'ennemi. La caution d'une instante transcendante (Dieu, les dieux, la raison) fait que ses prescriptions opèrent même en l'absence de surveillance extérieure.

Au contraire, dans le second type d'éthique, il s'agit d'être fidèle aux groupes dont on est membre, famille, clan, confrérie, réseau d'intérêts. Si, vis-à-vis des membres d'un tel groupe, on doit faire preuve d'une disponibilité extrême, de son temps, de ses biens, voire de sa vie, tout est permis vis-à-vis de ceux qui lui sont extérieurs. Le risque, si l'on échappe à ses devoirs, n'est pas de se sentir indigne face à une instance transcendante, mais de subir la vengeance du groupe envers lequel on s'est montré infidèle. Celui-ci ne manque pas de mettre en œuvre des moyens de surveillance et de rétorsion, sans oublier des moyens occultes qui opèrent jusque dans les circonstances où l'on agit à l'abri des regards.

On peut concevoir plusieurs manières de désigner ces éthiques. La nature du devoir oppose des éthiques de la pureté ou de la vertu à des éthiques de la fidélité, l'extension de l'obligation des éthiques universalistes à des éthiques particularistes, la nature des instances de contrôle des éthiques de la transcendance à des éthiques de l'immanence. Il y a en pratique un lien étroit entre ces trois dimensions. Ainsi une éthique universaliste, qui implique des devoirs envers ceux qui n'ont aucun pouvoir sur vous, peut difficilement être opératoire en l'absence d'une instance de contrôle transcendante.

Au sein d'une très grande part des sociétés de cultures européennes, plus en Europe du Nord qu'en Europe du Sud, diverses formes d'éthiques de respect des principes font référence. Cela est beaucoup moins vrai, pour l'essentiel, sur le reste de la planète. À l'extrême, une éthique de fidélité aux siens règne sans grand partage dans une vaste aire culturelle qui recouvre une bonne partie de l'Afrique subsaharienne. Il y a là une des raisons fondamentales du sentiment d'étrangeté que provoquent ces sociétés chez ceux qui proviennent d'autres horizons, troublés qu'ils sont de voir interpréter en matière de relations personnelles les actes qui leur paraissent les plus strictement régis par l'accomplissement des devoirs d'une fonction. En Amérique latine, cette fidélité aux siens, liée au poids de groupes étroitement

---

13. Pour Kant, est en jeu « la dignité d'un être raisonnable » (Kant, 1985).
14. Pour Aristote, « l'homme de bien aura besoin d'êtres sur qui il accumulera ses dons » (Aristote, 1965).

solidaires, familles ou groupes d'intérêts, compte aussi beaucoup, mais coexiste avec une éthique de respect des principes, à fondement religieux, qui est l'objet d'un véritable attachement, même si elle ne régit pas vraiment l'existence. Cet attachement est suffisant pour que celui qui s'efforce d'être fidèle à une telle éthique ne soit pas immédiatement suspecté de cacher son jeu et suscite au contraire un réel respect, même de la part de ceux qui ne suivent pas ses traces. De même, au Maroc, il existe dans la société environnante une éthique religieuse de respect des principes, même si celle-ci ne joue usuellement qu'un rôle limité dans l'entreprise. Aussi ceux qui tranchent par leur rectitude suscitent le respect de ceux-là mêmes qui agissent à l'opposé (d'Iribarne, 2003).

La condamnation morale de la corruption prend tout son sens là où prévaut une éthique attachée aux principes. La valeur accordée aux préceptes généraux d'honnêteté y fonde celle qui peut s'attacher à des règles édictées par une entreprise pour régler les questions de choix du personnel, de sélection des fournisseurs, d'appréciation du rendement des subordonnés, de sanction aux manquements à la sécurité, ou de tout autre domaine. C'est en référence à une telle forme d'éthique qu'il paraît sensé de refuser de transiger sur ces préceptes ou ces règles, au nom des relations particulières qui unissent à un parent, un ami ou un membre d'un réseau d'entraide mutuelle. C'est de même dans ce type d'éthique que prend sens le fait de refuser, au nom des devoirs associés à la fonction que l'on occupe, les tentations des corrupteurs prêts à vous faire bénéficier de ressources dont profiteraient ceux qui vous sont proches et qu'on a le devoir de soutenir.

Ces conduites, dont le caractère louable ne fait pas de doute quand prévaut une éthique de respect des principes, paraissent beaucoup plus discutables quand c'est une éthique de fidélité aux siens qui prédomine (Banfield, 1958). Lorsque c'est la fidélité au groupe qui prévaut, agir de manière « honnête », selon les standards classiques peut être compris au mieux comme signifiant que l'on a préféré être fidèle à l'entreprise plutôt qu'à sa famille ou à ses amis. De plus, comme pareille préférence n'est souvent guère crédible, on est facilement soupçonné par ceux qui se sentent ainsi trahis d'avoir des raisons cachées et peu avouables de le faire, telles que vouloir garder pour soi tout ce que l'on peut prélever sur l'entreprise, ne pas avoir en réalité le pouvoir (par exemple d'embauche) que l'on prétend détenir ou être d'un naturel « méchant ». Il paraîtra plus conforme à une conduite éthique d'accepter diverses formes de « corruption » que de les refuser. De lourdes sanctions, allant de l'ostracisme à la sorcellerie, menacent celui qui trahit les siens.

Comment lutter contre la corruption dans les cultures où prédomine la fidélité aux siens

Les différences entre une éthique de respect des principes et une éthique de fidélité aux siens affectent fortement la manière dont les entreprises doivent s'organiser pour lutter contre la corruption.

Là où prédomine une éthique de respect des principes, le personnel a une motivation propre à agir honnêtement. Il faut certes mettre en place des contrôles pour éviter que des doutes ne s'installent sur la frontière pratique du licite et de l'illicite et que les moins scrupuleux ne fassent dériver progressivement la masse, mais ceux-ci n'ont qu'un rôle subsidiaire. De plus, il faut éviter qu'ils n'offensent les plus rigoureux, ce qui les rendrait contre-productifs. Or c'est dans un tel contexte que les pratiques de gestion qui font référence sur l'ensemble de la planète ont été conçues pour l'essentiel. Les entreprises y comptent sur une forte intériorisation de ce type d'éthique par la grande majorité du personnel. Mais, là où prévaut une éthique de fidélité aux siens, on ne peut attendre grand-chose d'un respect spontané des principes. Dans les cas extrêmes où une telle éthique règne quasiment sans partage, la corruption ne mérite même pas d'être qualifiée ainsi dans les catégories de la culture locale ; c'est largement de l'extérieur, ou au moins en étant influencé par un regard extérieur, qu'on la stigmatise. Quand les éthiques se mêlent, la valeur attachée au respect des principes peut être suffisamment forte pour qu'on parle bien de corruption, mais sans l'être assez pour fournir une barrière puissante contre celle-ci.

Serait-ce à dire que les sociétés où prédomine une éthique de fidélité aux siens sont vouées irrémédiablement au règne de la corruption ? Que pour lutter efficacement contre celle-ci, il faudrait (projet sans doute utopique) changer leur culture elle-même ? En réalité la situation n'est pas si sombre.

Il est essentiel, dans ces sociétés, de faire en sorte que ceux qui sont placés dans des positions où existent des tentations de corruption soient protégés de la pression de leurs proches, qu'ils puissent montrer à ceux-ci que, s'ils refusent leurs sollicitations, ce n'est pas par manque de fidélité à leur égard, mais parce qu'ils ne peuvent pas faire autrement, sous peine de s'attirer eux-mêmes de graves ennuis. Une telle approche est de rigueur, en Afrique subsaharienne, dans les institutions traditionnelles d'épargne que sont les tontines (Henry et autres, 1991). Celui qui participe à une tontine est sanctionné très sévèrement s'il ne remplit pas ses obligations à son égard. Cela lui permet de se justifier vis-à-vis des siens quand il met de côté une partie de ce dont il dispose, plutôt que de leur apporter l'aide immédiate qu'ils lui réclament. Plus généralement, la mise en place de procédures rigoureuses, et dont l'application est soumise à des vérifications très étroites, qui encadrent la réalisation de tous les actes susceptibles d'être des occasions de corruption, va dans ce sens.

Une vérification aussi rigoureuse n'est pas vécue comme elle le serait dans un univers où domine une éthique de pureté. Lorsque c'est une telle éthique qui prévaut, toute vérification apparaît comme une marque de défiance. Encore relativement acceptable quand on a affaire à une éthique religieuse (qui regarde l'homme comme naturellement pécheur), une telle marque fait particulièrement injure à celui qui la subit lorsque prévaut une éthique de l'honneur. Cela apparaît bien dans les différences de réactions à la vérification en France et aux États-Unis. Au contraire, lorsque c'est la fidélité aux siens qui domine, la vigueur de la vérification exercée par un groupe sur ses membres n'a rien d'offensante. Une telle vérification est d'autant mieux acceptée que ceux qui succombent aux sollicitations des leurs ne le font pas forcément de gaieté de cœur ; il leur est très difficile d'y résister sans justifications crédibles. Dans ces conditions, les vérifications qui fournissent de telles justifications peuvent être vécues très positivement. Il en est de même là où, comme dans le cas argentin que nous examinerons, une éthique de fidélité aux siens est en concurrence avec une éthique de pureté. Protégeant contre les demandes des proches, une vérification systématique est de nature à éviter bien des « tentations », et des « conflits internes ». Elle est alors ressentie comme une « aide », un « appui », source d'un certain « confort ».

À côté de vérifications strictes, un découpage soigneux des responsabilités, évitant qu'un individu ait le pouvoir de consentir, de sa propre autorité, des faveurs envers ses proches, peut contribuer lui aussi à protéger chaque membre du personnel de pressions auxquelles il lui est difficile de résister[15].

Lorsque les deux types d'éthique ont un poids important, il est bon qu'elles tirent dans le même sens au lieu d'être en conflit. Plus l'entreprise est elle-même un groupe d'appartenance fort, objet d'une intense adhésion, plus cette appartenance est porteuse d'obligations qui l'emportent sur les obligations envers d'autres groupes, ou du moins équilibrent celles-ci. En outre, plus l'entreprise se montre solidaire des communautés auxquelles ses membres appartiennent (familles, communautés locales), plus la fidélité que l'on doit à ces dernières peut être vécue comme faisant bon ménage avec la fidélité à l'entreprise.

---

15. On en trouve un exemple particulièrement instructif dans Kessy, 1998.

Parfois, les grands préceptes moraux, portés par une éthique religieuse, constituent des références de principe dans la société environnante, mais n'affectent que très imparfaitement la vie des entreprises. Un certain flottement éthique, combinant des principes clairs et une application incertaine, se produit alors. Il s'agit alors pour les entreprises concernées de jeter un pont entre les principes et les pratiques. Nous allons voir comment la filiale argentine d'un groupe international y a réussi.

Une démarche de lutte contre la corruption en Argentine

La situation de l'Argentine en matière de corruption est peu brillante, qu'il s'agisse de son système politique ou de ses entreprises. Pourtant certaines de ces dernières se sont efficacement attaquées à celle-ci. Étudiant la politique menée par l'une d'elles, filiale d'un groupe international d'origine française, nous avons pu apprécier ce que ce succès devait à l'adéquation au terrain de l'approche utilisée[16].

L'entreprise comporte trois branches, dont deux ont été marquées dans un passé plus ou moins récent par une forte corruption. À première vue, les instruments utilisés pour redresser la barre n'ont rien de particulier. De grands efforts ont été faits pour recruter des personnes intègres. Le licenciement de personnes corrompues, ou s'étant mises en situation de conflit d'intérêts, a servi d'exemple, surtout lorsque ces personnes occupaient des postes importants. La branche principale s'est dotée d'un ensemble d'instruments : un « comité des contrats » qui contrôle les décisions d'achat d'une certaine importance ; un code d'éthique qui donne une grande place aux questions de corruption et de conflits d'intérêts ; un « référent éthique », auquel tout employé peut faire appel pour résoudre les questions d'interprétation qui pourraient se présenter à propos des valeurs et des principes éthiques.

Pourtant, à regarder de plus près, maints traits qui n'ont rien de commun apparaissent. Ainsi, le référent éthique a une position originale. Il ne constitue pas une sorte de contrepoids éthique, doté d'une grande indépendance, à la structure d'autorité de l'entreprise, mais fait étroitement partie de celle-ci. Dans un des secteurs, la confusion des rôles est encore plus grande ; « quand nous parlons de ces choses, nous enlevons la casquette du comité de direction et nous mettons celle du comité d'éthique », rapporte un membre de ce comité. Alors que, dans le modèle américain, ceux qui font des dénonciations s'adressent à une structure indépendante de la hiérarchie de l'entreprise et que ces dénonciations ne sont transmises à celle-ci que de

---

16. Ce cas est présenté plus largement dans d'Iribarne, 2003.

manière anonyme, celui qui veut dénoncer doit ici obligatoirement se faire connaître du directeur des Ressources humaines.

Cela incite à s'interroger sur la manière dont une démarche « universelle » a été adaptée à ce qu'ont de particulier les repères éthiques qui prévalent dans la société argentine.

Les individus sont en fait tiraillés entre deux types de références éthiques. D'un côté, une éthique, fondée sur la religion et sur l'honneur, oppose ce qui est bien et ce qui est mal en soi, l'honnête et le malhonnête. Mais, simultanément, le fonctionnement quotidien de la société est marqué par une éthique de fidélité à des groupes d'intérêts et d'amitié où règne une forte solidarité, pour le meilleur et parfois pour le pire. Sans doute, la coexistence d'un attachement à des principes et d'une exigence de fidélité aux siens a-t-elle quelque chose d'universel. Mais elle fait particulièrement problème dans le contexte argentin. Contrairement à ce qu'on observe dans d'autres sociétés, on n'y trouve pas de vision partagée des circonstances où chacune des deux logiques doit l'emporter.

Dans le monde des entreprises, les conceptions partagées de la frontière du bien et du mal manquent cruellement. Selon les individus, des conceptions très rigoureuses coexistent avec d'autres fort laxistes. Du fait de ce flottement des repères, le passage de grands principes, de grandes références éthiques, situées à un niveau très abstrait (certains parlent de philosophie) à un ensemble de règles dont le respect est assuré par un système efficace de contrôle social et qui fixent la frontière, dans la diversité des situations concrètes, entre l'honnête et le malhonnête, se fait mal. Quand, au sein d'un milieu donné, les dirigeants donnent l'exemple d'interprétations laxistes des principes, la masse manque de conceptions propres, fortement intériorisées, qui lui permettraient d'y résister. Il est fréquent que la solidarité au sein de groupes « d'amis » prenne le pas sur le respect des principes, ce qui conduit au développement d'une corruption organisée, assise sur la constitution de réseaux de complicité. Pendant ce temps, beaucoup doutent de ce qui « est bien ». Très conscients qu'il existe des visions très diverses de la frontière pratique du bien et du mal, prêts à croire qu'ils sont du bon côté, mais inquiets de ne pas en être sûrs, ils cherchent à s'appuyer sur une référence extérieure qui leur ôte leurs doutes et les rassure.

Tout en luttant contre les réseaux de corruption par une combinaison de contrôles et de sanctions, l'entreprise sur laquelle a porté notre diagnostic a entrepris de retourner la logique de solidarité de groupe pour la mobiliser au service de sa lutte contre la corruption. Elle a cherché à faire en sorte que son personnel, au lieu d'être tiré à hue et à dia entre les influences contradictoires d'un principe d'honnêteté et de l'appartenance à des groupes « d'amitié », soit poussé dans la même direction par ces deux influences. Elle a cherché à développer en son sein une sorte de réseau vertueux. Tout en utilisant à cet effet les outils classiques de lutte contre la corruption, elle les a adaptés à un tel objectif.

Dans un contexte où les conséquences pratiques à tirer des grands principes sont particulièrement incertaines, il faut « définir continuellement les limites de [...] ce qui est bien [...] ou ce qui est mal », note un cadre argentin. La promulgation d'un code d'éthique est un moyen privilégié d'obtenir pareille clarification. Mais, dans le contexte argentin, il n'est pas facile de donner une place appropriée à un tel code. S'il constitue une déclaration de principe qui ne rentre pas dans les détails, le code vient en concurrence avec ce que chacun estime avoir reçu de son éducation et est plutôt mal venu. Ce sont plutôt des limites précises qu'il serait bon de fixer par écrit. On pourra ainsi éviter les interprétations laxistes des principes. Mais, si l'on veut supprimer toute échappatoire, il faut multiplier les garde-fous. C'est ce que font les *Principios de ética* du secteur principal en matière de corruption. Ils comprennent une *Declaración de Valores y principios éticos* qui résume en deux petites pages les valeurs et les principes de l'entreprise. En dépit de cette brièveté, le refus de la corruption est exprimé avec une minutie peu commune :

> [L'entreprise] interdit à ses employés la possibilité d'offrir, demander ou accepter tout type d'incitation, présent, don, argent, pot-de-vin ou récompense (*incentivo, obsequio, dadivo, dinero, soborno o recompensa*) qui pourraient être interprétés comme une rétribution pour des actes en rapport avec son travail dans l'entreprise.

L'accumulation des mots utilisés pour désigner les divers visages que la corruption est susceptible de prendre trouve son sens dans un tel contexte. Il est bon de la traquer derrière les euphémismes qui servent à la voiler. Mais une vision aussi radicale n'est pas prête à entrer dans les mœurs ; « un réveil de bureau peut être un présent, je pense que ce n'est pas une faute d'éthique d'accepter un présent d'un fournisseur de cette nature », affirme un cadre argentin.

Dans ces conditions, coucher des repères sur le papier n'ôte pas à chacun la charge d'interprétation des textes, charge qui le laisse aux prises avec ses doutes. C'est là que le « référent éthique » joue un rôle essentiel. Les propos de nos interlocuteurs renvoient sans cesse aux « doutes », aux points qui ne sont « pas clairs », à ce qui « pourrait être interprété » comme un conflit d'intérêts, à ce que l'on « croit », qui vous « paraît » bien ou mal, qui n'est

« peut-être » pas transparent, qui est « considéré comme » mal, est « mal vu », dans une vision très subjective de l'éthique. Grâce à ce référent éthique, ceux qui doutent du bien et du mal peuvent trouver une réponse à leurs inquiétudes, retrouver leur « tranquillité ». Le référent éthique lui-même s'appuie sur une structure collégiale. Le directeur des ressources humaines, premier concerné, peut lui aussi avoir des doutes, et c'est collectivement que les repères sont fixés. De plus, le comité d'éthique du groupe international constitue une instance « de définition » à laquelle il est possible de s'adresser « pour résoudre les questions qui pour nous peuvent être douteuses ». Dans cette perspective, il n'est pas gênant que le référent éthique fasse partie des responsables de l'entreprise. Il n'est pas en effet le pur témoin de principes transcendants qui s'imposeraient à l'entreprise indépendamment de la vision qu'en ont ses responsables. Il manifeste la manière dont la communauté particulière qu'est l'entreprise, unie autour de ses dirigeants, interprète de tels principes.

Cherchant à être vécue par ses membres comme un ensemble marqué par des relations de confiance et d'appui mutuel, l'entreprise fait un usage original des instances classiques de vérification. Celles-ci ont été largement évoquées comme fournissant à chacun une aide, un appui, contre les sollicitations extérieures et les tentations intérieures, tout autant, si ce n'est plus, que comme un moyen de sanctionner ceux qui dévient. Ainsi le « Comité des contrats » est vu en grande part comme un moyen d'aider, « d'épauler », ceux qui veulent agir droitement. Il apparaît comme une source de « confort », surtout quand la décision qui paraît la meilleure ne s'impose pas selon des critères évidents et peut donc être soupçonnée. Par ailleurs, ceux qui travaillent pour l'entreprise seront d'autant moins tentés de dévier qu'ils y trouvent un soutien en cas de difficulté, et n'ont donc pas besoin de le chercher auprès d'un groupe de complices. Ainsi chacun voit que c'est en étant fidèle à l'entreprise qu'il pourra le mieux remplir ses devoirs vis-à-vis des siens (alors que, s'il tente de mal agir, il risque de perdre son emploi, donc de plus ne pouvoir aider ceux-ci). De plus, quand l'entreprise se montre attentive aux difficultés de ses membres, il s'y développe des relations de « confiance », conduisant au sentiment de former une « équipe », aux intérêts de laquelle chacun devra veiller, ce qui suppose d'être honnête à son égard.

Si de grands progrès ont ainsi été faits, la démarche demande encore des améliorations. La question est de « faire descendre » jusqu'à la base l'impulsion venue du sommet. Cela suppose qu'existent entre ces deux pôles des relations personnelles de confiance, telles que celles qui existent dans un groupe « d'amis » qui se connaissent bien. Cette combinaison d'autorité et de proximité est usuellement présente au sein de la famille. On la retrouve facilement dans une petite entreprise familiale, sans que des démarches particulières soient nécessaires. La situation est bien différente au sein d'une grande entreprise, composée de personnes qui peuvent vivre à des milliers de kilomètres les unes des autres et ne pas se connaître.

Le changement d'échelle fait que deux types d'obstacles rendent difficile d'obtenir des relations confiantes. Les hauts responsables et la base appartiennent à des mondes différents, alors qu'un groupe d'amitié est ordinairement formé de semblables. Pour quelqu'un qui occupe un rang modeste, s'adresser à des gens importants n'est pas facile. Certains considèrent que l'effort ainsi fait n'est pas suffisant. Par ailleurs, dans une entreprise ayant un ensemble de secteurs et d'établissements répartis sur le territoire d'un grand pays, il ne faut pas sous-estimer les difficultés de communication, dès que l'on s'éloigne de Buenos Aires, où se trouve le siège, et que l'on cesse donc d'être proches. Les responsables craignent que des groupes locaux ne se replient sur eux-mêmes et ne dérivent sans qu'eux-mêmes le sachent. La mise en place d'une chaîne de relais à travers lesquels l'impulsion éthique puisse passer de proche en proche du sommet du groupe aux parties de l'entreprise qui en sont les plus éloignées, à la fois socialement et géographiquement, permettrait sans doute de nouveaux progrès.

Un grand intérêt du cas tient à la complexité du contexte culturel, où l'on trouve à la fois un attachement de principe à l'honnêteté et un attachement, pour le meilleur et pour le pire, à des groupes d'intérêt et d'amitié. Les instruments que l'entreprise utilise trouvent simultanément place dans l'un et l'autre registre. Ainsi, dans la mesure où il aide à résoudre des cas de conscience, le référent éthique contribue au bon fonctionnement d'une éthique de respect des principes. Mais, de par ses fonctions de directeur des ressources humaines et de par la qualité des liens qu'il a noués avec les membres du personnel, il est un élément d'un réseau d'intérêt et d'amitié. De même les instances de contrôle trouvent simultanément leur place dans les deux registres. Ce qui peut apparaître comme des bizarreries dans les politiques mises en place relève en fait d'une bonne adaptation au contexte.

Une éthique du dialogue et du respect des personnes à l'intérieur de l'entreprise

Le développement d'une éthique d'entreprise a une face tournée vers le respect des personnes dans les rapports internes à l'entreprise. Un tel respect a du sens partout sur la planète. Partout l'ouverture aux autres et le dialogue sont générateurs de confiance partagée et de rapports coopératifs. Mais, là encore, la manière dont cette éthique est susceptible de s'incarner est fortement affectée par des facteurs culturels. Elle rencontre des images très diverses de ce qu'est une bonne coopération, de ce que veut dire précisément travailler de concert, de ce que sont le sens des responsabilité et le respect des autres. Pour notre part, nous avons eu spécialement l'occasion d'appréhender ce phénomène en analysant la manière dont une démarche éthique au sein d'un groupe multinational a été reçue dans deux de ses filiales asiatiques, situées en Jordanie et en Malaisie[17].

Les effets des conceptions très diverses du vivre ensemble

Les observations faites en Malaisie comme en Jordanie confirment le fait que les manières de vivre ensemble qui font référence varient considérablement sur la surface de la planète. On aurait pu être tenté d'imaginer que, comme il s'agit de deux pays musulmans, on allait y observer des conceptions largement communes. Mais il n'en a rien été. Ainsi, on trouve en Jordanie une forme extrême d'honneur qui n'a pas son pendant en Malaisie. En fait, comme l'ont montré les recherches menées par Clifford Geertz en Indonésie et au Maroc, l'islam, comme tous les messages qui se répandent largement dans le monde, a pris des formes, spécialement en ce qui concerne les visions de la vie en société qu'il a contribué à développer, largement marquées par la diversité des contextes préislamiques (Geertz, 1968). Toutefois, ces deux pays ont en commun de ne pas être de cultures européennes. Aussi, ce qu'on y trouve de commun éclaire *a contrario* sur les singularités, à l'échelle de la planète, des cultures européennes au sens large (en incluant celles des pays qui, tels les États-Unis, ont largement hérité de ces cultures). Quatre points paraissent mériter spécialement d'être soulignés : l'équilibre entre l'attention portée aux résultats et l'attention portée aux processus, la place accordée à une conception instrumentale de l'éthique et de l'insertion dans la société, la reconnaissance des faiblesses et la valeur attachée au débat.

Processus et résultats

Un point marquant sur lequel nous avons observé des réactions communes en Jordanie et en Malaisie est la réticence à rentrer dans une vision

---

17. Il agit de Lafarge qui a élaboré de principes d'action, diffusés dans l'ensemble de ses filiales en vertu d'un programme intitulé Lafarge Way. Les analyses correspondantes ont été réalisées avec la participation de Jean-Pierre Segal et Héla Yousfi.

des choses où, pour reprendre la version française des principes d'action, « ce sont les résultats qui comptent », et la version anglaise, « accountability is ultimately about delivering results ».

Dans les sociétés de cultures européennes, l'attachement au résultat, le fait de faire quelque chose en vue d'autre chose en ayant la prétention de maîtriser l'avenir, de construire son destin, a une certaine légitimité. Même s'il est parfois affirmé dans leurs textes sacrés qu'il ne faut pas être obsédé par les résultats (la parabole du lys des champs), ceux-ci incitent simultanément à y penser suffisamment pour se comporter de manière prévoyante (l'homme qui construit sur le roc et celui qui construit sur le sable). Certes, toute une tradition philosophique professe, avec les stoïciens, qu'il faut se détacher du résultat de son action, qu'il y aurait quelque chose d'impur, même si l'on agit bien, à le faire pour d'autres motifs que, selon les termes de Kant, « par pur respect pour la loi ». Mais une autre tradition, professant que « le sabbat est fait pour l'homme et non l'homme pour le sabbat », incite au contraire à « juger l'arbre à ses fruits ». L'accent mis sur les résultats peut dès lors être vu comme relevant d'une haute vision du bien, tout en entrant éventuellement en composition avec un utilitarisme plus ou moins cynique qui fait partie lui aussi de l'héritage occidental (cf. le personnage de Benjamin Franklin). Aujourd'hui, et dans un contexte d'entreprise, certains, à la suite de Deming, apôtre des démarches qualité, dénoncent certes ce qu'ils considèrent comme une focalisation excessive des entreprises occidentales, et au premier chef américaines, sur les résultats, focalisation qui empêche de prêter à la qualité des processus l'attention qu'elle mérite. Mais il paraît clair qu'ils prêchent contre le sentiment dominant.

Par contre, dans les sociétés orientales, un certain détachement par rapport aux conséquences de l'action paraît inséparable d'une haute vision du bien. La prétention à être maître des conséquences de ses actes paraît vue, de manière beaucoup plus radicale, comme une manifestation de la démesure de l'homme. Cela paraît net dans l'hindouisme et le bouddhisme. Ainsi, on peut citer les propos tenus par Krishna à Arjuna sur le champ de bataille, l'incitant à faire son devoir en se détachant du fruit de ses actions :

> Celui qui, dans l'action, s'est affranchi de tout désir de jouissance matérielle peut être considéré comme solidement établi dans le savoir. De lui, les sages affirment que le feu de la connaissance parfaite a réduit en cendres les conséquences de ses actes. Totalement détaché du fruit de ses actions, toujours satisfait et autonome, il n'agit pas matériellement, bien qu'il soit continuellement actif. L'homme ainsi éclairé maîtrise parfaitement son mental et son intelligence ; il renonce à tout sentiment de possession et n'agit que pour

subvenir à ses stricts besoins vitaux. Ainsi, le péché ni les conséquences du péché ne l'atteignent. Celui qui, affranchi de la dualité et de l'envie, voit d'un même œil l'échec et la réussite, satisfait de ce qui lui vient naturellement, celui-là, bien qu'il agisse, ne s'enlise jamais (Bhagavad-Gita, 1975, chapitre IV, versets 19-24).

Ces propos sont loin d'être singuliers. Du bouddhisme zen à Confucius, l'affirmation de la primauté de l'attitude juste sur la recherche du résultat paraît une caractéristique permanente du sage. Dans le monde contemporain, ce n'est pas par hasard que les démarches de qualité, mettant l'accent sur le processus au mépris parfois du résultat immédiat (la chaîne que l'on arrête parce qu'on a un dysfonctionnement du processus) se sont particulièrement épanouies au Japon.

Parallèlement, dans l'islam, il est hautement affirmé que l'avenir n'appartient qu'à Dieu et qu'il serait sacrilège de prétendre le maîtriser.

Bien sûr tout cela ne veut nullement dire que, comme les dépeint une caricature qui a connu un grand succès, les « Orientaux » soient « passifs, détachés, etc. » Il y a, dans les diverses sociétés asiatiques, comme partout dans le monde, des individus extrêmement entreprenants et désireux de trouver les voies qui leur permettront de réussir. Mais cela veut dire qu'en bien des lieux de telles attitudes relèvent plus de la défense par chacun de ses propres intérêts, sans souci de la communauté, que de la vie d'un ensemble au sein duquel on coopère étroitement et qu'à les promouvoir on risque fort d'alimenter l'individualisme qui les accompagne. Cela paraît être une propriété singulière des sociétés de cultures européennes que d'avoir associé la primauté du résultat et la mise en place de formes de bonne coopération s'appuyant sur de grands idéaux (cf. les analyses de Max Weber sur la singularité de l'entrepreneur moderne, avec la manière méthodique dont il cherche à réussir sans renoncer aux exigences d'un grand idéal, et ses liens avec le protestantisme ascétique).

Nos enquêtes réalisées en Jordanie et Malaisie ont bien confirmé la réticence à donner la primauté au résultat par rapport à la rectitude de l'action.

Ainsi, en Jordanie, la référence aux résultats a bien été introduite dans la version en arabe des principes d'action, et cela a été souligné par le responsable de leur rédaction ; mais cela l'a été sous la forme d'un complément à la rectitude de l'action : « évaluer le travail par les résultats et non seulement par les efforts et les bonnes intentions ». Une parole du prophète, souvent citée, dit que « les actions s'évaluent en fonction des intentions ». Et, quand le terme « performance » est directement traduit en arabe, dans la partie

« se centrer sur l'amélioration de la performance[18] », le terme utilisé, *adda*, évoque plus la manière d'accomplir la performance que le résultat obtenu.

Dans les entretiens avec les membres du personnel jordanien, on voit fréquemment l'attention au résultat obtenu ramenée à la démarche par laquelle il est obtenu, avec des propos tels que (en réponse à la question : *évaluer le travail sur les résultats et pas seulement les efforts et bonnes intentions, qu'est-ce que ça veut dire ?*) :

> Lorsqu'on se fixe des objectifs, cela ne veut pas dire qu'on donne juste ce qu'on a. On m'a demandé d'atteindre un objectif, il faut que je le réalise, et il faut *que je fasse des efforts* et que je m'applique pour le réaliser. Ce qui aura des répercussions sur moi, et sur l'entreprise dans la réalisation de son objectif stratégique.

> La culture de la performance est quelque chose de très beau, des mots excellents. [...] C'est sûr que *l'union autour de principes de travail précis*, et le travail en équipe, le sens de la responsabilité, pour un employé, c'est la culture de la performance.

On retrouve cette attention privilégiée à la manière de faire en Malaisie, même si des distinctions sont peut-être à faire entre les « races » ; les Chinois paraissent à certains égards plus axés sur la performance et la concurrence que les Indiens et les Malais, ce qui n'empêche pas de se référer à l'attitude juste dès qu'il s'agit d'éthique :

> Le critère n'est pas seulement votre performance, c'est votre comportement.

> Nous travaillons pour l'entreprise de tout notre cœur. Le patron doit s'occuper de ce que nous ressentons et de notre bien-être.

> Une chose que j'ai remarquée est que les choses ne sont faites que si vous avez des gens avec l'attitude juste. C'est important, une chose fondamentale est votre attitude. Votre attitude, votre honnêteté, votre intégrité et votre sincérité, c'est très important. Je veux dire, même si vous êtes stupide, si vous avez l'attitude juste, vous pouvez être [...]. C'est ce que j'ai toujours cru.

Simultanément, l'accent mis sur les objectifs individuels n'est pas à l'honneur : « Je dis que nous avons échoué. Je dis toujours cela, nous avons échoué en tant qu'équipe. C'est notre équipe, tout le monde doit contribuer

---

18. Il s'agit d'une traduction littérale de la formulation utilisée dans la version anglaise des principes d'action, version à partir de laquelle la version arabe a été élaborée. Il existe par ailleurs une version française, mais qui adopte des formulations souvent marquées par les différences culturelles entre les États-Unis et la France. Dans ce qui suit, nous aurons recours à une traduction littérale de la version anglaise chaque fois que cette version est significativement différente du texte français, ou nous citerons la version originale quand il paraît spécialement important de donner accès aux formulations utilisées.

au succès de la coopération, et non pas réussir individuellement. Cette philosophie, je la développe toujours. »

Une vision instrumentale de l'éthique

Dans la culture américaine, on peut affirmer sans complexes qu'un niveau élevé d'éthique constitue un actif, un élément important de sa réputation, donc de sa capacité à faire du profit. Cette vision instrumentale de l'éthique, poussant dans ses dernières conséquences l'affirmation selon laquelle c'est le résultat qui compte, est largement perçue, hors des États-Unis, comme parfaitement cynique. Elle constitue sans doute un élément d'incompréhension entre les États-Unis et le reste du monde.

Ainsi, les principes déclarent dès le départ, en version anglaise : « Our goal is to strengthen this leadership position by being the best, **through** our commiment to be : the preferred supplier of our customer [et ainsi de suite pour les membres du personnel, les communautés environnantes et les actionnaires][19]. » On trouve dans la version arabe élaborée en Jordanie par du personnel local : « Notre objectif est d'être en position de leader **pour être** le fournisseur préféré de nos clients. » Dans la version anglaise l'objectif est la réussite économique (« *strengthen this leadership position* »), la qualité des relations entretenues avec les fournisseurs, les employés et les autres partenaires constituant un moyen au service de cet objectif (« *through* »). Mais dans la version arabe les choses sont renversées. C'est le fait d'être en position de leader qui est présenté comme un moyen au service des relations entretenues avec les mêmes acteurs (« pour être »).

En Malaisie, nous n'avons pas disposé de version locale des principes d'action, mais on trouve dans les entretiens un attachement à une attitude éthique considérée en elle-même (cf. les propos précédemment cités sur l'« attitude juste »).

La reconnaissance des faiblesses

On trouve, dans la version anglaise des principes d'action, comme dans la version française, maints passages qui valorisent l'aveu d'une faiblesse (« tirent les conséquences d'échecs répétés », « apprendre de leurs [...]

---

19. On trouve dans la version française, pour le même passage : « Notre objectif est de renforcer notre position de leader mondial en étant partout les meilleurs **et** de devenir le fournisseur privilégié de nos clients... [et ainsi de suite pour les autres acteurs] ». Le « *through* » de la version anglaise, exprimant le fait que la qualité des relations entretenues avec ceux avec qui on est en rapport est un moyen d'atteindre une position de leadership contraste avec le « et » de la version française qui exprime une juxtaposition de ces deux objectifs. Il est peu honorable de concevoir ses relations comme un moyen de réussir et cela l'est plus de considérer qu'il s'agit de quelque chose que l'on obtient par surcroît.

erreurs », « compenser nos faiblesses et nos lacunes »). Il est bien des cultures, et c'est ce que nous avons constaté en Jordanie comme en Malaisie, où
un tel aveu est hautement problématique.

Dans les cultures européennes, et spécialement aux États-Unis, un aveu
des faiblesses et des erreurs prend son sens dans diverses images, sans doute
pas totalement indépendantes : celle du pécheur qui, s'étant repenti, y
compris devant ses frères, en ressort plus fort ; celle du chercheur qui tâtonne
à la recherche d'une vérité qui se dérobe ; celle de l'homme qui, attaché à
ses intérêts, tire des enseignements de ses échecs. Ces diverses images, qui
ont en commun de supposer que la reconnaissance de ses faiblesses n'abaisse
pas, ou plutôt de prendre son sens dans une vision de la grandeur atteinte
en passant par l'abaissement, paraissent loin de jouer le même rôle dans
bien des contextes.

En Jordanie, les passages relevant de l'aveu d'une faiblesse ne sont pas
repris dans la version arabe des principes d'action. Ainsi, le passage : « They
[gestionnaires] [...], help them [employees] to learn from their achievments
and mistakes » est rendu dans la version arabe par : « Fournir aux employés
des observations constructives sur leur rendement de manière régulière. »
Il n'est plus question ni d'erreurs ni des enseignements que l'on peut en
tirer. C'est qu'on est dans un contexte où la reconnaissance des faiblesses a
difficilement un sens positif. Dans le référentiel dominant de l'honneur,
l'aveu des faiblesses est vu plutôt comme un facteur d'abaissement.

De même, en Malaisie, le programme Honnêteté, Intégrité, Sincérité
(HIS) lancé aux premières heures des usines rachetées par Lafarge avait,
entre autres choses, insisté sur l'obligation morale de faire part de ses erreurs.
« La sincérité veut dire que vous devez dire la vérité quoi que vous ayez fait
de mal », explique un de nos interlocuteurs malais. Mais, en fait, il est
difficile de le faire, à la fois pour des questions de face, et parce que l'erreur
est normalement punie :

> Le problème ici, spécialement avec les anciens, je pourrais sentir que nos gens
> ne disent mot en cas d'échec. La plupart des gens ont peur de partager ces
> choses, ces échecs, à cause de l'équipe, elle ne sera pas récompensée [...]. C'est
> seulement s'il y a une bonne performance qu'ils veulent partager. Mais s'ils ne
> font pas si bien, vous voyez, ils veulent échapper. Quand les gens verront ma
> mauvaise performance, je serai puni, je n'aurai pas mon bonus, je n'aurai pas
> d'augmentation. Cela vient toujours à leur esprit : « quelle sorte de punition
> vais-je recevoir ? » (cadre malais).

La valeur attachée au débat

On trouve, dans la version américaine comme dans la version française des principes d'action, de multiples références à l'existence de situations de désaccord, de divergence de vues et d'intérêts, génératrices de débats, voire de conflits, regardés comme faisant partie de la vie normale d'une organisation, et dont il convient de tirer parti :

> Gérer la confrontation est une partie intégrante et productive d'un travail d'équipe. Le travail d'équipe n'implique pas que l'on parvienne systématiquement à un consensus. Il s'agit que chacun apporte, accepte et recherche les différences d'opinion, en les voyant comme une source de progrès.

> Nous voulons promouvoir un environnement au sein duquel chaque personne, chaque équipe remettra en cause et acceptera d'être remise en cause dans un esprit constructif.

> Être une organisation « multilocale » c'est : [...] Impliquer les équipes dirigeantes des unités dans la gestion des conflits permanents inhérents au fait de faire fonctionner de manière globale un ensemble d'activités locales.

> Gérer les tensions entre local et global est l'un des défis majeurs de notre groupe et structure la façon dont nous sommes organisés.

> Ils [les secteurs] ont un rôle critique à jouer en remettant en cause les unités pour qu'elles concrétisent l'ambition de réaliser une performance accrue.

Ce n'est pas que l'on manque par ailleurs, dans ces versions, de références à l'unité, au partage, à tout ce qui rassemble (« share experiences », « common goals », « dialog »), mais on est dans une perspective où la concorde est vue comme toujours mêlée de discorde, et où l'idée d'unité parfaite évoque plutôt l'image d'une société totalitaire écrasant les différences sous la pression de l'ensemble que celle d'une unité authentique.

Sur ce point, la version française est très proche de la version américaine. Mais ce n'est pas parce qu'on a affaire à des références universelles. C'est que l'on est dans une tradition commune, où la croyance aux mérites du débat démocratique hérite des vertus prêtées à la *disputatio* médiévale et, au-delà, à un double héritage, grec et biblique, pour lequel l'unité n'exclut pas la controverse. On a là un trait commun des cultures européennes. Dès que l'on sort de ces cultures, on a affaire à des visions de l'unité qui font mauvais ménage avec la valorisation des différences.

Cela est bien apparu en Jordanie. Dans la version arabe des principes d'action, tout ce qui fait référence à l'existence de situations conflictuelles, de différences d'opinions, de remise en cause par autrui a été systématiquement éliminé, contrairement à ce qui fait référence à l'unité (« travail en équipe », « partage », « entraide »). Pour sa part, le « dialogue », qui évoque à la fois la différence et l'unité, a été retenu pour les rapports avec l'extérieur de l'entreprise (les collectivités locales), mais éliminé quand il s'agit des rapports internes[20].

Dans les entretiens avec des membres du personnel jordanien, la perspective de créer une vision « unifiée[21] » a été reçue avec une grande faveur, avec des propos tels que : « L'idée principale que je me suis faite du projet LFT [Leader for Tomorrow], c'est qu'il y a eu une *unification* des objectifs concernant les employés de l'usine ou les employés de la société. C'est-à-dire que les employés de la société ont un *seul objectif, une seule vision* dans leurs parcours à la JCF [la filiale jordanienne]. C'est l'idée la plus importante que je retiens de cette réunion. En plus du changement de la culture du travail chez les employés de la société, c'est-à-dire créer *une seule culture*. »

Cette forte référence à l'unité se retrouve en Malaisie, où c'est le consensus, et non le débat, qui est valorisé. « La confrontation n'est pas appréciée dans la culture asiatique. Les gens ne disent pas les choses directement, même dans une réunion. Ils diront les choses plus tard, en privé », affirme un membre du personnel. On voit en outre, ce qui n'était pas le cas en Jordanie, que cette unité doit se faire autour de la vision venue du haut, en l'occurrence de Lafarge. Cela ressort bien dans les propos des membres du personnel interrogés :

> J'ai eu une réunion. J'ai remarqué que nous avons tous des objectifs différents. Les objectifs étaient différents, la coopération était médiocre. Aussi, j'ai juste demandé : « quel est votre objectif ? » Notre objectif n'est pas atteint, nous avons échoué. Notre meilleur objectif est l'objectif de Lafarge. Aussi je demande juste : « quel est l'objectif », et non **un** objectif. De cette façon, je dis : « c'est très important ». Aussi qu'allons nous faire ? Nous devons tous trouver un consensus, nous mettre d'accord et nous ajuster les uns aux autres, c'est très important. Maintenant, je pense, chaque fois nous partageons cette conviction, la philosophie Lafarge. [Nous avons à nous demander :] « Quel est notre objectif ? »

La contestation ouverte de l'ordre établi est pour le moins problématique :

> Dans la conception du monde des gens, spécialement pour les Malais et les Indiens, vous devez suivre tout ce qui a été établi, a été décidé par la personne que vous respectez. Que ce soit dans la famille ou dans le groupe ou dans

---

20. Même la notion de « confiance » a été éliminée. Ce point mériterait d'être creusé ; mais on peut supposer que ce terme évoque lui aussi un mélange de différence et d'unité.

21. Unifiée est la traduction littérale de l'arabe, on peut aussi traduire le mot arabe par « homogène ».

> l'entreprise. C'est pourquoi les gens pensent que tout ce qui a été ordonné par
> le grand patron vous devez le suivre [...]. Nous devons suivre et nous devons
> faire avec zèle tout ce qui a été ordonné [...].
>
> Nous respectons notre roi, notre loi, notre entreprise.

Certes, certains affirment que les choses devraient changer, mais témoignent par là même de la difficulté à le faire :

> Dans notre culture, quand les supérieurs nous disent de faire certaines choses,
> nous préférons dire tout de suite : « oui » ; nous n'aimons pas dire : « non,
> nous devons faire de cette manière » ; nous dirons : « oui » et nous le ferons.
> Je pense que nous devons dire : « non » et expliquer pourquoi c'est non. Nous
> ne le voyons pas beaucoup jusqu'à présent. Les gens préfèrent faire ce que dit
> le supérieur. La chose est que nous n'aimons pas discuter avec le supérieur.

Les voies d'une adaptation locale des principes d'action quand ceux-ci mêlent des références de portée universelle et des traits liés à des contextes culturels particuliers

Plusieurs facteurs permettent d'assurer le raccord entre l'aspect universel et l'aspect local. En fait les principes d'action constituent des ensembles composites. Ils évoquent pour une part, au moyen d'un vocabulaire plutôt abstrait (avec des termes tels que partage, respect ou dialogue), des conceptions d'une bonne manière de vivre ensemble et de coopérer suffisamment générales pour avoir du sens, en étant directement traduites dans les langues locales, de manière ou universelle ou quasi universelle. Pour une autre part, on trouve des références à des manières plus propres à un contexte culturel donné. Cela permet de procéder à une adaptation locale des principes d'action en se centrant sur ce qui a une portée universelle, ou est plus particulier mais garde du sens dans le contexte considéré, et en laissant de côté ou en modifiant substantiellement ce qui est trop lié à un contexte culturel étranger. Cela peut se faire au stade de la transposition des principes en langue locale. Une telle adaptation peut sans doute être facilitée par le fait que ceux qui l'entreprennent ont plus ou moins l'impression qu'il s'agit d'une simple transposition linguistique, sans avoir guère conscience qu'ils mettent en avant une conception différente d'un fonctionnement collectif. Cela peut se faire également en privilégiant tel ou tel aspect des principes d'action lors de leur mise en œuvre, tout en les incarnant d'une manière conforme au sens qu'ils prennent dans le contexte local.

Dans la plupart des sociétés autres que de cultures européennes, où la référence communautaire tend à dominer quand il s'agit d'imaginer une manière coopérative de vivre ensemble (ce qui ne veut pas dire qu'une telle référence inspire effectivement la vie de tous les jours), il est possible de mettre l'accent sur cette dimension, tout en laissant plutôt dans l'ombre ce qui relève soit de relations marchandes, soit du respect de principes éthiques abstraits, soit des deux.

La manière dont peut se faire une telle adaptation est particulièrement visible en Jordanie, du fait qu'il existe une version des principes d'action élaborée localement, sans que le siège de Lafarge intervienne. Nous avons vu que certains aspects de la version anglaise, qui a servi de point de départ, ont été gommés. Simultanément, comme nous avons commencé à le voir, d'autres ont été conservés, voire amplifiés, cet ensemble de transformations assurant le passage d'un contexte culturel à un autre. Ainsi la notion de « leader » est parfaitement transposable (même si les représentations de ce qu'est un leader, de la place qu'il occupe dans la société, sont sans doute loin de se recouvrir aux États-Unis et en Jordanie) et l'on retrouve dans les deux cas, s'agissant de l'entreprise, la référence à la réussite économique. En ce qui concerne la vie interne de l'entreprise, ce qui relève de la mise en œuvre au sein de celle-ci de rapports conçus sur le modèle des rapports entre fournisseur et client, avec la définition claire d'objectifs individuels, n'est pas facilement transposable. Par contre la notion de travail en équipe l'est facilement, même si, là encore, on n'a pas affaire à la même conception de celui-ci. Dans la version arabe des principes d'action, on retrouve les termes « travail en équipe », « partage », « soutien », « respect », et sont rajoutées « l'entraide » et « la reconnaissance réciproque de la contribution de chacun dans le travail commun[22] ». On a vu combien, dans les entretiens réalisés en Jordanie, tout ce qui vise à la création d'un ensemble parfaitement uni a été reçu avec une grande faveur.

De même, l'idée d'agir en faveur des collectivités (ou communautés) environnantes est facilement transposable, même si la forme que cela prend peut être différente ; ainsi on trouve dans la version arabe des principes d'action les formules « l'initiative d'œuvres sociales et de bienfaisance » et « l'aide apportée aux collectivités locales dans des situations imprévues », qui n'ont pas d'équivalents dans la version originale et, pendant ce temps, on ne trouve pas dans la version locale d'équivalents des formules « Acting as responsible members of our communities », ou « Contributing to economic progress through healthy and vigorous competition ».

---

22. Il semble qu'au sein de l'équipe, par rapport à des références américaines ou françaises, l'individu est vu comme ayant moins d'autonomie de vision mais plus d'attente de voir respecter ses propres intérêts. Nous avons observé ce type de situation dans la filiale marocaine de STMicroelectronics, où une très forte unité morale s'accompagnait d'une très forte attention de chacun à ses propres intérêts, l'unité morale étant vue comme permettant que ces intérêts soient respectés (d'Iribarne, 2003).

En Jordanie comme en Malaisie, la réaction aux principes d'action transmis par le siège n'est pas de les critiquer en mettant l'accent sur ce qui n'est pas recevable localement. Cette manière de faire est courante chez des Français réagissant à des codes de conduite d'inspiration américaine. Leurs commentaires tendent, comme nous l'avons vu, à être corrosifs. Mais, sur ce point, c'est la France, et non les États-Unis, qui fait figure d'exception. Ailleurs, et spécialement hors d'Europe, on attend fréquemment d'un responsable qu'il montre la voie, y compris en matière éthique. Ainsi on trouve (dans les réponses faites en Malaisie à une enquête d'opinion qui a touché l'ensemble du groupe) des propos tels que : « Tout le monde devrait adhérer rapidement à la culture Lafarge ; et abandonner l'ancien style. »

Dans ces conditions, la réaction première n'est pas de se livrer à une analyse pointilleuse de ce que le siège social cherche à transmettre, mais plutôt de s'intéresser à la démarche générale, en privilégiant ce par quoi on y retrouve un univers familier, en lui donnant du sens à partir d'une telle mise en rapport avec cet univers.

Ce sont des réactions de ce type que nous avons observées en Jordanie comme en Malaisie. Aucun de nos interlocuteurs n'a cherché à mettre en évidence ce que les principes d'action, reçus en version anglaise, avaient d'exotique. Par contre, on a eu plutôt une assimilation de leur contenu aux préceptes que véhiculent les cultures locales.

Cela se fait parfois en commentant tel ou tel précepte des principes d'action et en l'interprétant en fonction d'une vision locale. Par exemple, à propos de « diriger par l'exemple (*leading by example*) », nos interlocuteurs jordaniens ont utilisé des formulations telles que : « "Diriger par l'exemple", c'est comme le père ou la mère idéale qui se comporte de manière exemplaire avec leurs enfants, le prophète par exemple est un grand leader, il faisait tout correctement. »

> La direction par l'exemple est importante à 100 %. Pour moi la direction par l'exemple, c'est comme le fils quand il suit son père ou sa mère, c'est exactement la même chose. Comment veux-tu être une mère idéale ou un père idéal si tu ne te conduis pas de manière exemplaire, comment tu veux que ton fils te suive si tu dis des choses et que tu ne les appliques pas. « Alkoudoua », être un exemple, c'est comme le prophète quand il donnait l'exemple, il faisait tout correctement et après les gens ont suivi son exemple (cadre jordanien).

Cela se fait également en assimilant plus globalement les principes aux conceptions locales. Ainsi, en Malaisie, la communication des principes s'est faite de cette manière. On trouve dans un numéro de la revue interne de communication consacré au LFT [Leader for Tomorrow], sous la plume

du président, lui-même Malais, de la filiale à l'époque où ce numéro a paru :
« En tant que membre du groupe Lafarge, nous avons à mettre en œuvre
LFT. Cela ne devrait pas être difficile pour nous, puisque nous avons en
Malaisie les mêmes aspirations que celles que le groupe a dans le monde, et
LFT incorpore la plupart des principes et l'ethos que nous avons déjà. » On
trouve de même chez les personnes interrogées des propos tels que : « LFT
est pour l'essentiel similaire à ce que nous avions déjà, aussi il n'est pas
difficile pour nous de l'appliquer. »

Des attentes vis-à-vis d'une démarche éthique

Si une démarche éthique est susceptible d'être fort bien reçue dans des
contextes culturels bien différents de ceux où elle a pris forme, ce n'est pas
seulement parce qu'elle est suffisamment plastique pour pouvoir être l'objet
de multiples interprétations adaptées à la diversité des contextes locaux.
C'est aussi qu'elle est susceptible d'apporter beaucoup ailleurs que là où elle
a été conçue.

Nous avons retrouvé en Jordanie, comme en Malaisie, un phénomène
que nous avions déjà observé en bien d'autres lieux : les formes courantes
de bonne coopération concernent des groupes de taille réduite, marqués
par des liens particuliers ; elles ne suffisent pas à assurer un bon fonctionnement collectif d'une entreprise d'une certaine taille avec des établissements
répartis sur un territoire à l'échelle d'un pays ; cette situation est génératrice
de frustrations. C'est dans un tel contexte que les attentes vis-à-vis du LFT
[Leader for Tomorrow] prennent forme.

Un cadre jordanien résume ainsi, en généralisant à l'ensemble du monde
arabe, la situation qui, d'après l'ensemble des témoignages recueillis, marque
la filiale jordanienne :

> Le travail en équipe est un problème dans le monde arabe, c'est un problème
> parce que le travail en équipe ne se fait pas sur des bases scientifiques, il s'ef-
> fectue sur la base de la nature de la relation que je peux avoir avec mon collè-
> gue. Si on a de bonnes relations, on va bien travailler ensemble et tu trouves
> ça à Rachidiya parce que les gens travaillent ensemble dans l'usine et ils se
> voient l'après midi, leurs familles habitent côte à côte, c'est pourquoi il est
> possible de trouver des équipes de travail qui réussissent mais ce n'est pas basé
> sur des principes scientifiques, c'est la relation qui gouverne le travail en équipe.
> On travaille ensemble parce qu'on est ami.

A *contrario*, le siège et les usines constituent des mondes largement
étrangers l'un à l'autre, entre lesquels la coopération est très médiocre. Pour

dépeindre leurs rapports, les membres du personnel jordanien tiennent des propos tels que :

> Pour eux [les ouvriers], c'est l'ouvrier qui se fatigue, qui fait la productivité, qui rapporte l'argent à l'entreprise. Alors que celui qui est à la direction est assis, confortable, et ne fait rien, il ne donne pas à l'entreprise autant que lui il lui donne, et la direction a des privilèges plus que lui. Leur fatigue sert le bénéfice de la direction générale à Amman. C'est ce que pensent la plupart des employés de l'entreprise. C'est pour ça qu'on ne voit personne de la direction générale dans la société, très peu, ou alors quand ils viennent, ils viennent à ce bâtiment seulement, ils ne rentrent pas à l'usine. Peut-être que le travail qu'ils accomplissent à la direction générale est un grand travail, grandiose, mais ceux qui sont à l'usine ne savent rien de la nature du travail de cette personne à la direction à Amman. Cela crée une sorte de frustration chez les employés.

Ce n'est pas que manque l'aspiration à une meilleure coopération, au sein d'un monde où l'on serait plus proche et qui serait régi par des règles respectées par tous, où le dévouement des subordonnés répondrait à la bienveillance de supérieurs capables de servir de guides. Mais tous constatent que ce qu'ils vivent est très loin d'être à la hauteur de ces aspirations. Par rapport à ce que l'on observe usuellement, l'écart entre les aspirations et ce qui est vécu paraît beaucoup plus radical. L'espoir que soulève la démarche est qu'elle pourrait permettre de réduire cet écart en favorisant l'éclosion d'un monde bien réglé, où les supérieurs donnent l'exemple et où tous se rapprochent : « On espère premièrement qu'il y aura un peu plus de clarté, et deuxièmement la réalisation d'une justice pour les employés. Et ainsi nous sortirons du cercle de l'exception, des complications et des conflits. » « "Diriger par l'exemple" : c'est un comportement, il faut créer un environnement qui permet au chef de mettre en œuvre ces idées ; l'employé avec le temps apprend énormément de son directeur. »

Certes, ce qui est ainsi recherché n'est pas l'avènement de l'homme occidental, avec la forme d'autonomie qui le caractérise ; on peut douter que ce qui, dans les principes d'action, se rapporte à un tel avènement, telle l'insistance sur l'évaluation des performances individuelles et le libre débat, arrive à influencer beaucoup les pratiques. Mais c'est bien une meilleure manière de travailler ensemble, porteuse d'une plus grande efficacité, que l'on veut obtenir.

On trouve le même type de situation en Malaisie où la bonne coopération courante concerne de petits groupes dont les membres sont très proches les uns des autres :

Maintenant [ici à Kantan] nous sommes dans une équipe, dans une famille, nous nous connaissons mutuellement depuis longtemps. [...] Les gens ici travaillent dans l'usine depuis 10, 15 ans ou plus. Je suis un des plus nouveaux avec 9 ans. Les gens restent les mêmes. Ils [...] se connaissent les uns les autres, nous allons dans leurs familles.

[À Langkawi], ils sont très coopératifs. L'esprit d'équipe est là. Je crois à cause de cela, ils sont tous [...] vous savez. Ils sont tous des gens d'ici, ils sont tous dans un même groupe.

Par contre, à une échelle plus large, même si on ne retrouve pas les tensions que l'on observe en Jordanie, on a une certaine indifférence réciproque : « La coopération entre les services manque beaucoup. Chaque service se soucie de son intérêt propre. »

Le fait que l'entreprise puisse contribuer à l'avènement de rapports impliquant plus de proximité et en particulier plus d'attention des supérieurs aux subordonnés est vu avec faveur :

J'ai trouvé qu'il est bon de recevoir la Lafarge way pour permettre aux gens de se développer [...] une culture différente, très [...] de celle de Blue Circle, de la culture malaise [...]. Elles sont différentes. Je veux dire la manière de se développer. La manière Lafarge d'entraîner (the Lafarge way of coaching). Je trouve qu'il y a quelque chose de bon en elle [...] très bon une culture qui entraîne plutôt qu'une culture qui enseigne. Oui, il y a une différence entre Lafarge et avant.

Conclusions

Les questions d'éthique illustrent bien la manière dont, dans la gestion, ce qui est universel se combine avec ce qui est local. Si l'on adopte un vocabulaire assez abstrait, faisant référence à des valeurs telles que l'honnêteté, le respect, l'ouverture, le dialogue, l'engagement, etc., on peut définir une démarche éthique de portée universelle. En ce sens, il n'est pas faux de dire que tous les hommes partagent les mêmes valeurs. Partout, il est fait référence à une société ordonnée. Partout on trouve une certaine conscience qu'une telle société ne peut exister que si ses membres ont un certain sens d'un bien commun ; s'ils ne cherchent pas à tirer systématiquement le maximum d'avantages immédiats des situations où ils se trouvent. Les notions d'entraide, de prise en compte des préoccupations d'autrui sont présentes partout. Peut-être le moraliste peut-il se satisfaire d'une telle constatation. Mais il n'en est pas de même du gestionnaire.

Nous avons vu tout au long de ce chapitre que, quand on passe des grands principes à la manière pratique de s'organiser pour promouvoir une démarche éthique, on ne peut plus se contenter de notions universelles. C'est, au premier chef, parce que les types de pression (de surveillance, de récompenses et de sanctions) qui sont perçus comme normaux pour inciter à bien agir sont très divers selon les cultures. Ainsi, une même forme de surveillance pourra être ressentie très différemment selon les contexte : être vécue comme offensante dans une société où prédomine une référence à l'honneur et où chacun tend à considérer qu'il n'a guère à rendre de compte qu'à sa conscience ; paraître au contraire tout à fait bienvenue là où elle permet à celui qui la subit d'échapper à la pression de ses proches extérieurs à l'entreprise dans les situations où ceux-ci l'accusent de leur être infidèle s'il ne leur accorde pas certaines faveurs aux dépens de l'entreprise. Dans chaque contexte, il revient à ceux qui mettent en œuvre une démarche éthique de bien reconnaître quelles sont les formes de pression sociale qui paraissent légitimes et de choisir en conséquence les systèmes d'incitation et de contrôle qu'ils mettent en place.

RÉFÉRENCES

Aristote, *Éthique à Nicomaque*, Paris, Garnier, 1965.

Arvis, J.-F., et R. Berstein, *Implementing anticorruption programs in the private sector ; Lessons from East Asia*, Washington, The World Bank, 2002.

Banfield, E. C., *The Moral Basis of a Backward Society*, Glencoe (Illinois), The Free Press, 1958.

Bellah, R., et autres, *Habits of the Heart*, University of California Press, 1985.

Berstein, R., et J.-F. Arvis, « The World Bank », *Prem notes*, n° 66, avril 2002.

Besset (du), P., « Entretien », *Institutions européennes et finance*, n° 102, juillet 2002, reproduit dans *Problèmes économiques*, n° 2778, p. 16-19, 2 octobre 2002.

Bhagavad-Gita, traduction de A. C. Bhaktivedanta Swami Prabhupada, Éditions Bhakivedanta, 1975.

Daly, F., « The Ethics Dynamic », *Business and Society Review*, 102-103, 1998.

d'Iribarne, P., *La Logique de l'honneur*, Paris, Seuil, 1989.

d'Iribarne, P., « Éthiques d'entreprise et mondialisation », dans M. Canto-Sperber (dir.), *Dictionnaire d'éthique et de philosophie morale*, Paris, PUF, 2000.

d'Iribarne, P., « La légitimité de l'entreprise comme acteur éthique en France et aux États-Unis », *Revue française de gestion*, vol. 28, n° 140, p. 23-39, 2002.

d'Iribarne, P., *Le Tiers-Monde qui réussit*, Paris, Odile Jacob, 2003.

Franklin, F., *Advice to a young tradesman*, 1748.

Furet, F., *La Révolution*, Paris, Hachette, 1988.

Geertz, C., *Islam Observed ; Religious Development in Moroco and Indonesia*, Chicago, The University of Chicago Press, 1968.

Giraud, B., « L'entreprise confrontée à sa responsabilité sociale », *Le Journal de l'École de Paris du management*, juillet-août 2000.

Hamilton, A., J. Madison et J. Jay, *The Federalist or the New Constitution* (1787-1788), Londres, Everyman, 1996.

Henry, A., et autres, *Tontines et banques au Cameroun. Les principes de la Société des amis*, Paris, Karthala, 1991.

Herder, J. G., *Histoire et cultures ; une autre philosophie de l'histoire* (1774), Paris, Flammarion, 2000.

Kant, E., *Fondements de la métaphysique des mœurs* (1785), dans *Œuvres philosophiques*, Paris, Bibliothèque de la Pléiade, 1985.

Kessy, Z., *Culture africaine et gestion de l'entreprise moderne*, Abidjan, CEDA, 1998.

Labich, K., « The new crisis in business ethics », *Fortune*, April 20, 1992.

Manent, P., *La Cité de l'homme*, Paris, Fayard, 1994.

Montesquieu (de), C., *De l'esprit des lois*, 1747.

Peters, T., et R. Waterman Jr, *In Search of Excellence*, New York, Harper & Row, 1982.

Taine, H., *Les Origines de la France contemporaine* (1875), Paris, Bouquins, Robert Laffont, 1986.

Tocqueville (de), A., *De la démocratie en Amérique*, t. I (1835).

Tocqueville (de), A., *De la démocratie en Amérique*, t. II (1840).

Troeltsch, E., *Protestantisme et modernité* (1909, 1911, 1913), Paris, Gallimard, 1991.

Weber, M., *Les Sectes protestantes et l'esprit du capitalisme* (1920), dans *L'Éthique protestante et l'esprit du capitalisme*, Paris, Plon, 1964.

Weber, M., *L'Éthique protestante et l'esprit du capitalisme* (1905), Paris, Plon, 1964.

Partie III
PRATIQUES

CHAPITRE III.1

GESTION DES ÉQUIPES MULTICULTURELLES

Sylvie Chevrier[1]

INTRODUCTION

Parmi les tendances de fond qui conduisent les entreprises à se transformer, la mondialisation a eu pour effet d'élargir le champ d'action à l'échelle internationale. L'activité d'un nombre croissant d'organisations s'étend désormais bien au-delà des frontières du pays d'origine. Dans ce contexte mondialisé, les entreprises tissent des réseaux de sous-traitance, de partenariats et d'alliances leur permettant de concentrer leurs ressources sur le développement et la mise en œuvre de leurs savoir-faire fondamentaux et de trouver auprès d'autres organisations les ressources manquantes. Ces reconfigurations modifient le profil et le fonctionnement des équipes de travail. Désormais, les équipes rassemblant des personnes d'origines nationales, professionnelles ou d'entreprises différentes sont le cas général, les équipes homogènes étant l'exception. Or, la diversité culturelle appelle des adaptations de la part des membres de ces équipes et en particulier de leur responsable. C'est pourquoi la gestion des équipes multiculturelles constitue aujourd'hui un enjeu important pour les entreprises.

L'objet de ce chapitre est de présenter une synthèse des modes de fonctionnement et de gestion des équipes multiculturelles[2]. Dans la première

---

1. Sylvie Chevrier détient un doctorat en administration de l'Université du Québec à Montréal. Elle est maître de conférences à l'Université de Marne-la-Vallée. Ses intérêts de recherche portent sur le management des équipes interculturelles. Elle est auteur de plusieurs articles académiques et de livres, tels que *Le Management des équipes interculturelles* (PUF, 2000) ; *Le Management interculturel* (PUF, 2003).

2. Cette synthèse s'appuie essentiellement sur une série de travaux menés au sein de l'équipe de recherche Gestion et Société.

partie, nous montrerons la diversité de ces équipes et nous proposerons une typologie des grandes configurations d'équipes multiculturelles. En effet, on ne peut pas prétendre gérer toutes les équipes multiculturelles de la même manière sans considérer leurs multiples particularités non relatives à la culture. Dans la seconde partie, nous examinerons en quoi les différences de cultures affectent le travail collectif ; nous verrons ainsi qu'il faut aller au-delà des points de vue des membres des équipes pour saisir la complexité de la dynamique interculturelle. Enfin, dans la troisième partie, nous rendrons compte des moyens retenus dans les entreprises pour surmonter les barrières culturelles et permettre aux équipes d'améliorer leur efficacité.

LA DIVERSITÉ DES ÉQUIPES MULTICULTURELLES

Les équipes multiculturelles recouvrent une grande diversité de situations que l'on ne saurait aborder de manière uniforme. La diversité culturelle se greffe sur une multiplicité d'autres caractéristiques, que nous allons détailler dans la section suivante, et dont nous montrons qu'elles ont un effet sensible sur la dynamique interculturelle d'une équipe.

Caractéristiques des équipes multiculturelles

Les équipes diffèrent d'abord par leur projet. Certaines équipes internationales n'ont qu'une tâche de coordination visant à assurer la cohérence d'actions menées localement de façon séparée tandis que d'autres visent à produire un objet commun, à concevoir un nouveau produit par exemple. Dans le premier cas, une cohabitation de manières de faire différentes mais convergentes est possible ; dans le second, il est nécessaire de mettre en place un mode de fonctionnement partagé. Autrement dit, la nature de la tâche influence le degré d'intégration requis dans l'équipe.

Les équipes multiculturelles se distinguent par le profil des acteurs, certaines comprenant de multiples nationalités dans des proportions variables, d'autres deux nationalités également représentées, d'autres encore quelques participants étrangers noyés dans une majorité de participants issue d'une même culture. Par exemple, une équipe biculturelle est plus susceptible qu'un groupe très hétérogène de se polariser entre groupes aux perceptions mutuelles critiques. La composition de l'équipe renvoie également aux expériences de mobilité de ses membres. Certains, socialisés en divers lieux, ont accumulé une large expérience de diverses manières de fonctionner, tandis que d'autres découvrent parfois tardivement de nouvelles manières de faire ayant acquis l'essentiel de leur expérience dans un seul pays, voire une seule entreprise (voir le chapitre II.2). Même si la sensibilité aux différences ne conduit pas mécaniquement à l'adaptation interculturelle, elle en constitue un facteur favorable.

Les équipes se différencient encore par leurs modes d'interaction ; tandis que certaines collaborent quotidiennement face à face, d'autres se réunissent plus épisodiquement ou virtuellement au moyen des technologies de communication (réunions téléphoniques, visioconférences). La présence physique des partenaires favorise des adaptations mutuelles tandis que la distance tend à accroître les malentendus.

Certaines équipes sont stables et correspondent par exemple à un département dans une organisation internationale tandis que d'autres n'ont qu'une existence temporaire limitée par la durée de vie d'un projet. Plus la durée des interactions est longue, plus grandes sont les possibilités d'expérimentation et les chances d'apprentissage.

Enfin, les équipes évoluent dans un contexte institutionnel marqué par des clivages structurels, des jeux d'intérêts et de pouvoir qui ne manquent pas d'influencer leur fonctionnement. Par exemple, certaines équipes appartiennent à une seule entité tandis que d'autres sont constituées de représentants de différentes filiales ou organisations qui, en tant que tels sont porteurs d'intérêts éventuellement divergents. Lorsque les clivages institutionnels recouvrent les clivages culturels, une confusion tend à s'instaurer sur les causes des conflits. Ainsi des conflits organisationnels peuvent être lus comme des conflits culturels et réciproquement. Les conflits institutionnels se répercutent généralement sur les relations interculturelles. L'entreprise aéronautique européenne EADS a clairement illustré cette dynamique lorsqu'une crise liée au rendement de certains sites industriels et ayant de lourdes conséquences en matière d'emplois a suscité de fortes tensions entre partenaires français et allemands.

Les caractéristiques des équipes et la manière dont elles pèsent sur leur fonctionnement sont résumées dans le tableau III.1.1.

Tableau III.1.1

**RÉPERCUSSIONS DES CARACTÉRISTIQUES
SUR LA DYNAMIQUE DES ÉQUIPES**

	Caractéristiques des équipes	Répercussions sur la dynamique de l'équipe
Objet ou tâche	Coordination *versus* production commune	Degré d'intégration requis
Profil des acteurs	Nombre de cultures représentées Expériences de l'interculturel	Degré de diversité de l'équipe, polarisation éventuelle entre cultures les plus représentées Sensibilité aux différences
Modes d'interaction	Face à face ou à distance Fréquence	Degré de risque d'incompréhension et possibilités d'adaptations mutuelles
Durée	Permanente ou temporaire	Possibilités d'expérimentation et d'apprentissage
Contexte institutionnel	Homogénéité ou hétérogénéité des contextes des acteurs (par exemple, organisation, métiers, services)	Degré de convergence autour du projet Climat interculturel

Typologie des équipes multiculturelles

Au-delà de la singularité de chaque équipe qui résulte d'une combinaison particulière des variables que nous venons de recenser, nous pouvons distinguer quelques grandes configurations récurrentes. Celles-ci sont présentées de manière synthétique dans le tableau III.1.2.

L'équipe de coordination stratégique

Une première configuration correspond à une équipe de coordination stratégique entre des unités nationales différentes. Par exemple, au siège social régional, une équipe rassemble les dirigeants des filiales nationales d'une aire géographique donnée. Dans ce cas, la collaboration interculturelle signifie que des responsables d'entités autonomes s'assurent d'un minimum de cohérence de leurs actions. S'ils concourent éventuellement à l'atteinte d'un objectif commun (par exemple, un leadership régional de l'entreprise), ils ne sont pas engagés dans un projet commun nécessitant une étroite collaboration.

Tableau III.1.2
TYPOLOGIE DES ÉQUIPES MULTICULTURELLES

	Acteurs	Objet	Contexte institutionnel	Modes d'interaction	Durée	Illustration
Coordination stratégique	Représentants d'entités nationales	Assurer la cohérence des actions locales	Chaque membre défend ses intérêts	Concertation périodique	Permanente	Comité des directeurs de filiales européennes
Gestion d'unités mixtes	Deux groupes nationaux équilibrés	Gestion quotidienne des opérations	Les clivages nationaux recouvrent les clivages organisationnels	Coopération et compromis quotidiens pour définir des *modus vivendi*	Permanente	Gestion d'une alliance ou d'une coentreprise
Interactions siège social et filiales	Gestionnaires en position d'interface au siège et dans les filiales	Communication, mise en forme, traduction d'informations, de directives entre siège et filiale (à double sens)	Rapport siège/filiale : tension entre contrôle et autonomie	Interactions généralement à distance	Permanente	Responsable local de service en relation avec un homologue du siège
Projets de développement	Équipe avec nationalités multiples, entités et métiers multiples	Conception de nouveaux produits destinés à un marché international	Fortes contraintes de coûts, de délais et de résultats	Interactions étroites quotidiennes	Temporaire	Projets de conception et développement de nouveaux services
Équipe partageant le même métier	Nationalités multiples mais métier partagé	Collaboration d'experts du métier	Pouvoir fédérateur du métier	Alterne généralement réunions et travail à distance	Temporaire	Équipe de recherche
Service export	Nationaux en relation avec des clients « étrangers »	Négociation commerciale et élaboration de contrats internationaux	Rapport client/fournisseur	Rencontres physiques et travail à distance	Relation ponctuelle ou durable	Projets d'ingénierie sur le marché international
« Immergés » dans une équipe homogène	Équipe nationale avec de rares exceptions	Variable selon la nature de l'équipe	Organisation inscrite dans un environnement local	Mode de fonctionnement local	Variable	Un service d'une entité nationale comprenant un ou quelques étrangers

La coordination interculturelle tolère que chacun suive son chemin particulier ; des manières de faire locales différentes coexistent, chaque entité jouissant d'une certaine autonomie. À l'intérieur de ces équipes qui se réunissent de façon épisodique, les représentants des entités ont un rôle de représentation, de porte-parole et de défense des intérêts de leur entité.

La gestion d'unités mixtes

La seconde configuration s'inscrit dans des projets communs entre des organisations différentes ou renvoie à la gestion quotidienne d'une entité mixte. Les équipes mises en place lors de fusions, d'alliances (voir le chapitre III.3) ou d'entreprises conjointes internationales entrent dans cette catégorie.

Dans ce contexte, des équipes de gestionnaires provenant de deux organisations doivent s'accorder pour définir les priorités d'action et prendre des décisions. Les clivages de structures recoupent exactement les clivages de nationalités. La collaboration interculturelle est en même temps une collaboration interorganisationnelle ; l'enjeu est de se mettre d'accord sur des fonctionnements communs à partir des traditions de deux entreprises et de deux pays. Salk (1996) analyse une équipe de ce type à la suite de l'acquisition d'une entreprise allemande par une société japonaise et montre comment les gestionnaires mettent progressivement en place, souvent après des incidents, des règles de fonctionnement acceptées par les deux parties.

Le nombre d'unités mixtes est en croissance ; qu'elles aient été mises en place par choix ou par obligation, elles sont les fruits de la plupart des stratégies contemporaines d'internationalisation. Ainsi, jusqu'à récemment, les entreprises conjointes constituaient une forme d'organisation incontournable pour s'implanter en Chine.

Interactions siège social et filiales

Au cœur des relations entre les filiales et le siège social ou plus généralement entre un centre et des unités dispersées fonctionnent des équipes, chargées d'assurer les flux d'information entre les entités. Dans un sens, il s'agit de traduire les directives de politique générale en provenance du centre pour qu'elles soient applicables localement et, dans l'autre sens, il s'agit de faire remonter les données se rapportant à l'entité locale vers le siège. Ce travail d'interface, c'est-à-dire de collecte d'informations, de mise en forme, de traduction et de diffusion, incombe souvent à des professionnels du même métier. Par exemple, un responsable du contrôle de gestion d'une filiale est en relation permanente avec un contrôleur de gestion du siège social en charge de la consolidation des analyses au sein du groupe. Ces équipes, parfois réduites à un tandem, travaillent généralement à distance même si des déplacements physiques peuvent ponctuellement avoir lieu. Leur fonctionnement est marqué par un contexte de tension traditionnelle entre le siège social et les filiales, le premier cherchant à promouvoir la conformité à des normes fixées par le groupe, les secondes cherchant à aménager ces normes pour rendre compte de la spécificité du contexte local. Ces enjeux peuvent, comme nous l'avons suggéré précédemment, déteindre sur les perceptions mutuelles, les uns étant prompts à souligner l'indiscipline des autres et les autres, la rigidité des uns. Si ces critiques réciproques sont issues d'abord du contexte siège social – filiales, elles peuvent se greffer à des incompréhensions liées aux différences de cultures politiques, les uns et les autres ne partageant pas nécessairement la même vision de ce que rendre des comptes implique.

Les équipes de projets de développement de produits

Une quatrième configuration correspond à des équipes de développement et de lancement de produits. Lorsqu'un produit, et c'est de plus en plus fréquemment le cas, est appelé à être commercialisé sur un marché international, les entreprises constituent des équipes de projets formées de représentants des marchés de l'entreprise pour ce qui concerne la partie marketing et des spécialistes des métiers de conception répartis dans différentes unités.

Ici, les membres des équipes issus de diverses filiales appartiennent généralement à la même entreprise. Ils travaillent en amont à la création, à la conception, au développement et, en aval, à l'industrialisation, à la commercialisation et au service après-vente du produit. L'atteinte de ce but commun est fortement encadrée par des contraintes de délais et de coûts.

Ces équipes très hétérogènes, à la fois en matière de nationalités et de métiers, sont généralement chapeautées par une hiérarchie forte qui endosse la responsabilité de résultats évalués de manière précise. Marquées par une forte pression compte tenu des enjeux économiques de leur travail, elles sont traversées par de multiples tensions qui peuvent ou non épouser les découpages culturels.

Nous avons suivi le travail d'une telle équipe dans le secteur des télécommunications (Chevrier, 2000). Chargée de mettre au point une infrastructure de radio-téléphone avec un client-pilote australien, elle mobilisait des ingénieurs et des techniciens répartis dans plusieurs centres de développement situés en France, en Allemagne, en Italie et en Belgique.

Les équipes partageant le même métier

Ces équipes sont composées de personnes de différentes origines géographiques mais qui ont en commun le même métier. Les équipes internationales de recherche et développement en sont une illustration. Leur tâche est plus ou moins intégrée selon qu'il s'agit par exemple d'une équipe interne à un grand groupe avec des objectifs précis de recherche ou qu'il s'agit d'un consortium de plusieurs entreprises toutes motivées par l'obtention d'un financement externe pour la recherche, mais pas nécessairement mues par les mêmes visées scientifiques et à plus long terme commerciales. Dès lors, la collaboration interculturelle prend la forme tantôt d'un projet intégré, tantôt d'une addition de travaux relativement indépendants autour d'un thème commun.

Nous avons jusque-là présenté des équipes multiculturelles de cadres qui semblaient à l'avant-garde de la mondialisation des entreprises. Cependant, comme le suggère Tarrius (2006) la mondialisation s'opère également par le bas. Ainsi, des équipes multiculturelles sont constituées d'ouvriers immigrés comme celles que nous avons étudiées dans une entreprise de nettoyage industriel (Chevrier, 2005). Dans ces équipes peu qualifiées, le métier ne joue pas un rôle fédérateur central.

Le service export

Le service export est certainement le premier à avoir intégré la dimension internationale des affaires dans son fonctionnement en prenant en compte les attentes particulières des clients étrangers. Parler d'équipe à propos d'une relation « client-fournisseur » est sans doute quelque peu abusif, mais nous mentionnons cette configuration parce qu'elle renvoie à une situation interculturelle fréquente dans les organisations qui exige, comme les équipes classiques, de la coordination autour d'une action commune dans un contexte où les références qui donnent du sens à cette action ne sont pas nécessairement partagées.

La particularité de cette configuration est de mettre en présence des personnes appartenant à des organisations différentes dont une partie au moins des intérêts (ceux concernant le prix de la transaction) sont opposés. La relation interculturelle se noue autour d'une négociation commerciale ; or, comme le montre Jean-Claude Usunier (voir le chapitre II.3), les règles de la négociation sont loin d'être universelles. En particulier, le bon usage du contrat écrit varie d'un univers à l'autre, ce qui peut être source de conflits graves mettant ensuite à mal les perceptions réciproques des cocontractants.

L'équipe homogène et « l'immergé »

Mentionnons, pour terminer ce tour d'horizon des équipes multiculturelles, le cas de l'équipe essentiellement nationale dans laquelle se trouvent néanmoins un ou deux « étrangers ». Ce cas est différent de l'expatrié venu du siège social pour diriger une filiale dans la mesure où celui-ci occupe une position de pouvoir particulière dans l'équipe qu'il rejoint et où il sera aussi officiellement un vecteur de diffusion des pratiques du siège social. Dans le cas qui nous intéresse ici, l'étranger occupe une fonction au même titre que les autres membres de l'équipe et il est entièrement immergé dans la culture de l'entité d'accueil. Sa présence dans un autre univers culturel que celui où il est né s'explique plus souvent par un parcours personnel que par la décision d'un employeur. Par exemple, les mariages interculturels débouchent généralement sur l'immersion d'un des conjoints dans le pays de l'autre.

LES RÉPERCUSSIONS DES DIFFÉRENCES DE CULTURES SUR LES ÉQUIPES

Dans la typologie qui précède, nous avons implicitement associé la dimension internationale des équipes et leur caractère multiculturel. Cependant, on ne peut pas réduire l'interculturalité dans les entreprises à l'international. Les praticiens le savent bien, eux qui sont souvent prompts à mettre certaines des difficultés qu'ils vivent dans leurs équipes sur le compte des différences de cultures de métier ou d'entreprises. Nous articulerons donc dans cette section les volets de la diversité culturelle afin de compléter notre panorama des équipes multiculturelles. Nous verrons ensuite en quoi la diversité, qu'elle soit repérée ou ignorée par les acteurs, affecte le fonctionnement des équipes de travail.

Les dimensions de l'interculturel

Dans les entreprises, la diversité culturelle des équipes prend essentiellement trois formes : diversité de cultures d'entreprise, de cultures de métier et de cultures nationales.

La culture d'entreprise

Depuis les années 1980, une vaste littérature sociologique et managériale a mis en évidence la capacité des organisations à produire leurs propres règles, normes et valeurs. À titre d'exemple, Bonarelli (1994) décrit une organisation dont la culture est marquée par de nombreuses communications informelles, des décisions rapides sur la base de quelques principes clairs connus de tous. Il la compare à une autre entreprise à la culture plus formalisée qui exige nombre de rapports d'experts, communications formelles et réunions de multiples niveaux de hiérarchie pour qu'une décision soit tranchée. Dans la mesure où ces éléments sont partagés par l'ensemble du personnel, ils constituent un ciment organisationnel fluidifiant la communication, les interactions et plus généralement le travail collectif. Cependant, lorsque des personnes issues d'organisations différentes forment une équipe, comme dans le cas d'une fusion ou d'une acquisition, les règles, les valeurs et les normes ne sont plus partagées et les membres expérimentent de véritables chocs de culture qui remettent en question leurs manières habituelles de procéder. Les différences de cultures d'entreprise sont un premier niveau de rencontre interculturelle. Ainsi, la fusion en 2000 entre les groupes pétroliers TotalFina et Elf qui a conduit à l'intégration des équipes dans les métiers communs a mis en évidence les différences de cultures organisationnelles de ces entreprises, l'une étant encore très marquée par son histoire récente d'entreprise publique.

La culture de métier

Un autre registre interculturel est constitué par les différences entre les cultures de métier qui se déclinent elles-mêmes à deux niveaux : le secteur d'activité et la profession. En ce qui concerne le secteur, les entreprises ayant le même champ d'activité partagent certains savoirs, savoir-faire et représentations, notamment leur conception de l'environnement. Ainsi au sein d'un groupe de services de télécommunications français, nous avons constaté combien la coopération entre les acteurs des métiers du téléphone fixe, du téléphone mobile et d'Internet est affectée notamment par des différences d'approches du marché. La culture de la réactivité aux évolutions très rapides des technologies qui caractérise le monde d'Internet se heurte par exemple au monde plus formalisé du téléphone fixe.

Les cultures de métier se déclinent aussi à l'échelle des professions. Par exemple, les conflits récurrents dans les entreprises entre « commerçants » et « producteurs » ou entre « responsables des ressources humaines » et « financiers » résultent de conceptions différentes des priorités, du rapport aux objets, aux techniques, aux clients, aux personnes et au temps. En effet, l'apprentissage d'un métier comprend des aspects techniques et méthodologiques, mais aussi une socialisation qui véhicule des représentations et des valeurs professionnelles particulières. Par exemple, étudiant une équipe de projet dans l'automobile, Midler (1993) a montré que les représentants de différents métiers sont porteurs de préoccupations, de raisonnements, d'approches des problèmes et de langages différents. Les « doctrines de métier », sources de visions divergentes de l'objet à concevoir, empêchent la compréhension mutuelle, et le travail commun risque de se traduire par « une confrontation de monologues, qui durent jusqu'à ce que le temps du projet oblige à trancher » (Midler, 1993, p. 125).

Les cultures politiques

L'interculturel se manifeste encore au niveau international lorsque des porteurs de cultures politiques différentes se rencontrent. Au fur et à mesure de leur histoire, les nations ont développé des traditions particulières en matière de gouvernement des personnes. D'un lieu à un autre, les formes légitimes d'exercice de l'autorité ou les manières de s'accorder sur une action varient sensiblement (d'Iribarne, 1989).

Quand nous évoquons des formes légitimes de gouvernement dans un contexte donné, cela ne signifie pas que les pratiques observables en ce lieu soient toutes strictement conformes à ces formes légitimes. Cela signifie plutôt que les personnes socialisées dans ce contexte partagent cet idéal-type et jugent les pratiques concrètes à partir de cet idéal-type. Autrement dit, la culture politique constitue un cadre d'interprétation des pratiques de gestion qui ne sont autres que le gouvernement des personnes dans un contexte organisationnel et dans la perspective d'une œuvre collective. C'est à la lumière de sa culture politique qu'un salarié s'estime bien ou mal traité par un responsable hiérarchique, qu'il juge si les demandes qu'on lui adresse sont légitimes dans le fond et la forme, qu'il apprécie l'équité des contrôles auxquels il est soumis. Comme le rappelle Dupuis (chapitre I.2), chaque culture se caractérise par la manière dont elle combine dignité et hiérarchie.

À la suite d'Iribarne (1998), nous employons à dessein les termes de cultures politiques plutôt que ceux de cultures nationales. En effet, si le découpage national est pertinent dans le cas des vieux États-nations pour distinguer des cultures politiques suffisamment homogènes pour qu'elles aient un sens, l'uniformité nationale n'est pas toujours de mise. Le cas du Québec montre qu'un découpage régional ou provincial peut s'avérer plus pertinent que l'échelle nationale pour désigner des cultures politiques. Une culture politique se fonde sur le partage des mythes de fondation d'une société qui oriente justement les bonnes manières de vivre ensemble, ainsi que sur l'unité des institutions (éducation, justice en particulier) qui véhiculent aussi des représentations particulières du lien social.

Dans les équipes multiculturelles, ces différences de conceptions sont à l'origine d'incompréhensions et de perceptions mutuelles négatives sur lesquelles nous reviendrons plus loin.

L'articulation des niveaux de culture

Il convient d'ajouter que les différents volets de l'interculturel s'enchevêtrent. Ainsi, dans une équipe résultant de la fusion d'entreprises de deux pays peuvent se cumuler des différences de cultures d'entreprises, de cultures de métier et de cultures politiques liées aux origines nationales des membres. Il faut encore préciser que ces niveaux sont en interaction. Par exemple, les cultures politiques influencent la culture des entreprises d'un pays. Cela ne signifie pas que toutes les entreprises au sein d'un pays donné ont le même genre de culture mais que n'importe quelle culture d'entreprise n'est pas compatible avec une culture politique. Pour qu'une culture d'entreprise soit opérante et fédère les salariés, il est nécessaire que les règles, les principes et les normes qu'elle véhicule puissent prendre un sens positif à la lumière de la culture politique des individus. De même, une culture d'entreprise est susceptible d'influencer la culture de métier de ses membres. Les conceptions et les pratiques professionnelles attachées à l'exercice d'un métier peuvent différer d'une entreprise à une autre. Ainsi une opération de fusion entre deux grandes banques françaises a montré combien les représentations et les pratiques associées au métier de banquier pouvaient diverger.

Différences culturelles apparentes et cachées

Dans une équipe multiculturelle, un certain nombre de différences de comportements et de manières de faire ressortent rapidement aux yeux des participants.

Les comportements observables

Parmi ces comportements, les manières de communiquer figurent en bonne place. Ainsi certains participants prennent fréquemment la parole, y compris en interrompant les autres, tandis que ces derniers attendent scrupuleusement leur tour. Les uns n'hésitent pas à s'opposer vivement à un point de vue exprimé tandis que les autres ne se posent jamais en contradicteurs. Les uns parlent vivement, se passionnent et s'emportent tandis que les autres restent impassibles et s'expriment calmement.

Toujours sur le registre de la communication, les membres d'équipes internationales notent que certains établissent une frontière étanche entre leur vie privée et leur vie professionnelle tandis que d'autres s'épanchent volontiers sur des événements personnels au travail. Plus encore, ils commencent par discuter avec leurs collaborateurs d'aspects personnels avant d'aborder les questions professionnelles.

Ces différences de surface, aisément repérées par les acteurs, suscitent des réactions variées allant de l'agacement face à des comportements jugés inappropriés jusqu'à l'exotisme qui consiste à apprécier et à valoriser les comportements des autres. Par exemple, les uns s'offusquent de ne pouvoir terminer leur intervention sans être brutalement coupés dans leur élan tandis que d'autres jugent froids ces collègues qui leur téléphonent et entrent d'emblée dans le vif du sujet sans même poser une question rituelle pour s'enquérir de leur état. Réciproquement, certains apprécient la rigueur de la distribution des tours de parole et le strict respect de l'ordre du jour et déclarent devoir à leur tour se réadapter lorsqu'ils retournent travailler dans leur contexte national dans lequel leurs collègues n'hésitent pas à les interrompre. Entre ces deux extrêmes, la plupart des participants tolèrent les différences ou s'adaptent aux attitudes d'autrui. Si ces différences de pratiques provoquent au pire quelques frictions et au mieux de la curiosité, voire de l'amusement, elles ne posent guère de problèmes insurmontables pour travailler ensemble.

Les différences de conceptions culturelles

Derrière ces différences de surface se profilent des différences de représentation des manières légitimes de gouverner les personnes. Ces chocs de conceptions culturelles ne sont pas toujours recensés comme tels et, même lorsqu'ils le sont, ils soulèvent des difficultés plus sérieuses pour le fonctionnement collectif. Si chacun est susceptible de faire des efforts pour ne pas couper la parole, attendre son tour ou au contraire défendre vigoureusement son point de vue, il est plus difficile de renoncer à des conceptions fondamentales de ce que signifie s'accorder ou d'aborder sereinement une relation hiérarchique dans laquelle le comportement du chef est perçu comme incompatible avec le maintien de sa dignité. C'est à ce niveau que se jouent les principales difficultés interculturelles des équipes internationales.

Pour illustrer notre propos, nous nous appuierons sur les chocs culturels vécus au sein d'une équipe de projet franco-suédoise étudiée par d'Iribarne (1998). Chargée de concevoir un nouveau produit, cette équipe composée d'ingénieurs des deux nationalités est préoccupée par des divergences sur les choix techniques à faire mais aussi sur les manières mêmes de procéder à ces choix.

Côté français, la qualité de la décision se mesure à sa conformité à une rationalité technique. Il s'agit d'optimiser la solution retenue par rapport à des critères qui suscitent le débat entre experts. Dans ce débat, chacun défend vivement sa position en s'appuyant sur des arguments scientifiques, la véhémence du propos n'étant que la marque de la conviction du locuteur. Lorsque les experts s'affrontent sans issue, il est attendu qu'un chef, se situant au-dessus de la mêlée et garant d'une rationalité globale dépassant les rationalités locales, tranche la décision.

S'il s'avère qu'avec des études supplémentaires une solution satisfaisant mieux les critères techniques émerge, elle pourra se substituer à la précédente jugée objectivement moins performante. Côté suédois, la qualité de la décision se mesure à l'aune du consensus qu'elle suscite. Dès lors, au cours d'une discussion technique, il ne s'agit pas d'accumuler les arguments pour défendre fermement son point de vue, mais d'envisager quelles concessions doivent être faites de part et d'autre pour parvenir à un accord. De longues discussions mènent donc progressivement à un compromis qui, une fois qu'il est entériné par les participants, fait figure d'accord sacré et ne peut plus être remis en question.

La comparaison de ces deux idéaux-types des processus de décision éclaire les multiples malentendus au sein de l'équipe franco-suédoise. Les ingénieurs se distinguent d'abord par leur manière d'aborder la réunion, les uns ayant peaufiné leurs arguments et cherchant à les asséner pour convaincre leurs interlocuteurs, les autres écoutant poliment les points de vue dans la perspective d'un compromis. Rapidement, les uns font des concessions sans obtenir de contreparties de leurs homologues qui ne jouent pas avec les mêmes règles du jeu implicites. Le déséquilibre est vécu avec frustration par la partie suédoise tandis que la partie française a le sentiment de l'emporter à force d'arguments solides. L'incompréhension culmine lorsque des responsables français changent une décision arrêtée en réunion, convaincus d'avoir trouvé une meilleure décision sur le plan technique. La partie suédoise se sent trahie par la remise en cause d'une décision collective obtenue à la suite de longues négociations. La partie française juge bornées les réactions de refus d'une solution qui présente à leurs yeux des avantages techniques indéniables.

Ces conceptions divergentes de la décision vont de pair avec des conceptions différentes de la relation hiérarchique. Côté français, le chef n'est pas nécessairement présent dans les débats, mais il participe aux choix techniques en essayant de garantir la rationalité de l'ensemble du projet. Il jouit d'un rôle d'arbitre et du pouvoir de prendre les décisions. Son statut est à la mesure de son pouvoir. Côté suédois, le chef n'a pas essentiellement de rôle technique, il est chargé de favoriser le consensus, de distribuer les tours de parole, d'écouter et de mettre l'équipe sur la voie des compromis. Il ne saurait revenir sur une décision prise par son équipe. Il a un rôle fonctionnel de chef, mais ne se distingue visiblement de ses collaborateurs ni par un statut particulier ni par le bénéfice de quelconques privilèges.

Ces conceptions divergentes sont aussi à l'origine d'incompréhensions et de perceptions mutuelles négatives. Par exemple, les Suédois perçoivent les chefs français comme des autocrates qui imposent leurs points de vue à leurs subordonnés sans saisir que les collaborateurs français qui se plient à une décision tranchée par la hiérarchie n'en gardent pas moins leur autonomie de pensée et leur regard critique. Réciproquement, les ingénieurs français ne comprennent pas la contribution des chefs suédois puisque ces derniers ne s'engagent pas dans la technique. À leurs yeux, ils n'ont aucune valeur ajoutée car leur rôle de gestionnaire et de faiseur de paix dans une équipe qui doit s'acheminer vers un consensus n'est pas perçu.

Cet exemple montre les répercussions des différences de conceptions culturelles à la fois sur l'efficacité de l'équipe et sur les perceptions mutuelles des membres. Du point de vue opérationnel, il est difficile de s'accorder sur un choix dès lors que l'on ne partage pas la même idée de ce que signifie s'accorder. Du point de vue du climat de collaboration, il est difficile de travailler ensemble lorsque les uns jugent que les autres outrepassent leurs prérogatives en imposant une décision non discutée collectivement et que les autres jugent les uns incompétents parce qu'ils ne s'engagent pas dans les débats techniques attendus.

Les différences de culture dans le contexte organisationnel

Une équipe multiculturelle, nous l'avons vu dans la première section, s'inscrit dans un contexte organisationnel et l'on ne peut se contenter de « gérer » sa dimension interculturelle sans égard pour ses autres caractéristiques.

De manière générale, il est important de saisir dans quelle mesure les clivages culturels au sein d'une équipe coïncident avec des clivages d'un autre ordre, en particulier des disparités dans la répartition des pouvoirs ou des divergences d'intérêts. Par exemple, dans une équipe de gestion mixte, les frontières culturelles et organisationnelles coïncident, tandis que, dans une équipe homogène avec quelques immergés, les différences culturelles ne recoupent pas nécessairement d'autres clivages. Lorsque les clivages culturels, organisationnels, structurels et politiques se recoupent, les conflits de fond tendent à se prolonger par des perceptions interculturelles négatives.

Par exemple, lors d'un projet de conception d'un nouveau produit entre plusieurs filiales d'un même groupe industriel, la filiale allemande et la filiale française, qui étaient avant une acquisition récente deux entreprises différentes, avaient chacune mis au point leur propre méthodologie de développement. Pour ce projet commun, il était nécessaire d'adopter une méthodologie commune. Changer de méthodologie était objectivement coûteux car cela impliquait des investissements en matière d'acquisition de logiciels et de savoir-faire des utilisateurs. Le conflit d'intérêts s'est alors prolongé par des jugements mutuels négatifs. Plus encore, le différend s'est déplacé de la sphère du conflit d'intérêt vers la sphère des différences de culture. Ainsi, un interlocuteur de la partie française a déclaré : « Les Allemands ne sont pas très souples, pas très autonomes, ils se raccrochent à la hiérarchie, à ce qu'ils ont déjà fait. » Ce jugement présente la résistance à la méthodologie française, qui peut être lue comme une réaction de défense de ses intérêts bien compris, comme le fruit d'une supposée rigidité culturelle. Le stéréotype qui disqualifie l'autre en le décrivant comme rigide, borné et dépendant, évacue les conflits de fond.

Plus généralement, les situations de compétition peuvent donner lieu à la manipulation d'identités culturelles pour servir les intérêts des protagonistes. Shérif (1971) a ainsi montré qu'un conflit entre deux groupes active chez l'individu un sentiment d'identification avec son groupe et le développement de préjugés, d'attitudes discriminatoires et hostiles à l'encontre des autres groupes. Autrement dit, si l'on ne parvient pas à s'entendre, ce n'est pas parce que les intérêts d'un groupe ne peuvent être satisfaits qu'au détriment des intérêts des autres parties, mais parce que les autres, de par leurs caractéristiques culturelles intrinsèques, sont inaptes à agir convenablement.

Dans d'autres circonstances, ce sont des autostéréotypes, c'est-à-dire des stéréotypes sur soi-même, qui sont utilisés pour habiller des conflits d'intérêts et de pouvoirs. Ainsi, lors d'une prise de contrôle d'une entreprise française de services par un groupe américain, les salariés français invoquent les spécificités culturelles et institutionnelles du « service public à la française » pour signifier que le champ de compétences de l'acquéreur étranger s'arrête aux frontières et conserver ainsi une plus grande autonomie de décision. Il s'agit ici de défendre ses intérêts stratégiques sous le couvert de la préservation de spécificités culturelles inaliénables. La revendication d'une identité culturelle propre apparaît comme un argument plus légitime que la sauvegarde de prérogatives dont les bénéficiaires ne veulent pas cesser de jouir.

Lorsque les clivages culturels s'opposent à d'autres clivages, la culture est parfois instrumentalisée par les groupes en présence et sert de masque aux jeux d'intérêts. Cela n'empêche pas que de réelles différences de conceptions culturelles soient aussi à l'œuvre dans les interactions, rendant, comme nous l'avons vu précédemment, la collaboration difficile. Derrière l'alibi culturel se jouent sans doute de réels chocs de représentations culturelles qui ne sont pas reconnus comme tels.

Les répercussions des différences culturelles sur le travail en équipe sont donc complexes et tendent à être sous-estimées. En effet, les acteurs repèrent des différences évidentes qui ne semblent pas rédhibitoires pour la collaboration et attribuent les malentendus liés aux différences de conceptions culturelles à d'autres sources de difficultés (par exemple des problèmes de compétences ou de personnalités), ce qui les incite à minimiser les conséquences des différences. D'autre part, lorsque la culture est explicitement stigmatisée ou mobilisée par les acteurs, elle peut n'être que l'habillage légitime de conflits d'intérêts qui restent voilés, ce qui tend encore à discréditer son rôle dans les difficultés de collaboration interculturelle. Pourtant, comme le montrent les incompréhensions réciproques dans le projet franco-suédois évoqué plus haut, les différences culturelles sont à l'origine de dysfonctionnements d'équipe qu'il convient de gérer (encadré III.1.1).

Encadré III.1.1

LES ÉQUIPES MULTICULTURELLES : ENTRE CRÉATIVITÉ ET CONFLITS ?

Les équipes multiculturelles sont souvent associées à une forte créativité du fait de la réunion d'une diversité de points de vue ainsi qu'à un climat conflictuel pour les mêmes raisons. Adler (1987) a été l'une des premières personnes à formaliser ainsi les avantages et les inconvénients des équipes multiculturelles recensant d'une part des capacités d'innovation accrues et d'autre part un manque de cohésion lié à de la méfiance, des incompréhensions et du stress. Selon l'auteur, c'est la manière de gérer les différences qui conduit à une dynamique créatrice et productive ou à la paralysie pour cause d'incapacité à prendre une décision commune. En outre, cela signifierait que les équipes multiculturelles sont plus adaptées aux phases en amont des projets lorsqu'il s'agit de produire des idées nouvelles qu'aux phases en aval, lorsqu'il s'agit de faire converger les acteurs autour d'une solution et de sa mise en œuvre.

En matière d'efficacité, les recherches récentes montrent que le travail en équipes multiculturelles peut conduire à une convergence progressive et un ajustement mutuel efficace. Les acteurs empruntent pour le fonctionnement collectif ce qu'ils perçoivent comme le meilleur des manières de faire de chacun, et en cela ils innovent, au moins dans leurs processus de travail (Piron, 1998). Le travail interculturel peut aussi déboucher sur une spirale d'incompréhensions et de conflits, comme lorsque les gestes de bonne volonté des uns sont interprétés comme de l'hostilité à travers la grille de lecture des autres (Yousfi, 2006). La compréhension mutuelle ne se développe pas mécaniquement avec la fréquence des interactions, elle est favorisée par un éclairage explicite des différences culturelles permettant de donner un sens aux observations des acteurs et la légitimité aux comportements des autres.

Cependant, si les membres des équipes multiculturelles disent apprendre beaucoup et apprécient cet enrichissement personnel et professionnel, peu jugent l'efficacité d'une équipe interculturelle meilleure que celle d'une équipe plus homogène. Par exemple, les membres anglo-saxons reprochent à ces équipes la lourdeur et la durée des discussions pour parvenir à s'accorder. Centrés sur l'action et les résultats, ils estiment le coût de la convergence bien lourd. Les membres français pour leur part regrettent souvent des solutions de compromis qui s'opposent à des solutions optimisées et cohérentes. En outre, les difficultés de communication éprouvées par ceux qui sont peu à l'aise hors de leur langue maternelle leur donnent le sentiment que les débats sont « tirés vers le bas », les points de vue ne pouvant pas être formulés avec toute leur finesse.

Si la dimension interculturelle est généralement source d'apprentissages et d'innovations dans les manières de travailler, il n'est pas clairement établi qu'elle soit source d'une innovation accrue dans ses productions. Cependant, comme nous l'avons souligné précédemment, la dimension interculturelle ne peut pas être considérée isolément des autres facteurs influençant la dynamique d'une équipe. Ainsi, une équipe de projet multiculturelle pourra être plus innovante qu'une équipe nationale parce qu'elle draine davantage de compétences. La motivation qui préside à la mise en place d'équipes multiculturelles est bien souvent la recherche de synergies entre différentes entités d'un groupe et l'élargissement du bassin de recrutement des membres permet de rassembler davantage de talents, ce qui permet des innovations qui ne sont pas directement liées à la dimension interculturelle.

Comment gérer les équipes multiculturelles ?

Dans les équipes multiculturelles, la gestion de la diversité vise à concilier l'exigence éthique du respect des différences et l'obligation d'atteindre une efficacité économique. Elle s'appuie sur plusieurs manières de s'accommoder des différences culturelles que nous présentons successivement. Nous précisons, pour chacune, en quoi elle consiste, quels sont ses effets (sur le climat de collaboration et l'efficacité des équipes) et quelles en sont les limites (les difficultés laissées irrésolues).

Compter sur la tolérance et l'adaptation spontanée des individus

Jusqu'à une époque récente, la manière la plus fréquente de gérer les équipes internationales consistait encore à ne pas prêter d'attention particulière aux cultures, se contentant de laisser les équipes seules aux prises avec leur diversité.

Des raisons à la fois théoriques et pratiques peuvent être avancées pour comprendre cet état de fait. D'une part, les théories de la gestion se veulent implicitement ou explicitement universelles, étant elles-mêmes nourries de théories économiques fondées sur la recherche rationnelle par chacun de son intérêt, un comportement supposé transcender les particularismes culturels. Les responsables d'entreprises adhèrent volontiers à ce postulat à l'image de Jack Welch, ancien président de General Electric et initiateur de nombreuses acquisitions internationales, qui affirmait ne pas se préoccuper des cultures, mais compter sur de bons plans d'actionnariat des salariés pour les rapprocher (Barre, 2000). Les théories de la convergence qui postulent l'existence d'un puissant mouvement d'uniformisation des cultures incitent également à négliger ces variables résiduelles en voie d'extinction. En gestion, ces théories se traduisent notamment par l'étalonnage et son corollaire, la diffusion d'un établissement à l'autre des « meilleures pratiques ». La persistance de la croyance en un « one best way » a-culturel et a-historique pourtant mise à mal dès les années 1950 par les théories de la contingence encourage les dirigeants à ne pas tenir compte des questions de culture. Ajoutons enfin que les études de gestion comparée qui soulignent la nécessité d'adapter les méthodes de gestion au contexte culturel des entreprises (Hofstede, 1980 ; d'Iribarne, 1989) ne fournissent guère de clés pour conduire concrètement les processus d'adaptations nécessaires en situation interculturelle.

L'absence de gestion des différences culturelles aboutit généralement à la coexistence plus ou moins pacifique d'interprétations et de pratiques hétérogènes, qu'il s'agisse de méthodes de travail, de modes d'exercice de l'autorité, de comportements de communication, etc. Dans les équipes internationales soumises à de faibles pressions vers l'intégration, les participants s'accommodent de l'hétérogénéité même si elle est à l'origine de petites frustrations. Cependant, dans les équipes internationales où de fortes pressions vers l'intégration sont exercées et où la coexistence de manières de faire différentes n'est pas envisageable, l'impératif de production et la pression des délais imposent que l'on retienne une méthode, un mode d'organisation, une solution technique et, par conséquent, que l'on élabore un compromis. Que l'intégration soit requise ou non, l'absence de gestion institutionnelle des cultures en présence signifie que l'entreprise compte sur l'ouverture et la retenue de son personnel, soit pour tolérer des usages et des comportements différents, soit pour accepter les concessions nécessaires au fonctionnement de l'équipe. Concrètement, l'ouverture signifie par exemple que des participants renoncent à des façons de faire avec lesquelles ils étaient familiers pour en adopter de nouvelles. La tolérance implique que l'on prenne sur soi pour accepter des manières de faire que l'on rejetterait spontanément. Ainsi, des Allemands nous ont confié qu'ils n'accepteraient pas que d'autres Allemands arrivent non préparés à des réunions, mais qu'ils le toléraient des Français ; même s'ils en sont irrités, ils se retiennent pour ne pas provoquer de conflits.

Dans cette approche individuelle de la gestion interculturelle, le bon fonctionnement d'une équipe est tributaire des qualités personnelles de ses membres, à savoir « être ouvert », « prendre sur soi », être « patient ». Cette approche minimaliste peut être qualifiée de stratégie lorsque les gestionnaires d'équipes internationales revendiquent l'absence de gestion interculturelle au nom par exemple de l'équité de traitement (« je ne veux pas faire de différences dans la manière de traiter les gens ») et appellent explicitement leurs collaborateurs à faire preuve de souplesse et de capacités d'adaptation. Les participants sont prêts à faire montre de ces qualités parce qu'ils s'inscrivent dans l'une ou l'autre des perspectives suivantes. Soit ils tendent à minimiser les différences culturelles, insistant plutôt sur ce qui rapproche les membres de l'équipe et sur le caractère modeste des adaptations nécessaires. Soit ils soulignent l'importance des différences culturelles et adoptent une attitude d'exotisme qui, nous l'avons vu, les conduit à systématiquement valoriser la culture des autres. Dès lors, les efforts d'ouverture sont conçus comme la juste contrepartie de l'occasion d'enrichissement personnel offerte par le contact avec d'autres cultures.

Dans une équipe homogène qui doit son caractère interculturel à la présence d'un ou de quelques « immergés », la collaboration repose essentiellement sur l'adaptation unilatérale de ces derniers, qui ont clairement la charge de l'ajustement. Pour les autres membres de l'équipe, la gestion des opérations quotidiennes se poursuit dans un entre-soi rarement modifié par la présence d'un étranger. Tout au plus celui-ci explique sur un registre informel des manières différentes de faire dans sa culture d'origine, manières qui sont perçues comme un intéressant folklore par les autres membres qui ne changeront pas pour autant leur propre comportement vis-à-vis de l'immergé.

De manière générale, c'est à l'individu minoritaire qu'incombe l'adaptation, mais il faut noter l'exception de l'adaptation linguistique qui consiste parfois à s'adapter à un seul membre qui ne parle pas la langue locale en demandant à l'ensemble d'une équipe de s'exprimer en anglais. Cependant, dans un tel contexte, l'immergé n'a accès qu'aux communications formelles, les communications informelles se déroulant dans la langue locale et, même si l'anglais permet une communication fonctionnelle pour l'exécution du travail, la langue locale demeure un puissant facteur d'exclusion de l'immergé.

Les bonnes dispositions des individus face à ceux qui sont porteurs d'autres références ne constituent qu'une toile de fond pour faire des ajustements interculturels efficaces. Ces changements sont rendus possibles par la relative malléabilité des comportements individuels. En effet, si l'univers de sens auquel chacun recourt oriente sa conduite, il ne détermine pas ses comportements de manière univoque dans une situation donnée ; un contexte d'interprétation n'est pas un répertoire fini de conduites. Ainsi, face à une même situation et en utilisant les mêmes grilles de lecture, les individus peuvent utiliser leur marge de manœuvre et agir très différemment. Certains peuvent même adopter, en toute connaissance de cause, une conduite qui les fera considérer comme « déviants » par les autres membres de leur communauté culturelle. Cette malléabilité des personnes par rapport à un cadre culturel et à des pratiques usuelles est nommée oscillation par Demorgon (1996). L'oscillation que l'on observe même au sein d'un groupe culturel uniforme permet en situation interculturelle l'adaptation aux autres, l'apprentissage interculturel, voire l'acculturation.

Qu'elle soit une approche par défaut de l'interculturel ou une stratégie volontairement adoptée par souci d'équité, une gestion des différences qui repose exclusivement sur les participants sans accompagnement institutionnel présente des limites en matière de climat de collaboration, d'efficacité des équipes et de satisfaction des individus.

En ce qui concerne le climat de collaboration, l'idéologie cosmopolite de tolérance aux autres qui baigne ces équipes invite à la « courtoisie interculturelle » qui inhibe l'expression publique des préjugés. Les participants ne sont pas non plus en mesure de reconnaître les difficultés à collaborer car cela sonnerait comme autant d'aveux d'incompétence professionnelle ou de manque d'ouverture. Dès lors, le travail en commun est marqué par des tensions et des conflits qui restent latents, faute de pouvoir être légitimement exprimés.

Pour ce qui est de l'efficacité des équipes, précisons que les changements individuels ne se font pas toujours de bon gré et que les solutions en cas de désaccord font souvent défaut lorsque l'on compte sur la seule bonne volonté des membres. D'une part, en l'absence de compréhension de ce qui pose problème, il n'est pas aisé de progresser vers une solution commune. D'autre part, les problèmes interculturels ne sont pas réductibles à quelques malentendus superficiels ; lorsqu'une grille de lecture rend légitime une manière de se comporter qui relève de l'indécence selon un autre contexte d'interprétation, le choc culturel est frontal. La tolérance ne permet plus de surmonter le réflexe ethnocentrique qui conduit à réprouver ce qui diffère. En outre, comme le montre Philippe Pierre (chapitre II.2) la multiplication des expériences de mobilité internationale n'augmente pas nécessairement les capacités d'adaptation à l'altérité.

Quant au vécu des membres d'équipes internationales, il est partagé de manière plus ou moins équilibrée selon les individus entre la satisfaction et la frustration. L'enrichissement personnel issu de la découverte de l'altérité va de pair avec la souffrance liée à l'épreuve qui consiste à voir sans cesse mis en question par la confrontation ses façons de faire et ses repères. Les frustrations accumulées du fait de l'autocensure qui s'exerce pendant le travail commun se dévoilent lors des pauses ou dans des apartés entre nationaux qui jouent le rôle de soupape de décompression. S'y expriment alors plus ou moins crûment les jugements négatifs refoulés sur les autres. Ces moments de relâchements entre soi contribuent à évacuer les tensions créées par le souci permanent d'autocontrôle pour éviter les propos publics malheureux et par les efforts fournis pour s'adapter et changer ses manières de faire. Soulignons encore que les pressions exercées sur les équipes en vue de leur efficacité obligent à des solutions de compromis qui ne sont pas nécessairement bien acceptées par les participants. Certains conçoivent les inévitables concessions comme autant de regrettables renoncements à de meilleures options. Finalement, il leur apparaît que les processus d'adaptation entraînent un surcroît de temps de négociation et une moins grande efficacité du fait d'un nivellement par le bas des solutions retenues.

Encourager l'adaptation interindividuelle par le développement de la convivialité

En pratique, l'adaptation mutuelle entre individus résulte d'un processus itératif d'essais et erreurs. À force de travailler ensemble, les participants apprennent à connaître ce que leurs partenaires accueillent positivement, ce qu'ils se résignent à accepter et ce qui leur est intolérable, mais sans nécessairement discerner les ressorts profonds de leur assentiment ou de leur refus. Les compromis établis avec le temps constituent une adaptation aux autres sans distinction de ce qui relèverait de leur personnalité ou de leur culture nationale, régionale, ethnique, sexuelle, d'entreprise, de métier, toutes éventuellement à l'œuvre dans une équipe composite (Sackmann, Phillips et Goodman, 1999).

Les responsables d'équipes interculturelles peuvent stimuler ce processus d'adaptations de gré à gré en prenant des dispositions pour favoriser un climat de convivialité propice au développement d'une bonne connaissance mutuelle des partenaires. L'organisation d'événements sociaux hors du cadre strict du travail participe à l'établissement de relations de complicité, voire d'amitié, entre les membres des équipes. Un ingénieur membre d'un consortium européen dans lequel des dîners en commun sont régulièrement organisés nous confiait ainsi que plusieurs années de collaboration avaient permis « la connaissance des gens ». « Les relations sont détendues, poursuit-il, on se connaît très bien, il y a des amis. Le travail est beaucoup plus facile, les réunions sont meilleures, le travail commun est bon. Nous n'avons pas de réticences à décrocher le téléphone pour nous appeler. » Un autre membre de la même équipe ajoute : « On est formel dans l'organisation, mais les réunions sont décontractées. Les relations entre les personnes sont informelles, amicales, on parle à tout le monde même hors de son groupe de travail. On se mélange souvent. »

L'enjeu pour les responsables d'équipes est de transformer le travail interculturel en rencontres interpersonnelles plus favorables à la compréhension mutuelle qu'une présentation didactique d'un univers étranger abstrait. Les relations chaleureuses et les liens d'amitié qui se nouent entre les participants permettent de dissiper la méfiance initiale et rendent plus aisé le travail collectif. Cette stratégie de gestion interculturelle débouche sur la mise en place progressive de routines et de conduites fonctionnelles.

Une des limites de cette approche est le temps nécessaire pour que les participants se connaissent et que cette démarche itérative aboutisse à des compromis efficaces. Cependant, les travaux sur la dynamique des groupes montrent que toute équipe a besoin de temps pour parvenir à l'efficacité. Plus fondamentalement, la stratégie de la convivialité et des processus d'essais et erreurs se heurte à la fragilité des adaptations interpersonnelles. D'abord, la dynamique de compréhension et d'adaptations mutuelles n'est pas automatique, au contraire, la confrontation peut s'accompagner d'un renforcement des stéréotypes négatifs, en particulier si des contentieux profonds existent à propos du travail commun. Les bonnes relations entre les individus ne suffisent pas nécessairement à faire concorder les lectures divergentes d'une situation donnée et à dénouer l'objet d'éventuels conflits de fond. De plus, lorsque les interlocuteurs changent, ce qui est fréquent dans des équipes de projet de longue durée, ou lorsque les circonstances évoluent, le *modus vivendi* qui avait été patiemment construit devient caduc. Le renouvellement continu des situations concrètes de travail limite la portée des arrangements interpersonnels locaux.

Capitaliser sur des cultures transnationales communes

Convaincus que le succès d'une équipe interculturelle ne saurait être attribuable uniquement aux qualités et aux bonnes dispositions de ses membres, des responsables d'équipes internationales mettent en place une gestion institutionnelle des différences. En l'absence de références communes issues d'une même culture politique, ils misent sur d'autres cultures, transnationales, pour fédérer leurs équipes. Certains tirent parti des cultures techniques bâties autour d'un substrat matériel commun pour suppléer en partie au manque de repères encadrant les manières de travailler. D'autres contribuent au développement d'une culture d'entreprise visant à homogénéiser les pratiques et à aplanir les différences.

Dans des projets à fort contenu technique comme les projets de recherche ou de développement de produits, une culture de métier commune est susceptible de favoriser le travail collectif. Précisément, la culture professionnelle agit comme un catalyseur d'échanges en fournissant plusieurs conditions propices à la communication, notamment un contenu et un moyen de l'exprimer. Pour ce qui est du contenu, l'appartenance à une même communauté professionnelle signifie le partage de certains sujets d'intérêt, de connaissances et de savoir-faire fondamentaux. Quant au moyen d'expression de ce contenu, il s'agit du langage technique professionnel. Par exemple, dans l'une des équipes que nous avons étudiées, les spécialistes de questions pointues dans le domaine informatique communiquent au sujet de préoccupations partagées par-delà les frontières grâce à des références et à un jargon technique anglais connus de tous :

La technique dans son détail est quelque chose de très compliqué et les gens maîtrisent chacun des petits bouts. Mais, vu de loin, on vient tous du génie logiciel appliqué aux télécoms. Dans ce domaine, les gens ont un langage commun, on se comprend et on connaît des techniques communes.

Un ingénieur d'une autre équipe ajoute : « Le plus important, c'est le cursus des individus. Si une personne a fait des études techniques supérieures à Lille et l'autre des études techniques supérieures à Stuttgart, elles sont plus proches qu'un Français philosophe et un technicien français. » La coordination interculturelle passe ici par la standardisation des qualifications (Mintzberg, 1982). La confrontation quotidienne avec des objets techniques suscite le développement de compétences professionnelles, mais également la construction de représentations particulières et la structuration de l'espace mental des membres de la communauté de métier. Dès lors, ces derniers partagent un univers de sens susceptible de transcender les frontières nationales au point qu'un responsable de projet évoque des « équipes fusionnelles autour d'objectifs projets permettant d'ignorer les cultures ».

Cependant, la concentration des énergies sur l'obtention de résultats techniques concrets suffit-elle à évacuer les incompréhensions liées aux différences de cultures politiques ? Sans nier le rôle fédérateur de la culture de métier, il convient d'en reconnaître les limites. D'abord, le champ d'application de cette stratégie de gestion interculturelle est restreint, toutes les équipes internationales ne sont pas rassemblées autour d'une même culture professionnelle, même si l'objet du travail commun a un fort contenu technique. La plupart des projets de développement de produits, et c'est là l'un de leurs intérêts, regroupent des métiers différents et le noyau commun se réduit alors au secteur d'activité à l'intérieur duquel l'hétérogénéité est grande. Ainsi, déclare un ingénieur engagé dans un projet de recherche, « on peut reconnaître si quelqu'un vient du génie logiciel ou des télécoms à ce qu'il fait, à ses centres d'intérêts. Il y en a qui s'intéressent toujours aux langages, d'autres aux services concrets ». Quant au vocabulaire technique, il semble que son sens varie sensiblement d'une spécialité à l'autre. Des termes comme « configuration » ou « service » nous ont été cités comme sources de malentendus entre informaticiens et spécialistes des télécoms.

Ensuite, même lorsque le métier est commun, des incompréhensions interculturelles subsistent. Les équipes internationales d'astronautes en ont fait l'expérience. S'ils parviennent à surmonter les difficultés dans les missions de courte durée en se référant à un métier partagé, les missions plus longues révèlent que les incompréhensions interculturelles sont indépassables par la seule culture technique commune. En effet, comme nous l'avons vu dans la section 1, cultures de métiers et cultures politiques ne forment pas des systèmes de sens disjoints. Par exemple, nous avons montré (Chevrier, 1998) que les conceptions de la qualité d'un produit aussi technique qu'une sous-station électrique sont étroitement liées à des conceptions des rapports de travail. Autrement dit, les cultures politiques influencent les cultures de métier dans la mesure où le travail, tout technique qu'il fut, implique des interactions sociales. En outre, les représentations identitaires associées aux différents métiers (statut social, lieu d'appartenance) ne sont pas non plus partagées par-delà les frontières, comme l'ont montré Lasserre (1989), Grelon (1998) et Sorge (1998) à propos des ingénieurs. Ainsi, tandis que les ingénieurs français s'identifient d'abord à leur école d'origine et à l'élite, les ingénieurs allemands se définissent plus volontiers par leur appartenance à une entreprise et les ingénieurs américains trouvent dans leur ordre professionnel un de leurs principaux marqueurs d'identité.

Lorsque la culture de métier fait défaut, les gestionnaires d'équipes internationales peuvent espérer qu'une culture d'entreprise unificatrice transcende les différences nationales. Deux grands types de situations peuvent alors être distingués : soit l'équipe internationale, à l'image d'un projet intraentreprise, bénéficie d'une culture d'entreprise bien instituée, soit la culture organisationnelle commune est à construire, qu'il s'agisse d'équipes résultant de fusions-acquisitions ou de projets interentreprises dont la durée de vie est suffisamment longue.

Lorsqu'une culture d'entreprise commune forte préexiste à l'équipe, la coopération interculturelle ne s'opère pas par des arrangements de gré à gré, mais par la convergence de tous les membres vers des normes institutionnelles partagées. À un premier niveau, la culture d'entreprise facilite le travail commun en assurant une fonction de sécurisation à travers la prescription de rituels. Cette ritualisation du contact entre étrangers neutralise au moins partiellement l'agressivité potentielle que recèle tout choc de cultures. À un second niveau, la culture d'entreprise fournit un cadre de travail et des méthodes communes qui améliorent l'efficacité collective. Elle réalise l'intégration culturelle en véhiculant un répertoire de procédures et de conduites prescrites dans telle ou telle situation de la vie des affaires, c'est-à-dire en opérant une sorte de standardisation des procédés pour reprendre la typologie des mécanismes de coordination de Mintzberg (1982). Ainsi les grands cabinets de conseil internationaux diffusent auprès de l'ensemble de leurs salariés des manuels de méthodologie qui décrivent comment mener une mission depuis le premier contact avec le client jusqu'à la fin du contrat. L'uniformité des pratiques institutionnelles aide chaque consultant à être opérationnel dans toute équipe de l'entreprise, où qu'elle soit située.

Lorsque l'équipe internationale est composée de personnes issues d'institutions diverses, en particulier dans le cas des fusions, le développement d'une culture commune constitue un véritable enjeu. Comme Sainsaulieu (1977) l'a montré, l'entreprise est un foyer de production culturelle ; les rapports de travail qui s'y nouent façonnent les représentations collectives. Dès lors, les dirigeants d'équipes mixtes s'efforcent de créer une culture unifiée en homogénéisant les systèmes de décision et d'évaluation des personnes ainsi qu'en diffusant des valeurs communes (priorités commerciales, techniques, financières, entre autres). Idéalement, un leader charismatique soudera l'équipe et l'associera à des événements à forte portée symbolique.

Toutefois, si les dirigeants jouent un rôle essentiel dans le processus d'élaboration d'une culture d'entreprise, ils ne sont pas les maîtres du jeu. De nombreux auteurs (Labounoux, 1987 ; Aktouf, 1988 ; Le Goff, 1992) insistent sur le fait qu'une culture est le produit des rapports quotidiens de travail et qu'on ne saurait confondre les valeurs proclamées par les dirigeants et la culture d'entreprise qu'ils revendiquent avec la culture de fait qui s'édifie sur le terrain. Les tentatives de manipulation de la culture d'entreprise à des fins managériales se heurtent à des résistances qui s'expriment par exemple à travers des contre-cultures. La culture d'entreprise n'est pas un simple outil de gestion aisément mobilisable à l'intérieur d'une stratégie interculturelle. Notamment, il n'est pas acquis que les valeurs que les responsables d'équipes internationales souhaitent privilégier soient légitimes à la lumière de l'ensemble des univers de sens mobilisés par les membres. De même, les transferts de méthodes managériales hors des systèmes de sens dans lesquels ils ont été conçus peuvent se révéler des greffes réussies lorsqu'ils sont réinterprétés positivement dans l'univers de sens local (d'Iribarne, 1998), mais ils peuvent aussi être rejetés brutalement ou, le plus souvent, insidieusement, étant en vigueur officiellement, mais restant lettre morte en pratique. Si la diffusion de pratiques est possible, la nécessité de leur réinterprétation dans les systèmes de sens culturels ne les rend pas exportables à l'envi. En outre, il semble que les leaders « charismatiques » censés être des moteurs du processus de rassemblement ne traversent pas toutes les frontières. Les ressorts du leadership ne sont pas universels et le « charisme » lui-même n'a pas un écho équivalent dans toutes les cultures (Bjerke, 1999 ; Javidan et House, 2002).

Même quand une forte culture d'entreprise transnationale est déjà en place, elle ne fait pas pour autant disparaître les cultures nationales. L'existence d'un sentiment partagé d'appartenance à l'entreprise ne signifie pas des représentations communes à l'ensemble du personnel. L'adhésion commune à l'entreprise peut se décliner selon des logiques fort différentes ; elle peut par exemple relever d'un raisonnement économique de donnant, donnant ou d'une fusion identitaire. Pour sa part, Sainsaulieu (1977) suggère que, si l'entreprise est un lieu de production culturelle autonome, elle est également traversée par des courants culturels qui la dépassent, comme les cultures de classes sociales ou les cultures nationales. Quant à la célèbre enquête menée par G. Hofstede (1980) dans les filiales d'IBM à travers le monde, elle constitue sans doute la démonstration la plus claire du fait que les cadres culturels nationaux ne sont pas dissous dans la culture d'une entreprise multinationale.

Finalement, si la gestion de la diversité par la culture d'entreprise résout le problème des différences de surface en fixant une norme commune pour la prise de parole, les horaires ou la préparation des réunions, elle se heurte néanmoins à trois grands écueils. Soit elle vise l'intégration de techniques et de méthodes de travail sans compréhension des mentalités locales, les responsables s'exposant au rejet de cette culture ou à une résistance voilée derrière une conformité de façade. Si, au contraire, un réel souci de respecter les différences anime les dirigeants, ils sont alors devant un choix difficile. Soit la culture d'entreprise transnationale unifiée qu'ils promeuvent ne se fonde que sur un très petit dénominateur commun compatible avec les références de chacun, ce qui réduit considérablement le champ des possibles et conduit en fait à un déni des cultures plutôt qu'à un usage fructueux des ressources que chacune représente. Soit la culture d'entreprise est conçue comme le reflet de la diversité de ses membres ; elle devient alors « polycentrique » ou fédéraliste au sens de Merkens (1999), laissant coexister au sein de ses unités les différences locales, mais ne résolvant rien des conflits qui émergent dans des équipes internationales transversales.

Bâtir des synergies culturelles

Cette dernière stratégie repose sur trois hypothèses. La première est que, contrairement à ce qu'impliquent les stratégies précédentes, la compréhension des univers de sens des membres de l'équipe est nécessaire pour définir des modes de fonctionnement collectifs pérennes et acceptables par tous. Cette compréhension ne passe pas par des séminaires généraux de formation à l'interculturel, qui contribuent souvent à légitimer et à renforcer les stéréotypes des participants qui utilisent ensuite ces catégories figées pour décoder avec peu de finesse les situations interculturelles. Elle passe par l'analyse de situations concrètes vécues par les participants.

La deuxième hypothèse est que l'élaboration de modes de fonctionnement synergiques est possible entre plusieurs cultures. Les systèmes de sens sont susceptibles de fournir des ressources suffisantes pour légitimer une variété de pratiques jusque-là inédites dans tel ou tel contexte culturel. Les oppositions frontales de systèmes de sens difficilement dépassables ne concernent qu'une faible part des chocs culturels éprouvés en milieu de travail.

La troisième hypothèse est que l'élaboration de ces compromis et de nouvelles solutions interculturelles peut être facilitée par l'intervention de médiateurs culturels. En effet, le simple contact entre les cultures ne suffit pas à la compréhension mutuelle et à la recherche en commun de solutions créatives. Au contraire, en particulier dans des circonstances où les jeux d'intérêts et de pouvoir tendent à diviser les groupes culturels en présence, le contact répété est susceptible de donner lieu à une polarisation conflictuelle des communautés et à une inflation de stéréotypes négatifs réciproques. L'accompagnement des équipes internationales dans leur processus d'adaptations interculturelles par des tiers permet d'éviter ce phénomène.

Concrètement, la stratégie des synergies culturelles repose sur des réunions plénières successives au cours desquelles on suit une démarche en plusieurs étapes.

En premier lieu, les spécialistes de la médiation interculturelle ou les personnalités elles-mêmes multiculturelles qui accompagnent l'équipe demandent à chaque participant de déterminer des incompréhensions qu'il a éprouvées ou des incidents critiques qui ont émaillé la vie de l'équipe et de caractériser au mieux les acteurs en présence, les situations professionnelles correspondantes et ses propres réactions à ce problème. À ce stade, l'enjeu pour les animateurs est de parvenir à créer un climat de confiance et de sécurité qui permette aux participants de mettre sur la table les problèmes qui leur tiennent réellement à cœur et de ne pas se contenter de questions superficielles d'étiquette qui permettraient de conserver la courtoisie diplomatique de rigueur en milieu international. Mais si les accusations négatives ne doivent pas être refoulées, les médiateurs doivent également faire en sorte qu'elles soient rapportées à des situations précises que l'on s'efforcera d'analyser et qu'elles ne s'autonomisent pas au point de devenir des stéréotypes grossiers qui viendraient nourrir des conflits entre un « eux » et un « nous » fantasmatique. En pratique, afin d'éviter la stigmatisation des différences culturelles, nombre d'entreprises et d'animateurs préfèrent éviter les termes de séminaire interculturel et présentent volontiers ce travail comme relevant du développement du travail en équipe, de l'accompagnement, ou sous d'autres étiquettes permettant de traiter des différences sans en avoir l'air.

La seconde étape consiste à regrouper les difficultés inventoriées par grandes catégories en étant attentif aux répétitions de mots-clés ainsi qu'aux structures récurrentes des relations mises en jeu. Ce travail est l'occasion pour chacun de clarifier ou de fournir des précisions sur les incidents critiques qu'il rapporte.

Une fois cette classification faite, animateurs et participants reprennent les incidents les plus significatifs et confrontent les représentations mutuelles à propos de ces situations. Il s'agit à la fois d'un travail réflexif qui permet à chacun de prendre pleinement conscience de son propre univers de sens et d'un processus de décentration qui consiste à prendre de la distance par rapport à son propre cadre d'interprétation pour découvrir et appréhender celui de l'autre en mettant ses premières impressions et ses jugements à l'écart. Les connaissances culturelles des médiateurs s'avèrent ici utiles pour aider les participants dans le laborieux processus de décryptage. La compréhension de l'univers de sens d'autrui permet à la fois de comprendre que ses actions *a priori* choquantes ou surprenantes sont légitimes à la lumière de sa grille de lecture et d'éclairer les malentendus provenant des grilles d'interprétation qui se croisent.

Il reste ensuite à réinvestir ces acquis dans des solutions pratiques d'adaptations interculturelles adaptées à des situations professionnelles précises. Autrement dit, il s'agit de mettre au point des pratiques légitimes pour tous même si cette légitimité repose sur des critères différents dans chacun des systèmes de sens. Parfois les solutions sont relativement simples à établir. Ainsi, dans une entreprise conjointe germano-japonaise, le nombre de réunions préparatoires à toute décision a été fixé à deux, un compromis entre les multiples réunions souhaitées par les Japonais pour qui elles servent à la concertation et au contrôle et la réunion unique souhaitée par les Allemands qui conçoivent la réunion comme un lieu de décision et qui, avec de multiples réunions, avaient le sentiment qu'aucune décision n'était jamais arrêtée (Salk, 1996). Parfois, les solutions synergiques exigent davantage de créativité interculturelle, ce qui suppose que l'équipe bénéficie d'une marge de manœuvre suffisante au sein de son institution pour inventer son propre mode de fonctionnement. Cette dernière phase d'élaboration de solutions se fait en plusieurs étapes ; les solutions définies par les participants en séance plénière sont expérimentées dans des situations réelles puis un retour d'expériences dans une séance plénière ultérieure permet de les peaufiner ou de les modifier plus profondément.

La stratégie de synergie interculturelle présente l'avantage de ne pas miser exclusivement sur l'analyse cognitive des univers de sens, mais de tenir compte aussi des circonstances techniques et pratiques dans lesquelles agit l'équipe et de la dimension émotionnelle de la situation pour ses membres. En effet, la seule connaissance de ses propres repères et de ceux d'autrui n'induit pas spontanément des conduites adaptées de part et d'autre. C'est l'aller-retour entre l'action nécessaire et la distanciation réflexive par rapport à cette action et au vécu qu'elle suscite qui permettent des changements adéquats.

Parmi les limites de cette approche, citons le fait qu'une telle stratégie ne peut atteindre ses objectifs que sur la base d'un large volontariat des membres de l'équipe. Mais, plus fondamentalement, la conception relativiste des systèmes fondamentaux d'interprétation qui la sous-tendent signifie aussi que le processus d'apprentissage interculturel n'est pas nécessairement compatible avec les représentations de l'ensemble des participants.

Conclusions

Les contextes dans lesquels les équipes multiculturelles s'insèrent ainsi que les exigences particulières liées à leur activité ou à leur composition débouchent sur des fonctionnements très différents et exigent des modes de gestion adaptés.

Il est donc nécessaire de se poser certaines questions pour déterminer les modes de gestion appropriés à une équipe multiculturelle donnée : quelles sont les exigences d'intégration de l'équipe ? Quels registres culturels y trouve-t-on (métier, organisation, culture politique) ? L'équipe est-elle un rassemblement de cultures multiples ou est-elle traversée par deux cultures face à face ? Quels registres sont au contraire communs ? Quels sont les objets de divergence qui se greffent aux différences culturelles ? Qui a explicitement ou implicitement la charge de l'adaptation ? Quelle est la sensibilité des membres aux conceptions culturelles à l'œuvre dans l'équipe ? La première partie du chapitre a permis de cerner les dimensions à prendre en compte et de proposer un panorama des configurations les plus courantes d'équipes multiculturelles.

La seconde partie s'est attachée à montrer en quoi les différences culturelles affectent ces équipes en distinguant les principales cultures à l'œuvre dans les organisations, à savoir les cultures d'entreprise, les cultures de métier et les cultures politiques. Elle a mis en évidence que le jeu des cultures est complexe à la fois parce que les niveaux s'entremêlent et parce que certaines cultures, les cultures politiques en particulier, sont difficiles à appréhender, Trop souvent négligées car les acteurs s'en tiennent souvent à ce qui est directement observable, les cultures politiques jouent néanmoins un rôle de premier plan dans les difficultés du travail en équipes multiculturelles.

La dernière partie a présenté des pistes pour une gestion à la fois légitime et efficace de la diversité culturelle. Par exemple, quand la nécessité d'intégration de l'équipe est faible, il est envisageable de compter sur les capacités spontanées des personnes à s'adapter, quitte à encourager les adaptations par des événements sociaux qui fédèrent les équipes. Quand l'intégration requise est forte et que l'équipe rassemble deux nationalités, il est plus pertinent d'accompagner l'équipe dans la construction de *modus vivendi* aux croisements des deux cultures en présence. Le postulat même de la nécessaire adaptation à la diversité qui fonde la gestion des équipes multiculturelles implique la variété des manières de gérer ces équipes en s'adaptant chaque fois à leurs spécificités. Ajoutons, pour conclure, que les expérimentations pour trouver de nouveaux modes de gestion interculturelle adaptés aux différentes équipes sont encore à poursuivre, les pratiques actuelles étant loin d'être à maturité.

RÉFÉRENCES

Adler, N., *International Dimensions of Organizatinal Behavior*, Boston, Kent Publishing Company, 1987

Aktouf, O., « La communauté de vision au sein de l'entreprise : exemples et contre-exemples », dans G. L. Symons, *La Culture des organisations*, Québec, Institut québécois de recherche sur la culture, p. 71-98, 1988.

Barre, N., « General Electric boucle avec la prise de contrôle de Honeywell la plus grosse acquisition industrielle de l'histoire », *Les Échos*, Paris, 24 octobre 2000.

Bjerke, B., *Business Culture and Leadership : National management style in the global economy*, Cheltenham, Edward Elgar, 1999.

Bonarelli, P., *La Réflexion est-elle rentable ?*, Paris, L'Harmattan, 1994.

Chevrier, S., « Le solide contre l'ingénieux : malentendus dans la gestion de projets franco-suisses », dans P. d'Iribarne, A. Henry, J.-P. Segal, S. Chevrier et T. Globokar, *Cultures et mondialisation, gérer par-delà les frontières*, Paris, Seuil, chap. VI, p. 137-151, 1998.

Chevrier, S., *Le management des équipes interculturelles*, Paris, PUF, 2000.

Chevrier, S., « Is national culture relevant for management in a global context ? The case of Switzerland », IFSAM World Congress, Gold Coast, Australie, 2002.

Chevrier, S., *Cultural Interbreeding among Migrant Workers*, Egos Colloquium, Freie Universitat Berlin, juillet 2005.

Demorgon, J., *Complexité des cultures et de l'interculturel*, Paris, Anthropos, Economica, 1996.

d'Iribarne, P., *La Logique de l'honneur*, Paris, Seuil, 1989.

d'Iribarne, P., « Comment s'accorder : une rencontre franco-suédoise », dans P. d'Iribarne, A. Henry, J.-P. Segal, S. Chevrier et T. Globokar, *Cultures et mondialisation, gérer par-delà les frontières*, Paris, Seuil, chap. IV, p. 89-115, 1998.

d'Iribarne, P., « Les ressources imprévues d'une culture : une entreprise "excellente" à Casablanca », dans P. d'Iribarne, A. Henry, J.-P. Segal, S. Chevrier et T. Globokar, *Cultures et mondialisation, gérer par-delà les frontières*, Paris, Seuil, chap. IX, p. 223-251, 1998.

Grelon, A., « Le poids de l'histoire : l'héritage de l'ingénieur contemporain », dans C. Lanciano, M. Maurice, J.-J. Silvestre et H. Nohara (dir.), *Les Acteurs de l'innovation et l'entreprise : France Europe Japon*, Paris, L'Harmattan, p. 201-216, 1998.

Hofstede, G., *Culture's Consequences, international differences in work-related values*, Beverly Hills, Sage, 1980.

Javidan, M., R.J. House, « Leadership and cultures around the world : findings from Globe », *Journal of World Business*, vol. 37, n° 1, p. 1-2, 2002.

Labounoux, G., « Socialité organisationnelle », dans collectif Sciences humaines Paris IX-Dauphine, *Organisation et management en question(s)*, Paris, L'Harmattan, p. 64-79, 1987.

Lasserre, H., *Le Pouvoir de l'ingénieur*, Paris, L'Harmattan, 1989.

Le Goff, J.-P., *Le Mythe de l'entreprise : critique de l'idéologie managériale*, Paris, La Découverte, 1992.

Merkens, H., « Management ethnocentrique, polycentrique, eurocentrique et géocentrique », dans J. Demorgon et E.-M. Lipiansky (dir.), *Guide de l'interculturel en formation*, Paris, Retz, chap. 17.1, p. 261-264, 1999.

Midler, C., *L'Auto qui n'existait pas*, Paris, Interéditions, 1993.

Mintzberg, H., *Structure et dynamique des organisations*, Les Éditions d'organisation, 1982.

Piron, Ph., et O. Lucas, *La Conception en alliance intégrée. Le cas de l'alliance européenne des missiles tactiques*, Séminaire « Ressources technologiques et innovation », École de Paris du management, 21 octobre 1998.

Sackmann, S. A., M. E. Phillips et R. A. Goodman, « The complex culture of international project teams », dans R. Goodman (dir.), *Modern Organizations and Emerging Conundrums : Exploring the post-industrial sub-culture of the third Millenium*, San Francisco, Lexington Books, p. 23-33, 1999.

Sainsaulieu, R., *L'Identité au travail*, Paris, FNSP, 1977.

Salk, J., « De la créativité interculturelle : un exemple germano-japonais », *Les Annales de l'École de Paris du management*, vol. III, p. 337-345, 1996.

Sherif, M., *Des tensions intergroupes aux conflits internationaux*, Paris, ESF (trad. franç.), 1971.

Sorge, A., « La construction sociale de l'innovation et des innovateurs en Allemagne et en Grande-Bretagne », dans C. Lanciano, M. Maurice, J.-J. Silvestre et H. Nohara (dir.), *Les Acteurs de l'innovation et l'entreprise : France Europe Japon*, Paris, L'Harmattan, p. 125-144, 1998.

Tarrius, A., *La Mondialisation par le bas*, Paris, Balland, 2006.

Yousfi, H., *Le Contrat dans une coopération internationale. De la rencontre des intérêts à la rencontre des cultures*, Thèse de doctorat, Paris X Nanterrre, 2006.

CHAPITRE III.2

GESTION DU PERSONNEL MULTICULTUREL

Eduardo Davel et Philip D. Ghadiri[1-2]

INTRODUCTION

Il va de soi qu'au fur et à mesure que les organisations œuvrent sur le plan international, elles doivent faire face à un personnel culturellement diversifié. Toutefois, le chevauchement entre les phénomènes de mondialisation, de migration continue et de culture de masse de plus en plus internationalisée met en évidence l'intensification du rapport interculturel non seulement sur le plan international mais aussi sur le plan local. On n'a plus besoin de voyager très loin pour vivre un choc culturel ; on peut en faire l'expérience lors d'un repas chez des amis, lors d'une formation universitaire ou même lors d'interactions avec des collègues de travail. En ce sens, on peut penser que les frontières culturelles se fragmentent et se replacent sur des sphères plus petites, locales et quotidiennes. Ainsi, les organisations ont rarement été aussi diverses culturellement, et cela ne va qu'en croissant.

L'intensification de la mixité culturelle au sein des organisations nous invite à réfléchir sur le caractère multiculturel du personnel et sur les rapports interculturels qui en découlent. Dans ce chapitre, on parle à la fois de multiculturel et d'interculturel sans souscrire nécessairement au débat qui oppose

1. Philip D. Ghadiri est candidat au doctorat en administration à la Judge Business School (University of Cambridge). Ses intérêts de recherche portent entre autres sur les questions identitaires de la gestion.
2. Nous remercions Natasha Normand pour le soutien lors de la recherche bibliographique et Jean-Pierre Dupuis pour les suggestions et commentaires qui nous ont permis d'améliorer l'argumentaire et la structure du chapitre. Ce chapitre relève d'une collaboration équivalente des auteurs ; la présentation des auteurs se fait par ordre alphabétique.

ces deux notions ou champs théoriques. L'idée de multiculturalisme renvoie communément à l'image de la coexistence de plusieurs communautés culturelles distinctes. Cependant, nous utilisons l'idée de multiculturalisme dans le sens qu'une certaine différenciation entre les groupes culturels (souvent désignés par « communautés » ou « minorités ») n'est pas un phénomène absolu et que ces groupes communiquent, s'influencent et se transforment au fil de l'espace-temps. Nous envisageons donc les frontières entre les cultures comme étant plus poreuses, perméables, floues, changeantes, que ne le suggère la conception habituelle du multiculturalisme. En d'autres termes, nous considérons le multiculturalisme comme un phénomène qui évolue au gré des interactions sociales. Dans le contexte du multiculturalisme, les interactions entre les communautés définies comme culturellement distinctes sont l'objet d'une attention particulière dans toute gestion de la diversité culturelle. Ces interactions interculturelles sont en effet considérées comme des sources importantes de tensions, de malentendus, mais aussi d'enrichissement et d'apprentissage mutuel.

Afin d'explorer la dimension interculturelle de la gestion du personnel multiculturel, nous empruntons notamment au champ d'études de la gestion de la diversité. Ce champ prend en compte la diversité non seulement sur le plan culturel, mais aussi sur les plans de l'âge, des sexes, des handicaps, des religions, des apparences physiques, des orientations sexuelles, des origines régionales, etc. Dans ce chapitre, nous allons nous concentrer principalement sur la diversité qui a trait à l'origine ethnoculturelle.

Par ailleurs, il ne faut pas oublier que la gestion du personnel multiculturel ne relève pas d'un ensemble de pratiques claires, bien définies et prévisibles. Elle est elle-même caractérisée par une grande diversité de pratiques. Cette variabilité provient notamment de l'influence des contextes (légaux, historiques, politiques) dans lesquels elle est mise en œuvre ; des différences dans les façons d'envisager la diversité qui sont privilégiées dans les organisations ; des façons particulières dont chaque organisation s'attache à en faire un enjeu stratégique ou non, plus au moins approprié par les multiples niveaux de gestion. Car, enfin, la gestion de la diversité culturelle comprend, au-delà des programmes institutionnalisés, un ensemble de pratiques réflexives qui se doivent d'être liées étroitement aux singularités et aux évolutions de leur contexte et des situations interculturelles auxquelles elles s'adressent. Nous éviterons donc de prôner une recette. Toutefois, nous tenterons de dégager certains des enjeux transversaux d'une gestion de la diversité culturelle et de tracer quelques pistes afin de l'envisager dans une perspective d'apprentissage.

Le chapitre est composé de la façon suivante. D'abord, nous cernons les défis de la gestion de la diversité culturelle, ce qui nous permet d'en situer les pratiques dans un contexte plus large, complexe et multidimensionnel. Ensuite, nous présentons quatre approches et stratégies possibles de gestion de la diversité culturelle. Dans la section suivante, une de ces approches, celle de l'apprentissage, est approfondie. Nous explorons alors les conflits interculturels comme moteurs privilégiés d'apprentissage, ainsi que les moyens de les appréhender et de les gérer. Dans la dernière section, nous nous concentrons sur les pratiques de formation comme dimension formelle de l'apprentissage interculturelle. Nous examinons alors les principes clés sous-jacents à un effort de formation, ainsi que les dimensions favorisant l'opérationnalisation de la formation et les méthodes pédagogiques disponibles.

LES DÉFIS DE LA GESTION DE LA DIVERSITÉ CULTURELLE

La gestion de la diversité culturelle relève d'un champ théorique relativement récent, mais très populaire auprès des consultants et des praticiens des organisations. Comme tout champ qui se constitue, la gestion de la diversité culturelle fait face à plusieurs défis. On peut penser notamment à trois grands défis : (a) les biais dans le discours sur la diversité, (b) le dilemme entre assimilation et pluralisme culturel et (c) les enjeux politiques de la gestion de la diversité culturelle.

Les biais dans les discours sur la diversité

La mode managériale de la gestion de la diversité présente généralement la diversité comme un phénomène positif aux retombées économiques importantes. Il s'agit d'un discours soutenu notamment par les praticiens et les consultants en gestion et qui met de l'avant les bénéfices de la diversité pour l'évolution des entreprises. Pour Prasad et Mills (1997), ce discours relève une certaine naïveté qui détourne le regard des conflits et des ruptures qui sont inhérentes à un milieu de travail divers et changeant.

Ainsi, la gestion de la diversité est souvent représentée comme un programme de changement organisationnel planifié qui s'inscrit dans la stratégie d'affaire afin d'améliorer l'efficacité organisationnelle. Par exemple, Cox (1993) propose un modèle (figure III.2.1) qui met de l'avant les dimensions et les divers facteurs liés à la diversité et à l'efficacité organisationnelle. Ce modèle permet de penser à plusieurs types de facteurs (individuel, organisationnel, collectif) à la base du climat multiculturel dans une organisation, ainsi qu'à l'influence de ce climat sur le rapport au travail et sur l'efficacité organisationnelle. De plus, Kossek, Lobel et Brown (2006) examinent les effets occasionnés par la diversité sur des résultats autant organisationnels, qu'individuels et groupaux.

Figure III.2.1
MODÈLE DE GESTION DE LA DIVERSITÉ CULTURELLE

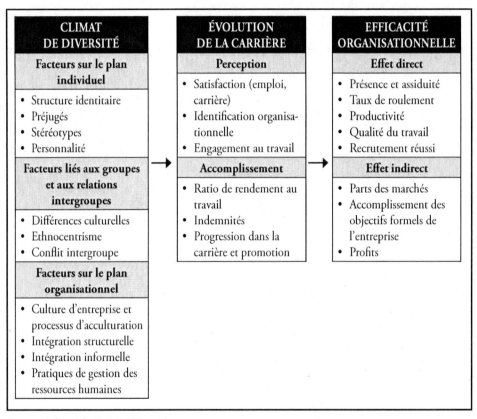

Source : Adapté de Cox (1993, p. 7).

Le discours positif soutient l'idée de la diversité comme une option inestimable pour l'entreprise en raison de son effet sur l'efficacité et la capacité compétitive. Par exemple, un argument souvent proposé est que la gestion de la diversité peut favoriser le recrutement et la rétention des meilleurs talents disponibles dans un contexte sociodémographique où le personnel qualifié tend à diminuer (De Long, 2004). Elle peut aussi stimuler et rehausser les efforts de marketing dans la mesure où les consommateurs issus des groupes ethniques aiment les organisations qui valorisent la gestion de la diversité culturelle ; ils s'identifient au personnel ou à leur façon de faire. De plus, elle encourage le développement de réseaux ethniques au sein des marchés à la fois nationaux et internationaux.

Un autre argument associant la diversité à l'efficacité organisationnelle concerne le travail en équipe et la résolution de problèmes. Les équipes multiculturelles sont ainsi perçues comme pouvant approcher les problèmes de façon créative et innovante car elles favorisent le brassage d'idées, mettant en évidence une multitude de points de vue permettant de cerner les aspects d'un problème. Pour cette raison, on suppose souvent que les organisations qui valorisent l'innovation arrivent mieux à gérer le personnel multiculturel (Kanter, 1983). En effet, prendre en considération la vision des minorités au sein d'une équipe est perçu comme une voie pour la recherche de solutions de rechange à la résolution de problèmes et la gestion des conflits.

Inversement, toujours dans le même esprit de célébration de la diversité, l'absence d'une gestion de la diversité est perçue comme laissant libre cours aux éventuels stéréotypes, préjugés et malentendus, sources de nombreuses difficultés (affaiblissement du moral du personnel, communications difficiles, climat d'anxiété, prises de décisions plus ardues, etc.). Par conséquent, la gestion de la diversité est souvent perçue comme une voie d'amélioration de la motivation et de l'engagement au travail, ce qui se traduit par un effet positif de la diversité sur l'efficacité organisationnelle.

Or, si certains consultants, chercheurs et gestionnaires prônent une version exclusivement positive de la diversité culturelle et de sa gestion, il peut exister un écart important avec la façon dont les employés la conçoivent et en font l'expérience. Ainsi, la gestion de la diversité fait parfois l'objet de résistance dans les organisations (Dick et Cassell, 2002). Aussi, pour Bond et Pyle (1998), la gestion de la diversité culturelle dans une organisation peut avoir des effets inattendus, à la fois positifs et négatifs. Pour ces auteurs, tout effort d'aborder la diversité doit inclure une appréciation : (a) de l'interaction entre les significations que la diversité a pour les individus (par exemple, menace versus opportunité), (b) de la capacité de l'organisation à fournir du soutien au changement (formellement et informellement) et (c) des options et des limites établies par l'encadrement politique et législatif.

Une raison pour lesquelles il existe des visions diamétralement opposées de la diversité culturelle et des tensions dans sa gestion est le fait que la diversité est au cœur d'un important dilemme et qu'elle touche à des enjeux politiques cruciaux.

Le dilemme de la diversité culturelle

Le dilemme central dans la gestion de la diversité culturelle correspond à un débat important qui est mené dans la plupart des pays riches à forte immigration : celui des politiques d'intégration des immigrants issus de cultures différentes de la société d'accueil (Prasad et autres, 2006). Si, d'un côté, l'assimilation, qui implique la suppression des différences culturelles, peut mener à du ressentiment au sein des groupes culturels minoritaires et à des attentes irréalistes de la part des groupes culturels majoritaires, d'un autre côté, le pluralisme culturel, enraciné dans le discours du multiculturalisme, qui suppose que la culture dominante accepte, valorise et respecte les différences culturelles plutôt que de les absorber, peut mener à des tensions touchant aux espaces culturels.

Par exemple, Bond et Pyle (1998) soulignent que la gestion de la diversité peut parfois être silencieusement sapée par d'autres initiatives de gestion qui renforcent la culture d'équipe ou organisationnelle. Ces dernières peuvent suggérer que la culture de l'équipe ou de l'organisation priment sur les différences ethnoculturelles. Autrement dit, la gestion de la diversité culturelle navigue entre le risque de l'imposition « d'identités forcées » et de la constitution de « ghettos », la résultante pouvant ne faire qu'accentuer les différences et les conflits.

L'enjeu politique de la gestion de la diversité

Les tensions touchant à la gestion de la diversité culturelle sont aussi l'effet des enjeux politiques qu'elle aborde. Ainsi, plusieurs chercheurs incitent à porter une plus grande attention aux questions de pouvoir dans la gestion de la diversité (voir, par exemple, Linnehan et Konrad, 1999 ; Foldy, 2002 ; Prasad et autres, 2006).

Zanoni et Janssens (2004) et Kozakaï (2007) proposent une conception de la diversité comme construction sociale, c'est-à-dire comme notion élaborée historiquement et collectivement à travers l'utilisation du langage. En d'autres mots, la diversité est une façon historiquement située de décrire une population en matière de catégories différentes. Les cultures distinctes, issues d'un tel découpage d'une population en catégories culturelles, ne correspondent pas à des essences culturelles qui se différencieraient dans l'absolu. Elles sont plutôt le fruit d'un processus social de catégorisation et d'identification qui crée, reproduit ou maintient certaines relations de pouvoirs. En ce sens, la diversité culturelle est chargée politiquement, ayant nombre de conséquences pour les catégories sociales désignées comme se distinguant culturellement. Autrement dit, la façon dont on comprendra la diversité dans une population particulière mènera à des façons différentes de traiter les individus perçus comme membres des catégories culturelles ainsi constituées.

Au-delà de la construction sociale de la diversité au sein d'une population donnée, il s'agit aussi de voir le concept lui-même de diversité comme une construction sociale. On ne considérera pas la diversité, en soi, de la même façon selon les contextes et les situations. Il existe différents discours de la diversité (Zanoni et Janssens, 2004). Ainsi, la gestion de la diversité culturelle dépendra en grande partie de la façon dont on conçoit cette diversité. Certains discours de la diversité vont construire les différences culturelles en matière d'essences (Zanoni et Janssens, 2004) fixes, cohérentes et distinctes plutôt que de constructions sociales complexes, contradictoires, qui se transforment au gré des interactions. Un tel discours pourrait amener à faire de dangereux raccourcis, attribuant à tout individu les caractéristiques soi-disant essentielles de son groupe culturel.

Par exemple, l'émergence, le sens et l'importance de la catégorie culturelle des arabo-musulmans est en grande partie le produit d'un processus de construction sociale et médiatique qui s'est accéléré au lendemain du 11 septembre 2001. Un individu étiqueté comme étant arabe sera traité en fonction des traits que l'on croit faire partie de l'essence du groupe culturel arabo-musulman sans égards pour son individualité et la singularité de son parcours. Or, nombre d'individus qui vont être traités en fonction de cette catégorie ne s'y reconnaissent pas : ils peuvent se définir comme laïques, non pratiquants, chrétiens, non arabes (par exemple, berbères) ou même comme appartenant à la catégorie culturelle de la société d'accueil. De plus, même parmi ceux qui se définissent comme arabo-musulmans, certains ne se reconnaîtront pas dans les représentations que l'on fera d'eux. Dans un contexte d'islamophobie conséquente au 11 septembre 2001, cela peut avoir les suites dramatiques que l'on sait.

D'autres discours sur la diversité culturelle, au contraire, seront portés à l'envisager comme construction sociale (Kozakaï, 2007) ou comme ressource discursive mobilisée en vue de poursuivre certains objectifs (Barinaga, 2007 ; Ailon-Souday et Kunda, 2003). De plus, certains discours vont construire la diversité comme un bienfait et d'autres comme une nuisance, on l'a vu précédemment. Ces différences mènent à des modes de gestion de la diversité culturelle très différents, ayant des effets de pouvoir très variés sur les populations visées. En définitive, la diversité culturelle, comme construction sociale, rend possibles certaines pratiques de gestion de la diversité culturelle, ainsi que certaines relations de pouvoir entre différents groupes définis culturellement (Zanoni et Janssens, 2004).

Aussi, la gestion de la diversité se fait toujours en contexte – un contexte caractérisé par certaines relations de pouvoir asymétriques héritées de l'histoire. Bien qu'elle soit parfois censée atténuer les inégalités entre les composantes identitaires des organisations (Linnehan et Konrad, 1999 ; Foldy, 2002), la gestion de la diversité a été critiquée comme n'étant qu'une vitrine n'impliquant aucun changement réel ou profond (Foldy, 2002) et reproduisant par conséquent les inégalités dans les relations de pouvoir (Linnehan et Konrad, 1999 ; Foldy, 2002 ; Zanoni et Janssens, 2004). Cela est une question d'autant plus importante dans le contexte actuel où l'immigration dans les pays riches est croissante et s'accompagne d'un lot de tensions, de pratiques discriminatoires et d'inégalités de statut et de pouvoir (Prasad et autres, 2006). Ainsi, des chercheurs tels que Linnehan et Konrad (1999) mettent de l'avant une conception de la diversité en milieu de travail qui aborde de front le problème de la discrimination et de l'oppression de certaines catégories sociales, dont certaines minorités culturelles.

D'autres, cependant, nous mettent en garde contre la réification et la légitimation des catégories sociales servant de base aux inégalités de pouvoir et aux pratiques discriminatoires (Thomas et Davies, 2005). En effet, la gestion de la diversité peut devenir un dispositif de reproduction des catégories sociales qui servent de base à la discrimination. Autrement dit, mettre l'accent sur les différences culturelles risque de confirmer et de justifier la nécessité de discriminer et d'exclure (Webb, 1997 ; Cockburn, 1991 ; Kirton et Greene, 2005). Le groupe dominant sera souvent porté à considérer les différences par rapport à la norme dominante comme une infériorité justifiant la disqualification ou à l'utilisation inégalitaire de ceux qui sont étiquetés comme étant différents. Ainsi, en appeler à sa propre différence peut annuler les efforts que l'on fait pour être traité sur un pied d'égalité (Liff, 1996). Dès lors, les individus perçus comme différents, dans le contexte de la gestion de la diversité, risquent d'être ghettoïsés et de voir leurs différences être instrumentalisées par l'organisation (Kirton et Greene, 2005).

Certains chercheurs, inspirés par les théories critiques et postcolonialistes, voient dans le discours de la diversité une source de résistance permettant à tous ceux qui font l'expérience de la différence d'exercer du pouvoir au sein des organisations. D'autres, au contraire, voient dans le discours de la diversité, une façon de dépolitiser la question de l'exclusion et de l'exploitation de certaines catégories culturelles et de saper le potentiel de résistance au capitalisme global qu'elles représentent (Prasad, 2006 ; Jones et Stableim, 2006 ; Jones et Stableim, 2006 ; Mir et autres, 2006 ; Banerjee et Linstead, 2001). Dans le même esprit, certains remettent en question la légitimité de la gestion de la diversité, y voyant une tentative de divertir les employés de questions considérées plus urgentes, telles que les inégalités matérielles (Michaels, 2007).

LES APPROCHES DE LA GESTION DE LA DIVERSITÉ CULTURELLE

La gestion de la diversité culturelle ne suit pas un protocole unique. On l'a vu précédemment : les conceptions de la diversité en milieu de travail peuvent varier de façon draconienne en matière d'ontologie (par exemple, construction sociale ou essence), de jugement de valeur (la diversité comme phénomène positif ou négatif) et de sens attribué à l'égalité et à la différence. Par exemple, Janssens et Zanoni (2005) ont étudié quatre organisations dans le secteur des services et observé que la conception de la diversité dans chacune de ces organisations détermine l'approche et la stratégie de gestion adoptée.

Parmi la variété d'approches existantes, quatre se démarquent : (a) l'approche de la résistance, (b) l'approche de la discrimination et de l'équité, (c) l'approche de l'accès et de la légitimité, et (d) l'approche de l'apprentissage. Ces trois dernières approches ont été distinguées initialement par Thomas et Ely (1996) et Ely et Thomas (2001), tandis que Dass et Parker (1999) les ont complétées en ajoutant l'approche de la résistance. De plus, ces auteurs ont retracé des stratégies de gestion de la diversité associées à chacune de ces approches. Chaque stratégie présente des problématiques et des préoccupations différentes, comme le montre le tableau III.2.1. Il est à noter que ces auteurs envisagent les différences ethnoculturelles comme n'étant qu'un élément de la diversité.

Tableau III.2.1

QUATRE STRATÉGIES DE GESTION DE LA DIVERSITÉ

Stratégie	Approche	Problématique	Résultat cherché
Réactive	Résistance	Différences comme une menace	Maintenir le *statu quo* et renforcer l'homogénéité
Défensive	Discrimination et équité	Différences comme un problème	Habiliter légalement les membres des groupes systématiquement et historiquement discriminés
Accommodante	Accès et légitimité	Différences comme une possibilité	Obtenir accès et légitimité auprès de nouveaux marchés (employés et consommateurs)
Proactive	Apprentissage	Différences comme une occasion d'apprentissage	Encourager l'apprentissage individuel et organisationnel à partir d'une perspective de long terme

Source : adapté de Dass et Parker (1999, p. 70), Ely et Thomas (2001) et Lorbiecki (2001).

La stratégie réactive et l'approche de la résistance

La stratégie réactive de gestion de la diversité découle d'une approche de la diversité qui se fonde sur un esprit de résistance (Dass et Parker, 1999). Cette approche fait référence à une façon de concevoir la diversité (en matière de nationalité, couleur ou genre) en tant que menace au *statu quo* établi par la majorité (blanche, masculine et ethnocentrique). La diversité étant perçue comme une menace, les gestionnaires adoptent une stratégie réactive visant à contrer la diversité, à maintenir l'homogénéité et à préserver les façons de faire traditionnellement établies. Ce type de stratégie mène souvent à l'exclusion, au mépris ou à la manipulation des personnes qui ne sont pas considérées comme des égaux (Dass et Parker, 1999).

D'après Dass et Parker (1999), il n'est pas étonnant de voir encore aujourd'hui des dirigeants ou des gestionnaires qui adoptent ce type de stratégie. Autrement dit, les réactions racistes ou xénophobes en milieu de travail sont encore légion et sont parfois inhérentes à la gestion de la diversité.

La stratégie défensive et l'approche de la discrimination et de l'équité

La stratégie défensive s'appuie sur une vision de la diversité comme un problème organisationnel qui doit être réglé. C'est une stratégie inscrite dans une conception de la diversité issue de l'idée de discrimination et d'équité. Afin d'assurer une situation d'équité et de contrer la discrimination dans un milieu de travail, la gestion prend la forme d'une pratique de défense de droits, de négociation, d'équilibrage et d'apaisement lors de tensions interculturelles. Les employés sont donc amenés à considérer les personnes comme étant des égaux. Par exemple, on s'assurera que les différences ne comptent pas lors des situations d'évaluation du travail.

L'approche de la discrimination et de l'équité se caractérise par l'impératif moral d'assurer la justice sociale et un traitement juste à l'égard de tous les membres de la société. Inspirées par cette approche, les pratiques de gestion s'appuient sur l'idée de garantir des possibilités égales lors du recrutement, de la sélection et de la promotion, tout en supprimant des attitudes fondées sur des préjugées et en éliminant la discrimination. Dans cette approche, on considère que des préjugés ont systématiquement et historiquement maintenu les membres de certains groupes culturels en dehors de certains types d'emplois. Des accès égaux et un traitement juste calqué sur la loi sont des mécanismes utilisés en vue de changer cette situation de discrimination historique. Il s'agit alors d'une approche fondée notamment sur des décisions légales, en particulier les politiques de discrimination positive (*affirmative action*) et la législation concernant les possibilités égales d'emploi.

Une telle approche peut mener à des tensions dans les organisations. En effet, les membres du groupe culturel dominant peuvent parfois vivre ce genre de programme comme étant la source d'injustices. Par exemple, l'embauche d'un nombre minimal de personnes d'un groupe ethnoculturel peut susciter des réactions défensives si des personnes moins qualifiées sont embauchées.

La stratégie accommodante et l'approche de l'accès-légitimité

Certaines organisations valorisent et célèbrent la diversité parce qu'elles la perçoivent comme une source de possibilités ou comme un investissement. Dans ce cas, la stratégie adoptée sera du type accommodant. Une stratégie accommodante ne s'appuie pas sur des contraintes légales ou des raisons sociales. Elle est mise en œuvre à partir de l'interprétation des changements démographiques et de leurs impacts sur les affaires. Autrement dit, elle se fonde sur la reconnaissance que les marchés du travail et les consommateurs sont de plus en plus diversifiés culturellement. Par conséquent, le fait d'embaucher et d'entretenir du personnel multiculturel devient un moyen d'obtenir un accès et une légitimité auprès de ces marchés et de ces groupes. La diversité est donc perçue comme un moyen de mieux connecter l'entreprise avec le marché, comme un investissement vital au succès commercial de l'entreprise.

Parce que la diversité est associée à l'évolution commerciale de l'affaire, une gestion orientée vers une stratégie accommodante vise à promouvoir des degrés considérables d'hétérogénéité et d'inclusion au sein de l'organisation. Les dirigeants qui adoptent cette stratégie et qui conçoivent la diversité à partir de cette approche vont chercher à créer un climat organisationnel qui permet aux différences de trouver une voie d'expression.

D'une part, la stratégie accommodante favorise la diversité culturelle du personnel dans le but d'avoir accès à de nouveaux marchés. D'autre part, cependant, il ne s'agit pas d'une stratégie qui cherche à incorporer les compétences culturelles développées par les employés dans les fonctions premières de l'affaire. Cette caractéristique peut être attribuée à la stratégie de type proactif et à l'approche de l'apprentissage.

La stratégie proactive et l'approche de l'apprentissage

L'approche de l'apprentissage prévoit l'inclusion de la diversité dans l'évolution de l'organisation. Autrement dit, les idées, les habiletés et les expériences que les employés développent en tant que membres d'un groupe culturel précis sont des ressources potentielles qu'un groupe peut utiliser afin de repenser ses tâches premières et de redéfinir ses marchés, ses produits, ses stratégies et ses pratiques d'affaires (Ely et Thomas, 2001). Il s'agit donc d'une approche qui rapporte la diversité aux processus de travail et à la façon dont les personnes font et expérimentent leur travail au quotidien. Ainsi, les pratiques de gestion jouent un rôle proactif, en faisant de la diversité une ressource pour l'apprentissage continu et le changement adaptatif.

L'approche de l'apprentissage met l'accent sur la valorisation autant des différences que des similarités et sur le fait que la gestion de ces différences et similarités doit viser l'apprentissage à long terme. En effet, les similarités et les différences sont perçues comme des aspects duals de la diversité culturelle ; il est impossible de les dissocier. Par exemple, si l'accent est mis seulement sur les différences, on peut faire croire que la seule vertu des membres d'un groupe est d'offrir un savoir associé à leur propre groupe (Thomas et Ely, 1996), ce qui par conséquent peut dévaloriser leur compétences techniques ou générales (Lorbiecki, 2001).

Une des forces de l'approche de l'apprentissage est qu'elle met de l'avant le besoin de prendre en considération non seulement le personnel diversifié, mais aussi le travail diversifié, lorsque l'approche situe la diversité culturelle au cœur des processus organisationnels. Dans une telle approche, l'apprentissage est soulevé en tant que dimension clé, ce qui mène Lorbiecki (2001) à évoquer le besoin d'étudier la gestion de la diversité à partir des théories sur l'apprentissage dans les organisations. Dans ce chapitre, nous allons mettre en évidence une telle approche, en nous concentrant sur l'apprentissage issu des conflits interculturels et sur le rôle de la formation dans une démarche d'apprentissage interculturel.

L'APPRENTISSAGE INTERCULTUREL FONDÉ SUR LES CONFLITS

L'opposition des points de vue entourant le sens à donner (et les actions à entreprendre) dans les situations quotidiennes de travail est en soi, selon cette dernière approche de la gestion de la diversité, un moteur riche d'apprentissage. Cette opposition entre les façons de comprendre ce qui est (« la réalité ») et ce qui devrait être ou doit être fait peut mener à bien des malentendus. Les conflits interculturels naissent de cette opposition de valeurs, de normes et de croyances, s'exprimant sous différentes formes : des buts différents, une compétition dans l'obtention de ressources, l'assimilation versus la préservation d'identités culturelles (Cox, 1993). Par ailleurs, Camilleri (1999) souligne que des conflits d'intérêts (liés à la compétition dans le travail et à l'insécurité sociale) ne sont pas forcément culturels, mais ils en servent de prétexte.

Autrement dit, le conflit interculturel relève de l'incompatibilité perçue ou réelle entre les valeurs, les normes, les processus ou les objectifs d'un minimum de deux groupes définis en termes culturels, en ce qui concerne des questions identitaires, relationnelles ou procédurales (Ting-Toomey, 1999). Ce type de conflit implique : (a) des perceptions interculturelles (plus ou moins ethnocentriques et stéréotypées) ; (b) des interactions qui soutiennent ou résolvent le conflit à travers des comportements verbaux et non verbaux (reliés à la culture) ; (c) une certaine interdépendance entre les parties ; (d) des buts reliés à des intérêts à la fois d'ordre mutuel et d'ordre non mutuel ; et (e) la protection de l'image du groupe culturel que l'on représente (Ting-Toomey, 1999).

Dans une organisation définie comme étant multiculturelle, il est nécessaire, du point de vue de l'approche de l'apprentissage, de porter un regard positif sur les contentieux et les conflits et de ne pas essayer de les éviter. La prise en compte du contentieux entre les personnes d'origines ethnoculturelles différentes peut se traduire dans des occasions fécondes d'apprentissage interculturel. En effet, si la tentation est grande de considérer ces conflits comme des problèmes à éviter à tout prix, d'autres y voient une occasion, sinon une ressource d'apprentissage pour ceux qui s'y engagent et pour l'organisation (De Dreu et Van de Vliert, 1997 ; Friedman et Berthoin Antal, 2005 ; Thomas et Ely, 1996). Ainsi, il semble que, dans l'appréhension de la diversité et des différences culturelles qu'elle charrie, nous sommes passés de la discrimination ethnocentrique à un déni des différences tout aussi ethnocentrique, à une célébration de la différence pour en arriver à cette nouvelle perspective d'apprentissage (Lorbiecki, 2001).

Le dialogue et l'apprentissage interculturel

S'il y a une façon privilégiée d'aborder constructivement le conflit interculturel afin d'en faire une occasion d'apprentissage, c'est généralement à travers le dialogue. Mais pas n'importe quel type de dialogue. Il s'agit d'une façon d'aborder le dialogue à partir d'une perspective d'apprentissage (apprendre de nos différences), qui se distingue d'une perspective ethnocentriste (refuser les différences en les explorant de façon polarisée ou les nier, en les supprimant ou en les mettant entre parenthèses) ou d'adaptation (encourager et affirmer les différences). La perspective ethnocentriste repose sur l'établissement de certaines pratiques culturelles comme étant exclusivement les « bonnes » pratiques (Adler, 2000 ; Ting-Toomey, 1999), ce qui mène à un climat de méfiance et bloque toute tentative de dialogue constructif lors d'un conflit interculturel (Ting-Toomey, 1999).

La perspective de l'adaptation, à son tour, suppose que l'on reconnaisse et affirme la différence et que l'on en aie suffisamment de connaissances sur l'autre culture pour pouvoir changer de cadre de référence et de comportement afin de s'adapter à ses normes (Friedman et Berthoin Antal, 2005). La faiblesse de cette perspective est (a) de considérer la culture nationale comme un phénomène unitaire dont l'influence sur ses membres est déterministe et dès lors prévisible ; (b) de supposer que les personnes sont capables de changer intentionnellement de cadre de référence culturelle sans le moindre problème ; et (c) d'empêcher l'apprentissage d'autres façons de faire face à une situation donnée (Friedman et Berthoin Antal, 2005).

La perspective de l'apprentissage serait la plus attirante pour soutenir l'organisation multiculturelle et la gestion de son personnel. En effet, nous adhérons à l'idée que plus les personnes diffèrent, plus elles ont à enseigner et à apprendre les unes des autres (Barnlund, 1998). Toutefois, il est important de souligner une des dérives possibles de cette perspective, à savoir sa tendance essentialiste. Cette approche laisse à penser que les savoirs entourant les façons de travailler seront automatiquement différents pour peu que l'on soit originaire d'une culture plutôt que d'une autre (Lorbiecki, 2001). S'il est séduisant et facile de s'en remettre à des généralités culturelles dans notre compréhension de l'autre, il ne faut pas oublier que très souvent les individus sont des êtres plus complexes que ce que laissent suggérer leurs origines. Il s'agira donc pour nous de nous préparer à aborder les conflits interculturels comme des situations toujours singulières et complexes, engageant des êtres tout aussi singuliers et complexes (nous y compris) (Friedman et Berthoin Antal, 2005).

Une autre limite de l'approche de l'apprentissage concerne ses biais sociopolitiques (Lorbiecki, 2001). D'une part, la gestion de la diversité dans une perspective d'apprentissage se fait souvent en fonction de finalités managériales et peut dès lors être considérée comme un dispositif de manipulation et de contrôle. D'autre part, cette approche se doit, au-delà des différences pragmatiques et instrumentales mises en jeu dans les conflits interculturels au travail, de s'ouvrir à travers le souvenir (Bhabha, 1994), aux différends politiques et historiques qui leur donnent du sens, et aux émotions qu'ils génèrent (Fineman, 1997). Alors, peut-être la gestion de la diversité sera-t-elle à la hauteur des espérances qu'elle a suscitées. Ainsi, le conflit interculturel pourra vraiment être envisagé comme véritable occasion d'apprendre, non pas seulement à mieux travailler, mais à mieux vivre ensemble.

S'il arrive en effet que les conflits culturels prennent leur source dans l'histoire et la politique, comme nous l'avons vu dans le chapitre I.1, dans le monde des organisations, nombre de conflits interculturels ont pour origine des malentendus culturels. Pour peu que ces malentendus persistent et soient mal gérés ou négociés, en raison d'une mauvaise communication, d'attributions erronées ou d'un ethnocentrisme d'une des deux parties, le conflit risque de se complexifier et de se polariser (Ting-Toomey, 1999). Les possibilités d'apprendre sont alors faibles.

La gestion du conflit comme une question culturelle

Le dialogue suscitant l'apprentissage interculturel doit aussi prendre en considération les différences culturelles touchant à la gestion d'un conflit. Il devient en effet crucial de s'attarder aux diverses façons, considérées propres à chaque culture, de gérer les conflits : comment on perçoit le conflit, comment on s'y engage ou désengage et comment on comprend les buts à atteindre peut varier énormément d'une culture à l'autre (Ting-Toomey,

1999). En d'autres termes, les différences s'articulent souvent autour des questions de buts à atteindre en matière de contenus, d'identités, de relations et de procédures à suivre en cas de conflit (Wilmot et Hocker, 1998). Les questions de contenu sont les questions qui semblent extérieures aux individus concernés. Mais elles sont souvent reliées à des questions relationnelles et identitaires (ou de maintien de la face) qui concernent le type de relation que l'on veut établir (plus ou moins informelle et plus ou moins intime) et l'image que l'on a de soi-même et de l'autre. Enfin, les questions de procédures touchent aux différences de style et de processus à suivre afin de gérer un conflit (Ting-Toomey, 1999).

Certaines caractéristiques culturelles sont souvent considérées comme étant pertinentes quand il s'agit de comprendre en quoi diffèrent les approches du conflit interculturel. Ting-Toomey (1999) retient les dimensions suivantes : le degré d'individualisme versus de collectivisme ; la distance face au pouvoir ; la conception de soi et le type de communication employé. La distinction entre individualisme et collectivisme représente une dimension théorique déterminante de variabilité culturelle qui est adoptée dans la plupart des disciplines pour expliquer les différences culturelles dans les relations interpersonnelles (Gudykunst et Ting-Toomey, 1988 ; Hofstede, 1980 ; Hui et Triandis, 1986 ; Triandis, 1988). L'individualisme est la tendance dans une culture à favoriser les identités et les droits individuels au détriment des identités collectives et des obligations envers le groupe. Inversement, le collectivisme privilégiera les identités et les problèmes collectifs (Ting-Toomey, 1999 ; Ting-Toomey et autres, 1991). Ainsi, par exemple, les individualistes auraient un style plus direct et un processus de gestion de conflit plus linéaire et orienté vers la résolution de problème alors que dans les approches plus collectivistes, on privilégierait un style plus indirect et une procédure plus holiste orientée vers le maintien d'un processus harmonieux (Ting-Toomey, 1999).

En ce qui concerne la distance face au pouvoir, cette dimension influence nos attentes par rapport à la façon dont on doit être traité et dont on se doit de traiter les autres (Ting-Toomey, 1999). Dans le monde des organisations, cela se traduit par une relation dirigeant-dirigé plus ou moins égalitaire et informelle versus autoritaire et formelle. Ting-Toomey et Oetzel (2001) se sont penchées sur les conflits interculturels entre dirigeants et dirigés et ont proposé un modèle qui comprend quatre approches prédominantes des conflits adoptées par les gestionnaires dans les relations avec leurs subordonnés : l'approche impartiale, l'approche orientée vers l'accomplissement de statut, l'approche bienveillante et l'approche communale. Les approches impartiales et bienveillantes seraient les plus répandues dans le monde (Hofstede, 1991).

Dans l'*approche impartiale* (moindre distance au pouvoir et tendance individualiste), les gestionnaires ont tendance à se sentir indépendants et comme ayant le même statut que leurs employés. La liberté et l'égalité sont les valeurs centrales dans cette approche. La résolution de conflits se fera de façon plus directe, ouverte et objective en s'en remettant, lorsque cela est possible, à des règles impartiales. Ces gestionnaires auront tendance à rechercher une solution de compromis qui fera l'affaire de tous (Ting-Toomey et Oetzel, 2001).

Dans l'*approche orientée vers l'accomplissement de statut* (grande distance face au pouvoir et tendance individualiste), les gestionnaires ont le désir d'atteindre à un statut élevé dans un contexte où tout un chacun a une chance de l'atteindre. Ils ont alors tendance à se percevoir comme indépendants et différents des autres en matière de statut. Les valeurs centrales sont la liberté et une inégalité obtenue. Ces gestionnaires auront tendance à attendre de leurs subordonnés qu'ils se plient à leurs décisions. Dans un conflit, ils chercheront à le résoudre au profit de leurs objectifs même si cela doit être au détriment des objectifs de leurs employés, en adoptant un style plus dominant et contrôlant. Ces derniers auront tendance à y voir de l'abus de pouvoir (Ting-Toomey et Oetzel, 2001).

Dans l'*approche bienveillante* (grande distance face au pouvoir et tendance collectiviste), les gestionnaires ont tendance à se considérer comme interdépendants et ayant un statut différents des autres. Les deux valeurs centrales sont l'inégalité et l'obligation envers les autres. Ils auront tendance à donner une plus grande importance aux relations interpersonnelles et au maintien de l'harmonie dans leur groupe en favorisant les membres de leur groupe lors d'un conflit. Leur approche a un caractère plus familial. Les communications entourant le conflit se font de façon plus subtile et indirecte avec un souci de maintenir la face des protagonistes du conflit.

Dans l'*approche communale* (moindre distance face au pouvoir et tendance collectiviste), la moins répandue, les gestionnaires ont tendance à se considérer comme interdépendants et comme ayant le même statut que les autres. Les valeurs centrales sont la proximité avec les autres et l'égalité. Dans la résolution de conflits, on cherchera davantage à trouver collectivement des solutions qui maintiennent les relations et traitent des questions centrales. Dans cette approche, on peut même se passer du gestionnaire et toute tentative de résoudre un conflit par la domination ou la force est vue comme inefficace. Dans cette approche, on privilégiera le dialogue collaboratif.

Une autre dimension dans l'analyse des différences culturelles de la gestion de conflit est la conception de soi en rapport à sa culture. Des individus provenant d'une même culture auront un rapport différent à cette culture, se concevant comme plus indépendants, autonomes et désengagés ou, au contraire, plus interdépendants, encastrés dans leur groupe et liés par des obligations et la recherche de l'harmonie dans leur groupe (Ting-Toomey, 1999). Par exemple, si je rencontre quelqu'un d'origine chinoise, il se peut fort bien que cette personne ait une compréhension d'elle-même qui la distancie grandement de sa culture d'origine et l'amène à agir d'une façon non conforme à ce que j'aurais pu imaginer être les exigences de sa culture.

La dernière dimension est le type de communication à contexte élevé ou à moindre contexte. Autrement dit, la communication du sens et des intentions des partis engagés dans le conflit peut être plus ou moins explicite ou plus ou moins dépendante du contexte (Chua et Gudykunst, 1987 ; Ting-Toomey, 1999). Dans certaines cultures, on aura tendance à communiquer au moyen de messages verbaux explicites, valorisant la capacité à construire un message clair et convaincant. D'autres seront portés à s'appuyer davantage sur le contexte (par exemple, les positions sociales) et les aspects non verbaux (silence, ton de la voix, pauses) des messages verbaux, jouant plus volontiers sur la subtilité, l'ambiguïté et les capacités d'interprétation.

L'utilisation de ces dimensions pour analyser la variation culturelle dans la façon de gérer les conflits se prête aussi à des critiques (Adler, 1983 ; Bond, 1987 ; Boyacigiller et Adler, 1991 ; Lachman, Nedd et Hinnings, 1994 ; McSweeney, 2002 ; Redding, 1994 ; Roberts et Boyacigiller, 1984 ; Soin et Scheytt, 2006 ; Tayeb, 2001 ; Triandis, 1995 ; Trompenaars et Hampden-Turner, 1997 ; Williamson, 2002). D'Iribarne (2004), par exemple, fait remarquer que cette approche ne reflète pas l'hétérogénéité des attitudes que l'on trouve dans une même culture, selon les circonstances. Encore une fois, il s'agit d'être prudent et de ne pas avoir d'idée préconçue de l'autre dans une situation interculturelle. Si ces dimensions peuvent nous aider à réfléchir à la façon dont l'autre et nous-mêmes gérons un conflit, elles ne doivent en aucun cas nous éviter de tenter de comprendre la singularité et la complexité culturelle de chaque conflit interculturel. Par exemple, tous les Chinois ne seront pas collectivistes. Le succès dans la gestion d'un conflit interculturel dépendra en grande partie de l'ouverture et de l'écoute de chaque partie aux singularités de la situation plutôt qu'à une connaissance culturelle menant à une catégorisation simpliste de l'autre en fonction de son origine culturelle apparente.

Quelques compétences de gestion des conflits interculturels

Plusieurs compétences peuvent être suggérées pour la gestion efficace des conflits interculturels en contexte de travail. La première relève de la *capacité de créer un climat constructif.* Gudykunst (2004) propose quelques pistes afin de gérer les conflits culturels de façon constructive (versus destructrice), c'est-à-dire de manière à s'entendre mais aussi en arriver à une meilleure relation entre les parties. Pour cet auteur, il s'agira avant tout de développer un climat (Gibb, 1961) favorable à la gestion de conflits. Pour cela, il faut tout d'abord définir le conflit comme un problème mutuel que tous gagneraient à résoudre ou encore comme une occasion d'apprentissage. Un tel climat implique que l'on soit descriptif plutôt que porté à évaluer et à juger l'autre, que les parties en présence se traitent comme des égaux et expriment leurs idées ouvertement et honnêtement, avec spontanéité et empathie. Cela suppose aussi que l'on soit capable de reconnaître que notre point de vue n'est pas nécessairement le meilleur. Bien entendu, dans le cadre organisationnel, cela n'est pas toujours évident, et dépendra en grande partie de la volonté managériale d'entamer un véritable dialogue constructif.

Les idées des uns et des autres doivent être valorisées et accueillies avec sérieux et respect. L'écoute active et la vérification des perceptions sont essentielles à une communication effective qui mettra en relief et permettra de comprendre non seulement les différences, mais aussi les similarités. Ainsi, les prémisses et les points de vue devront être exprimés sans pour autant que les désaccords soient perçus comme des rejets. Gundykunst (2004) insiste sur la nécessité d'être toujours et inconditionnellement constructif, peu importe l'attitude adoptée par l'autre partie. Cette approche s'appuie sur la prémisse suivante : si l'on parvient à changer d'attitude envers l'autre et à adopter une orientation constructive, alors l'autre sera progressivement porté à changer aussi (Fisher et Brown, 1988).

Gundykunst (2004) souligne l'importance d'accorder une grande attention à la communication. En particulier, il suggère d'adapter son mode de communication à l'approche de son interlocuteur (par exemple, un collectiviste sera amené à s'adapter à un individualiste, et vice-versa). Si le processus a été constructif, il est censé mener à des résultats que l'on qualifiera de constructifs pour peu que l'on se soit senti compris par les autres, qu'on pense les avoir influencés et inversement avoir été influencé par eux, qu'on soit satisfait des décisions prises et que l'on soutienne la solution choisie, que l'on se sente accepté par les autres et que nos habiletés à gérer de futurs conflits soient augmentées (Johnson et Johanson, 1982).

Une autre compétence de gestion de conflits interculturels concerne *la validation de l'identité et le maintien de la face*. Les conflits culturels sont souvent des conflits identitaires où le maintien de l'identité d'une ou des parties est en jeu. Rothman (1997) suggère que la plupart des conflits les plus inextricables mettent en jeu les identités des parties. Mais, même dans des conflits moins centrés sur l'identité, Ting-Toomey et Oetzel (2001) soulignent l'importance d'être sensible à l'image que l'autre se fait de lui-même, d'utiliser un langage inclusif plutôt que polarisant et d'éviter de ne s'en remettre qu'aux discours dominants sur une réalité donnée en montrant une ouverture aux discours possibles. Il s'agit aussi de travailler au maintien de la face des deux parties engagées dans le conflit (Ting-Toomey, 1988 ; Ting-Toomey et autres, 1991). Maintenir la face de l'autre suppose de ne pas humilier l'autre partie. Cela dit, le sens de maintenir la face varie beaucoup d'une culture à l'autre. D'où l'intérêt d'acquérir certaines connaissances culturelles concernant l'autre partie.

Outre les connaissances générales sur les différences culturelles, les connaissances que nous acquérons concernant l'autre, sur le plan historique, politique, religieux, etc., auront, selon Ting-Toomey et Oetzel (2001), une influence dramatique sur l'aboutissement du processus de gestion du conflit interculturel. Mais les connaissances sont loin d'être suffisantes si l'on n'est pas prêt à se pencher également sur nos propres biais culturels, présupposés et approches des conflits. Ainsi, la connaissance de soi est essentielle à une gestion constructive du conflit. Ce qui nous conduit à une des compétences stratégiques : la réflexivité.

L'attention réflexive et l'apprentissage latéral constituent deux compétences clés dans la gestion des conflits interculturels. Pour Ting-Toomey et Oetzel (2001), pour être un interprète attentif des conflits interculturels, il faut se pencher sur ses propres prémisses, façons de penser et émotions, ainsi que sur celles de l'autre. Il faut être attentif dans notre façon d'observer, d'écouter et de comprendre. Mais il s'agit également de faire preuve d'une réflexivité attentive concernant notre propre culture et les présupposés personnels qui entrent habituellement en jeu lors de conflits. Il est aussi important de porter une attention, dénuée de jugements, aux comportements inhabituels et autres différences culturelles auxquelles on est exposé dans de telles situations. Il faut élargir notre éventail de regards sur l'évolution du conflit et les interprétations de celui-ci. Cela demande une certaine flexibilité mentale. Enfin, il faut être ouvert à la possibilité de créer de nouvelles catégories pour saisir des comportements qui nous étaient jusque-là inconnus. L'apprentissage latéral devient alors possible.

En ce qui concerne la réflexivité, Rothman (1997) suggère d'adopter ce qu'il appelle une *empathie analytique*, qu'il s'agit de différentier de l'empathie émotionnelle (se sentir comme l'autre). L'empathie analytique suppose que l'on adopte le point de vue de l'autre pour comprendre comment il voit et vit la situation afin de générer de nouvelles façons de comprendre le conflit. Par exemple, lors d'un conflit opposant un Israélien et un Palestinien travaillant tous deux dans une même organisation nord-américaine, l'Israélien pourrait tenter de se mettre dans la peau du Palestinien (et inversement), adoptant son point de vue, pour tâcher de comprendre son expérience du conflit et envisager ce dernier autrement.

Pour Kikoski et Kano Kikoski (1996), *la communication réflexive* permet d'aller au-delà de la connaissance culturelle de l'autre pour s'ouvrir à une connaissance plus individuelle de l'autre et de ses différences. La communication réflexive permet de co-construire une nouvelle réalité mutuelle à partir des sens que chacun donne à la situation. Afin de faciliter ce type de communication, il s'agit d'adopter trois positions : celle du non-expert (de celui qui ne sait pas encore quoi penser), celle de la curiosité (de celui qui émet des opinions de façon tentative et n'impose pas un point de vue définitif sur les questions au cœur du conflit) et celle de la collaboration (en vue de faire émerger et de construire un sens commun). Alors, devient possible ce que Ting-Toomey et Oetzel (2001) appellent *le dialogue collaboratif* où les parties en présence collaborent à la résolution du conflit de façon à satisfaire les deux parties.

Dans l'esprit du dialogue collaboratif, Friedman et Berthoin Antal (2006) proposent *la négociation de la réalité* ou *la réflexion interactive critique* comme compétence interculturelle cruciale et comme la plus à même de mener à un apprentissage commun. Elle est pour ces auteurs la meilleure solution à une approche de simple adaptation à la variabilité culturelle qu'ils jugent stérile (Friedman et Berthoin Antal, 2005, 2006). Trois présupposés sous-tendent le concept de négociation de la réalité : (a) que tous méritent le même respect ; (b) que tous, en tant qu'êtres culturels, diffèrent en ce qu'ils ont différents répertoires de façons de voir et de faire les choses ; et (c) aucun répertoire ne mérite de dominer les autres ou d'être vu comme étant supérieur aux autres. Chaque répertoire culturel émerge d'un contexte particulier. Les nouveaux contextes, et d'autant plus les contextes culturels complexes, remettent en question la pertinence des répertoires existants. Il s'agit alors de les rendre explicites et de les tester dans le nouveau contexte. Il s'agit également de rendre explicites les attributions que l'on fait à propos des raisonnements et des comportements des autres et de les tester.

Négocier la réalité permet d'apprendre dans de nouveaux contextes, notamment ceux qui présentent une complexité culturelle. Afin de mener à bien une telle négociation de la réalité, il s'agit à la fois d'exprimer et de plaider pour ce que l'on pense et désire ; d'explorer et de remettre en question son propre raisonnement et celui des autres. Cela demande de suspendre son jugement, de douter et de tolérer un certain degré d'incertitude jusqu'à ce qu'une nouvelle compréhension soit atteinte. Dans certaines situations tendues, où l'on se sent menacé, il n'est certes pas aisé d'adopter une telle approche.

D'après Friedman et Berthoin Antal (2005, 2006), la négociation de la réalité, en explorant les raisonnements, mais aussi les émotions qui sous-tendent un conflit, est une voie privilégiée pour découvrir si le conflit est identitaire (Rothman, 1997). En effet, lorsque le conflit est identitaire, Rothman (1997) propose un modèle de résolution des conflits nommé « ARIA ». Il s'agit de quatre étapes à suivre : (a) l'antagonisme (où l'on fait émerger les différences et analyse l'animosité), (b) la résonance (où l'on articule des motivations et des besoins communs) ; (c) l'invention (où l'on génère des solutions coopératives) ; et (d) l'action (où l'on fixe conjointement les agendas). La troisième étape, celle de l'invention, suppose de faire appel à l'imagination. Dans certaines approches, telle que l'*appreciative inquiry* (Gergen, Gergen et Barrett, 2004), on s'attache à voir le conflit non pas comme un problème à régler, mais plutôt comme un nouveau monde à co-créer.

Dans certains cas, en revanche, le conflit interculturel ne peut être résolu. Il s'agit souvent de conflits portant sur des questions identitaires ou de pouvoir qui sont devenus des conflits moraux (Littlejohn, 1995). Ces conflits moraux sont identitaires en ce qu'ils sont fondés sur des présupposés et des valeurs qui participent de la définition d'elles-mêmes d'une ou des deux parties. Ils impliquent des questions de pouvoir en ce qu'un changement de position serait perçu comme une perte de la face. Ting-Toomey (1999) propose alors de donner l'occasion à chacun de pouvoir s'exprimer et d'être écouté à défaut de créer une compréhension commune. Elle appelle cela le *discours transcendant*.

Lors de conflits moraux opposant des visions irréconciliables de ce qui doit être, Gergen, Gergen et Barrett (2004) proposent le *dialogue transformationnel* afin de créer des ponts, des nouveaux espaces de sens permettant une réconciliation, sinon une coexistence. Dans cette perspective, la narration de soi (Gergen, Gergen et Barrett, 2004) se révèle avoir des effets puissants en ce qu'elle appelle à un engagement différent de ceux qui écoutent. En se racontant, en partageant les expériences de vie qui ont mené à adopter un point de vue plutôt qu'un autre, on déplace le conflit d'un plan d'abstraction irréconciliable à un plan humain où l'on comprend mieux l'autre. La narration de soi appelle à l'indulgence plutôt qu'à l'opposition, apaise les tensions et évite la catégorisation simpliste et la diabolisation de l'autre. Ainsi, à travers le dialogue transformationnel et le discours transcendant, on en vient à mieux comprendre l'autre et à coexister dans le respect malgré des désaccords profonds.

En fin de compte, une des compétences les plus cruciales est d'être en mesure d'être à l'écoute des singularités, de la situation complexe particulière et des individus complexes qui sont engagés dans le conflit interculturel. Ting-Toomey et Oetzel (2001) appellent cela l'adaptabilité interactionnelle. Cette compétence correspond à la « phronésis », ou *prudence*, qu'Aristote (1976) présentait comme une forme d'intelligence pratique qui guide l'action en collant aux particularités du terrain. En effet, elle permet de choisir l'action à entreprendre en fonction de ce qui est bon pour l'être humain dans des situations nouvelles – des situations où il n'y a pas de règles préétablies pour juger de l'action à mener (Castoriadis, 1996). Pour Castoriadis (1996, p. 212), la phronésis est « le pouvoir de juger là où il n'y a pas de règles mécaniques, objectivables, permettant de juger ».

Enfin, l'apprentissage découlant des conflits interculturels et le développement de compétences nécessaires à leur gestion peuvent aussi être soutenus par une logique structurée et planifiée de formation.

L'APPRENTISSAGE INTERCULTUREL FONDÉ SUR LA FORMATION

L'apprentissage interculturel peut être fondé sur une démarche formelle de formation. Dans cette section, nous abordons la formation interculturelle à partir de ses principes clés, des facteurs de son opérationnalisation en contexte organisationnel et des méthodes existantes. Le but de la formation interculturelle est de soutenir le développement des compétences nécessaires à l'apprentissage en contexte de diversité culturelle. Il s'agit d'un processus qui fait cheminer les apprenants d'un état relatif d'ignorance culturelle vers une prise de conscience de la diversité culturelle dans l'organisation et des défis qu'elle représente (par exemple, en matière de potentiel d'apprentissage mutuel).

Très souvent, et dans la plupart des études, la formation interculturelle est considérée comme moyen de développement de capacités pratiques, de connaissances et d'attitudes requises pour les gens qui vont travailler à l'étranger. Dans ce cas, le type de formation et les méthodes pédagogiques utilisées varient en fonction des tâches, de la durée du séjour, de la stratégie organisationnelle, des spécifications du mandat, entre autres facteurs (Bennet, Aston et Colquhoun, 2000 ; Brewster et Pickard, 1994 ; Harrison, 1994 ; Mendenhall et Oddou, 1986). Nous allons nous concentrer ici moins sur le cas de l'expatriation et davantage sur le cas de l'interculturel au sein d'une même organisation.

Les principes clés de la formation interculturelle

Avant de mettre en place des programmes de formation interculturelle, il est nécessaire de prêter attention à certains principes clés de ce type de formation. Dans cette section, nous traitons de cinq principes clés de toute pratique de formation interculturelle : (a) l'interdisciplinarité, (b) la corporalité, (c) le non-essentialisme, (d) la décentration et (e) la progression par étapes.

Un premier principe découle du *caractère interdisciplinaire* de la formation interculturelle. Afin de cerner les dimensions qu'un enjeu interculturel suppose, on doit faire appel aux connaissances issues de différentes disciplines, telles que l'anthropologie, la psychologie, la sociologie, l'histoire, la politique. Demorgon et Lipiansky (1999) nous rappellent que la relation interculturelle exige une connaissance multisource provenant à la fois des sciences de la communication, de l'histoire et de la psychosociologie, si le but reste celui d'avoir une compréhension riche du phénomène. Cela ne veut pas dire pour autant que chaque formation doit promouvoir une grande variété de disciplines du savoir, mais plutôt qu'elle doit chercher à aborder la thématique de la formation à partir d'une préoccupation interdisciplinaire. Toutefois, il reste qu'une initiation aux diverses sciences humaines et à un regard interdisciplinaire sur la relation interpersonnelle en contexte interculturel demeure la meilleure façon de préparer quelqu'un à aborder l'interculturel dans un esprit d'ouverture, de curiosité, de réflexivité et d'apprentissage.

Selon le deuxième principe, celui de la *corporalité*, il faut aussi prendre en considération le fait que les attitudes et les comportements adaptés culturellement ne sont pas développés par des voies purement cognitives. Bennett et Castiglioni (2004) parlent du rôle du corps dans l'apprentissage d'une autre culture et de l'importance de savoir « sentir » cette culture afin de développer des compétences interculturelles.

Un troisième principe clé de la formation consiste à *ne pas tomber dans l'essentialisme*. En effet, une idée répandue est que la formation interculturelle relève surtout de la description et de la comparaison des traits particuliers à d'autres cultures. Or, une approche essentialiste occulte l'évolution

perpétuelle des cultures et le caractère construit socialement, situé localement, politiquement et historiquement de nos représentations de l'autre en
relation à soi. Il s'agit au contraire de favoriser la compréhension des dynamiques culturelles (Abdallah-Pretceille, 1999) et de mettre de l'avant une
conception relationnelle et constructiviste de l'identité ethnique (Kozakaï,
2007). Il ne faut donc pas oublier que tout groupe ethnique ne se définit
pas par son contenu culturel mais par la frontière qui est perçue subjectivement et construite socialement vis-à-vis d'un ou de plusieurs autres
groupes (Kozakaï, 2007). En effet, pour Kozakaï (2007), c'est la relation à
l'autre qui définit les termes de l'identité ethnique, pas un contenu culturel
objectif ou essentiel. Il nous rappelle d'ailleurs qu'il arrive que deux groupes
ethniques voient leurs différences culturelles s'amenuiser, alors que la distinction ethnique se renforce. En adoptant cette perspective, on évite la
réification et la fixation de la perception des différences culturelles, la sim-
plification à outrance et le renforcement des stéréotypes pour s'ouvrir à une
notion plus fluide et située de la culture, favorisant ainsi les possibilités
d'apprentissages mutuelles.

Le quatrième principe relève de *la décentration*. La décentration consiste
à prendre un certain recul par rapport à soi-même en tentant de mieux
cerner son propre cadre de référence. Il s'agit d'amorcer une réflexion d'abord
sur soi-même, de prendre conscience d'être soi-même porteur d'une culture
(par exemple, nationale, ethnique, professionnelle, religieuse) qui a été
acquise et apprise et qui soutient nos pensées et nos actions quotidiennes.
L'interaction interculturelle favorise la décentration en ce qu'elle suscite
l'émergence de représentations, issues de notre système de valeurs et de
normes, de préconceptions et de préjugés. En effet, si une personne vivant
à l'intérieur d'une culture ne l'expérimente pas comme étant quelque chose
d'extérieur, mais plutôt de façon intériorisée, donc souvent inconsciemment
(Devereux, 1980), l'autre, différent de nous, devient un élément essentiel
qui nous permet de faire émerger notre cadre de référence. Ce qui nous
choque chez l'autre, ce qui paraît le plus déroutant, va donc fonctionner
comme un miroir reflétant notre propre identité. À travers le contraste des
valeurs, des normes et des visions du monde, les obstacles à la communication sont repérés et la culture de l'autre joue un rôle de révélation de notre
propre culture (Cohen-Émerique, 1995).

De plus, comme toute relation interculturelle met en présence au moins
deux porteurs de culture, les différences s'établissent dans les deux sens. Il
s'agit donc d'une interaction bidirectionnelle qui permet de mettre certaines
différences culturelles en perspective, de saisir les processus affectant les
perceptions de l'autre et de trouver de nouvelles pistes nécessaires au « vivre »
et au « collaborer » ensemble.

Par ailleurs, mieux cerner sa propre culture évite toute hiérarchisation. Le relativisme culturelle, la respectabilité des cultures et la bidirectionnalité de la relation soulèvent une situation interculturelle à caractère interdépendant où il n'est plus question d'établir la supériorité d'une culture sur l'autre (Camilleri, 1999). Ce qui compte davantage, dans ce cas, c'est la relation elle-même. Cependant, se sensibiliser et comprendre l'autre n'implique pas nécessairement d'accepter ses valeurs ou ses comportements au détriment des nôtres. Il s'agit plutôt de faire émerger une reconnaissance de ce que l'on est, en relation à l'autre, qui nous amène à mieux nous connaître, à nous éduquer au relativisme culturel et à relativiser nos propres valeurs face à celles des autres. Si la légitimation de la culture de l'autre est une condition importante à la décentration, il faut toutefois prendre garde de ne pas la figer ni de la sacraliser. En effet, la dynamique interculturelle implique ce consentement explicite ou implicite du principe de l'échange, de la respectabilité, de la bidirectionnalité et des transformations que l'échange engendre (Camilleri, 1999).

Ainsi, la décentration représente un principe important pour avoir accès à la communication, à la compréhension et à la tolérance face à la diversité culturelle (Cohen-Émerique, 2000).

Le cinquième principe porte sur l'idée de *progression par étapes*, c'est-à-dire le développement des compétences interculturelles en tant que processus d'apprentissage progressant par étapes. Ce principe signifie qu'au fur et à mesure que les individus font l'expérience de la différence, et qu'ils développent une sensibilité interculturelle, la perception des aspects interculturels devient de plus en plus subtile et les compétences dans les relations culturelles, de plus en plus raffinées (Bennett et Bennett, 2004). Par conséquent, la formation interculturelle ne doit pas être conçue comme une pratique ponctuelle, mais plutôt comme un processus.

Cox et Beale (1997) et Connerley et Pedersen (2005) proposent trois étapes dans le processus d'apprentissage interculturel : la sensibilisation (conscience), la compréhension (connaissance) et l'action (habiletés). La sensibilisation est une étape où l'on prend conscience des effets de la diversité culturelle sur le travail des gens et sur l'efficacité de l'organisation. La sensibilisation interculturelle peut être apprise, mais elle ne peut pas être enseignée. Cependant, la formation peut créer des conditions favorables pour que ce type d'apprentissage se produise (Connerley et Pedersen, 2005). Si nous nous attardons sur cette étape de sensibilisation, nous pouvons la décliner en sous-étapes (figure III.2.2), comme le proposent Bennett et Bennett (2004).

Figure III.2.2

LES ÉTAPES DE L'EXPÉRIENCE DE LA DIFFÉRENCE LORS DU DÉVELOPPEMENT DE LA SENSIBILITÉ INTERCULTURELLE

Déni ➡ Défense ➡ Minimisation	Acceptation ➡ Adaptation ➡ Intégration
ÉTAPES ETHNOCENTRIQUES	**ÉTAPES DE RELATIVISME CULTUREL**

Source : Bennett et Bennett (2004, p. 153).

Dans les trois premières sous-étapes, nous nous retrouvons avec une conception ethnocentrique des affaires interculturelles, ce qui se traduit dans plusieurs façons d'éviter la différence culturelle. La première sous-étape représente le déni de l'autre culture et la considération de notre propre culture comme l'étalon et la seule « vraie » culture. La prochaine sous-étape, celle de la défense, est moins forte que le déni dans la mesure où l'on considère notre culture, non plus comme la « vraie », mais comme la « bonne », comme le seul bon point de référence. La troisième sous-étape de la conception ethnocentrique est la minimisation, c'est-à-dire une considération de notre culture comme étant universelle alors que les différences culturelles sont vues comme des variations négligeables par rapport à cette norme universelle. Le deuxième groupe de sous-étapes dans le modèle de Bennet et Bennet (2004) concerne le relativisme culturel. Ces sous-étapes expliquent un effort plus au moins accentué de reconnaissance et de mise en contexte des différences culturelles. La quatrième sous-étape est celle de l'acceptation qui indique la reconnaissance de la complexité culturelle et l'impossibilité de hiérarchiser les cultures. La cinquième fait référence à l'habileté de modifier notre connaissance d'une autre culture et de s'y adapter. La sixième, la plus poussé dans l'échelle de la sensibilisation interculturelle, concerne la capacité de s'intégrer, de concevoir et d'adopter différents points de vue culturels.

À la suite de l'étape de sensibilisation, Cox et Beale (1997) prévoient l'étape de compréhension (voir aussi l'étape de connaissance proposée par Connerley et Pedersen, 2005). Bien sûr, sensibilisation et compréhension ne sont pas des étapes complètement séparées, mais nous pouvons considérer qu'une fois que nous avons développé une certaine sensibilité à la dimension interculturelle il nous est possible de nous pencher davantage sur l'acquisition de connaissances particulières et de mieux comprendre comment et pourquoi les compétences liées à la gestion de la diversité sont importantes pour améliorer le développement des individus et des groupes ainsi que l'efficacité organisationnelle.

S'ouvrir à l'autre et comprendre les phénomènes liés à la diversité culturelle peut engendrer un changement de nos attitudes et un passage à l'étape de l'action. Une fois que l'individu est sensibilisé et qu'il comprend les enjeux découlant des rapports interculturels, il est à même d'agir en changeant certaines de ses attitudes et de ses comportements (Cox et Beale, 1997). Cette étape comprend le développement des habiletés sur le plan interculturel (Connerley et Pedersen, 2005) et est considéré par Cox et Beale (1997) comme l'étape d'action.

Connaître ce principe selon lequel l'apprentissage interculturel est un processus composé par des étapes permet d'adapter la formation et de situer un individu, un groupe ou une organisation en fonction de besoins précis. Par exemple, la formation s'adressant à des personnes qui se trouvent à une étape ethnocentrique ne doit pas être élaborée de la même manière qu'une formation s'adressant à une personne qui démontre une certaine ouverture culturelle. Bien entendu, le contenu d'une formation ou la méthode péda-gogique utilisée peut toucher à différentes étapes d'apprentissage simulta-nément, mais le risque d'échec est plus grand si le contenu et les objectifs ne sont pas bien harmonisés en fonction des besoins (Cox, 2001).

L'opérationnel de la formation interculturelle

Selon une recherche de Rynes et Rosen (1995) auprès de sept cents organisations, seulement un tiers des formations sur la diversité culturelle ont été perçues comme ayant donné des résultats durables. Le succès d'une formation interculturelle, outre les principes clés mentionnés plus haut, relève aussi de la prise en compte et de l'harmonisation de certaines dimen-sions ou de certains paramètres, tels que les objectifs, le type de contenu, le format, la logistique, le type de participants, le temps disponible et le niveau de compétence du formateur (Cox, 2001). Le tableau III.2.2 suggère une correspondance entre différents types d'objectifs, de méthodes pédagogiques et d'évaluation des apprentissages.

Il est important de préparer les participants au contexte et aux objectifs des formations interculturelles. Les risques d'échecs sont élevés si les atten-tes des participants sont très différentes des objectifs et si les objectifs de la formation ne sont pas très bien saisis dès le départ. De plus, les participants doivent aussi être préparés à partager leurs perceptions et leurs expériences afin de favoriser le processus d'apprentissage. En guise de préparation préa-lable, nous pouvons penser, par exemple, à des lectures et à des discussions avec des collègues de travail sur les sujets liés à la diversité culturelle (Cox, 2001).

Tableau III.2.2

OBJECTIFS DÉSIRÉS DES FORMATIONS INTERCULTURELLES, MÉTHODES ET ACTIVITÉS D'ÉVALUATION

Objectifs désirés	Méthodes et activités de formation	Évaluation
Connaissance Développement d'une compréhension	Lecture, chansons, exposés, tempête d'idées, télévision, radio, matériel audio, vidéo, informatique, instructions programmées, débats, entrevues, travail de terrain, stage.	Examens écrits, examens oraux, application à travers d'autres activités de formation.
Habiletés Développement d'un savoir-faire	Démonstration et instruction suivies de la pratique avec une rétroaction pour corriger les erreurs, jeu de rôles, jeux divers, formation, études de cas, simulations.	Observation au travail ou en pratique ou en jeu de rôles, observation à l'aide d'une liste, étude de cas avec discussion, développement de produits (conception d'une formation, d'un journal, de matériel médiatique, d'une pièce de théâtre).
Attitudes Développement de nouvelles valeurs et perspectives	Discussion, jeux de rôles, rôle modèle, activités de clarification des valeurs, films et vidéos, études de cas, incidents critiques, débats, autoanalyse, simulation, travail de terrain.	Indirectement, par l'observation des comportements (relations interpersonnelles, approches des sujets et des problèmes).

Source : Adapté de Fowler et Blohm (2004), Knowles (1970) et Kohls (1995).

Une fois que les principales thématiques de formation et les objectifs sont établis, il devient important de réfléchir à la définition du contenu. Toute formation devrait présenter un certain degré d'adaptation aux problèmes particuliers de l'organisation. Autrement dit, il s'agit de saisir les principales thématiques et les enjeux qui touchent directement l'entreprise selon les objectifs visés. Le contenu n'a pas à cibler certains groupes identitaires particuliers pour démontrer l'effet de la différence dans les relations. Il peut, toutefois, s'adresser à un type de catégorie professionnelle, comme l'illustre le tableau III.2.3 sur le curriculum des gestionnaires qui cherchent à développer leurs compétences en gestion de la diversité culturelle.

Tableau III.2.3

EXEMPLE DE CURRICULUM POUR LES GESTIONNAIRES

Sens et importance de la diversité	– Définir les principaux termes – Lier la diversité à l'efficacité de l'organisation
Diversité et culture organisationnelle	– Repérer des normes qui soutiennent la diversité ou celles qui l'affaiblissent – Effectuer le diagnostic de l'organisation – Reconnaître des exemples de différences culturelles – Comprendre les modes d'acculturation et leur effet sur la diversité – Cerner la distance culturelle et les enjeux liés à la quête d'une certaine conformité culturelle
Préjugés, stéréotypes, conflits intergroupes et discrimination positive	– Définir les principaux termes – Saisir les manifestations des comportements issus de stéréotypes et de préjugés – Cerner les préoccupations et les caractéristiques d'une discrimination positive
L'effet sur le recrutement, la promotion et l'évaluation du rendement	– Répertorier les façons dont les processus de gestion sont influencés par des facteurs liés à l'identité socioculturelle – Cerner les mesures à prendre
Institutionnalisation des compétences liées à la diversité	– Développer des outils pour les individus et les organisations – Définir les prochaines étapes pour améliorer le savoir interculturel

Source : Adapté de Cox (2001, p. 80).

De plus, l'opérationnalisation de la formation interculturelle doit tenir compte du temps et du type de méthode pédagogique adopté. En ce qui a trait au temps, les échecs dans la formation sont souvent associés à l'allocation insuffisante de temps pour répondre aux objectifs et aux situations vécues pendant la formation (Cox, 2001). D'après Cox (2001), il faut consacrer plus de temps de formation à l'étape de sensibilisation, tout en évitant de concentrer dans une même formation les objectifs touchant aux trois étapes d'apprentissage (sensibilisation, compréhension et action). Le programme de formation doit respecter une progression graduelle selon les niveaux de compétences exigés dans chaque étape et sous-étape d'apprentissage.

Un autre aspect qui permet de déterminer combien de temps allouer à une formation découle du type d'apprentissage recherché, à savoir des apprentissages sur le plan cognitif ou émotionnel. Comme l'illustre Cox (2001), lors d'une séance de formation, le formateur peut amener les personnes à raconter leur histoire reliée au moment où ils ont été profondément touchés par le comportement d'un membre d'un autre groupe ethnoculturel. Plusieurs personnes du groupe peuvent être touchées émotionnellement par ces témoignages émouvants. Cependant, le temps consacré à la formation peut s'avérer insuffisant s'il ne permet pas de développer un rapport de confiance au sein du groupe. Ainsi, une mauvaise planification du temps peut parfois mener à des échecs en matière de formation interculturelle.

Une autre variable importante dans l'opérationnalisation de la formation interculturelle relève du type de participant, de la taille du groupe, des types d'emploi, de sa mixité culturelle et des niveaux hiérarchiques mélangés. D'après Cox (2001), pour certaines méthodes comme des exposés, le groupe peut être relativement grand (plus d'une vingtaine de personnes). Cependant, plusieurs situations demandent que la taille du groupe soit réduite afin d'atteindre les objectifs d'apprentissage établis. De plus, à l'étape de la sensibilisation interculturelle, la diversité de types d'emplois et de niveaux hiérarchiques peut être représentée dans la composition du groupe d'individus participant à la formation. Si, d'une façon générale, il est préférable de favoriser la variété au sein de ces groupes, dans d'autres situations, la composition du groupe doit être déterminée en fonction des thématiques et des objectifs prévus.

Dans des conditions idéales, les participants à la formation peuvent être choisis au hasard. Toutefois, il est parfois nécessaire d'échantillonner sur la base de groupes ethnoculturels. Cela permet de favoriser les échanges dans un climat de mixité culturelle.

Par ailleurs, la formation interculturelle exige des habiletés à gérer des situations parfois empreintes d'émotions (issues des situations de préjugés et de discrimination), des controverses enflammées (par exemple, les programmes d'accès à l'égalité) ou des situations intimes (par exemple, les questions touchant à la vie spirituelle). Ainsi, le formateur doit faire preuve d'habileté et d'empathie afin d'entretenir un bon climat lorsque les controverses surviennent (Cox, 2001). Il lui faut entretenir un climat de confiance et de sécurité, permettant aux individus de s'engager pleinement dans le partage d'expériences interculturelles significatives.

Parmi les dimensions favorisant la mise en œuvre d'une démarche de formation durable et efficace, la formation de formateurs à l'interne de l'organisation est certainement importante. Les efforts pour faire de la formation une action stratégique de gestion du personnel multiculturel relèvent de la capacité à créer un noyau de personnes qui ont acquis des expertises dans le domaine interculturel. Ces personnes constituent une masse critique qui permet d'assurer la continuité et la pérennité de la problématique de la diversité culturelle en milieu de travail.

Les méthodes de formation interculturelle

La sélection des méthodes pédagogiques de formation interculturelle doit se faire en fonction des dimensions d'opérationnalisation et des principes clés discutés préalablement. Dans cette section, nous présentons brièvement plusieurs types de méthodes, ainsi que des styles et des outils de formation. Précisons tout d'abord que les outils, les styles et les méthodes de formation sont des produits culturels et non des instruments neutres et universels. Autrement dit, ils ne sont pas le résultat aculturel d'une simple visée pédagogique, mais plutôt le fruit d'un système de valeurs et de croyances. Dès lors, même si certaines techniques et méthodes de formation peuvent présupposer et revendiquer un esprit d'ouverture, les participants peuvent juger que cette exigence n'est pas appropriée selon leur cadre culturel d'interprétation (Kordes, 1999).

Chaque style de formation peut être perçu culturellement à partir des stratégies et des idéologies qui leur sont sous-jacentes. Par exemple, cela peut se manifester dans les rapports entre majorité et minorité, entre nationaux et migrants, entre indigènes et étrangers qui sont évoqués dans chaque type de formation. Comme le présente le tableau III.2.4, Kordes (1999) soutient que les pratiques expérimentales représentent un ensemble de styles de formation plus adaptée à la problématique interculturelle. En effet, celle-ci est toujours plus conflictuelle que le supposent les didactiques informatives et les techniques interactives. Mais les pratiques expérimentales ne sont pas, elles non plus, libres de toutes empreintes monoculturales et ethnocentriques.

D'une façon générale, nous pouvons penser que la formation interculturelle demande une pédagogie active, interactive et centrée sur l'apprenant afin de favoriser la décentration et l'interdépendance au sein du groupe. Toutefois, plusieurs méthodes et outils sont possibles, chacun présentant ses avantages et ses inconvénients. Par exemple, les discussions en petits groupes diversifiés selon les origines culturelles permettent de faire l'expérience de points de vue différents et plus personnalisés, alors que les exposés sont plus adaptés à des situations de transfert de connaissances ou d'outils.

Tableau III.2.4

DIFFÉRENTS STYLES DE FORMATION INTERCULTURELLE

Dimensions	Styles		
	Didactiques informatives	Techniques interactives	Pratiques expérimentales
Situation	Relation entre enseignant et apprenant	Relation entre facilitateur et participants	Contestation dialectique entre plusieurs animateurs et facilitateurs
Objectifs	Percevoir attentivement la culture d'autrui afin de s'adapter à ses normes, valeurs et codes Apprendre sur les différences culturelles et s'entraîner à interpréter de façon comparée à partir de la perspective culturelle d'autrui	Découvrir attentivement sa propre culture Développer une sensibilité culturelle et ethnique plus raffinée Améliorer l'efficacité de la collaboration interculturelle	Mettre à l'épreuve les rapports entre individus ou groupes de cultures différentes
Mode d'apprentissage	Information préstructurée	Interactivité préstructurée	Expérience ouverte
Moyens	Exposition ou discussion à propos d'un savoir culturel relativement stabilisé (enseignement) Présentation d'épisodes et de choix des diverses conduites (exercices)	Activités (par exemple, jeu de rôles) fournissant des rétroactions sur les rôles, les normes ou les décisions (entraînement) Exposition des apprenants à un champ interculturel étranger (simulation)	Expériences d'interaction directe avec des groupes d'autres cultures (communication) dans une rencontre qui force à réinventer les règles de conduite et d'organisation (confrontation)
Techniques exemplaires	Dossier sur une culture, capsules et incidents critiques	Jeux de rôles sur les contrastes culturels, formation sur le terrain et modèle de la triade	Atelier de communication interculturelle, rencontres interculturelles et exploration scénique
Types de problèmes	Problèmes typiques d'interprétation et d'interaction entre deux cultures différentes	Chocs culturels liés à l'incertitude, à l'anxiété et au stress entre les personnes des différentes cultures	Expérience d'étrangeté résultant à la fois de la relativisation des normes sociales et de la contestation des précompréhensions et des conduites habituelles
Fonction latente	Compréhension de la culture d'accueil du point de vue de la culture dominante	Réajustement à la pluralisation et à la différentiation des conduites culturelles	Prise de conscience des inconscients individuels culturels et géopolitiques Mouvement de recherche et d'expérimentation dans la mise en forme des rencontres interculturelles

Source : Adapté de Kordes (1999, p. 223).

Certains auteurs, tels que Fowler et Blohm (2004) discutent la pertinence de plusieurs méthodes de formation interculturelle, telles que les exposés, les lectures, l'informatique, les films, les études de cas, les incidents critiques, les jeux de rôles, les jeux de simulation, le contraste culturel, l'analyse interculturelle, le dialogue interculturel, l'immersion, le jumelage interculturel, le mentorat, la visualisation, les arts, la sensibilisation et l'assimilation culturelle. Par ailleurs, Paige (2004), à son tour, propose plusieurs outils de formations interculturelles et discute de leur pertinence.

CONCLUSIONS

Au début de ce chapitre, nous avons présenté les principaux défis liés à la gestion de la diversité culturelle. Nous avons ensuite exposé quatre stratégies de gestion reliées à quatre approches de la diversité culturelle. Parmi ces dernières, nous avons porté notre attention sur celle de l'apprentissage, examinant autant les pratiques informelles ou émergentes (le conflit interculturel comme source d'apprentissage) que les pratiques formelles ou planifiées (la formation interculturelle). Le gestionnaire du personnel multiculturel doit trouver des moyens d'articuler ces deux logiques dans la vie quotidienne de l'entreprise.

Lorsqu'il s'agit de gérer le personnel multiculturel, selon une logique émergente ou planifiée, l'engagement de la haute direction et des leaders demeure un aspect charnière. Les leaders contribuent à la gestion de la diversité culturelle dans la mesure où ils mettent de l'avant une vision, un mode de gestion, un engagement du personnel aux nouvelles pratiques, une organisation du travail habilitante, une stratégie efficace de communication et une intégration de la diversité dans la stratégie organisationnelle (Cox, 2001). Autrement dit, les leaders exercent leur influence sur la gestion de la diversité culturelle au fur et à mesure qu'ils donnent un sens à la diversité en lien avec la stratégie de l'organisation, qu'ils arrivent à partager clairement leur vision du problème, qu'ils la communiquent incessamment et qu'ils se comportent en conséquence. Étonnamment, Cox (2001) note que peu de leaders arrivent à démontrer une vision, des comportements ou même des efforts nécessaires pour assurer une gestion fructueuse et durable de la diversité. Pour lui, il s'agit d'une des principales causes d'insuccès dans la gestion de la diversité culturelle.

En effet, la réussite d'une gestion durable de la diversité s'appuie sur le travail de plusieurs leaders à différents niveaux de gestion de l'organisation, en plus des leaders syndicaux, si l'organisation est syndiquée. Ils stimulent tous la coopération entre les personnes, aident à gérer les conflits au quotidien et bâtissent des coalitions. Le responsable de la gestion du personnel peut jouer un rôle significatif de facilitateur de la sensibilisation à la diversité, toutefois il ne doit pas centraliser la responsabilité des résultats. Dans le cas d'un processus planifié et structuré de gestion, il est souhaitable d'inscrire la gestion de la diversité dans un contexte plus large de stratégie, de politique générale et d'un plan d'action mis de l'avant par l'organisation. Et cela avant même de penser à modifier les pratiques fonctionnelles de gestion du personnel (par exemple, recrutement, sélection, formation). Lorsque l'engagement des leaders est assuré, le processus de gestion du personnel multiculturel peut prévoir le développement d'une politique, ainsi que la conception et la mise en œuvre d'un plan d'action. De ce processus découle un changement continuel qui fait de la diversité culturelle un aspect pertinent de la culture organisationnelle et des pratiques de gestion du personnel, telles que le recrutement, la sélection, l'intégration en emploi, la progression de carrière, l'évaluation du rendement et la formation. Plus concrètement, cela se traduit dans des efforts pour reconnaître les acquis et les compétences des employés, dans des mesures pour gérer les comportements racistes et les obstacles communicationnels au travail et dans l'utilisation de l'aide institutionnelle pour favoriser l'intégration professionnelle et le recrutement.

Encore dans une logique planifiée de gestion de la diversité, quand on parle de développement d'une politique et d'un plan d'action, il est souvent question d'établir un diagnostic préliminaire, d'évaluer, de recueillir des informations, de responsabiliser les acteurs, d'aligner le système de gestion, de mettre en place des activités de rétroaction et de suivi, d'évaluer les résultats, etc. Toutefois, c'est la formation et les processus d'apprentissage qui représentent l'élément fédérateur dans tout effort de changement organisationnel. Les expériences formelles et informelles d'apprentissage interculturel se cristallisent dans des moments précieux pour faire avancer la gestion du personnel multiculturel au sein d'une organisation. Ainsi, il ne faut pas sous-estimer l'importance des pratiques émergentes de gestion, notamment celles qui sont axées sur l'apprentissage issu des conflits interculturels qui surviennent dans le quotidien des milieux de travail.

En définitive, si la gestion de la diversité culturelle se voit investie de beaucoup d'espoirs, elle présente des défis de taille. Nous sommes encore loin de réaliser l'utopie d'une organisation multiculturelle. Cox (2001) la définit comme une organisation dans laquelle les personnes de différentes origines ethnoculturelles peuvent développer et mobiliser tout leur potentiel de travail pour atteindre des buts organisationnels et personnels. Il s'agit d'une organisation qui (a) intègre des personnes d'horizons culturels différents à plusieurs niveaux hiérarchiques et fonctionnels, (b) valorise le pluralisme et non seulement l'assimilation lors des processus d'intégration des nouveaux arrivants, (c) inclut les personnes issues d'horizons culturels différents dans les réseaux informels, (d) réduit les conflits interpersonnels fondés sur des différences identitaires, sur des stéréotypes, des préjugés ou de l'ethnocentrisme.

Pour conclure, nous aimerions insister sur une idée centrale concernant la gestion du personnel multiculturel : nos conceptions de la diversité culturelle sont des constructions sociales situées historiquement et localement, ayant des conséquences importantes sur la façon dont on va gérer la diversité et sur la façon dont les employés vont la vivre. D'où l'importance pour le gestionnaire de réfléchir aux conceptions qui l'amènent à gérer la diversité culturelle d'une façon plutôt que d'une autre.

RÉFÉRENCES

Abdallah-Pretceille, M., « La formation des enseignants face au défi de la pluralité culturelle et de l'altérité », dans J. Demorgon et E. M. Lipiansky (dir.), *Guide de l'interculturel en formation*, Paris, Éditions Retz, 1999.

Adler, N. J., « A typology of management studies involving culture », *Journal of International Business Studies*, vol. 14, n° 3, p. 29-47, 1983.

Adler, N. J., « Domestic Multiculturalism : Cross-Cultural Management in the Public Sector », dans G. R. Weaver (dir.), *Culture, Communication and Conflict : Readings in Intercultural Relations*, Boston, Pearson Publishing, 2000.

Ailon-Souday, G., et G. Kunda, « The local selves of global workers : the social construction of national identity in the face of organizational globalization », *Organization Studies*, vol. 24, n° 7, p. 1073-1096, 2003.

Aristotle, *The Nicomachean Ethics*, Harmonsworth, Penguin, 1976.

Banerjee, S. B., et S. Linstead, « Globalization, multiculturalism and other fictions : colonialism for the new millennium ? », *Organization*, vol. 8, n° 4, p. 683-722, 2001.

Barinaga, E., « "Cultural diversity" at work : "National culture" as a discourse organizing an international project group », *Human Relations*, vol. 60, n° 2, p. 315-340, 2007.

Barnlund, D., « Communicaion in a Global Village », dans M. J. Bennett (dir.), *Basic Concepts of Intercultural Communication : Selected Readings*, Yarmouth, Intercultural Press, p. 31-51, 1998.

Bennet, R., A. Aston et T. Colquhoun, « Cross-cultural training : a critical step in ensuring the success of international assignments », *Human Resource Management*, vol. 39, n°s 2-3, p. 239-250, 2000.

Bennett, J. M., et I. Castiglioni, « Embodied ethnocentrism and the feeling of culture : a key to training for intercultural competence », dans D. Landis, J. Bennett et M. J. Bennett (dir.), *Handbook of intercultural training*, Thousand Oaks, Sage Publications, 2004.

Bennett, J. M., et M. J. Bennett, « Developping intercultural sensitivity : an integrative approach to global and domestic diversity », dans D. Landis, J. Bennett et M. J. Bennett (dir.), *Handbook of intercultural training*, Thousand Oaks, Sage Publications, 2004.

Bhabha, H. K., *The Location of Culture*, London, Routledge, 1994.

Bond, M. A., et T. L. Pyle, « Diversity dilemmas at work », *Journal of Management Inquiry*, vol. 7, n° 3, p. 252-269, 1998.

Bond, M. H., « Chinese Culture Connection : Chinese Values and the Search for Culture-Free Dimensions of Culture », *Journal of Cross-Cultural Psychology*, vol. 18, p. 143-164, 1987.

Boyacigiller, N., et N. J. Adler, « The Parochial Dinosaur : Organizational Science in a Global Context », *Academy of Management Review*, vol. 16, p. 262-290, 1991.

Brewster, C., et J. Pickard, « Evaluating expatriate training », *International Studies of Management and Organization*, vol. 24, n° 3, p. 18-35, 1994.

Camilleri, C., « Principes d'une pédagogie interculturelle », dans J. Demorgon et E. M. Lipiansky (dir.), *Guide de l'interculturel en formation*, Paris, Éditions Retz, 1999.

Castoriadis, C., *La Montée de l'insignifiance : les carrefours du labyrinthe IV*, Paris, Gallimard, 1996.

Chua, E. G., et W. B. Gudykunst, « Conflict Resolution Styles in Low and High-Context Cultures », *Communication Research Reports*, vol. 4, n° 1, p. 32-37, 1987.

Cockburn, C., *In the way of women*, London, Macmillan, 1991.

Cohen-Émerique, M., « L'approche interculturelle auprès des migrants », dans G. Legault (dir.), *L'Intervention interculturelle*, Montréal, Gaëtan Morin éditeur, 2000.

Cohen-Émerique, M., « Le choc culturel : méthode de formation et outil de recherche », *Antipodes*, vol. 130, p. 5-23, 1995.

Connerley, M. L., et P. B. Pedersen, *Leadership in a diverse multicultural environment : developing awareness, knowledge, and skills*, Thousand Oaks, Sage Publications, 2005.

Cox, T., et R. L. Beale, *Developing Competency to Manage Diversity : Readings, Cases and Activities*, San Francisco, Berrett-Koehler Publishers, 1997.

Cox, T., *Creating the Multicultural Organization*, San Francisco, Jossey-Bass, 2001.

Cox, T., *Cultural Diversity in Organizations : Theory, Research and Practice*, San Francisco, Berrett-Koehler Publishers, 1993.

Dass, P., et B. Parker, « Strategies for managing human resource diversity : from resistance to learning », *Academy of Management Executive*, vol. 13, nº 2, p. 68-80, 1999.

De Dreu, C. K. W., et E. Van de Vliert, *Using Conflict in Organizations*, London, Sage Publications, 1997.

De Long, D. W., *Lost Knowledge : confronting the threat of an aging workforce*, Oxford, Oxford University Press, 2004.

Demorgon, J., « L'économie et l'entreprise », dans J. Demorgon et E. M. Lipiansky (dir.), *Guide de l'interculturel en formation*, Paris, Éditions Retz, 1999.

Devereux, G., *De l'angoisse à la méthode dans les sciences du comportement*, Paris, Flammarion, 1980.

Dick, P., et C. Cassell, « Barriers to managing diversity in a UK constabulary : the role of discourse », *Journal of Management Studies*, vol. 39, nº 7, p. 953-976, 2002.

d'Iribarne, P., « Face à la complexité des cultures, le management interculturel exige une approche ethnologique », *Management international*, vol. 8, nº 3, p. 11-20, 2004.

Ely, R. J., et D. A. Thomas, « Cultural diversity at work : the effects of diversity perspectives on work group processes and outcomes », *Administrative Science Quarterley*, vol. 46, nº 2, p. 229-273, 2001.

Fineman, S., « Emotion and management learning », *Management Learning*, vol. 28, nº 1, p. 13-25, 1997.

Fisher, R., et S. Brown, *Getting Together : Building Relationships as We Negotiate*, New York, Houghton Mifflin, 1988.

Foldy, E. G., « Managing diversity : identity and power in organizations », dans I. Aaltio et A. J. Mills (dir.), *Gender, Identity and the Culture of Organizations*, London, Routledge, 2002.

Fowler, S. M., et J. M. Blohm, « An analysis of methods for intercultural training », dans D. Landis, J. Bennett et M. J. Bennett (dir.), *Handbook of intercultural training*, Thousand Oaks, Sage Publications, 2004.

Friedman, V. J., et A. Berthoin Antal, « Interactive critical reflection as intercultural competence », dans D. Boud, P. Cressey et P. Docherty (dir.), *Productive reflection at work*, London, Routledge, 2006.

Friedman, V. J., et A. Berthoin Antal, « Negotiating Reality : A Theory of Action Approach to Intercultural Competence », *Management Learning*, vol. 36, nº 1, p. 69-86, 2005.

Gergen, K. J., M. M. Gergen et F. J. Barrett, « Dialogue : Life and Death of the Organization », dans D. Grant et autres (dir.), *The Sage Handbook of Organizational Discourse*, London, Sage, p. 39-59, 2004.

Gibb, J., « Defensive Communication », *Journal of Communication*, vol. 11, p. 141-148, 1961.

Gudykunst, W. B., et S. Ting-Toomey, *Culture and Interpersonal Communication*, Newbury Park, Sage, 1988.

Gudykunst, W. B., *Bridging Differences*, London, Sage Publications, 2004.

Hampden-Turner, C., et F. Trompenaars, *Au-delà du choc des cultures : dépasser les oppositions pour mieux travailler ensemble*, Paris, Éditions d'organisation, 2004.

Harrison, J. K., « Developing successful expatriate managers : a framework for the structural design and strategic alignment of cross-cultural training programs », *Human Resources Planning*, vol. 17, n° 3, p. 17-35, 1994.

Hofstede, G., *Culture and Organizations : Software of the Mind*, London, MacGraw-Hill, 1991.

Hofstede, G., *Culture's Consequences : International Differences in Work-Related Values*, Beverly Hills, Sage, 1980.

Hui, C., et H. Triandis, « Individualism-Collecitivsm : A Study of Cross-Cultural Researchers », *Journal of Cross-Cultural Psychology*, vol. 17, p. 225-248, 1986.

Janssens, M. et P. Zanoni, « Many diversities for many services : theorizing diversity (management) in service companies », *Human Relations*, vol. 58, n° 3, p. 311-340, 2005.

Johnson, D., et F. Johanson, *Joining Together*, Englewood Cliffs, Prentice Hall, 1982.

Jones, D., et R. Stablein, « Diversity as resistance and recuperation : critical theory, post-structuralist perspectives and workplace diversity », dans P. Prasad, J. K. Pringle et A. M. Konrad (dir.), *Handbook of Workplace Diversity*, London, Sage Publications, 2006.

Kanter, R., *The Change Masters*, New York, Simon & Schuster, 1983.

Kikoski, J. F., et C. K. Kikoski, *Reflexive Communication in the Culturally Diverse Workplace*, London, Quorum Books, 1996.

Kirton, G., et A.-M. Greene, *The Dynamics of Managing Diversity : a critical approach*, London, Elsevier, 2005.

Knowles, M., *The Modern Practice of Adult Education*, Chicago, Associated Press, 1970.

Kohls, L. R., *Training Know-how for Cross-cultural and Diversity Trainers*, Duncanville, Adult Learning Systems, 1995.

Kordes, H., « L'évolution des méthodes de formation : des didactiques aux pratiques expérimentales », dans J. Demorgon et E. M. Lipiansky (dir.), *Guide de l'interculturel en formation*, Paris, Éditions Retz, 1999.

Kossek, E. E., S. A. Lobel et J. Brown, « Human resource strategies to manage workforce diversity : examining "the business case" », dans P. Prasad, J. K.

Pringle et A. M. Konrad (dir.), *Handbook of Workplace Diversity*, London, Sage Publications, 2006.

Kozakaï, T., *L'Étranger, l'identité : essai sur l'intégration culturelle*, Paris, Payot, 2007.

Lachman, R., A. Nedd et B. Hinnings, « Analyzing Cross-National Management and Organizations : A Theoretical Framework », *Management Science*, vol. 40, p. 40-55, 1994.

Liff, S., « Two routes to managing diversity : individual differences or social group characteristics », *Employee Relations*, vol. 19, n° 1, p. 11-26, 1996.

Linnehan, F., et A. M. Konrad, « Diluting diversity : implications for intergroup inequality in organizations », *Journal of Management Inquiry*, vol. 8, n° 4, p. 399-414, 1999.

Littlejohn, S. W., « Moral Conflict in Organizations », dans A. M. Nicotera (dir.), *Conflcit and Organizations : Communicative Processes*, Albany, State University of New York Press, p. 101-125, 1995.

Lorbiecki, A., « Changing Views on Diversity Management : The Rise of the Learning Perspective and the Need to Recognize Social and Political Contradictions », *Management Learning*, vol. 32, n° 3, p. 345-361, 2001.

McSweeney, B., « Hofstede's Model of National Culture Differences and their Consequences : A Triumph of Faith : A Failure of Analysis », *Human Relations*, vol. 55, p. 89-118, 2002.

Mendenhall, M., et G. Oddou, « Acculturation profiles of expatriate managers : implications for cross-cultural training programs », *Columbia Journal of World Business*, vol. 21, n° 4, p. 73-80, 1986.

Michaels, W. B., *The Trouble with Diversity : how we learned to love identity and ignore inequality*, New York, Owl, 2007.

Mir, R., A. Mir et D. J. Wong, « Diversity : the cultural logic of global capital ? », dans P. Prasad, J. K. Pringle et A. M. Konrad (dir.), *Handbook of Workplace Diversity*, London, Sage Publications, 2006.

Paige, R. M., « Instrumentation in intercultural training », dans D. Landis, J. Bennett et M. J. Bennett (dir.), *Handbook of Intercultural Training*, Thousand Oaks, Sage Publications, 2004.

Prasad, A., « The jewel in the crown : postcolonial theory and workplace diversity », dans P. Prasad, J. K. Pringle et A. M. Konrad (dir.), *Handbook of Workplace Diversity*, London, Sage Publications, 2006.

Prasad, P., et A. J. Mills, « From showcase to shadow : understanding the dilemmas of managing workplace diversity », dans P. Prasad et autres (dir.), *Managing the Organizational Melting Pot : dilemmas of workplace diversity*, Thousand Oaks, Sage Publications, 1997.

Prasad, P., J. K. Pringle et A. M. Konrad, « Examining the contours of workplace diversity : concepts, contexts and challenges », dans P. Prasad, J. K. Pringle et

A. M. Konrad (dir.), *Handbook of Workplace Diversity*, London, Sage Publications, 2006.

Redding, S. G., « Comparative Management Theory : Jungle, Zoo or Fossile Bed ? », *Organization Studies*, vol. 15, p. 323-359, 1994.

Roberts, K. J., et N. Boyacigiller, « Cross-National Organizational Research : The Grasp of the Blind Man », dans B. M. Staw et L. L. Cummings (dir.), *Research in Organizational Behavior 6*, Stamford, JAI, 1984.

Rothman, J., *Resolving Identity-Based Conflict in Nations, Organizations and Communities*, San Francisco, Jossey-Bass Publishers, 1997.

Rynes, S., et B. Rosen, « A field survey of factors affecting the adoption and perceived success of diversity training », *Personnel Psychology*, vol. 48, p. 247-270, 1995.

Soin, K., et T. Scheytt, « Making the Case for Narrative Methods in Cross-Cultural Organizational Research », *Organizational Research Methods*, vol. 9, n° 1, p. 55-77, 2006.

Tayeb, M., « Conducting Research across Cultures : Overcoming Drawbacks and Obstacles », *International Journal of Cross Cultural Management*, vol. 1, p. 91-108, 2001.

Thomas, D. A., et R. J. Ely, « Making differences matter : a new paradigm for managing diversity », *Harvard Business Review*, vol. 74, n° 5, p. 79-90, 1996.

Thomas, R. et A. Davies, « Theorizing the micro-politics of resistance : new public management and managerial identities in the UK public services », *Organization Studies*, vol. 26, n° 5, p. 683-706, 2005.

Ting-Toomey, S., et autres, « Culture, Face Maintenance, and Styles of Handling Interpersonal Conflict : A Study in Five Cultures », *The International Journal of Conflict Management*, vol. 2, n° 4, p. 275-296, 1991.

Ting-Toomey, S., et J. G. Oetzel, *Managing Intercultural Conflict Effectively*, London, Sage Publications, 2001.

Ting-Toomey, S., « Intercultural conflict styles : a face-negotiation theory », dans Y. Y. Kim et W. B. Gudykunst (dir.), *Theories in Intercultural Communication*, London, Sage Publications, 1988.

Ting-Toomey, S., *Communicationg across Cultures*, New York, The Guilford Press, 1999.

Triandis, H., « Collectivism Vs. Individualism : A Reconceptualization of a Basic Concept in Cross-Cultural Psychology », dans G. Verma et C. Bagley (dir.), *Cross-Cultural Studies of Personality, Attitudes and Cognition*, London, Macmillan, p. 60-95, 1988.

Triandis, H., *Individualism and Collectivism*, Boulder, Westview, 1995.

Trompenaars, F., et C. Hampden-Turner, *Riding the Waves of Culture : Understanding Cultural Diversity in Business*, London, Nicholas Breazley, 1997.

Webb, J., « The politics of equal opportunity », *Gender, Work and Organization*, vol. 4, n° 3, p. 159-167, 1997.

Williamson, D., « Forward from a Critique of Hofstede's Model of National Culture », *Human Relations*, vol. 55, p. 1373-1395, 2002.

Wilmot, W., et J. Hocker, *Interpersonal Conflict*, Boston, McGraw-Hill, 1998.

Zanoni, P., et M. Janssens, « Deconstructing difference : the rhetoric of human resource managers' diversity discourse », *Organization Studies*, vol. 25, nº 1, p. 55-74, 2004.

CHAPITRE III.3

GESTION DES ALLIANCES INTERNATIONALES

FABIEN BLANCHOT[1]

INTRODUCTION

Chaque année, plusieurs milliers d'alliances sont nouées (Kang et
Sakai, 2000 ; Cools et Roos, 2005). Selon une étude de Harbison
et collaborateurs (2000), plus de 20 000 alliances auraient été
établies dans le monde en deux ans au tournant du XXIᵉ siècle (contre
15 000 fusions et acquisitions). Mais, d'après les données de Thomson
Financial, les conclusions d'alliances auraient toujours été moins nombreuses que celles des fusions et acquisitions depuis 15 ans et l'écart tendrait à
se creuser depuis le milieu des années 1990 (Cools et Roos, 2005). Le
caractère contradictoire des données quantitatives dans ce domaine n'est
guère étonnant. D'une part, les alliances stratégiques sont des opérations
moins visibles que les fusions et les acquisitions, donc probablement sous-
estimées. D'autre part, l'objet d'observation varie d'une étude à l'autre. Par
exemple, certains ne s'intéressent qu'aux alliances internationales, plus
nombreuses que leurs semblables nationales si l'on se réfère aux recensements
disponibles. Dans ce cas, il semble que le poids des alliances s'accroît (comparativement à celui des fusions et acquisitions internationales) et peut
excéder, certaines années, 50 % (Kang et Sakai, 2000).

---

1. Fabien Blanchot détient un doctorat en sciences de gestion de l'Université de Bourgogne
(France). Il est maître de conférences à l'Université Paris-Dauphine. Ses intérêts de recherche portent
sur les alliances et, plus généralement, les rapprochements d'entreprises. Il est auteur de plusieurs articles académiques et de contributions à des livres.

Les enquêtes sur la place des alliances dans l'activité des entreprises sont davantage convergentes, suggérant toutes leur montée en puissance. Selon une étude réalisée par CFO Research Services[2] (2004), les directeurs financiers considèrent de plus en plus que les alliances sont essentielles ou très importantes pour leur entreprise. Ce qui est cohérent avec le constat, d'après une étude de Harbison et collaborateurs (2000), d'une contribution croissante des alliances aux recettes des plus grandes entreprises américaines et européennes. À titre d'exemple, le pharmacien Merck reconnaît que 38 % de son chiffre d'affaires est le fruit d'alliances et pense que sa survie passe par des partenariats réussis[3].

Sans aucun doute, les alliances sont une arme stratégique incontournable pour les entreprises. Elles constituent un levier de leur compétitivité, pouvant contribuer à l'amélioration de l'une ou l'autre des composantes du CQFD (coût-qualité-flexibilité-délais). Elles sont aussi un levier pour leur développement, comme substitut ou complément à la croissance interne et externe. De plus en plus d'organisations l'ont compris et créent une nouvelle fonction dans l'entreprise, dédiée à la gestion des alliances. En parallèle, la profession « d'allianceur », de manager d'alliance, s'organise. Effectivement, la recherche et la sélection de partenaires, la négociation et conception d'un accord et le pilotage d'une relation exigent des compétences particulières (Blanchot, 2006b, 2006c).

Mais que sont les alliances[4] ? Il existe de nombreuses définitions et aucune n'est supérieure à l'autre, parce que les mots n'ont pas d'essence. La définition à retenir est simplement celle qui correspond au phénomène que l'on souhaite étudier en priorité. Ici, on s'intéresse aux relations entre organisations qui se caractérisent par trois particularités. Premièrement, elles sont établies entre des entités qui sont et demeurent juridiquement indépendantes. Les cocontractants peuvent avoir tout type de profil : organisations publiques ou privées, multinationales ou petite ou moyenne entreprise (PME), entreprises concurrentes, situées à des stades différents d'une même filière ou appartenant à des champs concurrentiels différents. Deuxièmement, elles sont conçues conjointement par les partenaires. Comme le précise Gazier (1993, p. 97),

> il y a coopération et coopération. L'intérêt bien compris des participants à une entreprise les amène à collaborer et à poursuivre ensemble un objectif défini par certains d'entre eux : mais c'est autre chose que d'établir ensemble la nature

---

2.   « The CFO'S Perspective on alliances », CFO Publishing Corp, www.cfoenterprises.com/research.shtml (consulté le 14 mars 2007).

3.   *Le Monde* du 6-7 novembre 2005.

4.   Pour une présentation approfondie, voir Blanchot (2007).

même des activités et les modalités de la collaboration, ce qui est véritablement coopération.

Troisièmement, elles se traduisent par des engagements explicites réciproques dont l'exécution s'inscrit dans la durée. Ces engagements peuvent porter sur des contributions diverses qui dépendent de l'objet de l'accord. Dans certains cas, les partenaires décident de réaliser leur opération conjointe à l'intérieur d'une filiale commune (coentreprise). Cette définition coïncide avec celles qui ont été retenues dans les travaux sur les alliances qu'on a utilisés ici. Elle exclut du champ de l'analyse les fusions et les acquisitions *stricto sensu*, c'est-à-dire les cas où soit l'une des entreprises prend juridiquement le contrôle de l'autre, soit les entreprises fusionnent par absorption ou création d'une société nouvelle qui les remplace.

On focalisera notre attention sur les alliances internationales. Ce sont, pour beaucoup d'entre elles, des opérations conclues entre des partenaires de nationalité différente. Mais il peut aussi s'agir de relations établies entre des entreprises congénères pour des activités à l'étranger. Par exemple, Coca-Cola et McDonald's s'épaulent mutuellement à l'international. Le profil des partenaires dans une opération à l'international est, en partie tout au moins, une question de choix. On considère donc ici qu'une alliance est internationale dès lors qu'elle a au moins une dimension transfrontalière, qu'il s'agisse du profil des cocontractants ou du projet concerné. Cette définition large est cohérente avec le projet du présent ouvrage : traiter de la gestion en contexte interculturel. En effet, qu'il s'agisse de travailler avec un partenaire de nationalité différente ou avec un congénère dans un contexte étranger, il y a rencontre de cultures organisationnelles et politiques (nationales) différentes.

Les différences culturelles sont souvent considérées comme un obstacle à la réussite des alliances. Dans l'étude de CFO Research Services (2004, voir la note 3), le « clash culturel » est mentionné comme facteur important d'échec pour plus d'un répondant sur cinq. Mais qu'en est-il vraiment et pourquoi ? C'est à cette question qu'on cherchera d'abord à apporter des éléments de réponse, avant de traiter de la gestion des différences culturelles dans les alliances internationales.

DIFFÉRENCES CULTURELLES ET RÉUSSITE DES ALLIANCES

Beaucoup de travaux cherchent à comprendre ce qui peut expliquer le succès, la réussite ou l'échec des alliances[5]. D'autant que le taux d'échec des

---

5.   Cette partie introductive s'appuie sur Blanchot (2006a).

rapprochements est réputé élevé. Mais quand peut-on dire qu'une alliance est réussie, constitue un succès ou, au contraire, a échoué ? Il n'existe pas de réponse univoque à cette question. Certains considèrent qu'il y a succès ou réussite quand chacun des partenaires a atteint ses objectifs stratégiques. D'autres associent le succès au fait que l'opération conjointe est rentable et que tous les partenaires atteignent leurs objectifs stratégiques initiaux ou sont satisfaits de la relation. En réalité, l'évaluation en matière de succès ou d'échec est très réductrice, puisqu'elle consiste à raisonner de manière binaire et conduit à caractériser de manière tranchée des situations qui mériteraient bien souvent d'être nuancées. L'approche est d'autant plus problématique ou contestable qu'elle ne s'appuie que sur un indicateur, sachant qu'aucun indicateur n'est exempt de limites et que différents indicateurs peuvent donner des résultats très différents. Il semble donc souhaitable, lorsqu'il s'agit de juger du degré de réussite d'une alliance, de combiner plusieurs indicateurs. Suivant cette perspective, on peut utiliser des indicateurs de performance (passée ou attendue, en statique et en dynamique) de l'alliance, de la dynamique des modalités initiales de l'alliance, de son issue (survie ou disparition au moment de l'observation) et de sa durée ou longévité (figure III.3.1).

Les indicateurs de performance peuvent être de quatre types. Premièrement, l'évaluation peut concerner les effets (passés, présents ou futurs) de l'alliance sur les partenaires. Il s'agit alors de mesurer ou d'estimer les conséquences (réelles ou potentielles[6]) de l'alliance sur, par exemple, la valeur boursière des partenaires, leurs résultats comptables, leur part de marché, leur production d'innovations organisationnelles, de processus ou de produits, ou encore leur acquisition de compétences.

Deuxièmement, il est possible de focaliser l'attention sur les résultats de l'objet[7] de l'alliance, c'est-à-dire sur le projet, l'activité ou les transactions. Si, par exemple, l'alliance sert un projet d'implantation dans un pays étranger, la mesure pourra concerner l'atteinte ou non des objectifs d'activité que les partenaires s'étaient fixés pour une date ou une période donnée, les résultats économiques de l'éventuelle entité commune, etc.

Troisièmement, on peut s'intéresser à la qualité (ou performance) de la relation entre les partenaires, à son atmosphère, c'est-à-dire à la manière dont les acteurs vivent et évaluent (ou anticipent) leurs rapports dans l'alliance et jugent leurs partenaires. Il s'agit alors de caractériser la relation à partir des comportements observables (par exemple, la fréquence des conflits

---

6. On parle parfois dans ce cas de potentiel de création de valeur.
7. Au sens de « ce sur quoi porte ».

ou la capacité ou non à prendre des décisions conjointes) ou à mesurer les sentiments des acteurs en ce qui concerne la justice organisationnelle[8], la loyauté du partenaire, l'effort d'adaptation du partenaire, la conflictualité de la relation, les rapports de pouvoir, la longanimité du partenaire, l'intensité de la confiance mutuelle.

Quatrièmement, enfin, certains indicateurs, que l'on peut qualifier de composites, peuvent concerner plusieurs des trois objets précédents de la performance des alliances, donc se situer à différents endroits de l'aire circonscrite par les trois arêtes qui relient ces trois objets. Par exemple, quand on demande à des acteurs d'indiquer leur degré de satisfaction globale à l'égard de la performance de leur alliance, on se situe au sein du « triangle » de la performance tel qu'il apparaît dans la figure III.3.1. De la même façon, quand on s'intéresse au degré d'atteinte des objectifs des partenaires, que ceux-ci soient communs ou privés, initiaux ou émergents, on se situe plutôt sur l'arête « performance des partenaires – performance de l'objet de l'alliance ».

Figure III.3.1
LES INDICATEURS POUR ÉVALUER LE DEGRÉ DE RÉUSSITE D'UNE ALLIANCE[a]

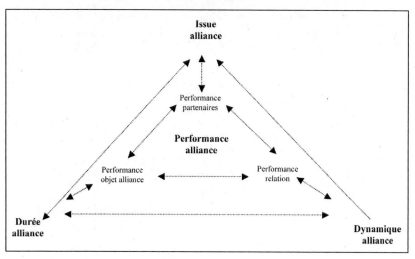

a   Les traits en pointillé signifient que les relations ne sont pas mécaniques. Les flèches à double sens signifient que les causalités peuvent être à double sens.

Source : Blanchot (2006a).

---

8.   La justice organisationnelle recouvre la justice distributive et procédurale.

Ces indicateurs de performance sont interdépendants. Par exemple, une piètre qualité de la relation peut nuire à la performance de l'objet de l'alliance qui peut affecter la performance des partenaires. Réciproquement, une dégradation de la performance d'un des partenaires du fait de l'alliance peut altérer la performance de l'objet de l'alliance et la qualité de la relation. Cette relation n'est toutefois pas mécanique parce que la performance de l'alliance peut avoir d'autres antécédents que ses propres objets.

La performance de l'alliance entretient aussi des relations avec la dynamique, la durée et l'issue de l'alliance, qui constituent d'autres indicateurs pour juger du degré de réussite d'une alliance. Pour autant, le seul usage de ces indicateurs est dangereux parce qu'il peut conduire à des interprétations erronées. Par exemple, certains partenaires mettent fin à leur alliance non pas parce qu'ils estiment qu'elle a échoué mais parce que les objectifs initiaux de l'opération ont été atteints.

Les notions de succès, d'échec et de degré de réussite étant précisées, il reste à rendre compte de l'effet des différences culturelles.

Des résultats contradictoires

Parmi les facteurs susceptibles d'influencer la performance et le résultat des alliances, on trouve notamment le profil des parties prenantes et, en particulier, la nationalité des partenaires ou la distance culturelle qui en résulte. Cette caractéristique reflète la diversité interentreprises. Dans la littérature sur les alliances, on distingue deux types de diversité (Parkhe, 1991) : celle en matière de ressources et capacités des partenaires (diversité de type I) et celle en matière de culture et de processus ou de normes opérationnelles (diversité de type II).

Il est généralement fait l'hypothèse que la diversité de type II est un facteur d'échec ou un défi au développement de relations réussies (Parhke, 1991 ; Cartwright et Cooper, 1993 ; Sirmon et Lane, 2004). En réalité, toutes les études empiriques ne valident pas cette hypothèse : dans les recherches mentionnées (voir le tableau III.3.1), 21 tests sont conformes à l'hypothèse (influence négative significative des différences culturelles), mais huit aboutissent à un effet opposé (influence significative positive sur la performance ou le résultat de l'alliance) et 25 apparaissent non significatifs[9].

---

9. Un résultat qui est significatif pour une modélisation et non significatif pour une autre modélisation utilisant le même échantillon (ce qui peut se produire quand plusieurs modèles composés de variables différentes sont testés au sein d'une même recherche) est comptabilisé deux fois.

Tableau III.3.1
LES PRINCIPAUX RÉSULTATS DES RECHERCHES ÉVALUANT L'EFFET DES DIFFÉRENCES CULTURELLES NATIONALES (DCN) SUR LA PERFORMANCE DES ALLIANCES

Auteurs des recherches	Indicateur de DCN utilisé	Indicateur de performance	Effet constaté
Harrigan (1988)	Différence de nationalité des partenaires	Performance appréciée par répondants	–
		Longévité alliance	+
Kogut (1988)	Différence de nationalité des partenaires	Taux de mortalité de la coentre-prise	–
Meschi et Roger (1994)	Distance culturelle nationale perçue par les répondants	Participation salariés et climat organisationnel	–
Hu et Chen (1996)	Nationalité du partenaire de l'entreprise chinoise	Performance de l'objet de l'accord	+ / – / ns ***
Park et Russo (1996)	Différence de nationalité entre les partenaires	Longévité de la coentreprise	ns
Barkema et autres (1997)	Distance culturelle[a] entre entreprise qui s'internationalise et pays pénétré	Longévité de la coentreprise	–
	Évitement incertitude (distance pays entreprise – pays pénétré)	Longévité de la coentreprise	–
	Distance hiérarchique (distance pays entreprise – pays pénétré)	Longévité de la coentreprise	ns
	Masculinité (distance pays entreprise – pays pénétré)	Longévité de la coentreprise	ns
	Individualisme (distance pays entreprise – pays pénétré)	Longévité de la coentreprise	– / ns *
	Distance culturelle[a] entre entreprise qui s'internationalise et PVD pénétré	Longévité de la coentreprise	–
	Distance culturelle[a] entre entreprise qui s'internationalise et pays industrialisé pénétré	Longévité de la coentreprise	ns
	Différence entre groupe culturel d'appartenance de l'entreprise et groupe culturel du pays industrialisé pénétré (typologie Ronen et Shenkar)	Longévité de la coentreprise	–

Auteurs des recherches	Indicateur de DCN utilisé	Indicateur de performance	Effet constaté
Barkema et Vermeulen (1997)	Distance culturelle[b] entre entreprise qui s'internationalise et pays pénétré	Longévité de la coentreprise	– / ns **
	Individualisme (distance pays entreprise – pays pénétré)	Longévité de la coentreprise	ns
	Évitement incertitude (distance pays entreprise – pays pénétré)	Longévité de la coentreprise	–
	Masculinité (distance pays entreprise – pays pénétré)	Longévité de la coentreprise	–
	Distance hiérarchique (distance pays entreprise – pays pénétré)	Longévité de la coentreprise	ns
	Orientation long terme (distance pays entreprise – pays pénétré)	Longévité de la coentreprise	–
Mjoen et Tallman (1997)	Distance culturelle estimée par les répondants (plusieurs éléments)	Performance appréciée par répondants	ns
Park et Ungson (1997)	Distance culturelle[a] entre les partenaires	Longévité de la coentreprise	+ / ns *
Makino et Beamish (1998)	Différence de nationalité entre les partenaires	Survie de la coentreprise	–
Fey et Beamish (2001)	Distance culturelle[a] entre les partenaires	Satisfaction performance de la coentreprise	ns
Hennart et Zeng (2002)	Différence de nationalité entre les partenaires	Longévité de la coentreprise	–
Luo (2002)	Distance culturelle nationale perçue par les répondants	Ventes / actif	ns
		Profit net / investissement total	ns
		Confiance interpersonnelle	–
		Confiance interorganisationnelle	–

[a]   Distance culturelle calculée à partir d'un index agrégé développé par Kogut et Singh et utilisant les données de Hofstede.

[b]   Distance culturelle calculée à partir d'un index agrégé développé par Kogut et Singh – ou un index euclidien développé par les auteurs – et utilisant les données de Hofstede.

*   Résultat variant selon les variables de contrôle introduites dans le modèle.

**   Résultat variant selon que la distance culturelle est calculée à partir des 4 dimensions ou des 5 dimensions retenues par Hofstede. Significativité en revanche peu ou pas affectée par la période d'observation (différentes périodes testées entre 1966 et 1994) et par le type d'index utilisé pour mesurer la distance culturelle.

Auteurs des recherches	Indicateur de DCN utilisé	Indicateur de performance	Effet constaté
Pothukuchi et autres (2002)	Distance culturelle[a] entre les partenaires	Efficience de la coentreprise	+ / ns *
		Compétitivité de la coentreprise	+ / ns *
		Satisfaction à l'égard relation	ns
	Individualisme (distance entre partenaires)	Efficience de la coentreprise	+
	Évitement incertitude (distance entre partenaires)	Efficience de la coentreprise	ns
	Masculinité (distance entre partenaires)	Efficience de la coentreprise	+
	Distance hiérarchique (distance entre partenaires)	Efficience de la coentreprise	ns
	Individualisme (distance entre partenaires)	Compétitivité de la coentreprise	ns
	Évitement incertitude (distance entre partenaires)	Compétitivité de la coentreprise	ns
	Masculinité (distance entre partenaires)	Compétitivité de la coentreprise	ns
	Distance hiérarchique (distance entre partenaires)	Compétitivité de la coentreprise	ns
	Individualisme (distance entre partenaires)	Satisfaction à l'égard relation	–
	Évitement incertitude (distance entre partenaires)	Satisfaction à l'égard relation	–
	Masculinité (distance entre partenaires)	Satisfaction à l'égard relation	–
	Distance hiérarchique (distance entre partenaires)	Satisfaction à l'égard relation	– / ns *
Lu (2006)	Distance culturelle perçue par les répondants	Satisfaction globale	– / ns ****

***   Résultats variables selon que le partenaire de l'entreprise chinoise est Hongkongais, Japonais, Américain, Européen ou d'une autre nationalité.

****   Résultats variables selon que les gestionnaires interrogés et engagés dans des coentreprises en Chine sont Japonais ou Taïwanais.

s = significatif avec une probabilité d'erreur inférieure ou égale à 5 % ; ns = non significatif (probabilité d'erreur supérieure à 5 %).

PVD = Pays en voie de développement.

Des éléments d'explication à l'influence culturelle parfois négative

La diversité culturelle fait référence au fait que des groupes ne partagent pas les mêmes systèmes d'interprétation de la réalité, normes de référence, croyances ou valeurs. Elle signifie que deux groupes peuvent avoir des façons différentes de penser, d'agir et de réagir. Par exemple, le conflit peut être perçu, par un groupe, comme sain, utile, naturel et inévitable ou, au contraire, comme un mal destructeur qu'il faut éviter (Parkhe, 1991, p. 585). Il peut s'y adjoindre des différences linguistiques et une habitude de soumission à des institutions différentes. Si cette diversité nuit parfois à la performance, à la dynamique, ou à la durée des alliances, c'est sans doute parce qu'elle peut perturber l'interaction, la relation, et empêcher, de la sorte, la pleine exploitation des complémentarités des partenaires en matière de ressources et de capacités ou de l'adaptation aux évolutions du contexte. En fait, elle peut réduire l'aptitude à coopérer (travailler ensemble) et à s'adapter pour au moins trois raisons.

Tout d'abord, les différences culturelles favorisent les incompréhensions. Le fait de ne pas partager les mêmes systèmes d'interprétation de la réalité, les mêmes normes, croyances ou valeurs favorise les différences de jugement, de perception des problèmes ou d'approche dans le traitement des difficultés (d'Iribarne et autres, 2002 ; Kumar et Andersen, 2000). Il peut en résulter de multiples conflits managériaux (Park et Ungson, 1997, p. 282-283) ou des débats chronophages et sans fin qui empêchent les prises de décision rapides et pertinentes (Yan et Zeng, 1999, p. 400). L'incompréhension peut aussi conduire à une interprétation erronée des intentions stratégiques de chacun (Sirmon et Lane, 2004) et constituer un obstacle à la construction de la confiance (Inkpen et Currall, 1998 ; Faulkner et Rond, 2000 ; Luo, 2002). Les différences linguistiques et communicationnelles (verbales et non verbales) peuvent entraîner des maladresses et des frustrations qui nuisent à la qualité de la relation (Emerson, 2001 ; Chevrier, 1996). Elles peuvent aussi appauvrir la communication et rendre l'apprentissage mutuel plus difficile, ce qui renforce l'incompréhension, voire la méfiance. Or, ces dernières peuvent engendrer une moins grande participation des partenaires et de l'insatisfaction (Inkpen et Birkenshaw, 1994) ainsi qu'une incapacité à renégocier les termes de l'accord face aux évolutions de l'environnement. Ce sont autant de facteurs qui provoquent la dégradation des résultats économiques de l'alliance et, à terme, entraînent sa dissolution (Doz, 1996 ; Arino et de la Torre, 1998 ; Lane, Salk et Lyles, 2001 ; Luo, 2002).

Ensuite, les différences culturelles et linguistiques peuvent engendrer factionnalisme ou clanisme. La différence culturelle et de nationalité peut être source d'identités sociales distinctes qui renforcent la différenciation (Salk et Brannen, 2000), favorisent les sentiments négatifs (Salk et Shenkar, 2001) et suscitent des stratégies de résistance (Van Marrewijk, 2004). Comme le suggère la théorie de l'identité sociale, les individus s'identifient à différents groupes sociaux qui peuvent varier selon le contexte. Il est possible, en conséquence que les acteurs d'une coopération s'identifient au même groupe, ou, au contraire à deux clans qui se distinguent, par exemple, par leur nationalité. Une forte identification de l'ensemble des acteurs de la coopération au même groupe favorise la communication, la rapidité et la qualité des prises de décision ainsi que la collaboration individuelle dans la mise en œuvre. Dans le cas contraire, le conflit est probable (Li, Xin et Pillutla, 2002).

Enfin, les différences culturelles peuvent être génératrices d'incompatibilités. En particulier, les mécanismes de résolution des conflits et de génération de la coopération, de l'engagement et de la confiance peuvent varier selon les cultures et être difficilement transposables d'une culture à l'autre (Parkhe, 1991 ; Pothukuchi et autres, 2002 ; Luo, 2002). Il peut en résulter une difficulté à susciter la coopération et à résoudre les conflits qui émergent. Par exemple, il peut être difficile d'établir un rapport de confiance entre des individus provenant de cultures dites « universalistes » et « particularistes » (Trompenaars, 1994 ; Child et Faulkner, 1998, p. 235). En effet, alors que la règle doit l'emporter sur la relation pour les premiers, les relations personnelles doivent primer pour les seconds. Les universalistes peuvent alors penser que leur partenaire n'est pas digne de confiance parce qu'ils privilégieront toujours leurs amis. Réciproquement, les particularistes peuvent penser que leurs partenaires « universalistes » ne sont pas dignes de confiance parce qu'ils sont peu enclins à aider un ami. Par ailleurs, s'il n'y a pas de partage des mêmes principes généraux de relations, constitutifs d'un contrat social[10], la perception de violation de normes est susceptible d'être fréquente chez les partenaires. Or, cette évaluation négative provoque un désir de désengagement de la relation (Fréchet, 2002 ; Monin, 2002).

A contrario, la similarité des acteurs devant coopérer a souvent été associée dans la littérature sociologique et organisationnelle à des effets positifs (Parkhe, 1991) : elle serait facteur d'attraction (partage de besoins et d'objectifs communs), donc d'attitudes positives conduisant à des résul-

---

10. Ce contrat social, tout comme le contrat psychologique qui renvoie à la représentation qu'a un individu de ce qu'est le contrat qui lie son entreprise à une autre, s'ajoute, voire se substitue, au contrat juridique et crée des attentes particulières.

tats positifs. De même, une similarité de statuts et de valeurs servirait de base aux relations sociales, constituerait un mécanisme d'interaction sociale et de construction de la confiance.

Des éléments d'explication à l'influence culturelle parfois positive

Si les différences culturelles ont parfois une influence positive sur la réussite des alliances, c'est sans doute parce qu'elles peuvent procurer des avantages. C'est d'ailleurs la conviction de certains dirigeants. Par exemple, Carlos Ghosn, qui a d'abord piloté Nissan puis Renault-Nissan et qui a été un artisan de la construction de l'alliance Renault-Nissan, déclarait le 29 mai 2002 à la Maison de la culture du Japon à Paris[11] :

> les différences sont aussi des sources d'enrichissement [...]. Un des intérêts de l'alliance entre Renault et Nissan, c'est de démontrer cela à travers des faits [...] j'ai la conviction que le fait d'accepter les différences et de les faire travailler ensemble, de détruire les murs qui séparent est un facteur d'enrichissement culturel et économique extrêmement important.

Les raisons pour lesquelles la diversité culturelle peut être créatrice de valeur dans une coopération interentreprises sont peu évoquées dans la littérature sur les alliances. On peut néanmoins supposer l'existence d'au moins cinq avantages potentiels.

Premièrement, des systèmes de signification différents, des approches différentes peuvent stimuler l'innovation (Doz, Santos et Williamson, 2004). En effet, l'innovation ne procède pas uniquement de la créativité indivi-duelle, mais aussi de la « confrontation avec la variété, c'est-à-dire de ren-contres entre des personnes et des organisations qui ont des vues, des objectifs et/ou des savoirs différents » (Romelaer, 2002, p. 75). Dans un même ordre d'idées, certains avancent que seules les entreprises de différen-tes cultures ont beaucoup à gagner l'une de l'autre en matière d'apprentis-sage, les différences perçues pouvant constituer des occasions d'améliorer leurs propres processus (Faulkner et Rond, 2000).

Deuxièmement, l'association avec un partenaire originaire du pays dans lequel on souhaite se développer peut constituer un atout significatif (Makino et Beamish, 1998, p. 810) en procurant les capacités requises pour réussir. Les capacités font référence, d'une manière générale, à ce que les entreprises peuvent faire grâce à leurs ressources et à leurs savoirs organisa-

---

11. Le résumé des points forts de cette conférence est disponible sur http://www.cefj.org/fr/archi-ves/CR/Ghosn.pdf (consulté le 14 mars 2007).

tionnels (un ensemble d'informations, de savoir-faire, de manières de penser). Ces savoirs organisationnels sont encastrés dans des routines qui constituent les recettes (savoir-faire) ou les principes organisationnels en vigueur dans une entreprise (Nelson et Winter, 1982 ; Langlois et Robertson, 1995, p. 16). Ces routines combinent de façon inextricable savoirs individuels, organisation et technologies. Elles résultent d'une histoire propre, sont peu visibles, complexes, difficilement enseignables et difficilement codifiables (réductibles à des règles et des relations aisément communicables, formalisables). Elles sont donc au mieux imparfaitement transférables au-delà des frontières de l'entreprise et pas facilement imitables (Kogut et Zander, 1993). Cela explique pourquoi les entreprises diffèrent dans leurs capacités et que ces différences ont des effets durables sur leur performance relative (Kogut et Zander, 1992, p. 387). Les capacités requises sont celles dont l'entreprise a besoin pour son développement international. Elles peuvent différer de celles qu'elle possède déjà. Ce peut être le cas quand l'entreprise entre dans un domaine d'activité non familier (pour des raisons technologiques ou de marché), mais aussi lorsqu'il s'agit de travailler dans un environnement culturel nouveau où les manières d'agir (avec les salariés, les fournisseurs, les clients) diffèrent significativement. En particulier, quand la distance socioculturelle est élevée, les mœurs des étrangers et les codes de communication sont susceptibles de rendre moins appropriées les techniques et les procédures de gestion de l'entreprise qui s'internationalise. Les savoirs manquants peuvent donc être des savoirs organisationnels, mais aussi des savoirs propres à un marché. Ces derniers peuvent comporter une composante encastrée dans le contexte local qui rend leur acquisition difficile pour une entreprise qui n'est pas autochtone ou implantée depuis longtemps sur le marché (Madhok, 1997 ; Morosini, Shane et Singh, 1998). Comme ces savoirs sont difficiles à imiter et longs à acquérir, l'association avec une entreprise qui les détient et, concomitamment, la différence culturelle entre les partenaires deviennent un atout. En outre, plus la distance culturelle est grande entre le pays d'origine de l'entreprise et le pays pénétré, plus le potentiel de création de valeur collective devrait être important (Morosini, Shane et Singh, 1998), puisque l'utilité de la contribution du partenaire local s'accroît logiquement avec l'écart entre les routines requises par l'entreprise qui s'internationalise et celles qui sont détenues.

Troisièmement, les différences flagrantes peuvent encourager la tolérance, le respect et l'effort d'adaptation mutuelle. L'avantage de différences culturelles patentes, comme lorsque des Américains, des Latino-Européens ou des Européens doivent travailler avec des Asiatiques, est de créer une

« sensibilité spontanée », de créer une conscience aiguë des défis à relever qui peut inciter à fournir des efforts et conduire à une communication intensive ainsi qu'à une coopération soutenue (Sirmon et Lane, 2004). Dans les accords où les partenaires sont de même nationalité ou parlent la même langue (pays francophones, anglophones), les différences culturelles peuvent être moins évidentes et ne pas faire l'objet d'une attention toute particulière, même si elles sont loin d'être négligeables (Sirmon et Lane, 2004).

Quatrièmement, l'encastrement des capacités des entreprises dans des contextes sociaux différents peut limiter leur transparence et, ce faisant, le risque concurrentiel d'internalisation des compétences du partenaire (Hamel, 1991). C'est un facteur favorisant l'interdépendance durable, donc la longévité de l'alliance.

Enfin, la combinaison culturelle peut aider à combattre les « biais culturels » ou résoudre certains problèmes typiques des alliances. Par exemple, les propos de la personne (issue de chez Renault) chargée, chez Nissan en 2002, des futurs produits, de leur design et de leur ingénierie, illustrent bien le premier point :

> l'ambiguïté est quelque chose que les Japonais n'aiment pas du tout et maîtrisent très mal [...] ils n'aiment pas avoir à faire face à l'ambiguïté. Face à l'ambiguïté, deux attitudes sont observables : soit il y a rejet, c'est-à-dire retour sur des détails, quitte à chercher des données quasiment impossibles à trouver, soit il y a délégation de cette ambiguïté. Dans le cas de l'alliance Renault-Nissan, une bonne partie de la gestion de l'ambiguïté et du flou a été déléguée au moins au départ aux étrangers[12].

De la même façon, le fait pour des Indiens, par exemple, de travailler avec des entreprises de sociétés plus masculines (importance accordée au succès économique) peut créer chez eux une certaine forme d'admiration et les conduire à penser que le succès de la coentreprise est lié à cette importance que leur partenaire accorde au succès économique (Pothukuchi et autres, 2002). Comme problème typique des alliances, on peut citer l'ambiguïté de rôle perçue par les gestionnaires de la coentreprise. Or, une différence importante en matière de « contrôle de l'incertitude[13] » entre les partenaires peut stimuler la communication et, ce faisant, contribuer à éclairer le manager sur ses missions et ses marges de manœuvre (Shenkar et Zeira, 1992).

---

12. Extrait de la note pédagogique du cas Renault-Nissan (Blanchot et Kalika, 2002).
13. En référence aux travaux d'Hofstede.

Dans une certaine mesure, les différences culturelles prennent la forme d'une tête de Janus : d'un côté, elles recèlent un potentiel de création de valeur ; d'un autre côté, elles sont source de frictions qui peuvent empêcher la transformation du potentiel en valeur effective. Pour Shenkar (2001, p. 523-524), les différences culturelles peuvent jouer un rôle distinct selon qu'on se place au niveau stratégique ou opérationnel : source de synergies ou obstacle à l'applicabilité des compétences des partenaires.

Les causes possibles d'une influence culturelle variable

Il reste à expliquer pourquoi l'effet des différences culturelles nationales sur la performance et la survie des alliances varie selon les recherches. Pour Shenkar (2001), l'incohérence entre les résultats des recherches sur l'effet des différences culturelles peut procéder de postulats conceptuels ou métho-dologiques contestables concernant la « distance culturelle » (tableau III.3.2). On peut aussi considérer que c'est le résultat de causes endogènes (c'est-à-dire liées au modèle distance culturelle-performance et à sa mesure) et exogènes (c'est-à-dire liées à l'influence de variables tierces).

Tableau III.3.2
**POSTULATS CONTESTABLES CONCERNANT
LA « DISTANCE CULTURELLE »**

Dimensions	Postulats	Contestation
Construit	1. Symétrie de la distance culturelle.	Il n'est pas évident qu'une entreprise hollandaise investissant en Chine subisse la même distance culturelle qu'une entreprise chinoise investissant en Hollande.
	2. Stabilité de la distance culturelle.	La distance culturelle entre deux pays peut varier au cours du temps (alors que les travaux utilisés pour estimer les distances sont anciens).
	3. Linéarité de l'effet de la distance culturelle.	Il se peut que la relation distance culturelle-performance, par exemple, soit curvilinéaire.
	4. Distance uniquement déterminée par la culture.	Des variables institutionnelles et économiques peuvent aussi contribuer à cette distance.

Dimensions	Postulats	Contestation
	5. Distance culturelle comme synonyme de discordance.	Certaines différences culturelles peuvent être d'importance négligeable pour certaines activités et certaines différences complémentaires. Par exemple, si la coopération durable requiert d'accorder attention à la fois à la performance (valeurs masculines) et aux relations humaines (valeurs féminines), alors cultures masculines et féminines peuvent fort bien se compléter.
Mesure du construit (Index de Kogut et Singh)	6. Homogénéité culturelle entre les entreprises d'un même pays.	Il peut y avoir des interactions entre culture nationale et culture d'organisation.
	7. Homogénéité culturelle au sein d'un pays.	Certaines recherches suggèrent que la diversité intra-pays peut être importante.
	8. Équivalence de toutes les différences culturelles.	Divers travaux, dont ceux de Hofstede, suggèrent que certaines différences sont moins problématiques que d'autres pour la coopération.

Source : Élaboré à partir de Shenkar (2001).

Des causes endogènes

Il y a au moins quatre causes endogènes à la diversité des relations constatées entre différences culturelles nationales et réussite des alliances.

Premièrement, la diversité des résultats peut procéder de ce que la relation réelle entre différence culturelle et réussite des alliances n'est pas aussi simple que celle qui est souvent modélisée. Tout d'abord, différence culturelle n'est pas nécessairement synonyme d'incompatibilité, de discordance, de friction, d'absence de « fit[14] » (cf. postulat contestable n° 5). Par exemple, certains travaux (voir notamment Lin et Germain, 1998) suggèrent qu'il puisse y avoir un sentiment de « fit culturel » d'un point de vue organisationnel nonobstant une différence culturelle nationale. Ensuite, il se

---

14. « Fit » au sens d'harmonie ou de compatibilité.

peut que, au delà de la distance culturelle, ce soit la nature des différences culturelles qui soit déterminante (cf. postulat contestable n° 8). Enfin, si la distance culturelle a un effet, il se peut que cet effet ne soit pas linéaire (cf. postulat n° 3). Dans ces conditions, il devient compréhensible que les résultats varient selon la composition de l'échantillon étudié.

Deuxièmement, la diversité des résultats peut provenir de ce que la distance culturelle estimée dans les recherches ne correspond pas toujours à la distance réelle, en raison de la non-validité du postulat n° 2 (stabilité de la distance culturelle) ou parce que l'estimation des distances se fait sur la base de recherches non valides (par exemple, les travaux d'Hofstede). Barkema et Vermeulen (1997) évaluent dans quelle mesure l'effet de la distance culturelle sur la survie des coentreprises varie selon que l'échantillon étudié porte sur la période 1966-1980, 1980-1994, 1966-1973, 1973-1980, 1980-1987 ou 1987-1994. On peut considérer cette évaluation comme un test de l'hypothèse de stabilité des distances culturelles au cours du temps. Les résultats obtenus ne permettent pas de rejeter cette hypothèse.

Troisièmement, la diversité des résultats peut provenir de ce que la différence culturelle est estimée différemment selon les études : par simple constat d'une différence de nationalité ou de groupe régional, par calcul d'une distance culturelle « globale » ou encore calcul d'une distance culturelle par dimension. En effet, la différence de nationalité ou de groupe culturel ne dit rien de la distance culturelle. Les différences de contexte national des partenaires (différences dans les institutions, dans la structure de l'industrie, dans les lois et les mécanismes de régulation utilisés par les gouvernements) sont parfois considérées comme pouvant empêcher une coopération efficace, parce que les entreprises n'ont pas eu dans le passé les mêmes possibilités de nouer des alliances selon leur nationalité d'origine (Parkhe, 1991) ou parce qu'elles peuvent être amenées à travailler dans un contexte déstabilisant pour elles. Par exemple, travailler en Chine (avec un partenaire chinois) peut être déstabilisant pour un Américain du fait d'une différence importante en matière de droit et d'éthique des affaires (Parkhe, 2001). Les différences de nationalité des partenaires constituent aussi un indicateur d'appartenance à des environnements culturels différents, mais elles ne permettent pas de préjuger de la distance culturelle.

Enfin, les résultats peuvent varier parce que l'indicateur utilisé pour juger de la réussite de l'alliance diffère d'une étude à l'autre. Les résultats obtenus par Harrigan (mais aussi de Pothukuchi et autres, 2002) sont de ce point de vue révélateurs : l'effet de la différence de nationalité des partenaires varie selon que la réussite est évaluée en matière de satisfaction mutuelle des partenaires à l'égard de leur alliance ou en matière de longévité. Ce résultat suggère qu'une différence culturelle peut accroître le risque d'insatisfaction et réduire celui de rupture, peut-être parce qu'il est plus difficile de se séparer d'un partenaire ou d'en changer quand on travaille à l'étranger. Plus généralement, si la diversité au sein d'un groupe peut susciter le conflit et l'insatisfaction (dégradation de la qualité relationnelle), elle peut simultanément accroître la performance de l'objet de l'accord (synergies), voire des partenaires. En particulier, le conflit peut être source d'innovation. À cet égard, il est intéressant de constater qu'il ne semble pas exister de recherches sur la relation entre différences culturelles et innovation. Pourtant, ce serait un moyen de vérifier le côté vertueux de ce type de diversité.

Des causes exogènes

Si les résultats concernant le lien entre différences culturelles nationales et réussite des alliances varient selon les études, ce peut être aussi parce que : (a) la différence culturelle n'est pas la seule variable influençant l'aptitude à coopérer et à s'adapter des partenaires d'une alliance et (b) les variables de contrôle introduites dans les modèles explicatifs du degré de réussite des alliances varient selon les recherches. Par exemple, les études de Harrigan (1988) et de Kogut (1988) ne vérifient pas simultanément l'incidence d'autres variables, de sorte que la clause *ceteris paribus* n'est pas respectée (les résultats obtenus dans ces deux études peuvent donc provenir simplement de la composition de l'échantillon).

Ainsi, quand Park et Ungson (1997) trouvent que les coentreprises nippo-américaines durent significativement plus longtemps que celles entre Américains, c'est peut-être en raison de facteurs autres que la différence culturelle, mais non maîtrisés. C'est ce qu'ont cherché à vérifier Hennart et Zeng (2002). Ils étudient le rôle des différences culturelles uniquement pour des coentreprises implantées aux États-Unis, en distinguant celles qui sont conclues entre Américains et Japonais et celles qui sont conclues uniquement entre Japonais (sur le territoire américain). En outre, leur recherche vise à vérifier l'effet des autres facteurs qui accroissent les risques d'incompréhension et de conflits et qui sont donc susceptibles de menacer la survie de l'alliance. Ces facteurs sont les suivants : l'identité ou non de la culture industrielle des partenaires, la convergence ou non entre les objectifs des partenaires, l'équilibre ou non dans la répartition des droits de propriété de la coentreprise entre les partenaires, la présence ou non de plus de deux partenaires, l'origine de la coentreprise (créée *ex nihilo* ou par acquisition de parts par l'un des partenaires dans la filiale de l'autre), l'appartenance ou non des partenaires japonais à un même keiretsu, l'importance des partenaires et l'évolution ou non de l'environnement de l'alliance (en matière de croissance, rivalité concurrentielle, parité dollar-yen). Ce faisant, les auteurs trouvent, notamment, que les coentreprises nippo-américaines implantées aux États-Unis vivent significativement moins longtemps que les coentreprises entre Japonais implantées aux États-Unis.

Ce résultat pousse à penser que, lorsqu'une entreprise s'implante à l'étranger et a besoin d'un partenaire connaissant le contexte local, elle a intérêt à choisir une entreprise de sa propre nationalité déjà implantée dans le pays depuis longue date. Une telle conclusion doit toutefois être tempérée pour trois raisons au moins. Tout d'abord, les résultats obtenus ne concernent que les coentreprises nippo-américaines comparativement aux coentreprises entre Japonais. Or, si l'on reconnaît que les entreprises japonaises accordent une grande importance à la réputation, à la conciliation, à la confiance et aux normes encourageant la réciprocité, on peut comprendre qu'elles réussissent mieux quand elles travaillent ensemble que lorsqu'elles travaillent avec des entreprises américaines réputées plus sensibles aux normes encourageant les gains de court terme et l'opportunisme (Park et Ungson, 1997). En revanche, il n'est pas évident que, sur le territoire japonais, des alliances entre Américains soient préférables à des alliances nippo-américaines. Ensuite, comme on l'a déjà mentionné, la durée de l'alliance n'est pas nécessairement synonyme de performance. Enfin, les variables prises en compte par Hennart et Zeng (2002) ne sont pas exhaustives.

En particulier, les auteurs négligent le rôle des différences de culture d'organisation ou de climat organisationnel (DCO). Or, ce sont aussi ces différences qui créent des difficultés, qui ont des répercussions sur la performance des alliances ou qui déterminent le sens et l'intensité de l'influence des différences culturelles nationales (Sirmon et Lane, 2004 ; Parkhe, 1991 ; Harrigan, 1988 ; Meschi, 1997). Elles viennent se superposer aux différences de culture nationale et peuvent les amplifier ou, au contraire, les aplanir. Il existe de nombreuses définitions de la culture d'organisation et du climat organisationnel[15]. Mais toutes font référence aux valeurs, aux croyances, aux normes ou aux pratiques managériales propres à une organisation.

La culture d'organisation n'est pas déterminée par la culture nationale, puisqu'elle varie entre des entreprises qui se sont développées dans un pays donné et peut être proche entre des organisations de pays différents. Ainsi, Harrigan (1988, p. 67), signale que « plusieurs observateurs ont indiqué

---

15. Pour une différence entre les deux concepts, voir notamment Fey et Beamish (2001).

que les valeurs de General Motors étaient plus proches de celles de son partenaire Toyota qu'elles ne l'étaient de Ford Motor ». Si ce constat s'avère exact, on peut concevoir que des alliances internationales puissent être moins problématiques que des alliances nationales. D'une part, il se peut que la proximité des valeurs et des approches managériales des partenaires soit plus grande dans une alliance internationale que dans une alliance entre partenaires de même nationalité. D'autre part, le fait que, dans une alliance nationale, les différences de culture organisationnelle soient moins évidentes aux yeux des acteurs et négligées peut aboutir à moins de tolérance et davantage de conflits. Cela permettrait d'expliquer le constat fait par Saxton (1997) d'une relation négative entre une perception de « fit organisationnel[16] » (par les personnes interrogées) et la performance de l'alliance[17]. Il est en effet possible que cette perception de proximité organisationnelle néglige de réelles différences qui aboutissent à des incompréhensions. Il se peut aussi que ce résultat procède de ce que les différences organisationnelles et culturelles comportent des vertus (cf. supra, celles qui sont évoquées concernant les différences de culture nationale). Ce qui n'exclut pas qu'elles soient aussi génératrices de difficultés.

Ainsi, les différences de culture organisationnelle (pas ou peu de normes et des valeurs partagées ou des pratiques managériales différentes) ont des répercussions sur la confiance mutuelle, l'engagement mutuel, les échanges d'information entre partenaires (Sarkar et autres, 2001), accroissent les risques de conflit (Fréchet, 2002) et peuvent nuire à la satisfaction des partenaires à l'égard de leur relation (Pothukuchi et autres, 2002). Ces différences peuvent aussi affecter la performance du projet (Sarkar et autres, 2001), la capacité de chacun à atteindre ses propres objectifs (Sarkar et autres, 2001) ou la performance globale de l'alliance (Fey et Beamish, 2001). En outre, quand les partenaires ont des routines organisationnelles et des rapports au temps différents (pour les prises de décision, la résolution des problèmes, etc.), l'apprentissage est susceptible d'être bloqué (Doz, 1996 ; Lane et Lubatkin, 1998). Or l'apprentissage (sur l'environnement de l'alliance, les compétences et les objectifs réels de chacun et la manière d'orga-

---

16. Concept qui renvoie ici à une proximité perçue en matière de système d'information, de structure, de relations humaines et de culture. « Fit » signifie harmonie ou, pour le moins, compatibilité.

17. D'autres recherches trouvent aussi une relation négative. Par exemple, Cartwright et Cooper (1989) constatent un lien négatif entre la similitude en matière de culture organisationnelle et le succès. De même, Lane et Lubtakin (1998) trouvent que certaines formes de similarité managériale (centralisation, formalisation) nuisent à l'apprentissage interorganisationnel, et Sarkar et ses collaborateurs (2001) trouvent que le « niveau de congruence des capacités techniques, des procédures organisationnelles et des aptitudes managériales des partenaires » a un effet négatif sur le degré d'atteinte par les partenaires de leurs propres objectifs stratégiques et d'apprentissage.

niser le travail entre les partenaires) constitue un élément clé pour pouvoir améliorer le fonctionnement d'une alliance, chemin faisant (Doz, 1996).

Ce qui vaut pour les cultures organisationnelles vaut aussi pour les cultures professionnelles (Sirmon et Lane, 2004). Les alliances qui requièrent la coopération entre des individus provenant de cultures professionnelles différentes sont susceptibles de décevoir. La principale raison réside dans le fait que les acteurs de la coopération manquent dans ce cas de données de base communes qui leur permettraient d'interagir efficacement. Les acteurs vont alors devoir s'investir dans le développement de routines communes dont l'efficacité n'est pas garantie. En outre, cette activité de construction de dispositifs communs pour agir prend du temps et peut perturber l'atteinte des objectifs fixés. Enfin, les individus de culture professionnelle différente peuvent avoir des approches distinctes pour traiter les problèmes, qu'il peut être difficile de réconcilier si les employés ont le syndrome « Not Invented Here[18] ». Réciproquement, l'unité en matière de culture professionnelle constitue un ciment qui vient contrebalancer (mais non supprimer) les problèmes liés aux différences culturelles nationales (Chevrier, 1996).

De nombreux autres facteurs déterminent le degré de réussite des alliances, qui relèvent du profil des parties prenantes, mais aussi du contexte, des modalités initiales et du pilotage de l'alliance (Blanchot, 2006a). Ces facteurs peuvent d'ailleurs interagir avec les différences culturelles. Par exemple, le type d'alliance peut affecter l'effet des différences culturelles (Pothukuchi et autres, 2002 ; Sirmon et Lane, 2004 ; Cartwright et Cooper, 1993). En particulier, le rôle des différences culturelles est susceptible d'être plus important dans les alliances dont le succès requiert des interactions nombreuses et de qualité entre les partenaires, c'est-à-dire dans les alliances de complémentarité (dites « link ») plutôt que d'échelle (dites « scale »). Il en résulte que la contribution des différences culturelles nationales dans l'explication du degré de réussite des alliances peut s'avérer faible, même si elle est plus élevée que pour les filiales 100 % (Barkema et Vermeulen, 1997, note 8). Par exemple, dans la recherche de Pothukuchi et ses collaborateurs (2002), la variance expliquée par les différences culturelles oscille, selon les modèles testés, entre 0 % et 2 %, soit un effet à peine significatif[19]. Cette faible relation statistique ne signifie toutefois pas une absence systématique d'effet et un rôle négligeable des différences culturelles nationales. D'une part, elle peut masquer des disparités importantes d'une alliance à l'autre.

---

18. Le syndrome « NIH » fait référence à la tendance de certains groupes à ne pas rechercher, à ignorer ou à rejeter les idées venues de l'extérieur, quitte à « réinventer la roue ».

19. Dans la même recherche, la distance entre les cultures d'organisation explique de 1 % à 19 % de la variance (ce qui constitue alors un effet tout à fait significatif, d'un point de vue statistique).

D'autre part, elle peut refléter l'existence de réels efforts de gestion inter-culturelle dans les alliances. De façon étonnante, aucune des recherches recensées ne mesure l'effet du mode de gestion des différences culturelles.

LA GESTION DES DIFFÉRENCES CULTURELLES DANS LES ALLIANCES

La gestion des différences culturelles peut consister à chercher à maî-triser les effets négatifs des différences culturelles, voire à réduire ces diffé-rences lorsqu'elles sont d'ordre organisationnel. C'est une conception restrictive mais dominante de la gestion interculturelle.

On défend ici une conception plus large, qui intègre la précédente tout en la dépassant. Elle repose sur l'idée que la maîtrise des effets négatifs des différences culturelles n'est jamais garantie, quels que soient les dispositifs déployés. Par exemple, les acteurs d'une coopération ne sont jamais à l'abri de malentendus liés aux différences culturelles, quelles que soient leur expérience de la culture du partenaire et leur sensibilisation à cette culture. Dans ces conditions, l'objectif peut aussi consister à faire en sorte que les effets négatifs résiduels liés aux différences culturelles ne se cumulent pas avec d'autres forces centrifuges plus facilement maîtrisables et soient com-pensés par des forces centripètes rendant la coopération souhaitable, voire nécessaire. On peut donc concevoir la gestion des différences culturelles comme une gestion des forces centrifuges et centripètes qui s'exercent sur une coalition ou un ensemble d'acteurs dont on souhaite qu'ils coopèrent, travaillent ensemble, du mieux possible (figure III.3.2).

Figure III.3.2
**LA GESTION DES DIFFÉRENCES CULTURELLES
DANS LES ALLIANCES COMME GESTION DE FORCES
CENTRIFUGES ET CENTRIPÈTES**

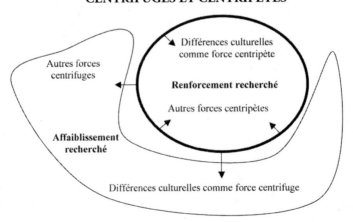

Suivant cette perspective, la gestion des différences culturelles dans les alliances peut consister en deux catégories d'action : des actions visant à réduire ou maîtriser les facteurs d'éclatement de la coalition et des actions visant à renforcer la coalition de façon à ce qu'elle résiste aux facteurs d'éclatement qui subsistent. Une fois présentés les leviers d'action possibles, on cherchera à rendre compte de la gestion interculturelle au sein de l'alliance Renault-Nissan.

Des leviers d'action multiples

Les leviers d'action pour affaiblir les forces centrifuges ou renforcer les forces centripètes varient selon le stade d'avancement de l'alliance. Avant que l'alliance ne soit conclue, il est possible d'agir sur le choix du partenaire. Lors des négociations initiales avec le partenaire choisi, il est possible d'agir sur les modalités de l'accord et le profil des acteurs de la coopération. Enfin, une fois l'accord conclu, il est parfois possible d'effectuer des modifications concernant le profil des acteurs de la coopération et les attributs objectifs de l'alliance, ce qui suppose, pour le moins, d'avoir conscience des enjeux du moment.

En réalité, tous les leviers n'ont pas à être actionnés de manière systématique. D'une part, cela dépend des conséquences qu'engendrerait un échec de la coopération. Si une rupture n'est pas problématique, par exemple parce que le partenaire est remplaçable sans coût significatif, il peut être économiquement défendable de minimiser l'investissement en matière de gestion des différences culturelles. En revanche, si les enjeux sont élevés, il peut être prudent de combiner plusieurs leviers d'action. D'autre part, cela dépend aussi du degré d'intervention du partenaire dans l'alliance : si sa participation est essentiellement financière ou si sa volonté est essentiellement d'en apprendre au sujet d'une entreprise qu'il considère comme un modèle, les enjeux interculturels et les besoins de gestion associés sont susceptibles d'être réduits.

Pour la maîtrise ou la réduction des différences culturelles

Il est tout d'abord possible d'agir en amont sur le profil du partenaire. Lorsqu'il s'agit de pénétrer un pays étranger, il est parfois possible de sélectionner comme partenaire une entreprise congénère qui a l'expérience de la zone géographique visée plutôt que de choisir un partenaire local. Pour s'assurer de la compatibilité culturelle avec le partenaire potentiel, il est aussi envisageable de réaliser ou faire réaliser un audit culturel. Concrètement, il s'agit de tenter de rendre compte de la culture d'une organisation en soulignant ses traits saillants (Thevenet, 2003 ; Delavallée, 2002).

La comparaison de la culture des deux protagonistes et la mise en évidence des principales différences peuvent alors servir de base pour juger du « fit culturel », c'est-à-dire de la capacité des partenaires à combiner leurs différences, et pour définir, le cas échéant, une stratégie d'intégration culturelle (Meschi, 1997). En outre, cette approche, quelle permette ou non de cerner la « vraie » culture des protagonistes, peut servir à sensibiliser les individus aux différences culturelles, à la nécessité de composer avec elles et à l'intérêt d'en tirer parti (certaines manières de penser et d'agir, certaines pratiques propres à l'un des partenaires peuvent aider l'autre améliorer ses propres processus). C'est le type de démarche qui est préconisé par les cabinets de conseil[20].

Une autre manière de sélectionner un partenaire culturellement compatible consiste à privilégier une entreprise avec laquelle il y a déjà eu une expérience réussie de travail en commun (Cauley de la Sierra, 1995, chapitre 2)[21]. Dans les faits, cette expérience commune est associée à la satisfaction initiale entre les partenaires et à la réussite des alliances (Saxton, 1997 ; Park et Ungson, 1997 ; Zollo, Reuer et Singh, 2002). Ce peut être parce que le temps passé à travailler ensemble permet l'apprentissage sur la manière de gérer les différences culturelles (Meschi, 1997). Ce peut être aussi parce que les expériences passées permettent à la confiance de se développer par l'apprentissage mutuel (Inkpen et Curall, 1998 ; Gulati, 1995), encouragent les comportements de coopération, le développement des normes de réciprocité (Kogut, 1989) et permettent aux partenaires, ayant découvert leurs forces et faiblesses, de mieux gérer leur coordination. En outre, l'expérience construite peut favoriser le maintien du lien constitué (Ring et Van de Ven, 1994) pour des raisons économiques (investissements propres à la relation) mais aussi psychosociologiques (engagements sociaux, réseau social constitué). Enfin, l'expérience commune peut faciliter l'évolution de la relation pour accroître son efficacité et son efficience (Reuer, Zollo et Singh, 2002).

Ensuite, il est possible de s'appuyer sur la gestion des ressources humaines. Le choix des individus qui se situeront à l'interface des partenaires, en particulier les gestionnaires de l'alliance, peut constituer un levier d'action. Beaucoup de praticiens considèrent que les « allianceurs » doivent avoir un profil particulier pour assurer la réussite des alliances (Blanchot, 2006b, 2006c). Ils devraient savoir créer de la confiance et du respect mutuel,

---

20. Consulter, par exemple, Harbison et Pekar (1997), Cools et Roos (2005) et Ertel, Weiss et Visioni (2001).

21. Plus généralement, l'auteur suggère de ne retenir un partenaire que s'il remplit la condition des 3C : « Compatibility, Capacity et Commitment » (la compatibilité, la capacité et l'engagement).

influencer et faciliter la prise de décision conjointe, être ouverts, à l'écoute, diplomates, autonomes et justes, être légitimes grâce à leur expérience ou leur expertise, être capables d'exploiter la richesse que constitue la diversité, être visionnaires, créatifs, innovants, entreprenants, conciliateurs, clarificateurs, pragmatiques et mobilisateurs. Ils seraient d'ailleurs des managers expérimentés et ayant fait des études supérieures, disposant d'un atout lorsqu'ils ont déjà été aux prises avec un conflit de rôles (attentes divergentes en ce qui concerne les activités et les comportements de l'individu) et l'ambiguïté de rôle (manque de clarté des rôles attendus). Même si le profil jugé souhaitable peut n'expliquer qu'une part réduite de la performance de l'objet de l'accord (Parker, Zeira et Hatem, 1996), il semble que la détention d'une compétence interculturelle, la capacité à comprendre des situations interculturelles et à s'y adapter, soit importante pour la qualité de la relation dans les alliances internationales (Huang et autres, 2003).

·Le choix d'individus ayant plusieurs expériences internationales réussies lors d'alliances ou qui ont un profil multiculturel du fait de leur éducation peut de ce point de vue constituer une précaution judicieuse (Child et Faulkner, 1998, p. 240, 253). Le choix d'acteurs parlant la langue du partenaire est également souhaitable, pour faciliter les échanges. Il peut être aussi opportun, lorsqu'il y a création d'une filiale commune, de favoriser le recrutement de personnel extérieur plutôt que le transfert de salariés (éventuellement sous forme d'expatriation) des partenaires. En effet, cela permet d'éviter l'identification des salariés aux sièges sociaux plutôt qu'à la filiale commune, d'éviter la confrontation de deux groupes de salariés imprégnés de la culture d'organisation du partenaire dont ils seraient issus et, en conséquence, de faciliter l'adhésion des salariés à la nouvelle culture que peut chercher à développer la filiale commune.

Ce n'est toutefois pas uniquement le profil des acteurs en interaction qui est important. C'est aussi le rôle qui leur est confié, notamment pour ce qui concerne les gestionnaires d'alliance (Blanchot, 2006b et 2006c). La sensibilisation aux particularités culturelles du partenaire et de son environnement peut également constituer un levier d'action pour tenter de maîtriser les effets négatifs des différences culturelles. Toutefois, les formations interculturelles ne constituent pas une garantie de succès (Cerdin et Peretti, 2000). Leur effet dépend notamment de leur contenu, de leur durée, de la période où elles sont dispensées, de leur association ou non à une formation linguistique (Eschbach et autres, 2001). En particulier, une formation essentiellement axée sur les différences comporte le risque de renforcer les stéréotypes susceptibles d'accentuer les attitudes de type « eux contre nous », de paralyser l'action et d'empêcher la co-construction de règles communes.

Il faut plutôt sensibiliser à avoir un regard plus positif sur les différences, comme le suggère Carlos Ghosn :

> Imaginez un Français arrivant au Japon. Il peut se dire : « Qu'est ce qu'ils sont lents à prendre des décisions ! ». Critique de la différence. Il peut se dire aussi : « L'exécution est parfaite. Il y a des choses à apprendre. » Valorisation de la différence. Le Japonais c'est pareil. Il vient en France et dit : « Ils parlent beaucoup mais ils font peu. » Il peut aussi trouver que c'est riche au niveau du concept, qu'il peut apprendre des prises de décisions, de la réflexion stratégique. Tout l'art consiste à se tourner vers le côté positif en se disant : « Qu'est-ce que je peux apprendre du Japon, de la France ? » Un de nos concepts clés est de regarder les bouteilles à moitié pleines plutôt que les bouteilles à moitié vides ![22]

Par ailleurs, si l'on admet que la culture ne détermine pas les préférences de chacun et que sa connaissance (toujours) superficielle permet difficilement de préjuger de ce qui est acceptable ou non au regard de l'autre, il ne faut pas laisser croire à l'existence d'une liste d'interdits qu'on devrait connaître par avance. Face à l'incertain, comme c'est tout particulièrement le cas en milieu multiculturel, il faut au contraire encourager l'expérimentation par co-construction suivie d'évaluation. À cet égard, on peut citer le rôle potentiellement utile des « enquêtes de climat relationnel ». Il ne s'agit pas ici à proprement parler d'un levier d'action mais d'un outil néanmoins utile à la maîtrise de la dynamique des alliances internationales. Cette approche n'est pas mise en évidence dans la littérature sur les alliances. Pourtant, elle existe dans la réalité (le cas Renault-Nissan permet d'en attester). C'est une sorte d'enquête de climat social qui cherche à sonder les représentations et les sentiments des acteurs de la coopération en ce qui concerne l'alliance, les partenaires, les pratiques retenues. Elle peut notamment permettre de mesurer les tensions et les clivages entre les groupes en présence, l'insatisfaction à l'égard des pratiques ou des comportements dominants. Enfin, il faut signaler l'importance de la stabilité du personnel en interaction (Ring et Van de Ven, 1994). Cette stabilité favorise le développement de relations personnelles qui supplantent progressivement les relations de rôle, et facilite la résolution des conflits. Réciproquement, si le personnel en contact se considère comme en « transit », son engagement et son identification à l'alliance est réduit (Salk, 1997a, 1997b), ce qui ne facilite pas la résolution des conflits. En outre, cette stabilité conditionne l'apprentissage interculturel.

---

22. Résumé des points forts de la conférence de Carlos Ghosn sur le management interculturel, Maison de la culture du Japon à Paris, 29 mai 2002, p. 9, www.cefj.org/fr/archives/CR/Ghosn.pdf (consulté le 14 mars 2007).

L'organisation des rapports entre les partenaires et, le cas échéant, entre la filiale commune et ses parents constitue aussi un levier d'action pour la maîtrise des effets des différences culturelles. En premier lieu, on peut jouer sur l'étendue de l'interface. S'il est vraiment difficile de travailler avec le partenaire compte tenu d'approches différentes dans les activités opérationnelles, il est parfois envisageable de répartir les tâches plutôt que de les mettre en commun. Naturellement, cela suppose que les « lots » confiés à chacun soient définis clairement, que les interdépendances soient réduites et que les mécanismes de coordination soient précisés (Doz, 1996). Cette façon de procéder peut renforcer le poids des stéréotypes, parce qu'elle crée *de facto* des sites multiples (Salk, 1997a, 1997b). Mais, dans la mesure où les besoins de coopération sont réduits, ce n'est pas forcément un problème.

On peut aussi agir sur la structure de l'équipe parce qu'elle influence la manière dont les acteurs vivent leurs différences culturelles. Lorsque les frontières culturelles coïncident avec des clivages d'ordre structurel, il y a risque que les sous-groupes se polarisent, que les représentations mutuelles soient teintées de stéréotypes négatifs et de caricatures, que des attitudes ethnocentriques de mépris et des critiques apparaissent, que les relations interpersonnelles se gâtent par des conflits ouverts ou larvés, que les communications et le climat deviennent tendus et que les adaptations interculturelles soient inexistantes ou se fassent à sens unique (Chevrier, 1996). Les clivages structurels font ici référence aux rapports hiérarchiques et à la division du travail. Cela suggère que, quand des équipes communes doivent être constituées, il faut éviter de cumuler les différences entre les sous-groupes culturels. Toutefois, le principe d'un partage des postes sur le strict critère de l'égalité entre partenaires, plutôt que sur celui de la compétence, entretient les divisions entre groupes culturels et favorise les tensions et les conflits (Salk, 1997a, 1997b). En effet, si l'on en juge par les travaux sur l'identification sociale dans les alliances (Salk et Shenkar, 2001), ce principe favorise la persistance de la domination des identités nationales plutôt qu'il n'encourage l'identification à l'organisation commune. On peut, enfin, jouer sur le degré d'autonomie confié à l'unité de coopération (par exemple, une coentreprise) de façon à ce qu'elle dispose de degrés de liberté suffisants pour définir un mode de fonctionnement interne en harmonie avec les univers culturels en présence (Chevrier, 2003, p. 110) et pouvoir se construire une identité propre.

Au-delà de l'organisation des rapports avec le partenaire, il est possible d'agir sur l'équilibre des rapports qu'on entend établir. On peut rechercher le respect des identités en présence (chaque groupe peut s'identifier à un pays, une culture, une histoire, une langue) ou, au contraire, privilégier la domination. Une stratégie de domination est susceptible de conduire à une résistance culturelle (Van Marrewijk, 2004 ; Child et Faulkner, 1998). Elle consiste à essayer de prendre le pouvoir dans la coalition dès le départ, notamment en imposant sa langue de communication, ses systèmes et ses méthodes de gestion, son personnel aux postes clés. Elle se caractérise aussi par une tendance à la négligence des particularités culturelles du partenaire et une imposition de sa propre culture (approche dite « ethnocentrique », voir notamment Perlmutter, 1969). La résistance culturelle consiste à mobiliser des forces de contre-pouvoir (classe politique, journalistes, salariés) en les sensibilisant à la menace que constitue le comportement du partenaire sur les intérêts nationaux, le patrimoine culturel du pays, ses traditions culturelles, quitte à exagérer les différences culturelles, ou en insistant sur le comportement « néo-colonialiste » du partenaire et, le cas échéant, en focalisant l'attention sur l'histoire coloniale entre les pays concernés. C'est la façon dont ont procédé les opérateurs télécoms de Saint-Martin et de Curaçao aux Antilles hollandaises, face à la tentative de domination de l'opérateur télécoms hollandais KPN (Van Marrewijk, 2004), conduisant à l'échec des alliances envisagées. Forte de son expérience, la même entreprise hollandaise a agi différemment lorsqu'elle a décidé de s'allier plus tard avec un partenaire indonésien. Elle a adopté une stratégie plus « polycentrique » consistant à reconnaître et à respecter la spécificité culturelle du partenaire et de son environnement. En outre, la relation s'est construite beaucoup plus progressivement avec l'ensemble des parties prenantes au projet (y compris les journalistes locaux et le gouvernement indonésien). Pour apprendre sur la différence culturelle et éviter de créer un sentiment de domination quand le partenaire est de taille réduite, il est possible de démarrer la coopération par des projets d'une envergure limitée. C'est aussi un moyen de développer les relations personnelles et la confiance nécessaires à un engagement plus poussé de chacun. Dans le cas de l'entrée dans un pays en développement, il est important de reconnaître que le processus peut être long et que le retour sur investissement est rarement rapide (Lane et Beamish, 1990).

Le temps peut aussi constituer un levier d'action. Dans la mesure où les perceptions de distance culturelle ont tendance à s'atténuer avec le temps, ce serait une erreur de considérer qu'une situation multiculturelle difficile doive conduire à rompre la relation (Meschi, 1997). Il ne faudrait pas non plus en conclure que les problèmes interculturels se résolvent mécaniquement avec le temps. C'est en fait l'effort initial de connaissance de la culture de l'autre couplé à l'expérimentation et à l'apprentissage qui peut contribuer à la découverte de manières d'agir mutuellement acceptables. C'est un processus incrémental et coûteux en temps. Suivant cette perspective, certains suggèrent une approche progressive consistant à organiser des sessions conjointes (d'information, de formation, de discussion) entre les acteurs des entreprises partenaires, de façon à ce qu'ils développent leur compréhension mutuelle avant de devoir vraiment à travailler ensemble (Doz, 1988, p. 49).

Il peut être également judicieux de restreindre les possibilités de rupture de la relation pour obliger les partenaires à trouver un terrain d'entente. C'est l'une des tactiques qu'ont retenues Reuters et Dow Jones lorsqu'ils ont créé en 1999 leur filiale commune, Factiva, dans le domaine de l'information économique à destination des entreprises (Crovitz, 2004). Les deux entreprises étaient des concurrents de longue date et leurs approches étaient ancrées dans des cultures nationales différentes (Reuters est installée à Londres et Dow Jones à New York). Pour accroître les chances de réussite de leur alliance, les deux partenaires ont décidé de créer des obstacles à sa sortie. Ainsi, ils se sont arrangés pour que le prix à payer en cas de retrait de l'alliance soit dissuasif pour chacune des parties. C'était une manière de signaler l'engagement mutuel et la nécessité de chercher mais aussi de trouver des voies d'accommodation compte tenu de la durabilité de l'alliance. C'était aussi un moyen de se donner le temps pour construire des principes conjointement acceptés, une culture propre à la filiale commune.

Enfin, il est possible d'agir sur la manière dont est traitée l'information et dont se déroule la communication pour réduire l'incertitude et l'ambiguïté qui peuvent résulter des différences culturelles. L'incertitude reflète l'incapacité à attribuer des probabilités aux événements futurs, l'incapacité à prévoir les conséquences d'une décision ou la difficulté à établir les relations causales entre certains phénomènes. Elle peut être considérée comme le résultat d'un manque d'information. Pour réduire l'incertitude entre les partenaires, il importe donc de favoriser les échanges d'information. Les médias pauvres, tels que les rapports écrits, peuvent alors être suffisants. Mais il faut que l'information échangée soit précise, pertinente et crédible (Mohr et Spekman, 1994 ; Parkhe, 1991).

L'ambiguïté fait référence aux situations équivoques, c'est-à-dire qui peuvent faire l'objet d'interprétations multiples. Elle n'est pas associée à un manque d'information, mais au fait que les décideurs comprennent et interprètent différemment l'information du fait de cadres de référence différents. Les situations multiculturelles sont de ce type puisqu'elles confrontent des univers de sens différents. Pour réduire l'ambiguïté, il faut faciliter les échanges intersubjectifs qui peuvent contribuer à la construction d'un univers de sens commun. Cela requiert de passer par des médias riches (rencontres face à face et groupes de discussion avec communication à double sens) qui permettent l'échange de signaux verbaux et non verbaux, les rétroactions et le partage d'émotions facilitant l'émergence d'interprétations communes. Il est important que l'utilisation de ces médias soit saturée, c'est-à-dire que leur richesse soit exploitée au maximum. On peut considérer que c'est le cas quand une réunion de groupe permet les échanges libres entre les participants. En revanche, il n'y a pas saturation quand la réunion consiste en une rencontre où seul le dirigeant présente ses points de vue, car il n'y a pas d'interaction, d'échanges, de communication réciproque. À cet égard, le partage d'expériences peut être considéré comme un média particulièrement utile. Comme le soulignent Nonaka et Takeuchi (1997, p. 84),

> sans une forme d'expérience partagée, il est extrêmement difficile pour une personne de se projeter dans le processus de pensée d'une autre personne. Le seul transfert d'informations aura en général peu de sens, s'il est abstrait des émotions associées et des contextes spécifiques dans lesquels les expériences partagées sont scellées.

Pour la fortification de la coopération

Si l'on admet que les différences culturelles et leurs effets sont en partie irréductibles, on doit accepter qu'elles puissent constituer une source intarissable de tension entre les acteurs d'une coopération. C'est en quelque sorte un poids permanent posé sur le plateau « forces centrifuges » de la balance dont le contrepoids est composé des forces centripètes[23]. Pour faire en sorte que la balance penche tout de même du côté des forces centripètes, il existe deux moyens : réduire les autres forces centrifuges ou renforcer les forces centripètes. Ces deux moyens constituent l'autre volet de la gestion des différences culturelles dans les alliances, « le grand absent » de la littérature qui peut pourtant être déterminant. En fait, il s'agit de chercher à renforcer la qualité de la relation et à développer le potentiel de création de valeur pour les parties prenantes à l'alliance. Sans prétendre à l'exhaustivité, on peut citer plusieurs leviers d'action possibles.

Un des premiers leviers dans le processus de construction d'une alliance est d'entreprendre une discussion sur les objectifs à atteindre et la stratégie à mettre en place pour ce faire (Beamish et Delios, 1997). C'est un moyen

---

23. Suivant cette dernière perspective, on est assez proche des travaux de Lawrence et Lorsch (1967), qui suggèrent que la différenciation au sein d'une organisation doit être compensée par des mécanismes d'intégration.

d'évaluer la compatibilité stratégique entre les partenaires[24] (Parkhe, 1991), d'apprécier le risque d'ambitions divergentes, de vérifier que les objectifs ou les intérêts des partenaires sont communs ou compatibles (Parkhe, 1991 ; Doz et Hamel, 1998 ; Luo, 2002). Si cette discussion sur les fins et les moyens est esquivée, les risques de conflits et d'échecs sont accrus. Cela ne signifie évidemment pas que les objectifs et les moyens ne doivent pas évoluer au cours du temps en fonction du contexte. Comme le suggèrent les travaux de Doz (1996), il est non seulement important que l'asymétrie informationnelle et l'ambiguïté concernant les attentes des partenaires soient réduites, mais aussi que ces attentes soient flexibles et réalistes plutôt qu'ambitieuses et optimistes.

Il est également possible de jouer sur les contributions et les engagements des partenaires ainsi que sur le champ ou l'étendue de l'alliance. L'importance des contributions et la crédibilité des engagements constituent des gages d'investissement dans l'alliance et des facteurs de développement de la confiance (Bleeke et Ernst, 1992 ; Gulati, Khanna et Nohria, 1994). Des engagements sont crédibles quand ils portent préjudice à l'entreprise qui les a faits si elle rompt la coopération. Il peut s'agir de passer un contrat à long terme avec un tiers qui n'a de sens que dans le contexte de la coopération, de communiquer beaucoup sur l'alliance pour engager sa réputation ou de dissoudre une division réalisant les tâches confiées au partenaire. L'importance des engagements et l'étendue du champ de la coopération peuvent aussi accroître le potentiel de création de valeur d'une alliance et faciliter les adaptations mutuelles *ex post*, du fait des enjeux de l'alliance (Reuer, Zollo et Singh, 2002). Enfin, la complémentarité et l'exclusivité des contributions de chacun accroissent l'interdépendance et les coûts de sortie de la relation, ce qui incite à la coopération. Le niveau d'interdépendance fait référence au degré avec lequel chaque partenaire a besoin de l'autre pour atteindre ses objectifs. Plus celui-ci est élevé, plus les partenaires trouvent un intérêt pour que l'alliance se prolonge (Puthod, 1996) et s'engagent dans la relation. En outre, plus on dépend mutuellement de l'autre, plus on redoute le conflit (afin d'éviter la rupture), donc plus on cherche à l'éviter ou à le gérer (Das et Teng, 2003, p. 293 ; Fréchet, 2002). Le niveau initial d'interdépendance est fonction des ressources allouées à l'alliance qui dépendent elles-mêmes des capacités des entreprises et de leur volonté d'engagement dans l'alliance. Lors de la recherche d'un partenaire, une entreprise a donc intérêt à ne pas se préoccuper uniquement des ressources et des capacités que peut lui apporter un partenaire. Elle doit aussi vérifier que ce

---

24. Les partenaires peuvent certes avoir des agendas cachés. Mais les problèmes seront encore plus gros si les partenaires n'ont aucun objectif commun (Luo, 2002).

partenaire recherche des ressources et des capacités qu'elle peut lui apporter. En outre, dans une perspective d'interdépendance durable, elle doit vérifier si les contributions qu'elle apporte seront utiles au partenaire aussi longtemps qu'elle aura besoin de ce partenaire. En dynamique, le niveau d'interdépendance est fonction de l'apprentissage interorganisationnel. Si une entreprise capte les compétences de son partenaire qui justifiaient la coopération, sa dépendance peut disparaître. Cela signifie que les partenaires peuvent avoir intérêt à protéger certains des savoirs qui fondent l'intérêt de l'alliance, s'ils souhaitent une coopération durable.

De même, il est possible de jouer sur les rétributions. Dans une alliance, les partenaires sont souvent sensibles à l'équité comme norme de justice distributive (Lucas et Piron, 1998 ; Blanchot et Romelaer, 2002 ; Monin, 2002). Il y a équité lorsqu'il y a égalité entre les rapports contributions/ rétributions de chacun des partenaires. En réalité, l'équité peut renvoyer à une perception subjective tout autant qu'à une réalité objective, sachant qu'il est difficile d'évaluer toutes les contributions et les rétributions de chacun. Par exemple, il n'est pas évident d'estimer les gains faits par chaque partenaire grâce à l'apprentissage interorganisationnel. L'enjeu pour le manager d'alliance consiste alors à sonder régulièrement le sentiment de chacun en matière d'équité et d'essayer d'agir sur ce sentiment en jouant sur la communication (réduction des asymétries informationnelles) et, si nécessaire, en redéfinissant les contributions ou les rétributions de tous les partenaires ou d'une partie de ceux-ci. Au niveau des individus, il est possible d'influencer leur incitation à coopérer, en couplant une partie de leur rémunération et de leurs perspectives de carrière à leur capacité à surmonter les difficultés relationnelles qu'ils vivent.

Pour renforcer la qualité de la relation, il est aussi possible d'agir sur la manière de prendre les décisions. L'engagement des acteurs d'une alliance est plus fort quand ceux-ci ont le sentiment que les décisions qui les concernent ont été justes ou légitimes (Monin, 2002 ; Johnson et autres, 2002). En outre, un sentiment partagé de justice procédurale a une influence sur la profitabilité, un effet qui est d'autant plus marqué que la distance culturelle est grande (Luo, 2005). La théorie de la justice procédurale suggère que huit principes doivent être respectés dans une perspective de développer un sentiment de justice procédurale (Folger et Cropanzano, 1998) :

– Principe d'uniformité : appliquer les mêmes règles pour tous (par exemple, en matière de gestion des conflits).

– Principe d'exactitude : vérifier l'exactitude des informations utilisées dans les prises de décision (par exemple, donner le sentiment à l'équipe managériale de l'alliance que les décisions qui sont prises concernant leur projet sont fondées sur une bonne compréhension de la situation).

– Principe de neutralité : s'assurer de la neutralité de ceux qui prennent les décisions.

– Principe de représentativité : prendre en considération les intérêts de chacun lors d'une décision (suppose la sollicitation des avis de chacun).

– Principe du droit d'appel : prévoir une correction possible des erreurs (par exemple, donner la possibilité de contester et de réfuter les points de vue des décideurs).

– Principe éthique : respecter les normes en vigueur dans le groupe.

– Principe de clarté : fournir des informations et des explications concernant les décisions prises.

– Principe de respect : traiter l'autre de manière polie et respectueuse.

Ces principes sont aussi applicables lorsqu'émergent des conflits. Les travaux relatifs au rôle des mécanismes de résolution des conflits utilisés dans les alliances confirment l'importance de ces principes. Ainsi, il s'avère que la satisfaction des partenaires est accrue quand les partenaires font usage d'une technique de résolution conjointe des problèmes (Mohr et Spekman, 1994 ; Lin et Germain, 1998) ou privilégient le compromis (Lu, 2006). La première technique consiste en une discussion ouverte concernant les problèmes, les préoccupations, les priorités, les idées et en la recherche de solutions satisfaisant les attentes de chaque partenaire. Le compromis consiste à adopter une solution se trouvant à mi-chemin entre les positions des partenaires. Deux autres types d'approches sont envisageables et paraissent insatisfaisantes, voire destructrices : la domination fondée sur le pouvoir (qui peut être le pouvoir de l'expert) et le recours à des arbitres privés ou publics.

À la recherche de la gestion interculturelle dans l'alliance Renault-Nissan[25]

L'alliance Renault-Nissan est née officiellement le 27 mars 1999 après neuf mois de négociations secrètes. C'est une opération d'envergure dès le départ puisqu'il s'agit de former un groupe binational qui atteint dès sa création, par addition, le cinquième rang mondial pour ce qui est des parts de marché. L'alliance prend la forme d'une coopération globale assortie d'une prise de participation par Renault de 36,8 % dans le capital de Nissan Motor. Coopération globale signifie que les partenaires entendent travailler ensemble à tous les stades de leur chaîne de valeur respective. Les deux entreprises ambitionnent, notamment, de faire des économies significatives de 3,6 milliards de dollars sur la période 2000-2002 (dont 1,755 milliard d'économies d'achat) ainsi que de détenir une part de marché conjointe de plus de 17 % en Europe occidentale dès 2005 et de plus de 10 % du marché automobile mondial en 2010.

L'opération est conclue alors que le groupe automobile japonais a des difficultés pour sortir de la crise qu'il connaît depuis 1993 (un seul résultat net annuel positif depuis cette date jusqu'en 1999, un endettement très important estimé entre 18 et 25 milliards d'euros selon le périmètre retenu, une part du marché mondial en déclin, passant de 6,6 % en 1991 à 4,9 % en 1998, une marge opérationnelle de seulement 1,4 % en 1999). Lors de la conclusion de l'accord, la capitalisation boursière de Nissan est de 9 milliards d'euros contre 8,4 milliards d'euros pour Renault. Le groupe automobile français réalise, en 1999, une marge opérationnelle de 5,9 %. Sa part de marché est alors de 11 % en Europe et de 4,3 % dans le monde.

Des résultats globalement positifs malgré des différences culturelles significatives

Sept ans plus tard, il est possible d'évaluer le rapprochement Renault-Nissan à partir des principaux indicateurs pour juger du degré de réussite d'une alliance (figure III.3.1).

Tout d'abord, plusieurs résultats et évolutions suggèrent que la performance de l'objet de l'accord est plutôt satisfaisante. Les économies en matière d'achat ont en effet été de 1,9 milliard de dollars, donc supérieures aux prévisions. En outre, les achats faits en commun passent de 30 % en 2001

---

25. Cette partie s'appuie sur les données des cas Renault-Nissan 1 et 2 développés par Blanchot et Kalika (2002, 2006) et disponibles à la Centrale de cas et de médias pédagogiques (CCMP) de la Chambre de commerce et d'industrie de Paris.

à 70 % en 2005, ce qui constitue un autre indicateur du succès de la coopération en matière d'achats. Les bilans successifs de l'alliance font aussi mention de multiples coopérations dont les effets financiers sont toutefois peu mentionnés dans les rapports destinés aux actionnaires. La multiplicité de ces coopérations suggère l'importance des synergies potentielles anticipées, même si la rareté des informations sur la traduction financière de ces synergies peut laisser penser à des résultats qui ne sont pas toujours à la hauteur des espérances.

Ensuite, les effets de l'alliance sur les partenaires semblent globalement positifs. Depuis le rapprochement, la capitalisation boursière de Renault a triplé (25,6 milliards d'euros au 16 mai 2006) et celle de Nissan a quintuplé (45,7 milliards d'euros au 15 mai 2006). Ces performances, si elles sont comparées à la dynamique des principaux indices boursiers et à l'évolution de la valorisation boursière de concurrents, sont remarquables. Par exemple, au début de 2006, Daimler-Chrysler a une valeur boursière d'environ la moitié de ce qu'elle était en mars 1999. Du côté des parts de marché, l'évolution depuis 1999 est plus contrastée. La part du marché de Nissan dans le monde a progressé de presque 1 point (données de 2005) alors que celle de Renault a baissé de 0,2 point (données de 2005). En Europe, les deux constructeurs n'ont pas atteint l'objectif fixé puisqu'ils visaient 17 % alors qu'ils n'obtiennent que 13 % du marché européen en 2005.

Enfin, on peut noter de nombreux transferts de compétences bénéfiques aux deux partenaires. Par exemple, Renault aurait pu réduire le délai de développement de la Logan de 21 mois grâce au savoir-faire de Nissan. Réciproquement, Nissan a bénéficié des efforts financiers et managériaux faits par Renault pour assurer le redressement de son nouveau partenaire (apport d'environ 5 milliards d'euros et mobilisation d'une équipe de *top* gestionnaires de Renault), sans doute, d'ailleurs, au détriment de Renault à court terme (coût d'opportunité pour Renault en matière d'investissement dans sa propre gamme de véhicules). Le redressement de Nissan a été spectaculaire : un retour à la profitabilité dès 2000, une marge opérationnelle supérieure à 8 % depuis 2002 et une dette nette nulle en 2005. Les attentes en ce qui a trait au potentiel de création de valeur semblent rester fortes si l'on en juge par la vision stratégique de l'alliance annoncée pour le cinquième anniversaire du rapprochement.

En effet, les partenaires ambitionnent d'être reconnus par les clients comme l'un des trois meilleurs groupes automobiles mondiaux pour la qualité et l'attractivité des produits et des services dans chaque région du monde et dans chaque segment de gamme, de se situer parmi les trois meilleurs groupes automobiles mondiaux dans les technologies clés, chaque partenaire étant leader dans des domaines d'excellence précis, et de réaliser de façon constante un résultat opérationnel qui classe l'alliance parmi les trois premiers groupes automobiles mondiaux, grâce à une marge opérationnelle élevée et à une croissance soutenue.

Il n'existe quasiment pas d'informations publiques sur la qualité de la relation entre les partenaires. Toutefois, on dispose de quelques indicateurs révélateurs. Le 17 juin 2004, les partenaires lançaient leur quatrième enquête de perception de l'alliance auprès des salariés, la première ayant débuté en janvier 2000, la seconde en décembre 2000 et la troisième en novembre 2002. Ces enquêtes permettent de recueillir l'opinion de 8 000 salariés sélectionnés de manière aléatoire (4 000 pour Renault et 4 000 pour Nissan). Le questionnaire 2004 comporte trente-six questions regroupées par thèmes : information, perception, alliance aujourd'hui, soutien, risques de l'alliance, avenir de l'alliance, vision stratégique. Selon un communiqué interne de Renault (2003) concernant les résultats de la troisième enquête :

— plus de 80 % des salariés des deux entreprises soutiennent l'alliance, soit une progression de plus de 15 points par rapport à la première enquête ;

— la crainte de perte d'emploi et de perte d'identité dans chaque entreprise tend à diminuer ;

— plus de 80 % des salariés expriment leur confiance dans le succès de l'alliance. Pour les salariés de Renault, ce succès est lié aux apports de Nissan concernant la maîtrise de la qualité. Pour les salariés de Nissan, le succès est lié à la vision ouverte de la coopération promue par Renault et à la complémentarité géographique des deux entreprises ;

— près de 90 % se prononcent pour le maintien de l'identité de chaque entreprise et près de 70 % pour l'autonomie de gestion ;

— la confiance dans un avenir commun est de 56 % chez Nissan (en progression de 13 poins par rapport à la précédente enquête) et de 88 % chez Renault ;

— les salariés ont le sentiment d'être bien informés sur l'alliance (en hausse de plus de 30 points par rapport à 2000 chez Nissan) ;

— les salariés ont le sentiment que la connaissance réciproque des deux entreprises s'accroît ;

— un besoin d'informations plus claires et plus détaillées sur les projets de l'alliance se fait ressentir.

Le fait que les résultats de l'enquête ne soient pas communiqués dans le détail, ni à l'interne, ni à l'externe (les données sont destinées aux membres du comité de direction de l'alliance), peut constituer un signal révélateur de l'existence de tensions. Les contacts que l'on a pu établir avec de nombreux cadres de chez Renault nous permettent de confirmer cette hypothèse : des tensions ont toujours existé et persistent entre les acteurs de Renault et Nissan. Pour autant, elles n'ont pas empêché la coopération dans de nombreux domaines et l'obtention de résultats remarquables, ce qui suggère que les protagonistes ont réussi à surmonter jusqu'ici l'essentiel des difficultés pouvant résulter de leurs différences culturelles (organisationnelles et nationales).

Enfin, l'alliance a survécu et connu une dynamique positive, en ce sens qu'elle s'est renforcée avec le temps plutôt que de s'étioler. Plusieurs indicateurs permettent d'attester ce fait :

– la multiplication des groupes de coopération, qui sont passés de 12 à 19 ;

– un accroissement du poids des achats confiés à la filiale commune d'achats mise sur pied en 2001 (de 30 % des achats annuels des deux sociétés au départ à plus de 70 % en 2006) ;

– le renforcement des liens capitalistiques. La participation de Renault dans le capital de Nissan s'est renforcée, atteignant 44,3 %, et Nissan a acquis une participation de 15 % dans le capital de Renault (sans droits de vote) ;

– la solidification de la structure de gouvernance de l'alliance : la structure de gestion initiale de l'alliance a été remplacée par la création d'une entité commune dans laquelle les blocages dans les prises de décision ne sont juridiquement plus possibles.

Toutes les alliances n'évoluent pas aussi favorablement. On peut citer, pour la comparaison, l'alliance DaimlerChrysler-Mitsubishi qui ressemble sur de nombreux points à l'alliance Renault-Nissan. Nouée en 2000, elle réunit une entreprise européenne (DaimlerChrysler) et une entreprise japonaise (Mitsubishi). Lors de la conclusion de l'alliance, Mitsubishi est en difficulté économique et surendettée. DaimlerChrysler acquiert en juillet 20002 une participation de 34 % dans le capital de son partenaire et la coopération se veut globale. DaimlerChrysler doit aider au redressement de Mitsubishi. Si les deux alliances sont proches dans leurs modalités initiales, elles ne connaîtront pas la même dynamique. En effet, l'annonce par DaimlerChrysler de la cession totale de sa participation dans Mitsubishi en novembre 2005 signale l'échec de la tentative de redressement de Mitsubishi et de la coopération globale entre les deux entreprises.

Si l'on prend en considération les constats précédents, il est possible de considérer que l'alliance Renault-Nissan se situe, à ce jour, plus proche du « pôle réussite » que du « pôle échec ». Pourtant, les différences culturelles sont significatives. Outre les différences linguistiques, Japonais et Français ont tendance à différer dans leur manière de concevoir et d'établir les relations entre individus, les relations entre l'individu et le groupe, les rapports avec la nature et dans leur manière de communiquer. Sans chercher à distinguer entre ce qui relève de la culture nationale et de la culture organisationnelle, un cadre dirigeant de Renault expatrié chez Nissan constate que[26] :

> en regardant les deux années qui viennent de s'écouler, la chose qui était la plus surprenante c'était l'organisation de cette grosse entreprise qu'est Nissan, qui était fondamentalement différente de celle de Renault. Là, on est autant dans le domaine des différences culturelles que dans les différences entre deux entreprises, avec leurs deux histoires, très différentes. Chez Nissan, il est clair que la hiérarchie a un rôle très important et un rôle très respecté [...]. Le top management de Nissan, comme celui de Renault, donne des grandes orientations, c'est clair. Mais, au niveau intermédiaire, le rôle du gestionnaire est plus celui de nemawashi, c'est-à-dire un rôle d'atteinte d'un consensus sur la base de grands principes généraux. En France, on est moins habitué à ce rôle : le chef de service donne ou répercute les grandes orientations sans discussion fondamentale. Au Japon, le gestionnaire intermédiaire a donc plutôt un rôle de catalyseur que de donneur de direction.

Ces différences culturelles constituent, dès l'annonce de l'alliance, une source d'inquiétude et sont même parfois perçues comme un obstacle rédhibitoire. Ainsi, si l'agence d'évaluation financière Moody's souligne les difficultés liées aux différences de culture entre les deux groupes, Giovanni Agnelli, alors dirigeant du groupe Fiat, déclare :

> Renault chez Nissan ? Ils ont beaucoup de courage [...] c'est vrai qu'ils sont complémentaires dans tout [...] sauf là-dedans (en vrillant son index sur son crâne)[27].

De même, Jacques Calvet, ancien patron de PSA, déclare :

> Je ne me serais jamais lancé dans une telle opération car les inconvénients, le risque financier, la juxtaposition de deux gammes plus concurrentes que com-

---

26. Extrait de la note pédagogique du cas Renault-Nissan (2002).
27. Magazine *L'Expansion*, n° 593, 18 mars 1999, article de Philippe Gallard, http://www.lexpansion.com/art/134.0.124340.0.html (consulté le 14 mars 2007).

plémentaires et surtout l'énorme difficulté à faire travailler des équipes culturellement à des années-lumière, l'emportent à mon avis sur les avantages (Ghosn
et Riès, 2003, p. 184).

Comment se fait-il que ces différences culturelles, qualifiées par Carlos
Ghosn lui-même de « colossales[28] », n'aient pas conduit à l'échec de l'alliance ?

Une explication plurielle

D'emblée, on peut considérer que l'alliance Renault-Nissan constitue
une référence en matière de gestion interculturelle, puisque la coopération
a pu s'établir à large échelle et produire des résultats significatifs nonobstant
des différences culturelles significatives. On est alors fondé à chercher à
rendre compte de cette gestion interculturelle, à la caractériser.

Si l'on s'en tient aux propos d'acteurs de la coopération sur la gestion
interculturelle, on risque d'être déçu. Par exemple, quand on a demandé au
responsable des nouveaux produits à long terme de Nissan s'il y avait une
gestion des différences culturelles dans l'alliance, voici la réponse qu'il a
donnée :

> Pas en tant que telle. Par contre, il est clair que le groupe qui a été envoyé au
> Japon a bien évidemment reçu une formation au départ sur le Japon, les
> Japonais, le travail au Japon [...]. De la même manière, il faut savoir que chez
> Nissan, on a démarré des séances de formation pour les Japonais, en tout cas
> pour ceux qui sont amenés à travailler quotidiennement avec les Français, sur
> l'inverse : qu'est-ce que la France, comment raisonnent les Français [...]. L'ob-
> jectif étant à un moment donné d'avoir des séances communes. Il a été très
> enrichissant pour les Français, je crois, de percevoir après un an l'image que
> les Japonais ont d'eux. Je pense que l'inverse a été aussi vrai. Ce qui est clair,
> c'est que ça aide à niveler ces différences culturelles[29].

On peut fournir une explication plausible à ces propos. D'une part, les
gestionnaires n'ont pas nécessairement une idée précise de ce que peut
recouvrir la gestion des différences culturelles. D'autre part, ils peuvent en
conséquence imaginer qu'une « vraie » gestion des différences culturelles
devrait permettre de réduire, supprimer ou modifier les différences culturelles. Dans ces conditions, la sensibilisation aux différences culturelles ne
saurait constituer qu'une gestion « édulcorée » des différences culturelles.

---

28. Résumé des points forts de la conférence de Carlos Ghosn sur le management interculturel,
Maison de la culture du Japon à Paris, 29 mai 2002, p. 9, www.cefj.org/fr/archives/CR/Ghosn.pdf
(consulté le 14 mars 2007).

29. Extrait d'une interview réalisée au Japon lors de la réalisation du cas Renault-Nissan (2002).

Même quand on se réfère aux discours de Louis Schweitzer ou Carlos Ghosn sur l'alliance, on trouve peu, voire pas de référence directe à la gestion interculturelle.

Si l'on se réfère à la manière dont a été conçue et est pilotée l'alliance[30], il devient vite évident que l'alliance s'est construite autour d'une gestion interculturelle particulièrement riche. Elle mobilise en effet un bon nombre des leviers d'action pour maîtriser et réduire les différences culturelles ou les compenser (tableau III.3.2)[31].

Tableau II.3.2
PRINCIPAUX LEVIERS D'ACTION DE LA GESTION INTERCULTURELLE MOBILISÉS DANS L'ALLIANCE RENAULT-NISSAN

Orientation	Leviers d'actions	Mobilisés ?
Pour la maîtrise et la réduction des différences culturelles	1. Choix d'un partenaire congénère	Non
	2. Choix d'un partenaire avec lequel on a une expérience de travail en commun	Non
	3. Choix d'acteurs d'interface ayant un profil multiculturel	Oui
	4. Recrutement de personnel extérieur aux deux partenaires	Non
	5. Sensibilisation aux différences culturelles	Oui
	6. Enquêtes de climat relationnel	Oui
	7. Stabilité du personnel en interaction	?
	8. Étendue de l'interface réduite	Oui
	9. Structure des équipes de coopération sans accumulation de clivages	Oui
	10. Autonomie des équipes de coopération	?
	11. Stratégie d'équilibre plutôt que de domination	Oui
	12. Instauration de barrières à la sortie de la relation	Oui
	13. Réduction de l'incertitude par de l'information abondante	?
	14. Réduction de l'ambiguïté par l'usage de médias riches	?

---

30. On s'appuie ici sur les données qu'on a collectées sur l'alliance Renault-Nissan pour la réalisation des cas éponymes (Blanchot et Kalika, 2002, 2006).
31. Dans la suite de l'exposé, on indique entre parenthèses les numéros des leviers concernés.

Orientation	Leviers d'actions	Mobilisés ?
Pour la fortification de la coopération afin de compenser les tensions irréductibles associées aux différences culturelles	15. Discussion sur les objectifs à atteindre et la stratégie à mettre en place	Oui
	16. Importance et crédibilité des engagements	Oui
	17. Vaste étendue du champ de la coopération – Importance des enjeux	Oui
	18. Complémentarité et exclusivité des contributions de chacun	Oui/ ?[a]
	19. Justice des rétributions des partenaires	Oui ?[b]
	20. Incitations individuelles à coopérer	?
	21. Processus visant à développer un sentiment de justice procédurale	Oui

[a] Le « oui/ ? » signifie ici qu'on ne dispose pas de données suffisantes pour répondre avec certitude par l'affirmative ou la négative concernant l'exclusivité des contributions.

[b] Le « oui ? » signifie ici que le discours (charte, déclarations des dirigeants) affirme bien l'adoption d'un principe de justice distributive mais que l'on ne dispose pas d'informations permettant de vérifier si les acteurs de la coopération partagent effectivement un sentiment de justice des rétributions.

Nissan n'était pas un partenaire de Renault avant l'alliance (levier n° 2). Le rapprochement entre les deux entreprises est le résultat de l'adéquation entre les besoins de Nissan (l'entreprise était à la recherche d'un partenaire pouvant l'aider à sortir de ses difficultés) et les ambitions de Renault (devenir un constructeur de référence au niveau mondial et pas uniquement européen, voir notamment Emerson, 2001). C'est Louis Schweitzer, le patron de Renault en 1999, qui va démarrer la coopération. Selon ses dires, il s'agit de former un groupe binational, fondé sur le respect, la compréhension réciproque et le maintien de l'identité des deux entreprises (leviers n° 5 et n° 11). Ghosn et Riès (2003) précisent à ce sujet :

> Le succès de l'alliance est fondé sur le fait que nous faisons attention à toujours contrôler toutes les tendances, d'un côté comme de l'autre, qui pourraient être destructrices de valeur. Lorsque Nissan était à l'article de la mort, le risque de voir ces tendances l'emporter se situait plutôt du côté de Renault. Mais la direction du groupe français a su résister à la tentation de jouer d'un rapport de force. Cette attitude mérite d'autant plus d'être soulignée qu'elle est plutôt exceptionnelle dans « l'univers impitoyable » des affaires. Le comportement d'un Louis Schweitzer est diamétralement opposé à celui de Juergen Schrempp (PDG de DaimlerChrysler).

Cet évitement de la domination (levier n° 11) et cette sensibilité aux différences culturelles (levier n° 5) sont notamment le fruit de l'expérience tirée de l'échec du rapprochement avec Volvo dans les années 1990, comme le suggèrent les propos mêmes de Schweitzer lors du bilan de l'alliance cinq ans après sa création :

> Alors que sur le papier la fusion avec Volvo était rationnelle, qu'on la croyait acceptée, les gens de Volvo ont été ravis qu'elle échoue. Nous n'avons pas vu venir ce rejet. On avait un système qui était bon sur le plan théorique, mais qui dans la pratique ignorait cette dimension psychologique. Avec Nissan, on a fait au fond exactement l'inverse en mettant sur pied quelque chose qui sur le plan théorique était difficile mais qui s'est révélé réalisable[32].

Dans les faits, la participation de Renault dans le capital de Nissan ne doit pas être considérée comme l'indice d'une domination de Renault dans l'alliance. Les dirigeants ont su dissocier le « rapport actionnarial » du « rapport partenarial[33] ». En revanche, la participation financière constitue un engagement crédible (levier n° 16) important au départ de la relation. En effet, c'est presque 5 milliards d'euros d'investissement dont la rentabilité est loin d'être assurée puisqu'il existe des doutes sur la capacité de Nissan à sortir du marasme. C'est une preuve d'engagement fort.

La vision stratégique du partenariat est discutée pendant la phase de négociation (levier n° 15) à la suite d'une évaluation par plusieurs groupes de travail des synergies potentielles entre les deux groupes. L'enjeu est considérable pour les deux groupes (levier n° 17). Pour Nissan, c'est peut-être l'opération de la dernière chance, la dernière tentative de redressement. Pour Renault, c'est une occasion unique de nourrir son ambition. Dans une telle situation, on a la volonté de surmonter les obstacles, y compris ceux d'ordre culturel. Le principe d'une vaste étendue du champ de la coopération (levier n° 17) est retenu compte tenu de l'importance de la complémentarité entre les partenaires (levier n° 18). D'une manière générale, Renault est fort là où Nissan est faible et réciproquement (en matière d'implantation et de compétences concernant la qualité, le design, la motorisation, la gestion des achats). Si les contributions de chacun sont complémentaires, rien ne permet de dire qu'elles sont exclusives (il est possible que d'autres partenaires pourraient les apporter). Quoi qu'il en soit, la multiplication des réalisations communes (rationalisation des achats, développement de plateformes communes, mise en place d'un système

---

32. Interview de Louis Schweitzer publiée dans le quotidien *Le Monde* du 30 mars 2004. Propos repris dans le cas Renault-Nissan (Blanchot et Kalika, 2006). Pour un complément d'analyse sur les problèmes interculturels associés au rapprochement Renault-Volvo, voir d'Iribarne et autres (2002, chapitre 4).

33. La question de savoir si Renault-Nissan est une alliance ou une acquisition est traitée par ailleurs (voir Blanchot et Kalika, 2002, 2006). En fait, on se situe à mi-chemin sur le continuum ayant pour extrêmes l'alliance.

d'information commun) va rapidement constituer une barrière à la sortie de la relation (levier n° 12).

Pour sensibiliser les acteurs aux différences culturelles (levier n° 5), des programmes de formation sont mis en place de chaque côté, et plusieurs centaines de personnes en bénéficieront. Outre une conférence sur la culture française et japonaise, il y a une session de travail « Working with Japanese/ French Partners » (Travailler avec des partenaires japonais/français) qui est une formation permettant de comprendre la culture et les méthodes de travail respectives, en mettant l'accent sur trois grands domaines : les communications, la gestion de projet et la résolution des difficultés, tout en maintenant un partenariat positif. Cette formation s'adresse aux acteurs clés de l'alliance. Nous trouvons aussi des séminaires de travail en équipe, « Team-Working Seminars » (TWS), destinés aux entités de l'alliance ainsi qu'aux organisations communes. Ces séminaires ont pour but d'améliorer l'efficacité du travail en équipe, de renforcer les liens personnels et la confiance mutuelle, de construire l'identité des équipes et de partager des objectifs communs. Depuis leur lancement en 2003, 21 équipes ont mis en place des séminaires de travail en équipe, impliquant plus de 360 participants. Par ailleurs, la formation à l'anglais (langue de travail pour l'alliance) est encouragée et le recours légitime à des traducteurs est prévu si c'est nécessaire pour s'assurer d'une compréhension réciproque parfaite.

Une charte de l'alliance est par ailleurs rédigée ; elle vise à promouvoir les valeurs communes du nouvel ensemble, la confidentialité et les règles de travail en commun au quotidien. Il y est notamment stipulé que « l'alliance est équilibrée et équitable » (leviers n° 11 et n° 19). En outre, certaines attitudes et certains comportements sont encouragés qui, de fait, promeuvent le respect des différences culturelles (leviers n° 5 et n° 11) et la justice procédurale (levier n° 21) :

— l'élaboration et le respect de règles de travail communes (principe d'uniformité)[34] ;

— la transparence dans les échanges ainsi que la sincérité et la fiabilité des informations mises en commun (principe d'exactitude) ;

— l'adoption de solutions et de décisions comprises et acceptées par chacun (principes de représentativité et de clarté) ;

— la résolution de problèmes en commun (principe de représentativité) ;

---

34. Les principes rappelés entre parenthèses sont ceux qui sont issus de la théorie de la justice procédurale qui semblent, selon nous, pouvoir être rattachés à l'attitude ou au comportement promu dans la charte de l'alliance.

–   la conduite d'échanges approfondis et réguliers en toute loyauté dans le respect de l'histoire de chacun (principes éthique et de respect) ;

–   le souci d'être compris (principe de clarté) ;

–   l'attention aux différences culturelles, la reconnaissance et le mélange des forces et des styles propres aux deux cultures ;

–   le respect de chaque personne dans sa culture autant que dans ses origines (principe de respect) ;

–   l'écoute active et la recherche de la compréhension avant de juger.

La constitution des groupes de travail transverses (« cross company teams » ou « CCT[35] ») s'est faite sur le double critère de la parité et de la compétence (levier n° 9). Chaque groupe est composé à parité d'acteurs de Renault et de Nissan. Toutefois, la direction n'est conjointe que pour le groupe de travail jugé le plus stratégique. Dans les autres groupes, elle est unique, mais avec systématiquement un adjoint provenant de l'autre entreprise. Le choix d'une direction unique plutôt que d'une codirection pour la plupart des groupes de projet peut s'expliquer par des impératifs d'efficience et d'efficacité : des décisions conjointes pour des activités opérationnelles seraient trop coûteuses et trop lentes (levier n° 8). Pour choisir qui d'un salarié de Renault ou de Nissan dirigera un groupe à direction unique, c'est le critère de la compétence qui a prévalu. Ici, la compétence s'entend par rapport aux entreprises (compétences organisationnelles) plutôt qu'aux hommes (compétences individuelles). De fait, il est apparu qu'environ la moitié des groupes était dirigée par des salariés de Renault et l'autre moitié par des salariés de Nissan. Les critères de parité et de compétences retenus respectent les identités en place et ne créent pas de clivages reflétant une domination de Renault. En outre, les groupes de travail sont constitués de personnes qui appartiennent à la même industrie et qui exercent souvent le même métier (ingénierie, achats) (levier n° 9).

Comparativement à l'étendue de la coopération, l'interface est plutôt réduite (levier n° 8). Les échanges, depuis le début de l'alliance, ont concerné seulement 462 personnes (y compris dans les organisations communes). Ces 462 personnes ne sont pas les seules engagées dans le fonctionnement de l'alliance. Quelques centaines d'autres travaillent dans les structures de l'alliance : groupes de travail transversaux, bureau de coordination, comités de pilotage de l'alliance. Mais, au total, il ne s'agit que d'une proportion très réduite des effectifs des deux entreprises qui représentent presque

---

35.   CCT est une abréviation aussi parfois utilisée pour « Cross-Cultural Training » (par exemple, Parkhe, 1991, p. 585).

300 000 salariés. Le manager de l'alliance le plus connu, à côté de Louis Schweitzer, est Carlos Ghosn. C'est l'archétype du manager « multiculturel » (levier n° 3). Il a une expérience à l'international et se définit lui-même comme le produit non pas d'une mais de plusieurs cultures, étant d'origine libanaise, né au Brésil et éduqué en France. Il a en outre une expérience de travail à l'international, ayant travaillé en France, au Brésil, aux États-Unis avant de s'installer au Japon. Pour Ghosn, cette expérience multiculturelle constitue bien un atout pour le pilotage d'une alliance (Emerson, 2001).

Finalement, les partenaires ont su faire évoluer les modalités initiales de l'alliance, au fur et à mesure de leur apprentissage mutuel et des changements du contexte. C'est un gage de la pérennité des alliances (voir Blanchot, 2006a). En particulier, ils ont décidé de mettre en place des enquêtes de climat relationnel (levier n° 6) qui peuvent être considérées comme un élément du tableau de bord de pilotage de l'alliance et, en particulier, comme un outil pour la gestion des différences culturelles.

CONCLUSIONS

Les recherches disponibles ne valident pas pleinement l'idée reçue d'un effet négatif des différences culturelles sur la réussite des alliances. Certes, elles peuvent contribuer à une qualité relationnelle dégradée et à la rupture. Mais ce n'est pas un effet mécanique. La distance culturelle peut même avoir un effet positif.

Les explications sont plurielles avec au moins l'une d'entre elles d'intérêt pour le praticien : une partie de la variation constatée de l'effet des différences culturelles pourrait s'expliquer par « la main visible du manager ». L'absence de déterminisme est rassurante mais aussi anxiogène. Elle confère au manager une responsabilité que le déterminisme aurait pu lui ôter. « L'allianceur » pourrait alors craindre la mise à l'index aussitôt qu'émerge l'incompréhension ou le conflit dans l'alliance qu'il pilote. Ce serait surestimer son pouvoir[36]. Comme tout manager, il peut influencer, rarement déterminer.

À cet effet, il dispose de leviers d'action multiples. Certains permettent d'agir sur les différences culturelles, comme le choix du profil du partenaire. D'autres peuvent contribuer à atténuer leurs effets négatifs ou révéler leurs vertus, comme la sensibilisation. Enfin, il est possible de mobiliser des leviers qui fortifient la coopération et rendent moins menaçantes les conséquences négatives des différences culturelles, même s'ils ne les affectent d'aucune

---

36. Et peut-être se méprendre sur la gravité de la situation : l'incompréhension et le conflit, lorsqu'ils ne deviennent pas la règle, peuvent être tout à fait fertiles.

manière. C'est notre conception « élargie » de la gestion interculturelle. Elle repose sur deux postulats réalistes. D'une part, les effets indésirables des différences culturelles ne peuvent jamais être intégralement maîtrisés. D'autre part, ces effets peuvent d'autant plus contribuer à l'éclatement de la coalition que celle-ci est fragile. Une mission de la gestion interculturelle peut donc être de solidifier la coopération. Deux approches complémentaires sont possibles. La première consiste à « délester » la coopération des autres sources possibles de tension. La seconde à renforcer l'attrait de la coopération. Il s'agit, en d'autres termes, de réduire les « forces centrifuges » et de renforcer les « forces centripètes », autres que les différences culturelles. En quelque sorte, c'est le déséquilibre en faveur des forces centripètes qui assure l'équilibre dans l'alliance.

On cherche à montrer que c'est cette gestion interculturelle « enrichie » qui est à l'œuvre dans l'alliance Renault-Nissan et qui contribue à expliquer pourquoi les différences culturelles jugées colossales n'ont pas empêché le succès. Il s'agit d'un rapprochement original qui tire sa force de son caractère hybride : comme dans une fusion et acquisition, toutes les synergies potentielles entre les deux entreprises sont explorées, mais, comme dans une alliance, l'identité des partenaires est préservée et l'équilibre des intérêts de chacun recherché.

Références

Arino, A., et J. de la Torre, « Learning from Failure : Toward an Evolutionary Model of Collaborative Ventures », *Organization Science*, 9 (3) : 306-325, 1998.

Barkema, H. G., O. Shenkar, F. Vermeulen et J. H. J. Bell, « Working abroad, Working with Others : How Firms Learn to Operate International Joint Ventures », *Academy of Management Journal*, 40 (2) : 426-442, 1997.

Barkema, H. G., et F. Vermeulen, « What Differences in the Cultural Backgrounds of Partners are Detrimental for International Joint Ventures ? », *Journal of International Business Studies*, 28 (4) : 845-864, 1997.

Beamish, P. W., et A. Delios, *Improving Joint Venture Performance through Congruent Measures of Success. Cooperatives Strategies. European Perspectives*, P. W. Beamish and J. P. Killing, 1997.

Blanchot, F., « L'alliance comme levier et lieu du changement », dans O. Meier (dir.), *Gestion du changement*, Dunod, Gestion Sup, 2007.

Blanchot, F., « Alliances et performances. Un essai de synthèse », *Cahier de recherche CREPA-DRM*, 2006.1 : 43 p., 2006a.

Blanchot, F., « Qu'est-ce qu'un manager d'alliances ? », *Cahier de recherche CREPA-DRM*, 2006.3 : 21 p., 2006b.

Blanchot, F., « Le manager d'alliance(s) : un bâtisseur et un pilote », dans M. Barabel et O. Meier, *Manageor*, Dunod, p. 263-277, 2006c.

Blanchot, F., et M. Kalika, « L'alliance Renault-Nissan », *Cas Multimédia*, CCMP, 2002.

Blanchot, F., et M. Kalika, « L'alliance Renault-Nissan : de 1999 à 2006 », *Cas Multimédia*, CCMP, 2006.

Blanchot, F., et P. Romelaer, « Le partage des tâches et des coûts dans le cadre d'une activité conjointe », *Rapport de recherche Dauphine/CREPA pour GDF*, 2002.

Bleeke, J., et D. Ernst, « Réussir une alliance transfrontalière », *Harvard-L'Expansion*, 66-77, 1992.

Cartwright, S., et C. L. Cooper, « Predicting Success in Joint Venture Organisations in Information Technology », *Journal of General Management*, 15 (1) : 39-52, 1989.

Cartwright, S., et C. L. Cooper, « The Role of Culture Compatibility in Sucessful Organizational Marriage », *Academy of Management Executive*, 7 (2) : 57-70, 1993.

Cauley de la Sierra, M., *Managing Global Alliances. Key Steps for Successful Collaboration*, Addison-Wesley, 1995.

Cerdin, J.-L., et J.-M. Peretti, « Les déterminants de l'adaptation des cadres expatriés », *Revue française de gestion*, 2000.

Chevrier, S., *Le Management interculturel*, Paris, PUF, 2003.

Chevrier, S., « Le management des projets interculturels. Entre le rêve du melting pot et le cauchemar de la tour de Babel », *Gérer et comprendre*, 45, 1996.

Child, J., et D. Faulkner, *Strategies of Cooperation. Managing Alliances, Networks, and Joint Ventures*, Oxford University Press, 1998.

Cools, K., et A. Roos, *The Role of Alliance in Corporate Strategy*, BCG Report-The Boston Consulting Group, 2005.

Crovitz, G., « Crafting a JV Prenup », *Harvard Business Review*, 82 (11) : 30-30, 2004.

Das, T. K., et B.-S. Teng, « Partner Analysis and Alliance Performance », *Scandinavian Journal of Management*, 19 : 279-308, 2003.

Delavallée, E., *La Culture d'entreprise pour manager autrement*, Éditions d'organisation, 2002.

d'Iribarne, P. d', A. Henry, J.-P. Segal, S. Chevrier et T. Globokar, *Cultures et mondialisation. Gérer par-delà les frontières*, Seuil, 2002.

Doz, Y. L., « The Evolution of Cooperation in Strategic Alliances : Initial Conditions or Learning Processes ? », *Strategic Management Journal*, 17 : 55-83, 1996.

Doz, Y. L., « Technology Partnerships between Larger rand Smaller Firms : Some Critical Issues », *International Studies of Management*, 17 (4) : 31-57, 1988.

Doz, Y., et G. Hamel, *L'avantage des alliances. Logiques de création de valeur*, traduction de *The art of Creating Value through Partnering*, 1998, Dunod, 2000.

Doz, Y., J. Santos et P. Williamson, « Diversity : the Key to Innovation Advantage », *European Business Forum*, (17) : 25-27, 2004.

Doz, Y. L., « Technology Partnerships between Larger rand Smaller Firms : Some Critical Issues », *International Studies of Management*, 17 (4) : 31-57, 1988.

Emerson, V., « An Interview with Carlos Ghosn, President of Nissan Motors, Ltd. and Industry Leader of the Year (Automotive News, 2000) », *Journal of World Business*, 36 (1) : 3-10, 2001.

Ertel, D., J. Weiss et L. J. Visioni, « Managing Alliance Relationships. Ten Key Corporate Capabilities », *Vantage Partners*, 2001.

Eschbach, D. M., G. E. Parker et P. A. Stoerberl, « American Repatriate Employees' Retrospective Assessments of the Effects of Cross-Cultural Training on their Adaptation to International Assignments », *Journal of Human Resource Management*, 12 (2) : 270-287, 2001.

Faulkner, D. O., et M. D. Rond, *Perspectives on Cooperative Strategy*, Cooperative Stratey, 2000.

Fey, C. F., et P. W. Beamish, « Organizational Climate Similarity and Performance : International Joint Ventures in Russia », *Organization Studies*, 22 (5) : 853-882, 2001.

Folger, R., et R. Cropanzano, *Organizational Justice and Human Resource Management*, London, Sage Publications, 1998.

Fréchet, M., *Les Conflits dans les partenariats d'innovation. Gestion*, Toulouse, Université de Sciences sociales, 2002.

Gazier, B., *Les Stratégies des ressources humaines*, La Découverte, 1993.

Ghosn, C., et P. Riès, *Citoyen du monde*, Éditions Fasquelle, 2003.

Gulati, R., « Does Familiarity Breed Trust ? The Implications of Repeated Ties for Contractual Choice in Alliances », *Academy of Management Journal*, 38 (1) : 95-112, 1995.

Gulati, R., T. Khanna et N. Nohria, « Unilateral Commitments and the Importance of Process in Alliances », *Sloan Management Revie*, printemps, 61-69, 1994.

Hamel, G., « Competition for Competence and Inter-Partner Learning within International Strategic Alliances », *Strategic Management Journal*, vol. 12, p. 83-104, 1991.

Harbison, J., et P. Pekar, *Cross-Border Alliances in the Age of Collaboration*, Booz-Allen & Hamilton, 20 p., 1997.

Harbison, J., P. Pekar, D. Moloney et A. Viscio, « The Alliance Enterprise : Breakout Strategy for the New Millennium », *Booz-Allen et Hamilton*, www.boozallen.com/home/publications/ Inc., 2000 (consulté le 14 mars 2007).

Harrigan, K. R., « Strategic Alliances and Partner Asymmetries », *Management International Review* (Special Issue) : 53-72, 1988.

Hennart, J.-F., et M. Zeng, « Cross-Cultural Differences and Joint Venture Longevity », *Journal of International Business Studies*, 33 (4) : 699-716, 2002.

Hu, M. Y., et H. Chen, « An Empirical Analysis of Factors Explaining Foreign Joint Venture Performance in China », *Journal of Business Research*, 35 (2) : 165-173, 1996.

Huang, Y., C. Rayner et L. Zhuang, « Does Intercultural Competence Matter in Intercultural Business Relationship Development ? », *International Journal of Logistics : Research and Applications*, 6 (4) : 277-288, 2003.

Inkpen, A. C., et J. Birkenshaw, « International Joint Ventures and Performance : an Interorganizational Perspective », *International Business Review*, 3 (3) : 201-217, 1994.

Inkpen, A. C., et S. C. Currall, « The Nature, Antecedents, and Consequences of Joint Venture Trust », *Journal of International Management*, 4 (1) : 1-20, 1998.

Johnson, J. P., M. A. Korsgaard et H. J. Sapienza, « Perceived Fairness, Decision Control, and Commitment in International Joint Venture Management Teams », *Strategic Management Journal*, 23 (12), 2002.

Kang, N.-H., et K. Sakai, « International Strategic Alliances : their Role in Industrial Globalisation », *STI Working Paper* 2000/5 OCDE, 2000.

Kogut, B., « Joint Ventures : Theoretical and Empirical Perspectives », *Sloan Management Review*, 9 : 319-332, 1988.

Kogut, B., « The Stability of Joint Ventures : Reciprocity and Competitive Rivalry », *The Journal of Industrial Economics*, 38 (2) : 183-198, 1989.

Kogut, B., et U. Zander, « Knowledge of the firm, combinative capabilities and the replication of technology », *Organization science*, 3 (3) : 383-397, 1992.

Kogut, B., et U. Zander, « Knowledge of the firm and the evolutionary theory of the multinational corporation », *Journal of International Business Studies*, 625-645, 1993.

Kumar, R., et P. H. Andersen, « Inter Firm Diversity and the Management of Meaning in International Strategic Alliances », *International Business Review*, 9 : 237-252, 2000.

Lane, H. W., et P. W. Beamish, « Cross-Cultural Cooperative Behavior in Joint Ventures in LDCs », *Management International Review*, 30 (Special Issue) : 87-102, 1990.

Lane, P. J., et M. Lubatkin, « Relative Absorptive Capacity and Interorganizational Learning », *Strategic Management Journal*, 19 : 461-477, 1998.

Lane, P. J., J. E. Salk et M. A. Lyles, « Absorptive Capacity, Learning, and Performance in International Joint Ventures », *Strategic Management Journal*, 22 (12) : 1139-1161, 2001.

Langlois, R. N., et P. R. Robertson, *Firms, Markets and Economic Change. A Dynamic Theory of Business Institutions*, London, Routledge, 1995.

Lawrence, P. R., et J. W. Lorsch, *Organization and environnment*, Harvard University Press, 1967. Traduction française : *Adapter les structures de l'entreprise*, Éditions d'organisation, 1967.

Li, J., K. Xin et M. Pillutla, « Multi-Cultural Leadership Teams and Organizational Identification in International Joint Ventures », *Journal of Human Resource Management*, 13 (2) : 320-337, 2002.

Lin, X., et R. Germain, « Sustaining Satisfactory Joint Venture Relationships : the Role of Conflict Resolution Strategy », *Journal of International Business Studies*, 29 (1) : 179-196, 1998.

Lu, L.-T., « Conflict Resolution Strategy between Foreign and Local Partners in Joint Ventures in China », *The Journal of American Academy of Business*, 8 (1) : 236-240, 2006.

Lucas, O., et P. Piron, « La conception en alliance intégrée. Le cas de l'alliance européenne des missiles tactiques », *Les Amis de l'École de Paris*, 1998.

Luo, Y., « Building Trust in Cross-Cultural Collaborations : Toward a Contingency Perspective », *Journal of Management*, 28 (5) : 669-694, 2002.

Luo, Y., « How Important are Shared Perceptions of Procedural Justice in Cooperative Alliances ? », *Academy of Management Journal*, 48 (4) : 695-708, 2005.

Madhok, A., « Cost, Value and Foreign Entry Mode : the Transaction and the Firm », *Strategic Management Journal*, 18 : 39-61, 1997.

Makino, S., et P. W. Beamish, « Performance and Survival of Joint Ventures with Non-Conventional Ownership Structures », *Journal of International Business Studies*, 29 (4) : 797-818, 1998.

Meschi, P.-X., « Longevity and Cultural Differences of International Joint Ventures : Toward Time-Based Cultural Management », *Human Relations*, 50 (2) : 211-227, 1997.

Meschi, P.-X., et A. Roger, « Cultural Context and Social Effectiveness in International Joint Ventures », *Management International Review*, 34 (3) : 197-215, 1994.

Mjoen, H., et S. Tallman, « Control and Performance in International Joint Ventures », *Organization Science*, 8 (3), 1997.

Mohr, J., et R. Spekman, « Characteristics of Partnership Success : Partnership Attributes, Communication Behavior, and Conflict Resolution Techniques », *Strategic Management Journal*, 15 : 135-152, 1994.

Monin, P., « Vers une théorie évolutionniste réaliste des alliances stratégiques », *Revue française de gestion*, (139) : 49-71, 2002.

Morisini, P., S. Shane et H. Singh, « National Culture Distance and Cross-Border Acquisition Performance », *Journal of International Business Studies*, 29 (1), 1998.

Nelson, R., et S. Winter, *An Evolutionary Theory of Economic Change*, Cambridge, Belknap Press of Harvard University, 1982.

Nonaka, I., et H. Takeuchi, *La Connaissance créatrice. La dynamique de l'entreprise apprenante*, De Boeck Université, 1997.

Park, S. H., et M. V. Russo, « When Competition Eclipses Cooperation : an Event History Analysis of Joint Venture Failure », *Management Science*, 42 (6) : 875-890, 1996.

Park, S. H., et G. R. Ungson, « The Effect of National Culture, Organizational Complementary and Economic Motivation on Joint Venture Dissolution », *Academy of Management Journal*, 40 (2) : 279-307, 1997.

Parker, B., Y. Zeira et T. Hatem, « International Joint Venture Managers : Factors Affecting Personal Success and Organizational Performance », *Journal of International Management*, 2 (1) : 1-29, 1996.

Parkhe, A., « Interfirm Diversity, Organizational Learning, and Longevity in Global Strategic Alliances », *Journal of International Business Studies*, 579-601, 1991.

Parkhe, A., « Interfirm Diversity in Global Alliances », *Business Horizons*, 2-4, 2001.

Perlmutter, H. V., « The Tortuous Evolution of the Multinational Corporation », *Columbia Journal of World Business*, 14 (1) : 9-18, 1969.

Pothukuchi, V., F. Damanpour, J. Choi, C. C. Chen et S. H. Park, « National and Organizational Culture Differences and International Joint Venture Performance », *Journal of International Business Studies*, 33 : 243-265, 2002.

Puthod, D., « Alliances de PME : un diagnostic », *Revue française de gestion*, 30-45, 1996.

Reuer, J. J., M. Zollo et H. Singh, « Post-Formation Dynamics in Strategic Alliances », *Strategic Management Journal*, 23 (2) : 135-151, 2002.

Ring, P. S., et A. H. Van de Ven, « Developmental Processes of Cooperative Interorganizational Relationships », *Academy of Management Review*, 19 (1) : 90-118, 1994.

Romelaer, P., *Innovation and Management Constraints*, Working Paper CREPA, 2002.

Salk, J., « Partners and Other Stangers. Cultural Boundaries and Cross-Cultural Encounters in International Joint Venture Teams », *International Studies of Management and Organization*, 26 (4) : 48-72, 1997a.

Salk, J. E., « Gérer une joint venture internationale », *Décisions Marketing*, (10) : 7-14, 1997b.

Salk, J. E., et M. Y. Brannen, « National Culture, Networks, and Individual Influence in a Multinational Management Team », *Academy of Management Journal*, 43 (2) : 191-202, 2000.

Salk, J. E., et O. Shenkar, « Social Identities in an International Joint Venture : An Exploratory Case Study », *Organization Science*, 12 (2) : 161-178, 2001.

Sarkar, M., R. Echambadi, S. T. Cavusgil et P. S. Aulakh, « The Influence of Complementary, Compatibility, and Relationship Capital on Alliance Performance », *Journal of the Academy of Marketing Science*, 29 (4) : 358-373, 2001.

Saxton, T., « The effects of partner and relationship characteristics on alliance outcomes », *Academy of Management Journal*, 40 (2) : 443-461, 1997.

Shenkar, O., « Cultural Distance Revisited : Towards a More Rigorous Conceptualization and Measurement of Cultural Differences », *Journal of International Business Studies*, 32 (3) : 519-535, 2001.

Shenkar, O., et Y. Zeira, « Role Conflict and Role Ambiguity of Chief Executive Officers in International Joint Ventures », *Journal of International Business Studies*, 23 (1) : 55-75, 1992.

Sirmon, D. G., et P. J. Lane, « A Model of Cultural Differences and International Alliance Performance », *Journal of International Business Studies*, 35 : 306-319, 2004.

Thevenet, M., *La Culture d'entreprise*, PUF, 2003.

Trompenaars, F., *L'Entreprise multiculturelle*, Maxima, 1994.

Van Marrewijk, A., « The Management of Strategic Alliances : Cultural Resistance. Comparing the Cases of Dutch Telecom Operator in the Netherlands Antilles and Indonesia », *Culture and Organization*, 10 (4) : 303-314, 2004.

Yan, A., et M. Zeng, « International joint venture instability : a critique of previous research, a reconceptualization, and directions for future research », *Journal of International Business Studies*, 30 (2) : 397-414, 1999.

Zollo, M., J. J. Reuer et H. Singh, « Interorganizational Routines and Performance in Strategic Alliances », *Organization Science*, 13 (6) : 701-713, 2002.